한국 문명사

한국 문명사

김정의 엮음

혜안

□ 책머리에

한국사의 문명사적 관점

I

 근대 이래 세계사를 선도한 사학 중에는 독일의 랑케(Ranke) 사학, 러시아의 유물사학, 프랑스의 아날(Annales) 사학, 영국의 문명사학, 미국의 진보사학 등이 있다. 그것은 모두 자기 민족과 국가의 역사 바탕 위에서 생성된 사관의 산물이었다. 물론 한국에도 한국 나름으로 역사적인 바탕이 있다. 그리고 그 바탕 위에서 자생적인 사학이 성립되었고 외래사학은 외래사학 나름으로 자생사학에 일정한 영향을 끼쳤다.

 이처럼 현대문명의 거대한 조류를 동반한 사관들은 한국적 상황에 작용해 왔으며 또한 선택하든 아니하든 간에 우리의 생활은 현대문명의 한 단면임이 확실하다. 현대문명의 특징이 무엇이며 그것이 우리의 역사적 현실에 어떻게 작용하는가를 통찰하여 볼 때 현대문명과 한국적 상황과의 괴리를 극복하기 위해 스스로 그 극복책을 모색해 왔다고 볼 수 있다. 이와 같이 자생사관과 외래사관이 융화되어 새로운 사관을 창출하며 끊임없이 발전적인 미래사를 설계하고 있는 것이다. 거기에는 민족·계급·세계 모순의 해결방안으로 지역갈등 해소와 민족통일·인권신장과 민주복지사회 건설·인간성 회복을 통한 지구촌의 공동번영과 환경보전의 비전(Vision)이 분명히 설정되어 있다. 그래서 현재는 이 같은 한국사의 추동력을 살려서 문명사적인 관점으로 한국의 역사상(歷史像)을 인식할 사관 설정이 절실히 요망된다고 하겠다. 이것이 산 역사학이고 현대적 실학(實學)의 한 과업이라고 생각된다.

Ⅱ

　문화란 두말 할 필요도 없이 인간의 정신적 및 신체적 노동의 총체를 일컫는다. 보다 정확히 말하자면 인간의 의식적 노동의 총체이다. 그래서 자연은 신이 창조하였고, 문화는 인간이 이루었다고 한다. 따라서 인간의 지나온 발자취 중에서도 문화를 개선하는 데 기여한 활동만이 역사인 셈이다. 즉 인간의 끊임없는 문화 축적과 그 과정에서 이뤄지는 새로운 도약을 위한 문화의 모순 극복활동이 역사라는 말이 된다. 인간의 역사란 문화의 재창조 과정에 다름 아니다.
　이 같은 문화의 창조적인 축적과 재생성 활동이 극대화되면 어느 시점에 가선 독특한 개성을 갖추고 밀도가 높아져서 드디어 문화의 꽃을 피우게 마련이다. 그 문화의 꽃이 바로 문명이다. 따라서 문명이란 정체성을 갖춘 밀도높은 창조적 문화를 일컬음이다. 그렇다면 한국사에서도 문명단계가 있었던가? 세계사 속에서는 많은 문명이 생성·발전되었지만 한국사에서 문명이 생성·발전되었는가를 둘러싸고는 견해가 분분하다. 부분적으로 인정하는 학자와 총체적으로 인정하는 학자로 갈려 있는 것이다. 여기서 유의할 것은 역사에서 말하는 한민족의 문화란 총체적인 문화를 지칭하는 것이지 부분적인 것이 아니라는 점이다. 여하튼 고대사회만 하더라도 훌륭한 문명 상태라고 인정하는 경우와 몇 가지 분야에서만 문화의 문명 상태이므로 총체적으로 문명단계라고 보기 어렵다는 의견이 엇갈리고 있다. 즉 고구려의 고분벽화, 역사 편술, 무사도, 광개토대왕릉비, 대제국 경영, 거문고, 평양성 축조나 백제의 산수문전, 무령왕능, 미륵반가사유상, 토목·건축술, 백제금동용봉봉래산향로와 신라의 천마총, 화백회의, 가야금, 화랑도, 금관, 첨성대 등의 독자적인 문화 창조활동을 높게 평가할 수 있지만 그것은 그 분야에서의 개화일 뿐이라는 것이다. 그리고 랑케의 말대로 그 시대의 신과 직결되어 있다는 것이다(Unmittelbar).
　한편에선 그 정도면 총체적으로 평가해도 훌륭한 문명단계라고 보고 있을 뿐만 아니라 고대사회 자체에서 중세사회로 도약할 수 있는 전환 능력까지 있었다고 본다. 사정은 중세사회에서도 마찬가지다. 황금문화라고 칭해지던 신라통일기의 불국사, 석굴암, 정토종, 이두, 성덕대왕신종, 목판인쇄본, 해상활동이나 해동성국이라 불린 발해의 상경도읍, 중앙관제, 정혜공주묘 벽화와 고려의 정치제도, 서경 전역, 금속활자, 해인사 장경판고, 상감청자, 천태종, 제지술, 서적 출판도 같은 차원이다. 근세(조선)사회 또한 천문과학, 한글, 아악, 거북선, 종묘, 창덕궁, 경복궁, 수원화성, 성리학, 시조, 서화, 농학, 의학, 실록 편찬, 분청사기, 화폐, 실학, 선비정신 등에서 개명되어 대단히 밀도높은 문화를 향유했다. 물론 여기서도 문명 가늠의 3요소인 도시·문자·종교를 모두 충족하고 있었다.

그러나 선인들은 이에 안주하지 않았다. 18세기 후반 서구문명과 접촉 후 서양에 대한 낙관적 인식을 배경으로 북학론과 중국원류설에 연계되면서 서기(西器) 수용에 대하여 서명응(1716~1787), 황윤석(1729~1791), 홍양호(1724~1802), 신후담(1702~1761) 등 실학자들의 논의가 활발하게 이루어졌다. 서교(西敎: 천주교)에 대해서는 부정적 인식이 강했던 것이 사실이지만, 그 위험성이 크게 부각되지는 않았으므로 서교와 분리하여 서기만을 선택적으로 수용할 수 있다는 분위기가 형성될 수 있었던 것이다. 그리고 정약용(1762~1836)의 「기예론」설과는 계속적인 새로운 과학기술연마의 필요성을 제고하였다.

이러한 전통은 19세기 초·중반에는 이규경(1788~1860), 최한기(1803~1877) 등의 서학수용론으로 나타났다. 이규경은 도기(道器)의 논리를 통해 서양의 형이하학을 수용할 것을 주장한 반면, 최한기는 실용(實用)의 관점에서 서양의 기술뿐만 아니라 제도·예교 등까지도 수용의 대상에 포함시키고 있었다. 그는 모든 문명을 상대화시켜 비교 가능한 대상으로 설정하고 서양인들의 이성을 인정함으로써 형이하학의 부분에서만 서양의 문명을 인정하는 태도에서 벗어나 위정자들에게 다른 나라의 좋은 정치제도와 법제도를 연구, 수용하도록 촉구하였던 것이다. 최한기에게는 천하가 이미 중국 중심의 화이론적 천하가 아니고, 선행 실학파에서 보여주었던 서양세계의 존재를 확인하는 단계를 넘어 동양과 서양의 활발한 교류와 상호협력을 통하여 하나의 지구적 세계로 일체화를 추구하는 것이라 할 수 있겠다.

그러나 서세동점에 위기의식을 느낀 최제우(1824~1864)는 고유신앙에 바탕을 두고 유·불·선을 종합, 기독교까지 수용하여 동학을 창도(1860)하였다. 최근 동학의 창도에서 한국근대사의 기점을 찾으려는 학자들이 나타나고 있어서 관련학계의 주목을 끌고 있다. 여하튼 민족종교인 동학은 창도 이후 무위이화(無爲而化)의 교리로 독자적인 근대화운동이 일어날 때마다 선도적인 역할을 담당함으로써 민족사 진운에 크게 기여하였다.

한편 개항이 되자 좀더 구체적으로 문명 상태를 갈구하며 미래를 꿈꾸는 인사들이 등장했다. 유길준(1856~1914)은 「경쟁론」에서 문명관을 한국사에 접목하는 날을 희구했고, 서재필(1866~1951)은 『대조선독립협회회보』에서 문명진보의 지름길을 교육을 통해 닦고자 계몽활동을 폈다. 그러나 반론도 만만치 않았다. 개화란 무엇인가. 미개한 민족이나 종족이 문을 열고 문명화한다는 뜻이 아닌가. 그렇다면 그 용어 자체에 이미 가치평가가 들어 있다고 본 것이다. 이 용어에 관한 허구성과 문제점을 김윤식(1835~1922)은 1891년 2월 「개화설」에서 다음과 같이 지적하였다.

    나는 일찍이 개화설을 매우 이상하게 여겼다. 개화란 변방 미개민족의 거친 풍속이 서구의 풍속을 듣고 점차 고쳐 나가는 것을 말하는 것인데 우리 동토(東土)는 문명의 땅이니 어떻게 다시 개화하겠는가? 갑신제적(甲申諸賊 : 김옥균 등 급진개화파)이 서구를 높이고 요순을 깎아내려 공·맹을 폄하하고 유교의 도리를 야만이라 일컬어 도를 바꾸려 하며 개화라 하니 이것이 천리(天理)가 멸절하고 모자와 신발이 바뀌는 것과 같다.

이렇게 온건개화파로 분류되는 인물조차 일본과 서양에 대해 일방적으로 경도된 것이 아니고 조선의 문화적 자부심과 유교에 대한 긍지를 잃지 않고 있었음을 보여준다.

이러한 찬반의 와중에서 구한말의 조국은 개명이 아니라 일제의 식민지 나락으로 빠져들었다. 이제 한국의 전통문화는 거듭나는 축적이 아니라 빠른 속도로 해체되는 지경에 이르렀다. 한국사상 초유의 문화 전환능력의 위기감이 팽배한 것이다. 그런 가운데에서도 박은식(1859~1926), 신채호(1880~1936), 문일평(1888~1939), 정인보(1892~?)와 같은 민족지사들은 민족혼을 잃지 않고 전통문화가 소생할 광복의 날을 맞이할 수 있는 이념 창출에 나섰다. 이는 독립운동의 신선한 정신사적인 에너지 공급원이었다. 드디어 1919년 민주혁명의 횃불이 연이어 일어났다. 「2·8독립선언서」에서는,

    4천 3백 년의 장구한 역사를 갖고 있는 한민족은 실로 세계에서 가장 오래 된 문명민족 중의 하나이다.

라고 선언하여 유구한 문명민족의 자긍심을 일깨웠고, 「대한독립여자선언서」에서는,

> 대한동포는 5천 년 문명역사와 2천만 신성민족이기 때문에 3천 리 강토를 지킬 만한 독립자존의 능력이 있다.

라고 선포하여 한국인의 역사가 문명의 역사라는 점을 다시금 분명히 밝힘으로써 한국인의 역사의식과 민족의식을 강하게 드러냈다. 또한 최남선(1890~1957)은 「조선독립선언서」를 통하여,

> 아아, 새 하늘과 새 땅이 눈 앞에 펼쳐지누나. 힘의 시대는 가고 도의의 시대가 오누나. 지나간 세기를 통하여 깎고 다듬어 키워 온 인도적 정신이, 바야흐로 새 문명의 서광을 인류의 역사 위에 던지기 시작하누나. 새 봄이 온 누리에 찾아들어 만물의 소생을 재촉하누나.

라고 감격에 겨워 선언하였다. 참으로 엄청난 민족문화 잠재력의 당당한 표출이었다. 한국인들은 급기야 대한민국임시정부를 수립하였다. 이는 훗날 한국사에서 현대문명의 기점으로 평가되기도 한 역사적인 운동이었다. 이를 계기로 한국인의 문명의식은 범접할 수 없는 민족의 자긍심으로 가득차게 되었다. 그것은 파리강화회의에 보내는 유림들의 장서에서도 확인된다.

> 한국은 4천년 역사를 지닌 문명의 나라로 정치원리와 능력이 있으므로 일본의 간섭은 부당하다.

그런가 하면 『동아일보』는 1922년 10월 5일 조선소년군이 창립되자 사설을 통하여 「조선소년군의 조직 강건한 정신 건장한 신체」라는 제목으로 위대한 문명이 펼쳐질 기대감을 이렇게 드러냈다.

> 우리는 이 조직이 조선 전 도에 퍼지고 이 훈련이 전 소년계에 미쳐 장차 조선 민중의 전부가 그 의기에 터하여 강중함이 태산과 같고 그 신체의 건장함이

교목과 같기를 바란다. 이러한 민족, 이러한 민중이면 그간에 자연히 위대한 문명, 위대한 사회가 발생될 것이다. 아! 소년군의 조직, 사소한 시험과 같으나 그 실 영향력은 가히 그 크기를 측정하기 어렵다.

이 같은 분위기에 영향받은 안확(1886~1946)은 민족사를 발전적·민주적으로 인식하고 문명사관에 입각하여 1923년 주로 정치사 관계의 내용을『조선문명사』라는 제목으로 체계적으로 서술·간행하였다. 남북국시대를 대분립시대로 표기한 것이나, 신라통일기를 대신라라고 표기한 것은 그의 문명사관의 관점을 잘 읽을 수 있는 부분들이다. 그의 '문명사론' 제창은 한 마디로 국권을 회복해야 한다는 절박한 심정에서 비롯된 독립사관에서 나온 것이라 하겠다.

이승만(1875~1965)도 독립운동 기간 중 기회만 있으면 문명부강의 달성을 새로운 국가건설의 이념으로 제시하고 여러 경로를 통하여 그의 의중을 피력하였다. 김구(1876~1949) 역시 문명국가 건설을 지상의 과제로 여기고 독립운동을 전개하였다.

이를 뒷받침하는 문명사관은 암흑의 절정기에서 홍이섭(1914~1974)에 의하여 그 토양이 확실하게 배양되었다. 한국 과학기술사의 종합적 체계화를 처음 시도한 것이다. 그는 1944년 전통문화의 기반 위에 문명 진보에 대한 구체적인 사례를『조선과학사』를 통해 학술적으로 구명하여 미래사회의 진행 방향을 탁월하게 통찰·제시하였다. 이 학문적인 업적은 비록 국망 상태이지만 한국인에게 희망과 자존심을 지켜준 것으로 무엇보다도 소중한 유산이 되었다.

이처럼 문명을 갈구하는 선인들의 의지는 헛되지 않았다. 마침내 조국을 되찾고(1945) 전통문화를 되살렸다. 그러나 이번에는 조국이 분단되어 내전도 겪고(1950~1953), 냉전 상태가 지속되었다. 남북한은 서로 전통문화의 적자임을 내세워 정통성을 수립하고자 경쟁하였다. 북한은 그들 나름대로 인민 평등에 입각한 주체사상을 내세웠고, 남한은 자유민주사상을 기저로 해서 과학을 신봉하는 경제 건설에 박차를 가하였다. 외래문화를 전통문화에 과감히 접목한 남한은 비약적인 민족 에너지의 확대 재생산을 불러왔다. 이에 힘입어 6월 대항쟁(1987)이 성취됨으로써 현대적인 민주화의 서곡이 울렸다. 드디어 그렇게도 바라던 새로운 문명의 먼동이 현실로 다가온 것이다. 이는 한국문화의 꽃이 개화되기 시작했음을 뜻한다. 한국 현대문명이 도래한 것이다.

III

　1990년대는 한국사상 한국 현대문명의 거대한 도약을 목격한 역사적인 시기이다. 조선총독부 건물을 철거하고 경복궁을 복원한 것은 민족정기 회복의 상징이었다. 가시적으로 국민소득 1인당 10,000$의 선진국 시대를 열었고, 우리의 자본과 기술로 통신위성을 하늘에 올려 명실공히 정보통신시대를 열었다. 뿐만아니라 대통령 직선제의 문민시대를 구가하며 지방자치의 원년을 기록하기도 하였다. 외교적으로는 UN 안전보장이사회의 비상임이사국과 경제사회이사회의 이사국에 선임되었고 OECD에도 가입하였다. 경제력 총 규모는 세계 11위권에 진입했고, 자동차·선박·건설·컴퓨터·가전제품 등의 해외시장 점유율은 나날이 높아 가고 있다. 현대문명의 총아인 반도체에서는 세계 1위의 수출국이 되었고, CDMA에서도 실용 개발의 종주국이 되어 수출 러시를 이루고 있다. 전 국민에게 의료보험의 혜택이 부여되었고, 루스벨트 국제 장애인상 첫 수상국도 되었다. 고려수지침의 보급 활동도 괄목할 만하였다. 한의학도 명성을 되찾았고, 생명공학에선 퀴놀론계 항생제 등 신종 의약품을 개발하여 기술 수출에 쾌거를 올리고 있다. 그 밖에 식혜캔이 콜라의 소비량을 능가하고, 김치는 국제 규격으로 공인되었다. 한국인들의 진취적인 기상은 세계 거의 모든 나라에 진출하기에 이르렀고, 2002년 월드컵대회의 한·일 공동개최 유치를 성공시킨 데 이어 국제적인 공식명칭도 '2002 FIFA WORLDCUP KOREA-JAPAN'으로 성사시켰다. 또한 제24회 서울 올림픽대회를 성공적으로 개최했고, 태권도를 2000년에 개최되는 제27회 시드니 올림픽대회의 정식 종목으로 채택시켰다. 뿐만 아니라 박세리의 각종 신기록 갱신을 동반한 연속적인 세계 골프계 제패는 세계인의 탄성을 자아냈다.

　한국인들은 서구적인 아파트 생활에서도 온돌의 전통문화를 발전시켰고, 신식 혼례식에서도 폐백의식을 지켰다. 한글은 거의 전 국민이 체득하였고, 한국어를 세계인들의 국제어로 만드는 데에도 게을리하지 않았다. UNESCO에서는 한글을 최우수 글로 선정하고 문맹 퇴치에 가장 많은 노력을 한 나라에게 매년 KS상(King Sejong Prize)을 한글날인 10월 9일 수여하고 있다. 한국화(韓國畵) 전시회가 잇따르는가 하면 판소리 영화도 선풍을 일으켰다. 가극「명성황후」는 세계무대에 거듭 올려져 계속적으로 갈채를 받았다. 그리고 명절이면 전통한복

이 거리를 누볐는데 이제는 평상시에도 생활한복이 눈에 띄기 시작하였다. 천대받던 신토불이가 도처에서 대접받으며 민족의 자긍심을 일깨운 것이다.

아울러 세계적으로 산업 개발에 따른 환경 파손이 심각한 현안으로 떠오르자 우리도 지구촌 시대에 발맞춰 보다 진보된 환경과학기술 개발에 박차를 가하고 있다. 즉 2000년까지 과학기술을 선진국 수준으로 끌어올리기 위해 지난 1992년부터 11개 분야에 걸쳐 G7 프로젝트를 기획, 추진하고 있다. 이 가운데 환경공학기술 개발사업에 4,315억 원을 투자한 것은 세계 모순을 극복하려는 민족적 의지로 볼 수 있겠다.

이 같은 새로운 문명의 도약기에 때맞춰 이한빈은 『문명국의 비전』을 출간했고, 홍우는 결실의 문명을 부제로 하여 『동학혁명』을 펴냈으며, 김형국은 「삶의 질 중시하는 문명국 건설」을 설파하였다. 그리고 박현은 『100문 100답 한국사 산책』을 통하여 우리 역사를 주제별로 문명사관에 입각해서 해명하려고 시도하였다. 이들 문명사관은 김철준·이기백 등의 영향을 일정하게 받았다. 그들은 한국인의 문화 능력을 여러 측면에서 실증적으로 규명, 그 때마다 신문·잡지에 기고하여 저간의 사학풍토에 일신을 기했다. 드디어 정체적인 식민사관을 발전·진보·문화·자유사관의 틀로 재구성하는 데 커다란 공적을 남겼다.

한편 일단의 학자들에 의하여 광복 후 최초로 '한국문명사'를 표제로 부각시킨 『한국문명사의 이해』가 출간되었다. 그들은 한국문명학회를 조직하여 한국사를 단순한 정치·경제사나 문화사적 시각으로 보는 것을 뛰어넘어 총체적 범주로서의 문명사로 고찰하고 세계문명 속에서의 한국문명의 실체를 밝히고자 계속적으로 문명사관 정립에 심혈을 기울이고 있다. 또한 동학학회도 1998년 10월 28일 다음과 같은 대안문명의 기치를 내걸고 발기하였다.

> 우리는 지금까지 온갖 외래사상에 현혹되어 안으로 자기 성찰을 방기한 결과, 동학의 대안문명적 가치를 잠시 망각한 현실을 개탄하면서 만시지탄의 심정으로 제3천년의 밀레니엄을 이끌어 갈 동학학회 발기를 선언하는 바이다.

고무적인 것은 한국의 대안문명에 대해서 펠리프 페르난데스 아메스토 (PelipeFernández - Armesto)도 이미 『밀레니엄 Millennium』에서 합당한 평가를 내렸다는 점이다. 그는 세계에서 한국의 비약적인 발전을 금세기 최상의 발전 모델로 자리매김하는 데 주저하지 않았다.

특기해 둘 것은 이태진의 「소빙기(1500~1750) 천변재이 연구와 『조선왕조실록』- global history의 한 장 -」은 한국사를 세계사로 격상시킨 쾌거의 논문이었다. 이로써 세계사적인 '17세기 위기론'설을 뒷받침하였다. 이는 한국사의 사료를 바탕으로 세계사적인 해석을 시도하여 개가를 올린 본보기라고 평가되었다.

이제 한국인들의 한국형 문화는 설 땅을 얻었다. 비록 현재는 IMF관리체제로 어려움을 겪고 있긴 하지만 그래도 1990년대는 한국문명이 다시금 세계사로의 새로운 도약을 이루기 시작한 기념비적인 시기로 역사에 길이 남을 것이다.

IV

맥도날드(MacDonald)는 "유럽인들이 숲 속을 누비며 살고 있을 때 한국은 이미 고도의 생활문화를 누렸고, 경제대국 일본이 자랑하는 문화치고 그 뿌리가 한국이 아닌 것이 없으며, 중국이 이론의 여지가 없이 세계 최고의 문화를 누릴 때 그들은 한국을 가리켜 문화선진국이라고 말했다"고 한국문화를 예찬했다. 남이 말한다고 덩달아 따를 필요야 없겠지만 그것은 사실이 아닌가. 확실히 식민사관의 피해는 상상을 초월하여 우리의 자긍심에 깊은 상처를 남겼다. 그렇다고 언제까지 식민사관의 수렁에서 허우적거릴 것인가?

우리는 이제 내심 문명인임을 자각하고, 문명인에 어울리는 사고와 행동을 해야 할 것이다. 오랫동안 식민사관의 피해로 훼손된 민족의 기백을 회복하여 민족의 생기를 구가하여야 할 것이다. 일제는 한국의 역사를 정체성·반도성·나태성·분열성 등 해괴망측한 온갖 못된 것으로 치장하여 매도했지만, 한국인들은 광복 반세기 만에 분단 속에서도 엄청난 민족 정기의 폭발을 발휘하여 놀라운 성장을 거듭하였다. 드디어 현대문명의 단계로 접어들었다. 이로써 일본인의 식민사관이 터무니없는 그릇된 관점이었음이 여실히 입증된 것이다.

이젠 한국인이 한국사를 보는 시각도 이제까지의 식민사관을 극복하려고 했던 사관들에서 벗어나 현시점의 문명개화기에 합당한 정도에서 한국사를 바라보아야 할 것이다. 크로체(B. Croce)도 모든 '진정한 역사란 현재의 역사(Jede wahre Geschichte ist Gesc-hichte der Gegenwart;True history is contemporary history)'라고 정의한 바 있다. 현재의 문명단계의 시각에서 한국사를 바라본다면 한국사는 크게 달라질 것이고, 또 과거사에는 현재에 유용한 보고가 가득한 만큼 그것을 살리면 과거사이지만 현재의 역사로 살아나게(re-animation) 될 것이다.

오늘의 한국 현대문명이 하늘에서 떨어진 문명은 아니다. 한국사의 유구한 전통, 그 문화 축적의 기반 위에서 가능했던 것이다. 이 사실이 어떻게 현재에 와 닿는가? 그것만 알면 한국사는 역사로서의 가치를 충실히 해 낸 것임이 자명해질 것이다. 그리고 오늘을 바로 알고 내일을 설계하기 위해서도 카아(E. H. Carr)의 말처럼 과거의 우리 역사와 부단히 대화를 해야 할 것이다. 거기에서 한국적인 문명사 진행에 필요한 충전이 이루어질 것이다. 우리는 이 같은 역사의 의미를 내면화시켜 생동(vibrate)하는 삶이 되도록 분발하는 자세가 요망된다. 딜타이(Dilthey)도 역사가 있는 곳에 모든 종류의 의미가 있다고 설파했다.

그렇다고 외래문화를 부정하는 것은 옳다고 할 수 없다. 외래문화의 부단한 섭취 · 소화가 우리 문명을 더욱 살찌우게 할 것도 분명하기 때문이다. 지금은 혼자 사는 고립된 시대가 아니고 함께 어우러져 사는 개방화된 지구촌 시대이다. 한 예를 든다면, 환경 문제에 대하여 다른 나라와 더불어 함께 고민하고 대처하는 자세는 그 좋은 예이다. 이처럼 보편적인 한국문명의 필요에 의해서 비판적으로 수용하고 창조적으로 종합하는 것을 전제로 해야 할 것이다. 환언한다면 한국인은 한국적인 문명을 꽃피우는 것이 세계문명에 기여하는 지름길이라고 생각된다. 가장 한국적인 것이 가장 세계적이라는 명제를 한국인은 명심해야 할 것이다. 세계화도 한국적인 의견 수렴을 구심점으로 삼아 나설 때만 한국사에도 유익하고 세계사에도 보탬이 되는 바람직한 것이 될 것이다.

한국인에겐 광복 반세기 만에 여러 문명과 발맞추어 한국사를 문명사적 관점에서 이해하고 인식하려는 그 입지 자체가 귀중한 것이다. 우리는 여기서 자만하지 말고 늘 신선한 문명의 꽃이 끊임없이 피어나도록 계속 분발하여야 할 것이다. 역사에는 문명의 꽃을 피웠다가 곧 시든 문명도 많다. 자만은 금물이다. 우리가 꽃피운 한국 현대문명은 앞으로 우리가 어떻게 가꾸어 나가느냐에 따라 운명을 달리할 것이다. 여기서 절대 간과할 수 없는 것은 최근 정세로 미루어 볼 때나 한국의 역사적인 발자취로 미루어 볼 때 안보의식의 확립이 무엇보다도 중요하다. 이를 바탕으로 두 개의 한국과 주변국들과의 관계 개선을 능동적으로 돈독히 하여 민족통일 과업을 차질 없이 진척시켜야 할 것이다. 그리고 남을 배려하며 자기 실현에 힘쓰는 건실한 생활을 할 때에 비로소 한국문명은 생명력을 갖는다. 피땀으로 이룬 문명개화를 소중히 키우는 것은 우리의 책무이다. 문명을 이루기는 어려웠어도 파멸로 이끄는 것은 너무나 간단한 것이다. 지금 당하고 있는 IMF관리체제는 그 좋은 예일 것이다. 이를 인식하여 미래 비전을 세우고 그 달성에 매진할 때만 그 비전이 현실로 다가올 것이다. 미래는 여전히 꿈꾸는 자의 몫이다. 그러나 황당한 장밋빛 청사진만으로 우리의 역사가 발전하는 것이 아님도 잊어선 안 되겠다.

   결론적으로 말해서 오늘의 한국문화를 문명 상태로 확인한 이상, 한국사를 문명사적 관점으로 바라보려는 것은 너무나 당연한 발상의 전환이다. 문명사관으로 바라보면 한국사는 역동적인 역사가 될 것이고, 오늘의 삶을 자유의지의 문명인으로서 살고자 하는 의식을 싹틔우게 될 것이다. 아울러 과거 불행의 산물로 형성된 미·중·일·러 4강의 이해 관계에 연계된 한반도의 비극을 이제 역으로 이용, 한국문명을 기층으로 4강의 문명을 통합하는 새로운 태평양 시대의 주역이 되고자 하는 의식을 키우게 될 것이다. 나아가서 2000년대 밀레니엄에는 더욱 내실 있는 문명을 이루어 한국인의 삶의 질을 높이고, 인류문화에 기여하는 세계 문명인으로서 더불어 사는 보람을 깨우칠 것으로 기대된다.

단기 4332년(서기 1999년) 1월 15일
행원역사연구실에서 김정의 지

차 례

□ 책머리에 : 한국사의 문명사적 관점 /5

제1부 한국문명사 서설

제1장 역사를 이해하려는 분들에게 ······················· 홍이섭 ···· 27

제2장 역사란 무엇인가 ···································· 오일순 ···· 33
    1. 역사라는 말의 의미 /33   2. 역사의 현재성 /34
    3. 왜 역사를 배우는가 /36   4. 역사를 어떻게 볼 것인가 /39

제3장 한국인의 역사인식 ·································· 강세구 ···· 42
    1. 삼국시대의 역사인식 /42   2. 신라통일기의 역사인식 /43
    3. 고려시대의 역사인식 /44   4. 조선시대의 역사인식 /48
    5. 일제 강점기의 역사인식 /52
    6. 광복 이후 대한민국의 역사인식 /54

제4장 한국 고대사회의 성격과 나말·여초의 전환기에 대하여 ·· 김철준 ···· 58

제5장 여말·선초 사상계의 변화 ························· 이원명 ···· 77
    1. 머리말 /77   2. 무신정권기 사상계 변화 /78
    3. 원간섭기 사상계의 변화 /80   4. 여말·선초 사상계의 변화 /83
    5. 맺음말 /85

제6장 실학자의 화폐경제론의 발전 ······················· 원유한 ···· 87
    1. 화폐경제론의 형성배경 /87   2. 화폐경제론의 발전 /91

3. 실학사상의 발전에 대한 이해시각 /98

제7장 한국근대변혁기 민중운동의 위상 ················· 김정의 ···· 101

   1. 머리말 /101
   2. 전근대의 민중운동과 민중세력의 성장 /101
   3. 임술민중항쟁의 비중 /105   4. 동학과 민중항쟁의 연계성 /107
   5. 동학민중혁명운동의 맥락 /110   6. 맺음말 /111

제8장 북한사 개관 ·· 김송희 ···· 114

   1. 머리말 /114   2. 정권 수립기 /115
   3. 사회주의체제 조성기 /117   4. 김일성 유일체제 확립기 /119
   5. 권력세습 준비기 /121   6. 체제개편기 /123
   7. 맺음말 /125

제9장 한국사교육의 변천과 과제 ······················· 윤종영 ···· 126

   1. 머리말 /126   2. 국사과 교육과정의 변천 /127
   3. 한국사교육의 과제 /137

제2부 시대사 기본자료

제1장 선사문화 ·· 143

   1. 인류의 조상 /143   2. 구석기란 무엇인가 /143
   3. 인간과 노동 /144   4. 불의 발견 /144
   5. 북한의 1950년대 선사유적 연구동향 /145
   6. 파로호 유적 /145   7. 한국 사람의 시원 /146
   8. 한국 사람의 계통 /146   9. 신석기인의 출현 /147
   10. 배달겨레의 요람 /147

제2장 고대문명 ·· 150

   1. 단군성조 /150   2. 부여사회 /151
   3. 마한사회 /152   4. 소도 /153
   5. 원고구려사회 /153   6. 주몽 /154

7. 온조 /154
8. 혁거세 /155
9. 수로 /155
10. 정사암 /155
11. 남당 /156
12. 화백회의 /156
13. 광개토대왕의 왜구격퇴 /156
14. 백제의 요서 경략 /157
15. 백제금동용봉봉래산향로 /157
16. 을지문덕 오언시 /158
17. 이차돈의 순교 /158
18. 세속 5계 /159
19. 임신서기석 /159
20. 진흥왕 순수비 /159

제3장 중세문명 ········· 161

1. 문무왕 유언 /161
2. 해동성국 /161
3. 헌강왕 /162
4. 촌락문서와 촌락지배 /162
5. 장보고 /163
6. 궁예 /163
7. 견훤 /164
8. 고려의 세계 /164
9. 백관지 서문 /165
10. 훈요 10조 /166
11. 최승로의 시무책 /167
12. 성종의 교육교서 /167
13. 금나라 시조의 뿌리 /168
14. 서희의 외교 /168
15. 청주전표(請籌錢表) /168
16. 『삼국사기』를 올리는 글월 /169
17. 동명왕편 /170
18. 조선역사상 1천년래 제일대사건 /171
19. 분황사 원효대성을 제사하는 글 /171
20. 만적의 노예해방선언문 /172
21. 삼별초 /173
22. 안향과 여무 /173
23. 죽부인전 /173
24. 『역옹패설』 전집 서문 /174
25. 노비신분의 세전 /175
26. 김준의 농장 /175
27. 마음을 닦는 비결(修心訣) /176
28. 요동의 원주인 /176
29. 동방이학의 조(祖)로서의 정몽주 /177
30. 불씨걸식지변(佛氏乞食之辯) /177

제4장 근세문명 ········· 179

1. 국호론 /179
2. 요동공격 도모기록 /180
3. 『입학도설』 천인심성분석지도(인) /180
4. 『경국대전』 서 /181
5. 서얼금고법 비판 /182

6. 대마주에 유시하는 글 /183
7. 용비어천가 /184
8. 한국의 고유영토 '독도' /185
9. 시조 3수 /185
10. 『격몽요결』 서 /185
11. 10만양병설 /186
12. 대마도의 정체 /186
13. 『난중일기』 /187
14. 요동의 원주인 /187
15. 청 태조의 뿌리 /187
16. 『징비록』 자서 /188
17. 백두산 비문 /189
18. 조선관리의 이양선 출몰보고 /189
19. 『천주실의』 소개 /189
20. 팔도인심론 /190
21. 『발해고』 서 /190
22. 금성탕지 /191
23. 논붕당(論朋黨) /191
24. 마한정통론 /192
25. 의산문답 /193
26. 양반전 /193
27. 몽룡의 풍자시 /194
28. 애절양 /194
29. 기예론 /196
30. 여전론 /197

제5장 근대문명 199

1. 포덕문 /199
2. 파환귀결 /200
3. 척화비 /201
4. 내수도문 /201
5. 한일수호조규 /202
6. 조선책략 /203
7. 치도약론 /203
8. 상소문 /204
9. 갑신정변 혁신정강 /204
10. 오세창의 회고담 /205
11. 동학농민군 12개조 기율 /207
12. 갑오개혁의 개혁법령 /207
13. 독립신문 창간사 /209
14. 국문론 /210
15. 시일야방성대곡 /211
16. 위정척사 세계관 /212
17. 민영환의 유서 /212
18. 절명시 /213
19. 의병 개념 /213
20. 동양평화론 서 /214

제6장 현대문명 217

1. 독립선언서 /217
2. 대한민국임시정부헌장선언문 /218
3. 제암리교회 학살사건 /218
4. 조선물산장려회 궐기문 /220
5. 소년운동의 선언 /220
6. 조선민족 갱생의 도 /220
7. 선서문 /221
8. 조선혁명선언 /221
9. 황국신민서사 /223
10. 서시 /223

11. 대한민국건국강령 /223　　12. 사라진 일본기 /225
13. 미군사령관의 포고 제1호 /225　　14. 소련군 사령관의 포고문 /226
15. 한국민주당 강령 /227　　16. 조선인민당 강령 /228
17. 김구의 통일독립 지향 /228　　18. 제헌헌법 전문 /231
19. 세계적인 제한전쟁 /231　　20. 우리의 맹세 /233
21. 대학교수단 4·25시국선언문 /233
22. 강화학의 맥락 /234　　23. 식민주의적 한국사관 비판 /235
24. 5·16혁명공약 /236　　25. 베트남 파병 /236
26. 한·일협정 비준 반대성명서 /237
27. 이식적인 정신의 비판 /237　　28. 역사 앞에 선언한다 /238
29. 인간 최소한의 요구입니다 /239　　30. 새마을운동의 노래 /240
31. 7·4남북공동성명 조국통일 원칙 /241
32. 양심선언 /241　　33. 대통령 긴급조치 9호 /242
34. 자연보호헌장 /243　　35. 5월민중항쟁 /244
36. 광야에서 /244　　37. 우리는 정치를 잊고 싶다 /245
38. 청소년헌장 /246
39. 황영조 선수 올림픽 마라톤 제패 /246
40. 한·중간 외교수립에 관한 공동성명 /247
41. 가짜가 필요한 세상 /248
42. 동해, 일제하 일본해로 억지표기 /249
43. 태극기 /249　　44. 한반도 핵문제 /249
45. 속 꽉찬 강소국으로 /250
46. 국민 모두가 자신에게 내린 준엄한 심판 /252
47. 독도 영유권 현안 /252　　48. 남북한 통일정책의 비교 /253
49. '역사 바로세우기'와 '역사인식의 퇴보' /255
50. 할 일 많은 시대 /255

제7장 미래문명사의 바람 ·· 258

1. 미래학 /258　　2. 역사의 법칙 /258
3. 나라사랑의 길 /258
4. 국민교육 없이 선진국 될 수 없다 /259
5. 세계의 문 부단히 두드려야 /259　　6. 지도층이 선비정신 발휘를 /260

7. 삶의 질 중시하는 문명국 건설 /260
8. 여성운동의 과제 /261
9. 한국의 미래 - 바다 /262
10. 환경문제 /263
11. 미래로 가는 길 /264
12. 2002 FIFA 월드컵 코리아 - 재팬 /265
13. 인권 의식 /265
14. 군자의 나라 /265
15. 무엇을 개혁할 것인가 /267
16. 말의 빛 /268
17. 삶의 기쁨 /269
18. 동학학회 발기 취지문 /269
19. 소중한 삶 /271
20. 이상적인 국가상 /272

제3부 한국문명사의 분류사적 이해

제1장 과학기술사 ·· 박진훈 ···· 277

1. 과학기술 문명의 태동 /277
2. 삼국 및 신라통일기의 과학기술 /279
3. 고려시대의 과학과 기술 /282
4. 조선시대의 과학과 기술 /285
5. 한국 과학기술의 현재와 미래 /291

제2장 정치제도사 ·· 이은희·서태원 ···· 294

1. 고대의 관제 마련 /294
2. 중세의 관제 보완 /296
3. 근세의 정치제도 확립 /300
4. 근대의 정치제도 변천 /302
5. 현대의 정치제도 발전 /303

제3장 산업사 ·· 이인재 ···· 307

1. 농업사 /307
2. 상업사 /310
3. 수공업사 /313

제4장 재정사 ·· 최 용·김재순 ···· 317

1. 조선왕조의 재정 /317
2. 대원군 집정기의 재정실태 /318
3. 개항 이후의 재정실태 /320
4. 갑오재정개혁 /322
5. 한말 일제의 화폐·금융 장악과 경제구조 변동 /323
6. 현대의 재정팽창 /325

제5장 생활사 ······················· 이인재·최금숙·정영희·서태원·김정의 ···· 329

1. 머리말 /329
2. 마을 /329
3. 관혼상제 /330
4. 복식 /333
5. 세시풍속 /336
6. 민간신앙 /342
7. 맺음말 /343

제6장 여성운동사 ··· 최금숙 ···· 345

1. 머리말 /345
2. 여성의식의 변화 /345
3. 여성운동의 활성화 /349
4. 맺음말 /353

제7장 유학사상사 ··· 황묘희 ···· 355

1. 유학의 전래와 정착 /355
2. 예론의 활성화 /356
3. 성리학의 이론 완성 /359
4. 한말 위정척사사상 /360
5. 민족의식의 표출 /362
6. 유교의 개혁운동 /364

제8장 실학사상사 ··· 김재순 ···· 368

1. 실학의 개념 /368
2. 실학파의 형성과 그 사상체계 /369
3. 실학사상의 역사적 의의 /371

제9장 불교사 ··· 신수정 ···· 374

1. 불교의 수용 /374
2. 불교의 융성 /376
3. 불교의 위축 /380
4. 불교의 진흥 /382

제10장 기독교사 ··· 아유리 ···· 384

1. 천주교의 전래와 정착 /384
2. 개신교의 전래와 활동 /388
3. 일본의 침략과 기독교 /391
4. 기독교의 비약적 성장 /393

제11장 예술사 ··· 박영자·유수현 ···· 396

1. 회화 /396
2. 조각 /399
3. 사기 /400
4. 건축 /402
5. 음악 /403

제12장 서지사 ··· 신양선 ···· 408

1. 고대 및 고려 /408
2. 조선전기 /409

3. 조선후기 /411   4. 근·현대 /413

제4부 주변문명사의 이해

제1장 문명사관의 관점 추이 ·· 김정의 ···· 419
  1. 문명사관의 성립 /419   2. 문명사관의 발전 /422
  3. 문명사관의 전망 /425

제2장 중국에서의 근대국가형성 ·· 오봉혁 ···· 429
  1. 중화주의의 붕괴와 근대국가 수립의 모색 /429
  2. 의식개혁운동·대중운동의 성장과 국민정부의 수립 /432
  3. 국가건설을 둘러싼 국민당과 공산당의 대립과 민족주의·민주주의 /434

제3장 일본역사, 어떻게 볼 것인가 ····································· 김현숙 ···· 437

제4장 한미관계를 어떻게 볼 것인가 ·································· 김미경 ···· 448
  1. 간추린 미국사 /448
  2. 한·미간 초기접촉과 조약체결(1882~1905) /450
  3. 해방전후에서 남북분단까지 미국과 한국 /453
  4. 탈냉전시대 미국과 한반도 /456

제5장 러시아는 우리에게 무엇인가 ······················ 신양선·김창진 ···· 459
  1. 들어가며 /459   2. 한국역사에 있어서의 러시아 /459
  3. 나가며 /463

□ 찾아보기 /465
□ 3판 개정본을 내놓으며 /485
※ 글쓴이 소개 /486

제1부
한국문명사 서설

제1장 역사를 이해하려는 분들에게

　역사를 이해하려는 친구들에게 어떤 말을 해 준다기보다는 이제 공부를 시작하려는 나 자신의 새로운 마음의 준비와 앞서부터 오늘까지 지내오는 동안 느껴본 것, 생각해본 것을 적어 상호 공부하는 데 한 조언이 될까 하여 붓을 들어본다. 역사학을 어떻게 공부할 것인가 하는 문제를 일반적으로 취급하는 것에는 서구의 학자들이 손을 대어 하나의 과학으로 구성하려던 역사과학에 대한 기초적인 해설서도 있고 전공학과에는 사학개론이란 것이 있다. 근 10년래에는 우리나라에서도 사학개론이란 명패를 대학강단에 내걸게 되어서 다소나마 일반적으로 사학입문의 방법과 연구 기술론이 운위되어 왔기에 누설(累說)을 피한다. 이와 같은 것은 그런 데서 될 이야기로 사학개론을 강의하시는 제위에 강연(講筵)에 미루기로 한다.
　우리는 좀더 가까운 예로 우리들이 우리의 역사, 요새 국사라고 하는 것 즉 조선사=한국사를 공부하는 데 어떻게 하여야 할 것인가에 대하여 생각을 좀 다듬어 보기로 하자.
　오늘 우리들이 우리 사회의 역사를 연구하기 위한 어떠한 연구 작업 단계에 들어가기 앞서서 우선 전공으로 공부를 할 때에 어떻게 하여야 할까? 이런 문제를 제기할 때는 곧 현재 우리 나라의 일반적인 교육제도와 아울러 역사교육의 계획을 비판하여야 할 것이다. 이것은 곧 앞으로 나올 역사학도에게 주는 바 영향이 크기 때문이다. 그러나 현재 일반적인 역사교육 내지 한국사교육의 비판은 미루어 두고, 우리들은 곧 한국사를 공부할 터인데 어떻게 출발할 것인가? 이미 우리들이 어떻게 해서 지닌 것이든 간에 우리들이 지니고 있는 지식을 전면적으로 활용해야 할 것이다. 역사학을 운운한다고 어떠한 특정적인 지식만이 한정적으로 효용되는 것은 아니니까. 물론 전문적으로 분화된 과학의 한 분과로서 논의할 때 규정하는 어떤 국한성이 있지만 그렇다고 해서 그 한정된 것만으로 이 학문이 곧 성취되는 것은 아니다.

우리들이 한국사라 하면 가장 일반적인 개설(흔히는 정치사적인 것)에서부터 입문한다. 그런 입문적인 개설서라는 것은 어떠한 한두 책자에 제한을 둘 것은 아니고, 학교강연에서 들을 수 있는 강사의 개설이 우선 제일의적(第一義的)인 것이로되 꼭 그것에만 집착할 필요는 없다. 만약 그 강사가 자기의 것만을 청강자에게 요청하는 수도 있지만 공부하는 사람은 그 강사의 개설이란 그이의 세계관에 비친 한국사의 강술이므로 청강자는 그 밖의 또는 그 이상의 것을 마음대로 택하도록 하여야 할 것이다.

또 우리는 어떤 전문적인 공부를 위하여 특수부문에의 연구에 참가하는 동시에 그것의 기초적인 지반을 위하여 통사(개설적)의 인식을 부단히 닦아가야 할 것이다. 우리들이 입문에서는 남의 책이나, 나를 가르쳐 준 스승의 강연을 통해 통사의 지식을 얻게 될 것이나, 우리들이 일 개인의 학도로서 이 공부에 종사할 때는 개설적인 통사를 위하여 모든 것을 구축하도록 해야 한다. 흔히 어떤 범위를 정해두고 그 이외의 것에 대해서 천박해서는 안 된다. 학(學)으로의 공부에 있어 세분된 한 부분에 충실할 것은 물론이나, 그것이 학의 전 구조일 수는 없음에서이다. 부분은 그 전체를 구조하는 기초가 되며 전체는 부분을 이해하는 지반이기 때문이다.

한국사학도로서의 출발에 있어 최종의 목적은 한국사의 통사적인 인식을 자기의 전 생애를 통하여 구축하는 것이다. 즉 이 학을 통하여 학도로서의 세계관을 형성하는 것이니 속단하거나 어떤 제약에 순응하게 되면 자기의 고귀한 세계관을 이룰 학의 형성을 바라기 어려운 것이다. 자기의 현실적인 조건을 파악하고 그에 있어 불합리하며 전진을 저해하는 조건을 극복하는 데 힘써야 한다.

이러한 새로운 날을 위한 극복의 정신이란 한국사에 있어서는 다른 것이 아니라 곧 민족정신이다. 민족적 정신이란 무엇이냐? 이 사회에 있어서는 아직 민족적인 정신의 역사적인 인식을 위한 작업이 체계화되어 있지 못하다. 고대의 경우 원시적인 종교생활에 배태된 동방 제 이족(夷族)의 정신을 규명할 지역적인 한계를 둘러싸고 먼저 시비가 있다. 이어 불교적인 세계관과 신천(神遷)사상의 수용, 불교의 정교일체적인 전개에 따른 중세 봉건사회 구조의 일부로서의 신앙=정신, 학(學), 경제 내지 정치의 극도의 발전은 곧 한 시기의 민족정신의 모체, 핵심체가 되었다. 이것의 변이과정에 있어서는 송학(宋學)의 수용과 그것의 국교로서의 확립 전개에 의해 선행적인 관념체와 상극되어 일시 민족정신에 불안과 위협이 초래되어 흔히 얘기하는 모화적인 사대성을 배양케 되었다. 물론 한민족이 그 때까지 지니고 오던 전통성(이것은 시대적으로 표명되기도 하고 그렇지 않기도 하며, 이것에 대하여 의식적 혹은 무의식적이기도 하다)의 복륭(伏隆)에 따라 그 위기가 극복되어 왔으므로 시대적으로 그 주장을 이루는 외래사상이 선진적이며 고도한 것이더라도 이것이 사회적으로 소화되었는가의 여부에 따라 시대정신은 불안과 안정을 재래(齎來)하였다. 고로 모화적인 사대성이 정치적으로 형식적으로 표면에 확대되기는 하였으되 이것이 민족정신을 좌우키는 어려웠고 더욱 그 불안성이 극복되고 오히려 민족적인 정신으로 동화되게 되었던 것이다. 따라서 근 500년간의 이 사회의 윤리로서, 세계관·인생관을 담은 학의 인식방면으로서, 정치규범으로서, 경제의 정책적인 이념으로서 널리 사회 전반에 깊이 침투되어서 오히려 모화적인 사대성보다는 다시 내일을 모색하는 사회사상으로, 민족정신으로 시대성을 가졌다고 보지 않을 수 없다.

그러나 역사는 고립된 '조선'을 방치하지 않았고 세계는 그것을 허용할 수 없었다. 여기서 이 사회는 내부적인 제 조건이 근대사회로 발전될 모든 것을 거부케 만들어 왔고 여기서 민족적인 정신이란 구래적인 사상의 껍질 속에서 오로지 서구적인 모든 것을 배격케 되었다. 다시 이것이 일본의 침략기에 와서는 반동적이나마 민족적인 정신을 갖게도 했으나, 개화주의의 진보적인 정신에 자칫 대립적이며 반대적이었으니, 이러한 모순된 이념이 시대를 극복하기에는 이미 경제적인 지반이 너무나 취약하여 이 사회의 전면적인 붕괴가 나타나고 있었다.

여기서 우리 민족정신은 시대적으로 내부적인 지반과 외부적인 제 조건을 검토해야 할 것이었으나 그러한 겨를조차 주지 않고 붕괴 몰락으로 이행하고 있었으니 완전히 자력에 의한 근대화는커녕 식민지화를 막을 힘조차 없게 되었던 바다. 이런 점에서 더욱 근대사에 있어 조선왕조의 변천 추이(趨移)를 통해 이 사회의 붕괴과정을 밝혀 오늘의 우리 사회의 선행적인 조건을 한 번 알아 보는 것이 현재의 사회 정치를 위시하여 우리 민족의 존재하는 위치를 규지(窺知)하는 한 방법이 될 것이다.

즉 정신과 경제의 문제를 근간으로 하는 인식에서 우리 사회 변천과정을 살피는 데 있어 학창(學窓)들로서는 외래적이며 일반적인 이론을 좀더 풍부하고 광범한 데서 구하여야 하되, 이것을 이 사회 연구의 어떤 부분을 메꾸는 데 끌고 나와서는 안 된다. 우리는 한국 연구를 주제로 하면서도 특히 '비교연구'라는 제한된 조건이 없는 한 필요치 않은 외국의 실례라든지 외국의 원리·학설을 장황히 수용·진열하는 수가 있으니, 이는 그 부문에 대한 일반원리와 그 역사적 사상사적인 의식의 미숙에서 온 것이라고 보겠다.

여기에서 우리들은 또 다른 일면을 주시하지 않으면 안 된다. 그것은 한국사학의 새로운 수립에 있어 지녀야 할 방도의 문제이다. 즉 근대적인 학문은 서구의 그것을 지적하는 것이므로 한국사학이라 하더라도 서구의 사회과학 지식을 흡수하여 여기에서 우리들의 학문적인 방법을 갖춰야 할 것이며, 여기서 한국사학의 영역을 탐색하여 전 체계적인 인식을 욕구하고 다시 각자의 전문 분야를 발견하여야 할 것이다. 이런 준비와 발견이 있는 연후에 일 학도로서 출발해야 사회적인 요청이라 하면 시비될 문제가 많을 것이나 이것은 학도의 사회적인 사명이란 데서 결정되는 것이다. 이것의 규정은 학도 자신의 지성이 판결하는 것이다. 학도의 지성이란, 자국의 역사는 결국 자기 민족의 역사이니, 이것은 시공을 초월하여 영원성을 지니는 것이다. 우리 사회는 변천이 심해서 근 백 년간의 경과만 보더라도 규준의 설정이 곤란할 정도이다. 그러나 역사란 결국 인간이 주체가 되므로 한국사에 있어서는 한민족이 주체가 되고, 이 민족의 생성·발전 과정이며 이 민족의 생활(시원에서 현재까지)의 전 과정을 살피는 데 있어서 먼저 분화된 각 부문을 세분하여 이해함으로써 다시 문화를 인식하게 되고 여기에서 어떤 시간적 계기 및 연속성을 찾아 일관된 전통성을 설정해야 한다. 그러나 이 전통성의 설정이야말로 신중을 요하며 속단을 허(許)해서는 안 된다. 이제까지 우리 문화의 시간적인 인식에 있어서는 기초적인 연구를 통한 귀납적인 결론에서 얻은 바가 아닌 아주 표면적인 견해에서 우리 문화의 전통성을 주장하고 남의 것을 무비판적으로 받아들여 논위(論謂)되어 왔으니, 이런 예는 여러 부면의 문적(文籍)에서 흔히 지적할 수 있는 것이다. 이런 속된 안일한 방법을 불식하는 데는 근본적으로 새로운 도표를 한국사학의 진로에 박는 운동이 있어야 할 것이다. 앞으로는 이런 새로운 진로의 개척을 꾀하는 데서 새로운 출발을 기할 수 있을 것이다.

여기서 선행적인 제 연구를 무비판적으로 수용해서는 안 될 것이다. 무비판적으로 수용하는 이유는 작업하는 이들이 안일한 공명심에 끌리기 때문이다. 우리들이 학에 종사하는 학인(學人)이라면 공명심이나 매명적(賣名的)인 것을 극도로 피해야 할 것이다. 문화적으로 후진적인 사회에서는 학의 성립보다 속된 공명심에 이끌리는 강도가 심하다.

작은 문제에 대한 적은 연구일지라도 학사적(學史的)으로 어떤 의의를 가져야지 그렇지 못하여 선행적인 제 연구를 보유(補遺)하거나 비판하지 못한 것을 작성한다면 그처럼 사회적으로 의의를 상실하는 일은 다시 없을 것이다.

이는 단지 한국사학에서뿐이 아닐 것이요, 학 전반에서 문제가 되나 특히 역사학에 있어 더 긴요할 바다. 더욱이 개척되지 않은 우리 사학에 있어 더욱 요청되는 바이다.

그런 무의미한 일을 피하기 위해서는 어떠한 방법을 취해야 하겠는가? 이것은 역시 사학만의 문제가 아니다. 다른 분야의 학사적인 인식에서부터 문제를 찾아야 한다. 흥미와 요청을 합일시키는 초점의 발견이다. 우리들은 전반적이나 부분적인 데서 이 조건을 명기하여야 한다

다음 우리 작업의 재료가 되는 두 가지를 면밀히 검토하여야 할 것이다. 하나는 선행적인 제 연구를 가능한 한 유루(遺漏) 없이 섭렵하여 읽음으로써 학사적인 지식을 재정리하여야 한다. 이를 통해 우리들은 자연스럽게 그 개개의 연구 간의 간격을 발견케 되며 지향할 바를 찾게 되는 수가 흔히 많은 것이다. 다음으로 원자료의 검토이다. 원자료의 직접적인 검토는 시간을 초월하여 영원히 새로운 원천이 되는 것이기 때문이다. 고갈되지 않는 새로운 견해는 원자료의 검토를 통해서만 가능하다. 이 방법을 벗어나는 경우에 흔히 우리들의 연구에 빈곤을 느끼는 것이다. 역사자료의 기본적인 정리는 지금 우리들이 지니고 있는 선량에 비하면 거의 미정리된 상태에 있음을 생각하면 한국사학의 진전을 측정키는 곤란하다.

지난한 일이지만 이 기초 연구를 감행하는 데서 의의 있는 작업을 하게 될 것이다. 겸하여 원전 연구와 함께 이 사회의 학도들이 유념해야 할 또 하나의 일은 발견하여야 할 것과 발견되어야 할 자료의 탐색을 게을리해서는 안 된다는 점이다. 이러한 학도의 임무는 그리 쾌(快)한 일은 아니다. 현재의 조건으로는 불가능한 일도 있다. 그러나 미개척·미정리의 이 사회의 한국사학의 전개를 위하여 역사학을 공부하려는 우리들로서는 안일한 길보다 스스로 험난한 돌밭을 걸어갈 것을, 가시덤불 길을 걸어갈 것을, 새삼스럽게 각오할 필요가 있다. 공명심이

나 안일한 심정에서 살고 싶다면 오히려 한국사학의 전공을 포기함이 가당할 것이다.

참 가기 쉽지 않은 길이다. 광복 이후의 우리들에게는 하도 바빠 일본학자의 제 업적을 흡수하며 또는 비판하여 재검토를 하여야 하고, 이어 이 사회에 뿌리박힌 식민적인 성격에 대한 발본색원적인 비판정신이 수립되어야 한다. 또한 오늘과 같이 사상적으로 저조할 때에 있어 민족적인 정신의 수립을 지도할 방향을 위해서는 역사를 과거의 사실로만 보는 속류적인 사관을 떠나, 여기적(餘技的)이며 지엽적이며 세공적(細工的)인 연구에서 벗어나 시야를 넓힌, 이 사회를 해명할 기본적이며 규모가 큰 제 문제의 연구를 감행하도록 하여야 할 것이다. 국가, 사회, 학교 기관에서는 한국사학도로 하여금 이를 감행할 제 조건을 조성해 주기를 바란다. 내일의 새로운 건설을 위하여 여러분들과 같이 이런 길을 가고 싶다는 심정을 토로키 위하여 일문(一文)을 초(抄)한 바이다.

(홍이섭, 「역사학을 공부하는 학생에게」, 『사상계』, 1955년 6월호
/원유한 엮음, 1995, 『홍이섭의 삶과 역사학』, 혜안)

제2장 역사란 무엇인가

1. 역사라는 말의 의미

역사라는 말에는 두 가지 의미가 있다. 하나는 과거 인간사회에서 일어난 사건 자체이며 다른 하나는 과거에 일어난 사건에 대한 기록이다. 이는 역사철학자 헤겔이 "역사라는 말은 객관적인 측면과 주관적인 측면을 종합하고 있는 것으로서, 사건을 의미하는 동시에 사건의 기술을 의미한다"고 설명한 것과 통한다. 즉 역사에는 역사적 '사건 그 자체'를 가리키는 객관적 의미의 역사와, 역사적 사건이 주관화된 '사건의 기록' 즉 주관적 의미의 역사가 있는 것이다.

우리 나라에서 '역사'라는 개념에 해당하는 말을 서양에서 처음 사용한 사람은 고대 그리스의 헤로도투스(Herodotus : B.C. 485~425)이다. 그는 페르시아의 다리우스 대왕이 그리스를 침략한 페르시아 전쟁을 알아보기 위해서, 전쟁 관련 지역을 직접 걷고 배를 타고 여행하면서 사건 체험자나 목격자를 찾아 면담하거나 대질 심문을 하는 방법으로 진상을 조사·탐구하여『페르시아전쟁사』를 저술하였다. 여기에서 그는 페르시아군이 왜 그리스를 침략하였는가 하는 사실을 불과 몇 년 사이에 일어난 사실만으로 설명하지 않고, 이질적인 동방문화와 서방문화, 민주사회와 전제사회의 적대관계라는 역사적 배경까지 거슬러 올라가서 탐구하였다. 그리고 이 저술의 제목으로 '조사', '탐구'라는 뜻을 가진 고대 그리스어 '히스토리아(historia)'라는 말을 사용하였다. '탐구'라는 말에는 '사실의 발견'과 그것에 대한 '인과론적 설명'이라는 이중의 뜻이 포함되어 있다. 따라서 고대 그리스의 역사가나 현대의 역사철학자는 모두 역사란 무엇인가라는 물음에 대해 '사실의 발견'과 '인과론적인 설명'이라는 본질적으로 공통된 대답을 하고 있다고 하겠다.

'히스토리아'와 함께 생각해 보아야 할 것이 독일어 '게쉬히테(geschichte)'인데, '히스토리아'에서 유래한 여타 서구어와는 다른 독자적인 의미를 갖고 있기 때문이다. '게쉬히테'는 '일어나다'라는 의미를 가진 '게쉐헨(geschehen)'에서 나온 것으로 '일어난 일'을 의미한다. 따라서 '히스토리아(탐구)'가 주로 주관적 의미의 역사 즉 기록으로서의 역사를 나타내는 것이라 한다면, '게쉬히테'는 객관적 의미의 역사 즉 사실로서의 역사를 의미한다고 하겠다.

한편 우리가 현재 사용하는 '역사(歷史)'라는 말은 중국에서는 명나라 때부터 사용되기 시작했는데, 그 이전에는 '사(史)'라고만 하였다. 중국에서 사용된 '사'의 의미를 살펴보면, 후한의 허신(許愼)이 기술한 『설문해자 說文解字』에서 사를 '사건을 기록하는 사람'으로 풀이하고 손 '수(手)'자와 가운데 '중(中)'자의 합성어라 했다. 중(中)은 바를 '정(正)'을 뜻하므로 사는 즉 "바르게 쓴다", "공정하게 쓴다"는 뜻이 된다. 최근에는 '중'을 죽간(죽책) 또는 죽간을 넣는 그릇이라는 뜻으로 해석하여 사(史)를 '역사책을 잡은 사람'이라 풀이하고 있다.

이렇게 보면 중국에서의 사의 개념은 인간의 현실생활에서 겪어야 하는 모든 변화라는, 현상으로서의 객관적인 측면과 그것에 작용하는 천의(天意)를 규명하고 탐구하여 기록하는 주관적인 측면을 갖고 있는 동시에, '히스토리아'나 '게쉬히테'에서는 찾아볼 수 없는 '기록자'나 '역사가'라는 의미까지 포함하고 있다고 할 수 있다.

2. 역사의 현재성

역사는 '인류생활의 과거에 일어난 일'이면서 한편으로는 '모든 역사는 현재의 역사'라고 말할 수 있다. 인류생활의 과거에는 수많은 일들이 일어났다. 역사가는 이러한 과거에 일어난 사건이나 사실 모두를 취급할 수는 없고, 역사적 가치와 의미가 있는 사실들만을 뽑아 모아 역사를 저술하게 된다. 일상적인 사실의 범주에 속하는 '비역사적 사실'과 구별되는 '역사적 사실'을 뽑아내는 작업은 일단 역사가들의 주관적인 안목에 의해 이루어지지만 결국 그 시대의 역사적 요구에 따르게 되는 것이니 여기에 역사의 현재성이 있는 것이다.

과거의 사실들 중에서 역사적 사실을 가려내는 기준이 현재적 요구에 있기 때문에 시대에 따라 역사적 사실로 선택되는 내용이 달라지고 또 그 역사적 사실이 갖는 가치가 다르게 평가되기도 한다.

예컨대 조선시대까지도 왕을 중심으로 하는 지배계층에 관한 일이 가장 중요한 역사적 사실로 생각되어 그것이 역사기록의 대부분을 차지하였고 민중생활에 관한 일은 지배목적상 필요한 때, 혹은 그들이 지배질서를 위반하였을 때에만 약간의 가치를 지니는 것으로서 선택되었다. 그러나 민중이 역사의 주인이라는 생각이 일반화된 오늘날에는, 지난날의 사서 속에서 민중사회의 움직임을 다룬 역사적 사실을 매우 높이 평가하고 있다.

과거에 일어난 많은 사실들 중에서 역사적 사실을 뽑는 일뿐 아니라 그 역사적 사실을 해석하는 데에는 더욱 현재의 요구가 작용하게 된다. 이와 같이 역사적 사실을 선택하고 해석하는 기준이 시대에 따라 변화하는 것이라면, 여기에 어떤 의미가 있는 것일까. 시대에 따라 역사적 사실에 대한 선택과 해석이 달라지는 것은 바로 그 역사적 사실이 가지고 있는 본래의 의미, 즉 객관적 진실성에 점점 가까워져가는 것을 뜻한다.

인류 역사상에 일어났던 여러 가지 역사적 사실들은 인간의 무지에 의해서 혹은 권력의 횡포에 의해서, 종교적 독단에 의해서 그 객관적 진실성이 많이 가려져 왔다. 그러나 오랜 역사시대를 통하여 인류는 기성의 역사관과 요구된 질서에 얽매이지 않고 그 때마다의 새로운 가치관을 수립해 나감으로써 역사적 사실의 선택이나 해석에서 항상 그 객관적 진실에 접근하려고 노력해 왔고 그 때마다 역사는 새롭게 선택되고 해석되어 왔다. 이처럼 역사에 있어서 객관성이라는 것은 어떤 영구불변의 내용을 가지는 것이 아니기 때문에 각 세대마다 자기들의 역사를 새로 써야 할 필요성이 생기는 것이다.

현재성에 의한 역사적 사실의 선택과 해석이 곧 그 역사적 사실이 갖는 객관적 진실에 접근하는 일이며 그것은 곧 인류역사의 바람직한 방향을 추구하는 길과 연결된다는 점을 생각하면 역사의 현재성이란 곧 미래를 창조하기 위한 발판이 됨을 알 수 있다.

역사를 이해하는 일은 과거의 역사적 사실을 오늘의 입장에서 끊임없이 선택하고 해석하는 일이라고 하였는데, 이 일은 과거와 현재 사이의 끊임없는 대화라고 표현되기도 하였다. 이와 같은 끊임없는 선택, 해석 및 대화가 필요한 이유는 바로 역사의 객관적 진실에 접근하기 위해서이며 그것은 곧 현재를 보다 역사적으로 만들기 위해서이다. 현재는 곧 미래의 출발점이기 때문에 그것을 객관적 진실에 접근시키는 일은 미래를 보다 나은 것으로 창조하는 일과 연결되며, 현재가 설령 만족할 만큼 역사적 진실에 접근하지 못하였다 하여도 미래를 창조하기 위한 발판은 역시 현재에 있을 수밖에 없는 것이다.

3. 왜 역사를 배우는가

인간 이외에 과거를 기억하고 과거를 말하는 동물은 없다. 그러므로 인간을 역사적 동물이요, 역사를 서술하는 동물이라 일컬어 왔다. 개인뿐 아니라 사회나 집단 역시 자신의 과거를 기억하며 또 기억하여야 한다. 만약 어떤 사회가 과거를 망각해 버린다면 그 사회는 기억상실증에 걸린 것처럼 거리를 배회하듯 방향감각을 잃고 말 것이다. 즉 현재란 과거의 연속이므로 우리는 과거의 역사를 올바르게 인식함으로써 현재 우리가 당면하게 되는 여러 문제들을 올바르게 파악할 수 있으며 또 미래에 대한 전망을 할 수 있게 된다.

사실 현재란 과거와 미래 사이에 끼어 있는 한 점에 불과하다. 그런 점에서 우리 인간은 과거 안에 묻혀 사는 존재라고 해야 할 것이고, 따라서 역사학은 단순한 과거에 관한 연구가 아니라 '살아있는 과거'의 학문이 된다.

그런데 우리가 살고 있는 현대사회는 너무나 급속하게 변화하여 우리가 아직 채 적응하기도 전에 다시 변화하기 때문에 과거와는 유대감보다는 단절감을 크게 느낀다. 현대의 과학기술의 발전은 전세대와 현세대의 심리적 괴리감을 놀라우리만치 확대시켜 주었다. 그리하여 오늘의 문제에 대해 역사는 무의미하다든가, 지금까지의 역사관은 이미 오늘의 현실을 설명해 주지 못한다든가, 지금까지의 역사 그 자체가 하나의 종말에 가까워지고 있다고 생각하며, 따라서 현재를 보는 시각은 과거가 아닌 '미래로부터의 도전'에서 설정되어야 한다고 생각하기도 한다.

확실히 과거는 현재의 모든 것을 설명해 주지 못한다. 그렇다고 해서 과거는 현재를 설명하는 데 무익하다고 할 수 있을까. 현대 인간사회의 여러 문제들을 이해하고 해석하기 위하여 그 역사적 원인이나 전례를 분석할 필요가 없다고 보는 것이 옳을까.

역사적 변화가 아무리 심하다고 해도 역사의 특성이란 역시 연속성에 있다. 만약 과거가 과거로서 끝나고 현재와 아무런 관련이 없다면 역사의 의미는 사라질 것이다. 물리적 시간적 개념으로서의 과거는 아무런 뜻이 없을지 모르지만, 역사적 과거는 인간의 정신이 깃든 내면적 의미의 과거이다. 그러므로 역사는 현재를 주관하고 미래를 관망하는 힘을 발휘한다.

그렇다면 역사를 배움으로써 구체적으로 어떤 도움을 받을 수 있을까.

첫째, 현재 우리가 당면하고 있는 여러 문제들의 원인을 역사에서 찾아냄으로써 그 문제를 해결할 실마리를 얻는다. 현재는 과거의 연속이므로 과거 역사 속에는 현재의 문제를 만들어 낸 원인이 담겨 있다. 예를 들어 이 시대에 우리가 해결해야 할 가장 중요한 과제 중 하나인 통일문제를 보자. 통일이라는 과제가 생긴 것은 민족이 분단되었기 때문이다. 그렇다면 왜 우리 민족이 남북으로 나뉘게 되었는지, 분단 이후 남과 북에서 각각 어떤 방식으로 사회체제를 운영해 왔는지 하는 문제 등을 과거 역사에서 찾아 살핌으로써 통일의 방향도 가늠해 볼 수 있는 것이다. 또 요즈음과 같은 지구촌 시대에 우리 민족이 당면한 문제뿐 아니라 오늘날 세계에서 일어나고 있는 여러 가지 일들에 대해서도 그 일들이 어떻게 해서 일어나게 되었는지 하는 것을 제대로 알기 위해서는 현재의 뿌리가 되는 과거의 일들과 연결시켜서 이해하지 않으면 안 된다.

둘째, 역사를 통해 경험과 교훈을 얻는다. 우리는 현실에서 모든 것을 직접 경험하지는 못하지만 과거의 비슷한 사건을 통하여 간접경험을 할 수 있다. 과거에 전개되었던 사건이나 사실들이 현재에 그대로 똑같이 반복되지는 않으므로 과거의 사례를 직접 모델로 삼아 현재의 문제를 해결할 수는 없다. 그러나 역사라는 것이 각 시대의 인류가 당면했던 문제들을 발견·파악하고 그것을 해결해 온 과정이었다는 것을 인식할 때, 과거에 대한 지식은 현재의 문제를 해결하는 데에 활용될 수 있는 것이다.

셋째, 역사를 배움으로써 올바른 역사의식을 갖게 되고 이것을 바탕으로 당면한 시대의 문제들을 해결함과 동시에 미래에 대한 바람직한 전망까지도 갖게 된다. 역사의식이란 사람들이 그들의 시간적·공간적 차원에서 가지는 존재론적 자아의식을 말한다. 즉 인간 개개인 하나하나가 따로따로 동떨어진 존재가 아니라 시간적으로나 공간적으로 서로 연결된 고리들 중의 한 고리로 존재한다는 결속의식 혹은 뿌리의식을 의미한다. 구체적으로 말한다면, 우선 나는 어떻게 태어났는가를 생각할 수 있다. 나는 영국인으로 태어났는가 아니면 중국인으로 태어 났는가 그것이 아니라 나는 대한민국의 국민으로 태어났다. 그러면 대한민국이라는 나라는 어떤 나라인가. 이것은 오늘의 대한민국이 있기까지의 역사를 이해함으로써 비로소 알 수 있는 것이다. 이러한 역사인식을 통하여 현재의 '나'라는 존재의 위치를 알 수 있으며 또 내가 개인적으로 취해야 할 바람직한 삶의 태도가 어떤 것인가를 암시적으로라도 인식할 수 있게 된다. 개인으로서뿐 아니라 민족의 면에서도 우리 민족이 어떠한 역사적인 경로를 밟아서 오늘에 이르렀는가를 올바르게 파악함으로써 오늘의 우리 민족이 할 수 있는 일이 무엇이며 해야할 일이 무엇인가를 인식하게 될 것이다. 또한 세계적으로 인류의 보편적인 세계사가 어떻게 시작되어 어떤 과정을 거쳐서 오늘에 이르렀는가를 역사적으로 인식한다면, 오늘의 세계사가 당면하고 있는 과제가 무엇이며 오늘의 인류가 함께 해결해 나갈 수 있는 것이 무엇인가를 발견할 수 있게 된다.

즉 우리는 역사라는 것을 통해, 과거의 빛을 통하여 현재를 바라보고 현재의 빛을 통하여 과거를 바라보는 동시에 다시 미래를 전망하는 전체적이며 종합적인 조망을 가지게 되는 것이다.

지금 우리는 이른바 '세계화' 시대에 살고 있다. 세계화·국제화의 구호 속에 한국사를 비롯한 역사교육이 전반적으로 위축되고 있는 것이 현실이다. 그러나 진정한 세계화란 우리 민족의 문화, 역사에 대한 정체성이 확립된 위에서만 달성될 수 있는 것이다. 자기 문화전통에 대한 자신감과 세계문화에 대한 균형 있는 인식 위에 세워진 개성 있는 현대문화가 바로 세계문화의 반열에 오를 수 있는 것이다. 물건을 만들어 내다파는 기업인들도 우리의 문화전통 속에서 우러나온 독창적인 냄새와 색깔을 지닌 상품이 세계시장에서도 경쟁력이 있다고 말한다. 그래서 가장 한국적인 것이 가장 세계적이라는 말이 나오는 것이다.

우리는 우리 민족의 역사를 배움으로써 민족의 주체성에 대해 인식할 뿐 아니라 인류공동체의 일원으로서 자신의 존재를 확인할 수 있다. 따라서 지금과 같은 세계화시대야말로 우리 민족의 역사와 문화에 대한 깊은 이해가 요구된다고 하겠다. 오늘날 대부분의 선진국에서 국제화·세계화를 지향하면서도 자국의 역사교육을 더욱 강화시켜 나가는 것은 그런 배경을 가지는 것이다. 더욱이 우리는 민족의 화해와 일치를 이루어야 하는 통일이라는 과제를 안고 있다. 우리는 지금 올바른 역사인식을 통해 세계화와 통일의 시대에 대비해 나가야 할 시점에 있는 것이다.

4. 역사를 어떻게 볼 것인가

　과거에 일어난 수많은 사실들 중에서 '역사적 사실'을 선택하고 해석하여 기록하는 일은 어떤 사실을 중요하다고 보는가 하는 역사가 개인의 주관에 따르는 것이지만 크게 보면 각 시대의 역사관에 따라 달라진다. 이처럼 역사를 어떤 시각에서 어떻게 볼 것인가 하는 문제가 시대에 따라 변화해 왔다면, 오늘날 역사를 바라보는 시각은 과거와 어떻게 달라졌을까. 역사를 어떻게 볼 것인가 하는 문제에 대한 대답은 오늘날에 있어서도 역시 역사가 개개인마다 다양하게 나올 수 있지만, 현대 역사학의 일반적인 연구경향을 살펴봄으로써 대강의 윤곽을 세울 수 있을 것이다.
　현대 역사학의 연구경향의 특징을 살펴보면 다음과 같다.
　첫째로, 정치사를 중심으로 역사를 보던 시각에서 벗어나 경제·사회·문화의 여러 분야들과 긴밀한 관련을 가지면서 전체를 관망하려는 경향성을 가진다. 고대 중세의 역사란 동서양을 막론하고 내부분이 지배층의 정치적 동향을 서술해 놓은 것이었다. 그러다가 프랑스혁명을 비롯한 대중혁명의 성공은 역사에서 대중이 담당하는 역할이나 사회경제적 요소, 사상의 영향 등에 대해 새로운 인식을 불러일으켰다. 이제 역사는 왕실의 역사가 아니고 민중의 역사라는 것이 혁명전통을 지켜 나가고자 하는 사학자들에 의해 주창되었으며 이후 경제사, 사회사 그리고 사상사가 중요한 분야로 등장하게 되었다.
　역사를 정치사·경제사·문화사·사상사 등으로 나누게 된 것은 역사의 학문적 성장에 따르는 자연스러운 분화현상이라고 하겠지만, 동시에 그것은 정치의 점진적인 민주화에 따라 역사의 주제로서 등장할 수 있는 인간집단과 생활국면의 폭이 넓어진 결과이기도 하다. 또 같은 사상사라 해도 초기에는 연구대상이 정치·경제상의 지배계층 또는 사상적 지도자들에 국한되었으나 최근에는 대중의 상태라든가 하층문화도 역시 그 대상에 포함시키고 있다. 그리하여 사상사를 연구하는 사람들도 경제사, 사회사 등에 더욱 관심을 기울이는 경향을 보인다.
　둘째로, 현대 역사학은 개별적인 사건들에보다는 그것들과 연결된 '과정'과

'구조'에 중점을 두고 있다. 역사에서 나타나는 개별적인 사건들은 모두가 각기 단독으로 있는 것이 아니므로 그것들과 연결되어 있는 전체와의 대조에서 바라보아야 한다는 것이다. 개별적 사건들은 어떤 사태가 진행중인 '과정'의 한 양상이며, 사회 '구조'의 한 부분이라는 것이다.

이처럼 역사를 구조적으로 파악하려는 것은 인간의 사회를 하나의 통합된 유기적 구조로 보는 이해방식 때문이다. 구조적 단위로서의 사회는 그 속에 또 여러 개의 소단위를 포함하고 있고 또 그 자체가 더 큰 사회를 구성하는 소단위가 되는 것이며 결국 세계 전체가 하나의 유기적 구조를 이루게 된다. 즉 역사학은 근본적으로 인간에 관한 학문, 인간사회에 관한 학문인데, 인간과 사회는 하나의 유기체이므로 그것을 다루는 방법은 전체적이며 총체적인 접근방법이어야 한다고 생각하는 것이다.

셋째로, 사회과학의 방법을 역사학에 두루 적용하려는 경향성을 가지고 있다는 것이다. 이는 역사를 정치, 경제, 사회, 문화의 총체적인 역사로 인식하는 경향과 관련되어 있다. 역사 연구의 대상이 정치사 중심의 편협한 테마로부터 사회구조사로 옮겨오게 되면 역사는 사실상 모든 인간학 분야들과 대화해야만 할 필요가 생긴다. 인구학, 지리학, 사회학, 경제학, 통계학, 민속학, 인류학, 심리학, 언어학, 지질학 등 다양한 사회과학의 방법이 역사 연구에 동원되기에 이르렀다. 그리하여 역사학에 다양한 특수 문화 분야를 다루는 특수사가 나타나게 되었다. 이제 역사학은 고대·중세·근대·현대를 다루는 종래의 시대사적 접근을 비롯하여, 동양·서양·아프리카·라틴 아메리카 역사에 관한 지역적 접근, 정치·경제·사회·철학사상·인구·미술·문학·건축·의상·도시·화폐 등의 역사를 다루는 특수사적 접근 등이 나타나게 되었다. 더구나 근자에 나타나는 사소한 일상생활과 관련된 문제들을 다루는 역사서술은 역사가 더 이상 현실과 유리된 골방에 유폐되어 있을 수 없다는 사실을 일깨워 준다. 역사학은 이제 사회과학과의 대립이나 경쟁이 아니라 병존의 시대, 학과들 간의 상호교류의 시대를 맞이하고 있다 하겠다.

(오일순)

※ 참고문헌
전해종·길현모·차하순, 1975, 『역사의 이론과 서술』, 서강대인문과학연구소.

이기백 엮음, 1976, 『역사란 무엇인가』, 문학과 지성사.
박성수, 1977, 『역사학개론』, 삼영사.
크로체(B. Croce) 저, 이상신 역, 1978, 『역사의 이론과 역사』, 삼영사.
블로크(M. Bloch), 1979, 『역사를 위한 변명』, 한길사.
고려대문과대학사학과교수실 편, 1979, 『역사란 무엇인가』, 고려대출판부.
이민호, 1982, 『현대사회와 역사이론』, 문학과 지성사.
차하순 엮음, 1983, 『사관이란 무엇인가』, 청람문화사.
카아(E. H. Carr) 저, 길현모 역, 1984, 『역사란 무엇인가』, 탐구당.
세노(J. Chesneaux) 저, 주진오 역, 1985, 『실천을 위한 역사학』, 이론과 실천.
이광주·이민호 엮음, 1987, 『현대의 역사이론』, 한길사.
라종일, 1992, 『세계사를 보는 시각과 방법』, 창작과 비평사.
임희완, 1994, 『역사학의 이해』, 건국대출판부.

제3장 한국인의 역사인식

　대체로 역사를 보는 눈이나 생각은 그 사람이 살고 있는 시대적 상황에 따라 크게 달라지고 또한 영향을 받게 마련이다. 이를테면 유교적 사상으로 이끌어지던 조선사회에서는 우리 역사를 유교 도덕사관에 의하여 평가해 보려는 경향이 강하였고, 20세기 초 우리 나라가 일본제국주의의 식민통치 아래에서 신음하고 있을 때에는 독립과 주권의 회복이라는 목적 아래 민족의식이 강한 역사인식을 나타냈다. 이처럼 역사인식은 시대적 여건에 따라 다르게 나타나며, 그 시대가 나아가야 할 방향감각을 가리켜 주기도 한다. 한편 역사인식은 판단하는 이의 주관에 따라 다르기 때문에 모두 같은 생각으로 나타날 수는 없다. 나아가 정부가 지향하는 역사의 방향은 개인이 생각하는 그것과 꼭 일치하는 것도 아니다. 우리 한국사에서도 여러 번 왕조가 바뀌면서 그 시대마다 다른 역사인식이 나타나고 정부나 개인이 평가하는 내용도 다양하게 이루어져 왔다. 따라서 일정한 시기의 역사인식을 정확하게 집어내기란 그리 쉬운 일이 아니다. 여기에서는 우리 역사의 흐름을 편의상 몇 시기로 나누어, 그 시대에 부각되어 나타난 역사인식과 역사서의 기록을 중심으로 주목되는 부분을 간략하게 고찰해 보고자 한다.

1. 삼국시대의 역사인식

　한국사에서 지금까지 전해오는 최초의 역사서는 고려 인종 때 관찬사서로 저술된 『삼국사기』로 알려져 있다. 물론 그 이전에 어떤 종류의 역사서가 저술되었을 것이나 전해오지 않는다. 『삼국사기』 기록에 비춰보건대, 적어도 삼국시대에는 많은 국사가 저술되었음을 알 수 있다. 고구려 국초에 편찬된 『유기 留記』

100권, 영양왕 11년(600) 태학박사 이문진(李文眞)이 옛 역사를 요약하여 새로 편찬했다는 『신집 新集』 5권, 백제 근초고왕 30년(375) 박사 고흥(高興)으로 하여금 짓게 했다는 『서기 書記』, 신라 진흥왕 6년(545) 거칠부(居柒夫)를 시켜 저술한 『국사 國史』가 그것이다. 가야에 관한 역사서도 쓰여진 것으로 보인다. 신라에 병합된 이후 저술된 것이지만, 신라 진평왕대에 금관가야를 대상으로 편찬된 것으로 생각되는 『개황록 開皇錄』이 전해오고 있다. 그러면 삼국시대에 편찬된 역사서의 내용과 성격은 어떤 것이었을까. 우선 모두 관찬사서였을 것이다. 기록된 내용을 정확하게 말하기는 어렵지만, 우리 나라 역사의 흐름에서 볼 때 고대국가로 나아간 시기에 쓰여진 만큼 건국신화와 같이 신비스런 내용이나 왕실의 계보 등을 중심으로 서술되었을 것이다. 쓰여진 시기가 대체로 삼국 모두 중앙집권적 귀족국가로의 발전이 이루어진 때였음을 고려하면, 고대국가로의 도약과 관련이 있을 것이다. 따라서 이 시기의 역사편찬은 고대국가에 필요한 왕실 권위·위엄의 과시와 함께 중앙집권적 왕권강화라는 목적에서 이루어진 것으로 생각할 수 있다.

2. 신라통일기의 역사인식

고구려와 백제를 병합한 신라통일기 초기에는 김춘추 계통의 진골 전제정치가 이루어졌다. 그러나 8세기 이후에는 진골 간에 골육상쟁이 벌어지면서 골품제의 모순이 드러나기 시작하여 쇠퇴의 길을 걷게 되었다. 신라통일기에는 정부 주도의 관찬사서가 편찬되었다는 기록이 없다. 그러나 『삼국사기』에 나타나듯이 개인이 쓴 역사서, 즉 사찬사서는 편찬되었다. 김대문(金大問)과 최치원(崔致遠)의 저술을 대표적으로 들 수 있다. 김대문의 『고승전 高僧傳』·『화랑세기 花郎世紀』·『한산기 漢山記』·『악본 樂本』·『계림잡전 鷄林雜傳』과 최치원의 『제왕연대력 帝王年代曆』·『현수전 賢首傳』 등이 그것이다. 그 밖에도 작자미상의 『선사 仙史』와 김유신의 현손 김장청(金長淸)이 지은 『김유신행록 金庾信行錄』 등이 『삼국사기』의 기록으로 전해지고 있다. 진골귀족 김대문은 신라통일기 초기의 인물이다. 그러나 그의 저술이 전하지 않아 역사인식을 이해하는 데 어려움이 있고, 후인들의 평가도 양분되고 있다. 이를테면 김대문이 유교사상을 배격하고 신라의 전통을 살려야 한다는 목적의식을 갖고 있었다거나 신라통일기 초기부터 전개해 온 국왕과 육두품을 중심으로 전개된 전제주의에 대하여 반(反)전제주의적 입장을 보였다는 평가가 있는가 하면(이기백·이기동), 유교적 입장에서 전제왕권을 옹호하였다는 주장도 있다(조인성). 그러나 신라의 전통을 중시하고 객관적인 서술과 합리적인 해석을 가하는 방법을 썼다는 점은 공히 인정한다. 어쨌든 김대문은 신라통일기 초기 정치적 주도권을 쥔 김춘추계 진골과 그 밖의 진골 사이의 관계나 문화의식을 알리는 중요한 자료를 남겼다고 할 수 있다.

반면 9세기 말 신라말기에 살았던 최치원은 중국에 유학한 육두품 출신의 유학자였다. 따라서 그는 앞선 김대문보다 더욱 중국적이고 유학적 사고로 역사를 서술했을 것으로 생각된다. 연대기형식으로 쓴 『제왕연대력』을 통하여 왕실의 권위를 내세우는 한편, 신라에 의한 통일국가의 정통성을 강조하였으며, 승려의 전기인 『현수전』도 유교적 입장에서 썼다고 한다. 요컨대 신라통일기에는 관찬사서보다는 이처럼 개인이 각각 그들의 입장을 옹호하는 편에 서서 편찬한 역사서가 많았다고 하겠다. 신라통일기 후기로 오면서는 학문적 식견이 높은 육두품을 중심으로 더욱 유교적인 사고가 짙어졌고, 이 같은 유학적 사고가 그들에게 골품제에 반기를 들고 반신라적 방향으로 나아가게 한 것으로 보인다. 신라말기 호족이 득세하던 시대에는 한때 풍수지리설도 유행하여 유학을 공부한 육두품 계층 사이에서 이 풍수지리설과 당시 유행한 선종(禪宗)사원에 관련되면서 사상의 복합화 현상도 보였다. 이러한 현상은 호족 출신인 고려태조 왕건에게도 영향을 주었는데, 그가 후손에 남긴 『정계 政誡』와 『계백료서 誡百寮書』에 드러나 있다.

3. 고려시대의 역사인식

신라말 고려초 호족사회를 거치고 문벌귀족사회로 들어선 고려전기의 역사인식은 어떠하였던가. 고려전기에는 대외적으로는 자주의식과 민족의식이 크게 표출되었고, 대내적으로는 유교와 불교가 조화를 이루면서 귀족문화가 건설되었다. 고려초기에는 역대왕의 정치와 관련된 여러 서적이 편찬되었다. 그리고 사관들이 직접 중국에 가서 중국 역사서를 수입해 오는 등 전대의 역사를 편찬할 수 있는 기반을 마련하였다.

고려전기에 편찬된 대표적인 역사서는 『삼국사기』로 알려져 있다. 그러나 그에 앞서 『구삼국사 舊三國史』가 편찬된 것으로 보인다. 이 역사서를 누가 언제 편찬하였는지는 정확하지 않으나 『삼국사기』 일부 기록과 이규보의 『동명왕편』 등으로 미루어 적어도 목종(穆宗)대 이전에 고려왕조 지배계층에 의해 편찬되었으리라 추측된다. 특히 『구삼국사』에서는 설화적 요소가 많이 들어 있고, 고구려가 부각되면서 투쟁과 역경의 극복이 강조된 내용으로 기술되었던 것으로 추측된다. 비록 고려는 후삼국 통일 후 신라의 정통을 이어받아 그 전통과 문화에 신라적 요소가 크게 작용하였다 하더라도, 고려 건국의 주체세력이 주로 옛 고구려강역 안의 호족이었다는 점에서 자연히 고구려 계승의식이 강하고 이미 잃어버린 옛 북방강역에 대한 관심이 높아 대외적으로는 북진정책을 추진하는 방향을 취하였다. 이러한 지배계층의 역사의식이 『구삼국사』 편찬에 작용하였으리라 여겨진다. 『구삼국사』는 뒷날 『삼국사기』 편찬의 근간이 되었고, 『삼국사기』에 기록된 내용은 이 『구삼국사』의 내용이 주종을 이룬다고 볼 때, 사학사적으로 매우 중요한 역사서이나 안타깝게도 현존하지 않는다.

『삼국사기』는 고려 인종 23년(1145)에 편찬된 관찬사서이다. 본기(本紀)·표(表)·지(志)·열전(列傳)을 기전체로 엮은 현존하는 최초의 역사서이다. 『구삼국사』 편찬 시기와는 대략 백여 년의 시차가 나는데, 이 때는 문벌귀족사회가 정착하여 문치위주의 유교정치가 이루어지고, 대외관계도 비교적 안정되어 중국과의 문물교환이 활발하게 이루어지고 있었다. 이러한 분위기에서 전대의 역사를 정리할 필요를 느끼고 왕은 김부식을 중심으로 하여 『구삼국사』를 대신할 삼국시대의 역사편찬에 착수케 하였다.

그렇다면 김부식 등은 어떤 역사인식 하에 『삼국사기』 편찬에 착수하였을까. 학자들의 연구성과를 토대로 간략하게 소개한다. 첫째로 도덕적인 선악을 중시하고 합리주의적 역사해석에 입각하여 편찬에 임하였다. 편찬자들은 역사가 정치의 거울이라는 생각에서, 설화적 요소가 강한 『구삼국사』에 대해 불만을 품고 『삼국사기』를 교훈적인 역사서로 꾸미려 하였다. 그리하여 도덕적 선악이 정치를 좌우한다는 생각 아래 편찬의 기본이념을 유교사상에 두었다. 따라서 편찬방향은 설화적이고 신비주의적인 내용을 크게 삭제하고 현실적이고 유교적인 합리주의사관에 맞추었다. 둘째로 신라 전통의 계승자로서 고려왕조를 부각시키려 하였다. 신라를 삼국 가운데 맨 먼저 건국한 나라로 기록한 것이나 지와 열전에 신라가 큰 비중을 차지하고 있는 점 등은 『구삼국사』가 고구려 중심으로 편찬된 것과 대조적이다. 여기에는 아마 신라왕조의 후예인 김부식의 의도도 작용하였을 것이며, 편찬자들은 『삼국사기』를 통하여 고려초기에 부각된 고구려 전통을 거부하고 고려가 신라의 전통을 이어받았다는 점을 강조하려 한 것으로 보인다. 셋째로 『삼국사기』의 사료적인 가치문제이다. 『삼국사기』를 편찬할 때 편찬자들은 『구삼국사』를 비롯하여 당시까지 전해오는 우리 나라 역사서와 중국 역사서를 크게 활용하였다. 물론 그들의 입맛에 맞게 선별하는 과정에서 설화와 같은 원사료의 많은 부분을 깎아내고, 유교 정치논리에 따라 지배자 중심으로 서술하였다는 문제점을 간과해서는 안 될 것이다. 그러나 『삼국사기』에 기록된 대부분의 역사적 사실까지 위작했다고 보기는 어렵다고 볼 때, 이에 대한 사료적 가치는 무한히 크다 할 것이다. 물론 이 역사서를 이용할 때 어느 정도의 사료비판이 가해져야 할 것이다.

고려전기 문벌귀족사회의 폐해는 결국 무인정권을 낳았고, 이어 몽골간섭기를 맞으면서 고려왕조는 점차 쇠퇴기로 접어들었다. 이 무인정권기를 포함하여 고려후기의 정치적 불안과 민족적 수난기를 겪으면서 나타난 역사인식은 어떠하였던가. 이 시기 역사서술의 특징은 다음과 같이 정리해 볼 수 있다. 첫째, 무인정권기에는 사관이 참여하여 쓴 관찬사서가 거의 없었다. 당시에는 정치분위기상 반(反)무신적인 직필(直筆)이 곤란하였고, 오히려 사관 자신이 현실에 적응하면서 무신과 영합하는 경향을 드러내는 형편이었다. 둘째, 그러나 몽골간섭기에는 관찬으로서 본조사(本朝史) 편찬이 활발하였다. 특히 왕실의 세보(世譜)도 많이 편찬되고 실록(實錄)도 편찬되었다. 셋째, 공민왕 이후에는 점차 반원적・자주적인 역사서술이 이루어지고 있었다. 본조사에 대한 관심이 더욱 높아지고 사관 지위의 격상을 요구하는 등 사관제도의 개편을 부르짖는가 하면, 관리들도 기록의 정확성 즉, 직서(直書)의 중요성을 인식하였다. 그리하여 원나라의 간섭 초기에 쓰여진 역사서를 다시 고쳐 쓰거나 증보하는 작업이 활발하게 일어났다. 넷째, 사찬사서로서 영사시(詠史詩)가 많이 나타난 점이 주목된다. 이규보의 『동명왕편 東明王篇』, 오세문의 『역대가 歷代歌』, 이승휴의 『제왕운기 帝王韻紀』, 고득상의 『해동삼국통략 海東三國通略』 등이 그것이다. 이 가운데 『동명왕편』은 영웅서사시로, 『제왕운기』는 민족서사시로 잘 알려져 있다.

고려후기에는 실록류인 『의종실록』, 『명종실록』, 『삼대실록』(신종·희종·강종), 『고종실록』, 『충경왕실록』, 『삼조실록』(충렬왕·충선왕·충숙왕) 등이 편찬되었다. 사서류로는 위의 영사시 외에도 이규보의 『백운소설』, 각훈의 『해동고승전』, 임경숙의 『경원록 瓊源錄』, 일연의 『삼국유사』, 원부의 『고금록 古今錄』, 임익의 『선제사적 先帝事蹟』, 이제현의 『국사』·『사략 史略』·『역옹패설』, 정가신의 『천추금경록 千秋金鏡錄』, 민지의 『세대편년강목』·『본조편년강목』, 이인복·이색의 『증수본조금경록』 등을 들 수 있다. 이 가운데 『동명왕편』과 『제왕운기』, 『삼국유사』는 후대 사람들로부터 특히 주목을 받아왔다. 모두 12~13세기 몽골 간섭으로 우리 민족이 수난을 당한 시기에 출현한 역사서이다. 따라서 『동명왕편』과 『제왕운기』는 당대의 저항정신이 현실적 제약 하에, 내면적으로 심화되고 다시 발효되어 그 불만이 민족의 심금을 울릴 수 있는 문학적 표현으로 나타났다고 하겠다. 특히 이승휴는 『제왕운기』를 통해 우리 민족의 출발을 단군으로 보았고, 우리의 옛 북방강역에 대한 큰 관심과 함께 동족의식을 강하게 나타냈다.

『삼국유사』는 『삼국사기』와 더불어 고려시대의 쌍벽을 이루는 사서로서, 승려 일연의 사찬사서이다. 기전체 사서인 『삼국사기』가 지배자 중심으로 쓰여졌다면, 『삼국유사』는 자유롭게 주제를 선택하여 아무런 제약 없이 쓰여졌다. 불교관계 기사가 주종을 이루지만 민간 부문도 많이 다루어졌다. 그리고 일연은 많은 자료를 수집하여 비교적 실증적으로 쓰고자 노력하였다. 그는 『삼국유사』를 통해 우리 고대사의 신비스런 내용을 많이 담았지만, 민족적 자주의식을 크게 나타내고 단군의 고조선 → 위만조선 → 마한과 같은 우리 민족역사의 체계를 세우기도 하였다. 특히 그 사론에서는 종전의 고구려 중심이나 신라 중심의 편중된 국사체계를 탈피하고 우리 민족사 전체라는 체계 속에서 서술하려 한 것을 엿볼 수 있다. 한편 종래 유교적 합리주의사관에 대한 비판적 의식을 보이기도 하였다. 어쨌든 『삼국유사』는 『삼국사기』와 함께 우리 고대사를 이해하는 데 사료적 가치가 큰 역사서임에 틀림없다.

요컨대 고려시대의 역사인식은 건국초기와 무신집정기, 그리고 몽골간섭기처럼 비교적 국내정치가 불안할 때는 대외적으로 강경정책을 드러내고 고구려 인식을 부각한 민족적 자주의식이 고양되어 나타났다. 고려전기에서처럼 신라계 문벌귀족이 크게 등장하여 정치적 주도권을 행사하던 시기에는 유교적 통치이 념에 의한 도덕적 합리주의사관이 대두되어 신라를 정통으로 삼아 한국사의 맥을 이으려는 경향도 보였다. 그러나 이 시대에『삼국사기』를 통해 우리 역사의 체계가 수립되고, 고려후기에 들어서 단군을 개국시조로 하여 우리 민족사의 체계를 세워 보려 한 것은 주목할 부분이라 하겠다.

4. 조선시대의 역사인식

주자학을 공부한 신흥사대부가 주축이 되어 개창된 조선사회의 역사인식은 어떠하였을까. 조선왕조 5백 년 동안 이루어진 관찬 및 사찬 역사서는 어느 시대보다도 많다. 먼저 조선전기 즉, 임진왜란 이전에 편찬된 사서를 소개해 본다. 조선의 제도개편이 완성된 성종대 이전을 보자. 관청의 주도 아래 이루어진 사서로는『고려국사 高麗國史』(1395)를 비롯하여『동국사략 東國史略』(1403), 『고려사 高麗史』(1451),『고려사절요』(1452),『삼국사절요』(1476),『동국통감 東國通鑑』(1485) 등을 들 수 있다. 이 가운데『동국사략』과『고려사절요』이하는 편년체 사서이다. 왕조실록도 개국 초기부터 편찬되었고『세종실록지리지』와 『동국여지승람』같은 지리지도 편찬되었다. 사찬사서로는 권근의『동현사략 東賢史略』과『응제시 應製詩』, 권제의『동국세년가 東國世年歌』, 권람의『응제시주 應製詩註』등 권씨 3대의 저술을 들 수 있다.

조선이 개국되고 대략 1세기 동안은 주로 관 주도 하의 민족사 정리기로 볼 수 있다. 즉 새로운 왕조를 건설하였다는 정치적 자부심과 고려말 이민족과의 관계에서 경험한 자주의식 및 문화의식을 배경으로 성리학에 입각한 역사의 정리와 정치이념의 확립이 필요한 시기였다고 하겠다. 그 동안 수입된 많은 중국 역사서의 영향도 받아 주자학적 가치관에 따른 교훈적인 역사의식이 고조되고 있었다. 따라서 이 시기의 사서는 편찬과정이 수월하지 않았지만, 대체로 성리학적 정치이념에 입각하였다. 특히 단대사인『고려사』는 조선왕조를 건설한 사대부계층의 고려왕조사관을 제시해 준 것으로서, 유교에 바탕한 도덕적 합리주의 사관을 기초로 하여 쓰여졌음은 물론이고, 고려왕조 멸망의 당위성과 조선왕조 건국에 대한 역사적 정당화가 강조되었다. 그러나 편찬과정에서는 왕권강화를 시도하려는 군주의 입장과 신권을 옹호하려는 신하들의 입장이 엇갈려 그 편찬이 쉽게 이루어질 수 없었다.

『고려사』가 이미 망한 왕조의 시대사인 반면, 성종대에 완성된『동국통감』은 통사(通史)로서 사학사에서 중요한 의미를 지닌다. 불완전하기는 하나 상고사부터 고려말을 대상으로 한 최초의 관찬 편년체 사서이다. 세조 때 훈신들의 참여 아래 착수되어 성종대 사림들이 등장하면서 삭제와 증보를 거듭하였는데, 사림 출신 최보(崔溥)는 혼자 200여 개의 사론을 쓰기도 하였다. 당초의 편찬 목적은 세조가 군주의 권위와 전제왕권의 강화를 통한 중앙집권화의 일환으로 민족사의 체계를 재구성하려는 데 있었으나, 역시 유교적 명분을 강조하는 신하들과 세조 간의 갈등으로 한때 편찬작업이 중지되기도 하였다. 그러다가 성종대에 사림들의 대거 등장과 성종의 적극적인 후원으로 완성을 본 것이다. 사림의 참여로 오히려 성리학적 윤리덕목에 관계되는 기사가 더욱 보충되지 않을 수 없었고, 사림의 역사의식이 강조되어 나타났다. 영남계 사림의 입김이라고 할 수도 있겠지만, 은연중에 신라정통의 분위기를 낳기도 하였다. 훈신시대에서 사림시대로 넘어가는 과도기에 나타난『동국통감』의 체재는 훈신적인 것과 사림적인 것이 혼재됨으로써 후대 학자들로부터 비판의 대상이 되기도 하였다. 그리고 실록의 편찬은 조선 전후기를 통하여 춘추관을 주축으로 하여 계속 이루어졌다.

한편 조선전기 후반 즉, 연산군 이후 임진왜란 전후까지의 16세기에는 관찬사업이 쇠퇴하고 사림 중심의 사찬사서가 등장하여, 이 시기는 사림 중심의 사략형(史略型) 사서 저술시기로 평가되기도 한다. 박상(朴祥)의『동국사략』, 유희령(柳希齡)의『표제음주동국사략 標題音註東國史略』, 박세무(朴世茂)의『동몽선습 童蒙先習』, 윤두수(尹斗壽)의『기자지 箕子志』, 이이(李珥)의『기자실기 箕子實記』등을 대표적으로 들 수 있다. 이 때의 사서에서는 우리 상고사를 중시하면서 나름대로 한국사를 체계화해 보려는 노력이 나타났고, 유학적 대의명분과 충절의 유무에 입각한 역대 인물 평가가 크게 이루어졌다. 대체로『동국통감』을 간략하게 요약한 사략형 사서는 어린이 교육용으로 많이 활용되었다. 조선후기에는 기자(箕子)가 특히 우리 상고사의 체계를 세우는 데 거의 항상 등장하였다. 조선 주자학사회에 만연된 기자 숭배사상에서 비롯된 결과로 보아 좋겠다. 기자 연구의 효시라 할 수 있는 이이나 윤두수의 기자 연구결과는 조선후기 역사학자들이 많이 이용하였다.

이제 임란 이후 조선후기 역사서술과 인식을 살펴보자. 조선후기에는 사찬사서가 많이 등장하고, 순수한 역사서는 아니지만 역사에 관한 내용을 많이 담은 저술이 이루어졌다. 따라서 상대적으로 관찬사서의 편찬은 부진하였다고 볼 수 있다. 그리고 사회변화와 함께 다양한 체재와 방법을 동원한 역사서술이 나타났다. 주요한 역사서를 시대순으로 소개해 보면, 오운(吳澐)의 『동사찬요 東史纂要』, 조정(趙挺)의 『동사보유 東史補遺』, 유계(兪棨)의 『여사제강 麗史提綱』, 홍여하(洪汝河)의 『휘찬여사 彙纂麗史』· 『동국통감제강 東國通鑑提綱』, 북애(北崖)의 『규원사화 揆園史話』, 홍만종(洪萬宗)의 『동국역대총목 東國歷代總目』, 임상덕(林象德)의 『동사회강 東史會綱』, 안정복(安鼎福)의 『동사강목 東史綱目』, 이긍익(李肯翊)의 『연려실기술 燃藜室記述』, 한치윤(韓致奫)의 『해동역사 海東繹史』를 들 수 있다. 허목(許穆)의 『동사 東事』, 유형원의 『동사례 東史例』, 이종휘(李種徽)의 『동사 東史』도 주목할 만한 역사서이다. 그리고 조선시대사인 『조야기문 朝野記聞』· 『조야첨재 朝野僉載』· 『조야회통 朝野會通』·『열조통기 列朝通紀』와 같은 당대사도 편찬되었다. 이긍익의 『연려실기술』도 기사본말체로 쓰인 당대사이다. 한편 18~19세기에는 중인(中人)들에 의한 역사편찬도 나타났다. 이진택(李鎭宅)의 『규사 葵史』, 이진흥(李震興)의 『연조귀감 掾曹龜鑑』, 조희룡(趙熙龍)의 『호산외사 壺山外史』, 그 밖에 『이향견문록 里鄕見聞錄』등이 그것이다.

조선후기 역사서를 살펴보면 조선전기와는 뚜렷이 다른 역사인식을 발견할 수 있다. 우선 역사학을 경학에서 분리하여 역사학 자체의 독립성을 추구하면서 한국사의 독자적 체계를 수립하려 한 것을 들 수 있다. 특히 이는 실학자들의 역사인식에서 강하게 나타나는데, 중국 중심의 세계관을 부정하려는 경향이 농후하였다. 둘째, 조선후기 역사학자들의 역사인식에는 역사학이 현실비판의 한 방법으로 이용되는 경향이 강하였다. 특히 17~18세기 한국사회의 모순과 부조리가 이들의 현실개혁적 역사인식을 더욱 고조시켰다. 셋째, 조선후기에는 옛 우리 북방강역에 대한 애착심과 함께 역사지리연구가 활발하였다. 역사지리란 지리연구를 통하여 역사를 이해하는 역사연구의 한 방법이다. 한백겸의 『동국지리지』와 유형원의 『동국여지』, 신경준의 『강계고』, 정약용의 『아방강역고』는 대표적인 역사지리서이다. 더불어 발해에 대한 연구도 활발하였다. 역사지리연구의 발달은 외침에 대비한 국방강화에 대한 인식을 높이는 데도 도움이 되었다. 넷째, 17세기 이후 강목체(綱目體) 사서가 유행되면서 한국사 체계의 정통론(正統論)이 크게 이루어졌다. 특히 여러 남인학자들은 우리 상고사의 정통체계를 단군조선 → 기자조선 → 마한으로 설정하여 한국사의 체계적인 정리를 시도하기도 하였다. 『동국통감제강』과 『동사강목』은 대표적인 강목체 사서로서 엄격한 정통체계 하에 이루어진 사서이다. 이익의 '삼한정통론'은 구한말 역사학자들에게도 큰 영향을 주었다. 더불어 단군에 관한 연구도 전에 없이 활발하게 이루어졌는데, 도가(道家)적 입장에서 다뤄지기도 하였다. 북애의 『규원사화』나 허목의 『동사』 등에서 찾아볼 수 있다. 다섯째, 역사연구방법의 근대성을 들 수 있다. 많은 자료의 수집과 엄격한 사료비판, 서술의 객관성과 논증의 실증성은 종래의 연구방법을 뛰어넘는 것이었다. 이익의 『성호사설 星湖僿說』과 안정복의 『동사강목』은 고증이 잘 된 대표적인 문헌이라 할 수 있다. 역사서술 방법도 다양해져 종래 기전체나 편년체의 서술방법을 떠나 기사본말체 같은 방법을 쓰기도 하고, 아예 자유로운 서술법을 택하기도 하였다. 18~19세기 실증적 역사연구와 근대지향적이고 민족지향적인 역사인식은 20세기 전후의 민족사학자들의 역사인식에 큰 영향을 주었다. 이러한 조선후기 실학풍의 역사연구방법의 정착이 20세기 초 도입된 서구의 근대적 역사연구방법에 의한 타격의 강도를 줄여주는 역할을 하였다.

19세기에는 양반의 전유물인 역사연구가 중인들에 의해서도 이루어지게 되었다. 『규사』는 서얼의 역사서이고, 『연조귀감』은 향리의 역사이며, 『호산외기』는 중인의 전기로서 모두 19세기에 출간되었다. 이러한 19세기 역사연구의 변화는 종래 왕조나 귀족을 중심으로 한 정치사 위주의 역사연구가 이제는 신분제도의 개혁과 같은 현실개혁을 요구하는 등 사회사적 성격을 띠고 있음을 나타내 주는 것이라 하겠다. 사학사적으로 보아 근대로 넘어가는 길목에서 나타난 중요한 변화라 하겠다.

끝으로 19세기 말 개화기로부터 1910년 강제합방이 이루어진 때까지 이른바 구한말의 역사인식을 간단히 정리해 보자. 이 시기는 탈중국 자주의식이 강하게 주장되고 애국과 자강이 크게 요구되던 시기였다. 특히 지식인들은 열강이 경쟁하는 국제질서 속에서 어떻게 열강의 대열에 설 것인가에 큰 관심을 갖게 되었고, 자강(自彊)만이 약육강식과 우승열패의 쟁패 속에서 살아남게 한다는 인식이 만연하게 되었다. 국어교육과 국사교육이 중요시되었고, 특히 언론과 잡지는 당시 근대의식의 고양에 큰 몫을 하였다. 1894년 갑오개혁을 계기로 새로운 학제가 성립됨에 따라 초·중등학교가 설립되어 국사교육이 실시되기도 하였다. 현채의 『동국역사』와 『동국사략』, 김택영의 『역사집략』, 최경환·정교의 『대동역사』 등은 이때 자주의식을 고양시키기 위해 나온 책들이다. 이즈음 중국 양계초(梁啓超)의 사회진화론이 국내에 알려지면서 진화론에 입각한 세계사적 보편사관도 점차 확산되고 있었다. 서구문물이 밀려들면서 시민의식과 민주주의에 대한 지식이 싹트고, 역사의 주체로서 대중에 대한 인식도 심어져 갔다.

애국계몽기 특히 1900년대의 한국사 서술은 우리의 주권을 회복하는 데 역점이 두어졌고, 민족의 긍지와 자주의식을 심어주는 방향으로 이루어졌다. 1905년 강제로 한일협약이 체결된 뒤에는 박은식·신채호와 같은 민족주의 사학자들이 독립과 국권회복을 위한 민족사관을 주창하였는데, 이후 1945년 조국광복이 오기까지 주도적인 사관이 되었다.

5. 일제 강점기의 역사인식

조선을 강점한 일본제국주의는 이른바 식민지사관을 우리 민족에게 심고자 하였다. 식민지사관이란 한국의 식민지화를 역사적인 견지에서 합리화하려 한 일본 역사가의 날조된 사관이다. 이 사관의 핵심은 지리적 결정론으로서, 그 주요내용은 타율성론과 정체론을 들 수 있다. 타율성론은 한국의 역사가 한민족의 자주적인 역량에 의해 자율적으로 이루어졌다기보다는 외세의 간섭과 압력에 의하여 타율적으로 전개되었다는 논리이고, 정체론은 한국이 역사적으로 사회적인 큰 변혁을 거쳤음에도 불구하고 사회·경제적으로 구조적인 발전을 이룩하지 못했다는 이론이다. 즉 봉건사회를 거치지 못했기 때문에 전근대사회에 머물러 있다는 논리라 하겠다. 일제가 한국역사의 '특수성'을 강조하여 식민지 지배를 합리화시킬 저의에서 만들어 낸 억지주장이라는 것은 새삼 논의의 여지가 없다.

이러한 식민지사가들의 논리에 대해 당시 지식인들은 다각도로 반박하면서 맞섰다. 이른바 근대사학으로 불리는 민족주의사학·사회경제사학·실증사학을 대표적으로 들 수 있다. 첫째로 민족주의사학은 민족의 독립에 대한 확고한 신념을 국민들에게 심어주려는 의도를 갖는 정신사관에 기초한 역사학이라 하겠다. 민족주의 사학자들은 비록 국가라는 외형은 잃었더라도 정신만 살아 있으면 민족은 살아 있고, 따라서 언젠가 반드시 독립을 찾을 수 있다는 신념에 차 있었다. 박은식의 '혼', 정인보의 '얼', 신채호의 '낭가사상', 최남선의 '조선정신', 문일평의 '조선심'은 비록 표현은 다르지만 민족의 역사적 발견이라는 점에서 국권회복을 갈망하는 민족적 요구에 응할 수 있는 사관에서 나온 것이다. 그런가 하면 한편에서는 우리 문화의 우수성을 발현하여 한민족의 자존심과 긍지를 심어주려는 학자도 있었다. 이를테면 최남선은 '불함문화론'을 제창하여 민족의 긍지를 세우려 하였고, 안확은 '문명사론'을 제창하여 민족을 잠에서 깨어나게 하려 했던 것이다. 한 마디로 국권을 회복해야 한다는 절박한 심정에서 비롯된 독립사관에서 나온 것이라 하겠다.

 둘째로 사회경제사학은 일찍이 장지연이나 문일평의 사회사적 관심이나 이훈구의 농촌경제의 과학화에 대한 경제적 관심에서 비롯되었지만, 1920년대 초 일본에서 유물사관을 공부하고 귀국한 백남운의 국내활동을 꼽지 않을 수 없다. 그는 민족사학의 한계점을 지적하면서 한국사도 세계사의 일원적 보편적인 역사법칙에 따라 체계화해야 한다는 주장을 폈다. 그는 이 일원적인 역사법칙에 따라 우리 역사를 체계화하는 것을 유일한 과학적 방법이라 생각하고, 더 나아가 그렇게 함으로써 일제가 우리 역사를 특수하게 보는 사관에서 탈출할 수 있다고 보았다. 사회경제사학을 도입하여 전통사학에서 벗어나 세계사의 발전에 한국사를 체계화 하고자 한 그 참신성과 공헌은 인정되지만, 지나치게 물질적인 생산력의 역사법칙에 일원론적으로 우리 역사를 대입시키려 하였다는 지적을 면키 어렵다. 이청원·전석담·김석형 등이 같은 길을 걸은 대표적 인물이다.

 셋째로 실증사학은 1934년에 조직된 진단학회의 구성원들이 각자의 전공분야에서 한국사를 이해해 보려는 시도에서 출발되었다. 연구가 세분화되고 역사의 학문정립을 위한 일정한 분야의 깊은 연구가 시도되었다. 이렇게 하여 이루어진 특정 분야에서의 연구성과는 높이 평가할 만하다. 그 대표적인 인물로 이병도, 김상기, 이상백, 손진태, 송석하, 고유섭, 이홍직, 신석호 등을 꼽을 수 있는데, 당대로는 드물게 대학에서 공부한 엘리트들이었다. 그러나 이들이 흡수한 실증사학도 사실상 일제 식민사가들로부터 전수받은 점을 부인할 수 없고, 일부 학자들은 이들의 학문적 수준 만큼이나 자의든 타의든 일제와 관련을 맺게 되어 지

54 제1부 한국문명사 서설

탄의 대상이 되기도 하였다. 요컨대 일제 강점기에는 학자의 연구방법과 주장하는 내용에 차이는 있을지라도, 모두가 독립을 지향한 사관을 지니고 있었다고 보아 과언이 아닐 것이다.

6. 광복 이후 대한민국의 역사인식

1) 신민족주의의 대두

1945년 일본제국주의의 패망과 함께 전 민족이 그토록 소망하던 주권을 회복하였으나, 한반도는 남북분단의 위기를 맞게 되었다. 남한만 하여도 좌우익이 나뉘어 사상적 투쟁과 갈등을 겪게 되었고 기반이 약한 정부정책에 국민들의 경제적 환경 역시 최악이었다. 따라서 독립을 성취한 기쁨도 잠시이고 새로운 불안감과 긴장감이 감돌았다. 이러한 환경에서 일부 지식인들 사이에서는 광복 이후 우리가 나아가야 할 새로운 방향을 제시하는 역사인식을 내놓았다. 그 가운데 우리의 눈길을 끄는 것이 바로 신민족주의이다. 안재홍·손진태·이인영·조윤제 등을 대표로 하는 이들 신민족주의 학자들은 광복후 당면과제인 통일민족국가를 건설하고 민족구성원 모두가 대등한 권리와 의무를 지닌다는 대중정치이념을 내세웠다. 여기에서 안재홍과 손진태의 견해를 잠시 들어보자. 안재홍은 독립된 통일국가의 건설과 함께 실질적인 민족해방이 이루어져야 한다는 사실을 우선으로 삼았다. 그리고 '진정한 민주주의의 토대 위에서 존립되는 전 민족 동일운명의 민족주의'를 부르짖는 한편, '균등한 사회'로 나아가야 한다는 견해를 제시하였다. 또한 반(反)제국주의 민족독립의 투쟁과 국민대표가 모인 의회를 통하여 사회주의 장점을 수용하여 적절한 개혁을 해야 한다고 주장함으로써 중도우파의 좌우합작적 성격을 나타냈다. 한편 손진태는 실증사학의 토대 위에서 새로운 민족사학을 주장한 인물로서 안재홍과 마찬가지로 전 민족의 '균등한 행복'과 '민족 사이의 친선'을 실현시켜야 한다는 강한 현대적 사명감을 드러냈는데, 『조선민족사개론』에 잘 나타나 있다. 그의 신민족주의사관에서는 단순한 과거 역사의 이해가 아니라 보다 현실적이고 실질적인 민족의 욕구에 충실해야 한다는 의지가 엿보인다. 두 사람 모두 당시 우리 민족과 국가의 현실을 직시하여 나아갈 목표를 뚜렷이 제시하고, 현실문제의 해결에 입각한 사관을 내놓았다는 점이 주목된다. 이 시기의 역사인식은 주권을 회복한 현실에서 민족의 통일과 국민의 균등한 행복을 추구하는 보다 현실적인 문제에 접근하였다는 특징을 보여준다.

2) 한국전쟁 이후 1950년대의 역사인식

1950년 6월에 일어난 한국전쟁은 휴전선을 분계로 하여 남북분단의 아픔을 낳았다. 전 세계의 냉전구도 하에 남한은 정부를 중심으로 철저한 반공논리에 선 사관으로 일관하였고 국민들의 반공정서도 대체로 이에 호응하였다. 따라서 통일지향적 민족사관은 표면적으로 드러낼 수 없는 분위기였고, 유물사관에 발을 들여놓은 학자들은 지하로 잠복하거나 월북 혹은 납북되었다. 그런 사회적 분위기에서도 일제시대 실증사학으로 출발한 진단학회가 활동을 재개하고, 1952년에는 홍이섭을 중심으로 역사학회가 창립되어 『역사학보』를 발간하기 시작하였다. 홍이섭은 실증사학의 범람 속에서도 식민사관을 극복하고 민족사관을 확립하기 위하여 고군분투하면서 이 방면에 기념비적 업적을 남겼다. 특히 과학사, 해양사, 실학사, 사상사, 민족운동사 등에 전념하여 이 분야에서 개척적인 공헌을 하였다.

3) 1960~1970년대의 역사인식

1960년 4·19학생혁명은 한국전쟁 후 금기시된 민족의식을 재생시키는 계기가 되었으나, 1961년 5·16군사쿠데타로 집권한 군사정권은 다시 반공논리를 앞세워 그에 반하는 어떤 이념도 철저하게 규제하였다. 분단극복을 주장하는 민족주의는 어디까지나 반공과 분단의 틀 안에서만 허용되었다. 이즈음에는 한일회담의 개최를 전후하여 역사학계에서는 뒤늦게나마 식민지사관에 대한 비판과 청산문제가 부각되어 타율성론과 정체론 등을 파헤치기도 하였다. 한편 군부독재의 정치적 억압과 산업의 공업화에 따른 분배의 모순은 점차 새로운 사회문제를 불러일으켰다.

1970년대 초 군부는 정권연장의 목적으로 한국적 민주주의 혹은 토착적 민주주의를 내세워 유신체제를 구축하고, 근대화를 표방하면서 '주체적 민족사관'을 강조하고 나섰다. 그러나 1970년대에 들어서면서 사관도 다양한 모습으로 분화되어 점차 현실문제를 깊게 다루는 변화를 보이기 시작하였다. 한국사의 전개를 최고의 자유민주주의체제에 도달하는 발전과정으로 보는 일종의 자유주의적 사관(이기백과 이태진 등), 한국의 주체성과 전통 그리고 민족의 독자성에 주목하여 한국사를 한국민족사로 규정하는 민족주의사관(김철준과 신용하 등), 또한 종래에는 도저히 허용되지 않았던 것으로 남북의 분단을 극복하여 통일된 역사를 이룩할 것을 급선무로 보는 분단극복사관, 민중을 역사의 주체로 보는 이른바 민중사관 등이 점차 전면에 나타나기 시작하였다. 이기백의 『한국사신론』은 당대 통사의 대명사처럼 많은 독자를 확보하였다. 민중사학은 서서히 이 시기의 대표적인 사관으로서 민중사관을 전면에 부각시키면서 1980년대를 맞이하였다.

4) 1980년대 이후의 역사인식

민중사학이나 민중사관이 아직은 학문적으로 정립된 상태는 아니다. 그러나 1980년대에 들어서부터 크게 퍼져 나간 것은 부인할 수 없다. 민중의 중요성은 1960년대 이후 군부의 비리와 대외의존적 재벌 위주 정책, 지나친 공업화정책과 도시화정책 등으로 국민 다수가 빈민층으로 전락하거나 소외됨으로써 부각되었다. 1970년대 초에 문학계와 종교계 등에서 시작된 민중운동은 1979년 유신체제의 몰락과 함께 더욱 활기를 띠었고, 1980년 신군부의 제재가 따랐으나 1970년대 이후 성장해온 민중의 저력을 바탕으로 한 정치적 민주화의 요구를 꺾을 수는 없었다. 탄압은 더 큰 저항을 불렀다. 각종 단체가 '민중노선'을 표방하였고, 한국사회가 안고 있는 민족모순과 계급모순을 타파해야 한다는 주장을 강력하게 내세웠다. 역사학계에도 민중사학을 부르짖는 학자가 다수 등장하여, 공히 역사의 주체가 민중이어야 한다는 것은 물론 역사학의 사회적 실천성을 강조하고 나섰다. 더 나아가 한국사회의 진정한 민주주의 실현과 자주적 통일이란 실천적 과제에 기여할 수 있는 과학적 한국사인식이 급하다고 주장하였다. 1984년의 망원한국사연구실, 1985년의 한국근대사연구회, 1986년의 역사문제연구소, 1988년의 한국역사연구회가 대표적인 연구단체이다. 그러나 계급투쟁론으로 한국사를 보려는 점, 지나친 현실참여, 투쟁방법의 극렬화, 역사를 지나치게 정치적으로 인식하여 이데올로기화 한다는 점 등의 문제점이 지적되고 있다. 한편 한국사의 대중화와 시민의 역사인식 제고를 목적으로 한국사 보급운동도 일어났다. 1987년부터 간행된 『한국사시민강좌』가 그 좋은 예이다.

5) 바람직한 사관

 이제 우리 역사의 흐름은 그 동안 생산의 주역이면서도 주도세력이 되지 못했던 다수 국민대중의 손에 달려 있다고 해도 틀림없을 것이다. 그 시대를 주도하는 세력에 반하는 집권자는 결국 생명을 다할 수밖에 없다는 것이 역사의 순리이다. 따라서 이제는 자유민주주의를 추구하는 국민의 감정에 반하고 인간다운 삶을 저해하는 집권자는 나타나지 못하게 해야 한다. 누구나 진정한 민주화가 이루어지고 전 국민의 삶의 질이 균등하게 높아질 것을 바랄 것이다. 그렇다면 적어도 미래의 한국사가 어디로 진행되어야 할 것인가는 명확해진다. 근래 정부는 '역사 바로세우기'에 이어 '제2의 건국운동'을 내세우고 있다. 바람직스럽고 기대를 갖게 하지만, 아이러니컬하게도 자라나는 학생들에게 올바른 역사인식을 심어주려는 의지를 찾아보기 어렵고 심지어 현장에서의 한국사교육은 뒷걸음질을 하고 있어 개탄을 금할 수 없다. 아무리 21세기를 향한 세계화, 정보화, 첨단과학기술화라도 올바른 역사인식을 결한 채라면 방향감각을 상실하기 십상이다. 국민 모두가 염원하는 평화통일을 이룩하고 더 나은 복지사회를 추구하는 건전한 역사인식을 지녀야 할 것이다.

(강세구)

※ 참고문헌

이기백, 1978, 『한국사학의 방향』, 일조각.
국사편찬위원회, 1979, 『한국사론 6』, 민족문화사.
한국사연구회, 1985, 『한국사학사의 연구』, 을유문화사.
한영우, 1989, 『조선후기사학사연구』, 일지사.
노태돈 외, 1991, 『현대 한국사학과 사관』, 일조각.
박인호, 1996, 『한국사학사대요』, 이회문화사.

제4장 한국 고대사회의 성격과
나말·여초의 전환기에 대하여

I

 한국고대사 분야에 있어서 문헌자료에 의한 연구가 고고학적·인류학적 연구 등의 업적의 뒷받침을 받아 각 분야에 대한 시각을 보다 확대시켜야만 한국고대사회의 성격문제를 논의할 수 있을 것이나, 오늘날 가장 크게 비중을 가져야 할 고고학적 연구가 아직 만족할 만한 단계에 이르지 못하고 있어 이 문제를 본격적으로 논의함에 필요한 자료의 정리는 안 되어 있다고 볼 수 있다. 그 다음 유의하여야 할 것은, 고대사회의 성격 연구에 있어서 직접적인 자료에 입각한 구체적 연구가 진척된 것은 적고, 대개의 경우 방법론적인 논의의 단계에서 벗어나지 못하고 있음에도 불구하고 그 방법론적 도입 자체가 곧 사회 자체의 성격 구명이며 그 결론이라고 착각하는 경우가 많은 것 같다. 방법론적 제시와 구체적 연구업적과는 반드시 동일하지 않다는 것에 인식을 깊이 할 필요가 있다.
 특히 자료의 결핍으로 신라시대의 정전(丁田)이라든가 구분전(口分田)에 대해서 아직은 어떠한 이해를 확립시키기는 매우 어려움에도 불구하고 미흡한 고려시대의 토지제도의 연구업적을 기반으로 하여 성급하게 소급적인 추정을 하고 있다든가, 고대가족제도에 대한 구체적인 연구가 하나도 없으면서 혈연집단에 대한 논의를 서슴지 않는다든가 하는 것은 또 하나의 공전(空轉)만을 가져올 위험성이 큰 것이다. 다시 말하거니와, 이러한 것은 연구방향에 있어서 방법적인 제시는 되지만 그 연구결론은 아닌 것이므로 그러한 것으로 시대구분의 주요한 근거를 삼기는 어렵다고 하지 않을 수 없다.

오늘날 한국고대사 연구수준이 대개 이와 같으므로, 본론에서 언급하는 것은 불완전하며 개괄적인 추측의 범위를 벗어나지 못할 것이고, 그 위에 경제사 면의 소양이 적은 필자로서는 어떠한 단정도 삼가야 할 것은 알고 있으나, 지금까지 필자 자신의 문헌자료 관계 연구를 중심으로 하여 얻을 수 있는 견해를 제시하고, 이것이 어느 정도 시사를 줄 수 있다면 다행이라 하겠다.

II

우리 나라의 금속문화를 살펴보면 세형청동검을 비롯한 청동기만이 주로 사용되던 단계가 있었고, 그 뒤에 한(漢)의 철기문화의 영향으로 청동제 무기와 기타 청동금구(靑銅金具)와 철제 농구·공구 등이 같이 사용되던 시기를 거치고, 그 다음 철기문화의 급속한 전파와 발달로 철기시대로 들어가는 것이다.

위의 두 단계에 해당하는 것이 북한지역에서 많이 발견되는 토광묘의 조영자들의 문화라고 보아지며, 이들이 고조선의 주인공들이었다. 토광묘와 때를 같이 하여 좀 뒤져서 혹은 있을 수 있는 지석묘·상식석관(箱式石棺)·적석총 등은 양식상 삼국시대의 초기 고분(古墳)과 연결이 있어, 삼국시대 고분의 원형이었다는 점과 함께 철기문화의 영향으로 뒤에 삼국이 성립하였다는 점을 생각할 때, 이들이 고조선기에는 주동적인 위치에는 있지 않았다고 볼 수 있지 않을까 한다. 다시 말하면, 삼국의 지배자들은 청동기문화기의 주인공이 아니라 그 때에는 마제석검(磨製石劍)이니 만들다가 뒤늦게 보급되는 철기문화의 시기에 와서 그 문화의 주인공으로 등장하는 것이었다고 추측된다.

이러한 것을 언급하는 이유는, 고조선이 청동기문화를 성립시키고 있을 때에 아직 신석기문화 또는 청동기문화가 겨우 시작하는 단계에 있었던, 그리고 고조선의 지배나 낙랑(樂浪)의 지배를 받지 않았던 변방지역에서 고구려·백제·신라 삼국이 성립되는 것이지, 삼국이 고조선문화를 그대로 계승하여 고조선이 이루었던 사회의 수준에서 출발하여 성립된 것이 아닌 까닭이다. 따라서 고조선의 청동기문화를 가졌던 사회와 삼국시대에 들어와서 철기문화가 일반화된 사회와의 사이에는 전면적인 사회적 연결성 내지 계기성이 있었다고는 보기 어렵고, 크게 보아서 같은 종족이기는 하나 적어도 동일부족 계통이 아니라는 것을 지적하지 않을 수 없으며, 더욱이 고조선사회가 노예사회였다고 해서 고조선의 노예사회 그것으로 말미암아 삼국시대에 들어서면서 중세사회로 넘어간 것이라고 단언하기는 어려운 것이다.

고구려지역에 있어서는 청동기 계통의 전문화(前文化)와 신흥하는 철기문화와의 교체가 어떠한 과정을 밟았는지 자세한 것은 확실하지 않으나 남방에 비해서는 일찍이 문화적 전환을 본 것이었다. 그러나 신라지역에 있어서는 박혁거세의 박부족(朴部族), 알지(閼智)의 김부족, 탈해의 석부족(昔部族), 가야의 수로부족 등이 신라나 가야의 창건자들이기는 하나 2세기 중엽에 비로소 대두되고 있어 경주지역에서 출토되는 청동기와는 관련이 없다고 보아지는 점이 있다. 고조선은 고대사회로서는 초기형태에 속하여 아직 성숙기에 들어가지 못한 채 망하고 그 뒤 그 지역이 낙랑문화의 중심이 되면서부터 토착사회에 보다 더 커다란 영향을 주게 되었다. 그 이유는 고조선문화가 생산공구는 여전히 석기로 만들고 청동기로는 무기나 제기(祭器)만을 만들어 생산관계에 있어서의 근본적인 변혁이 없고 따라서 씨족사회관계를 해체시킬 수 없었던 청동기문화였던 까닭이고, 낙랑문화는 무기뿐만 아니라 농구를 비롯한 철제 생산공구 제작의 발달을 보아 사회·경제관계에 전면적인 변혁을 초래케 한 난숙한 철기문화였던 까닭이다. 이 문화가 고조선기에는 그대로 씨족사회관계를 유지하고 있던 토착사회에 영향을 주기 시작하였다.

이 시기에 대동강 유역에 있어서는 낙랑세력의 압력으로 토착부족들의 이동이 생기고 씨족사회관계의 해체도 상당히 진전된 것으로 추측되나, 동해안의 변방지역에 있어서는 아직 씨족제사회가 있었던 것을 말하여 주는 『위지 魏志』 동이전(東夷傳) 예조(濊條)의 기사를 들면 각주 1)과 같다.[1]

동성불혼(同姓不婚)의 성은 족외혼 단위로서의 씨족을 말하는 것이고, 각 씨족의 생활권 구분이 있어 "산천각유부분(山川各有部分)"이라 한 것이고, "부득망상섭인(不得妄相涉人)"은 타씨족 생활권에 들어가 경제활동을 할 수 없다는 것을 말한다. 그리고 다기휘(多忌諱)라 한 것은 금기가 많다는 것을 말하는 것이다. 이 예(濊)의 사회는 씨족제사회로서는 말기에 속하든가 씨족제사회 시기

---

1) 其俗重山川 山川各有部分 不得妄相涉人 同姓不婚 多忌諱 疾病死亡 輒損棄舊宅 更作新居

를 지난 지 얼마 되지 않아 씨족제 유제(遺制)를 아직도 지닌 사회로 보여진다.

이러한 예의 사회와 부여·고구려·옥저 등과의 사회적 관계를 살펴볼 것 같으면, 풍속은 다른 바 있으나 그것은 지방적 차이에 불과한 것으로, 언어가 공통하여 동족의식의 연계가 있고, 각 부족 간의 문화교류 관계가 줄곧 계속된 것을 짐작할 수 있다. 당시 부여나 고구려가 예보다 발달한 것은 사실이고 『위지』 동이전의 기사도 그것을 말하고 있으나, 그것은 예와는 동질적인 문화기반에 있으면서 보다 발전한 것이지 단계를 달리한 현저한 차이가 있는 사회는 아니다. 다시 말하면, 3세기경의 부여나 고구려사회에 성립한 지배세력은 예와 같은 씨족제사회의 유제가 얼마든지 있었을 그러한 단계에 있었다고 보인다. 결코 고대사회를 거치어 봉건사회로 들어간 사회가 아니고 원시사회에서 직접 봉건사회로 발전한 사회도 아니다. 이제 부여사회의 부족연맹에 대하여 살펴보는 것은 뒤에 남방의 가야연맹에 대한 이해에도 도움이 될 것이다.

부여사회의 성격을 논할 적에 한 번씩은 언급하게 되는 '하호(下戶)'에 관한 사료를 여기서 다시 인용하면, 『위지』 동이전 부여조에 나오는 각주 2)와 같다.[2]

이 기사는 부여가 무역 관계로 현도(玄菟)에 복속하고 있었으므로 현도군을 본위로 하여 속민의 사회상태를 일반적으로 서술하는 처지에서 쓴 것으로, 이 가운데 문제되는 민하호(民下戶)는 민지하호(民之下戶)란 말로, 족장이 아닌 일반민을 족장에 대한 대칭으로 하호라 한 것이었다. 이것을 부여에는 왕이 있고, 관리가 있고, 호민이 있고, 민과 하호가 따로 있고, 또 노예가 있다는 식으로 그 앞의 문장인 "나라에 군왕이 있으며 동물 이름을 붙인 관리 명칭이 있으니 즉 마가·우가·구가·대사·대사자·사사가 이것들이다"라 한 것과 직접적인 연결이 있는 뜻으로 쓴 것은 아니다.

호족은 족장을 말함이고, 민하호가 그 족장의 노예가 되었다는 것은 민하호가 노예와 같이 복종해야 하리 만큼 족장의 세력이 절대적이었다는 의미로 해석해야 할 것이다. 고구려에 대한 기사로 한원(翰苑) 소인(所引)의 『위략 魏略』에 "하호급부여노(下戶給賦如奴)"라 한 것도, "개위노복(皆爲奴僕)"이란 것과 같은 표현방법이다. 부여나 고구려의 하호와 예의 후(侯)·읍군(邑君)·삼노(三老)가 통주(統主)하는 하호는 족장이 통솔하는 자기 씨족원이든가 그가 지배하

---

2) 邑落有豪民 民下戶皆爲奴僕

는 예민(隷民)을 뜻할 수도 있는 것으로 보아야 할 것이니, 대개 하호의 성격은 그 하호가 속한 사회의 족장세력의 성장 정도에 따라 결정되는 까닭이다. 부여에서는 예민을 지배하는 족장세력이 몇 개 합치어 부족국가를 이루었고, 그러한 주위의 부족국가와 중앙의 부족이 연맹하여 부여 5부족연맹을 성립시켰다. 중앙의 "국유군왕(國有君王)"이라 한 '왕'의 부족과 지방의 4출도가 그것이다. 유의할 것은 4출도라는 말은 고구려의 5부족연맹과 같이 중앙부족의 영도력이 확립되고 그 주위에 4부족이 있어 중앙부족의 처지에서 그렇게 불렀던 것으로, 지방족장세력에 대한 승인권 정도를 가지고 있었을 뿐이지 지방부족을 다스리는 지배자가 중앙에서 파견되었다는 것을 의미하지는 않는다고 본다. "유적제가자전(有敵諸加自戰)"이라 하여 지방부족들은 자기 부족단위로 혼자서 적과 싸우는 부족국가로서의 독립적인 성격을 가지고 있었다.

Ⅲ

위에서 말한 부여부족연맹이나 남방의 가야연맹은 고대국가조직의 완성에 이르지 못하고 말았으나, 고구려나 신라는 부여나 가야와 같은 부족연맹 단계를 거치었고 또 그 기반 위에서 고대국가를 성립시켰다. 이제 고대국가의 성립과정을 가야를 통합한 신라의 예에서 찾아보기 위하여 다음과 같은 도표를 참고로 하겠다.

도표 가운데 [가]는 하가야(下加耶 : 금관가야)의 부족국가가 성립하기 이전에 김해지역에 있었던 구간(九干 : 9씨족장)을 표시한 것인데, 이 중에서 허왕후족(許王后族) [다]와 수로왕족 [나]가 이들을 지배하는 지배세력으로 성립되고, 수로왕족이 그 양족의 대표, 영도자적 세력인 [라]가 되면서 하가야의 부족국가가 성립된다. 이와 같은 과정은 김해의 북쪽인 고령지방에서도 진행되어 상가야(上加耶 : 대가야)왕 이진아고(伊珍阿鼓)의 상가야부족국가가 성립되었다. 그 다음 단계에 이르러서는 [라]와 [마]가 연맹하게 되어 「석리정전 釋利貞傳」에 나오는 상·하 양 가야 연맹설화가 말하여 주는 연맹체가 성립되고, 이들이 주체가 되어 다른 4가야까지 합친 6가야부족연맹의 성립을 보게 되니 이 때에 그 영도세력으로서 [바]가 성립될 수 있는 것이다.

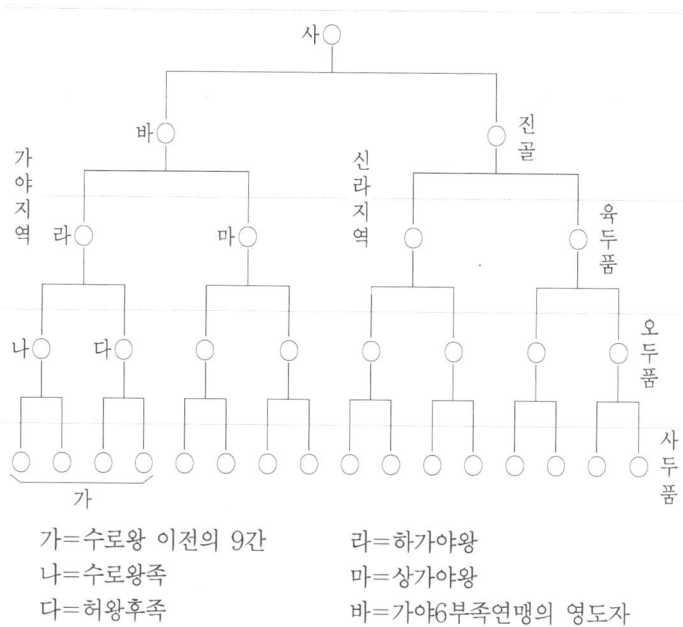

신라 중고 왕실

가=수로왕 이전의 9간 　　라=하가야왕
나=수로왕족　　　　　　마=상가야왕
다=허왕후족　　　　　　바=가야6부족연맹의 영도자

　　가야지역에서 이러한 부족연맹이 성립하던 당시 신라지역에서는 그것보다는 좀더 복잡하나 대개 같은 과정을 거치면서 박·석·김 부족을 주체로 하는 6부족연맹의 조직단계와 고대국가의 성립이 있었고, 신라 중고에 와서 김 왕족과 박 왕비족을 주축으로 하는 보다 강력한 지배세력인 「사」가 성립되어 인근의 가야지역을 점령하게 되고 상·하 양 가야 중에서 하가야 왕실과는 연맹관계를 이루게 되어 이를 신라귀족으로 포섭한다.
　　이와 같이 성장한 신라 고대국가의 지배체제 편성은 곧 족장세력의 편성이었으니, 신라의 관계조직(官階組織)을 볼 것 같으면 9간과 같은 맨 기층(基層)에 있는 촌장(村長) 또는 씨족장 세력에는 4두품의 신분을 주고, 그러한 족장급을 통합한 보다 큰 세력에는 5두품을 주고, 그 위에 성립된 부족국가의, 『위지』에서 말하는 대군장이나 『삼국사기』에서 말하는 거서간급(居西干級)에는 6두품을 주고, 2개 이상의 부족을 통합하여 부족연맹의 세력을 이루었던 지배자라든가 이에서 전화(轉化)한 중앙귀족에게는 진골(眞骨)의 신분을 주지 않았나 한다. 신라의 지배체제 편성이 일률적으로 나의 추측과 같이 편성되었다고는 할 수 없겠으나 각 족장들의 현실적인 세력의 대소가 곧 그 신분의 고하를 결정한 주요한 기준이 되었던 것은 틀림없다고 생각된다. 그리고 고구려나 신라의 관계조직을 살펴볼 적에 나타나는 주요한 특징은 왕의 바로 아래에 있는 고위관계명이 지방 족장 아래에 있는 관계명과 같은 것을 본다. 이것은 맨 기층의 간(씨족장)적인 기반에서 성립한 지배세력을 누층적으로 쌓아올리면서 고대왕권이 성립한 것을, 그리고 그러한 전제왕권에 도달하고 나서도 체질적으로 '간'과는 차원이 다른 단계로 전환하지 못한 것을 의미한다. 이것은 기층사회거나 중앙귀족사회거나 그들의 사회 안에서의 공동체적인 유대관계가 강하게 제약하고 있었던 증거가 아닌가 한다. 그리하여 지배계급 안에서의 4두품에서 진골에 이르는 구분과 같이 신분적 차이가 있으면서도 한편으로는 동족으로서의 또는 동성(同姓)으로서의 어떤 유대관계가 있었던 것으로 추측된다.

통일 뒤 전제왕권이 강화되면서 위에서 말한 왕의 '간'적인 체질을 청산하고자 경덕왕 년간(759)에 당(唐)의 관제를 모방하여 보다 일원적이고 보다 전제적인 관제로 개혁하였으나 그 뒤 혜공왕대(776)에 개혁 이전의 것으로 다시 돌아갔고, 이러한 성격의 지배체제는 신라가 망할 때까지, 궁예(弓裔)가 태봉(泰封) 관제를 만들고 왕건 태조(王建太祖)가 고려를 건국한 이후 3성6부제도에 지향하는 변혁이 있기 전까지는 그대로 존속하였다.

신라통일기 지배귀족의 경제적 기반이 어떠하였던가에 대하여는 『당서 唐書』 신라전에 각주 3)과 같은 기사가 있는데,3) 고려시대와는 달리 전답소유에 대한 언급 없이 녹(祿)과 예민의 수와 목장경영과 부채노비와 고리대에 대해서 언급하고 있다. 그리고 신라 진평왕 때에 모량부(牟梁部) 익선아간(益宜阿干)이 화랑도에 속한 낭도 득오(得烏)를 징용하여 부역을 부과하였던 것을 보면, 신라귀족은 노예와 예민의 소유가 그 주요한 경제적 기반이었음을 알 수 있다. 이와 같은 경제기반은 중세사회 귀족들의 경제기반과는 전혀 다른 성격의 것이라 보지 않을 수 없다.

노예와 예민을 가지고 있고, 엄격한 고대신분체제로서 골품제도가 있고, 그

---

3) 宰相家不絶祿 奴僮三千人 甲兵牛馬豬稱之 畜牧海中山 須食乃射 食穀米于人 償不滿 庸爲奴婢

골품제도 하의 신분을 결정하는 주요 요소로서 고대의 혼인형태가 그대로 계속되고, 광범한 혈연관계망이 사회생활 전반을 제약하고 있으며, 통일기 이후에도 『삼국유사』 명랑신인조(明朗神印條)에 보이는 것처럼 일부에서는 모계계승이 행해지는 씨족이 있었던 것이 중세사회에서는 있을 수 없는 것으로 본다. 요컨대 신라사회는 족장적인 세력을 강화하는 한계 안에서 공동체적 유대관계를 유지하면서 예민과 노예를 지배하는 세력으로 성장한 부족국가의 지배 지반을 양적으로 통합하고 중첩적으로 쌓아올린 것이지 질적 전환을 본 것은 아니었다.

IV

위에서 말한 것과 같은 과정에서 성립되고 편제된 신라 고대국가는 이미 통일기부터 전제권을 강화하려던 왕실과 일반 귀족과의 대립, 귀족 간의 자기항쟁 등 여러 가지 모순이 노정되더니 하대(780~935)에 들어가면서 격심한 동요가 시작되었다. 하대부터 신분제도의 혼란이 일어나고, 중대에 있어서는 방계 귀족에 지나지 않았던 신분이 왕이 되면서 왕위계승전이 계속해서 벌어지고, 그 싸움에 실패한 귀족들은 지방으로 가서 독자적인 근거를 만들면서 독립적인 태세를 취하였다. 진성여왕 이후에는 초적(草賊)이 횡행하여 그 초적이 커서 양길(梁吉)·기훤(箕萱)의 무리가 나오고, 그 적당적(賊黨的)인 세력을 근거로 하여 뒷날 궁예가 등장하게 된다. 해적세력이 커진 것으로는 보다 앞서 장보고의 세력이 니오고, 뒤에 와서 일어난 왕건 태조와 관계가 깊은 예성강 세력도 원래는 그러한 것이 아니었던가 한다. 이 밖에 내륙지방 각처에서도 중앙의 지배에서 이탈한 호족세력이 대두한다.

이 당시 신라의 골품제도가 무너지면서 일어난 주요한 현상의 하나는 재래의 귀족의 대성(大姓)인 경주김씨, 경주박씨, 김해김씨 등이 여러 갈래로 분열되면서 뒷날 서로 본관을 달리하게 된 것이다. 이것은 같은 김씨나 박씨라 하면서도 원래 각성(各姓) 안에 여러 친족공동체가 있었고, 신라중대까지도 이것들이 자기 성 안의 최고의 신분인 중앙귀족 신분을 중심으로 하여 동성동본으로 통일되어 오던 어떤 유대관계가 있었다. 그리고 지방에 있어서의 친족공동체들도 그와 같은 방법으로 그들 중의 가장 유력한 지방세력을 중심으로 결속되어 있었다.

이러한 통일과 결속을 가져오던 유대관계가 신라하대에 와서 끊어지면서 자기 친족공동체의 직계조를 시조로 하면서 본관을 달리하게 되고, 지방에서도 각 토성(土姓)이 성립하는 기반을 만드는 그러한 추세로 들어가는 것이었으니, 이것은 지금까지 지배세력 편성의 중추적인 구실을 하던 고대 혈연관계망이 무너지고 있는 것을 말한다.

한편 고려 태조 때에 와서는 '왕'(王)씨 성도 새로 생긴 것이지만, 삼능(三能)이 신숭겸(申崇謙)이라 이름을 고치면서 평산신씨의 시조가 되고, 복사귀(卜沙貴)는 복지겸(卜知兼)으로 고치면서 복씨의 시조가 되고, 백옥(白玉)은 배현경(裵玄慶)으로 고치면서 배씨의 시조가 되었다. 이들은 원래 태조 휘하에 있던 군인으로서 출세하여 '신'·'복'·'배' 3성이 창성된 것이지, 왕건 태조 세계에서 보이는 것처럼 커다란 지방세력을 이룬 전통적인 기반이 있었던 것 같지는 않다. 이것은 고대 혈연관계망이 전반적으로 무너지는 파동이 일어날 때 지방에서의 자기 친족공동체의 기반은 별로 크지 않았으나 새로 성립되는 중앙세력에 연결되면서 성씨를 붙이게 되는 것을 의미한다. 위에서 말한 것과 같이, 왕족이 분열된다든가 각처의 지방호족세력이 중앙의 지배에서 이탈한다든가, 새로운 군인세력이 대두하는 등의 과정을 거치고 난 뒤에는 고려시대의 동족부락적인 집단에 있어서의 친족집단은 고대의 그것과는 성격이 다름을 유의해야 된다고 본다. 신라시대에서는 다음에 이야기하는 바와 같이 고려시대의 호족집단보다 훨씬 큰 친족공동체를 포괄하였고, 사회생활을 제약하는 족적(族的) 규범과 유대관계가 있었으나, 고려시대에 오면서 그러한 족적 구속력이나 유대관계는 무력해지고 개개의 친족공동체가 실질적으로 주동적인 위치에 서게 되었다. 그러므로 이 시기에 들어서면서 토성을 붙인 친족공동체들을 고대적 성격을 표시하기 위하여 지연적 혈연집단이란 모호하면서도 기묘한 명칭으로 부를 성질의 것이 아니다. 그것은 조선시대의 동족부락적 성격과 비슷한 그것의 선구적인 성격을 가지는 것이며, 동족부락 구성의 초기형태를 이루고 있던 친족공동체인 것이다.

이제 신라시대의 친족집단과 고려시대의 친족집단의 규모에는 커다란 차이가 있음을 지적하려 한다. 부족국가시대나 삼국시대 초기사회에 있어서 그 혈연관계의 인식이 어느 정도의 넓이까지 미쳤으며, 공동체적 유대관계에 얼마나 큰 비중을 가지면서 작용하였는가를 구체적으로 알 수 있는 당시의 호적이라든가 가족관계의 제일차적인 자료는 갖지 못하고 있다. 그러나 삼국시대 또는 통일기

제4장 한국 고대사회의 성격과 나말·여초의 전환기에 대하여 67

에 있어서 친족집단의 규모와 고려초기인 성종시대 이후의 친족집단의 규모에 어떤 변동이 생겼다는 것은 성종시에 오복제도(五服制度)를 실시한 것으로도 짐작할 수 있다.

성종 40년에 오복제도의 제정을 보는데, 이 오복제도란 그 혈통을 위로는 자기까지 넣어서 5대가 되는 고조(高祖)에까지 소급하고, 횡으로는 동고조 8촌에 이르는 범위를 친족집단의 기본단위로 간주하는 것으로, 성종 4년에 중국제도의 영향을 받아 제정한 후 조선에까지 그대로 계속되어 오는 것이다. 그러면 이러한 오복제도를 실시하기 전인 통일기 신라, 또는 삼국시대 신라에서는 어떠했는가를 살펴보아야 하겠다. 통일기 금석문 자료에, 칠세부모를 말하는 것이 몇 군데 있다. 문무왕 13년(673)에 조각한 것으로 추정되는 「계유명아미타불삼존사면석상명문」에 "共國王大臣 及七世父母 舍靈發願 敬造之 云云"이라 하였고, 같은 해의 제작으로 추정되는 「계유명삼존천불비상명문」에, "是者爲國王大臣 及七世父母 法界衆生 故敬造之"라 한 것이 보이며, 이 밖에 신문왕 9년(689) 작(作)이라 추정되는 「기축명아미타불상」 및 「제불보살상명」에도 칠세부모란 구절이 보인다. 칠세부모란 술어 자체는 불경의 여러 곳에 보이지만, 이로 말미암아 칠세부모란 말이 불교에서 영향한 것으로 실제로 있었던 신라 친족집단의 반영이 아니란 생각이 들지 모르나, 국내측 자료로서 혈연관계 소급이 칠세부모에까지 이른 것을 말하는 자료가 있다. 이에 대해서는 졸고 「신라시대의 친족집단」(『한국사연구』 1)을 참고함이 좋겠다. 우선 간추려 말하면, 성주사 낭혜화상비문에 무열왕의 8대손인 낭혜화상이 무열왕의 7대손인 그 부친 범청(範淸) 때에 족강일등(族降一等)하여 6두품이 되었으니, 나는 지금까지 이것을 중대에서 하대로 넘어가는 무열왕 직계손들이 몰락하는 정치적인 세력의 변동이 그 주요한 원인으로 생각하여 왔으나, 보다 근본적인 신분변동의 동기는 7대 동일혈통집단 원칙에 의해서 낭혜의 부친 범청이 왕실 직계집단에서 소외된 것에 있는 것이고, 또한 족강일등한 것도 하대 이전 혜공왕에 있었던 일이라고 추측된다.

한편 내물왕(奈勿王) 이전의 김씨 조상과 석씨 조상을 7대씩만 기록하고 있고, 박씨도 『삼국사기』 소전(所傳)과 『삼국유사』 왕력 소전의 혹설운운(或說云云) 등을 아울러 비교·검토하면 7대가 있었던 것이 틀림없다고 생각한다. 잠시 박씨는 논외로 하더라도 김·석 양씨의 세계(世系)에 7대씩 기록한 것이 무엇을 의미하는지를 생각해 보면, 내물왕 당시 부족을 통일하여 왕권의 확립을 기할 때 이 통합에 주체세력으로서 참가한 3성의 친족집단의 범위를, 그 3성의 직계 혈연집단의 크기를 말하는 것이라 볼 수 있다. 다시 말하면, 내물왕 당시 7대조를 같이하는 친족이 하나의 친족집단을 이루었던 것을 말하는 것이다. 이것을 신석기시대 이래의 씨족공동체가 철기문화의 영향으로 해체된 후 새로 성립된 친족공동체인 것으로 생각되고, 옛날의 씨족공동체의 유대관계는 이러한 몇 개의 친족공동체를 포괄하는 연합조직이라는 성격상의 변화를 일으키면서 존속한 것으로 해석된다.

이제 신라시대의 7대 동일집단의 크기와 고려 성종 때 오복제도를 제정한 이후의 동고조 8촌까지를 동일친족집단으로 간주하는 것과 비교할 것 같으면, 소급 대수의 차이는 불과 2대뿐이지만 7대 말과 5대 말에 이를 때에 그 외연범위를 보면 각대에 이자(二子)씩만 낳아 분지(分枝)된다고 계산하면 5대 말의 제5대 총 인원수는 16인이어서, 제7대에 속하는 수인 64인의 4분의 1에 불과하다. 물론 고려시대에 다처혼(多妻婚)이 행해졌고, 처족·외족세력이 연합하여 호족세력을 형성하는 것이지만, 그러한 것은 신라시대에는 더하였을 것이므로 이의를 주장할 근거가 되지 못하는 것이다. 위에서 본 바와 같은 양 시대 친족집단의 차이는 대단히 큰 것으로서, 고대적인 혈연관계망이 붕괴되면서 고려 성종기의 친족집단이 신라시대의 4분의 1로 축소되었다는 것은, 또는 그와 같은 오복제도 설정의 필요를 느꼈다는 것은 그 동안 상당한 사회·경제관계상의 변천이 있었다는 것을 의미한다. 이와 같은 양대의 친족집단이 다른 경우에는 각각 그것을 기반으로 하는 골품족과 고려시대의 호족과는 성격상 커다란 차이가 있다고밖에 볼 수 없으며, 따라서 고려시대의 호족이나 토성은 고대적 성격을 가진, 흔히 말하는 혈연집단 운운하는 것과는 거리가 멀다는 것을 알아야 한다.

V

다음 후삼국시대 지배세력의 성격을 살펴보면, 나말·여초의 전환의 주동자로 나타나는 궁예·견훤·왕건 삼자의 세력기반에 상당한 차이가 나타나고 있다. 이 상이성은 고대사회의 붕괴에서 봉건사회로 향하는 과정에서 과도기적인 각 단계를 표현하는 것으로 생각된다.

첫째, 궁예는 초적의 무리를 모은 적당세력의 편성이 그 주요한 세력기반이었다. 궁예는 신라왕실 내분에 희생된 자기 자신의 원심(怨心)과 고구려 계통의 주민에 영합할 필요 등에서 신라 타도를 내세워, 건설적인 것보다는 신라의 전통적 권위에 대한 타격에 급급하였다. 궁예의 수취가 가혹하다고 비난한 여러 사료가 『삼국사기』·『고려사』에 보이는 것은 비단 왕건 계통의 선전만이 후세에 남아서 된 것이 아니라, 고대사회의 혼란에서 나온 적당세력을 그 세력의 주요기반으로 할 때에 보다 앞선 사회관계를 모색한다든가 할 능력은 없고, 또 그 수취방법이 적당들의 약탈적 방법에서 지양되지 못한 것에 머무를 수밖에 없었기 때문이라고 본다.

그 다음 후백제를 건설한 견훤은 원래 군인 출신으로 지방군 세력이나 지방 반란세력과 함께 초적세력·해적세력 들을 통합하여 궁예보다는 복잡한 세력구성을 가진 것 같다. 궁예와 같이 약탈적인 수취방법을 그대로 쓴 것 같지는 않으나 본질적으로 고대적인 수취방법에서 벗어난 것 같지는 않고, 정치와 외교에서 기민한 수완을 보여 주었으나 그것은 기껏해야 고대사회 동요의 재조정에 그치는 것이지 새로운 사회관계에 대한 전망을 가졌던 것으로는 보이지 않는다. 왕건 태조와 교환한 외교문서를 보면, 왕건이 언필칭 민생을 걱정하는 데 대하여 견훤은 무력의 과시만을 일삼고 있다. 요컨대 궁예와 견훤은 자신들이 장악한 무력은 고대사회의 모순에 반항하는 일반 서민의 움직임에 기반을 두었다는 것을 자각하지 못하고 오히려 기층사회의 움직임과는 유리되고 있었다. 이것이 그들이 실패한 주요 원인이었다.

이에 반해서 왕건의 세계는 개성에서 일어난 호족으로서 연인·백천·깅화 일대에 있는 토착호족세력과 연결한 기반을 가지고 신라 중앙귀족의 수취에 반항하며 고대사회관계의 모순과 항쟁하면서 성장한 세력이었다. 그리하여 고려 태조가 노비속량(奴婢贖良)을 한다든가 취민유도(取民有度)를 강조한다든가, 장상(將相)들의 녹읍민(祿邑民)에 대한 수취제한을 명한 것은 정치적 표방에 그치는 것이 아니라 새로운 사회관계로 향하는 기층사회의 움직임과 직결된 시대적 표방으로 인정해야 한다고 생각한다.

한편 왕건 태조가 원년에 "自今租稅征賦宜用舊法"이라 말한 것에 근거를 두고, 위에서 말한 태조의 개혁은 궁예의 가혹한 수취에서 그 이전인 신라시대 제도로 돌아가는 것이지 새로운 중세적인 성격의 것으로 지향하는 것이 아니라는 견해가 있는 듯하나, 여기에 말한 구법은『고려사절요』태조 원년 추7월조에, "自今租稅征賦 宜用天下通法 以爲恒例"라 하고 있어, 그 '구법'이 '천하통법'을 가리키고 있는 것이지 '신라구법'을 의미하는 것이 아님을 알 수 있다. 그리고 공민왕시의 백문보(白文寶)의 상차(上箚)에도 고려초의 세제는 10/1세였던 것으로 이해한 것은 "密直提學白文寶上箚子 國田之制 取法於漢之限田十分稅一耳"라 한 것으로 보아 알 수 있으니, '구법' '천하통법'은 중국이 십일세제를 중심한 이상화한 제도를 의미하는 것이지 신라제도를 지칭한 것은 아니다. 나는 이것을 들어 그 당시 십일제도가 그대로 실행되었다고 주장하는 것은 아니다. 다만 왕건 태조 이래의 표방이 신라구법으로 돌아가는 것을 목표로 한 것이 아니었다는 것을 주장할 뿐이다.

왕건 태조가 원년에 1,000여 구의 노비를 속량한 것은 당시 매신죽자(賣身鬻子)한 것을 구제한 것으로, 전반적인 개혁은 아니지만 당시로는 크게 영향을 준 주요한 의의를 가지는 것으로 생각하지 않을 수 없다. 특히 그 뒤 최승로(崔承老)는 광종시에 궁중시설의 확장에 따라 궁중노비를 증가시킨 것을 비평하면서 그 시무 제15조에서, "太祖除內屬奴婢 在宮供役外 出居外郊 耕田納稅"라 하였으니, 이는 앞서 한 노비속량과는 달리 궁중노비를 출거케 하여 외거노비로 삼았으나 나말·여초의 전환기에 있어 노예를 농노화하여 노비에게 토지를 주어 경전납세케 하는 것이 보다 합리적이고 유리하리라는 인식에서 온 것으로 보여서, 당시 그러한 생산관계의 변혁이 진행되고 있었음을 말하는 주요한 자료라고 생각된다. 그리고 태조 17년 여름 5월에 장상들의 녹읍지민(祿邑之民)에 대한 조령(詔令)을 내린 것은 노비제도 관계가 아니라 녹읍 거주의 일반농민에 대한 장상들의 수취기반을 가능한 한 제한하여 농민을 고대 예민적인 성격에서 이탈케 하여 국가의 경제적 기반을 확장하려는 의도에서 나온 것이지만, 이러한 것은 앞에서 말한 바와 같은 노예제도의 모순을 인식하는 과정과 함께 진행되었고, 본질적으로는 같은 고대사회의 모순에 대한 인식으로 나타났다고 보는 것이 그 성격을 보다 가깝게 이해하는 것이라 생각한다.

그 다음은 태조 때가 아니라 경종·성종 때의 일이지만 고리대를 제한한 것이 보인다. 신라시대에 있어서는 고리대가 귀족들의 주요한 수취기반이었다. 그런데 고려 경종 5년(980)에 와서는 이식률을 제한하여 "定米布出息 米十五斗息五斗 布十五尺 息五尺"이라 하고, 성종 원년에 와서는 다시 제한을 가하여

"令民間貸債 出息自子母相侔 更物取息"이라 하여 그 이식이 원본을 넘지 못하게 하였다. 그러한 법률 제정의 필요를 느낀 것은 그보다 가혹하였던 고대 고리대의 수취를 완화하려는 뜻에서 나온 것이라 본다. 그리고 정치제도 면에서도 신라의 골품제도에 의거한 관제의 모순을 인식하여 이를 개혁한 것은 이미 궁예 때에 있었던 일이니, 궁예는 신라의 '계관(階官)' 조직을 비야(鄙野)하다 하여 새로운 제도를 만들었다. 계관이란 골품제도에 의거한 품계조직=관등조직을 말하는 것으로, 왕건 태조는 원년 6월에 백성들이 태봉의 신제(新制)에 익숙하지 못하므로 다시 신라의 제도를 습용(襲用)하기도 하였다. 태봉의 신제 중에서 "其名義易知者"로 백성들의 혹란(惑亂)을 않는 것은 "可從新制"하게 하였다. 이것은 곧 골품제도를 폐기하는 방향으로 나가고 있는 것을 의미하며, 2년 정월에는 드디어 3성6부9시의 당제를 모방하여 제도상에서의 새로운 개혁의 표방을 하기 시작하였다. 극히 부분적인 것밖에 알려져 있지 않은 고조선의 관제나 부여, 고구려의 관제와 나말까지의 신라관제는 모두 족장적 세력을 기반으로 편제되었기 때문에 성격이 같은 것이라 할 수 있다. 가장 많이 한화(漢化)된 백제의 관제도 그 기본성격은 마찬가지이다. 이러한 관제가 궁예 이후 본질적으로 커다란 전환을 보게 되었고, 그 전환이 일단락된 것이 성종 시기였다.

한편 우리가 유의하여야 할 것은 신라하대기에 지식계급이 새로운 사회질서를 세우려는 움직임을 보이고 있다는 점이니, 진골이 아닌 6두품의 신분이었던 최치원 계통의 문인들이 왕건 태조에게 귀의하면서 유교정치이념의 표방이 시작되었다. 그리고 신라하대기부터 중세불교의 성격을 가지면서 지방세력의 중추로 등장한 선종(禪宗) 각파의 창시자의 신분도 대부분 6두품 이하라고 생각되는 것이다. 이 시대의 왕족도 중대 이전의 왕족의 기준으로 보면 왕권을 장악함에서 명칭상의 진골이 된 이들이지만 당시 사회의 주체적인 추진력으로서의 기능은 상실하였고, 그 대신 6두품·5두품의 신흥세력이 대두하는 것으로 보인다. 기층사회의 고대사회 모순에 대한 반발도 이 중간세력인 6두품, 4두품 세력을 매개로 하여 실천적인 전개를 보는 것이다. 그리고 이 신흥하는 계층이 골품제도의 조직원리와는 근본적으로 다른 유교정치이념을 내세우고, 교종에 대한 중세적 지성으로서의 선종을 그전과는 다른 사상체계로 내세우고 있는 것이다. 한 걸음 더 나아가서는 고려 광종시에 체관(諦觀)과 의통(義通)이 오월(吳越)에 가서 활약하여 중국 천태종을 부흥시킨 것은 그들 개인 능력의 소산만이 아니라,

모국인 고려가 불교사상에서 커다란 진전을 보인 그 배경이 있었으므로 가능한 것이라고 보아야 한다. 이와 같은 문신들의 유교정치이념의 새로운 등장이나 불교사상의 성격적 변동은 총체적인 사회관계의 전환과정과 궤도를 같이하는 것이고, 그것의 반영으로 나타난 것이라고 생각하고 싶다.

우리가 특히 유의할 것은, 위에서 말한 경제·사회관계의 전환이라든가 사상상 변천의 과정을 살펴볼 때 그것이 일시적인 표방으로서 또는 도중에 중단되는 것으로 나타난 것이 아니라 나말 또는 태조시부터 표방된 것이고 그 뒤로 오면서 규모가 크고 폭이 넓고 보다 구체적인 것으로 실천되어 왔다는 점이다. 이러한 개혁과 수정의 과정이 성종시에 와서는 최승로의 시무28조를 계기로 대폭적으로 실천된 것은 수십 년 졸고에서 밝힌 바 있다. 최승로는 그 시무28조에서, 상부구조의 제도상 또는 관념상으로 남아 있는 고대적인 성격의 제거를 주장하고, 기층사회 관계면에서도 제도(諸島) 거주민에 대한 차별적인 수취의 철폐, 불교사원의 고리대 제한, 앞에서 언급한 바와 같이 노비를 외거케 하여 경전납세(耕田納稅)의 타당성을 주장하면서 이서민력(以紓民力)하는 여러 방안을 제시한 것은, 이 때에 고대사회의 모순에 대한 충분하고 구체적인 인식이 성립된 것을 말함이요, 또 그 개혁안의 상당한 부분이 실천을 본 것은 그러한 인식이 여론화되고 일반적으로 승인된 것임을 의미한다.

다시 한 번 강조해 두고 싶은 것은, 나말·여초의 전환기에는 고대사회의 모순에 대한 인식과 그 개혁이 일시적인 정치적 표방도 아니고 또한 중단된 것도 아니며 그대로 계속 발전되어 온 것이다. 이 시기에는 외국세력의 침입이나 간섭이 없어서 자기 사회의 모순에 대한 항쟁이 외세로 말미암아 비틀어진 방향으로 유도된다든가 억압되지 않고 오랜 사회적 진통 속에서 새로운 사회관계로 진전하고 있었다는 점이다. 필자는 위에서 말한 여러 가지 점에서 고려 성종 이후는 완전히 중세사회의 단계로 들어가는 것이라고 보고, 고대사회의 모순의 격화와 그 파탄은 선덕왕 1년(780)부터 시작되는 신라하대기부터 비롯한다고 본다. 이 때부터 고려 경종 말년(981)까지가 201년간이고, 이 중에도 가장 격동이 심하였던 기간은 진성여왕 1년부터 고려 태조 말년까지의 57년간으로 반세기가 넘는다. 57년간의 격렬한 사회적·정치적 변동기를 중심으로 계속되었던 전후 200년간의 사회적 진통은 다만 고대사회의 모순을 재조정하면서 사회질서를 회복한 결과에 그친다고는 할 수 없다. 이것은 고대사회에서 중세사회로 넘어가는 사회적 진통이었다고 본다.

　고려 광종 때의 과거제도나, 성종 때의 당송제도를 모방한 중앙집권적 정치체제는 신라사회의 골품제도를 주축으로 하는 지배체제와는 그 조직원리상 본질적인 차이점이 있다. 고려 이후로 고대적 성격을 나타내는 요소가 있다고 하더라도 그것은 고대적인 잔재로 간주할 성질에 지나지 않는다고 본다.

VI

　고려 중엽부터를 중세사회로 전환한다고 보는 견해나 고려사회가 본질적으로 신라사회와 같다고 하는 주장을 살펴보면, 대부분이 고려전기와 고려후기의 사회를 비교하거나 고려전기와 조선사회를 비교할 때에 나타나는 차이성만을 그 주요한 근거로 드는 것 같은데, 고려사회에 대한 고찰을 위로 소급하여 신라통일기나 삼국사회의 고찰과 연결시키지 않고 고려시대 자체에만 중점을 두고 생각한다는 것은 고려시대사 안에서의 시대구분이라든가 고려시대 이후 조선시대까지의 시대구분은 될지 모르나, 그것으로 한국사 전체의 시대구분으로 삼을 수는 없으며, 또 고대사회의 종말이라든가 중세사회에의 전환을 논하는 것이 되지 못함은 자명한 일이다. 신라사회의 성격을 모르고 어찌 신라사회와 고려사회가 본질적으로 같다고 논할 것이며, 고려사회 자체 내에 있었던 고대적인 요소가 기본성격을 의미하는 것인지 또는 잔재적인 것인지 어떻게 단정을 내릴 수 있을 것인가. 잔재적인 것과 기본적인 성격과를 혼동하는 이러한 착각에는 어떠한 타당성도 찾을 수 없다. 그럼에도 불구하고 이러한 착각 때문에 신라사회라든가 고려초기 사료검토를 등한히 한 것이고, 그 까닭에 고려중기 이전의 사회를 고대사회로 보는 것이 아닌가 한다. 이제 그와 같은 견해에 대하여 나의 소견을 말하고자 한다.

　강진철 교수는 고려사회가 중세적인 것이 아니라고 주장한 가운데서, "그러나 이 명전(名田)이라는 이름의 농민의 토지, 즉 전정(田丁)은 같은 재산이면서도 보통 재산과는 달리 자녀들에게 균분상속되는 것이 아니라 적장자(嫡長子)에게만 단독상속되는 것을 원칙으로 삼고 있었다. ……이러한 점으로 미루어 보면 전정의 적장자 상속은 국가가 만든 하나의 법제적 안출(案出)에 불과한 것이며,

농민들의 현실생활을 반영하는 것은 적장자로서 대표된 형제·근친 간의 집단적 소유라고 볼 수가 있을 것이다"라고 주장하고 있다. 그리고 나아가서는 "전시과(田柴科)제도의 규정에 의해서 상부관인층(上部官人層)은 그들의 관등에 따라서 응분의 토지를 국가로부터 배정받고 있었다. 그러나 그들의 토지에 대한 지배관계는 지주로서 토지 그 자체를 지배하는 것이 아니라 국가권력에 의존하는 단순한 관인으로서 관수관급(官收官給)하는 전조(田租)를 취득하는 것이 대체적인 경향이었다. 이와 같이 고려전기의 관인은 비록 국가로부터 토지를 받고 있기는 하였으나 지주적인 성격은 극히 희박하였다. ······상부구조·하부구조를 막론하고 공통적으로 느낄 수 있는 것은 토지 지배관계가 극히 미숙하였다는 것이다. 중세사회라면 두말 할 필요도 없이 토지가 가장 주요한 기본재산이며, 모든 경제질서의 운동법칙은 토지를 중심으로 움직이는 것이 상식인데, 고려전기에 있어서는 아직 이러한 움직임이 잘 보이지 않는다."

위에 인용한 것으로서 강진철 교수의 소론이 어떤 것인가를 대개 짐작할 수 있으리라 믿고, 필자도 중세사회의 모든 경제질서의 운동법칙은 토지를 중심으로 하여 움직이는 것에 우선 동의하나, 고려전기가 그렇지 않았다고 주장한 견해에는 다시 고려하지 않을 수 없다. 먼저 우리는 사회 전환의 과도기에 있어서 복잡한 사회관계의 변동을 정리하여 어느 것이 기본적이고 주류적인 방향이며, 새로운 경향이 그 기본적인 방향에 합치되는가의 여부를 검토하면서 사회의 성격을 논할 것이며, 고대적인 유제가 있다고 하더라도 그것이 주류적인 것이 아니면 그것만 가지고 고대사회라고 할 수 없다는 일반 원칙에 서야 할 줄로 믿는다. 강 교수가 고려전기의 토지는 적장자 상속만 허락되었지 제자(諸子)에게 균분되지 않았다는 것을 가지고 그 적장자를 고대적인 혈연집단의 우두머리로 생각하고 적장자 단독상속 자체는 중세사회에선 있을 수 없다고 보는 것은 하타다 다카시(旗田巍) 씨의 견해에 영향을 받은 듯하지만, 나는 앞에서 신라시대의 고대적인 친족집단과 고려시대의 친족집단의 차이에 대해 언급하였다. 그러나 고려시대 전기의 토지소유는 동고조 8촌까지를 한 집단으로 하는 친족집단의 공동소유가 아니라 그러한 친족집단 안에 분지되어 있는 대가족의 소유로서, 강 교수가 지적한 바와 같이 4촌 정도의 근친이 동적동재(同籍同財)하는 범위에서 공동소유하는 것이었다. 조부가 생존하고 있을 때 동적동재하는 것을 강 교수가 말하는 "형제근친의 집단적 소유"라 한다면 이것은 고대혈연집단적인 것으로 생각할 수는 없다. 단독상속이냐 분할상속이냐 하는 것은 하타다 씨가 말하는 사유화 관념의 발전 정도를 측정하는 자료는 되는 것이나 단독상속은 곧 집단적 소유를 의미하고 그 집단이 곧 고대적인 혈연집단이라고 생각하는 것은 너무나 소박한 견해라 하지 않을 수 없다. 고대 혈연집단이란 고려시대 4촌 정도의 근친이 동적동재하는 대가족이 아니라 전체적인 사회관계가 혈연관계망에 의해서 제약을 받아 골품제도가 그대로 성립할 수 있었던 때의 것을 말하는 것이다.

고려시대의 토지의 단독상속과 같은 것은 이미 중세사회에 들어가 있는 13세기 영국 농촌사회에서도 있었던 것이니, 하버드 대학 사회학교수인 G. C. 호만은 분할상속(partible inheritance of land)과 단독상속(impartible inheritance of land)과를 각각 장(章)을 달리하여 두 형태의 상속이 공존하고 있음을 상설(詳說)하고 있고, 또 같은 시기의 노르웨이에 있어서도 동질적인 한 문화권 안에 있는 동·서 양 지방의 상속방법에 차이가 있어 동부에서는 단독상속이 행해지고 서부에서는 분할상속이 행해지고 있던 것을 말하고 있다. 이러한 상속법의 차이는 그 가족제도가 Stem Family의 가족제도냐 Joint Family냐에 따라 달라서, 전자의 경우는 단독상속, 후자의 경우는 분할상속이 되는 것으로 추측하고 있다. 요컨대 이러한 분할상속이냐 단독상속이냐에 따라 그 농촌사회의 발달수준의 차이와 직접적인 관련성이 있는 것이라기보다는 전통적인 법제로서 당시까지 계속된 것으로 이해하고 있다. 단독상속만을 들어서 고대적이라고 하는 것이 충분한 근거가 되지 못한다는 것을 지적하기 위하여 외국의 예까지 들었거니와, 한 사회의 전체적인 구조 속에 포함되는 부분적인 제도만을 들어서 전 사회구성의 성격을 논하는 것은 위험천만한 일이다. 설사 그 제도가 어떤 경우에는 한 시기의 사회의 성격을 말하는 지표가 될 수 있다고 하더라도 다음 시기의 사회에서는 전통적인 것으로 그대로 계속되면서 그 기능은 전시기(前時期)의 것과는 달리 나타날 수도 있는 것이다.

한편 단독상속을 고대적인 전통에서 오는 것이라 인정하더라도, 토지가 법제적으로 단독상속된 뒤에 그 이용에 있어서는 분할상속보다 자유롭게 될 수도 있고, 반대로 분할상속된다 하더라도 실제적인 점유 이용에 있어서는 더 제약을 받고 보다 고대적일 수도 있는 것이다. 요컨대 전 경제구조의 기능을 총체적으로, 그리고 상세히 알기 전에 설정하는 견해는 추측의 범위에서 벗어날 수는 없다.

하타다 씨나 강 교수가 전시과제도 하에서의 조세의 관수관급제도를 들어서 국가관리의 지주적인 성격이 극히 희박함을 지적하고 있지만, 전시과 토지 외에 그들이 소유하고 있는 공음전시라든가, 그 밖의 사전(私田)이 따로 있는 점이라든가 그 전시과 토지도 사유화하는 과정은 생각하지 않고 있으며, 전시과 토지에 있어서의 관수관급제도는 원래의 관리들이 가진 농민을 예민화하는 것을 막기 위한 조처로 취해진 것이므로, 관수관급제도 자체는 오히려 중세사회의 주요 표징으로 보아야 할 것이다. 한편 김용덕(金龍德) 교수의 고려사회에 대한 견해는 그가 가지고 있는 고려사회 성격에 대한 몇 개의 이해를 구체적인 검토 없이 정치사적 인식체계에다 너무나 쉽게 연결시켜 스스로 편리한 이해체계를 세웠다는 인상을 주고 있다. 그 견해의 요점은 고려사회가 호족세력으로 구성되었기 때문에 고대사회이며 신라사회와 본질적으로 동일하다는 것이나 이것 역시 강 교수의 견해에서 보는 바와 같은, 혈연집단에 대한 어떤 착각이 있는 것 같다. 여기에 대해서는 위에서 충분히 언급이 있었다고 보므로 다시 되풀이하지 않겠거니와, 호족의 성격이 어떤 것이냐에 대한 언급이 없이 다만 호족세력에 기반을 두었기 때문에 고대사회라는 그의 주장이 설 수 있는 근거는 없다.

(김철준, 1970,「한국 고대사회의 성격과 나말・여초의 전환기에 대하여」,
『한국사시대구분론』, 한국경제사학회)

제5장 여말·선초 사상계의 변화

1. 머리말

본고는 지금부터 5,6백 년전인 고려말 조선초 사상계의 변화 의미를 살펴보고자 한다. 여기서 고려말 조선초란 고려 공민왕대부터 조선 세종조(1350년대~1450년대)까지의 1세기를 말한다.[1]

그런데 이 시기는 한국 역사의 전개상 가장 어려웠던 격변의 시기였다. 정치적으로는 1백 년간의 무신정권기(1170~1270)와 7~80년간의 원간섭기(1270~1350)를 지나 공민왕대의 개혁과정 속에서 등장하는 신진사대부 등에 의한 조선왕조 개창이라는 왕조 교체가 있었던 시기였다. 그리고 경제적으로는 불법적인 대토지 겸병이 진행되면서 농장이 형성되어 녹봉도 제대로 주지 못할 정도였다. 한편으로는 지주전호제(地主佃戶制)의 생산관계를 바탕으로 하는 새로운 경제적 틀이 요구되니 과전법(科田法)으로의 전환이 뒤따랐다. 사회적으로는 수많은 민(民)의 유망(流亡)을 정착화할 수 있는 현실타개안이 필요한 시기였다. 이럴 즈음 사상계의 변화기 뒤따르는 것은 낭연한지도 모르겠다. 당시 사회 제 모순을 극복할 수 있는 이념적 기반과 추진세력의 결집이 종래의 유교나 불교계 자체에서는 힘에 겨웠기 때문이다. 즉 그 사회적 기능이 떨어져 당시 현실적이요 정치적인 성리학(주자성리학)에게 자리를 내놓지 않을 수 없었던 것이다. 한 시대의 획을 긋는 중요한 변화임에 틀림없다.

그러나 이때 성리학의 등장으로 불교가 증발해 버린 것은 아니었다. 성리학이

---

1) 나말·여초를 신라 진성여왕대부터 고려 성종조까지(887~997) 1세기를 잡듯이 보통 한 시대의 새로운 문화기반 구축에 필요한 시간으로는 1세기 정도를 잡고 있다(김철준, 1984, 『한국문화전통론』, 세종대왕기념사업회).

본격적으로 성립하기까지는 논리적 대립이 크게 부각되지 않았을 뿐 아니라, 무신정권시대 이후 유·불 간의 교류와 상호 영향 속에서 사상적 발전이 도모되었다는 면을 간과해서는 안 될 것이다.

따라서 본고에서는 고려후기 새로운 시대적 여건과 역사인식의 변화를 경험하면서 사상적 자기 전개 속에서 전개된 유·불 교류와 교체 의미를 보고자 한다. 여기서 고려후기란 무신정권기와 원간섭기를 말하는데 그 시대의 사상계의 변화를 먼저 살펴보고 여말·선초 사상계의 변화를 통해 조선초기의 불교계 모습을 이해하고자 한다.

2. 무신정권기 사상계 변화

고려시대 사상계의 큰 특징의 하나는 유·불이 병존하였다는 점이다. 종교와 사상적인 면은 불교가, 정치적인 면은 유교(학)가 담당하면서 지내 왔다. 그러나 12세기 후반에 이르러 사정이 달라졌다. 무신난(1170) 이후 종래 문벌귀족사회의 모순과 갈등이 폭로되었기 때문이다. 당시 모순과 갈등에 대한 반성으로 일어난 움직임으로서, 사상적인 면에서 불교계의 지눌(知訥)·혜심(慧諶)을 중심으로 한 신앙결사운동에 주목하지 않을 수 없다. 철저하고 본질적인 불교 반성운동인 이 결사운동은 향후 불교계뿐 아니라 유자층에게도 지대한 영향을 주어 고려말 성리학 수용의 사상적 배경의 하나가 되었다. 지눌의 정치한 심성론과 교선일치론 및 혜심의 유불일치론이 그것이다.

즉 지눌(1158~1210)은 정혜결사문(定慧結社文)을 통해 종래 명예와 이익을 버리고 산림에 은둔하여 심성을 도야하여 불자 본연의 자세로 돌아갈 것을 제창하였다. 철저한 실천적인 반성운동이었다. 그리고 고려불교계의 최대 과제였던 교종과 선종 간의 갈등을 지적하며 다음과 같이 개탄했다.

> 부처가 입으로 말하는 것은 교(敎)요, 조사(祖師)가 마음에 전하는 것은 선(禪)이다. 부처와 조사의 입과 마음이 필연 서로 어긋나지 않는 것인데 어찌 근원을 궁구하지 않고서 제각각 익힌 데 편안해하여 망령되이 논쟁함으로써 헛되이 세월을 보내는가.2)

제5장 여말·선초 사상계의 변화 79

그러면서 방법면에서 돈오점수(頓悟漸修)와 정혜쌍수(定慧雙修)를 전개하였다.

그리고 유자의 길을 걷다가 불문에 귀의하여 지눌의 뒤를 이은 혜심(1178~1234)은 유불일치론을 주장하기도 하였다. 그는 사마시(司馬試)를 볼 때 좌주였던 최홍윤과의 서답 속에서 다음과 같이 말하였다.

> 나는 옛날 공의 문하에 있었고, 공은 나의 사중(社中)에 들어오니 공은 불교의 유생이요, 나는 유교의 불자이다. ……그 이름만 생각하면 유와 불은 거리가 멀지만 그 실상을 알면 유불은 다르지 않다.3)

그는 유학에 대한 폭넓은 지식을 바탕으로 불교가 주체가 된 유불일치를 모색하였던 것이다. 지눌과 혜심을 중심으로 한 불교측의 이러한 유불론은 유자층에게 영향을 주어 유불 간에 활발한 교류가 이루어졌다. 이는 당시 사장학풍(詞章學風)의 유학에 대한 불교철학의 자신감에서 나온 것이기도 하였다.

이럴 즈음 유학계의 변화로 이규보(李奎報)·최자(崔滋)를 주목할 필요가 있다. 종래 무신정권기의 유학사상에 대해서는 암흑기 내지 쇠퇴기로 보고 언급하지 않는 실정이었다. 그러나 무신난을 맞아 유학계가 어느 정도 침체되고 굴절될 수밖에 없었다 해도 강화천도(1231) 이후에는 사정이 변하게 된다. 즉 유풍의 쇠퇴 원인을 분석하고 부흥 방법을 모색하였던 것이다.

이규보(1168~1241)는 지공거(知貢舉)로서 폐단을 개혁하여 회복하는 방법을 제기했고 서서히 유풍이 되살아나자 감회의 눈물을 흘렸다. 일찍이 26세 때(1193) 동명왕편을 지어 민족의식을 고취시킨 그는 또한 능엄경을 터득하여 교와 선을 이해하였던 인물이다. 즉,

> 무릇 불법은 하나인데 혹은 선이라 하며 혹은 교라 하는 것은 무엇인가. 불심이 선이라면 불설은 교라 하는 것이다. 교라는 것은 득도의 도구요……선은 부처와 조사가 견성(見性)하던 법이다.4)

---

2) 지눌,「화엄논절요서」.
3) 혜심,「답참정최홍윤」,『진각국사어록』.
4) 이규보,「대안사동전방」,『동국이상국집』권25.

지눌에 영향받고 능엄경에 심취한 이규보의 불교 인식이라고 하겠다.

또한 이규보를 이어 문병(文柄)을 잡은 최자(1188~1260)는 당시의 사장학풍과 장구(章句) 중심의 학문경향 및 과거시험 문제에 대해 심각하게 문제를 제기하면서 유학계의 반성을 촉구하였다. 그는 이규보와는 달리 유학자로서 긍지와 자부심을 가졌던 자로, 특히 그의 문집인『보한집』에 보면 고문운동(古文運動)을 전개하고 있음을 알 수 있다. 이는 북송 성리학과 함께 전개된 문체개혁운동이었다. 불교에 대한 그의 관심도 당시 유불 교섭의 분위기와 지적풍토 하에 이루어졌다고 할 수 있다. 당시의 유불 교섭 분위기는 과거공부를 하던 12도들이 여름이 되면 하과(夏課)라 하여 사찰에서 학문과 심학을 닦았었고 심지어 과거를 마치면 당대 최고의 유자인 좌주들도 급제한 문생들과 함께 절에서 재를 올려 장수를 축원할 정도였다(『파한집』 하권, 26항). 이러한 유·불 간의 만남을 통해 자연히 유자들은 선사들과 교유하며 선사들의 활동을 찬양하는 비명(碑銘)을 짓게 된 것도 자연스러운 모습일지 모른다.

이처럼 무신정권기 사상계의 변화는 유·불교의 각 반성운동과 함께 상호교류를 통해 점차 사상적 심화(心化)과정을 쌓았던 것이다.

한편 당시 최고의 지식인이었던 선사들 중에는 출가하기 전 유학을 공부하여 과거에 합격한 인물도 상당히 많았다. 즉 국자감시에 합격한 혜심, 천인(天因)과 최종시험인 예부시까지 합격한 천책(1225), 충지(1245)를 들 수 있는데 충지는 장원급제까지 하였다. 이들이 과거에 합격한 이래 유학의 길을 버리고 불교 구도의 길을 택한 것은 무신정권 하의 유학이 사상적 발전이 막힌 채 현실운용 사상으로서의 역할을 제대로 하지 못하였기 때문이다. 그리고 당시 선사들의 가계가 대체로 향리층 내지 지방의 독서층에 기반을 둔 사류 출신이었던 점도 주목할 만하다. 즉 수선사(修禪社)의 지눌, 혜심, 몽여, 천영, 충지와 백련사(白蓮社)의 요세, 천인, 천책 등이 바로 그들이다. 이는 그만큼 당시 지식인 세계가 종래의 귀족적이고 중앙출신이었던 데서 지방의 향리와 독서층 출신 중심으로 변하고 있음을 보여주는 것으로서 시사하는 바 크다고 하겠다.

3. 원간섭기 사상계의 변화

제5장 여말·선초 사상계의 변화

원간섭기란 13세기 후반부터(1270) 개혁적인 공민왕이 등장(1350)하기 전까지를 말한다. 이 시기는 30년간의 몽골침입(1231~1259)과 원의 부마국으로의 변화 및 여원 연합군의 일본원정과 그 준비(1271~1294), 특히 왕의 중조(重祚) 현상 등으로 민족적 모순과 정치·사회적 피폐가 중첩적으로 나타난 시기이기도 하다. 이 시기에 사상계의 변화는 어떠했을까?

먼저 불교계를 보면, 원간섭기라는 시대적 한계를 극복하지 못하고 앞서 전개되었던 결사불교와는 다른 친원적이고 체제지향적인 귀족적·보수적 불교에 머물고 있었다. 먼저 수선사의 변화를 보면, 과거에 수석으로 합격하고 나서 출가한 충지(1226~1292)도 결국 은둔 경향과 친원 의식을 띠고 있었다고 할 수 있다. 즉 그는 수선사의 불교전통과 달리 정토신앙과 관음신앙을 적극적으로 수용하였다. 정토신앙은 아미불에 귀의함으로써 서방극락세계에 왕생할 수 있다는 신앙이고, 관음신앙은 고뇌하는 중생의 기원을 해결해 주는 현세이익 위주의 신앙인데 이는 수선사 초기의 선사상과는 판이하게 다른 것이다. 이는 현실사회와 불교교단의 제반 문제점을 말하며 원나라에 면세를 요구하여 면제받은 것에 대해 원나라 황제에게 감사하며 축성에 힘쓸 것을 맹세한 데서도 알 수 있다. 심지어는 수선사를 원 황실의 원찰로 삼아달라고 요청할 정도였다. 이러한 면들은 수선사가 대몽항쟁 때 정신적 구심체가 되어 민족의식을 고양시켜 고려 국가체제 유지에 일정한 역할을 수행한 것에 비교하면 큰 차이가 난다.

이에 비해 단군신화를 통해 원지배 하의 민족적 고난기를 극복하려 한 일연(1206~1289)의 등장은 다행이라 할 것이다.『삼국유사』에 나타난 그의 역사인식은 역사전통에 대한 민족의식으로 심화되었다. 우리 나라가 본래 성인의 도읍임을 천하에 알리고자 한 것은 몽골과의 항전 속에서 키운 분노와 저항의식을 바탕으로 한 것이라 하겠다. 그러나 일연 이후 수선사는 가지산파가 대두하여 귀족불교화하며 불교계를 장악하였다. 그리고 이들에 의해 새로이 원에서 임제종이 도입되었으나 그 이전의 불교전통과는 단절된 모습을 띠는 한계를 갖지 않을 수 없었다.

한편 백련사 계통에서는 천책 이후 충숙왕 때 활약한 운묵 무기를 통해 실천신앙적 정토신앙이 등장하였다. 즉 그는 당시 사회를 대단히 위태로운 말법시대로 보면서 참담한 현실 속에 놓인 대중에게 염불을 통한 공덕을 강조함으로써 불교계의 보수적 경향을 비판하였다. 그러나 이러한 노력은 초기 결사불교와는 달리 불교계의 제반 문제를 본질적인 면에서 해결하지 못하고 불교의 사회기능 중 실천신앙적인 기능만을 강조하는 데 그쳤다. 그 후 백련사는 원 황실의 원찰인 묘련사(1284)로 변하여 부원세력의 사찰로 전락하였다. 결국 당시 불교계는 시대적 한계를 극복하지 못하고 보수화되고 귀족적 불교로 회귀하고 말았던 것이다. 이는 원간섭기라는 식민시대의 역사적 한계를 넘지 못한 문화의 한계이기도 하다.

다음으로 이 당시 유학계는 어떠했을까? 먼저 일연과 거의 같은 시기를 산 신진사대부의 한 사람인 이승휴(1224~1300)를 통하여 살펴보자. 그는 신진사류로서 당시 직접 정치에 뛰어들어 시대적 병폐를 혁파하려고 노력한 인물이기도 하다. 『제왕운기』(1287)에 나타난 그의 역사인식은 『삼국유사』처럼 민족의 자주성과 문화의 우위성을 강조하고 있어 주목된다. 하지만 원 지배를 인정하지 않을 수 없었던 당시 유자들의 의식에서 크게 벗어나지 않아 그 한계 또한 명확하였다.

한편 이 시대는 성리학 수용의 첫 단계를 맞는 안향·백이정·이제현이 크게 활동한 시기이기도 하다. 특히 이제현(1287~1367)은 성리학 수용단계에서 학풍을 형성한 인물로, 충선왕 때 원나라에 뽑혀가 만권당에서 활동하였다. 그는 종래의 훈고학적 유학이 아니라 유교적 경학의 공부와 도덕적 유학의 실천을 중시하는 경명행수지학(經明行修之學)을 중요한 학문으로 인식하였다. 이제현의 이러한 의식은 구체적이고 현실적인 개혁의지로 나타나는데, 그가 지공거로 있으면서 '원간섭기 사회모순에 대한 개혁안'을 출제한 데서 잘 드러난다. 이는 그 전의 유학계 흐름과는 다른 좀더 진전된 자세임에 분명하다.

물론 이 시기에도 유불 간에는 간단없이 교류가 계속되었다. 일연은 수선하는 여가에 다시 대장경을 읽고 제가의 장소(章疏)를 깊이 연구하였으며 아울러 유서도 섭렵하여 백가서에 관통하였던 인물이다. 이제현도 어렸을 때 선친을 따라 사찰에 드나들었고 사찰의 중흥비문을 짓기도 하였다(묘련사 중흥비). 그는 불교의 현실적·경제적 병폐에 대해서는 걱정하였으나, 불교의 기본교리를 유교인의 입장에서 이해하여 유불 간의 장단점을 이해하기에 이르렀다. 당시의 이러한 분위기를 보여주는 대표적인 사료 하나가 충숙왕 8년 원의 과거에 응시, 합격한 지방향리 출신의 최해(1287~1340)의 다음과 같은 주장이다.

유(儒)만 알고 불(佛)을 알지 못하면 불이 되는 길을 말할 수 없고, 불만 알고 유를 알지 못하면 능히 부처가 되지 못한다.5)

이제 유자들은 유·불을 같이 이해할 수 있어야만 자기의 사상을 확충할 수 있었던 것이다. 이것은 또한 유교와 불교와의 차별성을 인식하고 있었음을 의미한다.

4. 여말·선초 사상계의 변화

여말·선초 시기는 14세기 중반부터 15세기 중반까지로서, 공민왕대의 개혁과정 속에서 본격적으로 성장한 신진사대부들이 활약한 시기이자 왕조 교체가 일어난 시기이기도 하다. 또한 억불운동의 전개 속에서 성리학이 점차 정책적으로 제시되었던 시기였다. 성리학을 바탕으로 하는 불교 비판이 거세진 것은 공민왕대 성균관 중영(重營) 이후 두각을 나타낸 신진사대부에 의해서이다. 당시 정치적·사회적으로 권문세족과 대결하는 입장에 있었던 신진사대부로서는 권문세족과 결탁된 보수적인 불교를 배척하지 않을 수 없었기 때문이다. 특히 공양왕 3년(1391) 과전법의 시행에 이르면 불교 비판은 종래와 달리 정치적 성격을 띠며 점차 과격한 양상을 보이게 되었다.

먼저 조선초기의 불교정책을 통해 당시 불교계의 위상 변화를 보도록 하겠다. 당시의 불교정책으로는 국가재정을 도모하기 위한 사원전의 축소 및 양인 확보를 위한 사원노비의 혁파를 들 수 있다. 그 구체적인 것으로 세종 때 사원전의 정리와 항거승(恒居僧)에 대한 정리가 있다. 즉 세종 6년(1424) 국가의 공인을 받은 사원은 종래 242사에서 교선종 각 18사 등 36사로 축소되었으며 이 36사에 한해 최고 500결에서 최하 150결까지 도합 7,950결의 전지가 사급되었다. 이는 종래의 사원전보다 1/3이나 줄어든 것이고, 승려수는 회암사의 250명 등 항거승 3,700여 명이 배당되었다. 그런데 '호불의 주'라는 세조대에는 오히려 사승에 대한 지원과 비호가 이루어지고 원각사의 창건과 대규모 간경사업이 있었다. 예종 1년(1469)에는 봉선사가 창건되고 왕이 직접 행행하여 숭은전에서 제를 올릴 정

---

5) 최혜, 「송반용여대사서」, 『동문선』 권84.

도였다. 물론 여말에 박초나 정도전 등에 의해 맹렬한 척불론이 제시되었지만 조선초기의 대 불교시책은 억불운동에 그쳤을 뿐 불교 자체를 증발시켜 버린 것은 아니었다.

다음은 이 시기의 대표적인 유학자 이색과 정도전, 권근을 통하여 당시 유학계의 사정을 살펴보겠다. 고려말 유학의 거봉 이색(1328~1396)은 성균관 중영과 아울러 대사성을 지낸 인물이지만 다양한 종파의 승려 100여 명과 폭넓은 교유관계를 맺었다. 그 중 나옹선사와는 밀접한 관계를 가지면서 그의 사상적 영향을 받았다. 그는 당시의 척불론을 '출가하여 승려가 되는 것 자체가 불효이고 윤리를 없애는 것'에 대한 비판이라고 보고 이에 대해 다음과 같이 말하였다.

> 효도는 대개 이치의 근본이다. 그래서 절을 만들어 선조의 뜻을 헤아리고 임금의 은혜를 갚는 것은 그 고리가 진실로 당연하다 하겠다.

그러면서 불교를 보통의 일을 미워하고 세속을 싫어하여 명교(名敎)와 법도를 좋아하지 않는 호걸스러운 것으로 보고 세상이 그 도를 존경하는 것은 기이할 것이 없으며(『동문선』권72, 이각사 무무당기) 그것이 불교가 성행하는 이유라고 보았다. 그는 부모(이곡)와 나옹선사를 추모하기 위해 여주 신륵사에 대장경을 간행·안치하였다. 심지어 선승에게 선 수행의 방침까지 제시할 정도였다. 그러면 이색의 이러한 유불일치론적 경향은 어디서 나왔을까? 일찍이 3년간 원에 유학한 바 있던 그는 공민왕대에 20년에 걸쳐 관원생활을 하면서 유교교육의 총수 역할을 한 인물이다. 그러한 그가 불교를 이렇게 보았다는 것은 당시 원의 성리학 학풍과 관계가 있지 않을까. 즉 당시 원의 성리학자들(허형·오징)은 불교와 도교 등과 같은 이단을 엄격히 배격하지 않았던 점을 기억할 필요가 있다. 또한 성리학에서는 궁리진성(窮理盡性)에 도달하기 위한 실천방법으로서 주자의 격물치지(格物致知)를 중시하였는데, 그 전제조건인 거경지지(居敬持志)와 정좌 같은 방법은 선종의 돈오점수와 유사하였다. 즉 성리학의 궁리진성의 방법이 선사상의 영향 속에서 이루어진 것이 아닌가 한다.

정도전(1342~1398)은 『심문천답』, 『심기이편』, 『불씨잡변』의 저술을 통해 그의 배불사상을 전개하였음은 주지의 사실이다. 그러나 그의 주장에서 보이는 지적 특성은 불교의 교의와 교설을 종교로서가 아니라 학설로서 개념화하고 이를 논리적으로 배척하여 이단시한 점에 있다고 하겠다. 이러한 속에서 그는 유자의 학설(유의 학파와 직업의식 등)은 불교의 교설과 공존할 수 없는 것으로 보았던 것이다. 그러나 정도전도 사회·경제적 폐단이 없이 운영되는 사찰에 대해서 비문(백암산 정토사 교루기)을 짓고 승려의 비문(원증국사 석종명)을 지어준 사료가 최근 발굴된 것으로 보아 불교 자체를 완전히 부정한 것으로 여겨지지는 않는다.

조선 성리학의 제일장을 담당했던 권근(1352~1409)은 물론 배타적 성향을 지니고 있었지만 어느 면에서는 불교에 의존하고 있었던 인물이다. 즉『입학도설』,『오경천견록』등 성리학서로는 초유의 성과를 낸 인물이지만 50여 명의 승려와 교제하면서 인간의 죽음이나 고뇌의 문제를 불교를 통해 해결하고자 하였다. 집안내력을 보아도 그의 부친은 신륵사 대장경을 짓기 위해 시재를 하였고 중형은 화엄종 승려였으며, 자기 자식의 교육을 승려에게 맡길 정도였다. 이러한 사실은 불교의 종교적 기능을 부인할 수 없었던 현실적인 측면을 반영한 것임과 아울러 그의 불교비판의 한계가 투영된 것이라 할 수 있다.

그러나 여말·선초 유학자들의 이러한 불교 긍정도 점차 불교의 사회·경제적 폐단이 심화되어 정치·사회적 지배이념으로서의 기능을 상실하게 되고 불교교리의 형이상학적 논리마저 의문시되거나 회의의 대상이 될 때는, 일변하여 불교 부정의 척불론을 전개할 수 있는 시대였음도 간과해서는 안 되겠다.

한편 당시 태고보우(1301~1382)와 나옹(1320~1376) 등이 활약한 불교계는 수많은 종파가 난립하고(조선초 11종이나 보임), 원을 통한 임제종의 전래로 이전의 불교전통과는 다른 모습을 보였다. 이른바 임제종의 간화선(看話禪)을 내세워 선의 지적 이해를 철저히 배격하고 '무자(無字)' 화두의 참구만을 주장한 것은 종래에 선의 실천적 체계를 제시하였던 모습과는 확연히 달랐다고 할 수 있다.

5. 맺음말

조선시대의 불교를 이해하기 위한 한 방편으로 여말·선초 사상계의 변화를, 주로 유불의 교류가 갖는 그 의미와 성격을 통해 살펴보았다.

무신정권기의 사상계의 흐름은 오히려 건강한 모습을 띠고 있었다. 지눌이 전개한 결사운동으로 말미암아 실천적인 반성운동이 일어났고, 심성화 노력은 유학계까지 풍미하였음을 알 수 있었다. 나아가 그 정신은 고려후기 불교계가 나아갈 방향을 제시한 것이었다.

원간섭기의 사상계는 원 지배 하의 시대적 한계성을 벗어나 자주적 민족성을 강조하며 나아가기에는 힘에 벅찬 식민시대였다. 특히 건강한 선종 계통의 전통이 이어지지 못하고 보수적이고 친원적인 성향으로 흐른 것은 아쉬움 바로 그것이었다.

여말·선초는 사상계의 측면에서 보면 성리학이 점차 신진사대부의 이론으로 자리잡음에 따라 불교가 그 사회적 기능을 넘겨주는 시대이기도 했다. 더 나아가 조정의 대불교 억압책으로 전통불교는 거의 단절될 정도에까지 이르는 참으로 어려운 시기였다.

그렇다고 불교가 우리 나라에 수용된 이래 1천 년간 정신적 지주로 위치하며 남겨놓은 그 자취를 과소 평가할 수 없을 것이다. 특히 토착적 무격신앙 단계를 뛰어넘어 민족적이고 통일적인 사상의 중심체로서 역할하며 남겨놓은 그 사상과 문화는 오늘날 귀한 재산임에 틀림없다. 그리고 성리학 수용의 사상적 배경으로서 불교가 수행한 역할은 앞서 살펴본 바와 같이 대단한 것이었다. 특히 성리학이 지배하는 조선시대의 메마르고 건조한 문화를 대할 때 더욱 그러하다.

이렇게 보면 여말·선초 사상계의 변화 즉, 유·불의 교체는 이제 역사적 산물임을 인식해야겠다. 중세적 단계에서 근세적 단계로의 전환 속에서 사상계도 그 사회적 기능의 변화를 요구받았던 것이다. 즉 기존 불교의 개인적·기복적 신앙만으로 다양화되고 정치적·현실적인 조선시대를 이끌어 가는 데 한계가 있었다. 이는 향후 불교계에도 시사하는 바가 크다고 할 것이다.

(이원명, 1994,「조선시대 불교사의 새로운 이해 -조선초기」
『세미나 자료집』, 불교사학연구소)

제6장 실학자의 화폐경제론의 발전

1. 화폐경제론의 형성배경

1) 화폐경제의 확대발전

왜란(1592~1598)을 전후해 봉건 조선사회의 전통적 관영 상공업체제는 해체되고 사영 수공업과 자유상업의 발전은 촉진되었다. 국유제를 원칙으로 하는 토지제도의 문란으로 특권층의 토지겸병은 물론, 경제활동을 통한 서민층의 토지광점(廣點) 내지 대토지 경영 가능성이 커지고 영리성 위주의 상업적 농경이 보급되었다. 광업에서도 전통적으로 농민의 부역노동에 의존해 온 관영체제가 해체되어 가는 한편 민영화 방안이 모색되었다. 신분제 변동의 급진전으로 신분질서와 밀접한 관계를 맺고 있는 전통적 사민관(四民觀)은 기능주의적인 것으로 변질되고, 또한 농업에 의존하는 국가 경제기반의 취약성을 보완하기 위한 상공업진흥론이 일부 지식계층에 의해 제기되기도 하였다.

한편 양란을 겪고 난 후의 인구증가는 당시 제반 사회생산력을 증진시킴과 동시에 증가된 인구를 수용할 새로운 생산양식의 모색을 자극하는 요인이 되었다. 상품교환경제의 발전을 전제로 하여 실시된 대동법이 확대 시행됨에 따라서 조세체계가 단순화·합리화되는 동시에 상품생산 내지 유통경제의 발전이 증진되었다.

또한 양란 이후 청·일과의 관계는 안정기에 들어섬에 따라 두 나라와의 공사밀무역(公私密貿易)이 비교적 활발해져 국내의 생산력 증진 내지 상품교환경제의 발전이 증진되었다. 왕조초기 이래로 통용금지되던 칭량은화의 유통이 왜란중에 허락되고, 이로써 상품교환경제의 발전 내지 화폐유통의 기반이 성숙되었다.

명분·의리·전통 등을 중요시하던 가치체계 또한 성리학의 타락에 대한 반성과 외래사조의 영향을 받아 실용·실제성과 객관·합리성을 중시하는 근대지향적 가치체계로 전환되었다. 이 과정에서 새로운 학풍 내지 사회사조로서 생성 발전한 것이 실학사상이었다.

이처럼 조선왕조의『경국대전 經國大典』적 제반 사회질서가 해체되고 새로운 변화가 모색되는 전환기적 상황 하에서, 쌀이나 베 등 물품화폐와 칭량은화가 지배하는 자연경제적 유통질서를 극복하고 명목화폐인 동전을 법화(法貨)로 주조유통시키기 위한 화폐정책이 적극 추진되었다. 즉, 조선왕조는 왜란을 전후해 급진전된 제반 사회경제적 변화 발전에 대응하는 한편, 전란으로 거의 파탄에 직면한 국가경제 재건책의 일환으로서 화폐(동전) 유통정책을 적극 추진하였던 것이다. 이러한 화폐정책은 사회경제적 미숙성, 화폐원료의 공급난, 화폐정책의 불합리성 및 혼란 등 여러 이유로 거듭 중단되었다.

그러나, 이것과는 관계 없이 1640년대에는 개성을 중심으로 한 인근지방에서, 1650년대에는 안주·평양 등 평안도 일부 지방에서 동전이 유통되었다. 그리고 1670년대 말부터는 상평통보(常平通寶)라고 하는 동전이 국가의 유일한 법화로서 계속 유통 보급되기 시작하여 90년대 말에는 그 유통기반이 마련되었다. 이후 동전이 초기의 유통 보급단계를 넘어 공·사 유통계에서 교환수단·가치척도, 가치저장수단 등 제반 화폐기능을 발휘하게 되자, 국가 수입지출의 화폐화 비율이 높아지고 소작료·노임 등의 화폐화 추세도 증진되었다. 또한, 상업자본과 고리대자본은 보다 유동성이 큰 화폐자본으로 전환되는가 하면, 크게는 토지·가옥·노비·가축 등에서부터 작게는 시장의 일용잡화에 이르기까지 동전으로 거래가 이루어졌다.

1720년대에는 북으로 회령, 서쪽으로 의주, 남으로 동래와 제주도까지 동전의 유통영역이 확대되고 각 계층의 화폐에 대한 가치인식도 심화되었다. 1730년대부터는 동전, 즉 당일전(상평통보)만을 국가의 유일한 법화로 사용하는 단순 소박한 화폐제도의 한계를 극복하는 동시에, 당시 일반 유통계에 만성화된 전황의 모순 내지 폐단을 해소하기 위해 여러 가지 화폐제도개혁론이 제기·논의되었다. 각종 고액전(당이·당오·당십·당백전)과 칭량은화 주조유통론, 지폐 사용론 및 중국동전 수입유통론 등이 그것이다.

1810년대에는 금·은·동전 등을 법화로 주조유통할 것을 주장하는 등, 근대

금본위제도를 연상케 하는 화폐제도개혁론이 제시되기도 하였다. 1860년대 초에는 화폐경제의 확대발전을 기반으로 하여 전조(田租)의 전면적 금납화가 시도되는 동시에, 상평통보 체재의 고액전인 '당백전'이 다량 주조 유통되었다. 그리고, 1876년 개항 이후 서양 근대화폐제도 수용의 필요성이 커지면서 1880년대 초에 근대화폐를 본뜬 은화 '대동전'을 주조 유통하고, 1894년 갑오개혁 실시과정에서 마침내 근대 은본위제도를 도입 실시하였다.

이상 조선후기 화폐경제사 발전과정을 각 시기의 화폐정책과 유통계에 나타난 시대적 특수성을 중심으로 시기를 나눠 보면, 대개 다음 네 단계로 구분할 수 있다. 화폐(동전) 유통보급기(1600년대 초~1690년대 말), 화폐유통에 대한 반동기(1700년대 초~1740년대 초), 화폐경제 확대발전기(1740년대~1860년대) 및 근대화폐제도 수용기(1860년대~1900년대 초) 등이 그것이다.

2) 화폐경제발전의 영향

위에서 개관했듯이, 왜란 이후 조선후기에 화폐경제가 확대발전됨에 따라서 봉건 조선왕조의 성리학 중심 가치체계와 농업 중심 생산양식 등, 중세적인 『경국대전』적 제반 사회질서의 해체 내지 근대지향이 촉진되었다. 그 대강을 살펴보면 다음과 같다.

첫째, 화폐자본화한 상업자본의 성장이 증진되었다. 이 자본은 보다 유동성향이 크기 때문에 쉽게 농업·수공업·광업 등의 생산부문에 투입되는 등, 전기적(前期的) 상업자본의 산업자본으로의 전환 가능성이 그만큼 증대되었던 것으로 보인다.

둘째, 군기(軍器)나 유기(鍮器)의 원료는 물론, 칭량금(秤量金)·은전 및 동전 원료의 수요가 급증되었다. 이에 금·은·동·철 등 주요 광산물의 수요에 충당하기 위해 광업개발이 보다 활발해졌다. 특히, 금·은·동광의 개발경영에 부상대고(富商大賈) 등이 자본을 투입하고 임노동자를 고용하여 광산물을 채굴하여 일정한 광세(鑛稅)를 바치고 이윤을 추구하는 등, 근대 자본주의적 생산양식의 싹이 엿보였다.

셋째, 봉건 조선사회의 관·민영수공업은 상품화폐경제와 보완관계를 가지면서 보다 빨리 발전할 수 있었다. 유기나 군기 및 동전 주조사업 등의 수공업은 작업공정이 분업화된 공장제수공업체제로 관리 운영되었다. 특히, 배타성이 강한 특권적 관영수공업인 화폐주조업에까지도 부상대고 등 민간인 자본주가 자본을 투입하고 임노동자를 고용하여 화폐를 도급(都給) 주조하는 등, 근대 자본주의적 생산양식이 싹트고 있었다.

넷째, 상업자본의 성장과정에서도 그러했던 것처럼, 화폐자본화한 고리대자본의 성장이 증진되었다. 고리대자본이 농촌에 침투되자 농촌사회의 분화과정은 급진전되었다. 당시 농촌사회는 상업자본의 침투와 지방관리의 농민착취로 분화가 급속히 이뤄지고 있었다. 농민의 몰락, 농업생산의 위축, 부익부 빈익빈 현상을 수반한 농촌사회의 분화는, 민본주의·농본사상·균산주의(均産主義)를 중요한 정치이념으로 강조한 봉건 조선사회에서 심각한 사회경제적 모순 내지 폐단으로 받아들여졌다. 그러나 이러한 과정에서 일어난 새로운 변화, 즉 다수의 임노동자가 창출되었다던지, 특권층은 물론 서민층에 의한 대토지점유가 농업기업화의 전제가 되었다던지, 보다 많은 이익추구를 위한 상업적 농경이 확대 보급되었다던지 하는 등의 사실은 주목되어야 할 것이다.

다섯째, 국가재정의 관리 운용이나 일반 민중의 경제생활이 보다 실용·실제화 내지 객관·합리화되었다. 한편 농민을 비롯한 각 계층의 소비·사치 성향과 투기·사행심이 조장되어 절약과 검소, 그리고 근면을 생활미덕으로 강조한 봉건 조선사회의 전통적 경제윤리는 변질되었다. 이처럼 전통과 인습에 얽매이는 속성이 강한 경제윤리가 변질됨에 따라 양반층이 재부축적과 고리대업에 보다 깊은 관심을 가지게 되고, 농민층은 보다 쉽게 농토를 이탈하여 상업이나 고리대업에 종사하였다.

여섯째, 관직의 상품화가 촉진되어 중앙정계에는 매관매직이 성행하고 지방관리의 회뢰(賄賂)와 청탁은 물론 농민착취가 자행되는 등, 관기 문란 내지 행정질서의 타락이 조장되었다. 한편, 농경사회 본래의 순박하고 두터운 인심은 각박해지고, 농촌사회 분화과정에서 창출된 일부 임노동자나 도적집단의 반체제적 내지 반봉건적 저항의식이 성장하는 등 중세적 사회윤리의 변화 내지 와해현상이 나타났다.

일곱째, 화폐경제가 가족경제에 침윤됨에 따라 가족구성원 각자가 이기적 타산에 보다 민감해져 공동체의식이 약화되었다. 이는 효도와 우애를 근간으로 하는 성리학적 가정윤리에 기반한 가부장적 대가족제도의 와해 조짐으로 이해될 수도 있을 것이다.

여덟째, 사회위신의 척도가 기존의 문벌이나 정치권력 지향적인 것에서 재부 중심으로 전환이 촉진된 것으로 보인다. 이 같은 변화를 통해서 중세적 신분질서 해체현상의 일면을 엿볼 수 있을 것이다.

2. 화폐경제론의 발전

실학자들의 화폐경제론이 생성 발전된 역사적 배경을 이해하기 위해 조선후기 화폐경제의 확대발전 과정과 그 역사적 영향을 대강 살펴보았다. 그러면, 왜란 이후 화폐경제의 점차적인 확대발전 과정에서 형성된 조선후기 실학자들 및 초기 개화사상가의 화폐경제론은 과연 어떻게 발전되었는가. 개화사상으로 계승되는 조선후기 실학사상의 본질 내지 그 발전상을 역사적으로 이해하기 위해, 다음에서 반계(磻溪) 유형원(柳馨遠 : 1622~1673), 성호(星湖) 이익(李瀷 : 1681~1763), 연암(燕巖) 박지원(朴趾源 : 1737~1805), 다산(茶山) 정약용(丁若鏞 : 1762~1836), 구당(矩堂) 유길준(兪吉濬 : 1856~1914) 등의 화폐경제론을 비교 고찰하기로 한다.

1) 유형원의 동전유통보급론

유형원은 1622년(광해군 4)에 태어나 1673년(현종 14)에 죽었다. 그는 17세기 중엽 명목화폐인 동전의 통용을 필요로 하는 사회경제적 발전과, 당시 적극 추진된 화폐 유통정책의 운용과정을 경험하였다. 또한, 기록을 통해 고려왕조와 중국을 비롯한 주변 여러 나라의 화폐에 관한 사실들을 분석 고찰하는 한편, 서양 화폐에 대한 단편적 지식을 전해들었다. 이상 국내외의 화폐에 관한 지식과 경험을 통해서, 화폐를 백성이 먹고 사는 식량과 함께 민생의 근본이 된다고 생각했을 만큼 국가재정과 국민경제면에서 차지하는 위치를 높이 평가하였다. 그리고, 쌀이나 베 등 물품화폐와 칭량은화가 지배하는 자연경제적 유통질서를 극복하고 명목화폐인 동전을 법화로 주조 유통하는 방안을 제시하였다. 이러한 화폐경제론은 학문과 사상적으로 그에게 영향을 끼친 것으로 생각되는 이수광(1563~1629)과 김육(1580~1658) 등 선배학자와 김신국(1573~1657)·김기종(1585~1635)·허적(1610~1680) 등 화폐정책 운용에 참여한 고급관료들의 견해와 질적으로 공통된다.
　유형원은 동전의 주조유통론과 함께 농업에 폐해를 끼치지 않는 범위 내에서 상업을 진흥시킬 필요가 있다면서, 동전의 유통보급을 위한 한 가지 방안으로 상설점포의 설치 운영을 주장하였다. 뿐만 아니라 동전을 보다 효율적으로 유통 보급시키기 위해 정부의 재정지출과 함께 전조 등 주요 국가수입을 점차로 화폐화하는 방안을 제시하였다. 한편으로는 표류 서양인을 통해 중국화폐 이외의 서양화폐에 관한 새로운 소식을 탐문하기도 하였다. 여기에서 일정한 한계는 있지만, 화폐경제의 발전과 밀접한 보완관계를 가지는 상업진흥과 국가 수입지출의 화폐화 및 서양문물 수용에 대한 진보의식을 엿볼 수 있다. 또한 화폐경제론 중에서 국내 현실 내지 우리 중심적인 것의 중요성을 강조한 점을 통해 그의 민족의식을 엿볼 수 있겠으나, 그것이 진보성의 수준에는 미치지 못한 것으로 보인다.
　이상 유형원의 화폐경제론은 화폐경제의 발전과정에서 볼 때, '화폐(동전) 유통보급기'의 전반(1600년대 초~1650년대 말)을 배경으로 한 것이다. 이는 양란 이후 『경국대전』적 제반 사회질서에 본질적 변화가 일어나고, 대명관계가 대청관계로 넘어가는 전환기 상황에서 형성된 것으로서, 왕조초기 이래로 상공업 발전을 제약한 중세적 중농억말정책에 대응한 북학지향적인 진보적 현실개혁론이라 할 수 있다. 이러한 진보적 화폐경제론은 조선후기 실학자들에게 영향을 주었음은 물론, 당로자들의 관심을 사서 종종 국가 화폐정책의 입안과 시행과정에서 참고 활용되기도 하였다.

2) 이익의 동전유통금지론

　이익은 유형원이 죽은 지 8년 후인 1681년(숙종 7)에 태어나서, 박지원이 27세 된 1763년(영조 39)에 죽었다. 그는 1670년 말부터 확대 보급된 화폐경제 발전과, 그로 말미암아 촉진된 봉건 조선왕조의 농업 중심 생산양식의 해체 내지 근대지향적 변화를 경험하였다. 또한, 기록을 통해 중국 고대로부터 당·송대에 이르는 시기의 화폐와, 고려왕조 및 조선시대의 화폐에 관한 역사적 사실을 분석 고찰하였다. 그의 화폐경제론은 이것들을 배경으로 하여 구상 제시되었다.
　동전의 유통금지를 골자로 하는 이익의 화폐경제론을 보면, 상품교환의 매개로서의 화폐 사용은 필요한 것이라 하여 원칙론적으로는 화폐의 가치 내지 그 기능을 긍정적으로 평가하였다. 그러나, 화폐경제의 확대발전은 상업발전과 농민의 토지이탈, 고리대업의 성행과 농민몰락 내지 농촌사회 분화, 도적집단의 횡행과 사회불안, 관리의 농민수탈과 농민의 궁핍화, 소비·사치성향과 민풍(民風)의 타락, 사회재부의 편중현상을 조장한다고 생각하였다. 백성을 부유케 하는 방법이 무농(務農)·상검(尙儉)·금탈(禁奪)에 있다고 생각하고 민본적·균산적(均産的) 정치이념을 중요시하던 이익의 보수적 가치관에서 볼 때, 화폐유통은 '백해일무익(百害一無益)'한 것으로 인식되었던 것이다. 그리하여, 그는 점진적인 동전유통의 금지와 쌀·베 및 지은(地銀) 등 종래의 물품화폐 유통체제로의 복귀를 주장하였다. 이는 국왕 영조(1694~1776)와 일부 고급관료, 실학자 정상기(1678~1752) 및 농촌지식인 이일장 등의 화폐경제론과 정도의 차이가 있을 뿐 본질적으로 공통된다.

이익은 화폐경제의 확대발전으로 증진된 국내 상업의 발전은 농업 내지 농촌사회에 심각한 폐해가 되고, 대청무역은 국가에 크나큰 경제적 손실을 가져오게 된다는 이유를 들어 국내외 상업의 제한을 주장하였다. 또한, 동전이 유통보급됨에 따라 부분적으로 시행된 조세금납화 조치는 그 실시과정에서 농민들에게 심한 피해를 입힌다고 하여 종래처럼 물품화폐를 다시 사용하는 동시에 조세물납제도 실시단계로 되돌아갈 것을 주장하였다. 따라서 화폐제도를 개선 개혁할 목적으로 서양화폐에 관해서는 물론, 중국화폐에 관한 새로운 지식을 수용할 필요를 느끼지 않았던 것으로 보인다. 이러한 과거복귀적 내지 보수적인 화폐경제론에서는 진보의식을 찾아보기 어려우나, 그의 역사의식 내지 문화의식을 통해서는 뚜렷한 민족의식이 확인된다.

조선후기 화폐경제사 발전과정에서 볼 때 '화폐유통에 대한 반동기'를 배경으로 한 이익의 화폐경제론은 『경국대전』적 체제를 지향하는 현실대응론이라 할 수 있다. 따라서 화폐경제가 지속적으로 확대발전되는 그 이후의 역사 현실에서 다른 실학자와 관료 등 각계 지식계층의 화폐경제론에는 이렇다 할 영향을 주지 못한 것으로 보인다.

3) 박지원의 칭량은화유통론

박지원은 1737년(영조 13)에 태어나서, 이익보다 43년간 더 살다가 1805년(순조 5)에 죽었다. 그는 동전 유통금지를 주장한 이익이 경험한 시대와는 달리, 동전유통을 전제로 하고 국가의 화폐정책 내지 화폐제도의 개선·개혁이 모색된 시기의 화폐경제 발전상을 경험하였다. 그는 당시의 일반 유통계에 거의 만성적으로 나타난 전황을 극복되어야 할 심각한 사회경제적 모순이요 폐단이라고 생각하였다. 또한, 기록을 통해 중국의 화폐에 관한 여러 가지 문제점을 분석 고찰하는 한편, 화폐경제가 발달한 중국에 들어가 제반 선진문물을 견문 체험하였다. 이 같은 지식과 경험을 기반으로 하여 국외자인 유형원 및 이익 등과는 달리, 지방관의 입장에서 전황 극복에 초점을 맞춘 화폐경제론을 구상 제시하였다.

박지원은 "무릇 교역은 동전이 아니면 불가능하다"고 했듯이, 그 당시 유일한 법화로 사용되는 동전의 가치 내지 기능을 중요시하였다. 또한 그는 "대체로 화폐가 귀해지면 물건이 천해지고 화폐가 천해지면 물건이 귀해지기 마련인데, 물건이 귀해지면 백성도 국가도 다 함께 피폐하고 물건이 천해지면 농민과 상인이 모두 타격을 받는다"고 하였다. 그는 국가재정과 국민생활에 그처럼 중요한 영향을 주는 화폐의 원활한 유통을 저해하는 가장 큰 원인을 전황으로 보고, 그 해소 극복방안으로서, 당시 유통되고 있는 동전(당일전) 중 품질이 양호한 것에 액면가치를 '당이전'으로 고액화하는 동시에, 정부가 칭량은화를 '천마(天馬)'와 '주안(朱雁)' 형태로 체재와 품질을 일정하게 통일하여 법화로 주조 유통할 것을 주장하였다. 이는 유수원(1594~1755)·홍양호(1724~1802)·우영하(1741~1812) 등 실학자들과 박문수(1691~1756)를 비롯한 대다수 고급관료의 화폐경제론과 본질적으로 성격을 같이하는 것이다.

박지원은 국가경제와 국민생활면에 상업이 차지하는 위치를 중요시하면서 도고상업 및 대일무역 활성화론은 제시하였으나, 청과의 교역에 대해서는 금·은의 대량 유출로 나라가 큰 경제적 손실을 입게 된다는 점을 이유로 들어 제한할 것을 주장하였다. 또한, 화폐경제가 확대발전함에 따라 점차 확대 시행된 조세의 금납화 추세는, 이익과는 달리 부정할 수 없는 역사적 현실로 받아들였던 것으로 짐작된다. 그리고 중국의 화폐제도를 본떠서 당일전만을 법화로 사용하는 화폐제도의 모순과 폐단을 개선 개혁하려는 입장, 즉 북학론적 입장에 집착해서 그러했는지 서양화폐에 관해 새로운 지식을 수용하려는 이렇다 할 의지는 찾아볼 수 없다. 이로써 보건대 그에게서는 북학론적 진보의식과 함께 대청무역 제한론 및 중국동전 수입유통 반대론으로 표출된 뚜렷한 민족의식을 확인할 수 있다.

제6장 실학자의 화폐경제론의 발전   95

이상 박지원의 화폐경제론은, 조선후기 화폐경제사 발전과정에서 볼 때 '화폐경제 확대발전기'의 전반(1740년대~1810년대)을 배경으로 구상 제시된 것으로 보인다. 이는 이익의 보수적 화폐경제론을 극복한 것으로서, 정약용으로 계승 발전되었다 할 수 있다. 그의 화폐경제론은, 양란 이후 급진전된『경국대전』적 제반 사회질서의 해체과정에서 생성 발전한 진보적 추세를 거역할 수 없는 역사적 현실로 인식하고, 그같은 역사적 변화에 대응한 북학론적인 진보적 현실개혁론이라 할 수 있을 것이다.

4) 정약용의 금·은·동전 유통론

정약용은 1762년(영조 38), 즉 이익이 죽기 1년 전에 태어나서 박지원보다 31년 후인 1836년(순조 36)에 죽었다. 그는 대체로 박지원이 그러했듯이, 동전 유통을 전제로 하고 화폐정책 내지 화폐제도의 개선 개혁이 모색된 시기의 화폐경제 발전을 경험하였다. 그러나, 박지원 사망 후의 세월은 세도정치기에 해당되며 이 시기에는 동전원료의 공급난이 완화됨으로써 전황이 종래에 비해 어느 정도 해소되었다. 또한, 기록을 통해 중국 주대(周代)의 화폐제도와 한국 화폐사에 관심 있는 문제를 분석 고찰하는 한편, 그 당시 중국 또는 동남아 여러 나라와 서양의 화폐유통 상황에 관한 소식을 전해들었다. 정약용은 이같이 국내외의 화폐문제에 관한 지식과 실제적 경험을 기반으로 하여 화폐제도 개혁을 골자로 한 화폐경제론을 구상 제시하였다.

정약용은 대체로 박지원과 마찬가지로, 화폐는 상품 교환매개로서 나라의 큰 보배요 국민생활에 꼭 필요한 것이라고 평가 인식하였다. 그러면서도 화폐경제의 확대발전으로 촉진된 민속(民俗)의 타락, 관리의 부정부패 및 공사 재화의 고갈 등 제반 사회경제적 모순과 폐단은 간과하지 않았다. 그러나, 그 같은 문제점들은 동전 유통 그 자체에 연유한 것으로 생각하기보다는 화폐 품질의 악화, 화폐정책의 모순과 그 운용의 불합리성에 중요한 원인이 있다고 생각하였다. 그리하여, 화폐의 주조 발행과정을 객관·합리화하기 위해 상설 화폐주조기관으로서 '전환서'를 설치 운영하고, '당일전' 상평통보만을 법화로 사용하는 단순 소박한 화폐제도를 개혁하기 위해 금·은·동전의 주조유통을 주장하는 등, 근대 금본위제도를 연상케 하는 진보적 화폐경제제도 개혁론을 구상 제시하였다. 이 정도의 화폐경제론을 주장한 이로는 고급관료 서영보(1759~1816)와 실학자 이규경(1788~?) 등을 들 수 있다. 그들은 정약용과 거의 같은 시기의 화폐경제 발전을 경험하면서 정약용의 금·은·동전 주조유통론과 본질적으로 대등한 수준의 지폐통용론을 구상 제시하였다.

정약용의 상업론을 보면, 이익의 보수적인 상업제한론과 유수원과 박제가 등의 파격적인 상업진흥론을 절충 보완하고 유형원의 소극적인 상업진흥론을 확대발전시킨 농주상종적(農主商從的) 농·상 양립론을, 또한 청·일 등 동양권을 벗어난 대외통상론과, 그에 상응한 화폐제도 개혁론을 구상 제시하였다. 그는 조세물납제도의 모순과 폐단을 비판하고, 조세 징수체계의 객관화·합리화를 위해 조세금납제도를 확대 시행할 필요성이 있음을 강조하였다. 그리고, 종래의 북학론적 입장에서 서양 근대화폐에 관한 새로운 지식을 수용하여 서학지향적 화폐제도 개혁론을 구상 체계화하는 데 참고 활용하였다. 여기에서는 박지원의 북학론적 화폐경제론에서 한 단계 더 나아간 수준의 진보성과 민족의식을 확인할 수 있을 것 같다.

이상 정약용의 화폐경제론은 조선후기 화폐경제사 발전과정에서 볼 때, '화폐경제 확대발전기'의 후반(1810년대~60년대)을 배경으로 제시되었다. 그의 화폐경제론은, 양란 이후『경국대전』적 사회질서가 해체되는 과정에서 성장 발전한 진보적 추세를 북학론과 서학론을 절충 보완하는 입장에서 수용한 서학지향적 현실개혁론으로서, 개화기의 화폐정책 입안과 운용에 참고 활용된 것으로 보인다.

5) 유길준의 금본위제도 수용론

유길준은 정약용이 죽고 20년이 지난 1856년(철종 7)에 태어나 일제 식민통치 초기인 1914년에 죽은 실천적 개화사상가였다. 그는 당백전과 중국 동전 등 악화의 남발로 시작된 전근대적 화폐제도의 심각한 혼란상과, 근대 화폐제도의 수용을 필요로 하는 개항 전후 시기의 화폐정책과 유통계 현실을 경험하였다. 그 배경 위에서 유형원·이익·박지원·정약용 등의 화폐경제론을 비판적으로 수용하고, 일본과 구미 등지에 유학하거나 여행하면서 근대 금·은본위제도에 관한 지식과 견문을 쌓았던 것으로 보인다. 이 같은 지식과 경험을 기반으로 하여 두 차례에 걸쳐서 서양의 근대 금본위제도 수용을 골자로 한 화폐경제론을 구상 제시하였다.

유길준은 조선정부가 금·은본위제도의 수용을 적극 추진한 시기(1860년대~1880년대 말)에 제1차 화폐경제론을, 또한, 일제에 의해 침해되는 화폐권의 수호운동이 활발히 전개된 시기(1890년대~1900년대 초)에 제2차 화폐경제론을 제시하였다. 제1차 화폐경제론에서 "화폐는 국가의 명맥(命脈)이고 국민의 기혈(氣血)로서 그것이 없으면 국가의 부강은 물론 국민이 하루도 살아나갈 수 없는 것"이라고 하였다. 또한, 정부당국이 화폐에 관한 일체의 지배권을 장악하고, 금·은·동전 등 본위화 및 보조화를 주조 발행하는 동시에, 서양 여러 나라의 제도를 본뜬 지폐제도의 실시를 주장하였다. 그러나, 제2차 화폐경제론에서는 역시 금본위제도를 수용하여 금·은·동전의 주조유통을 제의하면서도, 지폐 사용은 시기상조라 하여 반대하였다. 그가 "외국(일본) 화폐의 국내 통용을 허락하는 것은 절대 옳지 않으며 지폐(일본 지폐)에 이르러서는 더욱 그러하다"고 한 점을 미루어, 지폐사용을 반대한 이유가 일본에 의해 침해된 국가 화폐권을 강화 수호하려는 데 있었음을 짐작할 수 있다. 이같이 근대 금본위제도 수용을 골자로 한 유길준의 화폐경제론은 당시 다른 개화사상가는 물론 다수 고급관료·언론인, 국내 거주 외국인 및 사회단체 등이 제시한 화폐제도 개혁론과 대체로 공통되는 것이다.

한편, 유길준은 상업이 국가경제면에서 농업과 같은 비중을 갖는다는 진보적 상업관을 기반으로 하여 국내상업을 진흥시킴은 물론, 특히 박제가 이래로 중요성이 강조된 대외통상을 적극 활성화시켜 부국강병을 이룩할 것을 주장하였다. 또한, 조세금납화의 전면적 실시를 제의하면서, 그 효율적인 시행을 위해 근대 금본위제도가 필요하다고 하였다. 그리고 그의 화폐경제론에는 실학자들로부터 계승되어, 개화기 역사의식의 기반이 된 민족주의 지향의식과 근대지향의식이 농도 짙게 깔려 있음을 확인할 수 있다.

이상 유길준의 화폐경제론은 조선후기 화폐경제사 발전과정에서 볼 때, '근대화폐제도 수용기'를 배경으로 하여 구상 제시된 것으로 보인다. 또한, 한국 역사발전과정에서 볼 때, 안으로 봉건 조선왕조의 『경국대전』적 제반 사회질서가 와해되고, 밖으로 서양을 포괄한 국제질서에 적극 대응키 위해 북학론의 한계를 극복하고 서학론적 입장에 선 현실개혁론의 성격을 띤 것이라 할 수 있다. 이 같은 그의 화폐경제론은 금본위제도를 도입하기 위해 적극 추진한 개화기 화폐화 정책의 입안과 시행과정에 직·간접적으로 영향을 준 것으로 보인다.

3. 실학사상의 발전에 대한 이해시각

위에서 개화사상으로 계승되는 실학사상의 발전에 대한 역사적 인식을 위해 조선후기의 대표적 실학자 유형원·이익·박지원·정약용 등과 초기 개화사상가 유길준이 구상 제시한 화폐경제론을, 그들과 같은 시기의 다른 실학자는 물론 고급관료 및 농촌지식인의 화폐경제론과 비교 고찰하였다. 이 같은 고찰을 통해 실학사상의 발전을 역사적으로 평가 인식하는 데 도움이 될 몇 가지 이해시각을 제시해보기로 한다.

첫째, 실학자와 개화사상가들이 자연경제질서 하의 물품화폐 및 칭량은화 유통론과, 그에 뒤이은 전근대적 동전(상평통보) 유통론을 점차적으로 극복하고 근대 금·은본위제도론을 수용하는 과정을 통해서, 개화사상으로 계승되는 실학사상의 역사적 발전을 이해할 수 있을 것이다.

둘째, 실학자와 개화사상가들의 화폐경제론 형성에 영향을 준 외래문화(명학론 - 북학론 - 서학론)의 변천 과정을 통해 실학사상의 역사적 발전을 이해할 수 있을 것이다. 즉, 그들의 화폐경제론이 조선왕조 초기 이래의 명학론(明學論)과 뒤이은 북학론을 점차적으로 극복하면서, 마침내 서학론을 수용하는 과정을 통해 실학사상의 역사적 발전을 이해할 수 있다는 것이다.

셋째, 실학자와 개화사상가들의 화폐경제론에 깔려 있는 민족의식이 동양의 중세적 우주관에 기반을 둔 화이론을 극복하면서 성장 발전하여, 근대지향의식과 함께 개화기 역사의식의 기반을 이루게 되는 과정을 통해 실학사상의 역사적 발전을 이해할 수 있을 것이다.

넷째, 실학자와 개화사상가들의 화폐경제론과 밀접한 상호 보완관계를 가지는 그들의 상업론과 조세금납화론이 성장 발전하는 과정을 통해서, 실학사상의 역사적 발전을 이해할 수 있을 것이다.

다섯째, 실학자와 개화사상가들의 화폐경제론을, 흔히 그들과 상대적 입장에 있다고 간주되는 고급관료 및 농촌지식인 등 각계 지식계층의 화폐경제론과 철저히 비교 고찰함으로써, 실학사상의 역사적 발전을 보다 본질적이며 객관적으로 이해할 수 있을 것이다.

여섯째, 실학사상을 재주가 뛰어난 몇몇 실학자들의 창작물로 보는 시각에 지나치게 집착하지 말고, 그들이 경험한 시기의 역사적 산물이라고 보는 시각에서 철저히 연구 검토하게 될 때, 실학사상의 역사적 발전 내지 그 역사적 위치를 보다 본질적으로 이해할 수 있을 것이다.

일곱째, 일찍부터 실학자들의 상품화폐경제사상을 분석 고찰하는 과정에서, 조선후기 실학사상은 당시 상업발전의 중심지인 동시에 화폐경제 발전의 요람이었던 개성지방에서 생성 발전하기 시작했을 것이라는 생각을 가지게 되었다. 이 같은 견해가 설득력을 더하게 될 때, 오늘날 학계의 실학사상 발생지에 관한 통설을 보완하는 데 도움이 될 것으로 짐작된다.

끝으로, 실학자와 개화사상가들이 구상 제시한 화폐경제론의 발전과정은, 조선후기에서 말기에 이르는 시기의 화폐경제 발전과정과 거의 일치한다는 사실을 발견하게 된다. 따라서 실학자와 개화사상가들의 화폐경제론 발전에 관한 연구는 바로 봉건 조선왕조의 『경국대전』적 제반 사회질서의 해체 내지 근대지향적 발전을 이해하는 데 적잖은 도움이 될 것이다.

(원유한)

※ 참고문헌

원유한, 1972, 「조선후기 화폐유통구조 개선론의 일면 - 유수원의 현실적 화폐론을 중심으로」, 『역사학보』 56.
원유한, 1976, 「18세기 전반기 농촌유생 이일장의 화폐사상」, 『한국학보』 4.
원유한, 1978, 「허적과 상평통보」, 『화폐계』 1978년 3월호.
원유한, 1978, 「연암 박지원의 사회경제사상의 성격 - 그의 화폐경제사상을 중심으로」, 『홍대논총』 10.
원유한, 1980, 「봉건 조선사회의 화폐유동에 내한 반동의 한세성 - 영소의 동선통용 금지시도의 실패를 중심으로」, 『홍대논총』 12.
원유한, 1981, 「조선시대 화폐사 시기구분론」, 『홍대논총』 13.
원유한, 1981, 「실학자의 화폐경제론」, 『동방학지』 26.
원유한, 1984, 「이계 홍양호의 화폐경제론」, 『홍대논총』 16.
원유한, 1987, 「조선후기 관료학자 서영보의 화폐경제론 - 다산 정약용의 화폐경제론과 비교 검토」, 『동방학지』 54·55·56합집.
원유한, 1988, 「성호 이익의 상업제한론」, 『인문과학』 59.
원유한, 1989, 「관료학자 김신국의 화폐경제론」, 『차문섭교수화갑기념논총 조선근대사연구』.
원유한, 1990, 「구당 유길준의 화폐사상」, 『윤병석교수화갑기념 한국근대사논총』.

원유한, 1991,「오주 이규경의 화폐경제론」,『동양학』21.
원유한, 1995,「기은 박문수의 화폐경제론 - 실학자의 화폐경제론과 비교검토」,『실학사상연구』5·6합집.
원유한, 1997,「개성, 조선후기 실학사상의 요람」,『동국역사교육』4.
원유한, 1997,「한국실학 이해시각의 확대를 위한 일시론」,『동국역사교육』5.

제7장 한국근대변혁기 민중운동의 위상

1. 머리말

광복 후 필자가 살아 온 세대는 민중운동의 시대라고 할 정도로 민중운동을 지켜보며 살아왔다. 따라서 역사를 공부하는 학인(學人)으로서 자연히 관심이 갈 수밖에 없었다. 그래서 지금과 같은 민중시대의 원동력이 어디에 있는가를 해명하고자 시도하였다. 이런 점에서 "진정한 역사란 현재의 역사"라고 언급한 크로체(B. Croce)의 말은 음미할 만하였다. 그 결과 오늘날과 맥락을 같이하는 민중운동의 원동력이 19세기를 점철했던 민중운동사에 있음이 드러났다.

그 동안 민중운동사에 관한 연구는 어느 분야보다도 활발하였다. 이 글은 다만 선하(先學)들의 글을 총체적인 입장에서 정리하고, '19세기 한국 민중운동사의 위상'이란 측면에서 필자의 견해를 보태는 데 주안점을 두기로 한다.

논리 전개의 필요상 전근대 민중운동과 민중세력의 성장을 먼저 서술하고 이어서 임술민중항쟁의 비중, 동학과 민중항쟁의 연계성, 동학민중혁명운동의 맥락을 차례로 논의한 후 맺음말로 19세기 한국 민중운동사의 위상을 정리하는 것으로써 이 글을 맺고자 한다.

2. 전근대의 민중운동과 민중세력의 성장

민중운동(民衆運動)[1]은 대개 기존의 사회질서가 해이해지는 과정에서 대거

---

[1] 민중은 권력과 부와 명예로부터 소외된 다수의 인간을 가리킴과 동시에 소외에서 회복하려는 인간집단을 가리키는 역사적 개념이다. 민중운동은 이 같은 능동적 민중에

발생하는데 이것이 특히 두드러지게 나타나는 시기는 신라 하대, 12세기 후반 고려무인집권기, 19세기 근대변혁기의 사회변동기이다.

신라 하대의 사회변동은 정치적으로는 진골귀족(眞骨貴族) 위주의 골품제가 6두품 호족세력에 의해 파기되는 과정이었지만, 그 배후에는 고대적 수취관계에 항거하는 농민들의 자발적 분위기가 놓여 있었다. 진성여왕(眞聖女王) 3년(899) 상주지방의 원종(元宗)·애노(哀奴)의 봉기에 뒤이어 전국 각지에서 잇달아 일어났던 북원(北原)의 양길(梁吉), 죽주(竹州)의 기훤(箕萱), 완산(完山)의 견훤(甄萱), 양길 휘하의 궁예(弓裔) 등의 세력은 모두 농민군사를 밑바탕으로 한 것이었다. 즉 이들을 위시한 호족세력의 존립 여부는 민심의 수렴과 밀접하게 연관되어 있었으며 구 질서에 대한 이들의 승리는 이 민심의 일정한 수렴에 힘입은 것이라 할 수 있다.

12세기 후반 고려 무인집권기에 농민과 천민에 의한 민중봉기가 여기저기서 잇달아 일어나는데 명종(明宗) 2년(1172) 서계(西界)에 창주(昌州)·성주(成州)·철주(鐵州) 등지에서 일어난 민중봉기, 명종 6년 공주 명학소(公州鳴鶴所)에서 일어난 망이(亡伊)·망소이(亡所伊)의 봉기, 명종 12년 전주(全州) 군인과 관노(官奴)의 봉기, 명종 23년 김사미(金沙彌)·효심(孝心)의 봉기, 신종(神宗) 원년(1198) 만적(萬積)의 봉기, 신종 2년 명주(溟州)의 농민봉기, 신종 3년 진주(晉州)의 노비봉기 등이 그것이다. 이 때의 민중봉기는 김사미 및 효심의 봉기 이래 소속을 달리하는 민중들이 서로 연합하여 공동전선을 펴기도 하고 또 봉기가 지속적인 것으로 발전하게 된다. 이 민중봉기는 결국 모두 진압되고 말지만, 이러한 기층 민중의 움직임은 소(所)·부곡(部曲) 등 천민집단의 점차적 해방을 비롯한 신분질서의 재편, 군현제의 재편성을 통한 수취체제의 개선 등의 형태로나마 집권층의 시책에 반영되지 않을 수 없었다.

조선왕조는 그 성립에서 민본정치(民本政治)를 표방한 바 있다. 즉 농민의 지지기반 위에 사대부의 왕조를 개창하기 위한 필연적인 양상이었다. 그래서 지난날 압량위천(壓良爲賤)된 향(鄕)·소·부곡민의 양인화를 시행하여 자영농의 규모가 확대되었다. 이로써 자작농이 된 양민은 불법적인 수조권(收租權)에 의

의한 저항운동을 말하는 것으로, 오랜 인류사의 전개 과정에서 역사가 진보의 방향으로 나아가는 데 중요한 역할을 수행해 왔다(김정의, 1997,「한국근대변혁기 민중운동의 위상」,『신편 한국문명사의 이해』, 도서출판 혜안, 99쪽).

한 위협으로부터 벗어나게 되었다. 물론 여기엔 국가의 조세원 확보가 정책적으로 깔려 있기도 하였다. 따라서 전세(田稅)·공납(貢納)·군포(軍布)의 수취량이 고려에 비해 향상되어 갔다. 모든 농민을 자영농으로 만듦으로써 농민경제를 안정시켜 주며, 한편으로는 잉여를 조세함으로써 이중의 효과를 거둘 수 있게 되었다. 이는 일석이조의 득이었다. 양민이 증가함으로써 적은 수가 내던 것을 많은 수가 내게 되므로 세액은 줄면서도 세원의 저변화로 국가재정은 튼튼해져 갔다. 그러나 양란(兩亂)을 겪으면서 기강이 해이해진 것을 틈타 방납(防納)의 폐해, 군역(軍役)의 폐해가 누증되었다.

이에 조정에서는 그 해결책으로 대동법(大同法)·균역법(均役法)을 책정, 실시하였다. 대동법이 실시된 결과, 농민 부담의 기초 부분인 지역별 특산물이 일정액의 미(米)·포(布)·전(錢) 등으로 전환케 되었다. 즉 특산물로 내던 것을 그에 해당하는 값 만큼 미나 포나 전으로 내게 되었다. 이는 농민의 부담이 종전대로 지속됨을 의미한다. 그러나 이 대동법이 실시됨으로써 방납을 통해 무제한으로 수탈을 감행하던 지배층의 자의성이 무너지고 농민의 생산의욕이 커진 것은 커다란 소득이었다. 세(勢)에 따라 좌우되는 패도정치를 청산하고 원칙에 입각한 왕도정치를 회복하게 된 것이다. 이로써 농민층의 부력 증가를 보장하게 되어 생산력 발전의 계기로서의 기점을 이루게 되었다. 지난날의 부의 축적은 관리의 주구를 초래하고 초적의 목표가 될 뿐이라는 상황에서 벗어난 것이다. 따라서 대동법에 의한 농민층의 보호는 재부 축적의 관심을 촉진 성장시켰다. 그리하여 중농층이 증가하는 추세가 나타났다.

또한 균역법은 정남(丁男) 1인에 대하여 1년에 포(布) 2필(匹)을 징수하던 군포(軍布)를 영조(英祖) 26년(1750) 반감하여 1년 1필의 포를 거두게 하고, 이로 말미암은 재정 부족은 어세·염세·선박세·결미 등으로 충당하려 한 것이다. 이는 군포 징수라는 일종의 인두세에만 의존하였던 군사재정을 이를테면 반감된 인두세, 부가된 전세, 그리고 어·염·선세 등 보다 여러 갈래의 세원을 포착한 의미가 있다.

대동법이 실시되었다고 방납의 폐가 완전히 소멸된 것은 아니며 균역법의 강행이 군포의 폐단을 불식한 것도 아니나, 이 과정을 통해서 농민의 형편이 일정하게 나아진 것은 필연적인 사실이다. 그렇다고 수령(守令)이나 서리층(胥吏層)의 주구가 소멸된 것은 아니고 반대로 더 치열해졌다. 성장하여 오는 민중과 재정적 수입의 대부분을 수탈이라는 자의성에다 보장받고 있는 지배층 간에는 사활을 건 이해관계의 대립이 초래되기 마련이었다.
　더욱이 원초적으로 권력 장악의 정당성이 결여되어 있는 세도정치 아래에서의 상황은 더욱 치열할 수밖에 없었다. 그러나 수탈당했다고 처음부터 정면으로 대항하려는 의욕을 갖기에는 사회·경제적 조건이 아직 미성숙하였다. 그래서 수탈로부터 도피할 수 있는 방법을 모색하기 시작하였다. 그 방법으로 하나는 유망하거나 혹은 서리층과 결탁하여 일시적이나마 면세(免稅)·면역(免役)의 방법을 취하는 것이었다. 다른 하나는 신분적으로 양반층으로 승격하는 대담한 방법이었다. 양반층으로 승진한 부유농민은 그들 뜻대로 면세·면역되었고 잔존한 영세농민층에게는 보다 많은 부담이 가중되었다.
　여하튼 이제는 누구나 재정적 여유만 있으면 양반으로 될 수 있다는 생각이 일반화되었기 때문에, 그리고 사실상 많은 양민층의 양반화가 실현된 탓으로 지배적 계급성의 절대적인 지위가 상대적인 위치로 전락되어 갔다.
　조선조 양반이 갖는 높은 권위가 민중 앞에 상실되었다는 사실은 일반 민중의 인간 본연의 권리에 대한 자아의식(自我意識)이 그만큼 반비례해서 성장되어 갔음을 의미한다. 이 민중의 권리의식은 천주교의 집요한 성장에 따른 평등주의의 자극으로 말미암아 더욱 확산되어 갔다. 일반 민중에 있어서는 종래의 엄격한 봉건적 전통성에서 벗어나려는 노력이 사회 내부로부터 성장해 온 의식과 결부되어 드디어는 점차 그들 자신의 세계관에 변동을 일으키게까지 되었다.
　특히 삼남지방은 그 지역이 지배층의 집중적인 생활 근거지가 되어 왔고, 다른 지방보다도 수적으로 보아 압도적으로 다수였다는 점에서 지배층의 박해가 컸던 것이지만, 그 때문에 민중은 그와 반비례해서 인간 본연의 권리의 문제를 다른 지방보다도 뼈저리게 느낄 수밖에 없었다.
　이제 근대적 농민층 분화의 결과로 나타난 서민 및 경영형부농을 포용한 민중은 홍경래(洪景來 : 1780~1812)의 항거(1811)를 계기로 지배계층의 불법적 처사를 앉아서 감수할 수만은 없음을 자각하고 그것을 제거하기 위한 위세를 줄기차게 봉기로써 직접 표출하였다.[2] 그 동안 피지배층으로서 통치의 객체, 지배

---

[2] 우리 역사상 민중의 개념이 비교적 구체적으로 나타나기 시작한 것은 사실상 여기에서부터라고 보겠다.

의 대상으로만 존재하였던 하층 농민들에게 이 투쟁이 봉건 국왕권력을 부정할 수 있는 정치적 각성의 계기가 된 것이다. 1813년 제주목에서 양제해(梁濟海)의 거사모의, 1815년 용인현에서 이응길(李應吉)의 거사모의, 1817년 장수에서 채수영(蔡壽永)의 거사모의, 1827년 초산민(楚山民)의 소청, 1833년 서울의 쌀값 성토, 1841년 경주부민(慶州府民)의 복합상소, 1851년 뚝섬에서의 봉기 등이 그 대표적 예이다.

그러나 이처럼 민중이 전통사회의 변천 과정에 따라 지적 수준이 향상하고 경제적 의식이 고조화되면서 점차 개명하게 되어 정면으로 절대권력에 맞서 대항하기에 이르렀는데도, 부패 무능한 지배계층은 농민의 요구에 부응하지 못하고 세도정치를 강행함으로써 이 두 계층 간에는 융합될 수 없는 깊은 틈이 생겨나게 되었다. 따라서 민중이 지배계층에 대하여 갖고 있는 불만은 포화 상태에 이르게 되었고, 이것이 마침내 진주에서부터 폭발하여 전국적인 임술민중항쟁(壬戌民衆抗爭)으로 퍼져나가게 된 결정적인 요인이 되었다.

3. 임술민중항쟁의 비중

19세기 초에 발생한 홍경래의 항거는 향촌사회의 중간층이 주도하고, 무전농민으로서의 광산 노동자가 일선 군병이 되며, 송상(松商)·만상(灣商) 등의 사상(私商) 등이 적극 지원한 민중항거로서 정권 쟁취의 기치를 내걸고 봉건반동적인 노론 일파의 독재체제와 봉건왕조에 도전했으나 지역적으로 서북(西北) 일대로 국한되었다.

그러나 조선 후기 봉건 위기의 시기는 농업생산력의 발전과 상품화폐경제의 진전에 의해 종래의 봉건적 농민층 분화와는 질적인 차이를 가지는 근대적 농민층 분화의 단서를 마련해 가고 있었다. 홍경래의 항거는 그 주도층 안에, 이 농민층 분화의 결과로서 나타나 이후 자주적 근대화의 담당자로 전환하게 되는 서민지주, 경영형부농의 일부를 포함하여 종래의 농민봉기와는 다른 측면을 갖고 있었다. 이처럼 홍경래의 항거는 향촌사회의 세력가층인 향임(鄕任)·부농(富農)·부상층(富商層)이 주동하고 소농·빈농이 참여한 것이 특징이었다.

홍경래의 항거를 경험하고 난 농민들에게는 그들의 축적된 힘을 바탕으로 더 이상 부패한 지배계층의 불법적 처사를 좌시할 수 없다는 자각이 고조되고 있었다. 그들은 이미 지난날의 수동적인 농민이 아니었다. 점증하는 지배계층에 대한 저항의식을 쌓아 가고 있었던 것이다. 이러한 농민들에게 자행된 부세의 토지 집중과 결가(結價)의 증가는 그 전까지 다양한 방법으로 부세 부담에서 빠져 나갔던 사족 지주층에게도 일정한 피해를 주었으며, 요호부민(饒戶富民)과 소·빈농층에게는 결정적인 타격이 되어 1862년에 접어들면서 진주민중봉기를 촉발시켰다.

이를 기폭제로 하여 삼남지방을 중심으로 확산된 민중봉기는 미증유의 전국적인 임술민중항쟁으로 발전하였다. 비록 홍경래의 항거와는 달리 자연발생적이고 분산적이었지만 농민의 일상적·비일상적 체험이나 원망의 집적이 농민의 공유 체험으로 자각되고, 이 자각은 능동적인 민중의식으로 정립되어 홍경래의 항거 때 보여준 지역성에서 벗어나 사상 초유의 전국적인 확산을 가능케 했다. 또한 지배계층의 경제적 수탈을 제고하고자 한 농민들 스스로의 자위책이 일정한 성공을 거둔 운동이었다. 예를 들어 임술민중항쟁은 2월부터 12월에 걸쳐 일어났으나 대부분 3월부터 5월까지의 춘궁기에 집중하고 있음은 그 동기가 생존권과 직결되는 사활 문제로서 스스로의 자위책에 있었음을 알 수 있다. 따라서 진주민중봉기를 필두로 감행된 임술민중항쟁은 자연발생적인 약점을 완전히 극복하지는 못했지만 농민을 주체로 하는 민중운동의 선구가 되기에 족했다.

더욱이 임술민중항쟁 단계에서는 홍경래의 항거 단계와는 다르게 빈농층이 향임과 부농층의 통제 하에서 벗어나 조선 후기에 전개된 경제적 발전에 따라 농민의 자립적 안정을 쟁취하기 위하여 자신의 독자적 조직을 기초로 반봉건 항쟁을 전개하였다. 이러한 하층 농민의 반봉건 농민전쟁적 성격을 띤 변혁 주체 세력으로서의 민중의 성장은, 한국 민중운동사의 한 단계 발전을 의미하는 것으로 평가할 수 있겠다.

이제 인간 이하의 대우를 받아 오던 농민층이 평등사상에 눈을 뜨면서 지배계층의 무제한작 권력에 제동을 걸고, 피지배층이 스스로의 힘으로 그들의 권익을 옹호해 나가기 시작한 것은 단순한 사실이 아니라 실로 역사적인 장거였다. 그것은, 능동적으로 봉기한 농민층에 의해 봉건체제가 해체되면서 사회 재편성의 변동을 촉진하였고, 이로써 민족근대화의 실질적인 개막을 단행한 의의깊은 첫걸음이 되었기 때문이다.

임술민중항쟁은 한국사의 발전 과정에서 봉건적 관료체제의 붕괴와 근대적 사회에의 태동 여부를 결정하는 것으로 역사적 위치를 설정할 수 있겠다. 그렇다면 임술민중항쟁은 1894년에 폭발한 반봉건·반침략의 민족근대화의 동학민중혁명운동이 발생할 수 있는 기반을 마련한 전사(前史)로서, 이 때 이미 자주적으로 그 기반을 구축한 것이다.

4. 동학과 민중항쟁의 연계성

1860년대 민중운동이 우리 나라 근대변혁기에서 반봉건·반침략적 민중항쟁이라는 틀을 가지게 된 것은 1894년 1월 고부군에서 발원하여 1년 여 동안 조선 전역을 뒤흔든 동학민중혁명운동에서였다. 당시 항쟁의 주도 세력은 사회신분으로는 양인층과 노비를 중심으로 한 천민층이었고, 사회계급으로는 소작농을 중심으로 한 빈농층이었다. 동학민중혁명운동은 사회개혁과 외세침략 배격이라는 조선의 시대적 과제를 실현하기 위한 이들 농민의 일대 항쟁이었다.

조선 후기 이래 봉건 위기의 과정이 더욱 심각해지는 가운데 1876년의 개항은 조선이 세계자본주의 시장체제 내에 포섭되는 획기적인 의의를 가진다. 그러나 1894년 단계에서 외래 자본주의의 침투는 아직 미약했고 봉건적 수탈은 여전히 주요한 증오의 대상이었다. 이것은 동학민중혁명운동에 그대로 반영되어 1차 봉기는 반봉건항쟁으로 출발하게 되는데 2차봉기는 일본군과 청국군의 조선 진주에 자극되어 반침략전쟁으로 급속히 전환된다.

이것이 1970년대까지의 동학민중혁명운동을 단계석으로 인식하게 된 정설의 핵심이었다. 그러나 1980년대가 되자 항쟁 초기부터 동학민중혁명운동은 반봉건·반침략적이었음이 입증되어 종래의 단계적인 이해는 정면에서 부인되었다. 즉 척왜양창의(斥倭洋倡義)를 내건 보은취회(報恩聚會 : 1893. 3)를 전봉준(全琫準 : 1853~1895)이 중심이 된 금구취회(金溝聚會 : 1893. 3) 세력의 조직적 활동의 결과로 파악하였으며, 이 같은 척왜양의 반침략적 지향은 1893년 11월 '사발통문(沙鉢通文)' 거사계획으로 이어지며, 이듬해 1월의 고부봉기 역시 금구취당 세력의 조직적이고 계획적인 봉기라고 주장하였다. 따라서 동학민중혁명운동에서의 반침략적 성격은 제2차 민중항쟁에서 본격적으로 드러난 것이 아니라 교조신원운동 단계인 1893년 3월의 보은취회와는 별개의 집회인 금구취회 단계에 서부터 드러난 것이라고 할 수 있겠다.

이렇게 반봉건・반침략적 성격을 함께 안고 발생한 동학민중혁명운동은 삼남지방 특히 전라도에서 불이 붙어 전국적으로 확산되었다. 그 중에서 진원지인 전라도에서 가장 치열하게 전개되었다. 이 곳은 조선의 곡창지대로서 농민의 계층분화가 다른 곳에 비해 보다 진전되어 있었고, 쌀의 유출을 노린 외국의 상품경제도 일찍이 침투해 있었다. 이 외국 상품경제의 침투가 상승작용을 하는 가운데 관리들의 극심한 가렴주구가 자행되는 등 봉건적 모순이 특히 첨예하게 나타나고 있었다.

한편 동학민중혁명운동은 동학과 농민군의 일정한 관계 속에서 진행되었다. 동학의 종교사상은 그 자체로서도 변혁적이었다.

> 동학사상에 의한 교단 조직과 신세계에의 고무 없이 그리고 조화(造化) 신앙 없이 어떻게 수백만의 대중을 움직일 수 있겠는가. 참으로 동학사상 없이 동학혁명이 없었음은 명백하다 할 것이다.[3]

그 교리상 인간존엄의 사상, 기존질서와 서양 침략세력을 부정하는 국가관과 민족관, 경천사상(敬天思想)에 뿌리박은 본원적 인간윤리로 회귀하려는 도덕적 자각의식 등은 변혁적 민중의식의 형성이 현실적으로 구체화된 것이라고 할 수 있다. 그러므로 동학의 평등주의・혁명주의・민족주의가 바로 혁명운동의 지도이념이었다.

보국안민(輔國安民)과 척왜양창의의 기치는, 동학이 그 시대의 흐름 속에 차지하는 역사성을 단적으로 보여준다. 본래 동학은 사회비판 흐름 위에서 창도되었다. 짧은 시기에 발전한 것은 오로지 그 때문이었다. 또 임진년의 원한이 남은 상태에서 다시 침략 기회를 노리던 일본을 경계하고 서양 열강의 동아시아 침략을 우려하는 분위기가 밑바탕에 깔려 있었다. 이러한 창도 배경은 보은집회의 결행과 서로 통하는 것이다.

사회운동 또는 민족운동의 성격은 복합상소부터 강화된다. 원래 동학사상에

---

3) 김용덕, 1964, 「동학사상연구」, 『중앙대논문집』 9, 224쪽.

는 진보적 혁신성이 있었음에도 불구하고 관념적 보수성이란 내재적 제약을 안고 있었다. 그러나 이러한 제약은 교조신원운동(敎祖伸寃運動)이라는 일련의 동학운동을 경험하면서 점차 극복되어 동학민중혁명운동으로 연결되는 의식의 통일적 결합을 촉진시키게 되었다. 따라서 동학민중혁명운동에 이르기까지 일관되게 흐르고 있는 것은 민중·민족의식의 성장이었다. 특히 수탈이 집중되고 동시에 일본으로 미곡이 대량 유출되던 전라도 지역에서는 급진운동세력이 적극 활동에 나섰다.

더욱이 동학의 하부조직인 포(包)와 접(接)은 농민군이 조직하려는 기반을 제공하였다. 동학은 단순히 지도자와 조직만 군사 편제에 제공한 것이 아니다. 동학민중혁명운동의 발단 당시부터 동학 조직의 접주와 도인들이 기포를 결성하였고, 농민군에 가담하는 사람들은 동학에 들어가는 형태를 취하였다. 그리고 동학에 입도하는 것은 곧 동학의 '수심경천(守心敬天)의 도(道)'에 관심을 가지고 따르는 것을 뜻하였다. 1894년 동학이 가장 성했던 시기에 어느 마을에서나 "시천주조화정영세불망만사지(侍天主造化定永世不忘萬事知)"[4]라는 주문이 들렸다는 기록을 음미해야 한다. 이런 측면에서 동학과 농민항쟁의 연계성을 인정할 수 있겠다. 그것은 본질적으로 농민항쟁이며 동시에 종교운동이라고 볼 수 있다. 또한 사회기층으로서의 농민계층을 하부 중심역량으로 한 혁명적 조직 양태를 가진 아래로부터의 혁명운동이었다.[5] 이러한 관점을 발전시켜 신용하(愼鏞廈)는 동학민중혁명운동을 조선조 양인과 천민의 평등사상에 기초한 '농민민주주의 혁명'으로 해석하였다. 일찍이 박은식(朴殷植 : 1859~1926)도 동학민중혁명운동을 기리켜 "즉 그것은 우리 나라 평민의 혁명이다"라고 정의한 비 있다.

동학민중혁명운동은 순수한 종교운동의 차원을 넘어 농민군과 결합되어 반봉건·반침략의 애국애족적인 정치성을 띤 주체적 자립자주적인 의식과 인식 하에서 일어난 민중구국운동의 신기원을 이루었다고 볼 수 있다. 그러나 일본제국주의와 친일개화지배층의 제동에 의해 실패한 유산혁명(流産革命)으로 귀착되었다.

---

4) 한울님을 모시면 조화가 이루어지고 한울님을 길이 잊지 않으면 만사가 깨달아진다.
5) 아래로부터의 혁명(Revolution von Unten)이란, 정치적으로 성숙된 계급이 민중의 광범한 토대 위에서 자주적으로 단행하는 혁명을 의미한다(이극찬, 1970, 『정치학』, 법문사, 120쪽).

5. 동학민중혁명운동의 맥락

동학민중혁명운동은 김홍집(金弘集 : 1842~1896) 개화파정권과 일본 침략세력의 제휴에다 봉건지주층의 합세에 의해 좌절한 것처럼 보이나 동학민중혁명운동에서 집강소(執綱所)를 통하여 표출된 12개조의 폐정개혁요강은 반봉건성을 강력히 시사한 근대성을 표방한 것으로 근대화운동의 실질을 이룬다. 이 중 탐관오리의 숙청, 불량한 유림과 양반의 징계, 노비문서의 소각, 7반 천인의 대우개선, 무명 잡세의 철폐, 지벌(地閥)의 타파와 인재 등용, 공사채의 무효화, 토지의 평균분작 등은 그 개화성과 함께 실학파들의 주장과 일견 상통하는 바 있어 주목된다. 그런데 이들의 근대화를 향한 문제의 주장은 그로부터 이미 10년 전인 갑신정변(甲申政變 : 1884) 때 개화당이 제시·주장한 혁신정강 14개조와도 맥락을 같이하고 있다.

동학민중혁명군의 주장이 실학파 내지는 개화파의 주장과 맥락을 같이하는 것은 두 계층의 공통성이 현실 개혁과 민본주의 의식의 발로였다는 면에서 근대성과 민족주의적 이념을 함께 볼 수 있겠다. 한편 동학민중혁명군의 노출된 주장은 집권층의 정책에 대부분 반영되었다.

이를테면 갑오개혁의 208개조 개혁안 중 반상제도(班常制度) 혁파, 공사노비법(公私奴婢法) 혁파, 천인의 면천(免賤), 과부재혼의 허용 등이 그것이다. 이러한 개혁 내용은 동학민중군이 주장 제시했던 위의 폐정개혁안 12개조의 내용과 상당히 상통하고 있었다는 점을 미루어 보더라도, 군국기무처 회의에서 의결 공포한 사회제도 개혁은 당시 조선사회가 절실히 요구하고 있던 것이었음을 짐작할 수 있다. 이러한 사실들로 인하여 동학민중혁명운동을 조선 후기 사회변동의 총귀결점이라고 할 수 있는 것이다.

따라서 동학민중혁명운동이 유산혁명으로 귀착됐다 할지라도 신분투쟁을 통하여 수천 년 묵은 사회신분제 폐지의 역사적 대업을 달성한 측면은 결코 간과되어서는 안 될 것이다.

이 위로부터의 개혁과 민중운동의 아래로부터의 개혁은 결과적으로 한국의 구체제(앙시앙 레짐)를 붕괴시키고, 이 때 닦아 놓은 길 위에서 개화파의 갑오개혁이라는 시민적 근대개혁에 의하여 근대적 신체제의 수립이 추진되었다. 동학민중혁명운동과 개화파의 시민적 결합에 의해 19세기 말 한국의 근대사회체제가 수립된 것이다. 그리고 이 때의 동학민중의 혁명운동과 개화파의 시민적 개혁의 결합은, 친화력에 의거한 결합이 아니라 구조적 결합의 내용을 가진 것이라고 볼 수 있을 것이다.

이들은 서로 겉보기에는 제휴하지 못하고 제각기의 길을 걸으면서 위로부터의 개혁은 외세에 타협하는 길로 가게 되었다. 이것은 곧 예속적 근대화를 내용으로 하는 식민지의 길을 뜻하는 것이었다.

그러나 동학민중혁명운동을 통해 펼쳐진 민중운동의 힘은 그대로 사라진 것이 아니다. 동학민중혁명운동에서 표출된 민족의식은 이후 영학당(英學黨)·활빈당운동(活貧黨運動), 항일의병전쟁, 3·1민주혁명으로 이어졌다. 특히 동학의 계통을 이은 천도교세력은 새로운 민족운동의 중요한 구성 분자였다. 그들은 3·1민주혁명에 주동적 임무를 담당하여 직·간접적인 영향과 맥락을 형성함으로써 민주혁명을 가능하게 하였고, 정신사적으로 성공한 민족역사 실체의 근간을 이루었다.

동학민중혁명운동은 3·1민주혁명 후에도 의열단운동, 3·1재현운동, 4·19혁명,[6] 6월 대항쟁으로 계승되어 오늘날에도 통일운동 등 민중운동의 원동력으로서 분단을 극복하는 하나의 사상적이고 전위적인 배경이 되고 있는 것이다. 한편 동학민중혁명운동 이래의 민중운동은 한결같이 반봉건·반침략이라는 두 가지 기본 지표를 변형적·발전적으로 동시에 수행해 나가야 한다는 막중한 임무를 유산으로 전수받았다.

6. 맺음말

이상 소략하게 살펴본 바를 요약하면 다음과 같다.

첫째, 민중운동은 능동적 민중에 의한 저항운동을 말하는 것으로, 오랜 인류사의 전개 과정에서 역사가 진보의 방향으로 나아가는 데 중요한 역할을 수행해

---

[6] 함석헌(咸錫憲)은 4·19혁명을 5·16군사쿠데타에 대비해서 "혁명은 민중의 것이다. 민중만이 혁명을 할 수 있다. 민중의 의사를 듣지 않고 꾸미는 혁명은 아무리 성의로 했다 하더라도 참이 아니다"라고 하여 5·16의 부도덕성을 지적하고 4·19의 참뜻을 꿰뚫었다(함석헌, 1986, 「뒷 사람들 위해 즐겨 길이 되어 눕자」, 『청사에 쓰리라 민주의 이름으로』, 문예출판사, 61쪽).

왔다.

둘째, 홍경래의 항거를 경험하고 난 농민들은 그들의 축적된 힘을 바탕으로 수동적 자세에서 벗어나 민중의식을 자각해 나갔다.

셋째, 임술민중항쟁은 동학민중혁명운동이 발생할 수 있는 기반을 마련한 전사(前史)로서 그 기반을 자주적으로 구축하였다.

넷째, 동학민중혁명운동은 동학과 민중군의 일정한 연계 속에서 진행되었다. 그것은 본질적으로 민중항쟁이며 동시에 종교운동이라고 볼 수 있다.

다섯째, 동학민중혁명운동은 사회기층으로서의 농민계층을 하부 중심역량으로 한 아래로부터의 혁명운동이었다.

여섯째, 동학민중혁명운동에서의 반침략적 성격은 제2차 민중항쟁에서 본격적으로 드러나는 것이 아니라 초기 단계에서부터 드러나고 있었다.

일곱째, 동학민중혁명운동에서 일관되게 흐르고 있는 것은 민중·민족의식의 성장이었다.

여덟째, 동학민중혁명운동은 신분투쟁을 통하여 수천 년 묵은 사회신분제 폐지의 역사적 대업을 달성하는 데 크게 기여하였다.

아홉째, 동학민중혁명운동은 반봉건·반침략이라는 두 가지 기본 지표를 변형적·발전적으로 동시에 수행해 나가야 한다는 막중한 임무를 유산(遺産)으로 남겼다.

이제 결론으로서 19세기 한국 민중운동의 위상을 정리하면,

19세기는 표면적으로 볼 때 심히 암울한 시대이다. 위로 척신(戚臣)들에 의한 정치 농단, 아래로 간리배(奸吏輩)들의 농간에 의한 민생의 도탄, 밖으로 서양세력의 동점(東漸)에 대한 위기의식, 안으로 천재지변의 속출 및 잦은 민중봉기에 의한 사회불안 등으로 점철되었다.

일제는 이 시대를 보란 듯이 만신창이로 꾸미기에 혈안이었다. 광복 후 우리 선학들은 그에 대한 반성 및 반작용으로 이른바 식민사관인 당쟁사적(黨爭史的) 시각에서 탈피하여 이를 극복하기 위해 조선 후기의 발전적인 사회변혁의 문제를 해명하는 작업에 집중적으로 골몰하였다. 사상사 분야에서의 실학사(實學史) 연구, 사회경제사 분야에서의 농업사·상공업사 연구 등이 그것이다.

이들 작업은 조선 후기의 사회발전에 대하여 주목할 만한 성과를 올려 내재적발전론을 확립하고 정체성론(停滯性論)·외인론(外因論)을 부수는 데 크게

기여하였다. 그러나 민중의 삶에 가장 직접적이고 절대적인 영향을 미치는 정치현상과의 관련 속에서 파악해야 시대사의 선명성이 보다 더 부각될 수 있음을 한계점으로 인식하기도 하였다. 각종 민중봉기는 본질적으로 봉건정부가 갖는 모순에 대한 항쟁으로 봉건체제를 부정하려는 면을 필연적으로 내재하게 되며, 따라서 정치적 성격을 띨 수밖에 없었다. 이와 같은 민중과 봉건정부와의 관계 속에서 민중은 지배자와 피지배자 간의 모순·갈등을 그들의 집단적 소청과 항조운동 및 민중봉기로 해결하고자 시도하였다. 그 대표적 예가 19세기를 점철한 홍경래의 항거, 임술민중항쟁, 동학민중혁명운동이었다. 실로 19세기는 지역적인 민중봉기에서 시작하여 전국적인 민중봉기로 막을 내린 민중항쟁의 세기라고 해도 과언이 아니다. 이러한 일련의 민중운동은 19세기를 봉건체제의 해체기로 특징지울 수 있게 만들었다. 즉 봉건체제로부터 근대화로 넘어가는 변혁기의 주체 역할을 민중이 담당한 셈이다.

　최근의 연구자들은 관찬사료에 의존하는 한계성에도 불구하고 민중운동을 통하여 꾸준히 민중의 성장하는 모습을 연구하여 그 모습을 다면적으로 부각시켰다. 그리하여 암울하게만 보이던 19세기가 실제로는 생기넘치는 역사의 한 전환점을 이룬 시대였음을 증명하기에 이르렀다.

　이는 우리의 역사를 보는 눈을 일신시켰다. 홍경래의 항거·임술민중항쟁·동학민중혁명운동 등 민중운동이 반란이라는 낙인을 떼고, 이제는 조선 후기 사회변동의 총귀결점으로서 봉건체제를 해체시키는 근대 변혁기의 역사발전의 중추적 원동력이라는 위상을 얻게 된 것이다. 뿐만 아니라 그 후의 민중운동의 정신사적인 원동력도 근대 변혁기로 대변되는 19세기의 민중운동에 있나고 평가되고 있는 것이다.

(김정의)

제8장 북한사 개관

1. 머리말

우리 민족의 역사는 고조선 이래 삼국의 정립을 거쳐, 통일신라·발해로 이어졌고 다시 후삼국으로 나뉘었다가 고려에서 비로소 민족국가로서의 통일을 이룰 수 있었다. 이와 같은 민족국가의 맥은 조선에까지 이어졌으나, 일제에의 국권 상실과 한국전쟁 이후의 분단으로, 현재 한반도 안에는 우리 민족에 의한 두 개의 정부가 존재하고 있는 상황이다.

그런데 1948년 이후 한반도의 북부지역을 실질적으로 통치하고 있는 사회주의 정권인 북한에 대한 연구가 활발하게 이루어지기 시작한 것은 아주 최근의 일이다. 이는 수십 년 간 시종 적대적으로 유지되어 오던 북한과의 관계가 최근 조금씩 완화되고 있고, 또 민족통일을 목표로 한 교류가 제한된 범위에서나마 이루어지고 있는 까닭이다. 그리하여 수십 년 간 수수께끼의 왕국으로 자리하고 있었던 북한의 모습도 서서히 드러나고 있다.

해방 이후 오늘날까지 북한사는 편의상 크게 다섯 단계로 나누어 설명할 수 있다. 즉,

1) 정권 수립기(1945.8.15~1948.9.9)
2) 사회주의체제 조성기(1948.9.9~1950년대)
3) 김일성 유일체제 확립기(1960년대)
4) 권력세습 준비기(1970~1980년대)

5) 체제개편기(1990년대)

이다. 아래에서는 각 단계별로 북한사의 전개를 간단히 살펴보기로 하겠다.

2. 정권 수립기(1945.8.15~1948.9.9)

이 시기는 해방 이후 김일성세력을 중심으로 사회주의 정권을 수립해 가는 과정이었다. 해방 직후 북한에는 소련군이 진주하였고, 이후 일관되게 사회주의 정권 수립을 위한 정책들이 시행되었다.

해방 직후 북한에는 몇 부류의 정치세력이 있었다. 그들은 (1) 김일성(金日成) 등 항일무장세력(갑산파), (2) 현준혁·오기섭·주영하 등 국내파 공산주의세력, (3) 조만식 등 민족주의세력, (4) 허가이·박창옥 등 소련 출생 한인2세세력(소련파), (5) 무정·최창익·김두봉 등 화북조선독립동맹계열세력(연안파), (6) 박헌영 등 월북한 남로당세력(남로당파) 등이었다. 그들 중 정권을 장악한 것은 김일성세력이었다. 김일성세력은 1930년대 초반부터 민족자주노선을 표방하며 항일무장투쟁을 전개하였고, 1940년대 일제의 탄압이 강화되자 소련 영내로 근거지를 옮겨 활동하다가 해방 직후 소련군과 함께 북한에 들어온 세력이었다.

정권 초기에는 김일성세력이 연안파·남로당파·소련파 등과 연립 형태를 취하고 있었다. 갑산파의 김일성이 당위원장이면서 내각수상이었고, 연안파의 김두봉이 국가원수, 남로당파의 박헌영이 부수상 겸 외상, 그리고 소련파의 허가이가 당과 정권 기관의 요직을 차지하는 식이었다.

사회주의 정권 수립을 위해서 소련군이 진주하기에 앞서 구성되었던 '건국준비위원회'를 해체하고 소련에 우호적인 '인민위원회'를 조직하는 작업이 북한 각 지역에서 시작되었다. 그리하여 1945년 10월 8일에는 북한 전역에 결성된 인민위원회를 기초로 하여 '북조선5도인민위원회'를 구성하였고, 11월 9일에는 '북조선행정국'을 평양에 두어, 북한통치를 위한 행정적 작업을 마무리하였다. 이 과정에서 조만식 등 민족·민주세력은 처음에 반대의사를 표시하였으나, 소련군정의 압력으로 결국은 그 구성에 동참하게 되었고 형식적인 좌우연립정권이 성립하였다.
　한편 10월 10일에서 13일에 걸쳐 '북조선서북5도대표자및열성자대회'를 개최하여 서울의 조선공산당과 별도로 조선공산당 '북조선분국'을 조직하였다. 국내·소련·중국에서 활동하던 공산주의자들을 망라한 북조선분국은 북한을 정치·경제·군사적으로 강화하여 조선혁명의 근거지로 만든다는 '민주기지노선'을 표방하였는데, 그를 위하여 건당(建黨)·건국(建國)·건군(建軍)의 세 가지 과제를 제시하였다.
　그런데 1945년 12월 모스크바 삼상회의에서 한반도에 대한 신탁통치안이 결정되자 공산주의자들은 이에 대한 절대지지를 표명하였고, 반대의사를 표시하던 조만식 등 민족주의자들을 숙청하였다. 그 결과 형식적으로나마 유지되어 오던 좌·우익의 연립정권은 무너지고, 김일성 등 공산당세력이 행정기관과 공산당 양쪽을 모두 장악하게 되었다. 1946년 2월에 결성된 '북조선임시인민위원회'는 이와 같은 상황에서 출현한 북한 최초의 인민정권이었다.
　북조선임시인민원회는 결성 이후 3월 5일에는 토지개혁을, 8월 8일에는 중요산업 국유화를 단행하는 등 소위 '민주개혁'을 통해 사회주의 정권의 경제적 기반을 조성하였다. 토지개혁은 무상몰수 무상분배의 원칙 하에 시행되어 지주의 경제적 기반 파괴와 당과 정권에 대한 농민층의 지지를 획득하는 기반을 마련해 주었고, 일본인 및 친일파의 소유이던 중요 산업을 국유화함으로써 사회주의 경제구조의 발판을 구축하였다. 이로써 북한인구의 68.3%가 종사하던 농촌의 계급구조에서 지주는 사라졌고, 소작농·빈농 등이 주요 계층으로 부상하게 되었으며, 공산당은 대중적 기반을 마련할 수 있었다.
　공산당의 대중적 기반의 확대에 따라 각종 대중조직이 1945년 11월부터 1946년 초까지 조직되었다. '북조선직업총동맹'(1945. 11), '북조선민주청년동맹'(1946. 1), '북조선여성동맹'(1945. 11), '북조선농민동맹'(1946. 1) 등은 그 대표적인 것으로 가맹원의 총수가 2백만 명에 달하였고, 공산당의 강력한 통제아래 활동하여 사회주의 정권 수립을 위한 대중적인 기반을 확대시키고 있었다.
　한편 공산당은 이 무렵 '조선민주당'·'천도교청우당'·'조선신민당' 등 정당을 수립시켰고, 이들 정당과 사회단체의 공동협의체인 '북조선민주주의민족통일전선위원회'(북민전)를 1946년 7월에 창립함으로써 노동자 계층의 영도 하에 지식인·농민·기업가 등 모든 '애국적 민족 역량'이 참가한 통일전선체의 구성을 도모하였다.

  1946년 8월 말 북조선공산당은 서울의 조선공산당을 배격하고 '북조선노동당'을 결성하였다. 이는 '조선공산당북조선분국'(1945. 10~1946. 4)-'북조선공산당'(1946. 4~1946. 8)-'북조선노동당'(1946. 8~1949. 6)의 과정을 거쳐, 소시민과 지식층을 바탕으로 하던 온건공산당인 조선신민당과의 합당으로 이루어진 결과물이며, 이로써 이후 수년 간 북한의 정권을 이끌어 갈 당이 탄생하였다.

  이와 같은 기반 위에서 1946년 11월 도·시·군 인민위원회의 선거가 시행되었고, 1947년 2월 최초의 프롤레타리아 독재정권인 '북조선인민위원회'가 수립되었다. 그리고 정권의 경제적 기반 구축을 위한 장기 경제계획의 시범운영으로서 1개년 인민경제계획이 1947년과 1948년에 각각 실시되어 농업·공업 면에서 소정의 성과를 거두었다. 그리고 1947년 9월 개인상공업이 생산협동조합화되었고, 1947년 12월에는 지하자원·산림·수역이 국유화되었다. 또한 1948년 2월에는 조선인민군이 창설되었다.

  1948년에 들어서 남한단독정부수립계획이 구체화되자 평양에서 김구(金九) 등 남한의 우파 인사를 포함한 남북정당·사회단체들이 모여 남한의 단독선거를 반대하는 등 각지에서 반대운동이 일어났다. 김일성도 "단독정부 수립에 북한이 앞장서지는 않을 것"이라고 공언하였으나, 북한에서는 위에서 살펴본 바와 같이 이미 새로운 공화국 설립을 위한 준비 작업이 완료된 상태였다.

  따라서 1948년 5·10선거를 통해 남한단독정부가 수립된 직후인 1948년 6월 29일 '남북조선정당사회단체지도자협의회'가 개최되었고, 그 회의의 방침에 따라 8월 25일 흑백투표함 방식의 투표를 거친 후 9월 9일 김일성을 수반으로 하는 '조선민주주의인민공화국' 정부가 수립되었다. 이로써 남북한에는 각각 성격이 다른 두 개의 정부가 나타나게 되었다. 이와 같이 3년 간에 걸친 주도면밀한 준비 작업을 거쳐 소련 정치체제의 축소판인 공산정권을 출범시킨 소련 점령군은 북한 진주 3년 만인 1948년 12월 철수하였다.

3. 사회주의체제 조성기(1948.9.9~1950년대)

  이 단계는 1948년 정권의 출범 이후 김일성이 한국전쟁을 거치면서 반대세력들을 숙청하여 일인독재의 기반을 확립하고, 전후의 회복 과정을 통해 사회·경제·사상의 모든 측면에서 사회주의 체제를 구축해 나가는 시기였다.

6·25전쟁은 북한의 사회주의 체제 조성에 중대한 영향을 미쳤다. 1945~1948년에 걸쳐 사회주의 체제의 골격을 마련한 북한이 압도적 화력으로 무장한 조선인민군을 동원하여 일으킨 6·25전쟁은 국제전의 성격을 띠게 되었고, 약 3년간의 전쟁이 끝난 후 남북한은 폐허화되고 막대한 인명 손실을 가져왔다. 남북한의 분단이 고착화되었음은 물론이다. 그러나 북한에게 6·25전쟁은 오히려 김일성의 권력 강화와 전후 복구를 위한 사회주의 공업화의 기초를 확립하는 결과를 가져왔다.

전쟁 이전 북한에는 여러 정치세력들이 있었다. 김일성은 우선 1952년에서 1955년에 걸쳐서 남로당파의 박헌영·이승엽·이강국 등을 '종파분자'·'암해분자'·'미제국주의의 고용간첩'으로 몰아 제거하였다. 그리고 완전히 파괴된 경제의 복구를 위해 중공업 위주의 공업화에 최우선을 둔 경제 건설을 추진하였다. 이와 같은 중공업 위주의 공업화에 대해 김두봉·박창옥·최창익 등 연안파·소련파의 일부 당간부들이 인민 생활의 향상을 위한 경공업·농업을 우선하고, 중공업은 당분간 소련·중국 등 다른 공산국가에 의존하여야 한다는 반대의견을 제시하였다. 또한 이들은 김일성 독재체제에 대해서도 비판하였다. 그러자 김일성은 이들을 사대주의자·교조주의자로 몰아 숙청하고, 북한 전역에서 '중앙당 집중지도사업'이란 명목으로 주민들에 대한 사상검토 작업을 전개하였다. 이런 과정을 거쳐 1956~1958년경에는 김일성이 사실상의 일인지배체제를 구축하였고, 경제적인 측면에서도 인민경제복구발전 3개년계획의 성공으로 농업·공업이 전쟁 전의 수준으로까지 회복될 수 있었다.

한편 사회주의 체제 조성을 위한 여러 정책들이 시행되었다. 우선 농업이 협동화되었다. 단순히 사회주의적 생산관계로의 이행이라는 측면에서뿐만 아니라, 전쟁 이후 노동력·농기구 등이 절대로 부족한 상황을 극복하기 위해서도 농업협동화는 절실하였다. 그리하여 농업을 협동조합화하고, 그 과정에서 부농을 제한하며 빈농·중농의 비중을 높여 사회주의적으로 개조작업을 해 나갔다. 이와 병행하여 개인상공업에 대한 개조도 단행하여 1958년이 되면 북한에서의 생산관계는 사회주의적으로 체계화하게 되었다. 이런 기초 위에서 '5개년계획'(1957~1961)이 추진되었다.

또한 주체사상이 등장하였다. 북한은 전쟁 직후인 1953년, 이전의 모든 사상적 행위를 묻지 않고 이후 각계 각층에 대한 광범위한 통일전선정책을 강화하고 이 기초 위에 노동계급을 비롯한 전체 북한주민들을 전후 복구건설에 지속적·적극적으로 동원할 것을 결정하였다. 그리고 1955년이 되면 김일성에 의해 "우리는 어떤 다른 나라의 혁명도 아닌 바로 조선혁명을 하고 있는 것"이라는 초보적인 주체사상이 주장되었다. 그리고 이후 1956년 말부터 앞에서 살펴본 바와 같이 소련파·연안파 등을 숙청함으로써 북한에 대한 소련과 중국의 영향력을 차단하여 주체노선의 기반을 구축하였다.

이와 같이 6·25전쟁을 거친 후 1950년대에는 김일성에 의한 일인독재체제가 사실상 구축되었고, 전쟁 후 복구 과정에서 사회주의적 생산관계가 농업·공업·상업 등 제 분야에서 자리잡았으며, 사상적으로는 중국·소련의 공산주의와는 구별되는 북한 독자의 주체사상이 나타나기 시작하였다.

4. 김일성 유일체제 확립기(1960년대)

이 단계는 정치적으로 김일성의 일인독재체제가 확립되어 가고, 경제적으로 경제개발계획이 시행되었으며, 사상적으로는 주체사상이 뿌리를 내리게 되는 시기이다.

1957년부터 시작되었던 '5개년계획'이 1년 앞당겨 조기 완수되어 북한이 농업국에서 사회주의 공업·농업국으로 성장하게 되자, 북한 노동당은 사회주의의 전면적 건설을 위한 "7개년계획"(1961~1967)에 착수하였다. 이는 사회주의의 공업화를 완수하고 전면적인 기술혁명·문화혁명을 단행하여 인민의 생활을 획기적으로 개선시키고 북한을 사회주의 공업국가로 변화시키는 데 목표를 두고 있었다.

이와 같은 목표를 위해 1958년 이후 본격적으로 추진되었던 천리마운동이 사회주의 건설의 총노선으로 자리하게 되었다. 천리마운동은 대중들의 증산 의욕을 고취시키기 위한 노동경쟁운동에서 시작하여, 사회의 모든 분야에서 새로운 공산주의 인간형을 창조하기 위한 사상개조운동으로까지 발전하였다. 또한 당간부들의 관료주의·형식주의·명령주의를 방지하기 위해 현장지도방식을 강조한

'청산리방법'이나, 유일 지배인이 아닌 다수 근로자에 의한 공장 관리를 규정한 '대안의 사업체계'와 같은 제도들을 개발하여, 당의 관리체계의 효율성을 높이고 생산에 대한 전체 노동자의 책임감을 강화할 수 있게 되었다.

그런데 1960년대 초반에는 1962년의 쿠바 사태를 비롯하여 월남전의 확대, 중국·인도 국경전쟁 등이 일어나 국제정세가 불안하였다. 1961년 김일성은 주체사상을 좀더 구체화하여 "모든 공산당들은 자기 나라의 구체적 실정으로부터 출발하여 독자적으로 자기 정책을 수립해야 한다"고 주장하고 있었다. 그 연장선상에서 북한은 주변 공산국가들에 대해 간섭하는 소련을 '현대수정주의'로 비판함으로써 소련의 북한에 대한 지원이 중단되는 상황이 발생하였다. 또한 중국에 대해서도 '교조주의 좌익기회주의'로 비판하였다. 이와 같은 상황에서 북한은 자주노선의 수호를 위해서 경제 건설과 국방 건설을 병진하는 방침을 선택했다.

그리하여 '국방에서의 자위'와 '남조선혁명의 달성'을 목표로 1960년대 초부터 '전 인민의 무장화, 전 지역의 요새화, 전 군의 현대화, 전 군의 간부화'라는 '4대 군사노선'을 설정하고 군사력 강화에 주력하였다.

그러나 이 정책은 국방 부분에 많은 자원이 투입되어야 했음을 의미하였고, 경제 건설과 주민들의 생활에 많은 제약을 주어 7개년계획이 10개년계획으로 수정되어야 하였다. 이 과정에서 김일성세력인 갑산파 내부의 숙청이 단행되었다. 1960년대 후반 군사력 강화보다 경제 건설이 우선되어야 하며, 경제발전 속도도 늦춰져야 한다고 주장한 박금철·이효순 등을 숙청하면서, 1970년 김일성은 '주체사상'을 당의 유일사상으로 규정할 것을 공식으로 선언하였다.

주체사상은 "혁명과 건설에서 주인다운 태도, 즉 자주적 입장과 창조적 입장의 견지를 핵심으로 하는 사상"으로, "사상에 있어서의 주체(主體), 정치에 있어서의 자주(自主), 경제에 있어서의 자립(自立), 국방에 있어서의 자위(自衛)"라는 4개 노선 위에서 구현되는 것이었다. 이는 김일성 일인지배체제를 정당화하고 사회동원체제를 뒷받침하여 중소분쟁에서의 중립 노선과 실리 추구에 이론적 근거를 제공해 주는 등 정치적 목적을 달성하기 위한 실리주의적 선언으로, 북한의 모든 분야에 걸쳐 지도이념화하였다.

한편 뒤이어 대남정책상 이견을 나타낸 김창봉·허봉학 등의 군부파도 제거됨으로써 김일성의 유일지배체제는 확고하게 자리를 잡을 수 있었고, 이는 1972년 12월에 채택된 「사회주의헌법」에서 공식화하였다. 김일성은 당·행정기구·

군(軍) 등 공식적 국가기구보다 상위에 존재하는 초월적 존재가 되었으며, 수령이 당과 정권, 근로단체를 지도하는 최고 수뇌이며 혁명과 건설의 최고 책임자라는 혁명적 수령관이 확립되어 김일성 개인숭배가 절정에 달하였다. 그러나 7개년계획은 계획 기간을 3년이나 연장하였음에도 전반적으로는 목표에 미달하였다.

5. 권력세습 준비기(1970~1980년대)

이 단계는 정치적으로 김일성 유일체제가 계속됨과 동시에 김정일이 등장하여 권력세습을 위한 조처들이 행해졌고, 경제적으로는 성장 속도의 둔화와 사회주의 경제의 구조적 문제들이 대두하여 부분적으로 경제정책을 수정해 나갔던 시기였다.

김일성은 자신의 사후 북한체제의 골격을 유지하고 김일성 우상화를 지속할 수 있는 승계체제로 김정일로의 세습체제를 구상하였다. 그리하여 김정일은 1973년 노동당의 '조직 및 선동담당비서'로 등용되는 것을 시작으로, 1974년 2월에는 당내 후계자로 내정되었다. 이후 김일성의 동생인 김영주를 비롯한 당내 세력들에 의한 권력세습 반대가 이어졌고, 그에 대한 숙청 작업도 되풀이되었다. 그리하여 1980년 제6차 당대회에서는 김정일이 공식적인 후계자로 선포되었고, 이후로는 김일성뿐만 아니라 김정일에 대한 개인숭배도 조장되었다. 김정일은 이후 3대혁명소조운동이나 주체사상의 이론적 정립 작업 등을 거쳐 후계자의 지위를 공고화하였고, 1980년 이후에는 "김정일의 시대가 열렸다"는 등의 표현이 자주 사용되었다.

북한은 1970년 7개년계획에 이은 '6개년계획'(1971~1976)을 제시하였고, 1973년 헌법 채택에 이어 각종 법률들을 제정하였다. 그리고 3대혁명소조운동을 강화하였다. 북한의 3대혁명은 사회주의 혁명 이후 사회주의의 완전한 승리가 이루어질 때까지 이어져야 하는 '계속혁명'으로, 사상·기술·문화혁명으로 구체화하였다. 그 목적은 사상·기술·문화 분야에서 낡은 사회의 유물을 청산하고 공산주의적 사상·기술·문화를 창조하여 사람과 사회와 자연을 개조하는 것에 있었다. 이 3대혁명을 강력하게 추진하기 위하여 북한에서 제창한 운동이 '3대혁명 소조운동'과 '3대혁명 붉은기쟁취운동'이었다.

3대혁명 소조운동은 3대혁명을 추진하기 위하여 혁명 2세를 중심으로 하는 젊은 인텔리들을 20~30명의 소조로 조직하여 전국의 공장·기업소·협동농장 등에 파견하고, 김정일이 주도하는 당중앙위원회가 직접 지도하여 기술·성과 면에서 뒤처지는 구 간부들을 자극하여 효율성을 높이고, 나아가 노년 간부들을 점차 청장년층으로 교체하기 위한 정책이었다. 김정일은 이 운동을 직접 지휘함으로써 새로운 청년 간부들 사이에 자신의 지도력을 구축했다.

한편 3대혁명 붉은기쟁취운동은 1975년부터 "사상도 기술도 문화도 주체의 요구대로!"라는 구호 하에 수행된 대중적 사상개조·기술혁신·문화개조 운동이었으며, "온 세상을 주체사상화"하는 과업의 일환이었다. 김정일은 주체사상을 이념적으로 정리하였고, 이는 1980년대부터는 권력세습의 이론적 근거가 되고 있다. 그리하여 북한 전역이 혁명성지화하여 김일성과 김정일의 혁명사적관·혁명전적지 등이 세워졌고, 주민들은 이를 의무적으로 참관하여야 했다. 그리고 유일사상의 교육이 강화되어 주민에게 사상 학습의 생활화·습성화를 강요하였다.

북한은 6개년계획의 성공을 위하여 기술력의 향상과 생산시설의 기계화·자동화를 목표로 하는 '3대기술혁명운동'을 추진하고, 100일전투·70일전투 등의 '속도전'을 병행하였다. 그리하여 6개년계획을 1년 앞당겨 달성하였다고 선전하였다. 그러나 1960년대 말부터 이미 북한은 생산력 증대에서 한계에 도달해 있었고, 6개년계획도 이후 2년 간의 완충기를 두어 부족한 부문을 보충함으로써 실질적으로 1년 연장하여 달성하였다. 그리하여 1970년대 초부터 북한 경제의 성장 속도는 서서히 둔화되었다. 그리고 계획경제체제의 비효율성이나 노동자의 생산의욕 결여, 중공업 우선정책에 따른 산업 간의 불균형, 관료주의와 같은 사회주의 경제의 구조적 문제에 부딪히게 되었다.

이와 같은 문제를 극복하기 위하여 1970년대의 전 세계적 화해 분위기에 맞추어 동구권의 움직임과 맥을 같이하여 독립채산제나 농민시장 허용, 성과별 임금제 도입 등과 같은 부분적인 정책 조정을 시행하였다. 그러나 그 규모가 보잘 것 없었고, 근본적인 구조의 문제점은 그대로 남겨져 경제난은 가중되었다. 더욱이 사회주의권으로부터의 원조도 감소하여 1970년대 이후로는 서방국가에서 대형 플랜트 형태의 상업차관을 도입하기 시작하였으나, 1975년 이후로는 오일 쇼

크로 인한 국제 원자재 가격의 하락으로 외채를 갚지 못하여 그마저 중단되었다.

이후 1978년부터 주체화·현대화·과학화를 표방하며 '제2차 7개년계획'(1978~1984)에 주력하였으나 목표액의 55% 달성에 그치는 실패를 맛보았다. 그리하여 1984년부터는 외국과의 합영을 통하여 자본·기술 부족의 해소를 추구하였으나, 이 역시 실제로 큰 효과를 보지는 못하였다.

한편 김일성은 1980년 통일방안으로서 '고려연방제'를 제시하였다. 1960년의 연방제 주장에 수정을 가하여 공식적으로 제시한 '고려민주연방공화국'의 골자는, "북과 남이 동등하게 참여하는 민족 통일정부를 세우고, 그 밑에서 북과 남이 같은 권한과 의무를 지며, 각각 지역자치제를 실시하는 연방공화국을 창립하여 조국을 통일하자"는 것이었다. 그러나 이의 선결 조건으로 남한의 반공법과 국가보안법 폐지나 주한미군 철수 등을 내세우는 등, 실제로는 한반도의 통일문제를 '남조선 혁명과업의 완수'라는 전략적 시각에서 인식하고 있었음을 보여 주었다.

6. 체제개편기(1990년대)

이 단계는 동구 및 소련의 사회주의 정권들이 붕괴하여 고립이 심화된 상황에서, 정치적으로 김일성의 사망으로 김정일체제가 등장하였고, 경제적으로는 극심한 경제난 극복을 위해 제한적인 개방정책을 실시하고 있는 시기이다.

1989년을 전후하여 북한체제의 변화를 가져올 중대한 사건들이 이어졌다. 1988년에는 남한에서 서울올림픽이 열렸다. 1989년에는 동유럽의 사회주의권과 베를린 장벽이 무너졌고, 중국에서는 천안문 사태가 일어났다. 그리고 북한에서는 평양축전이 개최되었다. 1991년에는 소련의 사회주의 체제가 붕괴되었다. 이와 같은 사건들은 지도층을 중심으로 하는 북한 주민에게 엄청난 충격을 주었고, 북한 지도부의 최우선 정책과제는 사회주의권 붕괴의 충격과 영향에서 벗어나는 데 두어지게 되었다.

1993년 김일성의 사망은 이와 같은 북한체제의 불안을 심화시켰다. 국제적 고립과 경제난, 김일성이라는 절대적 카리스마의 상실, 김정일 후계체제의 불안정

등으로 기존 체제의 개편이 불가피하게 되었다. 그리하여 김정일은 1994년 이후 사랑과 믿음의 정치라는 '인덕정치'를 표방하여, 지금까지의 계급노선에 기초한 출신 성분별 차별정책을 폐지할 것을 주장하는 한편, 국가나 당의 운영을 핵심 간부가 아닌 인민대중에 맡길 것이라고 선전하고 있다. 이와 같은 인덕정치의 목적은 물론 전 인민에게 북한체제를 지지하도록 회유하는 데 있는 것이며, 인덕정치는 김정일에 대한 지지를 유도하는 새로운 통치이념인 것이다.

북한정권은 대외적으로는 실용주의적 정책을 통하여 국제적인 고립을 해소하고 경제적 실리를 얻는 데 주력하고 있다. 1991년 남한과 동시에 UN에 가입하였고, 남북평화합의서를 교환하였으며, 1992년에는 한반도 비핵화에 관한 공동선언에 서명하였다. 그리고 핵문제를 계기로 미국과의 관계 개선을 위한 포석을 마련하였고, 쌀협상을 통하여 일본의 보상금 지원과 일본 기업의 투자를 기대하고 있다.

북한의 경제는 동구권의 사회주의 붕괴 이후 더욱 급속히 침체되어 식량과 생필품 확보조차 위협받게 되었다. 더욱이 북한 주민들의 국가에 대한 불신은 더욱 깊어져서 이들 물품을 배급에 의존하지 않고, 개인적으로 암시장 등에서 화폐를 사용하여 구입하는 등 자본주의적 유통구조의 형태까지 나타나게 되었다.

북한은 이런 현실에 직면하여 1991년 나진·선봉지역을 자유경제 무역지대로 설정하고, 나진·선봉·청진 3개 항을 자유무역항으로 지정하는 등 경제특구를 중심으로 한 수출정책을 추진하였고, 1992년에서 1993년에 걸쳐서는 해외투자 유치를 위한 법적·제도적 장치와 투자환경을 마련하였다. 그리고 1993년에는 '제3차 7개년계획'(1987~1993)의 실패를 인정하고 무역 제일주의와 경공업 우선 정책을 표방하는 경제방침을 발표했다.

그러나 북한이 사회주의 체제 자체를 포기한 것은 아니다. 북한은 여전히 '우리식 사회주의 체제' 유지와 일반 주민에의 개방 여파 차단을 위해 농업개혁이나 가격개혁, 사적 소유권 인정 등과 같은 근본적인 개혁은 실시하지 않고 있다. 이와 같은 제한적 개방·개혁정책은 북한의 경제개혁 자체의 성공 여부에 걸림돌이 되고 있다.

7. 맺음말

북한은 사회주의 체제에 편입된 후 50여 년 동안 획일적 계획경제체제와 폐쇄적 일인통치의 정치체제로 운영되어 왔다. 오늘날 전 세계적인 사회주의 체제의 붕괴와 사회주의 체제 자체의 모순에 의한 경제난으로 북한은 체제의 존속 자체를 위협받고 있다. 더욱이 남한보다 전반적인 측면에서 국력이 뒤떨어져 있다.

그러나 탈냉전시대 국제사회의 대세는 이념이 종언을 고하고 경제논리가 세상을 지배하도록 되었으며, 국제화·자유화의 흐름도 막을 수 없도록 변해 가고 있다. 북한도 최근 대미관계 및 대일관계의 개선과 제한적 개방정책을 통해 세계체제로 조심스럽게 접근해 가고 있다.

앞으로 북한의 개방이 성공하기 위해서는 김정일에 의한 권력승계와 지배체제의 변화 문제, 제한된 개방경제정책의 성공 여부, 주민 내부의 의식변화와 조직화 문제 등 많은 문제가 해결되어야 한다. 그 결과는 북한뿐만 아니라 남한에도 큰 영향을 주게 될 것이며, 나아가 민족통일이나 미래의 통일국가의 운명에까지 지대한 영향을 끼치게 될 것이다.

(김송희)

※ 참고문헌

스칼라피노·이정식 지음, 한홍구 번역, 1986~87, 『한국공산주의운동사』 2·3, 돌베개.
高瀨淨 지음, 이남현 번역, 1988, 『북한경제입문』, 청년사.
한국역사연구회 엮음, 1989, 『한국사강의』, 한울아카데미.
서재진, 1995, 『또 하나의 북한사회』, 나남.
연합통신사 엮음, 1995, 『북한 50년』.
이종석, 1995, 『조선로동당연구』, 역사비평사.
이종석, 1995, 『현대 북한의 이해 : 사상·체제·지도자』, 역사비평사.
강정구, 1996, 『통일시대의 북한학』, 당대.
역사문제연구소 엮음, 1996, 『한국의 근대와 근대성 비판』, 역사비평사.
1997, 『한국사 시민강좌』 21, 일조각.
최성, 1997, 『북한정치사』, 풀빛.

제9장 한국사교육의 변천과 과제

1. 머리말

인간은 자기의 경험을 후대에 전수함으로써 타인의 경험을 대리 경험할 수 있었고 이러한 과거의 역사적 사실의 자기경험화와 그 누적을 통해 발전해 왔다.
 이와 같은 과거의 인간 경험의 총체를 다루는 학문을 역사라 할 수 있고 이러한 인간이 경험하고 창조해 놓은 사회적 현상을 시간의 흐름에 따라 변화와 인간관계의 관점에서 정리, 이해케 하는 것을 역사교육이라 하겠다. 그러나 역사교육은 단순히 사회의 변화 내지 어떠한 사실을 잉태케 한 인과관계를 교훈적으로 이해시키는 지식교육만은 아니다. 역사교육은 과거에 대한 재경험을 가능케 함으로써 학습자가 역사적 심성(Historical Mind)을 길러 상상력·추리력·통찰력을 통한 현실과 자기에 대한 판단을 내릴 수 있도록 한다. 또 역사교육은 과거를 그 연구대상으로 하는 역사학의 연구결과에 바탕을 두면서도 지향하는 바는 현재의 인간사고와 행동에 있어서의 바람직한 성장과 함께 미래의 인간생활에 대한 하나의 비젼(Vision)을 제시한다는 특징을 가지고 있다. 이와 같이 역사교육은 학습자들에게 역사지식의 습득뿐 아니라 다양한 학습경험을 통해 학생들의 의식성장에 지대한 영향을 주고 있는 것이다.
 그럼 이러한 역사교육이 학생들에게 줄 수 있는 것이 무엇인가.
 첫째, 당면한 현실 문제를 역사의 교훈을 바탕으로 해결할 판단능력, 즉 역사적 사고를 길러준다. 역사는 인류가 만들 수 있는 많은 사건의 원인, 결과의 요약이라 할 수 있다. 이러한 역사적 사실의 법칙성, 보편성을 이해토록 하고 이를 통해 학생들이 현실의 복잡한 문제를 해결할 수 있는 합리적 가치기준을 갖게 하는 것이다.

둘째, 우리 조상들의 전통문화 유산을 전승시켜 준다. 급변하는 사회의 변화로 학생들은 가치기준의 혼돈을 느끼고 전시대의 문화유산에 대해 정당한 평가를 하지 못하고 있다. 그래서 역사교육을 통해 전통사회에 대한 바른 이해와 가치관을 심어주어 우리 민족의 역사적인 고유성과 상대적 우월성을 인식시킴으로서 우리 전통문화를 올바로 전승하도록 하는 것이다.

셋째, 민주사회에 적극 참여할 수 있는 건전한 민주시민으로서의 자질을 길러 준다. 역사는 인류가 이룩한 수많은 정치체제에 대한 평가를 내렸고 이러한 역사지식과 선행경험을 통해 학생들은 자기가 속한 사회의 성격, 방향 등에 대해 올바른 판단능력을 갖게 되며, 민주주의에 강한 신념을 갖게 되는 것이다.

이상이 우리가 역사교육을 통해 이루려는 일반적인 방향이요, 목표라 할 수 있다. 이러한 목표달성을 위해 역사의 시작으로부터 현재까지의 수많은 역사적 사실 중에서 학생이 배워야 할 내용을 선정・조직하여 이를 각급학교 교육에 적용토록 한 것이 역사교육과정이며 이것이 학교에서의 역사교육의 바탕이라 하겠다. 그래서 본 소고에서는 8・15광복 이후부터 현재에 이르기까지의 고등학교 국사과 교육과정을 중심으로 개정과정과 목표, 내용상의 특징 등을 살펴봄으로써 우리 나라 국사교육의 변천사를 되놀아보고 현재 한국사교육이 안고 있는 문제점을 분석하여 앞으로 한국사교육에서 해결하여야 할 과제와 지향해야 할 방향을 살펴보기로 하겠다.

2. 국사과 교육과정의 변천

1) 광복 이전의 역사교육

역사교육은 그 시대의 문화적인 성격과 역사의식에 따라 변천되어 왔다. 유교문화권에 속했던 우리 나라 역사교육은 경사일체(經史一體)에 터전한 유교정신의 체득과 이를 실천하는 데 목표를 두었다. 이 경사일체는 학문적으로 미분화된 경사일체의 교재관에 바탕을 둔 것으로 경서는 단순한 유학의 경전이 아니라 역사적인 교훈을 담은 일종의 역사서이고 사서는 단순한 역사서보다 경서를 보완해 주는 유학서로서의 기능이 강하였다.

이러한 교육은 삼국시대부터 서구적인 근대교육이 이루어지는 19세기 말까지 각 왕조와 시대의 변화에 따라 약간의 차이는 있으나 거의 우리 나라 역사교육의 중심이 되어 왔다. 기록상 최초의 교육기관인 고구려 태학과 경당의 교육내용은 정확하지 않으나 대체로 유학경전인 오경, 중국의 역사서인 사기, 한서, 후한서, 삼국지 등을 바탕으로 한 것으로 생각되며 백제, 신라도 거의 비슷하였다. 삼국통일 이후에는 신라의 관리채용 시험제도인 독서삼품과에서 문장의 재능을 중시한 듯하나, 높은 수준의 경사 지식을 갖춘 자를 최상급으로 특별히 선발한 기록이 있는 것을 보면 역시 경사 중심의 역사교육이 중시되었음을 알 수 있다. 고려는 건국이념으로 불교를 표방하였으나 나라를 다스리는 치국의 학문으로는 유학을 내세웠다. 이러한 이원적인 가치관의 추구는 태조 십훈요 속에서 제1조에 숭불교육, 제10조에 경사교육을 강조한 점 등에 잘 나타나 있다. 태조의 이 유훈을 따라 고려 전 기간을 통해 경사중심의 교육이 더욱 심화, 발전되었으나 당시 이용된 역사서는 중국사서여서 민족사교육에 문제점이 있었다. 이러한 교육은 민족사에 대한 갈증을 불러일으켜 고려후기의 『삼국사기』, 『제왕운기』 등 민족사서가 등장하는 계기가 되기도 하였다.

조선왕조는 건국이념이나 정치지도이념으로 성리학적 가치체계에 입각한 유학사상을 내세웠다.

조선초기에는 고려사, 동국통감 등 민족사서가 많이 편찬되었으나 학교의 역사교육은 유학 중심의 경사교육 테두리를 벗어나지 못하였다. 조선후기에 실학이 등장하여 종래의 역사교육에서 탈피하여 한국사 교육을 역사교육의 중심으로 해야 한다는 주장이 대두되었으나 제도화되어 학교교육에 도입되지는 못하였다.

이러한 역사교육에서 벗어나 근대적 역사교육이 이루어진 것은 19세기 중반 이후로 볼 수 있다. 그러나 근대적인 한국사 중심의 역사교육이 학교교육에서 필수학과로서 제도적으로 정착을 본 것은 좀더 뒤인 갑오개혁 이후이다.

이렇게 학교교육에 정착되어 가던 한국사교육도 일제의 침략과 더불어 이들의 강압 하에 점차 탄압을 받게 되었고, 국권강탈 이후인 1911년 일제의 조선교육령[1]이 발표되고 점차 보통학교에서 모든 역사교육이 사라지고 고등보통학교

---

1) 조선교육령은 "제1조 조선에 있어 조선인의 교육은 본령에 의한다"로 되어 있어 한

에서는 일본사 교육만이 잔존하여 우리 민족사교육은 완전히 자취를 감추고 말았다.

2) 광복 이후 국사과 교육과정의 변천

① 교수요목 시기(1946~1954)

1945년 잃었던 국권을 되찾음으로써 우리 민족은 일제에 의해 말살당한 교육을 되찾게 되었다. 그러나 교육과정은 물론 각급학교에서 사용할 일정한 교재도 없어 교사들이 직접 만든 것을 사용하다가, 1946년 진단학회가 통사서로 만든 국사교본[2]을 미군정청 문교부가 전국 학교에 공급, 사용케 하였다. 그러다가 미군정이 추진한 민주화교육정책에 의해 학교교육의 기본구조인 교수요목이 1946년 국민학교, 1947년 중등학교 순으로 제정, 공포되어 국사과 교육과정도 구성되었다.

이 교수요목에서 교과상 가장 두드러진 특징은 미군정이 추구한 진보주의적 생활적응 교육관에 따라 새로이 사회생활과가 등장하고 국사를 포함한 역사교육이 사회생활과의 한 과목으로 설치된 점이다. 그리고 현 중·고등학교과정인 중학교에서는 1·2·3학년에 걸쳐 이웃 나라(동양사)·먼나라(서양사)·우리 나라(국사)와, 4·5·6학년은 인류문화(동·서문화사)·우리 문화사(국사)를 학습하도록 하고 시간은 각 학년 공히 2시간씩이 배정되었다.

고등학교 사회생활과의 역사 분야 목표는 "인류문화 및 우리 민족문화의 본질을 파악하여 보다 높은 가치생활을 영위할 수 있는 능력을 배양하며 나아가서는 새로운 민족문화 건설에 적극 참여하는 태도를 가지게 한다"라고 제시되었다. 이와 같은 역사 분야의 목표는 일제의 잔재를 정신면에서 시급히 청산하여 새로운 민주사회 건설에 이바지할 수 있는 새로운 가치관을 정립하고, 민족문화 건설을 위한 애국·애족 교육을 강조하여 광복 이후 자주독립과 민족문화의 전통성 회복을 향한 국민적 열망을 반영하였다.

내용은 왕조사 중심의 통사적인 구성으로 되어 있었고 단원 구성은 다음과 같았다.

국의 모든 교육은 이에 따랐다(손인수, 1964, 『한국교육사상사』, 재동문화사, 223쪽).
2) 국사교본의 목차는 제1편 상고의 전기, 상고의 후기, 제2편 중고의 전기, 중고의 후기, 제3편 근세의 전기, 근세의 중기, 근세의 후기, 제4편 최근으로 되어 있었다.

1. 우리 나라의 자연환경과 민족의 유래 및 발전
2. 역사 이전의 살림살이
3. 고조선과 그 생활상태
4. 삼국의 흥망과 그 사회생활
5. 신라·발해의 성쇠와 사회생활
6. 고려시대의 변천과 그 사회생활
7. 근세조선의 성쇠와 사회생활
8. 최근세의 동태와 조선 이후의 사회생활

내용상의 특징을 보면 일제에 의해 훼손된 민족적 자긍심을 회복하고 자주적인 민족의식을 되찾고자 하는 시대적 분위기가 반영되어 고대사가 중시되고[3] 외침을 극복한 민족역량이 강조되었다. 그러나 역사학계의 연구성과가 미진한데다 일제하 한국사 연구를 주도한 일본인 학자들에 의해 오염된 우리 역사가 일부 그대로 반영되어 이것이 교재로 활용됨으로써 역사교육에 많은 문제점을 배태케 하였다.

② 제1차 교육과정(교과과정) 시기(1954~1963)

정부 수립 후 문교부는 홍익인간을 교육이념으로 한 교육법을 공포하고(1949) 이를 바탕으로 각급학교 교육과정 제정에 착수, 1954년 교과과정(교육과정)을 제정, 공포하였다.

이 교과과정은 교과 내에 학문적인 지식체계를 존중하고 지식중심의 교육과정이라는 특색을 보이면서도 미국의 진보주의 교육사조의 영향을 받은 생활중심 교육과정 면모를 엿보이게 한다.

이 교육과정에서 중학교의 역사 분야는 사회생활과의 한 과목으로 종래와 같이 존치하면서 동·서양사를 통합, 세계사로 하였다. 이는 학생들에게 세계의 역사를 종합적으로 학습하여 보다 폭넓은 역사적 시각을 갖도록 하려는 데 있었다. 고등학교는 교과목을 중학교의 사회생활과와는 달리 사회과로 바꾸고 종전의 인류문화사를 중학교와 같이 동·서양사를 통합, 세계사로 개편하였다. 또 필

---

[3] 전체 8개 단원 중 고대사에 5개의 단원이 배분되어 전체의 60% 이상을 점유, 고대사가 근·현대사에 비해 상대적으로 큰 비중을 차지하였다.

수와 선택을 구분하여 한국사를 필수로, 세계사를 선택으로 하여 한국사에 비해 세계사 교육이 약화되었다.

한국사의 이수학년 및 시간배당은 중학교는 1학년에서 매주 2시간(연간 70시간) 고등학교는 총 105시간을 필수로 이수하되 이를 2학년 혹은 3학년, 또는 2·3학년에 걸쳐서 할 수 있도록 하였다. 고등학교 국사과목의 목표는 민족사의 구조적 특질과 상호간의 관련 등을 깊이 있게 파악, 민족사를 과학적으로 인식하고 우리 민족의 아름다운 점과 우수성을 발굴하여 민족애를 앙양하며, 6·25전쟁 이후 제기된 민주국가 건설 및 통일 등 민족적 과업에 이바지할 수 있는 실천적 계기로 삼을 것을 강조하였다. 또 한국사의 특수성과 보편성을 아울러 조명, 역사에 대한 폭넓은 안목을 가져 인류문화 발전에 이바지할 것을 강조하였다.

내용은 다음과 같이 9개의 단원으로 구성하였다.

1. 선사시대의 사회생활
2. 부족국가시대의 문화
3. 삼국시대의 문화
4. 통일신라와 발해의 문화
5. 고려의 문화
6. 조선전기의 문화(1392~1592)
7. 조선중기의 문화(1593~1863)
8. 조선후기의 문화(1864~1910)
9. 현대문화와 우리의 사명

내용구성에 있어 시대구분은 사회경제사적 특징보다는 왕조사 중심의 연대기적 방법에 의해 구분하였다. 그러나 조선시대에 전기와 중기를 임진왜란을 기점으로, 중기와 후기를 흥선대원군을 기점으로 나눈 점 등은 주목할 만하다. 그리고 각 단원의 주제 선정을 가능한 범위에서 분류사적인 특징을 고려하여, 정치변화, 대외관계, 사회경제, 신앙·풍속, 학술·예술 등으로 나눈 점 등이 특징으로 엿보인다.

③ 제2차 교육과정 시기(1963~1973)

1961년 군사혁명 이후 급변하는 국내외 정세변화와 학문의 진흥에 따라 1963년 문교부는 각급학교의 교과과정을 전면적으로 재검토하여 새로운 교육과정을 제정, 공포하였다.

이 교육과정은 종래의 보편적 가치관에 터전한 민주시민 양성에서 국가발전에 적극 참여하는 능동적인 한국인 양성이라는 교육목표의 변화와 지식중심 교육사조에서 학생들의 경험을 중시하는 경험중심 교육사조로의 변화라는 새로운 시대적 분위기가 반영되었다. 이러한 교육과정의 성격에 따라 중·고등학교의 역사과목 체제에 많은 변화가 일어났다. 중학교는 사회생활과를 고등학교와 같이 사회과로 바꾸고 종래 사회생활과에서 외형적으로만 통합되고 내용상으로 공민·역사·지리로 과목화되었던 것을 실질적으로 통합하여 사회 Ⅰ·Ⅱ·Ⅲ으로 하였다. 또 한국사와 세계사를 시대별로 유기적으로 통합하여 사회 Ⅱ로 하고 주당 3~4시간씩 학습하도록 하였다. 고등학교는 종래의 학년제를 단위제로 바꾸고 과목별로 공통필수, 인문계 선택필수, 자연계 선택필수제를 도입하였다. 한국사는 종래와 같이 공통필수로 하고, 세계사를 선택과목에서 공통필수과목으로 하여 세계사의 위치를 강화하였으며, 단위시간을 한국사·세계사 공히 6단위로 하였다.

고등학교 국사과목 목표는 5·16군사혁명 이후 새롭게 부각된 반공과 정부가 강력하게 추구한 경제개발, 통일민주국가 건설이라는 국가적·시대적 요청을 반영하여 이를 크게 강조하였다.

내용은 다음과 같이 8개의 단원으로 구성하였다.

1. 역사의 시작
2. 부족국가시대의 생활
3. 삼국시대의 생활
4. 통일신라시대의 생활
5. 고려시대의 생활
6. 조선시대의 생활
7. 조선의 근대화운동
8. 민주대한의 발전

내용구성에 있어 시대구분은 1차 교육과정과 같이 각 시대의 사회경제적인 성격보다는 왕조중심의 단순한 연대기적 방법에 의해 나누었고 조선 전·후기를 '조선시대의 생활'로 통합하여 양란(兩亂)을 계기로 나타나는 조선사회 변화를 인정치 않아 시대구분상의 문제점을 나타냈다. 또 단원명을 종래의 문화사 중심 진술체제에서 생활사 중심 진술체제로 바꾸어 민족의 자주적 생활능력 함양과 경제건설에 역점을 두었다. 그러나 이러한 내용상의 변화는 국가와 시대적 요청에는 부응할 수 있었지만 중·고 국사내용의 유사성을 가져와 중·고 국사과목의 계열성 확립에 많은 문제점을 가져오기도 하였다.

④ 제3차 교육과정 시기(1973~1981)

1970년대에 들어서면서 국적 있는 교육을 찾자는 여론이 강하게 부각되기 시작하였다. 이러한 여론은 교육사조와 제도를 받아들이는 데 여념이 없어 우리 것을 돌아볼 여유를 갖지 못한 데 대한 반성으로 나타났다. 또 1960년대 이후 미국에서 풍미하던 지식체계와 학문적 접근을 중시하는 학문중심 교육과정을 받아들여 교육과정을 전면적으로 개편, 공포하였다. 이 교육과정은 한국화된 교육과정의 성격을 강하게 나타내었고, 이러한 의미에서 가장 큰 변화가 일어난 교과가 한국사였다. 그래서 문교부에서는 한국사를 주체적이고 발전적인 사관으로 재정립하기 위하여 국사교육강화위원회라는 심의기구를 구성하고[4] 이 위원회의 건의를 받아들여 한국사교육과정 및 한국사교육 전반에 커다란 변화를 가져오게 하였다. 이 교육과정에서 국사과의 획기적인 변화는 한국사를 각급학교에서 필수화한 점이다. 이와 같은 변화는 세계사가 사회과에 잔류하여 역사교육의 이원화를 가져오고 사회과 내에서 타과목과의 불균형을 초래한다는 문제점도 지적되었다. 그러나 거시적으로 볼 때 치열해지는 국제사회의 경쟁 속에서 우리민족의 자존과 번영을 누리기 위해서는 한국사교육 강화가 불가피하다는 긍정

---

4) 국사교육강화위원회는 1972년 5월 1일자로 문교부 자문위원회로 구성하였다. 위원은 박종홍, 장동환, 박영복, 이선근, 김성근, 고병익, 이기백, 한우근, 이우성, 김철준, 강우철, 김용섭, 이원순, 이광린, 이현종, 최창규, 한기욱 등 17명이었으며 위원회에서 1차로 『국사교육 강화를 위한 건의내용』(학교교육을 중심으로 취지 및 교육과정 구조), 이어 2차로 『국사교육 강화를 위한 건의내용』(학교교육을 중심으로 초·중·고 국사교육 내용전개의 준거)을 중심으로 종합연구보고서를 문교부에 제출하였다. 이와 아울러 문교부에서 국사교과서를 검인정에서 국정화하였다(1974년 공급).

적인 평가도 있었다.
  시간 배당은 중학교는 2·3학년에 걸쳐 주당 2시간씩, 고등학교는 공통필수로 6단위로 이수하도록 하였다.
  고등학교 국사과의 목표는 '국적 있는 교육'이라는 시대적 요청을 반영하여 주체성 확립·민족중흥을 강조하고 있으며, 전통문화에 대한 올바른 인식, 새문화창조 등 새로운 고등학교 국사교육 방향을 제시하였다.
  내용은 다음과 같이 5개의 단원으로 구성하였다.

1. 고대사회
2. 고려사회
3. 조선사회
4. 근대사회
5. 현대사회

  내용구성에 있어 시대구분을 왕조중심의 단순한 연대기적 방법에서 탈피하여 각 시대의 사회·경제적 시대성격을 명확히 나타낼 수 있는 시대구분법을 도입, 우리 역사 전 시대를 5분법으로 구분하여 단원명을 왕조명이 아닌 시대성격을 규정하는 고대, 근대 등의 명칭을 사용하였다. 그러나 고대와 근대 사이에 중세와 근세의 시대성격을 규명하지 못하고 고려, 조선이라는 왕조명을 그대로 사용하여 우리 한국사학계의 한계를 나타내었다.
  시대의 양적 구분을 보면 고대사에 1개 단원, 근·현대사에 2개의 단원을 배정하여 점차 근·현대사 교육이 중시되어 감을 보여주고 있다.

  ⑤ 제4차 교육과정 시기(1981~1988)
  1970년대 이후 지속된 경제성장으로 인한 인간성 상실이라는 새로운 사회문제가 제기되고 새로운 정국변화에 따른 교육개혁 요구가 일어났다. 이러한 시대적 요청에 맞추어 문교부는 전인적인 인간양성을 목표로 하는 새로운 교육과정을 개정, 공포하였다.
  이 교육과정에서 국사과는 큰 변화는 없었으나 교육과정을 적정화, 구조화하여 학교급별 계열성 확립에 주안점을 두었다. 또 시간배당은 중학교는 2·3학년에 걸쳐 주당 2시간씩, 고등학교는 공통필수로 6단위를 이수하도록 하였으나, 실업계 고등학교는 공통필수 4단위로 축소, 조정하였다.

고등학교 국사과의 목표는 우리 나라 역사를 문화사적·구조사적으로 접근, 이를 종합적으로 이해하고 이를 통해 우리 민족사에 긍지를 가지고 나아가 민족중흥에 이바지할 수 있는 한국인을 기른다는 데 주안점을 두었다.

내용은 다음과 같이 6개의 단원으로 구성하였다.

1. 고대사회의 성립과 발전
2. 중세사회의 성장
3. 근세사회의 발전
4. 근대사회의 맹아
5. 근대사회의 전개
6. 현대사회의 발전

내용구성에 있어서 가장 두드러진 특색은 시대별 성격을 명백히 하여 시대구분을 하였다는 것이다. 시대구분에 대해서는 오랫동안 학계에서 시비가 계속되었고 제3차 교육과정에서도 고려시대와 조선전기의 시대사적인 성격에 대해 많은 이견이 제시되어 이 두 시대만은 왕조명을 그대로 사용하는 편법을 적용하였다. 이 교육과정에서는 아직 문제점을 남기고 있으나 가설적인 단계로 고려를 중세로, 조선전기를 근세로 하는 새로운 시대구분을 시도하여 시대구분을 명확히 하였다.

또 우리 나라 근대화가 외부의 충격이 아닌 우리 내부의 학문적 축적을 바탕으로 자생적으로 추진된 점을 강조하고 근대화의 태동을 조선후기 실학운동으로 기술하여 학계의 새로운 학문연구 성과를 반영하였다.

시대별 양적 배분을 보면 전체 6개의 단원 중 3개의 단원을 근·현대사에 배정하고 현재적 제 문제에 대한 올바른 평가와 가치관을 가질 수 있도록 19세기 이후부터 현재까지 민족수난사, 투쟁사를 대폭 보강하여 근·현대사에 비중을 높였다.

⑥ 제5차 교육과정 시기(1988~　)

1980년대 이후 국민소득의 증가로 인한 생활양상의 변화, 민주화의 실현으로 인한 자율화의 흐름, 국력신장에 의한 치열한 국제경쟁 등 이에따른 교육내용 개선 요구에 맞추어 교육과정을 개정하였다.

이 교육과정에서 국사과는 1970년대 이후 계속된 국사교과서 내용 시비와 각급학교 국사교육 내용 계열성 확립 등 한국사교육이 안고 있는 문제점을 개선하는 데 주안점을 두었다.

즉 1980년대 이후 가열된 국사교과서 내용 시비는 한국사학계가 해결하여야 할 가장 큰 숙제였다. 그래서 문교부는 이의 해결을 위해 '국사교육심의회'를 구성하고[5] 학계에서 논란이 되고 있는 학설을 교육용으로 통일,「국사교과서 편찬준거안」을 만들고[6] 이를 최대한 수용하여 교육과정을 구성하였다.

또 4차 교육과정까지 국사과 교육내용 구성에 있어 학교급별 계열성을 확립하기 위하여 계속 노력하였으나, 아직도 학교급별 특성을 뚜렷이 부각시키지 못해 같은 내용을 중복한다는 문제점이 계속 지적되고 있었다. 그래서 이번 국사교육과정은 각급학교의 내용구조를 초등학교는 사회과와 통·합작하였다. 이는 광복 이후 민주주의 이념을 구현하기 위하여 선진제국의 과정으로 구성하되 사례별·생활사·인물사 중심으로 하고 중학교는 정치사를 강조하되 연대기적 구조와 주제 중심 구조를 절충하고, 고등학교는 문화사·사상사를 강조하되 연대사적 구조와 분류사 중심의 구조를 절충하여 각급학교 한국사내용 구조의 계열성을 확립하였다.

이 교육과정에서 국사과는 종전과 같이 중학교는 2·3학년에 걸쳐 주당 2시간씩, 고등학교는 공통필수로 6단위, 실업계는 4단위로 하였다. 고등학교 국사과의 목표는 한국사의 구조적 이해를 통한 한국사의 종합적 인식과 세계사의 보편

---

5) 국사교육심의회는 문교부의 자문위원회로 국사교과서 개편 방향 및 국사교육 전반에 대한 방향 설정을 목적으로 1986년 10월 31일자로 발족되었다. 위원은 변태섭, 김정배, 손보기, 윤무병, 김원룡, 정영호, 안휘준, 박용진, 문경현, 이기동, 신형식, 윤내현, 하현강, 박용운, 한영우, 원유한, 송준호, 이광린, 유영익, 이현희, 박영석, 박성수, 조동걸, 강우철, 이원순, 윤세철, 김홍수, 김광남, 김정의, 최병도 등 30명으로 구성하였다. 이 회에서는「국사교육 내용 전개」라는 연구보고서를 문교부에 제출하고 이를 토대로「국사교과서 편찬 준거안」을 확정하였다(1987년 5월 29일).
6)「국사교과서 편찬준거안」은 고대사 17개항, 중·근세사 8개항, 근·현대사 6개항, 일반·역사교육 4개항으로 구성되었다.

성과 관련하여 한국사 이해, 역사학습을 통해 길러야 할 비판적 사고능력과 자료 처리능력, 민족문화에 대한 자긍심과 새 문화창조에 적극 참여하는 태도 등을 강조하였다.

내용은 다음과 같이 8개의 단원으로 구성하였다.

1. 선사문화와 국가의 구성
2. 고대사회의 발전
3. 중세사회의 발전
4. 근세사회의 발전
5. 근대사회의 태동
6. 근대사회의 발전
7. 민족의 독립운동
8. 현대사회의 전개

내용구성에 있어 가장 큰 특징은 연대기적 구조와 분류사적 구조를 조합하여 8개의 단원은 연대사로 설정하고 31개의 주제는 분류사로 구성한 데 있다. 그리고 각 단원은 첫째 주제는 전환기의 역사로, 둘째 주제는 정치사로, 셋째 주제는 사회·경제사로, 넷째 주제는 문화사로 하였다.

3. 한국사교육의 과제

이상에서 1945년 이후부터 지금까지의 고등학교 국사교육과정을 중심으로 한국사교육의 변천과정을 살펴보았다.

국사 교육과정은 미 군정기의 교수요목으로부터 제5차 교육과정까지 중학교는 7차, 고등학교는 6차에 걸쳐 수정과 개편을 거치면서 한국사교육에 제기되었던 문제점 등을 개선, 보완하여 왔다. 그러나 이를 통해 한국사교육에 제기된 문제점들이 완전히 해결된 것은 아니다. 그래서 본 장에서는 한국사교육에서 시급히 해결하여야 할 과제들을 구체적으로 살펴보면서 한국사교육이 지향하여야 할 바를 생각해 보기로 하겠다.

1) 학교급별 계열성 확립 문제

교육과정 개정 때마다 국사과에서 가장 큰 과제로 등장하는 것이 각급학교 한국사교육의 계열성 문제이다.

이 계열성이란 동일한 내용이 반복되는 계속성이 아닌 학습내용의 종적 조직의 원리로 선행 경험 내용을 기초로 다음 경험 내용이 전개되어 점차적으로 깊이와 넓이를 더해 가는 것을 의미한다. 이러한 역사내용의 계열성 확립은 학생들의 시간 개념, 역사적 개념의 인지능력, 역사의식의 발달단계 등이 바탕이 되어야 한다. 그런데 이에 대한 현 역사교육학계의 연구성과가 미흡하여 문제해결에 어려움을 주고 있는 실정이다. 그 동안 교육과정 개편 때마다 그 해결을 위해 노력하여 나름대로 초등학교는 사례·인물·사건·생활을 바탕으로 생활사 중심의 통사, 중학교는 정치사 중심의 통사, 고등학교는 문화사 중심의 통사로 각급학교의 특성을 나타내도록 하였다. 그러나 같은 연대사적인 통사체로 학교급별 특성부각이 어려웠으며, 이에 따라 동일한 내용이 반복되고 내용의 소재·구성·체제 등에 별차이가 없다는 비판을 받아왔다.

그래서 5차 교육과정에서는 이러한 문제를 극복하기 위해 내용상의 특징을 유지하면서 내용구조, 체제특성화에 초점을 맞추어 초등학교는 주제사, 중학교는 연대사와 주제사의 조합, 고등학교는 연대사와 분류사를 조합하여 외형상 상당히 변모된 모습을 갖게 하였다.

그러나 이러한 현행 교육과정이 한국사교육의 계열성 문제를 완전히 해결한 것은 아니다. 학생들은 초등학교에서 대학교까지 적어도 세 번, 또는 네 번에 걸쳐 한국사교육을 받고 있으며 이러한 반복이 동일한 역사내용의 단순한 심화만으로 그쳐서는 안 될 것이다. 앞으로 이러한 문제 해결을 위해 역사교육학계는 교육과정 편성에 기저가 되는 역사의식의 발달단계 등에 대한 학문적 연구성과의 축적이 필요하며, 그 결과를 교육과정 구성에 적극적으로 도입하도록 해야 한다. 그래서 전통적인 연대사적인 통사체의 접근방법에서 탈피하여 다양한 접근방법을 통해 5차 교육과정의 구조, 체제상의 특성화를 진일보시켜 학교급별 간 체제상의 차이를 뚜렷이 하여야 할 것이다. 또 내용면에서도 각급학교와 각 학년을 거치면서 나선형으로 학문적인 넓이와 깊이가 심화되고 학생들이 역사에 대한 흥미와 학습의 성과를 올릴 수 있도록 여러 교육과정 유형이 연구, 적용되도록 하여야 할 것이다.

2) 한국사교육 내용상의 문제

현재 한국사교육이 안고 있는 가장 중요한 과제 중에 하나가 한국사교육 내용(교과서)에 대해 제기되고 있는 쟁점문제이다.

한국사교육에 대해 국민들의 관심이 지금처럼 높아지고 중요성이 강조된 시대는 없었을 것이다. 이는 과거 식민사관에 의해 왜곡된 우리 역사를 바로잡아 우리 민족의 올바른 뿌리를 찾고 역사를 바르게 정립하여야 한다는 필요성 때문일 것이다. 광복 이후 한국사교육의 필요성은 계속 강조되어 왔으며 더욱이 1973년 한국사교육 강화정책으로 국사과의 독립, 시간배당의 확대 및 필수화 등 한국사교육의 양적인 확대로 일부 국사교육이 안고 있는 문제는 해결되었지만, 국민들의 관심의 고조로 한국사 내용상의 문제는 오히려 증폭되는 결과를 가져왔다.

1970년 후반부터는 수차에 걸친 소송, 국회공청회 등으로 국민들의 관심의 초점이 되었을 뿐 아니라 한국사학계에 새로운 논쟁을 불러일으켰다.7) 이 쟁점문제들은 주로 고대사에 관계된 분야로 단군의 실존문제, 고조선의 강역문제, 기자의 실존문제, 한4군의 위치문제, 삼국의 건국문제 등으로, 한국사교육의 내용 문제라기보다는 현 한국사학계가 안고 있는 문제라 할 수 있다.

한국사교육 내용은 한국사학계의 다수 의견이 집약된 정설이거나 통설로서 가치를 인정받을 수 있는 것만을 선정하는 것을 원칙으로 하고 있어 이 문제의 해결은 한국사교육학계의 자체 노력보다 전체의 학문연구 축적에 의해서만 가능할 것이다. 그런데 현재 고대사 분야는 학문적으로 정리되지 않은 부분이 많다. 이 분야는 사료의 부족, 지역적으로 고고학적 연구의 어려움, 얇은 학자증 등으로 연구가 미흡하여 교육내용 선정에 어려움이 있다. 그렇다고 이 분야를 학계의 학문연구 성과를 기대하며 방치할 수도 없고 또 학문적 근거도 없는 내용을 민족주의사학이란 이름 아래 새롭게 추가할 수도 없다. 아울러 실증사학이

---

7) 안호상 등 재야학자가 1976년 기존학계를 식민사관론자라 비난하면서 논쟁 시작 — 안호상 등이 문교부에 1978년 국사교과서 내용 수정을 건의하면서 논쟁 가열 — 안호상 등이 동 문제를 둘러싸고 행정소송 제기(1978) — 안호상 등이 동 문제를 민사소송으로 제기(1980)하였다가 원고 패소 — 안호상 등이 동 문제를 국회에 청원 제출(1981) — 국회에서 공청회 개최(1981.11.26~27), 청원측(안호상·박시인·임승국), 기존학계측(김철준·이용범·김원룡·이기백·전해종·이원순·최영희·안승주).

란 미명 아래 학문적 연구가 미흡하고 확증적 자료가 없다 하여 식민사관의 고대사 틀을 그대로 고집할 수도 없는 것이 한국사교육학계의 고민이라 하겠다.

이와 관련하여 일부 학자들이 우리의 고대사를 화려하고 장엄하게 구성하려는 입장에서 사료비판이나 고고학 등의 뒷받침 없이 한국사를 지나치게 미화하려는 경향이 있으며, 이에 반하여 지나치게 실증사학·과학화를 내세워 이 같은 주장을 학문적으로 일고의 가치도 없다고 일축하려는 경향도 있어 한국사교육 내용의 선정과 구성에 심각한 문제를 던져주고 있다. 또 일부 한국사학자들은 한국사교육 문제는 한국사교육학계에 한정된 문제로 보고, 이에 관여하는 것을 학문적인 외도로 생각하여 이를 기피하는 경우가 많아 문제해결에 어려움을 더하고 있는 실정이다.

그래서 이러한 문제해결을 위해서는 한국사교육학계뿐 아니라 일반 한국사학계에서도 한국사 쟁점문제에 대해 학문적 연구와 더불어 한국사교육용 내용정리 작업에 적극 참여하여야 할 것이다. 이러한 작업은 학계의 연구성과를 바탕으로 하되 역사교육이란 측면을 고려, 민족주의사학과 실증주의사학의 조화를 도모하면서 발전적이고 긍정적인 입장에서 이루어져야 하며 그래서 학계에서 공감받을 수 있는 한국사교육 내용이 만들어져야 할 것이다.

(윤종영, 1991, 「국사교육의 변천과 과제」, 『실학사상연구』 2)

제2부
시대사 기본자료

Ⅷ
북한학계 학술동향

제1장 선사문화

1. 인류의 조상

 인류의 조상이 이 지구상에 모습을 나타낸 것은 지금부터 1천여만 년전이었다. 이 고생인류는 장구한 기간에 걸쳐 생활해 나가는 동안 그들이 터득한 삶의 경험과 지혜를 주로 자신의 유전인자에 담아 후손에게 물려주었다. 그에 따라 서서히 고생인류는 생물학적인 진화를 거듭해 나갔다. 꼿꼿이 서서 걸을 수 있게 됨에 따라 두 손이 걷기 위해 사용되던 데에서 해방되어 도구를 사용할 수 있게 되었으며, 뇌의 용량이 커져갔고 언어를 구사하게 되었다. 그러한 인류의 생물학적인 진화는 대략 4~5만 년전 현생인류의 출현과 함께 일단락되었다.
 현생인류의 출현 이후 인간은 이제 자기 세대에서 터득한 삶의 지혜를 문화라는 형태로 후손들에게 물려주게 되었다. 그 문화가 누적된 토대 위에서, 즉 앞선 세대가 남긴 역사적 유산 위에서 다음 세대의 사람들이 그 삶을 출발하게 되었다. 그에 따라 각 지역의 주민들 간에는 그 삶을 영위하는 양태에서 지역적인 차이가 조금씩 커져갔고, 서서히 개성적인 면모가 나타나게 되었다. (노태돈, 1990, 「한국인의 기원과 국가의 형성」, 『한국사특강』, 서울대출판부)

2. 구석기란 무엇인가

 인류의 기원을 논하는 데서 우리는 노동의 역할이 얼마나 컸는가를 알게 되었다. 그런데 엥겔스에 의하면 "진정한 의미의 노동은 잡은거(도구)를 만드는 것으로써 시작된다." 최초의 인간도 처음부터 나무 꼬챙이와 함께 돌멩이를 잡은

거로 썼음에 틀림 없다. 그들은 자연계에 있는 돌멩이를 그대로 쓰기도 하였지만 그것을 깨뜨려서 좀더 쓸모 있게 하기도 하였다. 일부러 깨뜨려서 쓴 것이라면 그것은 벌써 인공을 가한 것이다. 인공을 가한 것을 가공품이라고 부른다. 그러나 자연석의 돌과 다를 게 없는 그러한 석기를 서석기라고 부른다. 가공품이며 인간의 잡은거였던 서석기는 틀림없이 가장 최초의 석기이며 따라서 그것을 쓰던 시대는 구석기시대다. (도유호, 1962, 『문화유산』 6)

3. 인간과 노동

도구를 만들고 노동하며, 나아가 사회를 만들어 다른 사람들과 함께 목적의식적이고 창조적인 노동을 한다는 것이야말로 인간을 다른 동물과 구별짓는 가장 중요한 특징이었다. 그리고 사회 속에서 노동하는 방식과 노동과정에서 맺어지는 인간 상호간의 관계는, 이후의 역사과정에서 인간 자신이 생존하는 방편일 뿐 아니라 사고와 생활·문화양상까지도 규정짓는 기본적인 요소로 작용하였다. (한국역사연구회, 1993, 『한국역사』, 역사비평사)

4. 불의 발견

1977년 5월 평양시 송호구역 화천동에서는 불무지 자리가 발견되었다. 이 곳 유적도 회바위 동굴유적이었는데 동굴 안에는 큰쌍코뿔이, 동굴히에나, 사슴, 노루 등 중부 갱신세에 속하는 여러 가지 포유동물 뼈화석이 덮쌓여 있었다. 우등불 자리는 승리산 동굴 및 해상동굴의 동물상보다 좀 이르거나 거의 비슷한 시기의 것이라고 인정되는 짐승뼈들이 덮쌓인 층 속에서 발견되었다. 짐승뼈들을 연료로 썼다고 인정되는 이 우등불 자리의 재 속에는 타다남은 짐승뼈들이 남아 있었다. 직경 50~60cm정도로 둥그스름한 우등불 자리에 남은 재층의 두께는 10cm 안팎으로서 구석기시대 중기의 사냥군들이 잠시 머물렀던 곳이었던 것 같다. (역사연구소, 1979, 『조선전사』)

5. 북한의 1950년대 선사유적 연구동향

1950년대에 와서 북한의 고고학 유적발굴은 매우 활발하였다. 당시 남한과 도저히 비교가 되지 않을 정도로 여러 부분에 걸쳐 많은 업적을 이룩하였다. 특히 일본인 관학자들이 세워놓은 그릇된 논리를 바로잡기 위하여 많은 노력을 기울였다. 해방 이후 오늘에 오기까지 일본인 학자들이 잘못 엮어놓은 인식의 틀에서 벗어나기 위하여 우리 스스로 얼마나 철저한 자기 반성의 기회를 가졌는가 되돌아볼 때, 북한에서 이룬 1950년대의 선사고고학 연구성과는 더욱 높게 평가된다. 경우에 따라 북한의 고고학 성과를 정치색 일변도로 매도하는 데 만족하는 사람들도 보이기는 하지만 남북한의 민족동질성 회복이라는 오늘의 현실에서 어느 한 쪽의 논리에만 파묻혀 헤어날 생각조차 못하고 있다면 그것은 우리의 앞날을 위하여 매우 불행한 일임에 틀림없다. 남한만의 고고학이 있어서도 아니 될 것이고 북한만의 고고학이 있어서도 아니 될 것이다. 우리 모두가 함께 있는 고고학을 만들어야 할 것이다. 정치색을 털어버리고 서로를 아끼는 마음에서 서로에게 보이는 문제점을 지적하고 비판할 때, 비로소 우리의 참된 고고학이 스스로 열매를 맺을 것이다. (한창균, 1990, 『한민족』 2)

6. 파로호 유적

1987년 화천댐의 물을 모두 빼냈다. 거대한 파로호의 바닥이 드러났다. 40여 년전의 마을 흔적이 고스란히 남아 있었다. 수십 기의 고인돌이 군데군데 모습을 보였다. 그 해 겨울 차가운 날씨 속에 한 시간 넘게 걸어 들어간 파로호 바닥에서는 아무 소리도 들리지 않았다. 오로지 고요뿐이었다. 수만 년전 후기 구석기의 유적부터 현대의 유적까지 거기에 있었다. 그것은 사람이 살아온 모든 과정이 압축된 상태였다. 파로호는 다시 물에 잠겼다. 지금 물 속의 시간은 정지되어 있다. (최성자, 1995, 『한국의 멋 맛 소리』, 도서출판 혜안)

7. 한국 사람의 시원

한국 사람의 직접적인 선조인 조선옛유형 사람들은 이웃 지역의 시초유형들과 뚜렷이 구별되는 독특한 유형의 하나였다. 즉 조선옛유형 사람들은 동부아시아에서 시초유형들로 알려져 있는 중국의 반파유형 사람이나 시베리아 일대의 연바이칼 및 자바이칼 유형의 사람들, 일본의 쓰쿠모 유형 사람들과 인류학적으로 뚜렷이 구별되었다.

이웃 지역의 고인류학적 유형의 지역적 변종인 것이 아니라 우리 조국 강토에서 독자적으로 발생한 시초유형의 하나였다는 것을 보여주는 것인데 조선옛유형 사람이 우리 조국 강토에서 형성된 본토 기원의 집단으로 된 것은 그가 바로 '만달사람'과 같은 신인에 줄을 달고 있기 때문이었다.

조선옛유형 사람은 '만달사람'이나 '승리산사람'과 같이 우리 조국 강토에서 인류진화 발전과정을 거친 신인의 핏줄을 이어 형성된 한국 사람의 직접적인 선조였다. 따라서 한국 사람은 본토 기원의 집단이며 '만달사람'은 한국 사람의 시원으로 된다. (장우진, 1987, 『조선고고연구』)

8. 한국 사람의 계통

한국 사람의 특징은 머리뼈 높이, 얼굴뼈, 얼굴, 코, 눈, 눈코주름, 속쌍거풀, 머리칼, 털, 광대뼈 들을 들 수 있다. 한국 사람은 그 갈래가 형질인류학, 선사고고학, 언어학, 민속학, 신화학, 유전학 등으로 더 잘 밝혀져야 하겠지만, 이웃해 있는 다른 겨레와 뚜렷하게 다르다는 것은 오랫동안 떨어져 한 유전집단을 이루었다는 것을 말해 주고 있으며 이러한 것은 머리 높이, 머리 부피 등에서도 가장 큰 편에 속하는 것을 보아도 알 수 있다. 흔히 단일의 겨레로 말하고 있는데 이 갈래는 오랜 전통을 지니며 꾸준히 발달되어 온 것을 말하여 준다. 주구점 곧선사람에 이어질 수도 있으며, 우리 땅에서 곧선사람의 화석이 나올 때도 전기 구석기시대의 유적이 차츰 나오고 있어 멀지 않을 것으로 믿어지며 뿌리를 찾는 노력에 더욱 힘써야 하겠다. (손보기, 1984, 「체질 - 형질 인류학상으로 본 한국 겨레의 뿌리」,『한국사론』14, 국사편찬위원회)

9. 신석기인의 출현

한국의 신석기인은 어떤 계통의 인종이었을까. 이들 신석기인이 이전의 구석기인과 연결되지 않는다는 것은 일반적인 통설이다. 그렇다면 한국의 신석기인은 빙하기가 끝난 후에 새로이 한반도에 들어와 살게 된 사람들로 보아야 할 것이다. 우리들은 당시 유물의 특징을 통하여 그 계보를 생각해 볼 수 있다. ……
신석기시대는 세 단계의 토기의 변화가 있었다. 이러한 변화는 새로운 문화의 전파에 의한 것으로 해석할 수도 있다. 즉 동일한 사람의 토기이지만 다른 문화의 영향을 받아 그 모습이 달라졌다고 보는 것이다. 그러나 대개 토기를 비롯한 유물의 성격 변화는 단순한 문화의 전파에 의한 것이 아니라 새로운 문화 담당자들의 이주로 해석하는 것이 보다 일반적인 경향이다. 그렇다면 신석기시대에는 세 차례에 걸친 종족의 이동이 있었다는 의미가 된다.

한국 최고의 신석기인인 선즐문토기인은 시베리아에서 퍼져 내려온 고아시아족의 일파로 보인다. 이에 대하여 새로이 이주해 온 즐문토기인도 즐문토기가 시베리아 계통이고, 한국어가 알타이어족에 속하는 점으로 보아 또 다른 문화계통을 가진 고아시아족의 한 갈래로 보고 있다. 이들 선즐문토기인이나 즐문토기인은 강가나 바닷가에서 어로를 주로 하였던 고아시아족이라는 점에서는 같지만 각각 다른 계통에 속하고 있었던 것이다. 그러나 신석기시대 후기에는 중국계 신석기문화의 영향을 받은 퉁구스계의 종족이 만주로부터 이주해 왔다. 이들은 북중국의 채도문화와 농경문화를 수반하면서 우리 나라에 들어와 변형즐문토기를 만들었던 것이다.

이와 같이 신석기시대에는 세 차례에 걸친 종족의 이주가 있었으나 그들의 혈통은 단절되지 않고 계승된 것으로 보인다. 즉 새로운 종족은 선주민을 말살하지 않고 동화시킴으로써 혈통의 융합이 이루어졌으며, 이들이 바로 오늘날 한국 민족 형성의 모체가 되었던 것이다. (변태섭, 1993, 『한국사통론』, 삼영사)

10. 배달겨레의 요람

동아시아에서 구석기시대인이 활동할 때의 무대는 중국과 한반도 및 일본열도가 육지로 연결되어 있었다. 이 일대에 살고 있던 구석기시대인은 인류 공통의 조상일 것이라고 추정되어 왔다. 그러나 최근에 이르러서는 그들이 우리 조상의 직계조상이라는 정설에는 아직 회의적인 견해가 존재하지만, 점차로 한민족의 조상이라고 진단하는 견해가 설득력을 얻어가고 있다.

고인류는 지금으로부터 약 4만 년전 현재의 인간 골격과 같은 현생인류로 진화되었다. 그 동안 지구는 빙기와 간빙기를 거듭하였다. 사람이 쾌적하게 살 수 있는 기간은 간빙기가 적당하다. 마지막 빙기가 지나가고 간빙기가 오자 중석기시대를 거쳐 지금부터 약 8천 년전에 신석기시대로 넘어갔다. 도구 제작기술이 구석기시대보다 발전하여 간석기를 만들고 토기를 만들어 쓰는 것도 가능해졌다. 그들은 씨족사회를 형성하여 주된 생업경제를 채집생활에서 탈피하여 농경정착생활로 발전시켰다. 아이를 공동으로 키우고, 먹거리를 공동생산하여 공동으로 분배하고 소비하는 원시 공동체생활을 영위하였다. 구성원은 각자의 역할만 다를 뿐 평등사회였다.

고아시아인으로 간주되는 신석기인은 구석기인에 대해서와는 달리 지금의 한민족의 모체였다는 점에 대하여 대체로 견해가 일치되고 있다. (김정의, 1995, 『역사의 시공을 넘나들며』, 혜안)

※ 참고문헌

도유호, 1960, 『조선원시고고학』, 과학원출판사.
김재원·윤무병, 1967, 『한국지석묘 연구』(국립박물관조사보고서).
한국고고학회 편, 1968, 『고고학』 1.
이광규, 1971, 『문화인류학』, 일조각.
국사편찬위원회 편, 1971, 『한국사 1』.
김정배, 1973, 『한국민족문화의 기원』, 고려대출판부.
국사편찬위원회 편, 1977, 『한국사론』 1.
안휘준, 1979, 『한국회화의 연구』, 문예출판사.
이융조, 1980, 『한국선사문화의 연구』, 평민사.
김원룡, 1980, 『원시미술』, 동화출판사.
한국정신문화연구원 편, 1981, 『한국구석기문화연구』.
국사편찬위원회 편, 1983~1987, 『한국사론』 12~17.
이융조, 1984, 『한국의 구석기 문화 II』, 탐구당.
한국고고학회 편, 1984, 『한국고고학지도』.

김원룡, 1986, 『한국고고학개설』, 일지사.
윤무병, 1987, 『한국청동기문화 연구』, 예경문화사.
손보기, 1988, 『한국구석기학 연구의 길잡이』, 연세대출판부.
이선복, 1988, 『고고학 개론』, 이론과 실천.
손보기박사정년기념논총간행위원회, 1988, 『손보기박사정년기념 고고인류학논총』, 지식산업사.
사회과학원고고학연구소, 1989, 『조선고고학개요』, 과학백과사전출판사.
손보기, 1990, 『구석기 유적』, 한국선사문화연구소.
한창균, 1990, 『북한의 선사고고학』, 백산출판사.
연세대국학연구원 편, 1990 『동방학지』 65.
국사편찬위원회 편, 1990, 『국사관논총』 16.
한국사특강편찬위원회 편, 1990, 『한국사특강』, 서울대출판부.
단국대박물관 편, 1990, 『박물관기요』 6.
최몽룡, 1991, 『재미있는 고고학 여행』, 학연문화사.
한국고고학회 편, 1991~1996, 『선사와 고대』 1~7.
임효재, 1992, 『한국고대문화의 흐름』, 집문당.
변태섭, 1993, 『한국사통론』, 삼영사.
배용일・김용우, 1994, 『영일만지역 고인돌문화연구』, 영일문화원.
이융조 외, 1994, 『우리의 선사문화』, 지식산업사.
박선주, 1994, 『체질인류학』(대우학술총서), 민음사.
최성자, 1995, 『한국의 멋 맛 소리』, 혜안.

제2장 고대문명

1. 단군성조

○ 『위서 魏書』에 말하기를 2,000년쯤 전에 단군임금이 계셨는데, 아사달에 도읍을 정하고 나라를 열어 조선이라 일컬으니, 때는 요 임금과 같은 때였다(서기전 2333).

고기(古記)에 이르기를 옛날 환인의 서자인 환웅이 천하를 다스릴 뜻을 가져 인간세계에 나가기를 원하였다. 부친이 아들의 뜻을 헤아리고 천국에서 세 개의 높은 산 중에 태백산을 내려다보고 가히 인간사회에 큰 이익을 줄 것(弘益人間)이라 생각하여 천부인(天符印) 세 개를 내주고 인간사회를 다스리게 하였다.

환웅은 부하 3,000명을 거느리고 태백산 위 신단수 아래로 내려갔는데, 이곳을 신시(神市)라 불렀다. 환웅은 풍백(風伯), 우사(雨師), 운사(雲師)를 거느렸다. 이들은 농사, 생명, 질병, 형옥, 선행 등 인간사회에 관한 360여 사를 주관하고 다스릴 뜻을 지녔다.

이 때에 곰과 호랑이가 굴 속에서 살고 있었는데, 항상 인간이 되기를 환웅에게 기원하고 있었다. 신은 그들에게 신령스러운 쑥 한 묶음과 마늘 20쪽을 주면서 "너희들이 이것을 먹고, 100일 동안 햇빛을 보지 않으면 인간이 될 수 있다"고 말하였다. 곰과 호랑이는 쑥과 마늘을 먹고 3·7일(21일)을 기(忌 : taboo)하게 되었다. 곰은 여자로 변하였는데, 호랑이는 기하지 못한 까닭으로 마침내 사람 몸이 될 수 없었다.

웅녀(熊女)는 혼인할 배우자가 없어 매양 신단수 밑에서 잉태하게 해달라고 주문을 외우매, 환웅이 인간으로 변하여 웅녀와 혼인해 아들을 낳았다. 그 아들을 단군임금이라 불렀다. (일연, 『삼국유사』)

○ 가끔 나는 아주 낯설어질 때가 있다
내 속에서나 여자친구들 이웃여자들의
생명 속에서
곰이 아니라
험난한 산등성이를 뛰어넘는 호랑이를
느낄 때가 있다.
쑥과 마늘을 먹고
백일 동안 동굴 속 어둠을 견디면
신시의 햇빛을 그대에게 주리라던
환웅의 약속을 기다리지 않고
스스로 햇빛의 폭포 속으로
뛰어나간 호랑이
단군신화 속에서 낙제하고
단군신화 밖에서 외출한 그녀
(아니지, 그녀는 아직 여자가 아니었다.
사람되어 환웅과 혼인하길 꿈꾸었던
암컷, 암컷 호랑이)
그녀는 그 뒤 어느 산야를 헤매다가
짐승인 채 그냥 죽고 말았을까
아니면 어느 결식의 고난 기슭 위에서
홀로 힘을 얻어
스스로 인간의 몸을 얻었던 것은 아닐까
단군신화 밖에서
호랑이가 여인의 몸을 얻는다는 것은
전혀 불가능한 일이었을까. (김승희,「다시 보는 단군신화」)

2. 부여사회

부여(夫餘)는 만리장성 북쪽에 위치한 나라이다. 현도로부터 1천 리나 떨어져 있고, 남쪽은 고구려, 동쪽은 읍루, 서쪽은 선비와 접하고 있으며, 북쪽에는 약수(弱水)가 흐르고 있으니 면적이 2천 리, 호수는 8만이 된다. 그 백성들은 대대로 농사를 지어 살고 있으며, 궁실과 감옥이 있다. 산과 언덕이 많으나 동이(東夷) 여러 나라 중에서 가장 넓은 면적의 평야가 펼쳐져 있다. 토지가 비옥하여 오곡(벼・보리・콩・조・기장)이 생산되나 오과(오얏・살구・대추・복숭아・배)는 안 난다.

나라에 국왕이 있으며 동물이름을 붙인 관리명칭이 있으니 즉, 마가(馬加), 우가(牛加), 저가(猪加), 구가(狗加), 대사(大使), 대사자(大使者), 사자가 이것들이다. 읍락에는 권세를 가진 호민(豪民)이 있는데, 하호(下戶)라 불리는 자를 노복처럼 삼고 있다.

제가는 따로이 사출도를 주관하였다. 별주 중 대자는 수천 가를, 소자는 수백 가를 거느리고 있다. 음식을 먹을 때는 조(俎), 두(豆)라고 불리는 그릇을 사용하였다. 은나라 정월(지금의 12월)에는 하늘에 대한 제사를 지냈는데, 온 나라 백성들이 모여 음식을 먹고 가무를 즐기니, 이를 영고라 부르고 있다.

국법을 어긴 자에 대한 처벌은 엄격하고 격렬하여, 살인자는 죽이고 그 가족들은 모두 노비로 삼았으며, 절도한 자에게는 훔친 물건의 12배를 배상시키었다. 남녀가 간음을 하거나 부인이 투기하면 모두 죽여버렸다. (『삼국지』 위서 동이전)

3. 마한사회

백성이 사는 마을들이 산기슭과 바닷가에 흩어져 있고, 마을에는 성곽시설이 없다. 마한은 작고 큰 나라가 50여 개인데, 작은 나라는 수천 호, 큰 나라는 십여만 호를 거느린다. 백성들의 거처는 초옥을 움집처럼 지어서 바깥 모양이 마치 무덤과 같고 출입구는 지붕에 설치된다. 이 집에는 가족들이 함께 모여 사는데 어른・아이와 남・녀를 구별하지 않는다. 귀족이나 관원의 집에는 성을 쌓는다. (『삼국지』 동이열전30, 마한)

4. 소도

삼한시대에 천신을 제사지내던 지역의 명칭. 제사와 정치가 분리되지 못했던 마한을 중심으로 한 삼한에서는 제사를 매우 중요하게 여겨 매년 1~2차에 걸쳐 각 읍별로 제주인 천군(天君)을 선발하고 특별지역에 장소를 설치하고 제사를 지내어 질병과 재앙이 없기를 빌었다. 이 제사지내는 장소를 소도(蘇塗)라 하는데 그 명칭은 거기에 세우는 솟대(立木)의 음역이라는 설이 일반적이고, 높은 터(高墟)의 음역인 솟터에서 유래하였다는 설도 있다. 소도는 신성지역이므로 국법의 힘이 미치지 못하여 죄인이 이 곳으로 도망하여 오더라도 그를 돌려보내거나 잡아갈 수 없어 도둑이 성행하였다 한다. 따라서 이는 그리스·로마의 아실리(Asillie) 혹은 아실럼(Asylum)과 비슷하다고 할 수 있다. 소도에 영고(鈴鼓)를 단 큰 나무를 세우고 제사지내던 당시의 주술적인 민속신앙은 오늘날에도 그 유습을 찾아볼 수 있는데 솟대라는 것이 바로 그것이다. 솟대는 제단 앞에 세울 때는 수호신 및 경계신의 상징이 된다. 솟대는 각 도에 따라 조금씩 명칭이 다른데 전라도에서는 소주 혹은 소줏대, 함흥지방에서는 솔대, 황해도와 평안도에서는 솟댁, 강원도지방에서는 솔대, 경상도 해안지방에서는 별신대라고 한다. (『동아원색세계대백과사전 17』)

5. 원고구려사회

토지가 척박하여 곡식이 넉넉하지 못하나 백성들은 근검 절약하고 궁실 가꾸기를 즐겨하며, 궁실 좌우에 큰 집을 짓고 귀신과 영성 등에 제사를 지낸다. ……나라에는 큰 창고를 설치하지 않고 대신에 집집마다 작은 창고를 만들도록 하였다. 이 작은 창고를 이름하여 부경이라고 불렀다. 고구려에서는 혼인이 정하여지면 신부집에서는 살림집의 뒤에 따로 작은 집을 짓고 신랑이 들어와 살게 하였다. 그래서 이 작은 집을 사윗집이라고 불렀다. (『삼국지』동이열전30, 고구려)

6. 주몽

생각건대, 시조인 추모(鄒牟 : 朱蒙)왕이 창기하였는데, 북부여에서 나왔다. 주몽은 천제의 아들로서, 그 모친은 하백의 딸이다. 그는 알을 깨고 태어났다. ……천제의 명령을 받들고 전국을 순수하러 남하하게 되었는데, 도중에 부여땅에 엄리수라고 하는 큰 강을 건너지 않을 수 없게 되었다. 왕은 나루터에서 "아버지는 천제, 어머니는 하신(河神) 하백의 딸이니, 나를 위해 다리를 놓아달라"고 하니 거북들이 물 위에 떠올라 이 소리를 듣고 다리를 놓아주어 엄리수를 건널 수 있게 되었다. (「광개토대왕릉비」)

7. 온조

백제시조 온조왕의 부친은 추모 또는 주몽이라 한다. 주몽은 북부여에서 난을 피하여 졸본부여로 갔다.

왕은 아들이 없고 딸 셋을 두었는데, 주몽을 보고 그가 비범한 인물임을 알자 둘째 딸을 아내로 맞이하게 하였다. 얼마 후 왕이 죽자 주몽이 왕위를 계승하였다. 두 아들을 두었는데 장남이 비류(沸流), 둘째가 온조(溫祚)이다.

그런데 주몽이 북부여에 있을 때 낳은 아들이 졸본부여로 와서 태자가 되었다. 비류와 온조는 태자에게 받아들이지 않을 것을 두려워하여 오간, 마여 등 십여 명의 신하를 거느리고 남쪽으로 떠나니 따르는 백성들이 많았다. 한산에 이르러 부아악(負兒嶽 : 삼각산)에 올라 도읍을 정할 곳을 살피게 되었다. 비류가 바닷가에 머물 것을 원하자 열 사람의 신하들이 간하여 이르기를, "생각하건대 이 하남의 땅은 북으로 한수를, 동쪽은 높은 산을 끼고 있으며, 남방은 비옥한 평야를 바라보며, 서쪽은 대해가 가로막혀 참으로 천연의 요새이니, 서울을 이곳에 정하는 것이 좋지 않겠느냐"고 말했으나 비류는 듣지 않았다.

거느리고 간 백성들을 나누어서 비류는 미추홀(彌鄒忽 : 인천)에 거처하게 되었다. 온조는 하남 위례성에 서울을 정하였는데, 열 사람의 신하들이 보필하였으므로 국호를 십제라 불렀다. 때는 전한 성제의 홍가 3년(서기전 37)이었다. …… 그 후 백성들이 기꺼이 따르므로 백제라 고쳤다. (『삼국사기』 백제본기)

8. 혁거세

전한 지절 원년(서기전 69) 임자 3월 초하루 신라 6부의 장들이 자제를 거느리고 모두 알천강(閼川江) 기슭에 모여, 자신들에게는 군주가 없어 백성들이 방종하여 다스리기 어려우니 덕이 있는 군주를 모시고 서울을 정할 것을 의논하게 되었다. 여러 사람이 높은 곳에 올라 남쪽 양산 기슭 나정(蘿井) 우물 근처를 바라보니, 번갯불 같은 이상스러운 기운이 내리고 있으며, 백마가 무릎을 꿇고 절을 하는 모습이 보였다. 그 곳으로 내려가 자세히 살펴보니, 자줏빛 나는 알이 놓여져 있었다. 말은 사람을 보더니 소리를 지르고는 하늘로 올라가 버렸다.

알을 깨뜨리고 동남(童男)을 얻게 되었는데, 용모가 단정하고 아름다움을 보고 놀라고 기뻐하였다. 동천으로 가서 목욕을 시키니 몸에서 찬란한 빛이 났으며, 새와 짐승은 춤을 추고 천지가 진동하였다. 해와 달도 더한층 청명하였으므로 밝다는 뜻에서 혁거세왕(赫居世王)이라 불렀다. (『삼국유사』 신라시조 혁거세왕)

9. 수로

하늘에서 자승(紫繩)이 내려왔는데 그 끝에 홍폭(紅幅)으로 싼 금합자(金合子)가 있었다. 금합자를 열고 보니 황금색의 육란(六卵)이 있어 이를 다시 싸서 아도간(我刀干) 집에 가져다가 탑상(榻上)에 두었더니 육란이 화하여 동자가 되었다. 그 용모가 비범하였다. (『삼국유사』 가락국기)

10. 정사암

호암사에 정사암(政事嚴)이라 불리는 바위가 있다.

나라에서는 누구를 재상에 임명할까 하는 의논을 하게 될 때에 당선될 만한 사람 3, 4명의 이름을 적어 봉함 속에 넣어 바위 위에 놓아두고 잠시 후에 그 곳에 가서 보아 인적(印跡)이 있는 사람을 재상으로 삼으니, 이 바위를 정사암이

라고 불렀다. (『삼국유사』 남부여조)

11. 남당

○ 봄과 여름에 비가 내리지 않으므로 군신을 남당(南堂)에 모이게 하여 왕이 친히 형정의 득실을 물었다. ……여름 4월 노인을 남당에 부르고 왕이 친히 식사를 노인들과 같이 하였으며, 곡식과 포목을 차등을 두어 사사하였다. (『삼국사기』 신라본기)

○ 왕이 남당에 앉아 나라 안에서 일어난 일을 들었다. (『삼국사기』 백제본기)

12. 화백회의

○ 그들의 관등은 17등급이다. 중대사는 중의를 따라 정하는데 이를 화백회의라 불렀다. 이때 한 사람의 반대만 있어도 폐기하였다. (『당서』 신라전)

○ 신라에는 영지(靈地) 네 곳이 있다. 대사를 의논할 때에는 이 곳에 모였는데 이 곳에서는 계획을 세우면 그 일이 반드시 성사되었다. (『삼국유사』 진덕왕조)

13. 광개토대왕의 왜구격퇴

왕 9년(399) 기해, 신라는 사신을 파견하여 호태왕(好太王)에게 "왜인이 국경을 침구하여 성지(城池)를 파괴하니, 왕께서는 이 왜구를 치도록 명령을 내리시기를 바랍니다" 하니, 호태왕은 이 요청을 들은 후에 신라의 고구려에 대한 충성을 칭찬하고 사신을 보내 실정을 보고 돌아와 보고하게 하였다.

보고를 들은 후 신라의 청을 들어줄 것을 허락하였다. 이듬해 왕은 보기병(步騎兵) 5만을 보내 신라를 구할 것을 명령하였다. 남거성(男居城)으로부터 원병이 신라성에 당도하니 왜병이 가득 차 있었다. 고구려병이 다다르자 왜적이 쫓겨갔다. (「광개토대왕릉비문」)

14. 백제의 요서 경략

백제국은 본래 고구려와 더불어 요동 동쪽 천여 리에 걸쳐 있었으나, 고구려가 요동을 취하니 백제는 요서를 공략하여 그 치소를 진평군 진평현에 두었다. (『송서』 열전 백제)

15. 백제 금동 용봉 봉래산 향로

○ 이 향로는 머리를 들어올린 용을 받침대로 해서 몸 전체에는 산을 표현하였어요. 꼭대기에는 봉황 한 마리가 앉아 있어 외형적으로 신선사상의 지향적인 삼신산(三神山)을 가리키는 한 나라의 박산향로와 형식이 비슷합니다. 삼신산은 신선들이 살고 있다는 산으로 봉래산·방장산·영주산을 지칭합니다. 중국에서는 고래로 우리 나라가 신역(神域)이라는 믿음이 있었습니다. 우리 선조들은 곧잘 이 삼신산의 이름을 우리 땅에 비정하여 왔고 특히 삼신산 가운데 봉래산이라는 이름을 가장 많이 언급했지요. 이 향로는 한대 박산로에 비해 유례없이 크고 용과 봉황의 비중이 두드러져요. 박산이라는 명칭은 남북조시대 이후 중국의 특정 지역을 비정해서 중국적인 체취가 나는 이름이 되었습니다. 따라서 이번 출토품은 우리 선조들에게 삼신산 중 가장 친근한 봉래산이란 이름을 붙여 백제 금동 용봉 봉래산 향로라고 한 것입니다. (정양모)

○ 금동향로의 발굴은 참으로 감격적인 사건이었다. 지고한 아름다움이므로 더욱 그랬다. 보도를 통한 사진 몇 장만으로도 충분히 그것을 짐작할 수 있는 일이었다. 1,300년간 땅 속에서 기나긴 잠에 빠져 있다가 문득 털고 일어난 선녀와

도 같은 마치 동화 속의 이야기처럼 신기하고 신선한 충격이었다. (최종현)

○ 처음 보는 사람들은 향로가 자아내는 표현하기 어려운 품위에 사로잡힌 듯하였다. 향로는 자유스럽고 활달하고 자신만만한 기상이 흘러넘쳤다. 보존과 학실에서 바로 앞에 두고 보던 것과는 또 달랐다. 주위 배경과 조명이 다르게 만들었다. 먼 거리에서 전체를 바라보면 우아한 품격이 흘러 나왔다. 가까이 가서 보면 변화무쌍한 조형의 배치와 절제를 다한 균형이 돋보이고 그런 속에서 경쾌하게 공간을 둔 모습이 드러났다. 산 정상에 앉은 봉황은 영원토록 살아 움직일 듯한 모습으로 작은 조각을 압도하였다. (최성자, 1995, 「국보 중 국보 '금동 용봉 봉래산 향로' 취재기」, 『한국의 멋 맛 소리』, 혜안)

16. 을지문덕 오언시

신묘한 계획은 천체운행의 온갖 현상을 알고 한 것이며, 신묘한 계산은 지리의 이론을 다 알고 한 것이다. 전쟁에 이겨 큰 공을 세웠으니, 이 이상 바랄 것이 없도다. (『수서』 우중문전)

17. 이차돈의 순교

사인(舍人)[1]이 말하되, "나라를 위해서 생명을 바치는 것은 신하의 대절(大節)이며, 임금을 위해 목숨을 다하는 것은 백성의 도리입니다. 그릇된 말을 전하게 되면 천하를 그르치게 합니다. 이 자의 목을 베어 처벌하면 만백성이 감히 왕명을 어기지 않을 것입니다." 왕이 사인을 불러 힐책하시니, 사인은 어찌할 바를 몰라 아무 대답도 못하였다. 왕이 크게 노하여 이차돈(異次頓)의 목을 베라고 명령하였다. 관리가 그를 포박하여 관청 뜰 아래로 끌어내렸다. 사인은 이차돈에게 맹서하게 하였는데, 옥리가 목을 베니 과연 흰 빛의 피가 한 길이나 치솟아 나왔다. 갑자기 하늘이 암담하여 어두워졌으며, 땅도 진동하였고 꽃비가 바람에

---

1) 궁중에서 숙직하면서 궁중 일을 보살피는 사람.

휘날렸다. ……이에 집집마다 예불을 하면 현재의 영화를 누릴 것이라고 믿게 되었으며, 모든 사람들은 이 예법을 따르게 되어 그 법리(法利)를 알게 되었다. (『삼국유사』 원종흥법 염촉멸신)

18. 세속 5계

귀산(貴山) 등이 문에 이르러 고하되, "속인은 무식한 자이오니 종신(終身)의 훈계가 될 만한 한 말씀을 해주시기 바랍니다."

원광법사 가로되, "불교에는 보살 10계가 있으나 인신된 자 감당하기 어렵다. 지금은 세속 5계를 말하겠다. 첫째, 충성으로써 임금을 섬기며, 둘째, 효로써 부모를 섬기며, 셋째, 친구를 사귀되 신의로써 하고, 넷째, 전쟁에 임해서는 후퇴하지 말 것이며, 다섯째, 살생을 가려서 하라. 이 다섯 조항을 소홀함이 없이 실천하라." (『삼국유사』 원광서학조)

19. 임신서기석

임신년 6월 16일 두 사람이 서약한 것을 기록한다. 지금으로부터 3년 동안 국왕을 향한 충성에는 변함이 없을 것이며, 과오를 범하지 않는 것을 맹서하며, 만약에 과실을 범하면 하늘로부터 큰 벌을 받을 것을 맹서한다. 만약 나라가 불안해지고 큰 난세가 되면 이를 진정시킬 것도 맹서한다. 또 이보다 먼저 신미년 7월 22일에 크게 맹서하되, 시·상서·예기·좌전의 윤리서를 3년 동안에 익힐 것을 맹서한다. (「임신서기석비문」)

20. 진흥왕 순수비

순박한 기풍이 없으면 백성들의 행동이 모두 궤도에 어긋난다. 나의 참뜻이 펴지지 못하면 백성들이 필요하지 않은 일로 경쟁을 일삼게 된다. 이에 제왕(帝

王)으로서 정치의 규범을 세울 것이며, 내 자신의 수양에 힘써서 백성을 편안히 살게 할 것이니라. 연이나 짐이 정치를 하는 데는 몸소 우러러 태조의 뜻을 이어 받아 왕위를 계승할 것이며, 하늘의 뜻을 받아 정치에 어김이 없도록 힘쓰겠노라. (「마운령비문」)

※ 참고문헌

이인영, 1958,『국사요론』, 민교사.
문일평, 1969,『한국의 문화』, 을유문화사.
한우근, 1969,『한국통사』, 을유문화사.
이기백, 1971,『민족과 역사』, 일조각.
이선근, 1974,『화랑도와 삼국통일』, 세종대왕기념사업회.
천관우, 1974,『한국사의 재발견』, 일조각.
김철준, 1975,『한국고대사회연구』, 지식산업사.
김철준, 1976,『한국문화사론』, 지식산업사.
이기백, 1976,『한국사신론』, 일조각.
역사학회 편, 1980,『한국사의 반성』, 신구문화사.
이기동, 1980,『신라골품제사회와 화랑도』, 일조각
하현강, 1982,『한국의 역사』, 신구문화사.
이진희 저, 이기동 역, 1982,『광개토왕릉비의 탐구』, 일조각.
김성호, 1982,『비류백제와 일본의 국가기원』, 지문사.
조지훈, 1982,『한국문화사서설』, 탐구당.
육군본부 편, 1983,『겨레의 역사』.
이옥, 1984,『고구려 민족형성과 사회』, 교보문고.
왕건군 저, 임동석 역, 1985,『광개토왕비연구』, 역민사.
박시형 저, 송기호 해제, 1989,『발해사』, 이론과 실천.
윤내현, 1989,『한국고대사』, 삼광출판사.
강무학, 1991,『단군조선의 문화』, 명문당.
김기흥, 1993,『새롭게 쓴 한국고대사』, 역사비평사.
이중재, 1993,『상고사의 새발견』, 동신.
김종윤, 1995,『신강 한국고대사』, 동신.
윤석효, 1997,『신편 가야사』, 혜안.

제3장 중세문명

1. 문무왕 유언

문호왕(文虎王)은 영륭 2년(문무왕 21, 681) 신사에 붕어하였다. 동해 가운데 있는 큰 바위 위에 장사를 지내라는 유소를 남기었다.

왕은 평소에 지의법사(智義法師)에게, "짐은 죽은 후 나라를 지키는 큰 용이 될 것이며, 불법을 숭상하며 나라를 지키려 한다"고 말하니, 법사가 "용은 짐승으로 윤회한 것이라" 하니, "나는 인간의 영화에 염증을 느낀 지 오래다. 더러운 짐승이 된다고 하나 우아한 내 뜻에 맞는다"라고 대답하였다. (『삼국유사』 문호왕조)

2. 해동성국

대조영에 의하여 건국된 발해(698)는 고구려 유민들이 중심이 되어 말갈족을 지배하면서 옛 고구려 땅의 대부분을 차지하게 되었다. 문화도 고구려문화를 바탕으로 하여 당의 문화를 수용하면서 해동성국으로 발전하였고, 후에 이 지역에서 활동할 여러 민족들의 문화적 기반을 닦아주었다. 발해와 신라는 대체로 대립관계에 놓여 있어 문화교류가 적었으나, 각각 새로운 역사발전을 위하여 여러 분야에 걸쳐서 노력을 기울였다. (김정의, 1995, 『역사의 시공을 넘나들며』, 혜안)

3. 헌강왕

9월 9일 왕이 좌우와 더불어 월상루에 올라 사면을 바라보니, 서울에 민가가 즐비하고 풍악 소리가 끊이지 않았다. 왕은 시중 민공을 돌아보며 "내가 들으니 지금 민간에서는 지붕을 기와로 덮고 짚을 쓰지 아니하며, 밥을 짓되 숯으로 짓고 나무를 쓰지 않는다고 하니 과연 그러한가?" 하고 물으니, 민공이 "신도 역시 그와 같이 들었습니다" 하고, 이어서 "황상이 즉위한 이래 음양이 고르고 바람과 비도 순조로워 해마다 풍년이 들고 백성은 먹을 것이 넉넉하며 변경은 평온하고 시정은 안락하니, 이는 모두 임금의 덕이 크신 때문입니다"라고 하였다. 왕은 기뻐하며 "이는 모두 경들이 보좌한 힘이다. 내가 무슨 덕이 있었겠는가?"라고 하였다. (『삼국사기』 신라본기11 헌강왕 6년)

4. 촌락문서와 촌락지배

1933년 일본 정창원에서 발굴된 촌락문서가 1953년에 학계에 소개됨에 따라 신라통일기에 대한 연구는 이전 골품제와 지배세력과의 관계를 중심으로 분석하던 것에 더하여 사회 기층구조에 대한 분석으로 확대되었다. 촌락문서에는 9세기 서원경 주변 4개촌의 촌역·공연수·인구수·우마수·전답수·수목수·연호의 변동에 대한 내용이 실려 있기 때문에, 공연과 인구수·연호의 변동의 관계를 중심으로 가족이나 친족의 규모를 상정할 수 있고, 가족과 전답수·우마수의 관계를 토대로 농민의 토지소유와 경영을 파악할 수 있으며, 촌락문서의 전체 내용과 국가의 조세지배와의 관계를 중심으로 고찰할 수 있다. 또한 촌락문서의 내용을 전제로 『삼국사기』에 단편적으로 기록되어 있는 정전이나 녹읍, 고려의 장처의 내용을 고찰할 수 있는 여지를 마련할 수 있다. 그러므로 촌락문서의 분석은 이 시기 토지제도와 조세제도의 구조와 성격뿐만 아니라 촌락 지배의 내용을 이해하는 데 관건이 된다.

문서가 소개된 이후 촌락문서 연구의 추이를 각 시기별 연구경향과 관련지어 살펴보면 다음과 같다. 1950년대에는 정전과 관련하여 농민의 토지소유, 경영규모와 아울러 촌락의 성격 및 국가의 촌락지배에 관한 선구적 연구가 있었다. 이를 기초로 1960~70년대에는 문서 이해의 외연을 넓히고자 문서의 서식과 아울러 각 항목에 기재되어 있는 수치 사이의 상관성을 규명하는 데 주력하여, 일정한 성과를 거두는 데 성공하였다. 이러한 연구결과를 토대로 1970년대 말에서 1980, 1990년대 초에 이르기까지 촌락문서와 녹읍·장처·전정 등 다양한 측면과의 관련성이 검토되었으며, 각각의 연구성과에 따라 신라통일기의 사회성격을 고대사회로 보기도 하고, 중세사회로 규정하기도 하였다. (이인재, 1995,「촌락문서와 촌락지배」,『한국사학입문』, 풀빛)

5. 장보고

중국에 건너가 군중소장이라는 직위에 오른 장보고는 신라인들이 종으로 팔려 오는 것에 가슴아파하고 귀국하여 단기 3161년(신라 흥덕왕 3, 서기 828)에 청해진을 세우고 지금으로부터 1168년 전에 대사가 되었다. 당나라 군주의 도움을 얻어 인류의 불평등을 바로잡고 홍익인간의 뜻을 실천하기에 이르렀다. 중국-한국-일본을 잇는 무역을 일으켜 서남아시아-중국-남아시아-일본과의 물자교역을 하게 되고 서로가 귀한 생산품을 교환하는 길을 처음으로 트게 되었다. 이 과정에서 배무이 산업이 일고 여러 가지 생산품과 생산용품을 만들어 수요가 적은 단위의 경제를 동아시아를 중심으로 서남아시아와 남아시아의 국제교역 경제기구로 발달시키게 되었다. (손보기, 1996,『장보고와 청해진』, 혜안)

6. 궁예

진성왕 6년, 궁예가 북원의 도적 양길에게 의탁하니 양길은 기뻐하며 궁예를 잘 대우하여 일을 맡겼다. 마침내 군사를 나누어 주며 동으로 보내 땅을 빼앗게 하였다. 궁예는 양길에게서 나와 치악산 석남사에 주둔하면서 주천·내성·울오·어진 등의 여러 현을 두루 공격하여 모두 항복을 받았다. (『삼국사기』열전10 궁예)

7. 견훤

옛날에 부자 하나가 있어 모양이 몹시 단정했다. 딸이 아버지께 말하기를 "밤마다 자줏빛 옷을 입은 남자가 침실에 와서 관계하곤 합니다" 하매, 아버지는 "너는 긴 실을 바늘에 꿰어 그 남자의 옷에 꽂아 두어라" 하여 그 말대로 했다. 날이 밝아 그 실이 간 곳을 찾아보니 북쪽 담 밑에 있는 큰 지렁이의 허리에 꽂혀 있었다. 이로부터 태기가 있어 사내아이를 낳았다. 나이 15세가 되자 스스로 견훤(甄萱)이라 일컬었다. 경복(景福) 원년 임자(892)에 이르러 왕이라 일컫고 완산군에 도읍을 정했다. 나라를 다스린 지 43년 청태 원년 갑오(934)에 견훤의 세 아들 즉 신검·용검·양검이 반역하므로 견훤은 고려 태조에게 항복했다. 아들 금강(金剛)이 즉위하여 천복 원년 병신(936)에 고려 군사와 일선군에서 싸워서 패하니 후백제는 아주 없어졌다. (『삼국유사』 권2)

8. 고려의 세계

용녀가 일찍이 송악의 새 집 침실의 창밖에 우물을 파고, 우물 속으로 해서 서해 용궁에 가고오고 하였던 것이니, 곧 광명사 동산방(東上房)의 북쪽 우물이다. 평소에 작제건과 약속하기를 "내가 용궁에 돌아갈 때에는 삼가 엿보지를 마십시오. 그렇지 않으면 다시는 돌아오지 않겠습니다"라고 말하여 왔다. 어떤 날 작제건이 이를 몰래 엿보았더니, 용녀는 어린 딸과 더불어 우물로 들어가서는 둘다 황룡(黃龍)이 되어 오색의 구름을 일으키므로 이상스럽게 여겨 감히 말을 하지 않았다. 용녀가 돌아와서 노하여 말하기를, "부부의 도는 신의를 지키는 것이 귀한데, 이미 약속을 어겼으니 나는 여기에서 살 수 없습니다"라고 하고서 마침내 어린 딸과 함께 다시 용이 되어 우물로 들어가 버린 다음 다시는 돌아오지 않았다. 작제건은 말년에 속리산 장갑사에 기거하면서 항상 불경을 읽다가 세상을 떠났다. 뒤에 추존하여 의조(懿祖) 경강대왕(景康大王)이라 하고, 용녀를 원창왕후(元昌王后)라 하였다.

원창왕후가 네 아들을 낳았는데, 장남은 용건이라 하였다가 융이라고 고쳤으며 자를 문명이라 하였으니 이 분이 세조이다. 그는 용모가 뛰어나고 수염이 아름답고, 기국(器局)과 도량이 넓고 커서 삼한을 통합하려는 뜻을 가지고 있었다. 일찍이 꿈에 미인을 보고 부인으로 삼기를 약속한 일이 있었는데, 뒤에 송악에서 영안성으로 가다가 길에서 여자 한 사람을 만나니, 용모가 같으므로 마침내 혼인을 하였다. 그러나 그의 출신을 알지 못하므로 세상에서는 이름을 몽부인(夢夫人)이라 하였다. 혹은 이르기를 "그 여자가 삼한의 어머니가 되었으므로 마침내 성을 한씨라고 하였다"고 하였는데, 이 분이 위숙(威肅)왕후다. 세조가 송악의 옛 집에서 여러 해 동안 살다가 또 그 남쪽에 새 집을 지으려고 했는데 이것이 곧 연경궁 봉원전의 터였다. 그 때에 동리산(桐裏山)의 조사(祖師)인 도선(道詵)이 당에 들어가 일행의 지리법을 알아가지고 돌아와서, 백두산에 올라갔다가 곡령에 이르러 세조가 새로 지은 집을 보고서 말하기를 "메기장(祭)을 심어야 할 땅에 어째서 삼(麻)을 심었는가"고 말을 마치고는 가버렸다. 부인이 이 말을 듣고 알리니 세조가 신발을 거꾸로 신은 채 그를 쫓아가서 만나보니 전부터 알던 사이와 같았다.

마침내 함께 곡령에 올라가 산수(山水)의 맥을 추려보고, 위로는 천문(天文)을 보고 아래로는 시수(時數)를 살피고서 말하기를 "이 지맥이 북방의 물의 근원이요, 나무의 줄기인 백두산으로부터 와서 말머리(馬頭) 모양의 명당에 이어졌는데, 그대가 또한 수명(水命)이니 마땅히 물의 대수(大數)를 따라 육육(六六)으로 지어 36구(區)로 하면 천지의 대수에 부응하여 명년에는 반드시 성자(聖子)를 낳을 것이오. 마땅히 이름을 왕건(王建)이라 지으시오"라고 하고서 실봉(實封)을 만들어 그 겉에 쓰기를 "삼가 글월을 받들어 백 번 절하고 미래에 삼한을 통합할 임금이신 대원군자(大原君子)의 족하에 올리나이다"라고 하였다. 그 때가 당 희종 건부 3년(876) 4월이었다. 세조가 그 말대로 집을 짓고 살았는데, 그 달에 위숙왕후가 임신하여 태조를 낳았다. (『고려사』 권수)

9. 백관지 서문

고려 태조가 개국 초에 신라와 태봉의 제도를 참용하여 관을 설치하고 직을 나누어 서무를 맡게 하였으나 그 관호에 혹 방언을 섞어 썼으니 대개 초창기로 개혁할 여가가 없었기 때문이다. 2년에 3성 6상서 9시 6위를 세우니 대개 당제를 모방하였다. 성종이 크게 제도를 새롭게 하여 내외의 관을 정하였으니 안(중앙)으로는 성·부·대·원·시·사·관·국이 있었고, 밖(지방)으로는 목·부·주·현이 있었으며 관에는 상수(常守)[1]가 있고 위(位)에는 정원이 있어 이에 일대의 제도가 비로소 크게 갖추어졌다. 문종과 예종이 비록 조금 증원을 가하였으나 대체로 모두 성종의 구제를 이어받아 자손이 준수할 바가 있게 되었다. 충렬왕으로부터 관제를 고치니 무릇 원의 관제에 저촉되는 것은 모두 이를 고쳤으며 충선왕이 수선하매 부자가 서로 편의한 대로 고쳐서 관작이 크게 문란하여졌고 공민왕이 사위함에 미쳐 이십 년간에 관제를 고침이 네 번이니 혹은 구제에 따르고 혹은 신제를 써서 드디어 번잡함을 이기지 못하였다. (『고려사』 권76, 백관1)

10. 훈요 10조

1. 국가의 대업이 여러 부처의 호위와 지덕에 힘입었으니 불교를 잘 위할 것.
2. 사사(寺社)의 쟁탈·남조(濫造)를 금할 것.
3. 왕위계승은 적자적손을 원칙으로 하되 장자가 불초할 때엔 인망 있는 자가 대통을 이을 것.
4. 거란과 같은 야만국의 풍속을 배격할 것.
5. 서경을 중시할 것.
6. 연등회, 팔관회 등의 중요한 행사를 소홀히 다루지 말 것.
7. 왕이 된 자는 공평히 일을 처리하여 민심을 얻을 것.
8. 차현(車峴) 이남 금강 이외의 산형지세는 배역하니 그 지방의 사람을 등용하지 말 것.
9. 백관의 기록을 공평히 정해 줄 것.
10. 널리 경사(經史)를 보아 지금을 경계할 것. (『고려사』 태조 세가)

---

1) 일정한 규칙.

11. 최승로의 시무책(時務策)

불법을 숭신(崇信)함은 비록 선이 아님은 아니지만, 제왕과 일반 백성이 공덕으로 삼는 데에는 사실이 같지 않습니다. 일반 백성은 수고하는 바가 자기 자신의 힘이요, 비용(費用)하는 바가 자기 자신의 제물로서 그 피해가 다른 사람에게 미치지 않으나, 제왕의 경우는 백성의 힘을 수고 끼치고, 백성의 제물을 비용하는 것입니다. 옛날 양 무제가 천자의 존귀함으로써 필부의 선을 닦으니, 사람들이 잘못이라고 한 것은 이 까닭에서입니다. 이러므로 제왕은 깊이 그러한 이유를 생각하여 일들에 모두 중용을 참작하면 폐가 신하와 백성에게 미치지 않을 것입니다. 신이 듣건대, 사람의 화복과 귀천은 모두 날 때부터 타고난 것이라 하오니, 마땅히 순수하게 받아야 할 것입니다. 하물며, 불교를 숭봉하는 것은 다만 내생(來生)의 인과(因果)를 심을 뿐, 금생(今生)에 과보(果報)를 받는 데에는 이익됨이 적다고 하니, 나라를 다스리는 요체는 아마도 여기에 있지 않은 것 같습니다. 또한 삼교(유교·불교·도교)는 각기 전업(專業)하는 바가 있어 이를 봉행하는 자는 가히 혼동하여 하나로 하지 말아야 할 것입니다. 불교를 봉행함은 수신의 근본이요, 유교를 봉행함은 치국의 근원이니, 수신은 내생의 자(資)요, 치국은 곧 금일의 요무(要務)입니다. 금일은 지극히 가깝고 내생은 지극히 머니, 가까움을 버리고 먼 것을 구함은 또한 그릇됨이 아니겠습니까. (『고려사』 열전6 최승로전)

12. 성종의 교육교서

봄 정월에 교를 내리기를 "학문을 많이 쌓지 않으면 선을 알 수 없으며, 현인을 임용하지 않으면 공을 이룰 수 없다. 이에 서울에는 상서(庠序)를 열어 유술(儒術)을 숭상하고, 지방에는 학교를 설치하여 생도를 권과(勸課)하며, 문예를 경쟁하는 장소를 열고, 경서를 연구하는 업을 넓혔으나 오히려 포부를 가진 뛰어난 선비를 얻지 못했으니 현인을 가로막고 재능을 방해하는 사람이 없는지 어찌 알리오. 무릇 문재와 무략이 있는 자는 대궐에 나와서 자천(自薦)함을 허한다"라고 하였다. (『고려사절요』 권2, 성종)

13. 금나라 시조의 뿌리

금의 시조는 이름이 함보(函普)로 처음에 고려에서 오셨다. 이때 이미 연세가 60여 세였다. 형님 아고내는 불교를 좋아하셔서 고려에 남으시고 따라오지 않으시며, 말씀하시기를 후세에 우리가 서로 뭉치게 할 자손이 반드시 나타날 것이다. 나는 떠날 수 없다. (『금사』)

14. 서희의 외교

여기 서희가 영문에 당도하여 말에서 내려 거란의 장수 소손녕과 더불어 영문 안으로 들어갔다. 마당에서 서로 머리를 숙여 읍한 후에 상면례를 행하고 동서로 나누어 마주 앉았다. 손녕이 희에게, "너희 나라는 신라 땅에서 일어났고, 고구려는 본래 내가 소유한 땅이니, 너희 나라가 우리 땅을 침범한 것이다. 또 우리 나라와 너희 나라는 국토가 서로 접하여 있는데도 불구하고 우리와는 사귀지 않고 바다 건너 송나라를 섬기는 까닭은 무엇이냐. 오늘 전쟁이 일어난 것도 이 때문이다. 만약 지금이라도 땅을 할양하고 조공을 받들면 무사하게 될 것이다"라고 말하니, 희는 "우리 나라는 고구려를 계승한 나라이므로 국호를 고려라 부르고 있으며, 평양에 도읍하였다. 너희 나라 동경도 본래 우리 영토인데 무엇이 침식이란 말이냐. 압록강 안팎도 역시 우리 영토이다. 여진족이 우리 몰래 이 곳을 차지하고 있을 뿐더러 그들은 완고하고 간사하여 너희 나라 사이와의 통로인 육지는 물론 바닷길도 막고 있어 조빙(朝聘)이 불통하고 있다. 만약 여진을 쫓고 우리 국토를 되찾아 큰 성과 작은 성[堡]을 쌓아서 재침을 막아 통로가 트이면 어찌 감히 수빙을 아니하겠느냐. 장군은 나의 말을 귀국하여 임금 성종에게 아뢰어 주기 바란다"라고 대답하였다. (『고려사』 서희전)

15. 청주전표(請鑄錢表)

물물교환의 척도가 되는 포목은 오랫동안 두면 삭아서 못 쓰게 되며 쌀도 자연 썩어버린다. 또 벌레, 굼벵이, 흙비가 내리고 습해지면 창고에 비가 새고, 화재의 염려도 있다. 새 창고에 쌓여 있는 작년에 받아들인 공포도 흙비를 겪지는 않았는데 백의 십도 완전한 것이 없으며 지난해에도 화재를 당하여 한 뭉치가 타버리고, 백 뭉치는 손상을 입었다. 이와 같이 또 화재가 나면 순식간에 잿더미로 변해버릴 것이다. 오늘날 화폐를 써야만 된다는 이유는 여기에 있는 것이다.
(『대각국사문집』)

16. 『삼국사기』를 올리는 글월

신 부식은 아뢰오니, 고대(중국)의 열국에서도 각기 사관을 두어 시사를 기록한 일이 있으므로, 맹자는 가로되 "진승(晉乘), 초의 도올, 노의 춘추가 다 한가지라"고 하였습니다. 우리 동방삼국에 있어서도 역년이 오래 되어 마땅히 그 사실을 서책에 기록하여야 할 것이므로 노신을 명하여 이것을 편수케 하심인데, 스스로 돌아보건대 부족함이 많아 어찌할 바를 모르겠습니다. 생각건대 성상폐하께옵서는 당요의 문사를 갖추시고 하우(夏禹)의 근검을 본받으사 바쁘신 여가에 전대의 서사를 박람하셔서 말씀하시기를 지금의 학사대부가 오경・제자의 서라든지, 진한역대의 사기에 대하여는 혹 널리 통하여 자세히 말하는 사람이 있으나, 우리 나라의 사실에 이르러서는 도리어 망연하여 그 시말을 알지 못하니 매우 유감된 일이다. 더구나 신라・고구려・백제의 삼국이 정립하여 능히 예로써 중국과 교통한 때문에 범엽(范曄)의 한서(후한서)라든지 송기의 당서에 다 [삼국의] 열전이 있지만, 그 사서는 자기 국내에 관한 것을 상세히하고 외국에 관한 것은 간략히 하여 자세히 실리지 아니하였고, 또 그 [삼국의] 고기로 말하면 글이 거칠고 졸렬하고 사적의 유루가 많아, 이런 까닭에 임금의 선악이라든지 신자의 충・사, 나라의 안・위, 인민의 치・난에 관한 것을 다 드러내어, 후세에 권계(勸戒)를 보이지 못하였으니 마땅히 삼장(三長)의 재2)를 얻어 일가의 역사를 완성하여 이를 만세에 끼치어 일성과 같이 환하게 하고 싶다고 하셨습니다. [그런데] 신과 같은 자는 본래 삼장의 재도 없고 또 깊은 지식도 없으며 노

---

2) 삼장은 유지기(劉知幾)의 '사재론(史才論)'에서 연유한 것으로 재(才)・학(學)・식(識)을 구비해야 됨을 강조한 것이다.

년에 이르러서는 더욱 날로 정신이 혼몽하여 비록 독서를 부지런히 하여도 책만 덮으면 곧 잊어버리며, 붓을 들매 힘이 없고 종이를 대하매 죽죽 내려가지 아니합니다. 이러므로 한껏 정력이 다하여 겨우 권책을 이루었으나 결국 보잘것이 없어 스스로 부끄러울 뿐이외다. 바라오니 성상폐하께옵서는 이 소루한 편찬을 양해하여 주시고 망작의 죄를 용서하여 주소서. 이것이 명산에 비장할 거리는 되지 못하나 간장병 뚜껑과 같은 무용의 것으로는 돌려보내지 말기를 바랍니다. 신의 구구한 망의는 천일이 비추어 내려다 볼 것입니다. (『삼국사기』 서)

17. 동명왕편

세상에서 동명왕의 신이(神異)한 일이 이야기가 되고 있는데, 비록 배운 것 없는 미천한 남녀까지도 제법 그에 관한 일들을 이야기할 수 있을 정도이다. 내가 일찍이 이 이야기를 듣고도 웃으며, "선사 공자님은 괴력난신(怪力亂神)을 말씀하지 아니하셨는데 이 동명왕 설화는 실로 황당하고 기괴하니 우리들이 논의할 바가 아닌 것이다"라고 말한 일이 있었다. 그 후『왜서통전』을 읽어보니 그 사실이 기록되어 있었다. 그러나 간략하고 상세하지 않았으니, 이는 자국 내의 일을 소상하게 하고 외국의 것은 줄인 뜻이 아니겠는가? 다음 계축년 4월에『구삼국사』를 얻어서 동명왕 본기를 보니, 그 신이한 사적이 세상에서 이야기되고 있는 바보다 더 자세하였다. 그러나 역시 처음에는 그를 믿지 못하였으니 귀환(鬼幻)스럽다고 생각하였기 때문이다. 여러 번 탐독미독(耽讀味讀)하여 차차로 그 근원을 찾아가니 이는 환이 아니요 성(聖)이며, 귀가 아니고 신이었다. 하물며 국사는 직필하는 책이니 어찌 그 사실을 망전(妄傳)하겠는가? 김공부식이 국사를 다시 편찬할 때 동명왕의 사적을 매우 간략하게 다루었다. 공은 국사란 세상을 바로잡을 책이니 크게 신이한 일로써 후세에 보여줌은 옳지 않다고 생각하여 그를 간략하게 했을 것이 아니겠는가? 당『현종본기』와『양귀비전』을 살펴보면, 한 곳에도 방사(方士)가 하늘에 오르고 땅에 들어간 사적이 없었는데 오직 시인 백낙천이 그들의 사적이 윤몰(淪沒)될까 걱정하여 노래로 지어 그 일들을 기록했다. 그것은 실로 황음하고 기탄(奇誕)스런 일인데도 오히려 또한 노래로 읊어서 후세에 보였는데 하물며 동명왕의 사적은 변화 신이하여 여러 사람들의 눈을 현혹시킬 일이 아니고, 실로 창국(創國)하신 신의 자취인 것이다. 이러하니 이 일을 기술하지 않으면 앞으로 후세에 무엇을 볼 수 있으리오. 이런 까닭에 시를 지어 기념하고 천하 사람들로 하여금 우리 나라의 근본이 성인의 나라임을 알게끔 하려 할 따름인 것이다. (『동국이상국전집』 권2)

18. 조선역사상 1천년래 제일대사건

  민족의 성쇠는 매양 그 사상의 추향(趨向) 여하에 달린 것이며, 사상 추향의 혹좌 혹우는 매양 모종사건의 영향을 입는 것이다. 그러면 조선 근세에 종교나 학술이나 정치나 풍속이 사대주의의 노예가 됨은 무슨 사건에 원인함인가. 나는 일언으로 회답하여 가로되 고려 인종 13년 서경전역, 즉 묘청이 김부식에게 패함이 그 원인이라 한다. 서경전역을 역대의 사가들은 다만 왕사가 반적을 친 전역으로 알았을 뿐이었으나 이는 근시안의 관찰이다. 그 실상은 전역이, 즉 낭불양가 대 유가의 전(戰)이며, 국풍파 대 한학파의 전이며, 독립당 대 사대당의 전이고, 진취사상 대 보수사상의 전이니, 묘청은 곧 전자의 대표요, 김부식은 곧 후자의 대표였던 것이다. 이 전역에 묘청 등이 패하고 김부식이 승하였으므로 조선사가 사대적·보수적·속박적 사상, 즉 유교사상에 전복되고 말았거니와, 만일 이와 반대로 김부식이 패하고 묘청 등이 승하였더라면 조선사가 독립적·진취적 방면으로 진전하였을 것이니, 이 전역을 어찌 1천년래 대사건이라 하지 아니하랴. (신채호, 『조선사연구초』)

19. 분황사 원효대성을 제사하는 글

  유년(維年) 유월 유일에 법을 구하는 사문(沙門) 모(의천)는 다과와 시식을 차려 해동교주 원효보살님께 공양을 올립니다. 삼가 생각하오면 이치는 교로 말미암아 나타나며 도는 사람에 의해 퍼집니다. 풍속이 야비하고 시대가 어지러움에 이르자 사람은 떠나고 도는 상해졌습니다. 스승이 이미 그 종풍을 봉해버리니 제자들은 서로 그것을 보고 들었다고 고집하였습니다. 그리하여 자은사(규기)의 백 권에 이르는 강담도 오직 명상에 얽매이게 되었고, 대령 구순의 강설도 다만 이관(理觀)을 숭상하는 것이었습니다. 이것은 법칙을 본뜬 글이라고 할 수 있겠으나 서방에 통하는 교훈이라고는 할 수 없습니다.

그런데 오직 우리 해동보살(원효) 님은 성(性)과 상(相)을 융통하여 밝히고 고금을 세밀히 살펴서 백가 이쟁(理諍)의 실마리를 화합시켰으니, 일대의 지극한 공론을 얻었습니다. 하물며 그 신통함을 추측할 수 없으며 그 묘용(妙用)을 생각하기 어렵습니다. 비록 먼지 속에 있어도 그 진성을 더럽히지 않았으며, 땡볕 속에 있어도 그 체성(體性)을 바래지 않았습니다. 영명(令名)이 중국과 인도에 떨쳤고 자비스런 교화는 저승과 이승을 감쌌으니 그로 인한 덕을 찬양하려 해도 진실로 헤아리거나 말할 수 없습니다.

모(의천)는 천행을 두터이 입어 일찍이 불승을 사모하여 선철들의 저술을 두루 보았으나 성사보다 나은 이가 없었습니다. 그리하여 미묘한 말씀의 잘못됨을 통한하고 지극한 도의 쇠잔함을 애석히 여겨 멀리 명산을 찾고 없어진 전적을 두루 구하다가 지금은 계림의 고사(古寺)에서 다행히 살아계시는 듯한 모습을 우러러뵈오니 축령(鷲嶺)의 구봉(舊峯)에서 당초의 법회를 만난 것 같습니다. 오로지 적으나마 변변찮은 공양으로 감히 조그만 정성을 펴고자 하오니, 우러러 바라옵건대 두터운 자비로 밝게 굽어 살피소서. (『대각국사문집 16』)

20. 만적의 노예해방선언문

사노(私奴)인 만적 등 여섯 사람은 공사노예를 북산에 모이게 하여, 의논하여 말하기를 "국가는 경인·계사의 양란, 즉 정중부·김보당의 난 이래 선악인이 천인 중에서 많이 배출되었다. 장수와 대신이 어찌 종자가 있을 것인가, 때가 오면 우리 천인들도 장상이 될 수 있다. 우리들만이 어찌 회초리를 맞아 가면서 힘드는 노동을 할 것인가?" 말하니 여러 노예들이 그에 동조하였다. (『고려사』 최충헌전)

21. 삼별초

처음 최우가 나라 안에 도적이 많은 것을 염려하여 용사를 모아 매일밤 순행하여 폭행을 막게 하였다. 인하여 야별초라 불렀다. 도적이 여러 도에서 일어났으므로, 별초를 나누어 파견하여 도적을 잡게 하였다. 그 군대의 수가 많아졌으므로 드디어 좌별초·우별초로 나누었다. 또 몽골에 갔다가 도망해 온 고려인으로 한 부를 만들어 신의군이라 불러 좌·우별초와 더불어 삼별초는 그 앞잡이가 되었는데, 권신의 봉록을 후히 주고 또 사사로운 혜택을 베풀었다. (이제현, 『역옹패설』전집)

22. 안향과 여무

안향은 충렬왕 원년에 나가 상주판관이 되었다. 그 때 여자무당 3인이 있어 요신(妖神)을 받들고 뭇사람을 유혹하여, 합주로부터 군현을 차례로 다니면서 이르는 곳마다 사람의 소리를 꾸미어 공중에서 불러 은은하게 꾸짖는 것 같으니 듣는 자가 달려가 앞을 다투어 제를 차리었고, 비록 수령이라도 또한 그러하였다. 상주에 이르자 안향이 곤장을 쳐서 칼을 씌우니, 무당이 신의 말을 청탁하여 화복으로써 겁내게 하자, 상주 사람들이 모두 두려워하였다. 그러나 안향은 동요하지 않았으며, 수일 뒤에 무당이 애걸하므로 이에 놓아주자 그 요사스러움이 드디어 없어졌다. (『고려사』열전18 안향전)

23. 죽부인전

부인의 성은 죽(竹)이요 이름은 빙(憑)이니, 위빈(渭濱) 사람 운의 딸이다. 족계가 창랑(蒼筤)씨에게 났는데, 그 조상이 음률을 알아 황제(黃帝)가 추려빼어 악(樂)을 맡아보게 하였으니, 우(虞)나라의 소 역시 그의 후손이다. 창랑의 곤륜산 남쪽으로부터 진방(震方)에 옮겨와 복희씨 때에 위(韋)씨와 더불어 문적을 주장하여 크게 공이 있어 자손이 대대로 다 사관의 업을 지켜 왔다. 진나라가 포학한 때에 이사(李斯)의 계교를 써 책을 불사르고 선비를 묻어 죽이매, 창랑의 후손이 점점 한미하였고 한대에 이르러 채륜의 문객 저생(門客楮生)이란 자가 자못 글을 배워 붓을 가지고 때로 죽씨와 더불어 놀았으나, 그 사람됨이 경박하고 참언을 좋아하여 죽씨의 강직함을 보고 슬그머니 좀먹어 헐어들이어 소임을 빼앗았다.

주나라에 간(竿)이 있었으니, 그도 죽씨의 후손이다. 태공망과 더불어 활빈에 낚시질할 때 태공이 갈퀴를 만드니 간이 말하되, "내가 들으니 큰 낚시는 갈퀴가 없다 하나이다. 낚시의 크고 작음이 곡(曲)·직(直)에 있사오니, 곧은 것은 가히 나라를 낚을 것이요, 굽은 것은 고기를 얻음에 불과한 것입니다" 하였다. 태공이 그 말을 좇아 뒤에 과연 문왕의 스승이 되어 제나라에 봉함을 받았고, 간의 어짊을 천거하여 위빈(渭濱)으로 식읍을 삼게 하니, 이것이 죽씨 위빈의 유래이다. (『동문선』권100, 이각)

24. 『역옹패설』 전집 서문

지정 임오년(1342) 여름에 비가 달포를 이어 내렸다. 문을 굳게 닫고 지내니 찾아오는 이의 발자국 소리도 없어 마음이 답답함을 물리칠 수 없었다.

벼루를 꺼내어 처마에서 떨어지는 물을 받고, 벗들과 더불어 오고간 편지조각들을 잇고 나서, 그 종이 뒤에 여러 가지를 적고 그 책의 이름을 『역옹패설(낙옹비설)』이라고 붙였다.

그 역자는 낙(樂)으로 음을 읽기로 한다. 그 까닭은 재목감이 못 되고서도 베어지는 피해를 멀리할 수만 있다면 나무로서는 즐거워할 일이므로 낙음을 따른 것이다.

내가 일찍이 벼슬아치로 있었으나 그만두고 못남을 지키면서 별호를 낙옹이라 하니, 그것은 재목감이 못 되지만 능히 오래 살 수 있기를 바래서 그렇다.

패도 또한 비(卑)로 읽기로 한다. 그 뜻을 살펴보건대 피는 벼(禾) 가운데서도 낮은 것이다.

내가 어려서는 글 읽을 줄을 알았으나 젊어서 학문을 그만두었더니 이제는 늙고 말았다.

돌이켜보니 자질구레한 글을 써 놓았으나 알차지 못하고 비천함이 피와 같은 것이다. 그러므로 그 적어 놓은 글을 '비설'이라 한다. 중사(仲思 : 이제현의 자)가 서문으로 쓴다. (『역옹패설』 서문)

25. 노비신분의 세전

옛적에 우리 시조가 뒤에 왕위를 이을 자손들에게 훈계를 내리시어 이르기를 "무릇 이 천류(賤類)는 그 종자가 별다르니 삼가 이 천류로 하여금 종량(從良)케 하지 말라. 만약에 종량을 허락하면, 뒤에 반드시 관직에 나아가게 될 것이고 요직을 구하여 국가를 모란(謀亂)할 것이다. 만약 이 훈계를 어기면, 사직이 위태할 것이다"라고 하시었습니다. 이로 말미암아 우리 나라의 법은 그 팔세호적이 천류에 관계되지 않은 다음에야 비로소 관직을 얻을 수 있습니다. 무릇 천류가 된 자는 아비나 어미 한 편이 천류면 천인이 되는 것이며, 비록 그 본주인이 놓아주어 양민이 되더라도 그가 낳은 자손은 도로 천인이 되고, 그 본주인의 후사가 끊어지더라도 또한 동종에 속하게 되는 것이니, 그렇게 하는 까닭은 그로 하여금 끝끝내 양민이 되지 못하게 하려는 것입니다. 혹시 도망쳐 벗어나서 양민이 될까 염려하여 절절하게 기미를 방지하고, 조짐을 막아도 또한 많은 틈을 타서 간계를 내어 혹은 세를 의지하고, 공을 힘입어 마음대로 위복(威福)을 지어 국가를 어지럽히려 하다가 마침내 멸망에 이르는 자가 있으니, 더욱 조훈(祖訓)을 어기기 어려운 것을 알겠으되, 오히려 간사한 정을 막지 못할까 두려워하는 바입니다. (『고려사』 형법지2 노비 충렬왕 26년 10월)

26. 김준의 농장

김준은 농장을 여러 곳에 설치하고, 가신 문성주로 전라도를 관리케 하고, 지준은 충청도를 관할케 하였다. 두 사람이 다투어 취렴(聚斂)하기를 일삼아 백성에게 벼 종자 한 말을 주고 으레 쌀 한 섬을 거두므로 여러 아들이 본받아 무뢰배를 다투어 모아 세도를 믿고 횡포를 자행하여 남의 전토(田土)를 침략하니,

원성이 매우 많았다. (『고려사』 열전43 김준전)

27. 마음을 닦는 비결(修心訣)

묻건대 "그대는 돈오(頓悟)와 점수(漸修)의 두 문은 모두 성인이 밟아가야 할 궤철이라 하였다. 깨달음이 이미 돈오일진대 어찌 헛되이 점수를 해야 할 필요가 있으며, 닦음이 만약 점수일진대 어찌 돈오를 말할 필요가 있는가? 돈오와 점수의 두 뜻을 다시 설명하여 남의 의심을 가시게 하여 주시오."

답하건대, "범부가 미혹했을 때 사대(四大)를 몸이라 하고 망상을 마음이라 하여, 제 성이 참 법신임을 알지 못하고 자기의 영지(靈知)가 참 부처임을 알지 못하여 마음 밖에서 부처를 찾아 풍랑처럼 헤매인다. 그러다가 갑자기 선지식의 가르침을 입어 바른 길에 들어가 일념으로 돌이켜 제 본성을 본 범부는 이 성지(性地)에서는 원래 번뇌가 없고 무루(無漏)한 지성이 본래부터 스스로 갖추어져 있어서 여러 부처와 더불어 털끝만큼도 다르지 않음을 안다. 그러므로 이것을 돈오라 부른다. 비록 깨달은 본성이 부처와 더불어 다르지 않으나 시작이 없을 정도로 계속된 습기(習氣)를 갑자기 버리기 어렵다. 곧 깨닫고 닦음에 의하여 점차로 훈공(勳功)을 이루어서 장차 성태(聖胎)를 길러 오랜 세월을 지나는 동안에 성인이 된다. 그러므로 이것을 점수라 부른다. 비유하면 어린아이가 첫돌을 만났을 때 모든 기관이 갖추어져서 다른 사람과 더불어 다를 바가 없으나, 그 힘이 충분하지 못한 까닭에 제법 세월이 지난 뒤에야 비로소 완전한 사람이 되는 것과 같다." (『한국불교전서 4』)

28. 요동의 원주인

동경도 동경요양부는 본시 조선땅이다. 주나라 무왕이 기자가 갇힌 것을 풀어주었는데 기자가 조선에 갔으므로, 그 땅에 봉하였다. (『요사』 지리지)

29. 동방이학의 조(祖)로서의 정몽주

정몽주는 공민왕 16년에 예조정랑으로 성균박사를 겸하였다. 그 때에 경서가 동방에 온 것은 오직 『주자집주』뿐이었는데, 몽주의 강설이 뛰어나 사람들의 생각보다 뛰어나므로 듣는 자가 자못 의심하였다. 그 뒤에 호병문의 『사서통』을 얻음에 미쳐 몽주의 말과 일치되지 않음이 없으므로 제유(諸儒)가 모두 탄복하였다. 이색이 자주 일컫기를, "몽주의 논리는 횡설수설하여도 이치에 합당하지 않음이 없다"고 하고 추천하여 동방 이학의 원조라고 하였다. ……공양왕이 경연에 거동하니 몽주가 진언하기를, "유자의 도는 모두 일용의 평상사에 있으니, 음식이나 남녀관계와 같이 사람이 같이하는 바 가운데 지극한 이치가 있는 것입니다. 요순의 도가 또한 여기에서 벗어나지 않습니다. 움직이고 조용한 것과 말하고 가만히 있는 것이 올바름을 얻으면 곧 이것이 요순의 도이지, 처음부터 심히 높고 행하기 어려운 것이 아닙니다. 저 불씨(佛氏)의 교는 그렇지 않아서 친척과 절연하며 남녀를 끊고 홀로 암혈에 앉아 풀로 짠 옷을 입고, 나무열매를 먹으며, 관공적멸(觀空寂滅)을 숭상하니, 어찌 이것이 정상적인 도이겠습니까"라고 하였다. 그 때에 왕이 중 찬영을 맞아 스승을 삼고자 하기 때문에 몽주가 이를 강론함에 이르렀다. 그러나 왕이 바야흐로 불교에 현혹하여 받아들이지 않았다. (『고려사』 열전30)

30. 불씨걸식지변(佛氏乞食之辯)

석가모니는 서역왕의 아들이다. 아버지가 왕위에 있는 것이 옳지 않다 하여 동거하지 않았으니 백성을 잘 다스리는 자가 아니다. 남자가 농사짓고 여자가 길쌈하는 것이 옳지 않다 하고 출가하였으니, 부지런하지도 못하였다. 부자·군자·부부의 길이 필요없다 하였으니, 선왕의 길을 지키는 사람도 아니다. 농사짓는 일이 옳지 못하다 하였으니, 불씨가 하루 한 알의 곡식을 먹는다 할지라도 구차스러운 식사가 될 것이다. 그는 믿음(신앙)은 정성을 다해야 한다고 하니, 지렁이처럼 먹지 않고 믿음을 가질 수 있다는 말인가. 또 농사를 짓는 것이 옳지 않다고 하였으니, 걸식을 한다는 말인가. 부처의 말을 이해한다는 것은 옳지 않으며 이치도 없음을 알 수 있다. 그러므로 불도를 논하여 이 같은 판단을 내린다. (정도전, 『삼봉집』)

※ 참고문헌

이능화, 1918, 『한국불교통사』, 신문관.
백　철, 1958, 『국문학전사』, 신구문화사.
변태섭, 1971, 『고려정치제도사연구』, 일조각.
이기백, 1974, 『민족과 역사』, 일조각.
변태섭, 1978, 『한국사의 반성』, 삼영사.
한기두, 1980, 『한국불교사상연구』, 일지사.
금장태, 1980, 『유교와 한국사상』, 성균관대출판부.
변태섭, 1982, 『『고려사』의 연구』, 삼영사.
이희덕, 1984, 『고려유교정치사상의 연구』, 일조각.
김충렬, 1984, 『고려유학사』, 고려대출판부.
김상기, 1985, 『신편 고려시대사』, 서울대출판부.
김의규, 1985, 『고려사회의 귀족제설과 관료제론』, 지식산업사.
박용운, 1985·87, 『고려시대사』 상·하, 일지사.
변태섭, 1986, 『고려사의 제문제』, 삼영사.
김당택, 1987, 『고려무인정권연구』, 새문사.
국사편찬위원회, 1993, 『한국사』 12·13·18.
역사문제연구소, 1993, 『한국의 역사 2』, 웅진출판사.
한국역사연구회, 1995, 『한국역사입문 2』, 풀빛.
박경안, 1996, 『고려후기 토지제도연구』, 혜안.
손보기, 1996, 『장보고와 청해진』, 혜안.
전기웅, 1996, 『나말여초의 정치사회와 문인지식층』, 혜안.
이원명, 1997, 『고려시대 성리학수용 연구』, 국학자료원.

제4장 근세문명

1. 국호론

우리 나라는 국호가 일정하지 않았다. 조선이라고 한 것이 셋이었으니, 단군·기자·위만이 바로 그것이다.

박씨·석씨·김씨는 서로 이어 신라라고 일컬었으며, 온조는 앞서 백제라고 칭하였고 견훤은 뒤에서 후백제라고 칭하였다. 또 고주몽은 고구려라 칭하였고 궁예는 후고구려라 칭했으며, 왕씨는 궁예를 대신하여 고려라는 국호를 그대로 승습(承襲)하였다.

그러나 이들은 모두 한 지방을 몰래 차지하여 중국의 명령을 받지 않고, 스스로 명호를 세우고는 서로 침탈만을 일삼았으니, 비록 칭호가 있다 하더라도 취할 것이 무엇 있겠는가. 오직 기자만은 주 무왕의 명령을 받아 조선후(朝鮮候)에 봉해졌다. 이제 명나라 천자께서는, "오직 조선이란 칭호가 아름다울 뿐 아니라 그 유래가 오래다. 이 이름을 그대로 사용하고 하늘을 본받아 백성을 잘 살게 하면 후손이 길이 창성할 것이다"라고 명하였다. 이는 아마도 주 무왕이 기자에게 명했던 것으로써 전하에게 명한 것이니 이름이 이미 정당하고 말이 이미 순하다.

기자는 무왕에게 홍범을 설명하였고 홍범의 뜻을 부연해서 8조의 교를 만들어 국중에 시행하니 정치와 교화가 크게 행해지고 풍속이 지극히 아름다웠다. 그러므로 조선이란 이름이 이처럼 천하후세에 알려진 것이다.

이제 조선이라는 아름다운 국호를 그대로 사용하게 되었으니, 기자의 선정도 마땅히 강구해야 할 것이다. 명나라 천자의 덕도 주 무왕에게 부끄러울 것이 없거니와, 우리 전하의 덕도 어찌 기자에게 부끄러울 것이 있겠는가. 장차 홍범의

학과 8조의 교가 오늘에 다시 시행되는 것을 보게 될 것이다. 공자는 "나는 동주를 만들겠다" 하였으니, 공자가 어찌 나를 속이겠는가. (『삼봉집』 권7, 조선경국전)

2. 요동공격 도모기록

판의흥삼군부사 정도전이 일찍이 5진도를 만들어 올리니, 임금은 훌륭하게 여겨 훈도관을 두어 가르치고 각 절제사와 군관과 서반의 각 품관과 성중애마(成衆愛馬)[1]로 하여금 진도를 강습하게 하고, 또 이것을 잘 아는 사람을 각 도에 보내어, 가서 가르치게 하였다.

이때 정도전·남은·심효생 등이 군대를 일으켜 넘어갈 것을 꾀한 다음 임금에게 아뢰니, 임금은 좌정승 조준의 집에 가서 유시하였다. 조준은 마침 병으로 앓고 있었는데 수레를 타고 대궐에 나아가 불가함을 강력히 주장하면서 말하기를, "우리 나라는 옛날부터 사대의 예를 지켜왔고 또 새로 개국한 나라로서 경솔하게 명분 없는 군대를 일으키는 것은 매우 불가합니다. 비록 이해를 가지고 말하더라도 천조(天朝 : 明나라)가 당당하여 조금도 헛점이 없으니, 저는 일이 잘 되지 못하고 뜻밖에 변만 생길까 두렵습니다"라고 하니 임금은 그 말을 듣고 기뻐하였다. 남은은 화를 내면서 말하기를 "두 정승은 조그마한 곡식을 출납하는 일에는 잘 하지만 함께 큰 일은 도모할 수 없다"고 하였다. 이로 말미암아 남은 등은 조준과 틈이 생기었다. 그 후에 남은은 조준을 임금에게 모함하니, 임금은 노하여 꾸짖었다. (『태조실록』 권11, 6년 6월 갑오)

3. 『입학도설』 천인심성분석지도(인)

인(人)이란 인(仁)한 것이다. 인(仁)이란 것은 천지가 만물을 내는 원리이니, 사람이 이것을 타고나서 마음이 되는 것이다. 그러므로 사람이 만물의 영장이 되는 것이며, 인은 모든 선의 으뜸이 되나니, 합쳐서 도라고 말한다.

---

1) 숙위(宿衛) 또는 근시(近侍)의 직.

성인은 성(誠)이 지극하여 도가 하늘과 같고, 군자는 능히 경(敬)으로써 그 도를 닦으며, 중인은 욕심으로 혼미해서 오직 악을 좇는 것이다. 그러므로 사람이란 그 이(理)는 하나이지만, 타고나는 기질과 행하는 일에 있어서는 선악의 차이가 있다. 그런 까닭에 그 글자가 둘로 갈려 경계하는 뜻을 보이고 있는 것이다. 인간으로서 능히 인을 체득하여 심덕을 온전하게 하고 그 타고난 이가 늘 존재해서 잃지 않도록 해야만 사람으로서의 명분에 부끄러움이 없으며 그 공으로써 반드시 수(壽)할 수 있게 된다. 그렇지 못하고 태어난 이가 손상될 때에는 사람이라 할 것이 못 된다. 그러므로 공자가 이르기를 "어진 자는 수한다"고 하였고, 또 이르기를 "사람이 태어날 때에는 본래 정직한 것인데 정직하지 못한 사람도 살아가는 것은 다만 요행수로 화를 면하였을 따름이다"라고 한 것이다. (권근)

4. 『경국대전』서

자고로 나라를 세운 창업의 군주가 천하를 다스리게 되는 초창기에는 모든 일이 정돈되지 않아 전해 내려오는 고사를 밝힐 겨를이 없다. 문치에 힘쓸 뿐 새 법규를 제정하기가 매우 어렵다. 한나라 고조도 창업의 군주인 까닭으로 천하를 차지하자 새 법을 제정 못하여 진나라의 번잡하고 가혹한 법만 폐기하고 이른바 법삼장(法三章), 즉 살인자는 사(死), 상해를 입힌 자 또 도적질할 자는 배상해야 한다는 법규 3조만을 실시할 것을 선언하였다. 사가들이 이르기를 당의 6전[2]이 제정된 것도 중엽에 만들어진 것이다. 후세에는 한·당조와 비교가 안 될 정노로 수많은 법전이 편찬되었다. 세조대왕께서는 천명을 받들어 중흥의 대업을 이룩하셨다. 창업과 수성을 겸한 큰 공적을 세우셨으니, 이같이 문물과 제도가 갖추어지자, 여기 광범위한 법을 제정하기에 이른 것이다. 세조께서 일찍이 좌우 신하들에게 "선왕들께서는 어질고 너그러우신 성품을 타고나시어 크고 아름다운 법을 만들어 공포하시었다. 『원·속육전』, 『등록謄錄』을 편찬하시었으며 그 외에도 임금의 명령인 교지를 거듭 홍포하시었다. 이 법들은 아름답지 않음이 없었으나, 이를 운용하는 관리들이 용렬하여 적용을 그르쳤다. 토지제도에 관한

---

[2] 치전(治典), 예전(禮典), 교전(敎典), 정전(政典), 형전(刑典), 사전(事典)을 일컬음.

법규도 너무 번거롭고 전후가 서로 맞지 않아 규준을 정할 수 없게 되었다. 이제 그 손익을 감안하고 회통이란 법전을 참고하여 불필요한 것을 산정하여 만세의 법을 만들고자 한다"라고 말씀하시었다. (『조선왕조법령집』 제1)

5. 서얼금고법 비판

서얼의 자손들이 과거에 응시하고 벼슬에 진출하지 못하게 하는 것은 우리나라의 옛 법이 아니다.

『경제육전』을 상고해 보면, 영락(永樂)[3] 11년(태종 15, 1415) 우대언 서선 등이 아뢰기를 "서얼의 자손은 현직에 서용하지 말아 적서의 분별을 하소서" 하였으니, 이것으로 본다면 과거에 응시하고 정반(正班)[4]에 진출하는 것만을 허락하지 않았을 뿐이다.

그런데 『대전』을 편찬한 뒤부터 금고를 가하기 시작했으니, 현재 아직 백 년도 되지 못한다. 천지의 안과 구주의 밖에 나라라고 명칭한 것이 어찌 백수(百數)만 되겠는가. 하지만 금고하는 법이 있다는 말은 듣지 못했다. 더구나 향리와 수군은 지극한 천역인데도 오히려 과거에 응시하게 한다. 그들의 내외가 세계(世系)를 말한다면 애당초 근거할 만한 본관이 없어 혹 유민에게 시집간 자도 있으며 혹 도망쳐온 사람을 아내로 맞이한 자도 있으니, 누가 그들 신분의 양천을 분별하겠는가.

그런데 경대부(卿大夫)의 자식으로서 다만 외가가 없다는 이유만으로 대대로 금고하여 비록 훌륭한 재주와 사용할 만한 기국(器局)이 있어도 끝내 머리를 숙이고 시골에서 그대로 죽어, 향리나 수군만도 못하니 참으로 가련하다. (『패관잡기』 권2)

---

3) 명 성조의 연호.
4) 동·서반을 가리킴.

6. 대마주에 유시하는 글

하늘이 이 백성들을 낼 때에 기(氣)로써 육신을 이루어 주었고, 이(理)도 부여해 주었는데, 선을 하면 온갖 상서를 내리고, 불선을 하면 온갖 재앙을 내린다. 옛날 제왕들이 천도를 순히 받들어 백성들에게 농사 짓는 것을 가르치고 오곡을 파종하여 형체를 기르게 하고, 고유한 의리를 인하여 개발시키고 인도하여 그 마음을 착하게 하였으며, 만약 강경하여 의리를 따르지 않고, 재물 때문에 사람을 죽이고 죽임을 당하는 것도 두려워하지 않는 자가 있으면, 숫자가 적을 경우 형륙(刑戮)을 가하고, 숫자가 많을 경우 정벌을 한다. 요·순·삼왕 등의 임금 노릇한 것이 이와 같을 뿐이다.

대마도는 경상도의 계림(鷄林)5)에 예속되어, 본래 우리 나라의 국경으로 문적에 실려 있어 분명히 상고할 수 있다. 그러나 땅이 매우 작고 또 바다 속에 있어서, 왕래하기가 곤란하기 때문에 백성들이 거처하지 않았었다. 이에 왜놈 중에 제 나라에서 쫓겨나, 돌아갈 곳이 없는 자들이 모두 여기에 모여들어 소굴을 만들고, 때로는 틈을 타서 몰래 들어와 평민들을 위협하고 재물과 곡식을 빼앗아 가며, 따라서 마음대로 학살하여 남의 처자를 고아와 과부로 만들고, 남의 가옥을 불태워 없애는 등 극도로 흉악한 짓을 한 지가 벌써 몇 년이 되었다.

우리 태조 강헌대왕께서는 지극히 어질고 신묘한 무로써 하늘의 뜻에 순응하여 혁명하고 국가를 창조하였는데, 시장에 있는 사람들도 놀라지 않고 대업이 이미 안정되었으니, 비록 성탕(成湯)이나 무왕의 성덕인들 어찌 이보다 더할 수 있겠는가. 국세가 크게 떨치고 병력이 막강하여 바다와 산악을 관통하고, 하늘과 땅을 날고 뛸 수 있게 융성하니, 모든 혈기가 있는 자는 무서워서 굴복하지 않는 자가 없었다. 이러한 때에 한 편장(偏將)6)을 명하여 대마도의 적은 무리를 섬멸하기란, 마치 태산으로 계란을 누르고, 분육(賁育)7)으로 어린아이를 치는 것과 같다. 그러나 우리 태조께서는 문덕을 펴고 무위를 걷어치워, 은혜와 신의로 회완(懷綏)하는 도를 보여주었다.

나는 대통을 이어 즉위한 이래로 능히 선왕의 뜻을 이어 더욱 무휼을 폈다.

---

5) 경주를 가리킴.
6) 낮은 장군.
7) 고대의 역사(力士)인 맹분(孟賁)과 하육(夏育)을 가리킴.

너희들은 간혹 좀도둑질과 불경하는 일이 있었으나 그래도 도도웅와(都都熊瓦)의 아비 정무(貞茂)가 덕의를 사모하고 충성을 바친 것을 생각하여 죄를 범하여도 따지지 않았으며, 매양 사절을 접대할 때마다 관사를 주어 머무르게 하고, 예조를 명하여 후히 위로하게 하였다. 또 그 생계가 어려움을 생각하여 이익을 보는 상선을 통행하도록 허락하여, 경상도의 쌀과 조를 대마도로 운반해 간 것이 해마다 몇만 석에 달하였다. 이는 그 형체를 길러 기아를 면하고 그 양심을 확충하여 좀도둑질을 부끄럽게 여기어, 함께 천지의 사이에 살려고 한 것이었으니, 나의 용심도 지극하다 하겠다.

그런데 뜻밖에 근래에 와서 은혜를 잊고 의리를 거역하여 스스로 화의 근원을 만들어 멸망을 자초하고 있다. 그러나 평소에 귀화한 자나, 무역과 통신을 목표로 온 자라거나, 또는 요즈음에 위무의 풍문을 듣고 항복해 온 자는 모두 죽이지 않고 여러 고을에 분배한 다음, 의식을 공급해 주어 목숨을 보전하게 하고, 또 변방을 지키는 장사를 명하여 병선을 거느리고 진격하여 그 섬을 포위하고 온 섬안의 사람들이 항복해 오기만을 기다리고 있다. 그런데 지금 그 섬사람들은 아직도 미련하게 고집하여 깨닫지 못하고 있으니, 나는 이것을 매우 민망스럽게 생각한다. …… (『동문선』 권24)

7. 용비어천가

해동육룡(海東六龍)이 ᄂᆞᄅᆞ샤 일마다 천복(天福)이시니
고성(古聖)이 동부(同符)ᄒᆞ시니

불휘 기픈 남ᄀᆞᆫ ᄇᆞᄅᆞ매 아니 뮐씨 곶 됴코 여름 ᄒᆞᄂᆞ니
ᄉᆡ미 기픈 므른 ᄀᆞᄆᆞ래 아니 그츨씨 내히 이러 바ᄅᆞ래 가ᄂᆞ니

주국대왕(周國大王)이 유곡(幽谷)에 사ᄅᆞ샤 제업(帝業)을 여르시니
우리 시조(始祖) 경흥(慶興)에 사ᄅᆞ샤 왕업(王業)을 여르시니

8. 한국의 고유영토 '독도'

 우산(于山 : 독도)과 무릉(武陵 : 울릉)의 두 섬이 현(縣 : 울진현) 정동(正東)의 바다 가운데 있다. 두 섬은 서로 거리가 멀지 아니하며 날씨가 청명하면 가히 바라볼 수 있다. 신라시대에는 우산국이라고 칭하였다. (『세종실록』지리지)

9. 시조 3수

이몸이 죽어가서 무엇이 될고 하니
봉래산 제일봉에 낙랑장송 되얏다가
백설이 만건곤할제 독야청청 하리라. (성삼문)

삭풍은 나모끝에 불고 명월은 눈속에 찬데
만리변성에 일장검 짚고 서서
긴파람 큰한소리에 거칠 것이 업세라. (김종서)

강호에 여름이 드니 초당에 일이 없다
유신(有信)한 홍파는 보내느니 바람이로다
이몸이 서늘해옴도 역군은(亦君恩)이샷다. (맹사성)

10. 『격몽요결』서

 사람이 이 세상에 나서 학문이 아니면 '사람다운 사람'이 될 수 없다. 이른바, 학문이란 것은 역시 이상스럽고 별다른 것이 아니고, 다만 아비된 자는 마땅히 자애로워야 하며, 자식된 자는 마땅히 효도해야 하고, 신하된 자는 마땅히 충성해야 하며, 부부간에는 마땅히 유별하고, 형제간에는 마땅히 우애로워야 하며, 젊은이는 마땅히 어른을 공경해야 하고, 친구간에는 마땅히 신의가 있어야 하고, 일용의 모든 일에 있어서 그 일에 따라 각기 당연하여야 할 뿐이요, 현묘한 것에 마음을 두어 기이한 것을 노려서는 안 된다. 다만 학문하지 않은 사람은 마음이 궁색하고 식견이 좁으므로, 모름지기 글을 읽고 그 이치를 연구하여 마땅히 행할 길을 밝힌 연후에야, 행하는 것이 올바르고 편벽되지 않은 길을 걸을 수 있게 될 것이다. 요즘 사람들은 학문이 일상생활에 있는 줄을 모르고 망령되게 높고 멀어 행하기 어려운 것으로 생각하여, 특별한 사람에게 미루고 자기는 자포자기하니 어찌 불쌍하지 않으랴. 내가 해산(해주)의 양(석담)에 있을 때 한두 학도가 서로 따르며 학문을 물었다. 내가 스승이 될 수 없음을 부끄럽게 여기고, 또한 초학의 향방을 모르고 굳이 뜻이 없이 범범(泛泛)히 배우겠다고 한다면 피차에 도움이 없고 도리어 남의 조롱만 사게 될 것을 염려하여 간략하게 한 책을 쓰되, 대략 마음을 세우고, 몸을 바르게 하여 부모를 봉양하며, 남을 접대하는 방법을 서술하여 '격몽요결'이라 이름해서 학도들로 하여금 이것을 읽고 마음을 씻게 하며, 이를 근거로 하여 즉시 공부에 착수하게 하고, 나도 역시 오랫동안 구습에 얽매어 괴로워하던 차에 이것으로 스스로 경성(警省)하고자 하노라. 정축 늦겨울 덕수 이이(李珥) 씀. (『율곡집』)

11. 10만양병설

국세(國勢)가 극도로 부진하다. 10년이 아니 가서 크게 무너지는 화를 당하게 될 것이다. 바라건대 10만 명의 군대를 조련하여 서울에 2만, 각도에 각 1만을 배치하여 6개월씩 교대하여 도성을 지키게 하는 것이 긴요하다. 만약 적병이 침범해도 10만이 합세하여 지키도록 하면 완급양면의 준비를 갖추게 되는 것이다. 사전에 준비를 갖추지 않으면 일단 유사시에는 급히 이곳저곳으로 뛰게 되는데, 그렇게 되면 대사를 그르치게 된다. (『율곡전서』 부록연표)

12. 대마도의 정체

○ 대마도는 우리 나라와 어떤 관계인가? 대대로 우리 조정의 은혜를 받아 조선의 동쪽 울타리를 이루고 있으니 의리로 말하면 군신지간이요, 땅으로 말하면

조선에 부속된 작은 섬이다. (김성일, 『해차록』 권3, 허서장관답)

○ 우리 대마도에게 조선 영토 안의 주·군(州·郡)의 예에 따라 주(州)의 명칭을 정하여 주고 인신(印信)을 주신다면 마땅히 신하의 도리를 지키어 시키는 대로 하겠습니다. (『세종실록』 권6, 2년 윤정월 기묘)

13. 『난중일기』

혼자 다락에 의지했다. 나라 정세가 아침이슬같이 위태로운데 안으로는 주춧돌같은 인물이 없음을 생각해 보니, 장차 어떻게 될지 몰라 마음이 산란했다. 종일토록 누웠다 앉았다 했다. (을미 7월 1일)

오늘은 어머님 생신이었다. 적을 토벌하는 일로 나아가 축수의 술잔을 드리지 못하는 것이 평생 유감이다. (계사 5월 4일)

오늘은 늦게 큰비가 쏟아지더니 그대로 종일 그치지 않아 개천에 물이 넘쳐 농민들을 만족하게 하니 다행이다. (계사 5월 6일)

14. 요동의 원주인

요동은 본시 조선 국토이다. 지금 명나라 사람들이 그 땅을 빼앗았는데, 너희는 명나라가 원수인 것도 모르고 도리어 신복하고 있다. (『만문노부비록』)

15. 청 태조의 뿌리

명나라 중엽에 건주위 추장 이만주(李滿住)라는 이가 계셨다. 조선 함길도에서 홍경으로 이사하여 살으셨다. 그의 후예 청 태조는 그 도통을 이어 호를 만주라고 하셨으니, 이가 곧 만주한(滿洲汗)이시다. (『만주원류고』)

16. 『징비록』 자서

『징비록 懲毖錄』이란 무엇인가. 임진란 뒤의 일을 기록한 글이다. 여기서 간혹 난 이전의 일까지 섞여 있는 것은 난의 발단을 밝히기 위한 것이다.

생각하면 임진의 화야말로 참담하기 짝이 없는 일이었다. 10여 일 동안에 세 도읍이 함락되었고, 온 나라가 모두 무너졌다. 이로 인하여 임금은 마침내 파천까지 했다. 그러고도 오늘날이 있다는 것은 진정 하늘이 도운 게 아니라고 누가 말하겠는가.

바꿔 생각하면 이것은 또한 조종의 어지신 은덕이 넓게 우리들 백성에게 미쳤던 것이기도 하다. 백성이 조국을 생각하는 마음은 그치지 않았고, 또 임금이 사대하는 마음이 명나라 황제를 감동시켰다. 이래서 중국은 몇 번이나 구원의 군사를 내보냈던 것이니, 만일 그렇지 않았으면 필경 나라가 위태로웠을 것이다. 『시경』에 이런 말이 있다. "내 지나간 일을 징계하고 뒷근심이 있을까 삼가(毖)노라." 이것이 바로 내가 이 『징비록』을 쓰는 연유라 하겠다.

나같이 못난 놈이 당시의 국가가 어지러운 때를 당하여 감히 나라의 중한 책임을 맡아가지고 위태로움을 바로잡지 못했고, 또 기울어지는 형세를 붙들지도 못했다. 생각하면 그 죄, 몸이 죽어도 다하지 못할 것이다. 그런데 이제 오히려 산 속에 목숨을 붙여 성명을 보존하고 있으니, 이 어찌 임금의 너그러우신 은덕이 아닐까 보냐!

걱정스럽던 일이 겨우 가라앉으며 지난 일을 생각해 본다. 새삼스럽게 황송하고 부끄러워 낯을 들 수가 없는 노릇이다. 이에 한가로운 틈을 타서 지난날에 내 귀로 듣고, 내 눈으로 본 중에서 임진년으로부터 무술년에 이르기까지의 몇 가지 일을 기록한다. 또 장계, 상소, 차자(箚子)[8]와 문이(文移), 잡록을 그 밑에 붙였다. 이것이 비록 보잘것 없다고 하더라도 모두 당시의 사적임에는 틀림 없으므로 이 또한 허술히 여길 수는 없는 것들이다.

---

8) 간단한 서식의 상소문.

이제 전야(田野)에 숨어서 나라와 임금에 충성하는 생각으로 내가 과거 나라에 보답하지 못한 한없는 죄를 기록하는 바이다. (유성룡, 『징비록』)

17. 백두산 비문

총관 목극등(穆克登)은 황제의 뜻을 받들어 국경을 자세히 살피어 서쪽 경계는 압록강으로 정하고 동쪽은 토문강으로 정한다. 두 강 분수령 위에 비를 돌에 새겨 세운다. (강희 51년 5월 15일)

18. 조선관리의 이양선 출몰보고

본년 여름과 가을 이래로 외국선박이 경상·전라·황해·강원·함경 5도에 출몰하여 쫓으려 해도 따라갈 수가 없었다. 그 중에는 상륙하여 물을 길어가기도 하고 때로 고래를 잡아먹기도 하는데 그 선박의 수는 헤아릴 수가 없다. (『헌종실록』 14년 12월 기사)

19. 『천주실의』 소개

구라파국은 또 대서국(大西國)이라고도 한다. 이마두라는 사람이 바다에 떠서 9년 만에 8만 리의 물결을 건너와 중국에 살기를 10여 년이었다. 그의 지은 바 『천주실의』 2권은 천주가 처음으로 천지를 만들고 다스리며 편안하게 하는 길을 말하고, 다음으로 불교에서 말하는 윤회 육도의 그릇됨과 지옥, 천당, 선악의 같음을 말하고 끝으로 사람의 성품이 본디 착하니, 천주를 공경해야 한다는 뜻을 말하였다. 그 풍속이 임금을 교황이라 부르는데 혼인하지 않으므로 대를 이을 자손이 없어 어진 이를 뽑아 세운다. (이수광, 『지봉유설』 제국기)

20. 팔도인심론

인심이란 무엇을 기준으로 하여 말하는 것인가. 공자의 말씀에, "동리 사는 사람이 어진 생각을 하는 것이 좋으니, 그러하지 않은 곳에는 거처하지 말라"고 하였다. 옛날 맹모가 거처를 세 차례 옮긴 것은 맹자를 가르치기 위해서였다. 풍속이 좋지 않은 곳에 거처하면 자손들 몸(身)에 해로울 뿐만 아니라 남을 속이는 등 옳지 않은 일에 물들 염려가 있으므로 집을 사는 데는 그 지방의 풍속을 살피지 않을 수 없다. 우리 나라 팔도 중 평안도 사람은 순박하고 후함이 으뜸이다. 경상도는 질소하고 견실하며, 함경도는 오랑캐 땅과 접하고 있어 굳세고 사납다. 황해도는 산수가 험하고 막혀 백성이 모질고 포악하다. 강원도는 산협지대하여 어리석은 사람이 많다. 경기는 서울 밖에 있는 야읍으로 산물이 적어 시들어 가고 있으며, 충청도는 윗사람을 잘 섬기고 명령에 잘 복종한다. 전라도는 간교하고 험하며 이해에 잘 움직인다. 이것이 팔도인심의 대략이다. (이중환, 『택리지』 복거총론)

21. 『발해고』 서

고려에서 『발해사 渤海史』를 편찬하지 못하였으니, 고려가 떨치지 못했다는 것을 알 수 있다. 옛날에 고씨가 북쪽지방에 거하면서 고구려라 했고, 부여씨가 서남지방에 거하면서 백제라 했으며, 박씨·석씨·김씨가 동남지방에 거하면서 신라라 한 바 이것이 삼국이다. 이 삼국에는 마땅히 삼국에 대한 사서(史書)가 있어야 할 텐데 고려가 이것을 편찬했으니, 옳은 일이다. 부여씨가 망하고 고씨가 망한 다음 김씨가 남방을 차지하고 대씨(大氏)가 북방을 차지하고는 발해라 했으니, 이것을 남북국(南北國)이라 한다. 남북국에는 마땅히 남북국의 사서가 있었을 텐데, 고려가 편찬하지 않은 것은 잘못이다.

저 대씨는 어떤 사람인가. 바로 고구려 사람이다. 그들이 차지하고 있던 땅은 어떤 땅인가. 바로 고구려 땅인데, 동쪽을 개척하고 다시 서쪽을 개척하고 다시 북쪽을 개척해서, 나라를 넓혔을 뿐이다. 김씨와 대씨가 망한 다음 왕씨가 통합하여 차지하고는 고려라 했는데, 김씨가 차지했던 남쪽지방은 전부였지만 대씨가 차지했던 북쪽지방은 전부가 되지 못하여, 혹은 여진에 빼앗기기도 했고 혹은 거란에 빼앗기기도 하였다.

　이런 시대를 당하여 고려를 위해서 계책을 세우는 자는 마땅히 먼저 『발해사』를 편찬한 다음 이것을 가지고 여진에 책하기를 "어찌하여 우리 발해의 땅을 돌려주지 않는가. 발해 땅은 바로 고구려 땅이다" 하고는 장군 한 사람을 보내어 가서 수복했으면 토문강 이북지방을 차지할 수 있었을 것이다. 다시 『발해사』를 가지고 거란에 책하기를 "어찌하여 우리 발해 땅을 돌려주지 않는가. 발해 땅은 바로 고구려 땅이다" 하고는 장군 한 사람을 보내어 가서 수복했으면 압록강 이서지방을 차지할 수 있었을 것이다. 그런데도 마침내 『발해사』를 편찬하지 아니하여 토문강 이북과 압록 이서가 누구의 땅인지 알 수 없게 되어, 여진을 책하려 하여도 문서가 없고 거란을 책하려 하여도 문서가 없다. 고려가 마침내 약소국이 된 것은 발해의 땅을 되찾지 못했기 때문이니, 이후 탄식할 수 있겠는가. (유득공, 『발해고』 서)

22. 금성탕지

　백두산의 맥이 북에서 내려오다가 평강의 분수령에 이르러 두 가닥으로 나뉘면서 하나는 천마산과 성거산이 되고 다른 하나는 도봉산과 삼각산(북한산)이 되면서 서울과 개성의 두 도읍지를 만들었다. ……세 개의 석봉이 높이 솟아 하늘을 치받아 항거하듯 우뚝하니 치솟아 영롱하고 아름답다. 이 산봉은 서쪽으로 뻗어가서 인왕산과 북악산을 이루고 남쪽으로 빙 둘러서 목멱산(남산)과 잠두봉이 되었다. ……한강이 동쪽, 남쪽, 서쪽을 빙 둘러 흐르면서 이 신경(神京)을 옹호하고 있으니 이것이 이른바 금성탕지(金城湯池)이며 천부(天府)의 나라인 동시에 만세토록 함락할 수 없는 공고한 터전인 것이다. (이만부)

23. 논붕당(論朋黨)

　붕당은 싸움에서 생기고, 싸움은 이해관계에서 생긴다. 이해관계가 절실하면

붕당이 깊어지고, 이해관계가 오래 될수록 붕당이 견고해지는 것은 당연한 사세이다. 무엇으로써 그 이유를 밝힐 것인가. 예를 들면 지금 열 사람이 함께 굶주리고 있는데, 한 그릇의 밥을 같이 먹게 되면 그 밥을 다 먹기도 전에 싸움이 일어날 것이다. 힐책해 보면 말이 불순한 자가 있어서 그렇게 됐다 할 것이니, 사람들은 모두 말이 불순해서 싸움이 시작됐다고 믿을 것이다. 다음 날 또 한 그릇의 밥을 같이 먹게 되면, 그 밥을 다 먹기도 전에 싸움이 일어날 것이다. 힐책해 보면, 용모가 불공한 자가 있어서 그렇게 됐다고 할 것이니, 마침내 한 사람이 선창하면 여러 사람이 호응하여 처음에는 미세하지만 종말에는 크게 된다. 말할 때엔 입에서 거품을 내고 화낼 때엔 눈이 찢어질듯 흘겨보니, 어찌 그다지도 과격한가.

길에 다니는 사람들을 살펴보면, 오는 사람이 팔을 흔들기도 하고 가는 사람이 발꿈치를 높이 쳐들기도 하여 말이 불순하거나 용모가 불공하거나 행동이 나쁜 사람들이 어찌 한이 있겠는가. 하지만 지난번 한 그릇 밥을 같이 먹을 때처럼 한 번이라도 과격하게 성을 내지는 않는다. 이에 그들의 싸움은 밥이 적은 데 있는 것이지, 말이나 용모 또는 행동에 있는 것이 아님을 알 수 있다.

그 끝만 책망하는 자는 싸움이 말 때문에 일어난 줄만 알고 말하기를 "말만 공손히 했으면 이런 일이 없었을 것이다" 하며, 용모 때문에 일어난 줄만 알고 말하기를 "용모만 공손히 했으면 이런 일이 없었을 것이다" 하여, 이해의 근원이 어디에 있는 줄도 모르니 그 실책이 그대로 있어 이루 다 구원하지 못할 것이다. 가사 오늘은 한 그릇 밥을 같이 먹다가 싸웠으나, 내일은 각상을 차려 배부르도록 먹게 하여 싸움의 원인을 없앤다면, 저 한때 비방하던 사이도 점차 화합하여 다시 남은 감정이 없을 것이다. …… (이익, 『성호집』 권45, 잡저하)

24. 마한정통론

종래 역사서에서는 안정복이 편년한 마한정통기(B.C. 192~A.D. 9)의 역사가 외기(外紀)에서 간략하게 기록되거나, 본기(本紀)에서 기록되었다 하더라도 외기의 내용을 크게 벗어나지 못한 실정이었다. 더욱이 한사군시대의 기록에서는 본국 역사와 별개인 듯한 느낌을 받게 되었던 것이 솔직한 심정이라 하겠다. 그러나 안정복은 기자조선의 강역이었던 지역까지 모두 마한정통기의 우리 나라 강역으로 보았기 때문에, 이 시기에 북방강역에서 일어난 역사를 마한정통시대에 일어난 역사로 기록하였던 것이다. 안정복도 한사군시대를 전후한 시기의 기록에 유의하였던 것으로 보인다. (강세구, 1993, 「동사강목의 국사체계와 마한정통론에 관한 고찰」, 『실학사상연구』 4)

25. 의산문답

천체가 운행하는 것이나 지구가 자전하는 것은 그 세가 동일하니, 분리해서 설명할 필요가 없소. 다만 9만 리의 둘레를 한 바퀴 도는 데 이처럼 빠르며, 저 별들과 지구와의 거리는 겨우 반경밖에 되지 않는데도 몇천만 억의 별들이 있는지 알 수 없는데, 하물며 성계(星界) 밖에도 또 다른 별들이 있지 않소. 공계(空界)가 끝이 없으니, 별의 숫자 역시 한정이 없을 것이오. 별들이 우주 한 바퀴 도는 것을 가지고 말한다면, 너무나 멀어서 헤아릴 수가 없소. 하루 동안에 운행하는 빠른 속도를 계산해 보면 번갯불이나 탄환으로도 이에는 비하지 못할 것이니, 정교한 역산가(曆算家)로서도 능히 계산할 수 없고 지극히 말 잘하는 자로서도 능히 설명할 수 없는 것이오. 천체가 운행한다는 말이 이치에 맞지 않음은 굳이 설명할 필요가 없소. (홍대용, 『담헌집』 권4)

26. 양반전

……부자는 한참동안 멍하니 있다가 말하기를,

"양반이 겨우 이것뿐입니까. 내가 듣기엔 양반은 신선과 같다 하였는데 정말 이것뿐이라면 너무 억울하게 곡식만 몰수당한 것입니다. 좀더 유리하게 고쳐 주시기 바랍니다" 하였다. 이에 다시 문서를 고쳐 만들었는데,

"대체 하늘이 백성을 낳으실 제 넷으로 구분하셨다. 네 백성 중에 가장 존귀한 자가 선비(士)이다. 이를 바로 양반이라 하니, 이보다 더 큰 이익이 없다. 이들은 농사와 장사를 하지 않고 글이나 역사를 대강 알면 크게는 문과에 급제하

고 작게는 진사에 합격한다. 문과의 홍패는 길이가 두 자도 못 되지만 모든 물건이 구비되었으니, 이는 곧 돈자루와 다름없다. 진사에 오른 선비는 나이 30에 처음 벼슬을 하더라도 명망 있는 음관이 될 수 있고 남쪽 큰 고을의 원을 잘 섬기면 일산 바람에 귓바퀴가 희어지고 전령들의 '예' 하는 소리에 배가 나오게 된다. 방에는 아리따운 기생이 둘러 있고 뜰에는 우는 학을 기르고 있다. 비록 그렇지 못하여 궁한 선비의 몸으로 시골에 있다 하더라도 오히려 무단적인 행위를 감행할 수 있어, 이웃집 소를 몰아다가 밭을 먼저 갈게 하고 동네 농민을 동원하여 내 농토를 먼저 김매니, 누가 감히 나를 얕보랴. 코에 잿물을 붓고 상투를 휘어잡고 수염을 뽑아도 감히 원망조차 못하리라" 하였다.

증서가 반쯤 만들어졌는데 부자는 혀를 빼면서,

"그만두시오, 그만두시오. 참으로 맹랑합니다. 장차 나보고 도둑놈이 되라 하는 것입니까?" 하고는 머리를 혼들며 가버렸다. 그리고는 종신토록 양반의 일을 말하지 아니하였다. (박지원, 『연암집』 권81, 전)

27. 몽룡의 풍자시

금잔의 좋은 술은 일천 사람의 피요
옥반(玉盤)의 맛있는 안주는 일만 백성의 기름이라
촛농이 떨어질 때 백성의 눈물이 떨어지고
노랫소리 높은 곳에 원망소리 높도다 (『춘향전』)

28. 애절양

갈밭마을 젊은 여인 울음도 서러워라
현문(縣門) 향해 울부짖다 하늘보고 호소하네

군인 남편 못 돌아옴은 있을 법도 한 일이나
예로부터 남절양(男絶陽)은 들어보지 못했노라

시아버지 죽어서 이미 상복 입었고
갓난아이 배냇물도 안 말랐는데
삼대에 이름이 군적에 실리다니

달려가서 억울함을 호소하려도
범같은 문지기 버티어 있고
이정(里正)이 호통하여 단벌 소만 끌려갔네

남편 문득 칼을 갈아 방안으로 뛰어들자
붉은 피 자리에 낭자하고나
스스로 한탄하네 "아이 낳은 죄로구나"

잠실궁형(蠶室宮刑)이 또한 지나친 형벌이고
민(閩)땅 자식 거세함도 가엾은 일이거든

자식 낳고 사는 건 하늘이 내린 이치
하늘 땅 어울려서 아들되고 딸되는 것

말·돼지 거세함도 가엾다 이르는데
하물며 뒤를 잇는 사람에 있어서랴

부자들은 한평생 풍악이나 즐기면서
한알 쌀, 한치 베도 바치는 일 없으니

다같은 백성인데 이다지 불공한고
객창에서 거듭 거듭 시구편9)을 읊노라

(정약용, 『목민심서』 권4)

---

9) 통치자가 백성을 고루 사랑해야 한다는 것을 뻐꾸기에 비유해서 읊은 『시경』의 편명.

29. 기예론

하늘이 날짐승과 길짐승에게는 발톱과 뿔을 주고 단단한 발굽과 예리한 이빨을 주었으며 여러 가지 독을 주어서 각기 하고 싶어하는 것을 얻게 하고 외부로부터의 습격을 막아낼 수 있게 하였는데, 사람에게는 벌거숭이로 유약하게 제 생명을 보호하지 못할 듯이 하였으니, 어찌하여 하늘은 천하게 하여야 할 금수에게는 후하게 하고, 귀하게 하여야 할 인간에게는 박하게 하였는가. 이는 인간에게는 지혜로운 생각과 교묘한 연구력이 있으므로 기예를 익혀서 제 힘으로 살아가도록 한 것이다.

그러나 지혜로운 생각으로 미루어 아는 것도 한계가 있고 교묘한 연구력으로 깊이 탐구하는 것도 순서가 있다. 그러므로 비록 성인(聖人)이라 하더라도 천만 명이 함께 논의한 것에는 당해 내지 못하며, 비록 성인이라 하더라도 하루아침에 모두 아름답게 하지는 못한다.

그렇기 때문에 기예는 사람이 많이 모이면 더욱 정교하게 마련이고 세대가 흘러갈수록 더욱 발전하는 바, 이는 형세가 그렇게 되지 않을 수 없는 것이다.

그러므로 시골에 사는 사람은 읍내에 있는 공장의 솜씨만 못하고, 읍내 사람들은 유명한 성터나 큰 도시에 있는 공장의 솜씨만 못하며, 유명한 성터나 큰 도시의 사람들은 서울에 있는 최신식의 묘한 기계 제작만은 못하다.

저 궁벽한 시골마을에 사는 자가 오래 전에 서울에 왔다가 처음으로 만들어서 아직 완전하지 못한 방법을 우연히 얻어 듣고는 기쁘게 돌아가서 시험해 본 다음, 속으로 자신만만하여 말하기를,

"천하에 이 방법보다 더 우수한 것이 없다."

하면서 아들과 손자들을 모아놓고 경계하기를,

"서울에서 말하는 소위 기예라는 것을 내가 배워 가지고 왔으니, 지금부터는 서울에서도 다시 더 배울 것이 없다."

한다. 이런 사람이 하는 짓이란 거칠고 나쁘지 않은 것이 없다.

우리 나라에 있는 백공(百工)들의 기예는 모두 옛날 중국에서 배워 온 방식인데, 수백 년 이래 칼로 벤 것처럼 딱 잘라 다시는 중국에 가서 새로운 것을 배우려는 계획을 세우지 않았다. 중국에는 새로운 방식과 교묘한 제도가 나날이 증가하고 다달이 불어나서 수백 년 이전의 옛날 중국이 아니다.

그런데도 우리는 막연하게 서로 묻지도 않고 오직 옛날의 방식만을 편케 여기고 있으니 어찌 그리 게으르단 말인가. (정약용, 『여유당전서』 권11, 기예론)

30. 여전론

 농사짓는 일을 장려하는 사람들은 농민들이 농토를 얻을 수 있게 하는 방법을 깨닫고 있지 않다. 농부가 토지를 얻지 못할 때, 이 여전법(閭田法)을 실시하면 그 뜻을 다할 수 있다. 산골짜기와 물 흐르는 지형을 따라 경계를 정하고 유휴지에는 농사지을 곳을 만들게 한다. 이를 여전이라 부른다. 여전을 운영하는 방법은 다음과 같이 한다. 여 셋을 리(里), 리 다섯을 방(坊), 방 다섯을 읍(邑)으로 삼는다. 1여의 토지는 여 안에 사는 사람만이 농사짓게 하는데, 여 안의 경작지는 경계를 정하지 않으며, 여장의 명령에는 절대 복종해야 된다. 그러나 여장도 여민을 일률적으로 사역하지 말고, 경작하는 일수를 개인별로 자세히 장부에 기록해 둔다. 가을 추수 때에는 곡식을 여장 집으로 모두 보낸다. 그 중에서 먼저 공가(公家)의 세를 내고 다만 여장의 봉록을 내주고, 그 나머지로는 노동한 날짜 비율로 각 개인에게 나누어 준다. ……많이 일한 자에게 많이 수며, 적게 일한 사람에게는 분배가 적게 돌아가게 한다. 이렇게 하면 힘써 일 많이 하고 큰 보답을 바랄 것이다. 이와 같은 방법으로 하면 농민들은 힘을 다하여 일할 것이며, 지리(地利)도 다 거둘 수 있게 된다. 이가 생기면 민산(民産)이 풍부해지고 민산이 풍부하면, 풍속도 순화되어 효제(孝悌)의 도덕이 서게 되니 이는 토지제 중에서 좋은 방법이 된다. (정약용, 『여유당전서』 권11, 전론)

※ 참고문헌

홍이섭, 1959, 『정약용의 정치경제사상연구』, 한국연구도서관.
전해종, 1970, 『한중관계사연구』, 일조각.
홍이섭, 1971, 『세종대왕』, 세종대왕기념사업회.
강주진, 1971, 『이조당쟁사연구』, 서울대출판부.
차문섭, 1973, 『조선시대 군제연구』, 단국대출판부.
배종호, 1974, 『한국유학사』, 연세대출판부.
역사학회, 1976, 『한국사논문선집 4(조선전기)』, 일조각.

역사학회, 1976,『한국사논문선집 5(조선후기)』, 일조각.
국사편찬위원회, 1975~78,『한국사』9~15.
김용섭, 1977,『조선후기 농업사연구』, 을유문화사.
김용덕, 1977,『조선후기 사상사연구』, 을유문화사.
천관우, 1979,『조선근세사연구』, 일조각.
유원동, 1983,『한국실학개론』, 정음문화사.
한영우, 1983,『조선전기 사회경제사연구』, 을유문화사.
이태진, 1985,『조선시대 정치사의 재조명』, 범조사.
김정의, 1985,『한국사의 이해』, 형설출판사.
이태진, 1986,『한국사회사연구』, 지식산업사.
반윤홍, 1986,『조선시대사논강』, 교문사.
손승철, 1987,『근세한일관계사』, 강원대.
한영우, 1988,『한국의 문화전통』, 을유문화사.
용암차문섭교수화갑기념논총간행위원회, 1989,『용암차문섭교수화갑기념논총 조선시대사연구』.
이태진, 1989,『한국유교사회사론』, 지식산업사.
최완기, 1989,『조선후기 선운업사연구』, 일조각.
이현희, 1990,『인물 한국사』, 청아출판사.
원유한 외, 1991,『조선후기 사회경제사연구입문』, 민족문화사.
최완기, 1992,『조선시대사의 이해』, 느티나무.
역사문제연구소, 1993,『한국의 역사 2』, 웅진출판사.
강세구, 1994,『동사강목연구』, 민족문화사.
손승철, 1994,『조선시대 한일관계사연구』, 지성의 샘.
김문길, 1995,『임진왜란은 문화전쟁이다』, 혜안.
최효식, 1995,『조선후기 군제사연구』, 신서원.
강세구, 1996,『순암 안정복의 학문과 사상연구』(무악실학회총서 제5집), 혜안.
한일관계연구회, 1996,『독도와 대마도』, 지성의 샘.
한국역사연구회, 1996,『조선시대 사람들은 어떻게 살았을까』1·2, 청년사.

제5장 근대문명

1. 포덕문

……경신(1860년)에 이르러 전하여 들으니 서양사람들이 한울님의 뜻이라고 하여 부귀를 바라지 않고 천하(중국)를 정복하여 교회당을 세우고 그들의 종교를 널리 보급시킨다는 것이다. 그러므로 나도 그것이 과연 그럴까 하는 의문을 가지게 되었다.

뜻밖에 4월에 마음이 아뜩하고 몸이 떨려 무슨 병증이라고 판단할 수 없으며 무엇이라고 형용할 수도 없는 이 순간에 어떤 신비로운 말씀이 문득 귀에 들어왔다. 소스라쳐 일어나서 캐어 물었더니, "두려워 말고 무서워 말라. 세상사람들이 나를 상제라고 부르는데 너는 상제도 몰라보는가"라고 하였다.

상제님이 이렇게 나타나시는 까닭을 물으니, "나도 역시 일한 보람이 없으므로 너를 세상에 내보내어 사람들에게 이 진리를 가르치려고 한다. 부디 내 말을 의심치 말라!"

"그러면 그리스도교를 가지고 사람들을 가르칠까요?"라고 물었더니, 그렇지 않다. 나에게 신비로운 부작(符作)이 있다. 그 이름은 선약(仙藥)이요, 그 모양은 태극의 그림과 같고 혹은 궁(弓)자를 겹쳐 놓은 것과 같다. 그 부작을 받아가지고 사람들의 병을 고치며 또 내 주문을 받아가지고 모든 사람으로 하여금 나를 위하게 하라. 그러면 너도 역시 오래 살아서 온 세상을 이롭게 할 것이다."

나도 그 말씀을 듣고 그 부작을 받아 종이에 써서 먹어 보았다. 그랬더니 몸이 윤택해지고 병이 나았다. 비로소 선약이라는 것을 알게 되었다. 그러나 이것을 다른 사람의 병에 써 보았더니 어떤 사람은 낫고 어떤 사람은 낫지 않았다. 그러므로 그 까닭을 알지 못하여 그렇게 되는 이치를 살펴보았다. 알고 보니 정성을 다하여 지극히 한울님을 위하는 사람은 번번히 효력이 있고, 도덕을 지키지 않는 사람은 모두 효력이 없었다. 이렇게 보면 이것은 영부(靈符)를 받은 사람의 정성과 공경에 달려 있는 것이 아닐까?

그러므로 우리 나라는 나쁜 병들이 세상에 가득 차 있고 민중들은 1년중 하루도 편할 때가 없다. 이것은 역시 상해를 받을 운명이기 때문이다.

서양인은 싸워서 이기고 쳐서 빼앗아 뜻대로 이루지 못하는 일이 없다. 그리하여 온 동양이 다 망해 버린다면 우리 나라도 같은 운명에 빠짐을 걱정하지 않을 수 없다. 나라를 돕고 민중을 편하게 할 계책은 장차 어디서 나올 것인가.

안타까운 일이다. 지금의 세상사람들은 시대의 움직이는 형편을 모른다. 그러므로 나의 이 말을 들으면 집에 돌아가선 마음속으로 옳지 않게 여기고 밖에 나가선 거리에서 수군거리고 도덕을 따르지 않는다. 참으로 두려운 일이다.

어진 사람도 이 말을 듣고 그 중 많은 사람이 그렇지 않게 여겨 나는 거의 분하고 원통하다. 그러나 세상은 어찌할 수 없으므로 생각나는 대로 대략 적어내서 가르쳐 보이니 이 글을 잘 받아 그 가르침을 존중하기를 바란다. (『동경대전』)

2. 파환귀결

파환귀결(罷還歸結)이란 임술민중항쟁 당시의 현행 환곡제도를 혁파하고 국가재정의 중요한 수입원이던 환모(還耗) 대신 전국의 시기결 중 매결에서 2냥씩을 징수하여 이에 충당코자 하는 제도이다. 따라서 파환귀결은 환정의 폐단을 근본적으로 제거하기 위한 일대 개혁이었던 만큼 이정청(釐整廳)에서도 의론이 분분하여 좀처럼 의견일치를 보지 못하고 논쟁의 대상이 되다가 마침내 파환귀결을 골자로 하는 삼정이정책을 1863년 윤8월 우선 삼남에 반포하여 시행하게 하였다.

그러나 곧이어 이정청의 업무가 비변사로 넘겨진 후 2개월 남짓한 10월, 파환귀결은 삼정구규(三政舊規)로 되돌아가게 되었다. 따라서 파환귀결이란 혁신적 조항이 빛을 잃은 채 잡다한 지역적 폐해의 제거에 중점을 둔 소극적 행정으로 고정되어 버렸다. (김정의, 1990, 「임술민중항쟁에 관한 일고찰」, 『실학사상연

구』창간호)

3. 척화비

양이(洋夷)가 침범하는데 싸우지 않으면 즉 화(和)하는 것이요, 주화(主和)는 매국이다. 우리들이 만년 자손들에게 경계하기 위하여 병인년에 짓고 신미년에 세운다.

4. 내수도문

부모님께 효도를 극진히 하오며, 남편을 극진히 공경하오며, 내 자식과 며느리를 극진히 사랑하오며, 하인을 내 자식과 같이 여기며, 육축이라도 아끼며, 나무라도 상순을 꺾지 말며, 부모님 분노하시거든 성품을 거슬리지 말며 웃고, 어린자식 치고 울리지 마옵소서. 어린아이도 한울님(하느님)을 모셨으니, 아이 때리는 것이 곧 하느님 때리는 것이니, 천리를 모르고 일행 아이를 때리면 그 아이가 곧 죽을 것이니, 부디 집안에 큰소리 내지 말고 화순하기만 힘쓰옵소서. 이같이 하느님을 공경하고 효성하오면 하느님이 좋아하시고 복을 주시나니, 부디 하느님을 극진히 공경하옵소서.
 1. 집에 순물이나 아무 물이나 땅에 부을 때는 멀리 뿌리지 말며, 가래침을 뱉지 말며, 코를 멀리 풀지 말며, 침과 코가 땅에 떨어지거든 닦아 없애옵소서. 또한 침을 멀리 뱉고, 코를 멀리 풀고, 물을 멀리 뿌리면 곧 천지 부모님 얼굴에 뱉는 것이니 부디 그리 알고 조심하옵소서.
 1. 잘 때에 잡니다 하고, 일어날 때에 일어납니다 하고, 물길러 갈 때에 물길러 갑니다 하고, 방아 찧으러 갈 때에 방아 찧으러 갑니다 하고, 정하게 다 찧은 후에 몇 말 몇 되 찧었더니 쌀이 몇 말 몇 되 났습니다 하고, 쌀그릇에 넣을 때에 쌀 몇 말 몇 되 넣습니다 하옵소서.
 1. 먹던 밥에 새 밥을 섞지 말고, 먹던 국을 새 국에 섞지 말고, 먹던 김치를 새 김치에 섞지 말고, 먹던 반찬을 새 반찬에 섞지 말고, 먹던 밥과 국과 김치와

장과 반찬 등절은 따로 두었다가 시장하거든 먹되 고하지 말고, 그저 먹습니다 하옵소서.

1. 조석(朝夕)할 때에 새 물에다가 쌀 다섯 번 씻어 안치고, 밥 해서 풀 때에 국이나 장이나 김치나 한 그릇 놓고 하옵소서.

1. 금 난 그릇에 먹지 말고, 이 빠진 그릇에 먹지 말고, 살생하지 말고, 삼시를 부모님 처사와 같이 받드옵소서.

1. 일가집이나 남의 집이나 무슨 볼 일이 있어 가거든 무슨 볼 일이 있어 갑니다 하고, 볼 일 보고 집에 올 때에 무슨 볼 일 보고 집에 갑니다 하고, 일가나 남이나 무엇이든지 줄 때에 아무것 줍니다 하고, 일가나 남이나 무엇이든지 주거든 아무것 받습니다 하옵소서.

1. 이 7조목을 하나도 잊지 말고 매매사사(每每事事)를 다 하느님께 고하오면 병과 윤감(輪感)을 아니 하고, 악질과 장학(長瘧)을 아니 하오며, 별복과 초학을 아니 하오며, 간질과 풍병이라도 나으리니, 부디 정성하고 공경하고 믿어 하옵소서. 병도 나을 터이니와 우선 대도를 속히 통할 것이니 그리 알고 진심 봉행하옵소서. (『동학서』)

5. 한일수호조규(강화도조약)

제1관(款) 조선은 자유국이다. 일본국과 더불어 평등한 권리를 갖는다. 이후 양국은 화친한 관계를 표현하기 위하여 피차 평등하게 예로써 서로 대하지 않으면 안 되며, 권리를 침월(侵越)하거나 시기하고 싫어하는 일을 해서는 안 된다. 마땅히 교정(交情)을 저해하는 시혐(猜嫌)을 제거하기 위하여 종전의 제 예규(諸例規)를 전부 혁폐(革廢)한다. 너그러운 길을 여는 실마리를 찾는 데 힘써 영원한 평화를 기하도록 애쓴다.

제2관 일본국의 정부는 금후 15개월 후 수시로 사신을 파견한다. 사신이 조선국 영역에 도착하면 예조판서가 친히 맞이하여, 교섭사무를 논의하고, 사신은 형편에 따라 장기 단기간 머무를 수 있게 하며, 조선국정부가 사신을 일본국 동경에 파견할 때에는 외무경을 만나 교섭사무를 논의하며, 형편에 따라 장기 단기간 머무를 수 있게 한다.

제3관 이후 양국을 왕래하는 공문은 일본국은 일본어를 사용한다. 자금(自今) 10년간 한문의 번역문을 붙이며, 조선은 진문(한문)을 사용한다.

6. 조선책략

지구상에 아라사(러시아)라는 대국이 있다. 영토가 넓어 3주에 걸쳐 있으며, 정예한 육군이 백만, 해군의 거함을 200여 척이나 가지고 있다. 그러나 건국 때부터 북방에 위치하여 기후가 한랭하고 땅이 척박하여 그 강토를 넓히는 것이 국가의 큰 이익이라 생각하였다. 선왕 이래 새로운 영토를 넓히어 10배나 되었으며, 지금의 국왕도 4해를 묶어 삼키려 하고 있어서 인심이 거칠다. ……타국 땅을 공략하는 것을 조선에서 시작할 것이니 이에 대한 대응책으로 그 방아책(防俄策)이 조선의 급선무이다. 러시아의 침략을 막는 방법은 중국과 친근히 하고, 일본과 협약을 체결하며, 미국과 연합하여 조선이 스스로 강국이 되기를 힘쓰는 데에 있다. (황준헌, 『사의조선책략』)

7. 치도약론(治道略論)

당금(當今) 세계의 기운은 날로 변하고 있다. 만국이 교통하여 윤선(輪船)이 해상을 가로질러 달리고 있으며 전선(電線)이 지구 위를 베 짜듯이 달리고 있나. 그 밖에 금·은·석탄·철을 채굴하고 기계를 제작하는 것 등 일체가 민생일용(民生日用)에 편리한 일은 이루 다 헤아릴 수 없다. 이들 각국이 필요한 정책으로 구하고 있는 것은 첫째 위생이요, 둘째 농상이요, 셋째 도로이다. 이 세 가지는 비록 아시아주에서도 치국의 법칙으로서 또한 능히 위배할 수 없는 것이다. (김옥균)

8. 상소문

사람이 금수와 다른 것은 '오륜'과 '오상'이 있기 때문입니다. 옛날의 성현이 하늘의 뜻을 받아 세우고 이를 해석하여 밝혀서 후세 사람에게 전해준 것이 이것입니다. 이에서 혹시 하나라도 어김이 있다면 인류가 변해서 금수가 되고, 천지가 뒤집히게 되는 것입니다. ……이제 온 나라 사람의 입는 것이 모두 서양의 직물이고, 쓰는 것이 서양의 물건이며, 침 흘리는 것이 서양의 기술이니, 이렇고서야 어찌 더불어 동화되지 않겠습니까? 그리고 또, 서양에 관한 지식이라든지, 허다한 사도의 서적들이 나라 안에 충만되어 있으며, 이름 있는 인사나 큰 선비들이 차례로 여기에 빠져들고 있습니다. 그리고, 서로 아름다움을 칭송해서 말하기를 "이는 그들 나라에서 일을 기록한 글이지, 인륜을 멸하고도 당도(當道)를 무너뜨리는 가르침이 아니다" 하니 이 한 마디 말만으로도 이미 현혹됨이 심하다는 것을 알 수 있습니다. (홍재학)

9. 갑신정변 혁신정강

1. 대원군을 즉각 환국하도록 할 것
2. 문벌을 폐지하여 인민평등의 권을 제정하고, 사람으로서 관을 택하게 하고 관으로서 사람을 택하게 하지 말 것
3. 전국의 지조법을 개혁하여 이간(吏奸)을 막고 백성의 곤란을 구제하며 겸하여 국용(國用)을 유족하게 할 것
4. 내시부를 혁파하고 그 중에서 재능이 있는 자는 등용할 것
5. 전후 간탐하여 나라를 병들게 함이 현저한 자는 정죄할 것
6. 각도의 환자(還上)는 영구히 폐지할 것
7. 규장각을 혁파할 것
8. 급히 순사를 두어 도둑을 막을 것
9. 혜상공국을 혁파할 것
10. 전후 유배·금고된 사람은 작량하여 방출할 것
11. 4영을 합하여 1영으로 하고 영중에서 장정을 뽑아 급히 근위대를 설치할

것
12. 무릇 국내 재정은 모두 호조에서 관할케 하고, 그 밖에 모든 재무아문은 혁파할 것
13. 대신과 참찬은 매일 합문(閤門)1) 안의 의정부에서 회의하여 결정하여 정령을 공포해서 시행할 것
14. 정부 6조 이외의 무릇 불필요한 관청에 속하는 것은 모두 혁파하고 대신과 참찬으로 하여금 협의하여 처리케 할 것. (김옥균, 『갑신일록』)

10. 오세창의 회고담

　나의 아버지 오경석은 한국의 역관으로서 당시 한국으로부터 중국에 파견되는 동지사 및 기타의 사절의 통역으로서 자주 중국을 내왕하였다.
　중국에 체재중 세계각국의 각축하는 상황을 견문하고 크게 느낀 바 있었다. 뒤에 열국의 역사와 각국 흥망사를 연구하여 자국 정치의 부패와 세계의 대세에 뒤떨어지고 있음을 깨닫고 앞으로 언젠가는 반드시 비극이 일어날 것이라 하여 크게 개탄하는 바가 있었고 이로써 중국에서 귀국할 때에 각종의 신서(新書)를 지참하였다.
　아버지 오경석은 일찍이 강화조약의 체결시에도 신헌(申櫶) 대신 밑에서 크게 활동하였다.
　아버지 오경석이 중국으로부터 신사상을 품고 귀국하자, 평상시에 가장 친교가 있는 우인 중에 대치(大致) 유홍기(劉鴻基)란 동지가 있었다. 대치는 학식·인격이 모두 고매 탁월하고, 또한 교양이 심원한 인물이었다. 오경석은 중국에서 가져온 각종 신서를 그 사람에게 주어 연구를 권하였다.
　그 이래 두 사람은 사상적 동지로 결합하여 서로 만나면 자기 나라의 형세가 실로 바람 앞의 등불처럼 위태하다고 크게 탄식하고 언젠가는 일대혁신을 일으키지 않으면 안 된다고 상의하였다. 어느 때 유대치가 오경석에게 우리 나라의 개혁은 어떻게 하면 성취할 수 있겠는가 묻자, 오는 답하여 말하기를 먼저 동지

---

1) 임금이 항상 거처하면서 정사를 보던 궁전의 앞문. 갑신정변 당시의 합문은 경복궁 내 사정전(思政殿)을 말한다.

를 북촌(北村)2)의 양반자제 중에서 구하여 혁신의 기운을 일으켜야 한다고 하였다.

이렇게 한 얼마 후에, 한국개조의 목탁(木鐸) 오경석은 병을 얻어 노사(老死)하였다.

유대치는 오경석보다 조금 나이가 어리지만, 오가 서거한 이래 북촌 방면에 교재를 넓히어 노소를 묻지 않고 인물을 물색하여 동지를 모았다. 얼마 후에 우연히 청년 김옥균과 서로 만나고, 세간의 이야기를 하는 사이에 이 청년의 비범함을 알게 되었으며, 사상·인격·학재(學才)가 단연 빼어나서 장래에 반드시 대사를 도모하기에 족한 인물임을 통찰하고, 오로부터 얻은 세계 각국의 지리·역사 역본이며 신서사(新書史)를 김옥균에게 읽도록 모두 이를 제공하였다. 또한 열심히 천하의 대세를 설파하고, 한국 개조의 급한 뜻을 역설하였다.

오경석이 중국에서 느껴 얻은 신사상은 이를 유대치에게 전하고, 유는 이를 김옥균에게 전하여, 이에 김옥균의 신사상을 낳기에 이른 것이다. 오는 한국 개조의 예언자이며, 유는 그 지도자, 김옥균은 그 담당자라고 할 수 있다.

유대치가 김옥균과 서로 안 것은 김옥균이 20 전후의 무렵이다. 김옥균은 유대치로부터 신사상을 교육받음으로부터, 한편으로는 세간의 교유를 널리 구하고, 또한 장년 과거에 응시하여 문과에 등제하고, 관장에 올라 새로이 관도(官途)에 나아가서, 동지들을 구하기에 흡흡히 노력하였다.

김옥균은 그 후에 일본 유람에 올라서도 구국개조의 목적을 달성하기 위하여, 신흥 일본의 형세를 시찰한 일이 있음도 물론이었다. 그러나 그 일본행을 권한 것도 유대치임이 명백하다. 후일 갑신정변의 거사에 제하여, 김옥균은 유대치를 방문하였고, 개혁의 실행을 꾀하여 대치는 단행속결을 권고하였다. 김옥균이 그 사상에 있어서도, 또한 그 실행에 당해서도 유대치에게 진 빚이 큼을 알 수 있다.

김옥균이 유대치로부터 배운 사상감화 중에 특히 기술해야 될 것은 대치의 불교신앙의 일사(一事)이다. 대치는 조선 학사들이 예의에는 뛰어나지만 도념(道念)에는 얕음을 탄식하고 김옥균에게 권하기를 불교를 연구케 하였다. 대치의 불교신앙은 실로 돈독하여, 그의 인물이 욕심이 없고 쾌담(快淡)한 것 등은

---

2) 북촌이란 서울의 북부로 당시 상류계급이 거주하고 있던 구역이었다.

신앙의 힘이라고 생각된다.

    김옥균이 다른 사람과 달리, 청년의 무렵부터 불전(佛典)의 문구나 불설(佛說)을 자주 이야기한 것은 유대치의 감화에 기초한 것이었다. (임의육 편,『김옥균전』상권)

11. 동학농민군 12개조 기율

1. 항복한 자는 사랑으로 대한다.
2. 곤궁한 자는 구제한다.
3. 탐학한 자는 추방한다.
4. 순종하는 자는 경복한다.
5. 도주하는 자는 쫓지 않는다.
6. 굶주리는 자는 먹인다.
7. 간사하고 교활한 자는 없애버린다.
8. 빈한한 자는 구해준다.
9. 불충한 자는 제거한다.
10. 거역하는 자는 효유한다.
11. 병든 자에게는 진찰하여 약을 준다.
12. 불효한 자는 죽인다.

1894년 음력 4월 일
(일본공사관기록,「전라민요보고 1」, 동학당에 관한 속보 12조군호)

12. 갑오개혁의 개혁법령

1. 현금 이후로는 국내외의 공사문첩에는 개국기원을 사용할 것.
2. 문벌과 양반·상민 등의 계급을 타파하여 귀천에 구애되지 않고 인재를 뽑아 쓸 것.
3. 문무존비의 구별을 철폐하고 다만 품계에 따라 상견의를 규정할 것.

4. 죄인 자신 이외의 일체의 연좌율을 폐지할 것.

5. 적실과 첩에 모두 자(子)가 없는 경우에 한하여 양자함을 허가할 것.

6. 남녀의 조혼을 엄금하여, 남자는 20세, 여자는 16세라야 비로소 혼인을 허가할 것.

7. 과부의 재혼은 귀천을 막론하고 자유에 맡길 것.

8. 공·사노비지전을 혁파하고 인신의 매매를 금할 것.

9. 비록 평민이라 하더라도 이국편민(利國便民)할 수 있는 의견이 있다면 기무처에 상서토록 하여 토의에 부치게 할 것.

10. 각 아문의 하인은 그 수를 조절하여 상치할 것.

11. 조관의 의제를 간이화하여 답호3)·사대(絲帶)로 하며, 사서인(士庶人)의 복장은 답호·주의(周衣)·사대로 하고 병변의 의제는 근래의 예대로 준행하되 장관과 병졸의 구별을 명백히 할 것.

12. 대소관원의 공사행에 혹 타고 걷는 것은 그 자유에 맡기되 평교자·초헌4)은 영구히 폐지하고, 다만 총리·의정대신에 한하여 대궐 내에서 남여(藍輿)의 승용을 허가함. 재신의 부액도 폐지하나 노병자는 구애하지 말 것.

13. 각부아문 관원의 수행인원을 제한하되, 총리대신 수행은 4인, 찬성 및 각 아문대신은 3인, 협판은 2인, 도헌은 1인으로 한정할 것.

14. 재관친피(在官親避)의 규례는 자서·친형제·숙질에 국한하되 그 이외에는 사의(私義)로 구혐하는 습관을 영구히 폐지할 것.

15. 공금 횡령한 관리에 대한 징계를 엄중히 하되, 횡령한 공금을 변상 납입케 할 것.

16. 조관품급의 정·종의 구별을 없이하고, 각 아문이 마음대로 체포·시형(施刑)함을 금할 것.

17. 역인·창우(倡優)와 피공 등의 천민대우를 폐지할 것.

18. 관인이 휴관한 이후에 상업을 경영함은 그 자유에 맡길 것.

19. 과거문장으로만 취사(取士)함은 실재(實材)를 뽑아쓰기 어려우니 임금의 재가를 주청하여 변통하되 따로 선용(選用)조례를 제정할 것.

---

3) 전쟁복.
4) 높직한 일륜차.

20. 각도의 부세·군보(軍保) 등으로 상납하는 대소의 미태목포(米太木布)는 금납제로 대치하도록 마련할 것.

21. 대신 이하 사서인에 이르기까지 목패에 주소·관직·씨명 등을 명기하여 문 머리에 달도록 할 것. (『경장의정존안』)

13. 독립신문 창간사

우리가 독립신문을 오늘 처음으로 출판하는데, 조선 속에 있는 내외국 인민에게 우리의 주의를 미리 말씀하여 아시게 하노라.

우리는 첫째 편벽되지 아니한고로 무슨 당에도 상관이 없고, 상하 귀천을 달리 대접 아니 하고, 모두 조선사람으로만 알고, 조선만을 위하며, 공평히 인민에게 말할 터인데, 우리가 서울 백성만 위할 것이 아니라 조선 전국 인민을 위하여 무슨 일이든지 대언하여 주려 함.

정부에서 하시는 일을 백성에게 전할 터이오, 백성의 정세를 정부에 전할 터이니 만일 백성이 정부 일을 자세히 알고, 정부에서 백성의 일을 자세히 아시면, 피차에 유익한 일만 있을 터이오, 불평한 마음과 의심하는 생각이 없어질 터이옴.

우리가 이 신문을 출판하려는 것이 아닌고로 값을 헐하도록 하였고, 모두 언문으로 쓰기는 남녀 상하 귀천이 모두 보게 함이오, 또 구절을 띄어쓰기는 알아보기 쉽도록 함이라.

우리는 바른 대로만 신문을 할 터인고로, 정부 관원이라도 잘못하는 일이 있으면 우리가 말할 터이오, 탐관오리들을 알면 세상에 그 사람의 행적을 알릴 터이오, 사사 백성이라도 무법한 일하는 사람은 우리가 찾아 신문에 설명할 터이옴.

또 한쪽에 영문으로 기록하기는 외국 인민이 조선 사정을 자세히 모른즉, 혹 편벽된 말만 듣고 조선을 잘못 생각할까 보아 실상 사정을 알게 하고자 하여 영문으로 조금 기록함.

그러한즉, 이 신문은 조선만 위함을 가히 알 터이오, 이 신문을 인연하여 내외 남녀 상하 귀천이 모두 조선 일을 서로 알 터이옴.

우리가 또 외국 사정도 조선인민을 위하여 간간히 기록할 터이니 그것을 인연하여 외국은 가지 못하더라도 조선인민이 외국 사정도 알 터이옴.

오늘은 처음인고로 대강 우리 주의만 세상에 고하고, 우리 신문을 보면 조선 인민이 소견과 지혜가 진보함을 믿노라. (『독립신문』 1896년 4월 7일)

14. 국문론

우리 나라 사람들이 종시 한문만 공부하고 다른 새 사업을 배우지 아니하면 우리 나라가 어둡고 약함을 벗지 못하고 머지 아니하여 자기 조상들에게서 전하여 받아 내려오는 전지(田地)와 가장과 자기의 신골과 자손들이 다 어느 나라 사람의 손에 들어가 밥이 될지 알지 못할 증거가 목하에 뵈이니 참 놀랍고 애탄할 곳이로다. 어찌 조심치 아니할 때리오.

만일 우리로 하여금 그림글자(한문)를 공부하는 대신에 정치 속의 의회원(議會院) 공부나, 내무 공부나, 외부 공부나, 재정 공부나, 법률 공부나, 수륙군(水陸軍) 공부나, 항해 공부나, 위생 공부나, 경제학 공부나, 장색(匠色) 공부나, 장사 공부나, 농사 공부나 또 그 외의 각색 사업상 공부들을 하면 어찌 십여 년 동안에 이 여러 가지 공부 속에서 아무 사람이라도 쓸 만한 직업의 한 가지는 잘 졸업할 터이니, 그 후에 각기 자기의 직분을 착실히 지켜 사람마다 부자가 되고 학문이 열려지면 그제야 바야흐로 우리 나라가 분명 부강하여질 터이라.

간절히 비노니 우리 나라 동포형제들은 모두 깨달아 실상사업(實相事業)에 급히 나가기를 바라노라.

지금 우리 나라 한 시간 동안은 남의 나라 하루 동안보다 더 요긴하고 위급하오니 그림(한자) 한 가지 배우자고 이렇게 아깝고 급한 때를 허비시키지 말고 우리를 위하여 사업하신 큰 성인께서 만드신 글자는 배우기가 쉽고 쓰기도 쉬우니 이 글자들로 모든 일을 기록하고, 사람마다 젊었을 때에 여가를 얻어 실상사업에 유익한 학문을 익혀 각기 할 만한 직업을 지켜서 우리 나라 독립에 기둥과 주춧돌이 되어……우리 나라의 부강한 위업과 문명한 명예가 세계에 빛나게 하는 것이 마땅하도다. (주시경, 『독립신문』 1897년 4월 24일자)

15. 시일야방성대곡(是日也放聲大哭)

지난날 이등 후작(伊藤侯爵)이 한국에 옴에 어리석은 우리 국민이 서로서로 보며 말하기를, 이등 후작은 평시에 동양 3국의 안정과 안녕을 맡아 주선하던 인물이라, 금일에 내한함에 반드시 우리 나라의 독립을 공고하게 세울 방략을 권고하리라 하여 항구로부터 서울에 이르기까지 관민상하가 크게 환영하였더니, 세상 일이 예측하기 어려운 일이 많도다. 천만 꿈밖에 5조약이 어디로 비롯하여 제출하였는가. 이 조약은 비단 우리 대한뿐만 아니라 동양 3국의 분열하는 조짐을 만들어낸 것인즉 이등 후작의 처음의 원래의 의도가 어디에 있었던가.

그러나 우리 대황제폐하의 강경하신 성의(聖意)로 거절함을 마지아니하셨으니 이 조약이 성립되지 못함은 상상컨대 이등 후작이 스스로 알고 스스로 파기해야 할 바일 것이다.

그러하거늘 저 돼지와 개만도 못한 우리 정부의 소위 대신된 자들이 영리를 바라고 덧없는 위협에 겁을 먹어 놀랍게도 매국(賣國)의 도적을 지어 4천년 강토와 5백년 사직을 다른 나라에 갖다 바치고 2천만 국민으로 타국인의 노예를 만드니 저들 개 돼지만도 못한 외부대신 박제순 및 각 대신은 족히 책망할 가치도 없는 자들인 것이다.

그러하거니와 명색이 참정대신인 자는 정부의 수석대신이라, 단지 부(否)자로써 책임을 궁색하게 면하여 명예를 구하는 데 도움을 주었던가. 청음(淸陰) 김상헌(金尙憲)의 서류를 찢는 통곡도 불능하고 동계(洞溪) 정온(鄭蘊)의 할복하는 것도 불능하고 여전히 생존하여 세상에 다시 서니 무슨 면목으로 상성하신 황상폐하를 다시 대하며 2천만 동포를 대하리요.

아아 분하도다! 우리 2천만, 타국인의 노예가 된 동포여! 살았는가! 죽었는가! 단군 기자 이래 4천년 국민정신이 하룻밤 사이에 졸연히 멸망하고 말 것인가! 원통하고 원통하다! 동포여! 동포여! (장지연, 『황성신문』 1905년 11월 20일자 사설)

16. 위정척사(衛正斥邪) 세계관

천하의 커다란 시비·분별이 세 가지가 있는데, 첫째는 화(華)와 이(夷)의 구분이며, 둘째는 왕과 패(覇)의 구분이며, 셋째는 정학(正學)과 이단의 구분이다. (유인석,『소의신편』)

17. 민영환의 유서

경고 한국인민

아, 우리 나라 우리 민족의 치욕이 이 지경에 다다랐구나. 생존경쟁이 심한 이 세상에 우리 민족의 운명이 장차 어찌 될 것인가. 살기를 원하는 사람은 반드시 죽고 죽기를 맹세하는 사람은 살아갈 수 있으니 이는 여러분이 잘 알 것이다. 나 영환은 한 죽음으로써 황은(皇恩)을 갚고 우리 이천만 동포에게 사죄하려 한다. 바라건대 우리 동포형제여, 천만 배나 분려(奮勵)를 더하여 지기(志氣)를 굳게 갖고 학문에 힘쓰며 마음과 마음을 합하고 힘과 힘을 아울러 우리의 자유독립을 회복할지어다. 그러면 나는 지하에서 기꺼이 웃겠노라. 아, 조금이라도 희망을 잃지 말라. 대한제국 이천만 동포에게 마지막으로 고한다.

각공관기서(各公館寄書)

나 영환의 나라 위함이 제대로 되지 못하여 국세와 민계(民計)가 이 모양에 이르렀으니, 그저 죽음으로써 황은에 보답하고 우리 이천만 동포에게 사과하려 한다. 죽은 자는 그렇다 하거니와, 우리 이천만 인민은 앞으로 이 생존경쟁 속에서 절멸이 될 지경이다. 귀 공사는 어찌 일본의 행위를 모를 리 있겠는가. 귀공사 각하가 천하의 공의를 중히 여겨 귀국의 정부와 인민에게 이 사실을 알려, 우리 인민의 자유독립을 도와준다면, 죽는 자도 황천에서 기꺼이 웃어 그 은혜에 대해 감사히 여길 것이다. 오호라, 각하는 우리 대한을 경시하지 말고, 우리 인민을 오해하지 말라. (『대한매일신보』 광무 9년 12월 1일자)

18. 절명시(絶命詩)

난리를 겪다가 흰머리의 나이가 되었구나
몇 번 생을 버리려다 이루지 못했도다
오늘 참으로 어찌 할 수 없게 되니
가물거리는 촛불만 창천에 비치도다.

요사스런 기운에 가리어 임금별 자리 옮기니
구중궁궐은 침침하여 햇살도 더디 드는도다.
조칙(詔勅)은 이제 다시 있을 수 없으니
구슬같은 눈물이 종이 올을 모두 적시도다.

새와 짐승도 갯가에서 슬피 우는데
무궁화나라는 이미 사라졌는가.
가을 등불 아래 책 덮고 옛일 회상하니
글 아는 사람 구실 참으로 어렵도다.

내 일찍이 나라를 지탱하는 데 조그만 공도 없었으니
오직 인(仁)을 이룸이오 충(忠)은 아니로다.
겨우 윤곡(尹穀)을 따를 수 있음에 그칠 뿐
때를 당하여 진동(陳東)을 따르지 못함을 부끄리노라. (항현, 『매천집』 권5)

19. 의병 개념

의병이란 민군이다. 나라가 위급한 때에 즉각 의로써 분기하여 조정의 징발령을 기다리지 않고 종군하여 적개(敵愾)하는 사람들이다. 한국 민족은 본래 충의가 두터워 삼국시대 이래로 외환을 만날 때마다 의병의 적공이 가장 탁월하고 현저하였다. 조선왕조에 들어와서 선조시대에 일본침략자에게 짓밟힘이 7년이나 되었다. 그러나 혹은 유림이, 혹은 향신(鄕紳)이, 혹은 승려들이 모두 초야에서 분기하였다. 이것은 털끝만치도 전세(田稅)의 비율로 부과하는 병역의무의 징집에 의거한 바 없이 오직 충의의 격려로써 사방에서 모여들어 죽음을 무릅쓰고 용감히 싸운 것이다. 앞사람이 쓰러지면 뒷사람이 계속하여 적이 물러갈 때까지 싸우고야 말았다. 빼어난 공훈과 높은 절개는 해와 달처럼 밝게 빛나며 강상(綱常)을 부식(扶植)하고 영토를 회복하는 데 크게 힘을 입었다. 그러므로 의병은 한국 민족의 '나라의 정수(國粹)'인 것이다. (박은식, 『한국독립운동지혈사』)

20. 동양평화론 서

……더구나 러·일전쟁은 황인종과 백인종의 경쟁이라 할 수 있으므로 지난날 원수로 여겼던 마음은 하루아침에 사라지고 도리어 한 번 크게 같은 종족을 사랑하는 마음으로 한편이 되었으니, 이것 또한 인정의 순서요, 이치의 합당한 것이 또 하나이다.

쾌하도다. 장하도다. 수백 년 동안 악한 일을 하던 백인종의 선봉을 북을 한번 쳐서 공격하여 크게 부수었으니 천고에 드문 일이며 만방이 기념할 자취이다. 당시의 한·청 두 나라의 뜻있는 이들이 아무 논의도 없이 함께 스스로 이긴 것처럼 기뻐한 것은 일본의 정략이나 일처리해 나가는 것이 동서반구 천지가 열린 이래 가장 우뚝한 큰 사업이며 상쾌한 일이라고 스스로가 헤아렸기 때문이었다.

아! 천번 만번 의외로 전쟁에 이겨 개선한 후에는 가장 가깝고 가장 친하며 어질고 약한 같은 인종인 한국을 억압하여 조약을 맺고, 만주·장춘 이남의 땅을 빌린다고 빙자하여 점령하였기 때문에 세상 사람들에게 의심을 사게 되어 일본의 위대한 성명과 정대한 공훈이 하루아침에 바뀌어 만행을 일삼는 러시아보다 더 심하게 보게 되었다.

아! 용과 호랑이의 위세를 가지고 어찌 뱀과 고양이의 행동을 한단 말인가? 이같이 만나기 어려운 좋은 기회를 다시 찾은들 어떻게 얻을 수 있겠나. 애석하고 통탄할 일이다.

'동양평화'와 '한국독립'이라고 하는 어구는 이미 천하만국 사람의 이목에 일깨워 금석처럼 믿게 되었고, 한·청 두 나라 사람들에게는 간과 뇌에 도장이 찍힌 것이다. 이와 같은 문자 사상은 비록 천신의 능력으로써도 갑자기 소멸시킬 수 없는 것이어늘 하물며 한두 사람의 꾀로써 어찌 말살할 수 있겠는가? 오늘날 서양세력이 동양으로 점차 밀려오는 환난을 동양 인종이 일치단결해서 극력으로 방어해야 하는 것이 제일 상책임은 어린아이일지라도 익히 아는 일인데, 무슨 까닭으로 일본은 이러한 순리의 형세를 돌아보지 않고 같은 인종이 이웃나라를 약탈하고 우의를 끊어, 스스로 도요새가 조개를 쪼으려다 부리를 물리는 형세를 만들어 둘 다 잡히게 어부를 기다리는 듯하는가.

한·청 두 나라 사람들의 소망은 끊어지고 말았다.

만약 정략을 고치지 않고 핍박이 날로 심해진다면 부득이 이족(異族)에게 욕을 당하지 않겠다는 의론이 한·청 두 나라 사람들의 폐부에 용솟음쳐서 상하가 일체로 스스로 백인의 앞잡이가 될 것이 불보듯 환한 형세이다.

그렇게 되면 동양의 몇억 황인종 중의 허다한 뜻있는 사람과 비분강개하는 남아(男兒)가 어찌 수수방관하고 동양 전체가 까맣게 타죽는 참상을 앉아서 기다릴 것이며 또 그것이 옳겠는가?

그렇기 때문에 동양평화를 위한 의로운 싸움을 하얼빈에서 개전하고 담판하는 자리를 여순항구에 정했으며 이어 동양평화 문제에 관한 의로운 싸움을 제기하는 바이니 여러분의 깊은 살핌을 바라는 것이다.

경술(1910) 2월 대한국인(大韓國人) 안중근 여순 옥중에서 쓰다.

※ 참고문헌

오지영, 1940, 『동학사』, 영창서관.
홍이섭·조지훈, 1964, 『20세기의 한국』, 박영사.
이광린, 1969, 『한국개화사연구』, 일조각.
이광린, 1973, 『한국개화당연구』, 일조각.
김의환, 1974, 『의병운동사』, 박영사.
홍이섭, 1975, 『한국근대사의 성격』, 한국일보사.
홍이섭, 1975, 『한국근대사』, 연세대출판부.
신용하, 1976, 『독립협회연구』, 일조각.
윤병석, 1977, 『의병과 독립군』, 세종대왕기념사업회.
서울대대학신문사 편, 1977, 『한국근대사의 재조명』, 서울대출판부.

이현희, 1978,『한국근대여성개화사』, 이우출판사.
이광린, 1979,『한국개화사상연구』, 일조각.
김옥균 외 저, 이민수 역, 1981,『한국의 근대사상』, 삼성출판사.
이광린, 1981,『한국사강좌(근대편)』, 일조각.
이만렬, 1981,『한국근대 역사학의 이해』, 문학과 지성사.
백종기, 1981,『한국근대사연구』, 박영사.
이현희, 1982,『한국근대사의 모색』, 이우출판사.
노태구, 1982,『동학혁명연구』, 백산서당.
김의환 외, 1982,『근대조선의 민중운동』, 풀빛.
고균김옥균정전편찬위원회 편, 1984,『고균 김옥균정전』, 전감산업사.
김정의, 1985,『한국사의 이해』, 형설출판사.
한국근대사자료연구협의회, 1985,『독도연구』, 문광사.
이현희, 1985,『동학혁명과 민중』, 대광서림.
김창수, 1987,『한국근대의 민족의식연구』, 동화출판공사.
김영작, 1989,『한말 내셔널리즘연구』, 청계연구소.
최문형, 1990,『제국주의시대의 열강과 한국』, 민음사.
강재언, 1990,『한국근대사』, 한울.
유영익, 1990,『갑오경장연구』, 일조각.
최문형 외, 1992,『명성황후시해사건』, 민음사.
이현희, 1992,『한국근현대사의 쟁점』, 도서출판 삼영.
고준관, 1992,『하나되는 한국사』, 범우사.
이광린, 1993,『개화기의 인물』, 연세대출판부.
강병식, 1994,『일제시대 토지연구』, 민족문화사.
강만길, 1994,『고쳐 쓴 한국근대사』, 창작과 비평사.
손승철, 1994,『강좌 한일관계사』, 현음사.
이현희, 1994,『동학혁명사론』, 대광서림.
한국사연구협의회 편, 1994,『한러관계100년사』, 한국사연구협의회.
김영작 외, 1995,『한국근대정치사의 쟁점』, 집문당.
양태진, 1995,『우리 나라 영토이야기』, 재단법인 대륙연구소출판부.
황선희, 1996,『한국근대사상과 민족운동 I(동학·천도교편)』, 혜안.

제6장 현대문명

1. 독립선언서

　우리는 여기에 우리 조선이 독립된 나라인 것과 조선사람이 자주하는 국민인 것을 선언하노라. 이것으로써 세계 모든 나라에 알려 인류가 평등하다는 큰 뜻을 밝히며, 이것으로써 자손만대에 알려 겨레가 스스로 존재하는 마땅한 권리를 영원히 누리도록 하노라.

　……

　아아! 새 하늘과 새 땅이 눈 앞에 펼쳐지누나. 힘의 시대는 가고 도의의 시대가 오누나. 지나간 세기를 통하여 깎고 다듬어 키워 온 인도적 정신이 바야흐로 새 문명의 서광을 인류의 역사 위에 던지기 시작하누나. 새 봄이 온 누리에 찾아들어 만물의 소생을 재촉하누나.

　……

　공약3장
　1. 오늘 우리들의 이 거사는 정의·인도·생존·번영을 찾는 겨레의 요구이니, 오직 자유의 정신을 발휘할 것이고, 결코 배타적 감정으로 치닫지 말라.
　1. 마지막 한 사람에 이르기까지, 마지막 한 순간에 다다를 때까지, 민족의 올바른 의사를 시원스럽게 발표하라.
　1. 모든 행동은 먼저 질서를 존중하여, 우리들의 주장과 태도가 어디까지나 공명정대하게 하라.

나라를 세운 지 4252년 되는 해 3월 초하루
(「3·1독립선언서」)

2. 대한민국임시정부헌장선언문

제1조 대한민국은 민주공화제로 한다.
제2조 대한민국은 임시정부가 임시의정원의 결의에 의하여 이를 통치한다.
제3조 대한민국의 인민은 남녀 귀천 및 빈부의 계급이 없으며 일체 평등하다.
제4조 대한민국의 인민은 신교(信敎)·언론·저작·출판·결사·집회·신소(信所)·주소 이전 등 신체 및 소유의 자유를 향유한다.
제5조 대한민국의 인민으로서 공민의 자격이 있는 자는 선거 및 피선거권을 가진다.
제6조 대한민국의 인민은 교육·납세 및 병역의 의무를 가진다.
제7조 대한민국은 신의 의사에 의해 건립된 정신을 세계에 발휘하고, 나아가 인류의 문화 및 평화에 공헌하기 위해 국제연맹에 가입한다.
제8조 대한민국은 구황실을 우대한다.
제9조 생명형(生命刑) 신체형(身體刑) 및 공창제를 전폐한다.
제10조 임시정부는 국토회복 후 만 1개년 내에 국회를 소집한다.

(국사편찬위원회, 『한국독립운동사자료』)

3. 제암리교회 학살사건

○ 일제 경찰은 1919년 4월 15일 오후 제암리교회에 신자들을 모이게 한 후 문을 폐쇄하고 교회에 불을 지르면서 무차별 총격을 가했으며, 이 때문에 23명이 목숨을 잃었다. 이는 3월 31일과 4월 5일 발안지역에서 일어난 만세운동에 주도적 역할을 했던 제암리교회에 대한 무자비한 보복이었다. 1905년 8월 제암리 이장이었던 안종후의 주도로 설립된 제암리교회는 동족부락이라는 특성 때문에 유난히 강한 단결력을 지녔는데 3·1운동 때도 이 같은 성격은 그대로 나타났다.

일제 경찰은 이어 제암리의 가옥 30여 채를 불태우고 500m 떨어져 있는 고주리에서 천도교 신자 6명을 살해하고 시체를 불태워버렸다. 이 같은 만행으로 이 날 제암리 일대에서는 사람과 가옥, 가축, 의류, 곡식 등이 타는 냄새와 연기가

10여 km 밖까지 퍼져나갔다고 전한다.

　제암리교회 학살사건이 일어난 후 신자나 일반인들은 일제의 감시 때문에 사건현장에 접근할 엄두조차 내지 못했다. 결국 희생자들의 시신은 사건을 전해들은 캐나다 의료선교사 스코필드 박사가 이틀 뒤 불탄 교회에서 유골을 수습하여 인근 공동묘지 입구에 묻을 때까지 방치됐다. (이선민,『조선일보』1996년 10월 19일자)

　　○ 별안간 포성이 한 발, 두 발……
　　순식간에 교회당은 시체의 당우(堂宇)
　　아직 성에 차지 않아 불로써 습격하는 자가 있었다.
　　빨간 불길은 벽으로 번지고
　　관헌의 독수에 쓰러진 망국의 백성을 -
　　서양 사교(邪敎)를 믿는 자를 -
　　꺼리는 듯이, 무서워하는 듯이, 지키려는 듯이
　　그들의 시체를 불태우지 않는가.
　　그것을 보며 불길 닿는 민가에도 불을 질렀다.
　　탄다, 탄다. 사십 호의 부락은
　　모조리 타고 말았다.
　　그대는 초가집이 타고난 자리에 서서
　　아직 그을린 냄새가 역겹지 않는가.
　　젖먹이 아이를 안은 채인 젊은 어머니
　　달아나다 넘어진 늙은이들의
　　까맣게 탄 참상이 보이지 않는가.
　　어찌 헤롯이 아이를 죽인 것보다 심하지 않다고 하는가.
　　피에드몬트나 아르메니아보다 사람 수가 적다고 하는가.
　　시마바라(島原)나 나가사키(長崎)의 옛날 일도 있었다고 하는가.
　　군자나라에 그런 예는 이상하지 않다고 하는가.
　　만일 이것이 부끄러운 일이 아니라고 한다면
　　저주 받으리라, 동해의 군자의 나라.
　　　　　　　(사이토 다케시,「어떤 살육사건」,『복음신보』1919년 5월 22일자)

4. 조선물산장려회 궐기문

내 살림 내 것으로.

보아라, 우리의 먹고 입고 쓰는 것이 거의 다 우리의 손으로 만든 것이 아니었다.

이것이 제일 세상에 무섭고 위태한 일인 줄을 오늘에야 우리는 깨달았다.

피가 있고 눈물이 있는 형제 자매들아, 우리가 서로 붙잡고 서로 의지하여 살고서 볼 일이다.

  입어라, 조선 사람이 짠 것을.
  먹어라, 조선 사람이 만든 것을.
  써라, 조선 사람이 지은 것을.
  조선 사람, 조선 것.

5. 소년운동의 선언

1. 어린이를 재래의 윤리적 압박으로부터 해방하여 그들에게 대한 완전한 인격적 예우를 허(許)하게 하라.
2. 어린이를 재래의 경제적 압박으로부터 해방하여 만 14세 이하의 그들에게 대한 무상 또는 유상의 노동을 폐(廢)하게 하라.
3. 어린이 그들이 고요히 배우고 즐거이 놀기에 족한 각양(各樣)의 가정 또는 사회적 시설을 행(行)하게 하라.

            (김기전,『동아일보』1923년 5월 1일자)

6. 조선민족 갱생의 도

사회 조직의 여하를 물론하고, 생기(生氣)의 왕성한 민족은 흥할 것이요, 생기의 미약한 민족은 망할 것이다. (최현배, 1926,『조선민족 갱생의 도』)

7. 선서문

나는 적성(赤誠)으로써 조국의 독립과 자유를 회복하기 위하여 한인애국단의 일원이 되어 중국을 침략하는 적의 장교를 도륙하기로 맹세하나이다. (대한민국 14년 4월 26일 선서인 윤봉길 한인애국단 앞)

8. 조선혁명선언(3)

강도 일본의 구축을 주장하는 가운데 또 다음과 같은 논자들이 있으니, 제1은 외교론이니 조선 오백년 문약정치가 '외교'로써 호국의 장책을 삼아 더욱 그 말세에 극심하여 갑신 이래 유신당 수구당의 성쇠가 거의 외원(外援)의 유무에서 판결되며, 위정자의 정책은 오직 갑국을 인하여 을국을 제함에 불과하였고, 그 의뢰의 습성이 일반 정치사회에 전염되어, 즉 갑오・갑진 양 전역에 일본이 누십만의 생명과 누억만의 재산을 희생하여 청・러 양국을 물리고 조선에 대하여 강도적 침략주의를 관철하려 하는데, 우리 조선의 "조국을 사랑한다. 민족을 건지려 한다" 하는 이들은 일검일탄(一劍一彈)으로 혼용탐폭(昏庸貪暴)한 관리나 국적(國敵)에게 던지지 못하고 공함(公函)이나 열국 공관에 던지며, 장서(長書)나 일본정부에 보내어 국세의 고약(孤弱)을 애소(哀訴)하여 국가존망 민족사활의 대문제를 외국인 심지어 적국인의 처분으로 결정하기만 기다렸도다. 그래서 '을사조약' '경술합병', 곧 '조선'이란 이름이 생긴 뒤 몇천 년 만에 처음 당하던 치욕에 조선 민족의 분노적 표시가 겨우 하얼빈의 총, 종현(鐘峴)의 칼, 산림유생의 의병이 되고 말았도다.

아! 과거 수십 년 역사야말로 용자로 보면 타매(唾罵)할 역사가 될 뿐이며, 인자로 보면 상심할 역사가 될 뿐이다. 그리고도 망국 이후 해외로 나아가는 모모 지사들의 사상이 무엇보다도 먼저 '외교'가 그 제일장 제일조가 되며, 국내 인민의 독립운동을 선동하는 방법도 '미래의 일・미전쟁 등 기회'가 거의 천편일률의 문장이었고, 최근 3・1운동에 일반 인사의 '평화회의 국제연맹'에 대한 과언(過言)의 선전이 도리어 2천만 민중의 분용(奮勇) 전진의 의기를 타소(打消)하는 매개가 될 뿐이었도다.

제2는 준비론이니, 을사조약 당시에 열국 공관에 빗발치듯 하던 종이쪽으로 넘어가는 국권을 붙잡지 못하며 정미년(丁未年)의 해아(海牙) 밀사(특사)도 독립회복의 복음을 안고 오지 못하매 이에 차차 외교에 대하여 의문이 되고 전쟁 아니면 안 되겠다는 판단이 생겼다. 그러나 군인도 없고 무기도 없이 무엇으로써 전쟁하겠느냐? 산림유생들은 춘추대의(春秋大義)에 성패를 불계하고 의병을 모집하여 아관대의(峩冠大衣)로 지휘의 대장이 되며 사냥 포수의 화승대를 돌아가지고 조·일전쟁의 전투선에 나섰지만 신문쪽이나 본 이들 - 곧 시세를 짐작한다는 이들은 그리할 용기가 아니 난다. 이에 "금일 금시로 곧 일본과 전쟁한다는 것은 망발이다, 총도 장만하고 돈도 장만하고 대포도 장만하고 장관이나 사졸감까지라도 다 장만한 뒤여야 일본과 전쟁한다" 함이니 이것이 이른바 준비론, 곧 독립전쟁을 준비하자 함이다. 외세의 침입이 더할수록 우리의 부족한 것이 자꾸 감각되어 그 준비의 범위가 전쟁 이외까지 확장되어 교육도 진흥해야 하겠다, 상공업도 발전해야 하겠다, 기타 무엇무엇 일체가 모두 준비론의 부분이 되었었다.

경술 이후 각 지사들이 혹 서북간도의 삼림을 더듬으며, 혹 시베리아의 찬바람에 배부르며, 혹 남북경으로 돌아다니며, 혹 미주나 하와이로 들어가며 혹 경향에 출몰하여 십여 성상 내외 각지에서 목이 터질 만큼 '준비! 준비!'를 불렀지만, 그 소득이 몇 개 불완전한 학교와 실력 없는 회(會)뿐이었었다. 그러나 그들의 성력(誠力)의 부족이 아니라 실은 그 주장의 착오이다. 강도 일본이 정치·경제 양 방면으로 구박을 주어 경제가 날로 곤란하고 생산기관이 전부 박탈되어 의식(衣食)의 방책도 단절되는 때에 무엇으로? 어떻게? 실업을 발전하며? 교육을 확장하며? 더구나 어디서? 얼마나? 군인을 양성하며? 양성한들 일본 전투력의 백 분의 일의 비교라도 되게 할 수 있느냐? 실로 일장의 잠꼬대가 되고 말 뿐이로다.

이상의 이유에 의하여 우리는 '외교' '준비' 등의 미몽을 버리고 민중직접혁명의 수단을 취함을 선언하노라. (신채호)

9. 황국신민서사

1. 우리는 황국신민이다. 충성으로써 군국에 보답하련다.
2. 우리 황국신민은 신애협력하여 단결을 굳게 하련다.
3. 우리 황국신민은 인고단결 힘을 길러 황도를 선양하련다.

(조선총독부, 1940, 『시정30년사』)

10. 서시

죽는 날까지 하늘을 우러러
한점 부끄럼이 없기를,
잎새에 이는 바람에도
나는 괴로워했다.
별을 노래하는 마음으로
모든 죽어가는 것을 사랑해야지
그리고 나한테 주어진 길을
걸어가야겠다.

오늘밤에도 별이 바람에 스치운다.

(윤동주, 『하늘과 바람과 별과 시』)

11. 대한민국건국강령

제1장 총론

1. 우리 나라는 우리 민족이 반만 년 이래로 공통한 말과 글과 주권과 경제와 문화를 가지고 공통한 민족정기를 길러 온 우리끼리로서 형성하고 단결한 고정적 집단의 최고조직임.
2. 우리 나라 건국정신은 삼균제도에 역사적 근거를 두었으니, 선민의 명명한

바 '수미균평위(首尾均平位)'1)하면 '홍방보태평(興邦保泰平)'2)이라 하였다. 이는 사회 각층의 지력과 권력과 부력의 가짐을 고르게 하여 국가를 진흥하며 태평을 보전 유지하려 함이니 홍익인간과 이화세계(理化世界)하자는 우리 민족의 지킬 바 최고공리임.

3. 우리 나라의 토지제도는 국유의 유법을 두었으니 선현의 통론(痛論)한 바 존성조지공분수지법(尊聖祖至公分授之法)3)하여 혁후인사유겸병지폐(革後人私有兼倂之弊)4)라 하였으니 이는 문란한 사유제도를 국유로 환원하라는 토지혁명이다. 우리 민족은 옛 규칙과 새 법을 참작하여 토지제도를 국유로 확정한 것임.

4. 우리 나라의 대외주권이 상실되었을 때 순국한 선열은 우리 민족에게 동심복국(同心復國)5)할 것을 유촉(遺囑)하였으니, 이른바 "바라건대 우리 동포는 국치(國恥)를 잊지 말고 굳게 참고 노력하여 마음을 한가지로 하고 다같이 덕을 닦아서 외국의 모멸을 두들겨 부숨으로써 우리 독립을 회복하라(望我同胞 勿忘國恥 堅忍努力 同心同德 以捍外侮 復我自主獨立)"고 하였다. 이는 전후 순국한 수십만 선열의 전형적 유지로서 현재와 장래의 민족정기를 두들겨 일으킴이니 우리 민족의 남녀노소가 영원히 잊지 못할 것임.

5. 우리 나라의 독립선언은 우리 민족의 혁혁한 혁명을 일으킨 원인이며 신천지의 개벽이니 이른바 "우리 조국의 독립국임과 우리 민족의 자유민임을 선언하노라. 이로써 세계만방에 고하여 인류평등의 대의를 밝히며 이로써 자손만대에 경계하여 민족자존의 정권(正權)을 영유케 하노라" 하였다. 이는 우리 민족이 3·1헌전을 발동한 원기이며 동년 4월 11일에 13도 대표로 조직된 임시의정원은 대한민국을 세우고 임시정부와 임시헌장 10조를 만들어 반포하였으니 이는 우리 민족의 힘으로써 이족전제(異族專制)를 전복하고 오천년 군주정치의 허울을 파괴하고 새로운 민주제도를 건립하여 사회의 계급을 없애는 제일보의 착수였다. 우리는 대중이 핏방울로 창조한 국가형성의 초석인 대한민국을 절대로 옹호

---

1) 수와 미가 위를 균평히 한다.
2) 나라를 흥륭하고 태평을 보전하리라.
3) 성조의 지공무사하게 나누어 주는 법에 따른다.
4) 후인의 사유겸병의 폐단을 고친다.
5) 한가지 마음으로 나라를 회복한다.

하며 확립함에 같이 싸울 것임.

6. 임시정부는 13년(1931) 4월에 대외선언을 발표하고 삼균제도의 건국원칙을 천명하였으니, 이른바 "보통선거제도를 실시하여 정권을 균히 하고 국유제도를 채용하여 이익을 균히 하고 공비(公費)교육으로써 학권(學權)을 균히 하며, 국내외에 대하여 민족자결의 권리를 보장하여서 민족과 국가의 불평등을 고쳐 버릴 것이니, 이로써 국내에 실현하면 특권계급이 곧 없어지고 소수민족의 침몰을 면하고 정치와 경제와 교육원리를 균히 하여 고저를 없이하고 동족과 이족에 대하여 또한 이렇게 한다"고 하였다. 이는 삼균제도의 제일차 선언이니 이 제도를 발양 확대할 것임.

7. 임시정부는 이상에 근거하여 혁명적 삼균제도로써 복권하고, 건국을 통하여 일관한 최고공리인 정치·경제·교육의 균등과 독립·민주·균치의 3종 방식을 동시에 실시할 것임.

(『한국독립운동사 자료 Ⅱ』)

12. 사라진 일본기

일본기를 보면 일본말이 생각난다.
일본기를 보면 전쟁이 생각난다.
일본기를 보면 거짓말이 생각난다.

(윤석중, 「사라진 일본기」)

13. 미군사령관의 포고 제1호

남한 민중 각위에게 고함

미군은 근일중에 귀국에 상륙하게 되었다. 당군은 동경에서 금일 일본군이 항복문서에 조인을 하게 되었으므로 여기에 의해 미군은 연합군 대표로 상륙하는 것으로 그 목적은 귀국을 민주주의제도 하에 있게 하고 국민의 질서유지를 도모하는 데 있다.

국가조직의 개선은 일조일석에 이루어지는 것이 아니며 안녕질서에는 큰 혼란과 유혈이 따르지 않게 하지 않으면 안 된다. 어떠한 개혁도 서서히 진행되어야 한다.

여러분도 장래의 국가건설을 위해 또 민주주의적 생활의 유지를 위해 최대한의 노력을 하지 않으면 안 되는 것이다. 미군은 이상의 목적을 조속히 수행하기 위하여 한국 민중에 대하여 다음 여러 가지 점에 대해 절실한 원조와 협력을 요망하는 바이다.

민중에 대한 포고 및 제 명령은 현존하는 여러 관청을 통해 공포된다. 연합군 총사령관으로부터의 명령은 여러분을 원조하는 것을 본의로 하기 때문에 여러분은 이것을 엄숙히 지키고 실천해 주기 바란다. 불행하게도 위반하는 일이 있으면 처벌된다. 이기주의로 날뛴다든가 혹은 일본인 및 미상륙군에 대한 반란행위, 재산 및 기설기관의 파괴 등의 경거망동을 하는 행동은 피할 것이며 평화를 지키고 평상시와 변함없는 생활을 하는 것이 국토건설을 순조롭게 하고 일상생활의 향상을 꾀하는 소이로 할 것이다.

여러분의 생활에 부자유를 가져오게 하는 명령은 극력 피하기로 한다. 여러분의 충심으로 일어나는 협력을 절망하는 바이다.

1945년 9월 22일
재조선 미군사령관
육군중장 존 알 하지

14. 소련군 사령관의 포고문

조선 인민들에게!

조선 인민들이여! 붉은 군대와 연합국 군대들은 조선에서 일본 약탈자들을 구축하였다. 조선은 자유국이 되었다. 그러나 이것은 오직 신조선 역사의 첫 페이지가 될 뿐이다. 화려한 과수원은 사람의 노력과 고려(顧慮)의 결과이다.

이와 같이 조선의 행복도 조선 인민이 영웅적으로 투쟁하며 꾸준히 노력하여야만 달성할 수 있다. 일제의 통치 하에서 살던 고통의 시일을 추억하라! 담 위에 놓인 돌멩이까지도 괴로운 노력과 피땀에 대하여 말하지 않는가? 당신들은 누구를 위하여 일하였는가?

　왜놈들이 고대광실에서 호의호식하며 조선 사람들을 멸시하며 조선의 풍속과 문화를 모욕한 것을 당신들이 잘 안다. 이러한 노예적 과거는 다시 돌아오지 않을 것이다. 진저리나는 악몽과 같은 그 과거는 영원히 없어져버렸다. 조선 사람들이여! 기억하라! 행복은 당신들의 수중에 있다. 당신들은 자유와 독립을 찾았다. 이제는 모든 것이 죄다 당신들에게 달렸다.

　붉은 군대는 조선 인민이 자유롭게 창조적 노력에 착수할 만한 모든 조건을 지어주었다. 조선 인민 자체가 반드시 자기의 행복을 창조하는 자로 되어야 할 것이다. 공장, 제조소 및 공작소 주인들과 상업가 또는 기업가들이여! 왜놈들이 파괴한 공장과 제조소들을 회복시켜라! 새 생산 기업체를 개시하라! 붉은 군대 사령부는 모든 조선 기업소들의 재산 보호를 담보하며 그 기업소들의 정상적 작업을 보장함에 백방으로 원조할 것이다.

　조선 노동자들이여! 노력에서의 영웅심과 창작적 노력을 발휘하라! 조선 사람의 훌륭한 민족성 중의 하나인 노력에 대한 애착심을 발휘하라! 진정한 사람으로써 조선의 경제적 및 문화적 발전에 대하여 고려하는 자라야만 모국 조선의 애국자가 되며 충실한 조선 사람이 된다.

　해방된 조선 인민 만세!

붉은 군대 사령부 사령관 치쓰짜꼬브 대장
(김준엽 외 편,『북한연구자료총서 1』)

15. 한국민주당 강령

1. 조선민족의 자주독립국가 완성을 기함.
2. 민주주의의 정체 수립을 기함.
3. 근로대중의 복리증진을 기함.
4. 민족문화를 앙양하여 세계문화에 공헌함.
5. 국제헌장을 준수하여 세계평화의 확립을 기함.

(『동아일보』 1946년 2월 8일자)

16. 조선인민당 강령

1. 조선민족의 총역량을 집결하여 진정한 민주주의국가의 건설을 기함.
2. 계획경제제도를 확립하여 전 민족의 완전 해방을 기함.
3. 진보적 민족문화를 건설하고 전 인류문화 향상의 공헌을 기함.

(민주주의민족전선 편, 1946, 『조선해방1년사』)

17. 김구의 통일독립 지향

○ 4국신탁이 싫다고 미소공위를 반대한 것이 애국자라 한다면, UN의 협조로 실시하려는 1국신탁도 반대하는 것이 애국자일 것입니다. 미소만을 의존하는 인민공화국을 건설하는 것이 조국을 분열하는 반역자라고 규정하면서 자기 자신이 남한단정을 수립하려 한다면 그것은 무엇이라고 규정하여야 옳겠나이까? 옛날의 보호조약을 찬성한 것을 매국노라 규정한다면 앞으로 오는 보호조약도 방지하는 것이 당연히 애국자일 것입니다. (김구,「안도산 선생 애도문」, 1948년 3월 10일)

○ 내가 30년 동안 조국을 그리다가 겨우 이 반쪽에 들어온 지도 벌써 만 2개월 반에 가까왔다. 그 동안에 또다시 안타깝게 그리던 조국의 저 반쪽을 찾아서 이제 38선을 넘게 되었다. 가슴 속에서 일어나는 희비 교차의 만단 정서야 형언인들 하여 무얼 하랴.

나를 애호해 주는 수많은 동지 동포 중에는 나의 실패를 위하여 과도히 염려하는 분도 있고 나의 성공을 위하여 또한 과대히 기대하는 분도 있다. 그러나 이번 길에 실패가 있다면 그것은 전 국민의 실패일 것이요, 성공이 있다 하여도 그것은 전 민족의 성공일 것이다. 그러므로 개인은 문제가 되는 것은 아니다. 따라서 우리의 길에는 도리어 성공만 있으리라는 것을 믿을 수 있는 것이다. 왜 그러냐 하면 진정한 애국자 중에는 자기 자리만을 도모하려다가 전 민족의 실패를 초래할 사람이 하나도 없는 까닭이다.

금차 회담의 방안이 무엇이냐고 묻는 친구들이 많다. 그러나 우리는 미리부터 특별한 방안을 작성하지 않고 피차에 백지로 임하기로 약속되었다. 왜 그러냐 하면 민족통일 자주독립도 조국을 건설하려는, 환언하면 조국을 위하여 민주자주의 통일독립을 전취하는 현단계에 처한 우리에게는 벌써 우리의 원칙과 노선이 명백히 규정되어 있는 까닭이다. 그러므로 모든 방안의 작성과 해결은 이 원칙과 이 노선에 부합됨을 전제조건으로 할 것뿐이다.

따라서 남쪽에서 단선단정을 결사 반대하던 우리가 그 곳에 도착한 후에 그와 유사한 어떤 형태를 표현시키지나 않을까 하고 걱정하는 것은 우리의 생명이 있는 한 완전한 기우가 되리라는 것도 단언하여 둔다.

그리고 우리 조국의 독립이 민족자결과 국제협조의 정신에서 완전 성공되리라는 것은 이미 우리의 상식이 되어 있다. 그러므로 우리가 소련의 위성국가를 만들려고 가느니 혹은 친소반미의 정책을 정하러 가느니 하는 유언은 일종의 억측 아니면 모략선전밖에 아무것도 아니 될 것이다. 우리의 국제정책은 평등호조의 입장에서 우리의 민주자주의 통일독립을 호의로써 협조하는 우방과는 일정한 친선을 도모함에 있는 것이다. 이별에 의한 심회를 금하기 어려워서 인사의 말씀 겸 수언을 드린다. 친애하는 동지 동포여, 조국의 독립을 전취하기 위하여 내내 건강하소서. (김구, 「남북협상에 대한 성명」, 1948년 4월 19일)

○ 김구·김규식의 남북연석회의 참여에 대한 또 하나의 비판은 그것이 실패하였다는 것이다. 남북연석회의는 물론 곧바로 통일을 성취하지 못하였다. 그러나 한말의 의병운동, 1919년의 3·1운동, 윤봉길의 상해 의거, 그 어느 하나가 바로 일제로부터 독립을 가져온 것은 아니었다. 역사는 본질적으로 축적되는 것이지 특정 사건 하나로 이루어지는 것이 아니며, 특히 약소국이나 제3세계의 민족운동은 좌절과 실패를 통해 발전하는 것이다. 4월 연석회의를 그 자체의 성패 여부로 손쉽게 운위하는 것은 자칫하면, 역사를 한 사건으로 결판내려는 투기적 자세나, 역사의 의미를 현실정치에서의 성공과 일치시키는 속류 성패론, 분단체제를 영구불변으로 파악하는 현실 고정관념 등에 구애될 수 있는 것이다. (도진순, 1997, 『한국민족주의와 남북관계』, 서울대학교출판부)

○ 나는 우리 나라가 세계에서 가장 아름다운 나라가 되기를 원한다. 가장 부강한 나라가 되기를 원하는 것은 아니다. 내가 남의 침략에 가슴이 아팠으니, 내

나라가 남을 침략하는 것은 원치 아니한다. 우리의 부력(富力)은 우리의 생활을 풍족히 할 만하고, 우리의 강력(强力)은 남의 침략을 막을 만하면 족하다. 오직 한없이 가지고 싶은 것은 높은 문화[문명]의 힘이다. 문화의 힘은 우리 자신을 행복하게 하고, 나아가서 남에게 행복을 주겠기 때문이다. 자연과학의 힘은 아무리 많아도 좋으나, 인류 전체로 보면 현재의 자연과학만 가지고도 편안히 살아가기에 넉넉하다.

인류가 현재에 불행한 근본 이유는 인의(仁義)가 부족하고, 자비가 부족하고, 사랑이 부족하기 때문이다. 이 마음만 발달이 되면 현재의 물질력으로 20억이 다 편안히 살아갈 수 있을 것이다. 인류의 이 정신을 배양하는 것은 오직 문화이다. 나는 우리 나라가 남의 것을 모방하는 나라가 되지 말고, 이러한 높고 새로운 문화의 근원이 되고, 목표가 되고, 모범이 되기를 원한다. 그래서 진정한 세계의 평화가 우리 나라에서, 우리 나라로 말미암아서 세계에 실현되기를 원한다.

홍익인간(弘益人間)이라는 우리 국조(國祖) 단군의 이상이 이것이라고 믿는다. 또 우리 민족의 재주와 정신과 과거의 단련이 이 사명을 달하기에 넉넉하고, 국토의 위치와 기타의 지리적 요건이 그러하며, 또 1차 2차 세계대전을 치른 인류의 요구가 그러하며, 이러한 시대에 새로 나라를 고쳐 세우는 우리의 서 있는 위치가 그러하다고 믿는다. 우리 민족이 주연배우로 세계의 무대에 등장할 날이 눈앞에 보이지 아니하는가. 이 일을 하기 위하여 우리가 할 일은 사상의 자유를 확보하는 정치양식의 건립과 국민교육의 완비다.

……

대한사람은 남자나 여자나 얼굴에는 항상 화기가 있고, 몸에서는 덕의 향기를 발할 것이다. 이러한 나라는 불행하려 하여도 불행할 수 없고, 망하려 하여도 망할 수 없는 것이다. 민족의 행복은 결코 계급투쟁에서 오는 것도 아니요, 개인의 행복이 이기심에서 오는 것도 아니다. 계급투쟁은 끝없는 계급투쟁을 낳아서 국토의 피가 마를 날이 없고, 내가 이기심으로 남을 해하면 천하가 이기심으로 나를 해할 것이니, 이것은 조금 얻고 많이 빼앗기는 법이다. (김구 저, 도진순 주해, 1997, 『백범일지』, 돌베개)

18. 제헌헌법 전문

　유구한 역사와 전통에 빛나는 우리들 대한국민은 기미 3·1운동으로 대한민국을 건립하여 세계에 선포한 위대한 독립정신을 계승하여 이제 민주독립국가를 재건함에 있어서 정의·인도와 동포애로써 민족의 단결을 공고히 하며 모든 사회적 폐습을 타파하고 민주주의 제 제도를 수립하여 정치, 경제, 사회, 문화의 모든 영역에 있어서 각인의 기회를 균등히 하고 능력을 최고도로 발휘케 하며 각인의 책임과 의무를 완수케 하여 안으로는 국민생활의 균등한 향상을 기하고 밖으로는 항구적인 국제평화의 유대에 노력하여 우리들과 우리들의 자손의 안전과 자유와 행복을 영원히 확보할 것을 결의하고 우리들의 정당 또 자유로이 선거된 대표로써 구성된 국회에서 단기 4281년 7월 12일 이 헌법을 제정한다.
(『대한민국관보』 제1호, 1948년 9월 1일자)

19. 세계적인 제한전쟁

　한국전쟁은 그 자체가 매우 복합적인 성격을 띤 전쟁이었다. 사람에 따라서는 이것을 전쟁이라고 부르는 문제에 우선 심각한 의문을 제기하기도 한다.
　한국전쟁은 우선 분단된 한 민족 사이의 전쟁이었다. 따라서 내전인 것은 분명하다. 그러나 한국전쟁은 그저 내전이라고만 부를 수 있는 것인가? 이 전쟁에는 두 초강대국을 포함하여 세계의 강대국들이 모두 참여하고 있었다. 최근에 와서야 참전의 사실이 분명해진 소련을 합치면 전 세계의 20개 국가가 이 전쟁에 참여했던 것이다.
　무장투쟁에 참여하지는 않았지만 다른 여러 가지 형태로 이 전쟁에 개입된 나라들도 있다. 유엔군측에 병원선 또는 야전의료부대를 보낸 5개국과 북한측에 의료지원을 한 동구나라들을 합치면 그 수는 더욱 늘어난다.
　이 전쟁에 중립을 표명한 나라들도 문자 그대로 완전중립의 무관심한 태도를 보인 것은 아니었다. 양측 의사와 관계 없이 적극적인 중개의 역할을 하거나, 제3의 타결방안을 제시하고 사태를 그런 방향으로 끌고 가려는 적극적인 중립의 역할을 한 것이다. 한 마디로 한국전쟁은 제2차 세계대전이 끝난 지 5년 만에 일어난 세계전쟁이었다. 세계의 거의 모든 나라가 어떤 방식으로건 이 전쟁에 관련되어 있었다.

그럼에도 불구하고 한국전쟁은 세계대전은 아니었다. 우선 직접 전투행위에 참여하고 있는 나라들 중에 어느 누구도 자기들이 전쟁을 하고 있다는 것을 인정하지 않았다. 소련은 처음부터 이 전쟁과 아무 관련이 없다고 40여 년간 잡아 떼었다. 중국은 의용군의 형태를 빌려 자발적으로 참전했다.

미국을 위시한 서방측은 어떠했는가. 그들은 국제연합의 결정에 따른 집단안보행위, 또는 유엔회원국으로서의 의무이행 또는 경찰행위를 수행하였을 뿐이라는 입장이었다. 더구나 이들은 매우 정교한 그러면서도 눈에 보이지 않는, 서로 합의한 바가 없으면서도 잘 지켜진 규칙들 밑에서 전쟁을 한 것이었다.

이것은 후에 언급할 미국과 소련의 공중전에서 가장 극적으로 나타난다. 한국전쟁을 통해서 세계는 이른바 처음 제한전쟁을 경험한 셈이었다. 오스굿(R. Osgood)의 정의에 따르면, 제한전쟁에는 둘 또는 매우 소수의 주요 교전국만이 적극적으로 전투에 참여하며, 교전국은 인적·물적 자원을 부분적으로만 전쟁 목적에 동원한다. 그리고 기존의 경제·사회·정치적인 유형은 중대한 착란 없이 유지된다. 세계의 강대국들은 별 무리 없이 이 새로운 전쟁방식에 적응하였다.

그러나 이것으로도 한국전쟁의 성격이 정의된 것은 아니다. 잘 알려진 바와 같이 미국과 서방제국은 한국전쟁을 계기로 대규모의 자원동원과 정책전환을 했다. 최근 중국도 한국전쟁을 계기로 산업시설을 재배치하는 대규모의 소모적인 계획을 수행했다는 보도도 있었다.

한국전쟁 이후에도 또 다른 제한전쟁들이 있었지만 이것들은 한국전쟁과 비교할 수 있을 정도로 세계전쟁의 성격을 갖는 것은 아니었다. 한국전쟁에 따른 세계 정치적인 변동 규모에 비하면 월남전은 그저 국지전에 불과한 것이었다. 한국전쟁은 내란이면서 2차대전 종결 이후 유일한 세계전쟁이자 제한전쟁이었던 것이다. (나종일, 1992, 『신동아』 395)

20. 우리의 맹세

1. 우리는 대한민국의 아들딸 죽음으로써 나라를 지키자.
2. 우리는 강철같이 단결하여 공산 침략자를 쳐부수자.
3. 우리는 백두산 영봉에 태극기 날리고 남북통일을 완수하자.

21. 대학교수단 4·25시국선언문

이번 4·19참사는 우리 학생운동사상 최대의 비극이요, 이 나라 정치적 위기를 초래한 중대사태이다. 이에 대한 철저한 반성과 규정(糾正)이 없이는 이 민족의 불행한 운명은 도저히 만회할 길이 없다. 우리 전국 대학교 교수들은 이 비상시국에 대처하여 양심의 호소로서 다음과 같이 우리 소신을 선언한다.

1. 마산·서울 기타 각지의 데모는 주권을 빼앗긴 국민의 울분을 대신하여 궐기한 학생들의 순수한 정의감의 발로이며 불의에는 언제나 항거하는 민족정기의 표현이다.
2. 이 데모를 공산당의 조종이나 야당의 사주로 보는 것은 고의의 왜곡이며 학생들의 정의감의 모독이다.
3. 합법적이요 평화적인 데모 학생에게 총탄과 폭력을 주저 없이 남용하여 공전의 민족 참극을 빚어낸 경찰은 총탄과 민주를 기본으로 한 대한민국의 국립경찰이 아니라 불법과 폭력으로 권력을 유지하려는 일부 정치집단의 사병이다.
4. 누적된 부패의 부정과 횡포로써 민권을 유린하고 민족적 참극과 국제적 수치를 초래케 한 현정부와 집권당은 그 책임을 지고 물러가라.
5. 3·15선거는 부정선거다, 공명선거에 의하여 정부통령을 재선거하라.
6. 3·15부정선거를 조작한 자는 중형에 처하여야 한다.
7. 학생 살상의 만행을 위해서 명령한 자와 하수한 자는 즉시 체포 처단하라.
8. 깡패를 철저히 색출 처단하고 그 전국적 조직을 분쇄하라.
9. 모든 구속된 학생은 무조건 즉시 석방하라. 설령 파괴와 폭행이 있었더라도 이는 동료의 피살에 흥분된 비정상 상태 하의 행동이요, 파괴와 폭행이 그 본의가 아닌 까닭이다.

10. 공적 지위를 이용해서나 관청과 결탁하여 부정축재한 자는 군·관·민을 막론하고 가차 없이 적발 처단하여 국가의 기강을 세우고 부패와 부정을 방지하라.

11. 경찰의 중립화를 확고히 하고 학원의 자유를 절대 보장하라.

12. 곡학아세의 사이비 학자를 배격하라.

13. 정치도구화한 소위 문화인, 예술인을 배격한다.

14. 시국의 중대성을 인식하고 학생들은 흥분을 진정하여 이성을 지키고 속히 학업의 본분으로 돌아오라.

15. 학생제군은 38이북에서 호시탐탐하는 공산괴뢰들이 제군들의 의거를 100퍼센트 선전에 이용하고 있다는 사실을 경계하라. 또 이남에서도 종래의 반공명의를 도용하는 방식으로 제군들의 흘린 피의 대가를 정치적으로 악이용하려는 불순분자가 있음을 조심하라.

구호

1. 이 대통령은 즉시 물러가라.
1. 부정선거 다시 하라.
1. 살인귀 처단하라.

(1960년 4월 25일)

22. 강화학의 맥락

○ 일의 성패가 문제가 아니다. 동기의 순수성 여부가 문제일 따름이다. 왕양명의 가르침이었다. 질(質)의 참됨만이 네가 갈 길이다. 결과의 대소고하는 물을 바가 아니다. 사기공(沙磯公) 이시원이 어린 손주 이건창에게 아침저녁 이르던 말이었다. ……시작과 끝을 오직 진실과 양심에 호소했을 뿐, 성패를 묻지 않는 강화학의 가르침이었다. ……만주엔 국화가 없다. 제때에 피는 국화가 없음을 아쉬워하는 줄 알고, 해마다 가을이 되면 꽃잎을 봉투에 담아 이건승에게 보내준 이가 있었다. ……이건승과 석전6) 두 노인이 서로 마음을 트고 이십 년 가까

---

6) 국화 마른 꽃잎을 정성껏 봉투에 담아 이건승에게 보내준 단호(檀湖) 민두현 노인.

이 서신을 왕래하면서 일찍이 한 번도 서로 상면한 적이 없었다는 사실이다. 신교(神交)란 바로 그러한 것인가 보다. (민영규, 1987, 『회귀』 3)

○ 곤륜산을 타고 하늘에서 흘러내린 차가운 물사태가 사막 한가운데 염택(鹽澤)에서 지하로 자취를 감추고, 지하로 잠류하기 또 몇천 리, 청해(靑海)에 이르러 그 모습 다시 지표로 드러내서 장장 팔천팔백 리 황하를 이룬다. 황하의 기원에 관한, 한대(漢代) 장건의 이 시적 구상은 『한서』 서역전에 전한다.

해방된 해 늦가을 연희(延禧)의 노천강당에는 임정 요인의 귀국을 맞이하는 기념강연이 있었다. 백낙준 선생이 조직한 이 자리에 연사로 위당(爲堂) 정인보 선생이 모셔졌다. 경술년의 비극이 곧 이 민족의 종언을 의미하는 것이 아님을 선생은 거기서 장건의 황하 기원 이야기에 비유하셨다. 평생 비단옷 한 벌 걸친 적 없고 놋수저로 시종했다는 위당 선생의 이 날 옷차림은 소시 때 금관조복을 고쳐서 마련한 아청색 숙고사 두루마기.

생매장되었던 한국학술사상 강화학을 지하로부터 끌어올린 분은 위당 선생이시다. 위당의 학문을 서여(西餘)[7] 선생은 그렇게 정리하셨다. 그리고 황량하고 척박한 학문의 풍토에 물줄기를 대고 그것이 강화학이란 이름의 강으로 흐르도록 만든 분은 서여 선생이시다. (조흥윤, 1994, 「발문」, 『강화학 최후의 광경』, 도서출판 우반)

23. 식민주의적 한국사관 비판

우리는 한국사의 올바른 인식에 장애가 되는 그릇된 모든 선입관과 이론을 속히 청산해야 하겠다. 불필요한 열등의식의 산물인 경우에 그러한 것과 마찬가지로 허황한 자만심의 소치인 경우에도 물론 그러하다. 한국 민족의 운명에 대한 따뜻한 관심 속에서 이루어진, 그리고 인류사회의 발전에 대한 투철한 인식을 토대로 한 정당한 비판적 정신 속에서 이루어진 학문적 성과를 통하여서만 한국사의 올바른 인식은 가능할 것이다. 그리고 이러한 과거에 대한 올바른 인

---

[7] 민영규(연세대 명예교수)의 아호.

식이 나아가서 현재와 장래를 위한 올바른 지침이 될 수 있을 것이다. (이기백, 1961, 『국사신론』 서론)

24. 5·16혁명공약

첫째, 반공을 국시의 제일의로 삼고 지금까지 형식적이고 구호에만 그친 반공체제를 재정비 강화할 것입니다.
둘째, 유엔헌장을 준수하고 국제협약을 충실히 이행할 것이며 미국을 위시한 자유우방과의 유대를 더욱 공고히 할 것입니다.
셋째, 이 나라 사회의 모든 부패와 구악을 일소하고 퇴폐한 국민도의와 민족정기를 다시 바로잡기 위하여 청신한 기풍을 진작할 것입니다.
넷째, 절망과 기아선상에서 허덕이는 민생고를 시급히 해결하고 국가자주경제 재건에 총력을 경주할 것입니다.
다섯째, 민족적 숙원인 국토통일을 위하여 공산주의와 대결할 수 있는 실력의 배양에 전력을 집중할 것입니다.
여섯째, 이와 같은 우리의 과업이 성취되면 참신하고도 양심적인 정치인들에게 언제든지 정권을 이양하고 우리들 본연의 임무에 복귀할 준비를 갖추겠습니다. (한국군사혁명사편찬위원회, 1963, 『한국군사혁명사』 제1집 하권)

25. 베트남 파병

월남에서는 1954년 제네바협정 이후 베트남민주공화국(북베트남)·남베트남민주해방전선과 베트남공화국(남베트남) 사이에 내전이 벌어지고 있었는데, 미국이 개입하자 남베트남 지역을 중심으로 민족해방전쟁이 치열하게 전개되었다. 한국 정부는 미국의 종용으로 1965년 2월부터 정규군을 파병, 전투에 참가하였다. 파병으로 1960년대 말~1970년대 초 상당한 외화를 획득하는 등 한국 경제성장에 상당히 기여한 측면도 있으나, 젊은 청년들이 아무런 명분도 없는 전쟁에 참가하여 목숨을 잃거나 후유증으로 신음하게 되었으며 제3세계 국가들과의

외교에서 고립되는 상황을 초래하였다. (정연태 외, 1994, 『자료모음 근현대한국탐사』, 역사비평사)

26. 한·일협정 비준 반대성명서

　대한민국의 주권자는 엄연히 국민이다. 국민은 정부의 정책을 언제나 자유로이 비판하는 권리를 갖는다. 그럼에도 불구하고 정부는 국민의 비등하는 여론을 최루탄과 경찰봉에 의한 폭압 및 가식에 찬 선전으로 봉쇄하는 한편 일본에 대해서는 이해할 수 없는 초조와 애걸로써 굴욕적인 협정에 조인하고 말았다.
　우리 교수 일동은 한·일협정의 내용을 신중히 분석 검토한 끝에 다음과 같은 이유로 그것이 우리의 민족적 자주성과 국가적 이익에 막대한 손실을 가져올 뿐더러 장차 심히 우려할 사태가 전개될 것이 예견되므로 이에 그 비준의 반대를 선언한다.
　첫째로, 기본조약은 과거 일본제국주의 침략을 합법화시켰을 뿐만 아니라 우리 주권의 약화 및 제반 협정의 불평등과 국가적 손실을 초래할 굴욕적인 전제를 인정해 놓았다.
　둘째로, 청구권은 당당히 요구할 수 있는 재산상의 피해를 보상하는 것이 못되고 무상제공 또는 경제협정이라는 미명 아래 경제적 시혜로 가식하였으며, 일본 자본의 경제적 지배를 위한 소지를 마련해 주었다. ……국민의 압도적 다수가 맹렬히 반대하는 한일협정의 비준을 정부가 그대로 강행하는 경우에는 한국을 위해서는 물론, 올바른 한일 국교정상화를 위해서나 전통적인 한·일간의 우호관계를 위해서나 불행한 결과만을 가져오리라고 우리는 단정한다. ……

1965년 7월 12일
교수 367명 서명

27. 이식적인 정신의 비판

　한국의 낙후성을 역사의식의 결여에 연결시키면 곧 한국근대화에 있어 정신적인 조건의 결여인데 이 말은 다시 바꾸어 보면 사상적 빈곤을 말하는 것으로 현재에서 보더라도 한국은 이식적(移植的)인 정신에 비판이 결여되어 있다. 이것은 현실인식을 어떠한 틀에 맞추어 보려는 경향에서 지니는 폐단이라 하겠지만 이러한 폐단은 그대로 후진사회가 지니는 것이다. 여기서 어떠한 추상적 이론보다도 현재 우리가 처리하여야 할 사상적 대결의 큰 과제는 ① 공산주의(북한)에 대한 반공운동(한국 - 휴전선 이남), ② 민족주의와 민주주의를 어떻게 비판적으로 이해하느냐, 또 그 자리에서 낙후된 한국을 어떻게 근대적인 국가사회로 지향시킬 것이냐를 추구해야 할 것이다. ……

비판의 기반으로는 이미 근대에 마련된 민족정신이 문제 되겠으나, 이것은 근대 이전에 중국 중심적인 정신에서 확립이 취약성을 면치 못했고 식민지 시대에는 수난의 길을 밟고 해방과 더불어 사상적으로 구조화되지 못하고, 이것을 곧 파시즘의 화신인 것처럼 보는 데서 역시 수난의 길에서 벗어나지 못하고 어떠한 대결의 정신으로 세워지지 못한 채 오늘의 한국인이 자기 의식에의 취약성만을 내포하게 되었다. 뿐만 아니라 외래사상에 의존적인 데서 역사의식은 흐려지고 있다. 곧 자기 현실의 인식을 남의 자리에서 하고자 하고, 보아온 데서 현재의 정신상황을 조성한 것이다. 이 상황의 극복에서 우리의 정신적 낙후성을 배제할 수 있을 것이 아닌가 한다. (홍이섭, 1968,『한국사의 방법』, 탐구당)

28. 역사 앞에 선언한다

우리 나라는 해방과 함께 38선을 경계로 공산독재체제와 자유민주체제의 세계사적 대결의 최전선이 되었다. 그러므로 대한민국이 자유민주체제를 확립, 신장시켜야 한다는 것은 우리 나라 역사뿐 아니라 자유진영 전체가 요구하는 지상명령이다. ……

우리는 이제 3선개헌을 강행하여 자유민주에의 반역을 기도하는 어떤 명분이나 위장된 강변에도 현혹됨이 없이 헌정 20년간 모든 호헌세력들의 공통된 신념과 결단 위에서 전 국민의 힘을 뭉쳐 단호히 이에 대처하려 한다. 집권자에 의해서 자유민주에의 기대가 끝내 배신당할 때, 조국을 수호하려는 전 국민은 요원의 불길처럼 봉기할 것이다. 우리는 날로 그 우방을 확장시키고 있고, 선악의 대결과 진부의 결전에서 용솟음치는 결의를 가지고 있다.

자유국민의 조국은 영원하다.

영원한 조국을 가진 국민은 용감하다.

전 국민이여! 자유민주의 헌정수호 대열에 빠짐 없이 참여하라.

3선개헌반대범국민투쟁위원회, 1969년 7월 17일

29. 인간 최소한의 요구입니다

존경하는 대통령각하

……저는 서울특별시 성북구 쌍문동 208번지 2통 5반에 거주하는 22살된 청년입니다. 직업은 의류계통의 재단사로서 5년의 경력을 가지고 있습니다. 저의 직장은 시내 동대문구 평화시장으로서 의류전문 계통으로선 동양 최대의 규모를 자랑하는 곳으로 종업원은 2만 명이 됩니다. 큰 맘모스 건물 4동에 분류되어 작업을 합니다. 그러나 기업주가 여러 분인 것이 문제가 되겠습니다만 한 공장에 평균 30여 명은 됩니다.

근로기준법에 해당되는 기업체임을 잘 압니다. 그러나 저희들은 근로기준법의 혜택을 조금도 못 받으며 더구나 2만여 명을 넘는 종업원 90% 이상이 평균 연령 18세의 여성입니다. 기준법이 없다고 하더라도 인간으로서 어떻게 여자에게 하루 15시간의 작업을 강요한단 말입니까? 재봉공의 노동이라면 노동 중에서 제일 힘든(정신저으로, 육체저으로) 노동으로 여성들은 견디어내지 못합니다.

또한 2만여 명 중 40%를 차지하는 보조공(시다)들은 평균연령 15세의 어린이들로서, 육체적으로나 정신적으로 성장기에 있는 이들에게는 회복할 수 없는 결정적이고 치명적인 타격임을 부인할 수 없습니다. 전부가 다 영세민들의 자제로서 굶주림과 어려운 현실을 이기려고 하루에 90원 내지 1백원의 급료를 받으며 1일 15시간씩 작업을 합니다.……

노동청에서도 실태조사도 왔었습니다만 아무런 대책이 없습니다.

일반공무원 평균 근무시간인 1주 45시간에 비해 15세의 어린 보조공들은 1주 98시간의 고된 작업에 시달리고 있습니다. 또한 평균 20세의 숙련 여공들은 6년 전후의 경력자로서 대부분이 햇빛을 보지 못하여 안질과 신경통, 신경성 위장병

환자들입니다. 호흡기관 장애 또는 폐결핵으로 많은 숙련 여공들은 생활의 보람을 느끼지 못한 채 지내고 있습니다. 응당 근로기준법에 의하여 기업주는 건강진단을 시켜야 함에도 불구하고 법을 기만합니다.

한 공장의 30여 명 직공 중에서 겨우 2명이나 3명 정도를 평화시장 주식회사가 지정하는 병원에서 형식상의 진단을 마칩니다. 엑스레이 촬영시에는 필름도 없는 촬영을 하기도 하는데 아무런 사후 지시나 대책이 없습니다. 1인당 3백원의 진단료를 기업주가 부담하기 때문인가요? 아니면 전부가 건강하기 때문입니까?

나라의 경제발전을 위해선 어쩔 수 없는 현실입니까?

하루속히 정신적으로 육체적으로 약한 여공들을 보호해주십시오.

최소한 당사자들의 건강에 영향을 끼치지 않는 정도면 만족해 할 순진한 동심들입니다.……

저희들의 요구는 하루 15시간의 작업시간을 단축해달라는 것입니다. 하루 10~12시간으로, 1개월 중 지금까지의 휴일 2일을 매주 일요일마다 쉬기를 희망합니다. 건강진단도 정확하게 실시시켜 주십시오. 보조공들의 수당 현 70원 내지 1백원을 50% 이상 인상해주십시오.

절대로 무리한 요구가 아님을 맹세합니다. 인간으로서의 최소한의 요구입니다. 기업주측에서도 충분히 지킬 수 있는 사항입니다. (조영래, 1983,『전태일평전』, 252~254쪽)

30. 새마을운동의 노래

새벽종이 울렸네 새아침이 밝았네
너도 나도 일어나 새마을을 가꾸세
살기 좋은 내 마을 우리 힘으로 만드세

초가집도 없애고 마을길도 넓히고
푸른동산 만들어 알뜰살뜰 가꾸세
살기 좋은 내 마을 우리 힘으로 만드세

31. 7·4남북공동성명 조국통일 원칙

첫째, 통일은 외세에 의존하거나 외세의 간섭을 받음이 없이 자주적으로 해결하여야 한다.

둘째, 통일은 서로 상대방을 반대하는 무력행사에 의거하지 않고 평화적 방법으로 실현하여야 한다.

셋째, 사상과 이념, 제도의 차이를 초월하여 우선 하나의 민족으로서 민족적 대단결을 도모하여야 한다.

1972년 7월 4일 이후락·김영주

32. 양심선언

더 이상 우리는 어떻게 참을 수 있으며 더 이상 우리는 그들에게 무엇을 바랄 수 있겠는가? 어두움이 짙게 덮인 저 사회의 음울한 공기를 헤치고 죽음의 전령사가 서서히 우리에게 다가오는 것을 우리는 직감하고 있다.

무엇을 망설이고 무엇을 생각할 여유가 있단 말인가! 대학은 휴강의 노예가 되고, 교수들은 정부의 대변자가 되어 가고, 어미닭을 잃은 병아리마냥 우리들은 반응 없는 울부짖음만 토하고 있다. 우리의 주장이 결코 그릇됨이 아닐진대, 우리의 주장이 결코 비양심이 아닐진대 우리는 어떻게 더 이상 자존을 짓밟혀, 불명예스런 삶을 계속할 것인가. 우리를 대변할 둥지들은 차가운 시멘트 바다 위에 신음하고 있고, 무고한 백성은 형장의 이슬로 사라져 가고 있다. 민주주의란 나무는 피를 먹고 살아간다고 한다.

들으라, 동지여!

우리의 숭고한 피를 흩뿌려 이 땅에 영원한 민주주의를 푸른 잎사귀가 번성하도록 할 용기를 그대들은 주저하고 있는가! 들으라! 우리는 유신헌법의 잔인한 폭력성을, 합법을 가장한 유신헌법의 모든 부조리와 악을 고발한다. 우리는 유신헌법의 비민주적 허위성을 고발한다. 우리는 유신헌법의 자기 중심적 이기성을 고발한다.

학우여! 아는가!

민주주의는 지식의 산물이 아니라 투쟁의 결과라는 것을!

금일 우리는 어제를 통감하기 전에 내일을 체념하기 전에 치밀한 이성과 신념으로 이 처참한 일당독재의 아성을 향해 불퇴전의 결의로 진격하자. 민족사의 새 날은 밝아 오고 있다. 그 누가 이 날의 공포와 혼란에 노략질당하기 바라겠는가? 우리 대한 학도는 민족과 역사 앞에 분연히 선언한다. 이 정권이 끝날 때까지 후퇴치 못하고 이 민족을 끝까지 못살게 군다면 자유와 평등과 정의를 뜨겁게 외치는 이 땅의 모든 시민의 준열한 피의 심판을 면치 못하리라. 역사는 이러한 사태를 원치 않으나 그러나 우리는 하나가 무너지고 또 무너지더라도 무릎꿇고 사느니 차라리 서서 죽을 것임을 재천명한다. 탄압과 기만의 검은 바람이 불어 오는 것을 보라. 우리는 이제 자유와 평등의 민주사회를 향한 결단의 깃발을 내걸어 일체의 정치적 자유를 질식시키는 공포의 병영국가가 도래했음을 민족과 역사 앞에 고발코자 한다. 이것이 민족과 역사를 위하는 길이고, 이것이 우리의 자랑스런 조국의 민주주의를 쟁취하는 길이며, 이것이 영원한 사회정의를 구현하는 길이라면 이 보잘것 없는 생명, 바치기에 아까움이 없노라(양심이 가리키는 방향이고 내 양심이 지향하는 길이겠습니다. 나의 앞으로의 행동에 대해서 여러분은 조금도 동요하지 말고 완전한 이성을 되찾아서 우리가 해야 할 바를 갖다가 명실상부하게……)

저 지하에선 내 영혼에 눈이 뜨여 만족스런 웃음 속에 여러분의 진격을 지켜보리라. 그 위대한 승리가 도래하는 날!

나!

소리없는 뜨거운 갈채를 만천하에 울리게 보낼 것이다.

1975년 4월 11일 9시 김상진

33. 대통령 긴급조치 9호

1. 다음 각 호의 행위를 금한다.
 가. 유언비어를 날조, 유포하거나 사실을 왜곡하여 전파하는 행위
 나. 집회·시위 또는 신문·방송·통신 등 공공 전파수단이나 문서·도서·음반 등 표현물에 의하여 대한민국 헌법을 부정·반대·왜곡 또는 비방하거나

그 개정 또는 폐지를 주장·청원·선동 또는 선전하는 행위
　다. 학교 당국의 지도, 감독 하에 행하는 수업·연구 또는 학교장의 사전허가를 받았거나 기타 의례적·비정치적 활동을 제외한 학생의 집회·시위 또는 정치관여 행위
　라. 이 조치를 공연히 비방하는 행위
　2. 제1에 위반한 내용을 방송·보도, 기타의 방법으로 공연히 전파하거나 그 내용의 표현물을 제작·배포·판매·소지 또는 전시하는 행위를 금한다. ……
1975년 5월 13일

34. 자연보호헌장

　인간은 자연에서 태어나 자연의 혜택 속에서 살고 자연으로 돌아간다. 하늘과 땅과 바다와 이 속의 온갖 것들이 우리 모두의 삶의 자원이다. 자원은 인간을 비롯한 모든 생명체의 원천으로 오묘한 법칙에 따라 끊임 없이 변화하면서 질서와 조화를 이루고 있다.
　예로부터 우리 조상들이 이 땅을 금수강산으로 가꾸며 자연과의 조화 속에서 향기높은 민족문화를 창조하였다. 그러나 산업문화의 발달과 인구의 팽창에 따른 공기의 오염, 물의 오탁, 녹지의 황폐와 인간의 무분별한 훼손 등으로 자연의 평형이 상실되어 생활환경이 악화됨으로써 인간과 모든 생물의 생존까지 위협을 받고 있다. 그러므로 국민 모두가 자연에 대한 인식을 새로이 하여 자연을 아끼고 사랑하며, 모든 공해 요인을 배제함으로써 자연의 질서와 조화를 유지하는데 정성을 다하여야 한다.
　이에 우리는 이 땅을 보다 더 아름답고 쓸모 있는 낙원으로 만들어 길이 후손에게 물려주고자 온 국민의 뜻을 모아 자연보호헌장을 제정하여 한사람 한사람의 성실한 실천을 다짐한다.
　1. 자연을 사랑하고 환경을 보전하는 일은 국가나 공공단체를 비롯한 모든 국민의 의무다.
　2. 아름다운 자연경관과 문화적, 학술적 가치가 있는 자연자원은 인류를 위하여 보호되어야 한다.

3. 자연보호는 가정, 학교, 사회의 각 분야에서 교육을 통하여 체질화될 수 있도록 하여야 한다.
  4. 개발은 자연과 조화를 이루도록 신중히 추진되어야 하며, 자연의 보전이 우선되어야 한다.
  5. 온갖 오물과 폐기물과 약물의 지나친 사용으로 인한 자연의 오염과 파괴는 방지되어야 한다.
  6. 오손되고 파괴된 자연은 즉시 복원되어야 한다.
  7. 국민 각자가 생활 주변으로부터 깨끗이 하고 전 국토를 푸르고 아름답게 가꾸어 나가야 한다.

1978. 10. 5

35. 5월민중항쟁

　1980년 5월은 신군부와 민주세력 간의 전면적 대결의 정점이었다. 계엄해제를 요구하는 전국적인 학생시위에 대해 17일 신군부는 계엄령을 전국적으로 확대하고 정치인·재야·학생들을 대대적으로 체포했다. 광주에서는 계엄확대에 반대하는 학생시위에 대한 계엄군의 무차별 진압으로 무장민중항쟁이 일어났으나, 27일 진압됨으로써 5월민중항쟁은 실패로 끝나고 신군부는 본격적인 정권 탈취의 길로 줄달음쳤다.

(이종범·최원규 편, 1995, 『자료한국근현대사입문』, 혜안)

36. 광야에서

찢기는 가슴 안고 사라졌던
이 땅의 피울음 있다
부둥킨 두 팔에 솟아나는
하얀 옷의 핏줄기 있다
해뜨는 동해에서

해지는 서해까지
뜨거운 남도에서
광활한 만주벌판
우리 어찌 가난하리오
우리 어찌 주저하리오
다시 서는 저 들판에서
움켜쥔 뜨거운 흙이여

(문대현 작사·작곡)

37. 우리는 정치를 잊고 싶다

생각해 보면 우리가 모두 허구헌날 정치에 휘말려 마음 안팎이 시끄럽다는 것은 참으로 우스꽝스런 일이요 불행한 일이다. 우리는 정치를 좀 잊고 싶다. 그러나 도무지 잊거나 피할 수가 없다. 정치가 잘 돼 가지 않기 때문이다. 나는 정치를 잘 모르지만, 그 동안 느끼기로는 정치는 삶의 피부와 같은 것이어서 잘 되어 갈 때는 느끼지 못하는데 잘 못되어 갈 때는 그야말로 피부에 온다. 제일 실감나는 예로 최루탄이 있다. 최근에는 여러 도시에서 터져서 많이들 괴로움을 당했지만 그 동안 대학을 지옥으로 만들었다고 해도 결코 지나치지 않는 그 최루탄이야말로 잘 못하는 정치가 어떻게 - 이한열 군은 그 금속성 파편이 머리에 박혀 숨졌지만 - 우리의 피부에 고통스럽게 오는가를 웅변하는 물건이다.

매연으로 오염된 공기이나마 우리가 이 공기를 숨쉬면서 편안한 숨을 쉴 수 있도록 최루탄을 쏘아서는 안 되며 그러기 위해서는 거리에서의 대결을 끝내야 한다. 즉 진짜 정치가 시작되어야 한다.

그리고 마지막으로 젊은이는(전경을 포함해서) 이 공동체의 새 피이니 젊은 이를 극진히 아낄 일이고 통틀어 생명의 귀함과 아름다움에 대한 감각이 늘 푸르게 살아 있을 일이다. (정현종, 『주간조선』 1987년 7월 19일자)

38. 청소년헌장

청소년은 새시대의 주역이다.

뜨거운 정열을 가슴에 품고 자연과 학문을 사랑하며, 한 마음으로 굳게 뭉쳐 조국발전의 일꾼이 되어, 세계와 우주로 힘차게 나아가 인류의 자유와 행복을 이룩한다.

여기에 우리 모두가 나아갈 길을 밝힌다.

1. 청소년은 출생, 성별, 학력, 직업, 그리고 신체적 조건에 따른 어떠한 차별도 받지 않는다. 모든 청소년은 적성과 능력을 갈고 닦아 스스로 어려움을 헤쳐 나아가는 슬기와 용기를 갖춘다.

1. 가정은 청소년이 정서를 가꾸고 애정과 대화를 나누는 곳이다. 어버이는 올바른 삶의 본을 보이며, 자녀는 어른을 공경하는 몸가짐과 밝은 성품을 익힌다.

1. 학교는 청소년이 조화로운 배움을 통하여 교양과 지식과 체력을 기르는 곳이다. 자질을 존중하고, 자아실현을 통하여 삶을 윤택하게 하는 길을 가르치며, 문화의식과 민주 시민정신을 높인다.

1. 사회는 청소년이 즐겁게 일하며 보람 있게 봉사하는 곳이다. 성장과 발달을 도와주며, 더불어 사는 기쁨과 여가 선용의 마당을 제공하고, 건전한 환경을 만든다.

1. 국가는 청소년을 사랑하고, 이들을 위한 정책에 최대의 노력을 기울인다. 배움터와 일터를 고루 갖추고, 도움을 필요로 하는 청소년 개개인을 각별히 보호하여 적응하고 자립하도록 이끈다.

1990년 5월 12일

39. 황영조 선수 올림픽 마라톤 제패

황영조는 끝내 쓰러지고 말았다. 105리 길을 한순간 쉼없이 달려온 그는 결승선을 넘어서는 순간 쓰러져 일어날 줄 몰랐다. 자신의 모든 걸 불사른 그가 꼿꼿이 서 있기를 바랬다면 그건 욕심이었을 것이다. 쥐가 오른 다리의 통증도 잊은 채 아테네 병사가 승전보를 전하고 쓰러진 것처럼 꼼짝도 하지 않았다. 이번 바르셀로나올림픽 마라톤우승 금메달에 실려 있는 그 많은 한과 눈물, 환희와 가능성을 그 이외의 방법으로는 표현할 수 없었는지 모른다.

그 같은 복합감정은 황영조 개인의 것이기도 하지만 우리 모두의 것이기도 했다. 또 그것이 바로 우승의 원동력이기도 했다. 한과 눈물을 머금고 환희와 가능성을 향해 뛴 것이다. 때문에 황영조의 이번 금메달은 다른 어떤 종목의 금메달보다도 더 높이 평가되고 있다.

그의 금메달에는 손기정 옹(80)의 1936년 베를린올림픽 마라톤 금메달의 황금빛을 56년 만에 되찾아주었다는 역사적 의미가 담겨 있다. 더욱이 일본의 모리시타(森下)와 최후의 순간까지 각축을 거듭하다 따낸 것이어서 더 큰 상징성을 가진다. (이건우, 『주간조선』 1992년 8월 23일자)

40. 한·중간 외교수립에 관한 공동성명

1. 대한민국 정부와 중화인민공화국 정부는 양국 국민의 이익과 염원에 부응하여 1992년 8월 24일자로 상호 승인하고 대사급 외교관계를 수립하기로 결정하였다.

2. 대한민국 정부와 중화인민공화국 정부는 유엔헌장의 원칙들과 주권 및 영토보전의 상호존중, 상호 불가침, 상호 내정불간섭, 평등과 호혜, 그리고 평화공존의 원칙에 입각하여 항구적인 선린우호협력 관계를 발전시켜 나갈 것에 합의한다.

3. 대한민국 정부는 중화인민공화국 정부를 중국의 유일합법정부로 승인하며, 오직 하나의 중국만이 있고 대만은 중국의 일부분이라는 중국의 입장을 존중한다.

4. 대한민국 정부와 중화인민공화국 정부는 양국간의 수교가 한반도 정세의 완화와 안정, 그리고 아시아의 평화와 안정에 기여할 것을 확신한다.

5. 중화인민공화국 정부는 한반도가 조기에 평화적으로 통일되는 것이 한민족의 염원임을 존중하고, 한반도가 한민족에 의해 평화적으로 통일되는 것을 지지한다.

6. 대한민국 정부와 중화인민공화국 정부는 1961년의 외교관계에 관한 비엔나협약에 따라 각자의 수도에 상대방의 대사관 개설과 공무수행에 필요한 모든 지원을 제공하고 빠른 시일 내에 대사를 상호 교환하기로 합의한다.

1992년 8월 24일 북경
대한민국 정부를 대표하여
중화인민공화국 정부에 대표하여

41. 가짜가 필요한 세상

○ 오늘날 우리 모두는 성과 족보를 갖게 되었다. 말하자면 조선시대에는 모두가 양반이었던 셈이다. 물론 우리 모두는 원래부터 성을 가졌던 것도 아니었고, 또한 우리 모두가 양반이었던 것도 아니었다. 그러면 가짜란 무엇인가? 오히려 성씨는 절대 불변이며, 족보 또한 의심할 수 없는 진실이라고 확신하는 우리의 믿음이 가짜일 뿐이다. 하늘이 처음 열리던 날 어디 김씨・이씨가 있었으며, 양반・상놈이 있었던가! (정진영, 1996,「족보에도 가짜가 있나요」,『조선시대 사람들은 어떻게 살았을까』, 청년사)

○ 1995년 통신위성의 발사와 초고속 정보통신망의 구축은 비단 산업화에는 늦었지만 정보화는 앞서겠다는 의욕을 현실화시킨 장거였다. 실제로 과학기술 발달에 힘입어 경제성장이 드디어 국민 1인당 소득 10,000$를 넘김으로써 선진국 문턱을 넘어서기도 하였다. 그러나 성수대교・삼풍백화점 붕괴 등에서 보여지는 것처럼 그 동안 만연된 사회의 부패와 졸속 건설에 대한 경종이 울리기도 하였다. 또한 복지정책의 결여, 졸부근성의 노출, 질서생활의 문란, 환경의식의 결핍, 과소비의 거품경제, 자기 중심주의의 확산, 책임의식의 부재 등 개발에 따른 문제점이 지적되기도 하였다. 따라서 이를 보완하여 문명인에 걸맞는 생활이 요망되고 있다. (김종봉, 1997,「과학기술사」,『신편한국문명사의 이해』, 도서출판 혜안)

42. 동해, 일제하 일본해로 억지표기

새롭게 발견되는 고지도가 국민들의 관심을 불러일으킬 수는 있지만 이 지도들이 동해라는 이름을 되찾는 데에는 결정적인 자료가 될 수 없고 실질적인 도움도 주지 못한다. ……문제의 핵심은 왜 동해이어야만 하는가라는 당위성의 문제이다. 일제의 강점으로 주권을 빼앗긴 상황에서 동해를 일본해로 부르도록 강요당했고 이런 잘못된 정보가 국제사회에 알려져 오늘에 이르렀던 것이다. 이는 민족적 자존심과 주권의 차원에서 용납할 수 없다. ……정부는 일본정부와의 교섭을 강화하고 유엔에서도 이런 역사적 사실을 알리는 데 힘을 쏟아야 한다. (이상태, 『한국일보』 1992년 10월 10일자)

43. 태극기

한국의 국기는 유일하다. 어느 나라 국기와도 닮지 않았다. 거기에는 세계 모든 철학의 요약 같은 것이 새겨져 있다. 태극기는 멋지다. 거기에는 우주의 대질서, 인간의 조건과 생과 사의 모든 운명이 그려져 있다. (게오르규, 『주간조선』 1998년 1월 8일자 재인용)

44. 한반도 핵문제

○ 1993년과 1994년에 미국은 북한의 핵무기 보유 가능성에 위기의식을 가졌다. 1993년 11월 클린턴 대통령은 "북한의 핵 폭탄 개발을 좌시하지 않겠다. 우리는 그 점에 대하여 확고한 입장을 견지해야 한다"고 못박았다. 상원, 하원, 부시 행정부에서 활약한 관리들은 북한의 핵 시설물에 대한 선제 공격의 필요성을 검토하였다. 미국의 북한에 대한 우려는 상당 부분 세계적인 핵 확산 추세에 대한 불안 심리에 그 뿌리가 있다. 북한의 핵무기 보유가 동아시아에서 미국의 활동을 제약하고 복잡하게 만드는 측면도 있고 만일 북한이 핵 기술이나 핵무기를 수출할 경우 남아시아와 중동에서 미국의 입지는 크게 약화될 가능성이 높았다.

반면 한국은 핵무기를 지역적 이해의 구도에서 파악하였다. 다수의 한국인들은 북한의 핵무기를 한민족의 핵무기로 이해하였다. 핵 폭탄을 같은 동포의 머리 위에 떨어뜨릴 리는 만무하므로 일본과 그 밖의 잠재 위협세력으로부터 한민족의 주권을 수호할 수 있는 좋은 수단으로 북한의 핵무기를 받아들였다. 한국의 관리들과 군 관계자들은 통일한국의 핵무기 보유 가능성에 대한 희망을 공공연하게 피력하였다. 한국의 이해는 잘 반영되었다. 핵무기 개발에 뒤따르는 희생과 국제적 오명은 북한이 짊어져야 하는 반면 한국은 궁극적으로 그것을 승계받을 것으로 생각하기 때문이다. 북한의 핵무기와 한국의 발달한 산업이 결합하면 통일 한반도는 동아시아 무대에서 실력국가로서의 위치를 공고히 다질 수 있을 것이다. 1994년에는 한반도에서 커다란 위기를 감지하는 워싱턴과 이렇다 할 위기의식이 존재하지 않는 서울 사이의 현격한 인식 차이가 양국 수도의 공포 격차를 낳았다. 1994년 6월 위기가 고조되었을 때 한 저널리스트가 지적한 것처럼 몇 년 전부터 시작된 북한의 핵 개발을 둘러싼 대치 상태에서 한 가지 기이한 현상은 한반도에서 멀어질수록 위기감이 높아진다는 점이었다. (새무얼 헌팅턴 지음, 이희재 옮김, 1997, 『문명의 충돌』, 김영사)

○ 핵문제에 대한 북·미 기본합의서
 1. 쌍방은 북한의 흑연감속 원자로 및 관련시설을 경수로 원자력발전소로 대체하기 위해 협력한다.
 2. 쌍방은 정치적·경제적 관계의 완전한 정상화로 나아간다.
 3. 쌍방은 핵이 없는 한반도의 평화와 안전을 위해 함께 노력한다.
 4. 쌍방은 국제적 핵비확산체제의 강화를 위해 함께 노력한다.
　　　　　　　　　　　　　　　　　　　　　　　　　1994년 10월 21일

45. 속 꽉찬 강소국으로

한국의 성적표는 물질적인 면에서 한국사회가 속이 꽉찬 내실 있는 강소국(强小國)이 되었음을 실감있게 보여주고 있다. 국제비교가 가능한 물질적 분야 37개 부문 중 26개 부문에서 한국은 세계 1~10위에 들어 있다. 한국의 GNP 순위 세계 12위는 거의 그대로 우리 사회 각 부문의 평균적 국제랭킹이기도 하다.

도서출판량에서 세계 8위, 1인당 꽃 소비량에서 세계 15위란 수치는 우리의 근대화 노력이 불균형 성장이론에 바탕한 요충 공략식으로 진행됐지만 결국 성장의 효과가 교양과 정서의 발달로까지 넘쳐 흘러갔음을 보여주고 있다. 우리 나라의 국부는 1,300조 원, 이 가운데 약 53%가 땅값이다. 국민 1인당 3천만 원씩, 즉 1가구당 1억 원씩 돌아가는 부를 우리 기성세대들이 지난 반세기 동안 쌓아올렸다는 계산이 된다. 저축률은 35.1%로 세계 최고, 이에 따라 투자율도 39.1%로 세계 최고이다(21세기에 한국의 국가경쟁력이 세계 1위가 될 것이란 전망은 주로 여기에 근거하고 있다).

한국의 성적표는 지난 50년간이 민족 에너지의 대폭발 기간이었음을 보여준다.

자동차 보유대수는 해방 당시의 7천 대에서 700만 대로 1천 배 증가, 수출규모는 2만5천 배 증가, 보험산업 30년 사이 1만3천4백 배 신장, 서울 논현동 땅값 25년 사이 4천 배 폭등…….

이런 대폭발은 한국의 가장 큰 자산인 인간의 변화에서 비롯됐다.

식민통치, 분단, 전쟁을 거치면서 한국인의 야성을 구속하고 있던 양반정치문화의 위선적 명분론과 그 사회적 기반이 파괴됐다. 주자학적인 공리공론에서 해방된 한국인들은 현실을 직시하는 실용적 인간으로 변했다.

조선조적 봉건사회가 고갈시켜 버렸던 실용 - 해양 - 상무정신을 한국인이 되찾았다는 것, 여기서 민족적 에너지의 대외지향적 대폭발이 시작되었음을 한국인의 성적표는 구체적으로 보여주고 있다.

대 잇기의 조상숭배 전통을 가진 한국인인데도 1962년부터 시작된 가족계획 사업을 실용적으로 받아들여 그 뒤 30년간 약 4백만 명의 출산을 사전에 저지했다. 이것은 양육비 120조 원의 절약뿐 아니라 부양가족을 줄임으로써 여성인력을 사회로 방출했다.

부양인구 비중이 1960년 82.6%에서 94년엔 41%까지 반감됨으로써 한국사회는 군살이 빠진 날렵한 근육질이 되었다.

문맹률이 해방 당시 78%에서 4% 이하로 떨어지고 전 국민의 반 이상이 고졸자 이상의 학력을 갖게 된 것은 교육이 신분상승의 유일한 엘리베이터가 되었기 때문이다.

오기 있는 한국인은 처음엔 생존을 위해, 최근 들어서는 경쟁에서 패배자가 되지 않으려는 명예심을 위해 세계 최장노동시간(현재는 세계 2위)을 기록할 정도로 열심히 일하고 있다.

좋은 머리, 근육질 체질, 열심, 이 3대 조건이 합쳐진 50년간의 일의 총량, 이것이 한국발전의 원동력이자 민족에너지 대폭발의 본질인 것이다. (김연광,『조선일보』1994년 12월 22일자)

46. 국민 모두가 자신에게 내린 준엄한 심판

1996년 8월 26일, 대한민국 법정에서 전직대통령 두 사람을 상대로 진행된 선고공판은 그러나 동시에 우리 국민 모두가 우리 자신에게 내리는 준엄한 심판이기도 하다. 그것은 파탄의 헌정사를 묵인하고 용인한 피동성과 수동성에 대한 재판이며 민주주의 명제들을 지켜내지 못한 부끄러움에 대해서 그 부끄러움의 주인공들이 스스로 가하는 괴로운 심판이다. 이번 공판의 의미를 인식하지 않거나 인정하지 않으려는 사람들은 두뇌를 몽땅 안락사시키고 시신경을 모두 마비시켜서라도 민주질서 유린 행위에 또다시 동참하고 그것을 용인하려는 의지를 가진 사람들이다. 마틴 루터 킹 목사의 말대로 잘못된 것을 용인하고 불의를 허용하는 자는 불가피하게 그 불의의 공범자이다. (도정일, 1996,『주간조선』1419)

47. 독도 영유권 현안

○ 일본은 17세기 말엽 이래 끊임없이 울릉도·독도에 대한 침탈을 자행하였다. 17세기에서 19세기까지는 울릉도 영유를 획책하였고, 19세기에서 20세기 중반까지는 울릉도의 자원을 탐하였으며 마침내 20세기 초 시마네 현(島根縣) 고시(告示)를 통해 불법적으로 독도를 점유하였다.

오늘날 일본은 시마네 현 고시에 의해 국제법상 독도에 대한 영토취득이 유효하다고 한다. '선점(先占)' 때문이라고 한다. 그러나 선점은 식민지 점령의 한 방식으로 형성된 것이다. 대체적으로 약소국의 본토를 취득할 때 강대국은 정복·할양·병합의 방식을 취하는 반면, 선점을 통하여 주변의 섬을 차지하는 것이

상례이다. 실효적(實效的) 점유라는 방식으로 우월한 힘을 행사하여 약소국의 권원(權原)을 무시하고 영토권을 행사하려 한 대표적인 사례가 독도인 만큼 시마네 현 고시를 내세운 일본측의 주장은 당연히 무효가 되어야 한다. (임영정, 「일본인의 독도에 대한 호칭의 변화와 그 성격」)8)

○ 최근 한·일 양국 사이에는 독도의 영유권을 둘러싸고 심각한 외교적 마찰을 빚고 있다. 논란의 핵심은 양국 정부 모두 독도가 역사적으로나 국제법적으로 자국의 고유 영토라는 것이다. 이러한 주장은 제2차 세계대전 이후 자주 거론되었기 때문에 새삼스러운 일은 아니다. 그러나 이번만큼은 영유권 주장이 경제적 배타수역의 선포라는 구체적이고도 실질적인 이해관계와 맞물려서 제기되었기 때문에, 어느 때보다도 강경한 방침을 고수하고 있다. 양국 정부의 주장은 당연히 국민들의 여론에도 영향을 미쳐, 한국의 각 곳에는 "독도는 우리땅", 그리고 일본의 산인(山陰) 지역에는 "다케시마(竹島)를 돌려달라"는 현수막이 내걸리고, 서로 상대국을 비난하는 항의집회가 연이어 개최되고 있다. (한일관계사연구회, 1996, 『독도와 대마도』, 지성의 샘)

48. 남북한 통일정책의 비교

통일 방안에 대한 가장 근본적인 차이는 남한은 민족사관에 입각한 자유통일 노선이고, 북한은 계급사관에 입각한 공산화통일 노선이라는 것이다. 따라서 통일에 대한 접근방식에도 차이를 보이고 있다.

남한은 기능주의적 접근으로 교류와 협력에 근거하여 평화공존을 통해 민족공동체로의 통일을 추구하고 있다. 즉 분열되어 흩어진 부분을 하나로 통합시키는 것과 통합을 위한 과정이 비군사적, 비분쟁적 방법을 지향하는 것이다.

그러나 북한은 민족해방과 계급투쟁을 통해 한반도를 공산화시키는 것이 통일의 목표이다. 그러므로 대한민국을 식민지와 군사독재에서 해방시켜, 민족해방 인민민주주의 혁명을 실시해야 한다는 입장이다. 북한이 보는 통일국가는 인

---

8) 1996년 8월 13일, 제51주년 광복절기념 한국민족운동사의 재조명 국제학술회의 주제논문.

민민주주의 정권과 연방을 구성하여 고려민주연방공화국을 수립, 민족통일을 달성시키려 하는 것으로 공산주의적 정치 및 사회체제가 한반도 전역에 확산되는 것을 의미하는 것이라 볼 수 있다.

다음 도표에서 남북한의 통일방안에 대한 총괄적인 비교를 확인해 보자.

위에서 이미 언급했듯이 남북은 통일을 바라보는 시각 자체에 차이를 보이고 있는데다 전쟁이라는 무력충돌로 인해 정치·군사적 불신까지 있다. 탈냉전 뒤 한반도 주변정세는 통일환경에는 분명히 유리한 방향으로 조성되었는데도 남북관계는 본질적 변화가 전혀 없었고, 김영삼정부가 들어선 뒤 남북간의 직접적인 대화채널도 없었다. 미국의 대북정책도 근본적으로 변화되는 시점에서, 또 북한이 남한과의 대화보다 미국과의 대화를 선호하는 입장까지 보이고 있는 상태에서, 우리 정부의 대북정책도 미사대주의의 사고에서 벗어나 자기 중심을 잡고 실질적인 자주적 통일 외교역량을 갖추어야 할 것이다. 그리고 민족문제 해결을 위해 북한의 체제를 인정하는 가운데 대화를 통해 실질적 도움을 주는 행동을 취해야 할 것이다. 거기에서부터 통일을 위한 걸음을 시작해야 할 것이라 생각된다. (윤석, 1996,「한반도를 하나로」,『행원』21)

남북한 통일정책 비교

	한민족공동체 건설을 위한 3단계 통일방안	고려민주연방공화국 창립방안
통일철학	자유민주주의(인간 중심)	주체사상(계급 중심)
통일주체	민족구성원 모두	프롤레타리아 계급
통일원칙	자주·평화·민주	자주·평화·민족대단결
전제조건	없음	○ 국가보안법 폐지 ○ 공산주의 활동 합법화 ○ 주한미군 철수
통일과정	화해·협력→남북연합 →1민족 1국가의 통일국가 완성 (민족통일→국가통일)	연방국가의 점진적 완성 (국가통일→민족통일)
통일국가의 형태	○ 1민족 1국가 ○ 1체제 1정부의 통일국가	○ 1민족 1국가 ○ 2제도 2정부의 연방국가
통일국가 실현절차	통일헌법에 의한 민주적 남북한 총선	연석회의 방식에 의한 정치협상
통일국가의 미래상	자유·복지·인간존엄성이 보장되는 선진민주국가	없음

* 출처 : 민족통일연구원, 1994,『'민족공동체 통일방안'의 이론체계와 실천방향』.

49. '역사 바로세우기'와 '역사인식의 퇴보'

최근 정계에서는 '역사 바로세우기'라는 정풍운동을 대대적으로 전개하고 있다. 이는 우리 나라 현대사의 흐름을 제대로 자리매김할 수 있는 아주 시의적절한 운동이라 아니 할 수 없다. 그러면서도 선뜻 의문이 가시지 않는 것은 툭하면 역사를 강조하는 세태와는 달리 우리 현실사회에서의 역사는 점점 우리 사회에서 멀어져 가고 있음이 느껴지기 때문이다. 각종 시험에서 역사의 비중이 줄어들고 있거나 빼 버리는가 하면, 아카데미의 상징이면서 대학의 존재성을 부각시키는 역사와 철학이 다른 어문, 자연 계열에 밀려 그 존재가 사라져 가고 있기 때문이다.

'역사 바로세우기'와 '역사인식의 퇴보'라는 오늘날의 현실적 괴리를 바라보아야 하는 우리 역사가들은 참담하기만 한 심정이다. 과연 이러한 상황에서 '역사 바로세우기'가 가능할 것인지, 곰곰이 생각해 보지 않을 수 없다. (박성수, 1995, 「김창수 지음 『한국민족운동사연구』 서평」, 『한국민족운동사연구』 12)

50. 할 일 많은 시대

세계사는 엄정한 의미에서의 세계 심판이었다. 과거의 치욕은 중국이나 일본에 의하여 저질러졌든, 동족인 북한에 의하여 저질러졌든 용서를 해야겠지만 그 사실마저 잊어서는 안 된다. 치욕의 과거를 잊은 민족에게 주어진 것은 언제나 치욕의 역사가 반복되었을 뿐이다. 자고로 망한 나라들은 망할 짓만 골라 했고, 번성한 나라들은 번성할 수밖에 없도록 국민정신이 드높았음을 주시해야 할 것이다.

오늘날 한국에는 할 일이 너무 많다. 정보산업화, 환경보전, 교육의 선진화, 자유민주화 정착, 도덕성의 회복, 복지국가 건설, 민족기백의 생동화, 자주의식 함양, 세계 문명화 기여, IMF관리체제 극복, 조국통일 등등. 이것들은 기필코 성취해야 될 우리 시대의 이상적인 문명국가상이다.

할 일 많은 시대는 축복받은 시대란 말의 다름 아니다. 축복받은 시대가 바로 보람있는 희망의 시대라면 역사상 현재 이 땅에 살고 있음이 크게 감사한 일이

다. 그렇다면 시대정신과 일치하는 자기 실현에 충실해야 될 것이다. (김정의)

※ 참고문헌

이기백, 1971,『민족과 역사』, 일조각.
이강훈, 1974,『항일독립운동사』, 정음사.
홍이섭, 1975,『한국정신사서설』, 연세대출판부.
윤병석, 1977,『의병과 독립군』, 세종대왕기념사업회.
박영석, 1978,『만보산사건연구』, 아세아문화사.
안병직 외, 1979,『변혁시대의 한국사』, 동평사.
추헌수, 1980,『정치외교투쟁』, 민족문화협회.
신재홍, 1980,『독립군의 전투』, 민족문화협회.
이현희, 1982,『대한민국 임시정부사』, 집문당.
국사편찬위원회, 1982,『한국현대사』, 탐구당.
박영석, 1982,『한민족독립운동사연구』, 일조각.
조순승. 1982,『한국분단사』, 형성사.
이상우, 1984,『박정희시대 1』, 중원문화사.
최현배, 1984,『우리말 존중의 근본 뜻』, 정음문화사.
강만길, 1984,『한국현대사』, 창작과 비평사.
한국신학연구소 편간, 1984,『한국민중론』.
이종률, 1984,『3·1운동과 민족의 함성』, 인문당.
김정원, 1985,『분단한국사』, 동녘.
정일권, 1986,『전쟁과 휴전』, 동아일보사.
동아일보사 편간, 1987~1994,『현대사를 어떻게 볼 것인가 Ⅰ~Ⅵ』.
서중석, 1988,『80년대 민중의 삶과 투쟁』, 역사비평사.
백선엽, 1989,『군과 나』, 대륙연구소출판부.
한용 외, 1989,『80년대 한국사회와 학생운동』, 청년사.
조동걸, 1989,『한국민족주의의 성립과 독립운동사연구』, 지식산업사.
도진순 외, 1989,『남북한 역사인식 비교강의』, 일송정.
임종국, 1991,『실록친일파』, 돌베개.
서중석, 1991,『한국현대민족운동연구』, 역사비평사.
이현희, 1992,『한국근·현대사의 쟁점』, 도서출판 삼영.
방기중, 1992,『한국근현대사상사연구』, 역사비평사.
김정의, 1992,『한국소년운동사』(무악실학회총서 1), 민족문화사.
김성칠, 1993,『역사앞에서』, 창작과비평사.

한배호, 1994, 『한국정치변동론』, 법문사.
민영규, 1994, 『강화학 최후의 광경』, 도서출판 우반.
권영민, 1995. 『윤동주 연구』, 문학사상사.
원유한, 1995, 『홍이섭의 삶과 역사학』, 혜안.
김철범, 1995, 『한국전쟁과 미국』, 평민사.
추헌수, 1995, 『한민족의 독립운동과 임시정부의 위상』, 연세대학교 출판부.
조선사연구회, 1995, 『조선의 역사』, 삼성당.
김창수, 1995, 『한국민족운동사연구』, 범우사.
박현채 편, 1995, 『청년을 위한 한국현대사』, 소나무.
김삼웅, 1995, 『통일독립의 현대사』, 지성사.
한일관계연구회, 1996, 『독도와 대마도』, 지성의 샘.
김창수, 1996, 『역사와 민족』, 도서출판 삼문.
도진순, 1997, 『한국민족주의와 남북관계』, 서울대학교 출판부.
이현희, 1997, 『대한민국 어떻게 탄생했나』, 대왕사.
이중연, 1998, 『신대한국 독립군의 백만용사야』, 혜안.
신재홍, 1998, 『항일독립운동연구』, 신서원.
김정의, 1999, 『한국의 소년운동』, 혜안.

제7장 미래문명사의 바램

1. 미래학

 미래를 탐구하고 그에 대비하려는 노력은 끝없이 지속되어야 한다. 이는 어쩌면 유사 이래 인류가 언제나 탐구의 대상으로 삼았던 것인지도 모른다. 그러나 미래학이 계속 우리의 관심의 대상이 되어야 하는 이유는 첫째, 미래학은 현재 진행되는 사건에 대한 해석의 틀을 제공하고 둘째, 극복대상과 함께 여러 대안들의 선별기준을 제공하며 셋째, 여러 기회를 노출함으로써 미래에 대해 세웠던 가정들을 검토할 수 있게 한다는 데 있다. 우리도 얼마나 미래지향적인 사고와 행동을 익히느냐에 따라 개인의 인생은 물론 그가 속한 조직과 우리 나라의 성패까지도 달라지게 될 것이다. (공성진, 『조선일보』 1996년 4월 24일자)

2. 역사의 법칙

 역사(歷史)가 얼마나 중요한가를 모르는 민족은 다 멸망하고, 역사의 교훈을 살리지 못하는 겨레가 쇠퇴하는 것은 필연(必然)이다. (김유탁, 1995년 9월 22일자 서간문)

3. 나라사랑의 길

 그대들은 안으로 양심의 불을 밝히고 밖으로 촛대의 불을 밝히고서, 작으나마 뜨겁게 타면서 용감히 나아가라. 그리하여, 앞에 닥치는 모든 불의를 꺾고, 온갖 유혹을 이겨내라. 불은 어두움을 쫓고, 소금은 썩음을 막으니, 그대들은 불과 소금이 되어, 암흑한 이 나라를 밝히고, 썩어가는 이 나라를 깨끗이 하라. 오늘의 한배나라는 촛불로 타는 청년을 부르며, 소금으로 짠 젊은이를 기다린다. (최현배, 1958, 『나라사랑의 길』, 정음사)

4. 국민교육 없이 선진국 될 수 없다

선진제국은 자본주의의 자생적 발전을 경험했음에도 불구하고 국민문화를 형성하기 위한 국민교육에 엄청난 힘을 쏟았다. 국민문화의 형성이 취약한 중진국은 두말 할 필요도 없이 선진제국보다 국민교육에 보다 큰 비중을 두어야 할 것이다. 우리 나라는 이제 국민문화의 창달 없이는 아무리 민주화를 외치고 첨단기술 개발에 자본을 투자한다고 하더라도 소기의 목적을 달성하기는 어려울 것이다.

우리 나라는 지금까지 호구지책에 쫓기어 경제개발에 온 힘을 쏟아왔지만 앞으로는 경제정책만으로는 경제발전도 어렵게 되었다. 선진국화를 위해서는 이제 더 이상 문화적 하부구조 건설을 지연시킬 수는 없고, 이를 위한 수단은 국민교육의 강화로 귀착될 수밖에 없는 것이다. (안병직, 1992, 『신동아』397)

5. 세계의 문 부단히 두드려야

유럽은 이미 21세기에 들어가 있다고 봅니다. 다시 말씀드리면 열강의 각축시대는 이미 끝났다는 것이지요. 마스트리히 조약을 놓고 몇몇 국가가 비준문제로 논란을 벌이고는 있지만 다소 시간이 걸리더라도 유럽은 결국 통합될 것입니다. 그럴 경우 유럽 내에서만은 국경이라는 것이 사실상 무의미해지고 그에 따라 지정학적 열강간의 관계는 유럽에는 적용이 되지 않는 모델이 될 것입니다.

오늘날의 세계는 19세기, 20세기, 21세기적인 현상이 동시에 진행되고 있는 혼합적인 국제질서체제라고 하겠습니다. 그래서 대응방식에 있어서도 고정관념에 빠지지 말고 리얼리티를 보려고 노력해야 합니다. 그야말로 제로베이스에서 현상을 파악해야지 관념화된 카테고리를 가지고 인위적으로 분석하다가는 잘못된 결론이 나올 수도 있습니다.

되풀이되는 이야기이지만, 우리는 고정관념을 버리고 일어나는 현상 그대로를 보아야 합니다. 나라 밖 사정에 어두웠던 우리 조상들의 우를 범하지 않기 위해서라도 눈을 크게 뜨고 열린 세계의 문을 부단히 두드려야 할 것입니다. (김경원, 1992, 『신동아』 397)

6. 지도층이 선비정신 발휘를

선비는 노력한 만큼의 대가만을 기대한다. 불로소득을 바라지도 않을 뿐더러 오히려 그것을 애써 멀리한다. 아무런 대가도 바라지 않는 노력의 제공은 더욱 선비스러운 일이지만 웬만한 기본재산의 소유자가 아니고는 기대하기 어려운 일이다. 선비는 남이야 보든 말든 자기의 직무에 관하여 맡은 바 임무에 있는 힘을 다한다. 혼신의 노력을 성실히 다할 때에 희열마저 맛보게 된다. 지금 우리는 국제적으로나 국내적으로나 정치·경제·사회 모든 분야에서 성부(成否)의 갈림길에 서 있다. 이 시점이야말로 모든 공무원을 포함한 사회지도층이 선비정신을 발휘하여 수범자(垂範者)가 되어야 한다. 그럴 때에 사회분위기는 새로운 돌풍을 일으켜 제2의 한강의 기적을 연출하게 될 것이다. (현승종, 『주간조선』 1992년 10월 22일자)

7. 삶의 질 중시하는 문명국 건설

최근 21세기에 대한 논의가 활발한 것은 결국 우리가 지난 30년 동안 상당한 발전을 이룩했지만 이에 따른 대가와 문제도 많았다는 자각 때문이라고 할 수 있습니다. 문제극복을 위한 의지와 관심이 미래에 대한 기대로 나타난 것입니다. 많은 문제와 구조의 해결을 위해 어떤 시점에 특별히 의미를 부여하는 것은 우리 나라뿐만 아니라 세계적인 공통점이라고 할 수 있습니다.

흔히 21세기를 앞두고 선진국 진입이라는 목표를 내세우고 있는데 이에 대해 다시 한 번 생각해 볼 필요가 있습니다. 선진국이란 상대적인 개념입니다. 우리가 선진국이 되더라도 우리보다 훨씬 앞선 선진국이 있을 것입니다. 영국의 한 경제전문지에서는 2017년에는 우리가 일본을 앞설 것이라는 전망을 내놓기도 했지만 이는 지나친 통계적 낙관입니다.

그렇다면 우리가 가야 할 길은 선진국이라기보다는 문명국이라고 생각합니다. 끝이 없는 비교의 고민에 빠지기보다는 우리가 자족하고 자부심을 느낄 수 있는 일정 수준에 도달한 뒤에는 문명국이라는 새로운 차원의 방향을 설정할 필요가 있습니다. (김형국, 『주간조선』 1992년 10월 22일자)

8. 여성운동의 과제

첫째, 여성운동은 인간화를 위한 것이라야 한다.

여성지위 향상운동과는 구별되어야 하며 대남성 투쟁이 아닌 모든 사람이 의식주와 자유, 육체적·정신적 건강함을 누리는 삶이 보장되어야 한다. 모든 비인간화의 원리 위에 세워진 제도와 사상에 대한 전면적인 도전의 한 부분이 되어야 한다. 즉 정의·화해·평화가 꽃피는 사회로 끌어올리려는 노력이 있어야 한다.

둘째, 여성운동은 공동체의식을 가져야 한다.

여성운동의 성공 여부는 여성들의 공동의식과 연대의식의 정도에 따라 달라진다. 시대에 맞는 새로운 여성상을 수립하여 실력을 갖추고 가족이기주의에서 벗어나 모두가 함께 잘 사는 공동체사회 구현에 앞장서야 한다. 그리하여 공공이익을 도모하며 공공정책에 반영할 수 있는 압력집단으로서 역할과 훈련을 강화하여 공동체를 건설하도록 한다.

셋째, 여성정치운동을 강화해야 한다.

여성의 상태를 개선하기 위해서는 모든 부분에서 진취적인 여성정책이 필요하다. 그리하여 정당 및 정책결정에 영향력을 미칠 수 있는 여성단체의 활동이 조직적·체계적·전문적으로 되어야 한다. 유권자의 과반수를 넘는 여성들이 불평등한 사회구조 및 가치체계를 변화시키는 데 능동적인 참여를 해야 하며 앞으로 있을 지방자치제에서 여성의 정치적 충원이 확대되어 여성들의 지위향상 및 삶의 질을 높여야 하겠다.

넷째, 여성의 의식화를 위한 평생교육이 확대되어야 한다.

여성운동가들만이 아닌 각계각층의 여성들의 호응을 얻기 위한 정신교육이 필요하다. 제한된 범위의 지도자나 운동가의 범주에서 벗어나 지역단위로 분산시키고 그 지역에서 겪는 공통의 문제점을 같이 다루고 해결해 나감으로써 서민층 주부들의 보다 적극적인 참여로 전국적인 운동으로 확대시켜 나갈 수 있다. 그러기 위해 여성들의 사회의식, 역사의식, 주체의식 등 이념실천을 위한 현실화된 방법을 개발하여 평생교육을 통하여 확산시켜 나가야 한다.

결론적으로 여성운동은 단순히 여성의 지위향상이나 남성과의 대결이 아니라, 인간화와 공동체의 건설을 위해 사회 전반에 걸친 광범위한 관심과 변화에 따라 목표설정이 되어 국내뿐만이 아니라 세계적인 흐름에 적극적으로 발맞춰 나가야 하겠다. (최금숙, 1995, 「여성운동사」, 『한국문명사의 이해』, 혜안)

9. 한국의 미래-바다

우리는 세계를 누빌 우수한 해양 인력자원이 있고 세계 으뜸을 겨루는 조선능력을 가졌다. 세계 1, 2위의 컨테이너항만으로 번창하는 홍콩이나 싱가포르보다 우리는 더 좋은 조건임을 알아야 한다.

이제 우리가 해야 할 일은 이러한 좋은 조건들을 지혜롭게 조화하여 해양대국을 건설하는 것이다. 남서해안의 아름다운 섬들과, 서쪽에 발달한 대륙붕, 동쪽의 깊은 바다와 계절 따라 한류와 난류가 부딪치며 갖가지 해양생물이 서식하는 풍요로운 바다. 그 누구의 조화로 이렇게 좋은 조건을 갖출수 있겠는가? 우리의 역사는 해양지향적일 때는 번창했고, 내륙지향적일 때는 쇠약해졌던 사실은 우연이 아니다.

항구마다 세계로 가는 문이 활짝 열려 있고, 바다에 길이 있다. 예로부터 바다는 세계를 통합하고 육지는 분할한다고 했다. 바다를 통해 남북이 하나가 되고 세계가 하나 되기를 바라면서 해양수산부 발족과 함께 우리 국민 모두가 바다로, 미래로 가는 꿈을 가져보자. (김재철, 『조선일보』 1996년 8월 29일자)

10. 환경문제

○ 오늘날 인류학자들은, 인류가 4백만 년전에 아프리카의 어느 평원에서 시작하여 기나긴 여행 끝에 '슬기사람'으로 도달하게 되었으며, 앞으로도 미래를 향해 계속 발걸음을 재촉하고 있다고 말한다. 지금까지 이루어진 고인류학의 연구는 인류가 지구상에 태어난 이후 지금까지 살아온 시간이 생명계 전체를 두고 볼 때 얼마나 짧은 시간인가를 깨닫게 해 준다. 따라서 인류는 그간 지구상에 존재하다 사라져 간 수많은 다른 생명체처럼 절멸하지 않고 살아남으려면 인류가 자연계의 주인이 아니라 자연계의 일부이며 아직도 인류는 자연계에 의존하고 있다는 사실을 인식해야 할 것이다. (박선주, 1996, 「역자후기」, 『인류의 시대』, 혜안)

○ 최근 우리 사회가 다양화·고도화됨에 따라 한층 복합화·다기화되고 있는 환경문제를 해결하기 위해 보다 진보된 환경과학기술을 필요로 하고 있다. 그런데 환경기술은 다른 과학 분야나 산업보다 한 단계 뒤에서야 관심을 갖게 되는 후발성을 특징으로 하고 있다. 그 결과 전반적 환경기술은 선진국의 30% 내외 수준으로 매우 낙후돼 있다.

정부는 이 같은 문제점을 극복하고 2000년까지 우리 나라 과학기술을 선진국 수준으로 끌어올리기 위해 지난 92년부터 11개 분야에 걸쳐 G7 프로젝트를 기획, 추진하고 있다. 이 가운데 환경공학기술 개발사업에 4,315억 원을 투자, 대기 수질폐기물 등 8개 분야 23개 핵심과제를 연구하고 있으며 민간이 적극적인 기술개발투자를 유도하기 위해 세제·금융상의 지원책도 강구하고 있다. 그러나 이런 투자에도 불구하고 GNP대비 우리 나라 공공부문 환경기술투자 비율이 0.015%에 불과한 현실을 감안해 보면 2000년대에 우리 환경기술이 선진국수준을 따라잡는 것은 쉬운 일이 아니다. 따라서 선진국과의 기술격차를 줄이기 위해서는 공공부문의 환경기술개발 투자가 획기적으로 증대돼야 함은 물론 기업의 적극적인 투자유도를 위한 다양한 지원책도 마련돼야 한다. 또 환경기준을 지속적으로 선진국 수준으로 높여 나가야 하며 기업도 환경에 대한 지출이 단지 비용이 아니라 투자라는 관점에서 실용성 있고 상업화가 가능한 분야에 대한 투자를 늘려나가야 할 것이다.

환경기술개발은 환경과 무역을 연계시키려는 국제적인 추세에 대처하고 기술장벽을 극복함으로써 국가경쟁력을 제고시키기 위해서뿐만 아니라 우리의 환경산업을 수출전략산업으로 육성해 나가기 위해서도 결코 게을리할 수 없는 국가적 과제다. (문정호,「환경기술 개발의 과제」,『한국경제신문』1996년 10월 12일자)

11. 미래로 가는 길

○ 나는 역사는 진보하게 마련이며 우리는 그 진보를 최대한으로 활용할 줄 알아야 한다고 믿는 사람이다. ……
한국은 국민소득에 비하면 PC 판매량이 적은 편이지만 컴퓨터의 25% 이상이 가정용으로 팔리고 있다. 이러한 통계는 자녀교육에 중점을 두는 강한 가족구조를 가진 나라가 교육적 혜택을 제공하는 제품 생산에 풍요한 토양이 될 수 있다는 사실을 입증한다. 이런 나라의 정부는 학교들이 저렴한 가격으로 네트워크에 접속할 수 있도록 장려금을 주고 초고속 정보통신망이 농촌지역이나 저소득 지역에까지 깔릴 수 있도록 지원해야 할 것이다. (빌 게이츠, 1995,『미래로 가는 길』, 도서출판 삼성)

○ 역사의 단절이 존재한다고 하더라도 근대화의 과정을 살아온 인간들의 체험이 놀랄 만큼 유사하다는 것은 조금도 손상되지 않는다. 20세기의 생활이 과거의 모든 시대의 생활과 근본적으로 다르다는 것은 누구도 부정할 수 없다. 선진 민주주의 국가의 주민은 쾌적한 생활을 영위하면서 머리로는 역사 진보라는 사상을 비웃고 있는 자도 있지만, 그렇다고 해서 인류의 옛날 그 자체와 같은 제3세계의 후진국에서 실제로 지내보려고 하는 사람은 거의 없다. 우리들은 근대가 인간의 죄악에 새로운 장을 열어준 것을 인지하고 인간의 도덕적인 진보라는 사실에 의문을 던지기는 하지만 그래도 역시 역사의 과정에 일관된 과정성이 존재하고 있다는 것은 계속 믿을 수 있는 것이다. (프란시스 후쿠야마 지음, 이상훈 옮김, 1992,『역사의 종말』, 한마음사)

12. 2002 FIFA 월드컵 코리아-재팬

한국 대표단이 개막식 못지 않게 의미를 부여하고 있는 것은 대회 공식명칭의 우선 사용권 획득이다. 대회명칭이 전 세계에서 영원히 '2002 FIFA WORLDCUP KOREA-JAPAN'으로 불리고 쓰이게 됐다는 의미는 결코 작지 않다. 이는 활용하기에 따라선 국가 이미지 고양에도 상당히 도움이 될 수 있을 것이다. (양상훈, 『조선일보』 1996년 11월 8일자)

13. 인권 의식

인권은 과연 서구 세계가 아시아에 강요하는 것인가? 전혀 그렇지 않다. 불교의 교리에서는 "삼라만상 가운데 사람의 마음처럼 고귀한 것이 없다"고 내세운다. 즉 모든 사람이 저마다 '어떤 천부적인 권리'를 지니고 있다는 것이다. 한국의 토속종교인 동학은 '사람이 곧 하늘'임을 내세운다. 즉 '하늘을 섬기듯이' 사람을 귀하게 여겨야 한다는 것이다. 500년 간 지속된 한국 조선시대의 대학자이자 정치인이었던 율곡 이이의 가르침은 민주주의의 핵심적인 원칙을 명확하게 지적하고 있다. 즉 "어느 사회가 흥하고 망함은 언로(言路)가 열려 있는지 여부에 따라 좌우된다"는 것이다. (존 나이스비트 지음, 홍수원 옮김, 1996, 『메가트렌드 아시아』, 한국경제신문사)

14. 군자의 나라

전통문화에 대한 자신감과 확신만 갖는다면 우리의 문화유산도 얼마든지 세계화가 될 수 있고, 또 그것이 우리가 가진 최대의 잠재적 부가 아닌가 싶다. 우리는 아프리카 같은 미개국도 아니고, 중남미 같은 오랜 식민지 경험을 가진 나라도 아니다. 우리가 지금 따라잡으려고 벼르고 있는 이른바 선진국보다도 더 많은 역사적·문화적 프리미엄을 가진 나라다.

우리는 수천 년간 군자(君子)의 나라로 불려왔다. 그것도 가장 콧대 높기로 유명한 중국인들로부터 받은 명예로운 칭호이다. 일찍이 공자는 군자가 사는 동방으로 이민 가고 싶어했다는 기록이 『논어』에 보인다. 『한서』에도 공자가 가고 싶어했던 동방이 조선이라고 밝히고 있다.

중국인들이 우리 문화를 칭송한 기록은 수없이 많다. 동방 사람은 서로 예의가 바르고, 인자하고, 문헌이 많고, 교육수준이 높은 나라, 대체로 그런 내용이다.

우리 스스로도 자신이 선진국이라는 자부심을 한시도 잃은 적이 없었다. 나라는 작지만 중국과 대등한 문화와 역사를 가진 나라라는 자신에 찬 역사의식과 문화의식을 가지고 국가를 운영하고, 이웃 나라와 문화를 교류했다. 실제로 우리는 중국 다음으로 큰 문화수출국이었다. 일본이 그 혜택을 가장 많이 받은 나라가 아니던가. 중국도 서책과 종이를 비롯해 우리 문화를 수입해 간 것이 적지 않다.

일본이 자랑하는 국보 1호가 한반도에서 건너간 미륵부처이다. 나무로 조각된 이 부처를 보고, 독일의 유명한 야스퍼스가 인류 최고의 예술품이라고 격찬했다. 만약 야스퍼스가 이 부처보다 더 훌륭한 석굴암 부처를 보았다면 무엇이라고 하였을지 궁금하다. 토론토 대학에서 한국미술사를 가르치는 스미스 교수는 한국 미술의 특징을 어떻게 생각하느냐는 나의 물음에 젠틀맨의 미술이라고 서슴없이 대답했다. 그러니까 군자의 미술이라는 뜻이다. 우리의 군자는 크고 화려하고 정교한 것만을 좋아하지는 않았다. 아무리 보아도 싫증나지 않는 푸근한 정서의 자연미, 이것이 우리 조상들이 추구해 온 아름다움이요 멋이었다.

우리는 16세기 성리학자들이 벌인 이기(理氣)논쟁을 공리공담으로 보는 경향이 있다. 그런데 하버드 대학의 저명한 중국 철학교수인 두유명 씨는 그렇게 수준 높은 철학논쟁은 동양에서 오직 한국에서만 있었다고 경탄했다.

우리의 전통문화는 인류가 지구상에 건설한 위대한 문화유산의 하나로서 평가받을 날이 반드시 오리라는 것이 나의 확신이다. 이미 그런 조짐이 서서히 일어나고 있다. 다만 한탄스러운 것은, 아직도 우리 자신이 우리의 장점과 특성을 잘 모르고 있는 것이다. 물론 문화란 시대에 따라 발전해 가는 것이므로 전통문화에서 비판할 부분도 적지 않다. 그러나 전통에 대한 이해와 자신감 없는 비판은 얼빠진 모양만을 가져올 것이다.

21세기가 눈앞에 다가오고 있다. 선진 조국의 미래상에 조상의 얼을 접목시킨다면, 그것은 결국 군자의 나라라는 명예스런 칭호를 되찾는 것밖에 또 무엇이 있겠는가? 문화 교류도 고질적인 적자를 벗어날 때가 아닌가? (한영우, 1988, 『한국의 문화전통』, 을유문화사)

15. 무엇을 개혁할 것인가

이런 이야기가 있다. 어떤 나그네는 먼 산만을 보고 가다가 눈 앞의 돌부리에 채여 넘어진다. 또 어떤 나그네는 눈 앞만을 내려다보며 걷다가 갈 길을 잃는다. 이 두 나그네가 향한 시야는 둘 다 온전한 것이 못 된다. 영원에만 눈을 팔아도 안 되고, 눈앞의 현실에만 시선을 빼앗겨도 안 된다. 영원과 현실이 지혜롭게 조화를 이룰 때 비로소 온전하게 존재하고 생성될 수 있다. 이것은 곧 인간이 가야 할 길이기도 하다.

종교의 진리는 인간사의 상대적인 제약을 넘어선 영원한 것이고, 그때그때 수시로 움직이는 일시적인 것이 아님을 우리는 잘 알고 있다. 그러나 종교가 지향하는 그 영원이란, 별개의 시간이 아니고 생동하는 현재의 연속임을 생각할 때 현실적인 것은 곧 영원한 것이어야 한다. 종교는 그대로 있으면서도 늘 새로워져야 한다는 역설의 근거가 여기에 있다.

오늘날 한국불교가 쇠퇴일로에 있는 그 원인이 어디에 있을까. 그것은 한 말로 해서 이 시대의 요구가 어디에 있는지 알지 못하고 있기 때문일 것이다. 도피적인 출세간주의에만 탐착한 나머지 중생의 소리를, 곧 역사의 소리를 듣지 못한 때문이다. 역사의 소리를 듣지 못한다면 무엇을 해야 할 것인지 그 사명마저 잊어버리게 마련이다. 지혜롭게 살려는 사람은 먼저 자비의 화신이 되어야 한다. 자비란 추상적인 사랑이 아니다. 가까운 이웃에게 구체적으로 베푸는 일상적인 인간의 온도(溫度)다. 그에게는 일체가 자기의 세계요 분신이므로 따로 욕심부릴 것이 없다. 자기 존재는 이웃과 본질적으로 맺어진 것임을 알기 때문에 남의 일이 곧 자기 일인 것이다.

이러한 사고방식은 어떤 종교의 도그마이기에 앞서 마땅히 그렇게 있어야 할 인간의 본래 모습이다. 이 본 모습이 거대한 기술문명에 의해 매몰되고 있다. 그러기 때문에 이 소음과 광란과 살육의 장바닥에서 우리가 개혁할 것은 사회구조나 생활형태에 앞서 먼저 인간의 자세다. 인간 스스로가 자각함이 없이는 이 정신적 기아상태에서 벗어날 길은 없다. 그러므로 인간을 자각시키는 일이 곧 보살의 사명이요 선구적 역할이 되어야 할 것이다. (법정, 1978,『법정수상록』, 집현전)

16. 말의 빛

쓰면 쓸수록 정드는 오래된 말
닦을수록 빛을 내며 자라는
고운 우리말

'사랑합니다'라는 말은
억지부리지 않아도
하늘에 절로 피는 노을 빛
나를 내어주려고
내가 타오르는 빛

'고맙습니다'라는 말은
언제나 부담없는
청정한 소나무 빛
나를 키우려고
내가 싱그러워지는 빛

'용서하세요'라는 말은
부끄러워 스러지는
겸허한 반딧불 빛
나를 배우려고
내가 작아지는 빛

(이해인,『샘터』1985년 2월호)

17. 삶의 기쁨

　세상 사람들은 우리에게 얼마나 많이 소유했느냐, 얼마나 높은 자리에 있었느냐, 얼마나 영화를 누렸느냐 이것을 보고 박수를 칩니다. 그러나 하나님은 이것을 보고 박수를 치지 않습니다. 얼마나 소유를 했느냐 이것을 보시는 것이 아니라 얼마나 주었느냐, 얼마나 나누어 주었느냐, 얼마나 기여했느냐 이것을 보십니다. 얼마나 높아졌느냐 이것이 아니라 얼마나 섬겼느냐, 얼마나 낮아졌느냐 얼마나 희생했느냐 이것을 보십니다. 얼마나 영화를 누렸느냐 이것을 보시는 것이 아니라 얼마나 자기를 죽여왔느냐, 한 알의 밀알이 되었느냐 이것을 보십니다.
　영화를 누렸을 때, 높은 자리에 있을 때, 많은 것을 소유했을 때 생기는 기쁨보다도 비록 작은 것이라도 나의 마음을 모아서 무엇인가 기여했을 때, 어디엔가 쓰여졌을 때, 무엇인가 나누어 주었을 때 생기는 그 기쁨, 이 기쁨 속에 주님의 기쁨이 있습니다. (김동익, 1995, 『새 힘을 얻으리라』, 반석문화사)

18. 동학학회 발기 취지문

　세계 문명사가들은 2000년대를 아시아의 시대로 예측하고 있다. 메소포타미아에서 발원된 인류문명이 유럽을 거쳐 대서양을 건너고 드디어는 태평양을 넘어 아시아로 동진(東進)하고 있다는 분석이다.
　문명동진론(文明東進論)은 새로운 1천년의 문턱에 서 있는 우리를 설레게 한다. 그러니 막연한 기대와 감상만으로 새로운 시간을 우리의 것으로 만들 수는 없다. 새로운 1천년 아시아의 시대 한복판에 우리가 서게 될 것인지 아니면 또 한 번 세계사의 주변을 맴돌며 우리 운명을 남의 손에 맡겨야만 할 것인지는 내일을 위해 오늘의 우리 인문·사회과학도들이 무엇을 어떻게 준비하고 예비하느냐에 전적으로 달려 있다.
　새로운 1천년(Millennium)의 문턱에서 우리 사회가 직면하고 있는 위기는 심각하다. 국내적으로는 인문·사회과학의 사회적 실천성과 관련하여 우리의 국가생활은 스스로의 현실에 대한 독자적 판단 위에서 그것을 주체적으로 이끌어 가지 못하고 일부 서구 국가들의 현실규정과 가치판단에 의해 피동적으로 이끌려 왔다는 사실이다. 혹자는 민족의 통일을 이루어내지 못한 것도 문제인데 여러 가지 사회적·문화적·경제적 사태를 아무런 예측과 준비 없이 맞게 된 것은 '한국 인문·사회과학의 대실패'일 뿐만 아니라 인문·사회과학을 하는 사람의 존재 이유까지 모두 무너뜨렸다고 했다.

국제적으로는 우리는 지금 제3천년의 새로운 밀레니엄의 도래를 맞이하고 있다. 전쟁과 혁명의 광란으로 점철되었던 '극단의 20세기'는 이제 역사의 한 장(章)으로 넘어가고 있다. 그러나 여전히 불투명한 미래에 대한 불안과 두려움의 한가운데서 우리는 우리 인류가 과연 어디로 가고 있는지를 모른다.

돌이켜 보면 장구한 인류사에서 이른바 '근대'는 불과 2~3세기에 불과하지만, 유럽 중심의 서양문명이 전 지구적 차원에서 전일적(全一的)으로 관철된 시기였다. 지리상의 발견과 자본주의적 물질문명에 기반한 서양문명은 서구적 규범, 사회제도, 가치관, 생활방식 그리고 종교생활의 영역에서까지 비서구세계의 인간 삶의 기본양식을 근원적으로 변화시키면서 엄습해 왔고 서구사회와 이에 영향받은 일부 아시아 국가의 제국주의적 침탈사는 한민족에게도 물론 예외가 될 수는 없었으며, 수천 년 동안의 문화민족으로서의 자긍심과 정체성이 심각히 훼손되는 역사를 경험했다.

새로운 천년은 과학·기술문명의 신화와 물질문명의 구가를 예찬해 온 유럽 중심의 근대정신의 몰락 속에서 거대한 문명사적 전환을 예고하고 있다. 그러나 그러한 서양문명의 세계사적 지배양식의 한계에 대한 비판과 대안적 모색이 전혀 나타나지 않았던 것은 아니다. 여기서 우리는 이미 19세기 말 동아시아 정신문명의 연면한 흐름을 집약한 동학(東學)을 통해 문명사적 전환기 속에서 참된 대안적 세계관을 발견할 수 있다고 확신한다.

동학은 21세기 인류문명의 대안적 세계관이다. 동학은 구체제의 억압적 질서의 해체와 신분적 질곡을 타파코자 한 해방의 노래였으며 특히 근대 한국민족 형성의 이념적 토대였다. 이처럼 반봉건·반외세의 측면에서 동학은 분명 하나의 '역사적' 현상이었다. 그러나 동학은 단순히 저항과 해방의 논리에만 머물지 않는다. 그것은 인류 역사상 가장 혁명적인 인간관에 바탕을 둔 새로운 규범과 삶의 방식, 그리고 정치·경제·사회·문화의 조직적 구성원리의 사상적 원천이다. 마치 영원히 고갈되지 않는 인류지성의 샘과 같이 무한한 영감과 예지의 보고로 우뚝 솟아날 수 있다고 확신한다.

동학은 130여 년 전 이미 서구 근대정신의 자기 파멸의 필연성을 내다보았다. 자연에 대한 수탈, 그것에 매개된 인간중심적 가치관, 물질적 동기에 기반한 합리성 등에 의한 인간성의 황폐화와 극심한 사회적 균열과 해체 현상은 서구 근대사상에 내재된 본질적 한계의 불가피한 표출이었다. 더욱이 생태계의 훼손에 따른 환경파괴로 인해 인류문명의 지속 가능성에 대한 심각한 회의와 함께 파국적 결말에 대한 두려움에서 벗어날 수 없게 한다. 동학은 이러한 인류문명의 파국적 상황에 대한 대안적 문명의 원천이 될 수 있으며, 다른 한편으로는 분단민족의 화해와 해원상생(解寃相生)의 장전(章典)으로 되새김될 수 있다.

그럼에도 우리는 지금까지 온갖 외래사상에 현혹되어 안으로 자기 성찰을 방기한 결과, 동학의 대안문명적 가치를 잠시 망각한 현실을 개탄하면서 만시지탄(晚時之歎)의 심정으로 제3천년의 밀레니엄을 이끌어 갈 동학학회 발기를 선언하는 바이다.

1998년 10월 28일
동학학회 창립준비위원회

19. 소중한 삶

1. 영혼을 아름답게 가꾸며 범사에 신의 뜻을 겸허하게 헤아린다.
2. 살아 있음을 감사하며 사랑하는 마음을 가슴에 담는다.
3. 정체성을 지니고 미래지향적 비전 구현에 진력한다.
4. 진지하고 끈기있게 본업에 정진한다.
5. 미소로 선행을 하며 기쁨의 원천이 된다.
6. 생각하고 행동하며 모든 일에 사심없이 임한다.
7. 환경에 외경심을 품고 여행과 산행을 즐긴다.
8. 적게 소유하고 부족한 듯이 섭취하며 취하도록 마시지 않는다.
9. 기록하는 습관을 기르고 도박, 빚 보증, 남의 말은 삼간다.
10. 주변을 배려하며 중심, 지혜, 건실, 진솔, 화목한 삶을 산다.

(김정의)

20. 이상적인 국가상

오늘날의 우리 사회는 추구해야 할 가치를 상실한 것처럼 보일 때가 많다. 우리의 국가적인 목적이 막연한 통일론이나 경제적 소득증대론 같은 것만으로 설정될 수는 없다. 통일해서 이룩해야 할 이상사회는 무엇이며, 경제를 발전시키고자 하는 궁극적인 목표가 무엇인지를 생각하지 않는다면 통일도 경제발전도 제대로 이루어지기 어려울지도 모른다. 사실 위대한 이상(理想)이 없는 사회는 개인의 인간적인 존재 가치마저도 부정하는 부도덕한 사회로 전락하게 될 뿐이다. 그런 의미에서 해방 이후 수십 년 간 정통성이 결여된 정치권력의 심각한 피해를 겪어 왔던 우리는 지금 진정 자유주의적인 민주국가를 건설하기를 원하고 있는가? 그렇다면 그 이상을 구현하기 위하여 우리의 국가는 무엇을 할 것이며, 우리 개개인은 어떻게 살아가야만 하는가? 이런 문제를 심각하게 논의해야만 한다고 생각된다. (정두희, 1992,『한국사 시민강좌』10)

※ 참고문헌

최현배, 1958,『나라사랑의 길』, 정음사.
독서신문사 편, 1971,『생각하는 생활』, 독서출판사.
백낙준, 1971,『시냇가에 심은 나무』, 휘문출판사.
법정, 1978,『법정수상록』, 집현전.
이기백, 1978,『한국사학의 방향』, 일조각.
이한빈, 1986,『문명국의 비전』, 박영사.
한영우, 1988,『한국의 문화전통』, 을유문화사.
임지현 외 옮김, 1992,『오늘날의 역사학 - 쟁점과 전망』, 역사비평사.
프란시스 후쿠야마 지음, 이상훈 옮김, 1992,『역사의 종말』, 한마음사.
한영우, 1993,『우리 역사와의 대화』, 을유문화사.
김정의, 1995,『역사의 시공을 넘나들며』, 혜안.
빌 게이츠, 1995,『미래로 가는 길』, 도서출판 삼성.
와타히키 히로시, 1995,『질투하는 문명』, 자작나무.
김동익, 1995,『새 힘을 얻으리라』, 반석문화사.
로버트 엘리아스, 1995,『매너의 역사』, 신서원.
김유남, 1996,『두개의 한국과 주변국들』, 도서출판 훈민정음.
한일관계연구회, 1996,『독도와 대마도』, 지성의 샘.

김창수, 1996, 『역사와 민족』, 도서출판 삼문.
윤영오, 1996, 『역사 바로세우기』, 미래미디어.
박이문, 1996, 『문명의 위기와 문화의 전환』, 민음사.
송자, 1997, 『한 가지라도 똑 부러지면 되는거요』, 중앙일보사.
김구, 도진순 주해, 1997, 『백범일지』, 돌베개.
철학과현실사, 1997, 『문명의 전환과 한국문화』, 철학과현실사.
한영우, 1997, 『미래를 위한 역사의식』, 지식산업사.
새무엘 헌팅턴, 이희재 옮김, 1997, 『문명의 충돌』, 김영사.
김희일, 1997, 『세계와 한국의 미래』, 백산출판사.
강영우, 1998, 『아버지와 아들의 꿈』, 생명의 말씀사.

제3부

한국문명사의 분류사적 이해

제1장 과학기술사

1. 과학기술 문명의 태동

한반도에서 인간이 살기 시작한 것은 약 70만 년 전으로 추정되는 전기 구석기인부터이다. 구석기인들은 우리 민족의 직계 조상이라고 할 수는 없으나, 이 땅에 살면서 최초의 노동도구인 뗀석기(타제석기)를 만들어 사용하였다. 즉 목적을 가지고 돌을 깨뜨리고, 이 깨뜨린 돌을 사용하여 사냥이나 채집을 하면서 이 땅의 환경에 적응해 나갔다. 이들은 불을 사용하였으며, 협동생활을 하며 주술이 있었을 것으로 생각된다. 그 후, 지금으로부터 약 1만 년 전 빙하기가 끝나고 기후가 따뜻해지면서 인류가 생존하기에 알맞은 시대가 찾아왔다. 이 시기에 간석기(마제석기)라는 훨씬 진화된 도구를 사용하는 사람들이 등장하였다. 이들 신석기인들은 공동체생활을 하면서 화살촉이나 작살·그물 같은 보다 정교한 도구를 사용하여 사냥이나 고기잡이를 하였다. 그러나 신석기인들은 단순히 식량을 채집하는 것에 머물지 않고 생산하는 단계로 비약하였다. 바로 농경의 시작이다. 이들은 기장·수수·콩 등을 재배하였으며, 목축도 시작하였다. 토기도 제작하였다. 신석기시대의 빗살무늬토기인들은 최초로 '회전하는 도구'인 맷돌을 만들어 여러 가지 열매들을 제분(製粉)하는 데 사용하였다. 짐승의 가죽을 꿰매어서 옷을 만들기도 하였다. 이 시기에 이루어진 농업혁명은 생산력의 비약적인 증가 및 보다 예측 가능한 식량의 생산 등을 가져왔으며, 이에 따라 인구를 증가시키고 촌락을 형성시켜 생활 안정과 문화 창조를 이룩하게 하였을 뿐만 아니라 계급의 형성이라는 사회체제의 근본적 변혁을 가져왔다.

사회의 변화 발전은 석기를 대신하여 등장한 금속, 즉 청동기의 도입으로 더욱 촉진되었다. 서기전 10세기경 무늬없는토기인이 나타나면서 시작되는 한국의 금속공예는 늦어도 서기전 9~7세기경에 동(銅) 합금의 계획적인 주조를 시작하였다. 그런데 한국은 중국과 달리 청동에 아연을 섞는 기술을 개척하였다. 이 작업은 아연이 900℃에서 끓어 증기로 달아나는 기술적 어려움 때문에 중국에서도 송대 이전에는 거의 할 수 없었던 일이었다. 이 시기에 제작된 다뉴조문경(多鈕粗文鏡)·비파형동검을 대표적인 유물로 하는 청동기 문화는 중국이나 내몽골 지역의 오르도스식 청동기와는 구별되는 독자적인 것이었다. 구릉지대를 기반으로 생활하였던 청동기인들은 서기전 8~7세기부터는 벼농사를 시작하였다. 또한 정복사업이 활발해져, 스스로를 방위하기 위해 목책(木柵)을 만들거나 토성을 축조하기도 하였다.

철기문화는 서기전 4세기경에 중국에서 전래되었다. 서기전 3세기경에는 연철(鍊鐵)뿐만 아니라 주철(鑄鐵)과 동철(銅鐵) 제품도 만들어졌으며, 청동기가 주로 무기와 의기(儀器)의 제작에 사용된 반면에 철기는 주로 무기류와 농기구를 제작하는 데 사용되었다. 특히 김해지역의 철 제련 기술은 당시의 어느 지역보다 높아 낙랑과 일본에도 수출되었다. 이 김해지역에서는 김해토기라고 하는 새로운 경질 토기가 만들어지는데, 이 토기를 제작하는 가마는 종래의 개방요(開放窯) 대신에 화력을 낼 수 있는 터널식 등요(登窯)였다고 생각된다. 이 등요는 한국인이 만들어 낸 독특한 가마로서, 그 후 한국 도자기 가마의 모체가 되었다.

한편 이미 서기전 10세기경의 유적에서 광학경(光學鏡)과 화경(火鏡)으로서 볼록거울이 발견되었으며, 오목거울은 서기전 2세기경의 유적에서 우리 나라에서 만들어진 것이 발견되었다. 회전축을 이용한 '회전하는 도구'로는 물레가 만들어졌다. 그 용도에 따라 방추차·도차(陶車)·녹로(轆轤) 등으로 불리는 물레는 대체로 서기전 6~5세기경부터는 쓰였을 것으로 추정된다. 청동기인들은 방추차를 써 삼[麻]과 같은 식물섬유를 뽑아 평직물을 짰을 것으로 생각된다. 철기시대에 들어와서는 누에 치는 법을 알게 되었으며, 변한의 경우 광폭(廣幅)의 세포(細布)를 짤 줄 알았는데, 이 때 답목부직기(踏木附織機)가 사용되었을 것으로 생각된다.

운송 기구로는 수레를 만들어 사용하였다. 수레도 또한 회전축을 이용한 기구인데, 서력기원을 전후한 때에는 이미 수레가 만들어져 낙랑 고분군에서 거여구(車輿具)들이 출토되었다. 도차(陶車)는 서력기원을 전후한 때에 처음으로 남쪽

해안인 김해지방에 등장하였다. 이는 낙랑을 통한 한대(漢代) 중국의 기술적 영향에 의하여 이루어진 것이라고 생각된다.

겨울이 매우 길고 추운 한국의 자연환경에 적응하기 위하여 온돌이라는 특수한 난방시설이 고안되었다. 열의 복사의 원리를 응용한 난방장치인 온돌은 우리나라의 기후에 가장 알맞는 방한 시설로 이미 석기시대부터 시작되었다. 온돌은 또한 밥을 지을 때의 열을 이용해서 집의 바닥을 덥히기 때문에 대단히 경제적인 방법이었다. 처음에는 외고래 구들을 사용하다가 이를 직각으로 구부려 벽 둘레로 돌리는 형태로 발전시켰으며, 이후 두 고래 이상의 구들 시설이 나타났다.

2. 삼국 및 신라통일기의 과학기술

삼국시대에는 고구려·백제·신라 3국이 한반도 통일의 주도권을 놓고 서로 각축을 벌였다. 삼국은 서로 우위를 점하기 위하여 경쟁하는 동시에 중국과도 대립하면서 전쟁기술 상의 발전만이 아니라 사회체제를 비롯한 각 분야에서 정비와 발전을 꾀하였다. 이를 위해 중국의 앞선 문물을 받아들이기도 하였으며, 과학기술에서도 여러 가지 발전이 이루어졌다.

천문학 분야에서는 고구려에서 가장 먼저 천문도를 석각하였다. 천문도는 왕조의 권위를 상징하는 것으로서 중요시되었으므로 고대 왕조는 천체 관측의 결과를 규격화하여 성도(星圖)를 작성하였다. 당시 천문도는 매우 정확한 천체 관측에 의해 작성되었다. 최근 일본 나라 현 아스카 촌 기토라 고분에서 발견된 천문도는 별의 운행에 기준이 되는 내규와 외규, 적도 등의 동심원, 태양의 운행을 나타내는 황도의 위치, 약 600개의 별과 34종의 별자리가 그려져 있는데, 이는 서기전 3세기~서력기원 3세기 사이에 북위 39~38도선 사이, 구체적으로는 평양에서 관측한 별자리를 바탕으로 그려진 것으로 고구려 이주민들에 의해 그려진 것으로 생각된다. 이러한 천문도의 제작은 중국으로부터 전래된 우주관의 영향을 받은 것이기도 하였다. 당시 한대(漢代) 문화의 유입과 함께 개천설(蓋天說)과 혼천설(渾天說) 등의 천문이론이 유입되어 우리 나라 천문학 속에 토착화되었다. 천문대도 세워졌는데, 먼저 고구려와 백제에 세워졌고 그 영향에 의해 신라에도 세워졌다. 선덕여왕 16년(647)에 세워진 경주 첨성대는 현재 남아 있는 세계 최초의 천문대로서, 그 축조 양식은 천원지방(天圓地方)을 상징하는 것으로 생각된다.

삼국은 독자적인 천체 관측을 하여 일식·월식, 오성(五星)의 운행, 혜성이나 유성의 출현 등을 관측하였다. 특히 일식·월식의 경우 그 발생을 계산하여 정확하게 예보할 수 있을 정도였다. 일식·월식을 비롯하여 바람의 이변, 지진, 우박, 극광(極光), 벼락과 번개 등 다양한 기상 현상은 지상의 길흉사의 발생과 연결시켜 관측되었다. 이와 더불어 농사에 매우 중요한 관련이 있는 일기의 변화, 특히 강우를 예측하는 일인 농가점후법(農家占候法)이 발달하여 전수되었다. 농가점후법은 중국 음양설의 영향을 받은 것이기는 하지만 한편으로는 한국인의 경험과 관찰을 통해 얻은 지식에 의해 발달되었다.

우리 나라는 맑은 일기가 오래 계속되므로 일찍부터 해시계가 제작되었다. 고구려에서는 대체로 서력 기원을 전후하여 해시계로 시간을 측정하기 시작한 것으로 보이며, 고구려의 일자(日者)나 백제의 일관(日官)은 시간을 측정하거나 해시계를 관리하던 관리였을 것으로 생각된다. 유물로는 6~7세기경에 제작된 신라의 해시계가 남아 있다. 또한 신라에서는 718년에 누각(漏角 : 물시계)도 만들어 시간을 측정하였다. 삼국은 시간을 측정하고 달력을 제작하기 위하여 중국의 역법(曆法)을 도입하여 발전시켰는데, 신라는 8~9세기에 선명력(宣明曆)을 도입하였으며 이것이 고려에 전해졌다. 이와 더불어 신라 사람들은 7세기 초에는 이미 렌즈에 관한 중요한 광학적 현상을 알고 있었다. 이 렌즈는 주로 수정을 깎아서 만들었다고 생각된다.

의약학 분야에서도 오랜 노력과 경험을 통해 점차로 뛰어난 약과 치료법을 개발하고 있었다. 중국 고문헌에 의하면 한국인들은 서기전부터 의약과 독약을 만들고 있었다고 한다. 이로 보아 이미 서기전부터 화학 및 약물학적 지식을 갖고 있었음을 알 수 있다. 고구려 고분벽화에 사용된 채색 물감의 높은 발달 수준은 그 당시 약물에 관한 화학적 지식과 그 처리 방법의 높은 수준을 증명해 주는 것이다. 또한 고구려의 경우 독자적으로 발달해 온 치료술에 중국으로부터 각종 약초의 지식 등을 받아들였으며, 몽골로부터는 증위(蒸熨 : 증기나 뜨겁게 달군 돌 등으로 아픈 부위를 찜질하는 것)를, 선비족으로부터는 뜸과 자락(刺烙 : 바늘 치료)을 받아들였다. 고구려의 의술은 의사 덕래(德來)에 의해 백제와 일본에 전해졌으며, 특히 고구려의 침술은 못 고치는 병이 없다고 일본에 알려졌다. 신라의 의술도 일찍부터 발달하여 414년에는 김무(金武)라는 의사가 일본에 가 일본 왕 인교[允恭]의 병을 고쳐 주었다고 한다. 한편 5세기에 도교의 전래와 더불어 불로장생의 약을 만들려는 노력에서부터 연단술(煉丹術)이 발전하기 시작하였으며, 신라통일기에는 삼국시대의 의학을 계승하고 중국 의학을 수용하여 학문적 체계를 갖추어 갔다. 692년에는 이미 의술 연구생 제도인 의학(醫學)을 두고 박사 2명이 학생들에게 『본초경 本草經』·『침경 針經』 등을 가르쳤다.

4세기경부터는 삼국의 금·은·구리·철의 채굴과 제련 및 세공 기술이 점차 조직적으로 발전하였다. 삼국 간의 전쟁이 격화되어 보다 우수하고 많은 무기를 필요로 하게 되고, 철제 농기구의 사용이 증대됨에 따라 삼국은 금속 가공기술을 경쟁적으로 발전시키게 된다. 369년에 제작된 백제의 칠지도, 금동용봉봉래산향로, 5~6세기 신라 고분에서 출토된 금관을 비롯한 여러 금속 장식품들, 6~7세기에 제작된 금동 불상 등은 이 시기 금속 가공기술의 높은 수준을 보여주고 있다. 신라가 국력을 기울여 제작한 성덕대왕신종(770년)의 경우 황동 12만 근 이상을 써서 만든 것이다.

조선 분야에서도 많은 기술적 진보가 있었다. 당시 통나무배는 이미 사슬에 매인 닻과 노가 있으며, 선체는 앞이 뾰족하고 좁고 뒤로 가면서 넓어지는 안정된 형태로 발전하고 있다. 고구려의 경우 후한에 사신을 보낸 서기 32년경에는 원양 항해가 가능했을 것으로 짐작되며, 4세기에는 삼국에서 이미 범선이 사용되었다. 일본에 선장(船匠)을 파견하여 항해용 선박의 긴조를 시노하기도 하였다.

이와 더불어 실생활에 필요한 많은 과학기술적 진보가 있었다. 농업은 이미 도작(稻作)이 발달하고 있었으며, 철제 농기구와 축력을 이용하고 있었다. 맷돌은 회전축이 수직축으로 개량되었으며, 물레는 수직기(手織機)로서는 가장 발달된 능직기(綾織機)로까지 발전하였다. 5세기경의 고구려 무용총 벽화에 그려진 우차(牛車)를 보면, 당시 우차의 차바퀴는 얇고 큰데 이는 바퀴에 이미 철륜(鐵輪)을 씌우는 단계로 발전했음을 알려 주는 것이다. 또한 회전축의 지레의 원리를 응용하여 적어도 5세기 이전에 우물에서 물을 길어올리는 데 쓰는 지레 장치와, 곡식을 탈곡하는 데 쓰는 발방아가 만들어졌다. 이 발방아는 수력을 이용한 물방아에 응용되었다. 5세기경에는 수차(水車)가 원동기로서 사용되어, 정곡(精穀)·제분용 물레방아의 동력 및 관개·수리용의 물레바퀴로서 사용되었다. 도차는 4세기경에 경질 토기의 제조에 사용되었으며, 5세기경부터는 주로 발로 차서 돌리는 녹로가 사용되었다. 녹로는 대형 도자기를 만드는 데 적당하였다. 이러한 녹로는 도자기 제조에만이 아니라 목공예 및 금속 공예용으로도 사용되어, 신라의 고분에서 대량으로 나오는 곡옥의 가공에는 녹로가 쓰였다.

신라통일기를 대표하는 기술은 인쇄술이다. 한국에서 목판 인쇄는 대략 8세기 초부터 시작되었다. 1966년 10월 불국사 석가탑에서 발견된『무구정광대다라니경』은 704년부터 751년 사이에 인쇄된 것으로, 세계에서 가장 오래 된 인쇄본이다. 인쇄술의 기초가 되는 여러 발명이 중국에서 이루어진 것은 사실이지만, 중국에서도 목판 인쇄가 712~756년 사이에 발명되었다고 추정되므로 목판 인쇄술은 신라에서 먼저 발명되었다고 생각된다. 인쇄술의 발전과 더불어 제지기술도 발전하였다. 제지기술은 4~7세기경 중국에서 도입되었을 것으로 생각되는데, 닥[楮]으로 만들어진 신라의 종이는 중국에서 천하 제일이라고 할 정도였다.

이러한 삼국의 과학기술은 우리 민족의 과학기술 전통의 근원을 이루었을 뿐만 아니라, 일본에 전파되어 일본의 문화발전에 커다란 영향을 미쳤다.

3. 고려시대의 과학과 기술

고려시대의 과학과 기술은 신라를 중심으로 하는 삼국의 과학·기술의 전통을 바탕으로 중국 송대 문화의 영향과 자극을 받아 발전하였다.

고려는 개국과 함께 문물·제도의 정비에 노력을 기울였는데, 농경국가이던 당시에 있어 천문제도의 정비는 매우 우선시되었다. 국초부터 천문과 역수(曆數)를 담당하던 태복감(太卜監)과 기상관측 및 누각(漏刻)을 담당하던 태사국(太史局)을 설치하고, 개성에 첨성대를 설치하여 천문을 관측하였다. 천문 현상과 기상 이변은 왕조의 안위와 관련된 것으로 생각되었으므로 독자적이고 장기적으로 정확한 천문관측을 위하여 노력하였다.『고려사』에 의하면 일식 관측 132회, 태양의 흑점 관측 34회를 비롯하여 6,500여 회의 자연 이상현상을 관측하여 기록하고 있다. 천문현상을 계산하고 예보하기 위하여 고려 전기에는 중국의 선명력, 원 간섭기에는 수시력(授時曆), 공민왕대 이후에는 명에서 대통력(大統曆)을 받아들였으며, 이러한 중국의 역법에 기초하여 독자적인 역법을 발전시켜 나가고 있었다.

집권적 봉건국가인 고려에서는 일찍부터 전국적인 지리지나 지도가 편찬, 제작되었다. 성종 때(982~997)에 유공식(柳公植)이 만든 고려도(高麗圖)라는 고려의 지도가 송나라에 전해졌으며, 11세기경까지는 한국 지도의 윤곽과 지형이 대체로 정확하게 파악되고 있었다. 고려 후기에 이르러 정밀도가 높아져 지도 윤곽은 거의 완전하게 잡혔고 지형 묘사와 도시들의 위치도 정확해졌다. 고려 말의 저명한 지도 제작가였던 나흥유(羅興儒)는 고려지도와 중국의 지도 등을 그렸다고 한다. 이외에 고려에는 동양 중세의 불교적 세계관을 바탕으로 작성된 천축국도(天竺國圖)가 있었다. 지리지로는 인종 23년(1145) 제작된 김부식(金富軾)의 『삼국사기』 지리지가 있다. 지리학 분야는 특히 풍수지리적인 것이 중심을 이루고 있었으며, 이는 도참사상과 어울려 당시 사회에 강한 영향을 미쳤다.

고려시대를 대표하는 과학기술의 발전이라고 할 수 있는 것이 인쇄술 분야이다. 목판 인쇄술은 신라시대에 이미 실용화되었지만 그것이 극도로 발전한 것은 고려 초기이다. 현종대에 이미 약 6천 권에 달하는 대규모의 대장경 조판사업이 시작됨으로써 비약적인 발전을 이룩하였다. 그러나 거란의 침입을 부처의 힘에 의지하여 막으려는 목적에서 만든 이 대장경은 몽골이 침입할 때 불타버렸으며, 이에 고종 23년(1236) 몽골의 침입을 물리치기 위해 다시 대장경을 조판하였다. 이것이 현재 해인사에 보관되어 있는 팔만대장경으로, 세계에서 가장 규모가 크고 훌륭한 최고(最古)의 목판이다.

그러나 고려 인쇄술에서 가장 큰 업적은 금속활자의 발명이다. 1126년과 1170년 두 차례의 궁궐 화재로 수만 권의 장서가 불탔으며, 반면 송으로부터의 서적 수입도 여의치 않자 고려는 적은 부수를 여러 종 인쇄하는 기술을 고안하게 된다. 이러한 필요성에서 발명된 것이 금속활자이다. 금속활자는 청동으로 만들어졌을 것으로 생각되며, 고려 장인들은 청동활자를 주조하는 주형(鑄型)을 세계 최초로 만들었다. 1234년경에는 금속활자로 『고금상정예문』 28부를 인쇄하기에 이르렀다. 이는 유럽의 구텐베르크가 금속활자로 인쇄한 때보다 200여 년이나 앞선 것이다. 그리고, 이러한 인쇄기술의 발전과 함께 고려시대의 제지기술은 일단 완성 단계에 이른다. 금속활자로 인쇄하려면 좋은 종이가 필수적인데, 주로 닥나무를 원료로 해서 만들어진 고려의 종이는 이것을 가능하게 할 정도로 질이 좋은 것이었다. 또한 이런 질 좋은 종이에 기름을 묻혀 비옷이나 방석을 만들었다는 기록이 조선 초기의 문헌에 남아 있는데, 이러한 기술은 고려시대부터 전해졌을 것으로 생각된다.

인쇄술과 더불어 세계적으로 높은 평가를 받고 있는 또 하나의 문화유산은 고려청자이다. 11~12세기에 그 기술적 정점에 도달하고 있는 고려청자는 중국인들에 의해서 비색(翡色)으로 불렸다. 그러나 고려의 장인들은 단순한 청자의 제작에 머물지 않았다. 고려 장인들은 청자의 제작에 상감 기법을 응용함으로써 고려만의 독특한 상감청자를 만들기에 이르렀다.

의약학 분야에서도 독자적인 발전을 이루어 나갔다. 신라로부터 계승한 우리나라 전래의 의약학적 지식 및 당 의학의 지식, 송 의약학의 전래, 불교의 융성에 따른 인도 의약학의 영향 등을 종합하여 의약학을 발전시켜 가던 고려는 12~13세기에 이르러 독자적인 의서를 저술하였다. 그 중 1236년 간행된『향약구급방 鄕藥救急方』은 180종의 한국산 약재에 의한 처방을 중심으로 한 것으로, 그 때까지의 한국 전래의 의약학적 지식의 결산이며 의약의 독자적 연구를 가능케 하는 전환점이 되는 것이었다. 원간섭기에는 아라비아 의약 지식, 특히 알코올의 증류방법이 알려졌으며, 그 방법으로 술이 만들어져 소주라고 불렸다.

14세기 전반, 대체로 고려 공민왕대 이전에 화약과 화포가 원나라에서 전래되었다. 화약 병기의 위력을 인식한 고려에서는 화기의 대량생산과 화약의 조제법을 알아내기 위하여 무척 노력하였다. 특히 당시 막대한 피해를 주고 있던 왜구를 섬멸하기 위하여 그 필요성은 더욱 커졌다. 이에 오랫동안 화약제조법을 알아내려고 애쓰던 최무선(崔茂宣)은 중국인 이원(李元)으로부터 염초자취술(焰硝煮取術)을 배워 마침내 화약제조법을 완전히 알아내게 되었다. 일설에는 최무선 자신이 원에서 직접 기술을 배워 왔다고도 한다. 그 후 고려는 화약 제조소로서 화통도감을 설치하였으며, 이에 화약과 각종 화기의 제조는 급속도로 발전하게 되었다. 특히 화포를 증강하여 전함에 배치함으로써 왜구 격퇴에 커다란 위력을 발휘하게 되었다. 화약 및 화기의 도입은 화통방사군이라는 새로운 군종을 창출시켰을 뿐만 아니라, 전술상의 변화를 비롯하여 여러 가지 사회변화를 가져오는 한 요인이 되었다.

이와 더불어 고려시대에는 부채에 회전축의 원리를 응용하여 세계에서 처음으로 접선(摺扇 : 쥘부채. 접었다 폈다 하는 부채)을 발명하였으며, 고려 중엽인 12세기경에는 방바닥 전부를 구들로 하는 방식으로 온돌을 발전시킴으로써 주생활에도 커다란 진전을 이루었다. 의생활에서는 무명이라고 하는 전혀 새로운 옷감의 소재가 보급되었다. 무명의 보급에는 잘 알려진 것처럼 문익점(文益漸)과 정천익(鄭天益)의 공이 지대하였다. 공민왕 12년(1363) 원나라에서 문익점이 목화씨를 가져와 그의 장인 정천익과 함께 시험 재배에 성공하였으며, 이에 목면의 재배와 무명의 직조 기술이 전국적으로 보급되었다. 무명은 돛을 만드는 재료로도 이용되어 선박의 항해기술에도 커다란 변화를 가져오게 되었다.

4. 조선시대의 과학과 기술

조선시대에 들어와 우리 나라의 과학기술은 여러 가지 분야에서 창조적 발전을 이룩하였다. 특히 세종대에는 오랜 역사 기간 축적되어 온 우리의 과학기술의 전통을 집약하여 독자적인 과학문화를 전개하기에 이르러, 우리 나라 과학기술의 황금시대로 불리고 있다.

우선 이 시기에는 여러 가지 천문기상의 관측기구들이 만들어졌다. 세종대에 앙부일구(仰釜日晷) 등 각종 해시계가 제작되었으며, 세종 15년에는 천문시계인 혼천의(渾天儀)를 만들었다. 세종 16년(1434)에는 자동시보장치가 붙은 물시계인 자격루(自擊漏)를 만들어 조선의 표준시계로 삼았다. 세종 24년(1442)에는 중국에서 전래된 수시력·대통력 및 아라비아 천문 계산법을 바탕으로 하되, 서울을 표준으로 실측하고 추산하여 오차를 교정한 독자적인 역서인『칠정산내외편 七政算內外篇』을 완성하여, 세조 26년 간행하였다. 칠정이란 해·달·목성·화성·토성·금성·수성 등 일곱 개의 움직이는 별을 가리키며, 칠정산은 이들의 운동을 계산하는 것이었다. 이로써 우리 역사상 처음으로 서울에 맞는 천체운동의 계산을 정확히 할 수 있게 되었다. 관측기구의 정비, 역법의 정비와 함께 천문 현상이나 기상 이변을 세밀하게 관측하여 기록하였는데, 현재『조선왕조실록』에 남아 있는 기록들은 세계에서 가장 방대하고 정확한 천문·기상에 관한 기록이라고 할 수 있다.

조선 초기 천문기상학 분야의 최대 업적은 측우기의 발명이라고 할 수 있다.

강우량이 넉넉하지 못할 뿐만 아니라 우기가 여름 한 철에 편재하는 자연적 조건 하에서 강우량의 측정은 농사의 풍흉을 좌우할 정도로 중요한 문제였다. 따라서 일찍부터 그 측정에 힘을 기울였다. 조선 초에도 처음에는 고려왕조의 강우량 측정법을 그대로 따라 땅 속에 스며든 빗물의 깊이를 측정하였으나, 이는 땅이 말랐을 때와 젖었을 때에 따라 빗물이 스며드는 깊이에 차이가 생기므로 불완전하였다. 따라서 이의 극복을 위해 노력하였고, 그 결과 세종 23년(1441) 세계 최초로 측우기[길이 2척(42.5cm), 직경 8촌(17.0cm)]를 만들게 되었다. 이로써 종래의 불완전했던 강우량 측정법은 기기에 의해 과학적·수량적으로 측정하는 방법으로 개량되었다. 조선 정부는 전국 각지의 군·현에 이를 세워 수령이 직접 관리·측정·보고케 함으로써, 전국의 강우량을 통계적으로 집계하였다. 이와 더불어 강우량 측정의 또 하나의 방법으로서 하천의 수위를 측정하기 위해 수표(水標)를 세웠다.

한편 조선의 학자들은 농작물에 영향을 끼치는 바람을 조사하고 풍향을 관측하기 위해 풍기죽(風旗竹) 곧 풍향계를 설치하여 풍향의 방향과 풍속을 조사하였으며, 15세기의 학자인 강희맹(姜希孟)의 경우『금양잡록 衿陽雜錄』에서 펜(Föhn) 현상을 파악하고 이론적으로 설명하고 있다. 이와 같이 조선 초기에는 측우기의 발명을 비롯하여 농업생산력을 발전시키기 위한 여러 가지 과학적인 농업기상학이 발달하였다.

조선시대에 들어와 도량형도 재정비하였다. 태조 2년(1393) 우선 길이의 기준으로 주척(周尺)을 교정하여 설정하고, 세종대에 들어와 12율의 기본음인 황종률(黃鐘律)을 낼 수 있는 정확한 황종관(黃鐘管)을 만들고 악률을 정비함에 따라 황종관의 길이를 기준으로 영조척·황종척·주척·포백척 등을 새로 제정하였다. 그리고 새로 만든 영조척을 기준으로 곡(斛)·두(斗)·승(升)·흡(合)이라는 양(量)의 체제, 무게의 단위인 형(衡)을 다시 정하였다.

지리학 분야에서는 태종 2년(1402)「혼일강리역대국도지도 混一疆理歷代國都之圖」라는 세계지도를 완성하였으며, 성종 2년(1471)에는 신숙주(申叔舟)가『해동제국기 海東諸國記』를 완성하였다. 국내의 지지(地誌)로는 세종 14년(1422)『신찬팔도지리지』를 만들었으며, 단종 2년(1454)에는 이를 바탕으로『세종실록지리지』를 완성하였다. 이는 백과사전적인 인문지리서이다. 이어 예종 1년(1469) 양성지(梁誠之)는『팔도지리지』를 만들었으며, 성종 12년(1481)에는

『동국여지승람 東國輿地勝覽』이 완성되었다. 또한 세종대에는 우리 나라를 실측하여 지도를 제작하려는 움직임이 일어나 실측에 의해 작성된 과학적인 첫 지도인「팔도도(八道圖)」가 정척(鄭陟)에 의해 만들어졌으며, 세조 9년(1463)에는「동국지도 東國地圖」가 만들어졌다. 그리고 지도 작성을 위한 도구로서 거리를 재는 자동기계인 기리고거(記里鼓車)가 세종 23년(1441)에 만들어졌으며, 세조 13년(1467)에는 삼각형의 비례관계를 응용하여 측량하는 측량기인 규형(窺衡)과 인지의(印地儀)를 만들었다.

인쇄술에서는 금속활자를 더욱 발전시켰다. '천하의 서적을 모두 인쇄한다'는 목적 하에 조선에 들어와 금속활자는 국가적 사업으로 다시 만들어졌다. 태종 3년(1403)의 계미자(癸未字)가 그것이다. 그런데 이는 활자를 모래에 부어 만들었기 때문에 인쇄된 글자의 변두리와 한가운데에 먹 묻음이 고르지 못하고 자체(字體)에 조금 떨어져 나간 부분이 생기며, 활자의 크기가 정확하게 일치하지 못하여 고정된 행간에 활자가 꼭 끼어 맞지 않는다는 결점이 있었다. 이리하여 세종 3년(1421) 활자의 크기를 모두 같게 개량한 경자자(庚子字)를 만들었고, 세종 16년(1434)에는 큰 글자와 작은 글자를 필요에 따라 섞어서 조판할 수 있고 자체가 아름다운 갑인자(甲寅字) 20여만 자를 만들었다. 이로써 조선의 활판인쇄 기술은 완성되었다. 그 후 점차 활자의 크기가 작아져 소자(小字)로서의 인쇄가 보편화되었으며, 중종대에 이르러서는 인쇄 능률이 크게 발전하여 병자자(丙子字)로는 1천 권을 인쇄할 수 있을 정도까지 도달하였다.

조선의 의약학은 고려의 한국산 의약에 관한 지식을 계승·발전시킴으로써, 한국 의약학의 체계화를 이루고 동양의학을 집대성하였나. 중앙에는 제생원(濟生院), 지방에는 의학원(醫學院)을 두어 치료사업에 종사케 하는 동시에, 국내의 약재를 발견·연구하고 서적을 편찬하게 하였다. 그 결과 1399년에 이미 종래 우리 나라에서 경험한 약방을 모두 모아 부문별로 정리한『향약제생집성방 鄕約濟生集成方』이 편찬되었으며, 여기에 부록으로 덧붙여진「우마의방 牛馬醫方」은 우리 나라 최초의 수의학 관계 문헌이다. 그 후 세종은 중국산 의약과 한국산 의약의 비교·연구를 적극 추진케 하여『향약본초 鄕藥本草』를 편찬하게 하고, 노중례(盧重禮) 등을 중국에 파견하여 이에 관한 연구를 하게 하였다. 그 연구결과가 세종 15년(1433)『향약집성방 鄕藥集成方』으로 결실을 보았는데, 여기에는 703종의 한국산 의약이 나타난다. 이와 함께 세종 27년(1445)에는 의학 백과사전인 『의방유취 醫方類聚』의 편찬을 시작하여 세조 1년(1455) 완성하였다. 이는 그 당시까지 전해져 온 153종의 의학책을 정리하여 365권으로 편찬한 것으로, 15세기 세계 최대 의서의 하나이다. 『향약집성방』· 『의방유취』와 함께 세종시대의 3대 의서로 『태산요록 胎産要錄』이 있다. 이는 임신한 여인이 뱃속의 아이를 기르는 방법과 출산한 뒤 영아를 기르는 방법을 서술한 책이다.

농학(農學) 분야에서도 큰 진전이 있었다. 이전까지는 중국의 농서가 보급되어 이용되고 있었지만, 이러한 중국 농서는 중국과 우리 나라의 지역적인 차이, 중국 농서가 편찬된 시대와는 다른 연작상경농법으로의 변화 등에 의해 우리의 농업생산에 적합하지 않게 되었다. 따라서 우리의 농업에 적합한 새로운 농서가 필요하게 되었다. 이에 세종 11년 우리 나라에서 실제로 행해지고 있던 농법에 기초하여 『농사직설 農事直說』이 만들어졌으며, 성종 때에는 강희맹에 의해 『금양잡록』이 편찬되었다.

고려 말에 전래된 화약과 화기는 태종대에 들어와 석탄자(石彈子)와 같은 탄환의 발사 시험에서 성공을 거두었다. 이에 따라 화포를 종래의 방어용 및 해전용 화기에서 육상의 공성용(攻城用)으로까지 발전시켰다. 세종대에는 서북 변경의 개척이 적극화되자 화기의 수요가 증대되었고 화약의 생산량도 급속히 증가되었다. 또한 세종 중기부터는 중국 기술의 모방에서 탈피하려는 독자적 경향이 대두되었다. 완구(碗口)는 개량되었으며 발화(發火)라고 하는 새로운 화기가 만들어졌다. 통신용 포인 신포(信咆)와 휴대에 편리한 소화포(小火砲)가 만들어졌으며 철탄자(鐵彈子)를 사용할 수 있게 되었다. 세종 15년(1433)에는 한 발에 2~4전(箭)까지 발사할 수 있는 화포전(火砲箭)이 발명되었다. 한편 많은 화약과 화기가 제조됨으로써 구리의 양이 격증하자 이와 더불어 동광(銅鑛)의 개발에 더욱 힘을 쓰는 한편, 국내에서 산출되는 철을 이용하기 위하여 철제 화포도 만들려고 노력하여 세종 26년에는 성공을 거두게 되었다.

군사기술 분야에서의 또 하나의 발전은 전함의 건조 분야에서 이루어졌다. 조선의 선박 건조기술은 전선(戰船)의 건조로 특징지을 수 있다. 조선의 선박은 견고함을 위주로 건조되었으므로 여진 해적 및 왜구들과의 전투에서 충파전법(衝破戰法)에 효과적인 것이었다. 태종 13년(1413)에는 백병전술을 장기로 삼는 왜구들이 아군의 전선에 뛰어들지 못하게 하는 방법으로 개판(蓋板)을 씌운 구선(龜船 : 거북선)이 만들어졌다. 이 구선은 조선의 독창적인 것으로서, 임진왜란 전에 이순신(李舜臣)과 나대용(羅大用)에 의해 개량되어 화공(火攻)을 막기 위해 개판을 얇은 철갑으로 씌우거나 개판에 칼송곳을 꽂았다. 이 다포장(多咆裝)·중장갑(重裝甲)의 거북선은 임진왜란 때 큰 활약을 하였다. 이외에 소형 쾌속정인 비거도선(鼻艍刀船), 평시에는 수송선으로 사용하고 전쟁시에는 전함으로 사용할 수 있는 병조선(兵漕船) 등 다양한 형태의 각종 선박들이 건조되었다.

이러한 조선의 과학기술은 임진·정유 두 차례의 왜란으로 인해 크게 위축되었다. 따라서 과학기술도 전란의 피해를 복구하는 것이 최우선적인 과제로 되었으며, 전란의 피해가 어느 정도 복구되면서부터는 과학기술은 실학이라는 새로운 학문의 대두와 서양 과학기술의 도입에 커다란 영향을 받게 되었다.

일본과 전쟁을 치렀던 선조대에는 화포장(火砲匠) 이장손(李長孫)이 비격진천뢰(飛擊震天雷)를 발명하였다. 진천뢰라는 화기는 이전에도 있었으나, 비격진천뢰는 그 발화장치 즉 신관의 도화선을 조절함으로써 폭발 시간을 조절할 수 있는 획기적인 것이었다. 이는 임진왜란 때 실전에 사용되어 큰 위력을 발휘하였다. 이러한 조선의 화기들은 16세기 중국을 통해 전래된 서양의 중화기인 불랑기(佛郎機)와 일본을 통해 전래된 조총에 의해 점차 대체되었다.

인쇄술 분야에서는 임진왜란으로 조선의 청동활자는 거의 유실되거나 일본에 빼앗기게 되었다. 이후 목활자로 인쇄를 계속하다가 현종 9년(1668) 다시 동활자 주조가 강행되어 10만 자 이상이 주조되었으며, 17세기 말경부터는 유력한 가문에서 사사로이 활자를 주조하여 사용하기도 하였다.

서양외 문물로는 임진왜란 이후에 기계 시계인 자명종이 중국에서 진래되었다. 17·18세기에는 이러한 자명종을 본떠 천문 시계, 시간 측정 의기(儀器) 등을 만들어 사용하였으나 극히 제한된 범위에서만 사용되었고 널리 보급되지는 못하였다.

서양 천문학의 영향은 실학자를 중심으로 한 조선의 학자들에게 새로운 우주 체계를 형성하고 지구중심의 지전설(地轉說)을 받아들이게 했다. 인조 9년(1631) 조선에 전해진 서양 천문학은 거의 완전하게 조선 천문학자들에게 전해지고 받아들여졌다. 효종 4년(1653) 시헌력법(時憲曆法)이 시행되었으며, 지구를 중심으로 하는 우주 구조체계는 18세기 초에 조선의 공인된 우주관이 되었다. 이와 함께 조선의 학자들은 지구의 회전 원리를 알고 있었다. 1669년 송이영

(宋以穎)이 제작한 선기옥형(璿璣玉衡)의 혼천의에 가설된 지구의는 시계장치에 연결되어 1일 1회전하는 지구의였으며, 김석문(金錫文)의 삼대환공부설(三大丸空浮說)은 체계적인 지전설이었다. 홍대용(洪大容)과 박지원(朴趾源)도 지전설을 제기하였으며, 그들은 또한 지구의 자전 속도가 매우 빠르다는 사실을 계산해 냈다. 홍대용은 농수각(籠水閣)이라는 사설 천문대를 만들기도 하였다. 또한 조수(潮水)의 간만에 관한 이론은 한백겸(韓百謙), 이익(李瀷)을 거쳐 이규경(李圭景)이 정확한 관측에 의해 저술한 '조석변증설(潮汐辨證說)'에서 완성되었다.

지리학 분야에서는 16세기 말에 한백겸이 실증적 방법에 의한 한국의 역사·지리 연구를 시도하여 『동국지리지』를 완성하였으며, 조선 후기의 이중환(李重煥)은 훌륭한 자연지리서인 『택리지 擇里志』를 저술하였다. 실측적인 지도 작성은 조선 후기에도 계속되었다. 영조대의 학자 정상기(鄭尙驥)는 축척을 넣은 최초의 우리 나라 지도인 『동국지도 東國地圖』를 만들었다. 우리 나라 지도 작성은 김정호(金正浩)에 의해 완성되었다. 그는 『청구도 靑丘圖』를 만들었으며, 조선 최대·최고의 과학적 실측도인 『대동여지도 大東輿地圖』를 철종 12년(1861) 만들었다. 대동여지도는 162,000분의 1 축적을 사용하여 전국 335개 군을 22개 부분으로 나눈 단(團)에 그려 넣은 것으로, 수록된 항목은 산맥·하천·성곽 등으로부터 사당·능묘·비석에 이르기까지 11,600개에 이른다.

의약학 분야에서는 광해군 2년(1610) 허준(許浚)에 의해 『동의보감 東醫寶鑑』이 완성되었으며, 『증수무원록 增修無冤錄』은 동양에서 가장 뛰어난 법의학책이다. 조선 말에는 이제마가 '사상의학'을 주장하고 1894년 자신의 의학설을 체계화하여 『동의수세보원 東醫壽世保元』을 저술하였다.

이 외에 정약용(丁若鏞)은 조선 정조 18년(1794)에 수원 화성의 축조에 거중기(擧重器)라는 기중기를 만들어 큰 돌이나 나무기둥을 들어올리게 하였으며, 우물물을 끌어올려 농업 용수로 사용하기 위해 지금의 피스톤 펌프의 일종인 옥형(玉衡)을 개발하기도 하였다.

5. 한국 과학기술의 현재와 미래

자연현상을 이해하고 이를 합리적으로 설명하는 지식체계인 과학과, 이러한 과학적 지식체계의 바탕 위에서 자연을 보다 효율적으로 이용하기 위한 수단으로서의 기술은 인간의 삶을 풍요롭게 하고 역사를 발전시키는 원동력이었다. 우리 나라는 우리 나라의 자연지리적 조건에 맞는 과학기술적 전통을 개척해 왔으며, 한편으로는 중국을 비롯한 주변 국가의 영향을 받기도 하고 주변의 여러 나라들에게 우리의 과학기술적 업적을 전수하기도 하면서 전통 과학기술을 계승 발전시켜 왔다. 그러나 양란으로 말미암아 우리의 과학기술은 심대한 타격을 받았다. 그 후 조선 후기 실학자들을 중심으로 서양의 과학기술을 도입하여 체계화하기 위해 노력하고, 개항 이후 동도서기(東道西器)적 입장에서 서양 과학기술을 도입하고 근대 과학기술체제를 마련하기 위한 노력이 이루어졌으나, 이러한 노력은 19세 말 일본 제국주의의 침략 및 국권 상실로 단절되었다. 일제는 35년 간 한국의 과학기술 진흥을 철저하게 억압하고 단지 조선 통치에 필요한 실무교육·기술교육만 허용하였을 뿐이며, 이러한 교육에서도 한국인은 심한 차별을 받았다. 이에 따라 일제 강점하에서 한국인들의 과학기술 문화는 독자적인 발전을 이룩하지 못하였을 뿐만 아니라, 일제에 부속된 채 심하게 낙후되고 왜곡되었다. 오직 이 시기의 한국 과학기술은 조선의 나비를 연구한 석주명(石宙明), 발명학회를 만든 김용관(金容瓘), 『조선과학사』를 펴낸 홍이섭(洪以燮), 천문학의 이원철 등 과학기술의 중요성을 자각한 개인이나 집단에 의해 제한적인 진전만을 보았을 뿐이다.

해방 이후 한국의 과학기술 발전은 독자적으로 발전할 수 있는 새로운 전기를 맞이하였다. 그러나 6·25라는 전쟁의 참화를 겪음으로써 한국의 과학기술은 무(無)의 상태에서 시작하게 되었으며, 이후 비약적인 발전을 이룩하였다. 특히 1960년대에 본격적인 경제개발을 시행하면서 과학기술은 국가의 성쇠를 좌우하는 것으로서, 나아가 국가 존립의 필수 부분으로 인식되었으며, 이에 따라 과학기술의 발전은 국가의 주요한 정책 목표가 되었다. 정부는 과학기술을 진흥시키기 위하여 1966년 한국과학기술연구소(KIST), 1971년에는 한국과학원(KAIST)을 설립하였으며, 1970년 후반에는 화학공업·기계공업·전자공업 등 개별 산업 분야들을 대상으로 하는 전문 연구개발기관과 기업 연구소들이 설립되었다. 많은 한국 유학생들은 미국·유럽 등지에서 서구의 현대과학을 배워 왔으며, 교육열은 이러한 과학기술의 발전을 추진하는 원동력이 되었다. 1980년 들어와서는 컴퓨터와 정보과학·반도체 산업·유전공학 등 첨단 과학기술 분야에 대한 투자가 본격적으로 이루어졌다. 그 결과 대한민국은 세계 10대 공업국의 반열에 진입하였으며, 반도체·조선·철강·전자·자동차 등 여러 분야에서 세계적인 수준에 도달할 수 있었다. 독자적인 원전 설계 능력의 보유, 초고속 정보통신망의 구축, 과학 위성 로켓의 발사, 남극기지의 건설 등도 이루어졌으며, 많은 우수한 과학기술자들도 양산되었다.

　이러한 과학기술의 발전은 한국의 급속한 경제발전의 원동력이 되었다. 그러나 많은 문제점을 가지고 있는 것도 사실이다. 일부 창조적 발전이 이루어지고 있기는 하지만 아직까지는 주로 서양의 과학기술을 모방하고 이용하는 데 그치고 있다. 또한 과학기술이 지나치게 실용적인 목적 즉 경제적인 효용과 이익을 위해서만 존재하고 추구됨으로써 응용 분야·기술 분야에 비해 기초과학 분야가 취약하다. 과학기술을 미국과 일본에 지나치게 의존하고 있다는 점도 문제이다. 이러한 문제점들은 한국의 성장에 갈수록 부담이 되고 있다. 과학기술의 시대, 정보화의 시대가 될 21세기를 내다보는 이 시점에서 신흥공업국을 넘어 한 차원 더 성숙한 발전을 이룩하기 위해서는 기초과학 분야의 발전이 절실한 실정이다. 이와 더불어 단절된 우리 나라 전통 과학기술에 대한 올바른 이해와 평가가 뒤따라야 할 것으로 생각된다.

(박진훈)

※ 참고문헌

홍이섭, 1944,『조선과학사』, 삼성당출판사.
고려대민족문화연구소 편, 1968,『한국문화사대계 Ⅲ - 과학·기술사』.
손보기, 1971,『한국의 고활자』, 한국도서관학연구회.
전상운, 1972,『한국의 고대과학』, 탐구당.
김두종, 1974,『한국고인쇄기술사』, 탐구당.
전상운, 1976,『한국과학기술사』, 정음사.
이가종, 1980,『기초과학과 21세기 한국』, 한울.
박성래, 1982,『한국과학사』, 한국방송사업단.
서울신문사, 1984,『이야기 한국과학사』, 서울신문사.

이용범, 1988, 『중세서양과학의 조선전래』, 동국대출판부.
한국사회사연구회, 1990, 『현대 한국의 생산력과 과학기술』, 문학과지성사.
이용범, 1993, 『한국과학사상사연구』, 동국대출판부.
최남인, 1994, 『과학·기술로 보는 한국사 열세마당』, 일빛.
전상운, 1998, 『한국과학사의 새로운 이해』, 연세대학교출판부.
김영식·김근배 엮음, 1998, 『근현대 한국사회의 과학』, 창작과비평사.

제2장 정치제도사

1. 고대의 관제 마련

고대국가에 있어서 관등제도는 현저하게 족향적(族鄕的)·신분적 성격을 띠고 있다. 고대국가 가운데 다수의 성읍국가를 정복 혹은 연합한 기반 위에서 성립한 고구려, 신라의 경우가 그러하다.

고구려의 중앙 관등명은 형류(兄類)와 사자류(使者類)로 대별되는데 형이란 지방 유력자인 족장의 명칭을 그대로 중앙관제에 사용한 것이다. 사자는 조세와 공물수취를 담당했던 자를 일컫는다. 중앙관제는 지방 세력의 재편과정에서 족장을 중앙으로 끌어들이는 한편 재정수취를 정비해 나가는 과정에서 마련되었다. 후기로 갈수록 점차 사자류가 늘고 있는 것은 왕권이 신장되어 가는 중에 행정·재정담당의 관계(官階)가 차지하는 비중이 점차 높아졌음을 뜻한다. 3세기에는 13관등이던 것이 7세기에는 14관등으로 체계화되었다.

행정구역의 편제를 보면 수도를 내평(內評)이라 하여 5부로 나누었다. 5부는 건국 주체집단들로 여타 지방민에 대해 우월한 지위를 누리고 있었으며, 부의 존재형태는 개별적 정치체제로 적어도 대내적인 면에서는 독자성을 유지하여 자체 관인을 두고 하나의 자치제로 움직여 나가는 성격의 집단이었다. 한편 지방통치구조를 보면 5세기 이전에는 토착세력과 인근의 이질적 부족 및 열소한 부족을 통합해 가는 과정에서 중앙세력이 미약했기 때문에 족장세력을 해체하기보다는 온존시킨 상태로 편제해 나갔다. 이들 족장세력을 지방의 도사(道使)로 임명하고 왕족 또는 건국 주체집단 중의 족장을 대가(大加)라 하여 각 지방을 위임통치케 했다. 점차 왕권이 신장되면서 이 대가층을 제거하고 직접적인 지방통치를 도모하게 되어 3세기 고국천왕 때는 외방인 외평(外評)을 5부로 나누었다. 지방 5부의 각 부는 성으로 이루어졌는데 군사적 중요도에 따라 대성에는 도독(都督)에 비할 수 있는 욕살(褥薩)을 두었고, 그보다 작은 성에는 처려근지(處閭近支) 또는 도사라는 칙사 같은 것을 두었고, 소성에는 장사(長史)에 비견하는 것을 두었다. 이들은 왕경인(王京人)으로 된 군대를 거느리고 각각의 지역을 관할하기 위해 파견되었으며 성 밑에는 씨족적 성격이 강한 자연촌이 있어 성의 통치를 받았다. 특히 성에 파견된 지방관이 군정장관적 성격을 띠는 것은 군사적 필요성에 의해서만이 아니라 여전히 지방에 장대하게 자리잡고 있던 지방 유력자를 견제하기 위한 수단이었다.

백제는 고이왕 27년 6좌평 이하 16등 관계가 제정되고 복색이 정해졌는데 신라·고구려에 비해 강인한 부족적 기반이 약한 탓에 부제를 빨리 지향하여 중국의 제도문물을 수용해 나갔다. 좌평 밑에 30명의 달솔(達率)이 있고 3등계 이하인 은솔은 일정한 정원이 없었다. 복색은 신분과 관련하여 1등에서 6등의 나솔(奈率)은 자(紫), 7등에서 11등까지는 비(緋), 12등 이하는 청(靑)으로 되어 있었다.

행정구역의 편제를 보면 수도는 5부로 나누고, 5부는 5항(巷, 혹은 坊)으로 이루어졌고, 각 부마다 500명의 군대가 있었다. 지방통치구조는 웅진시대까지는 22담로제였으나 사비시대에 5방으로 정비되었다. 각 방(方)에는 방령 1명을 두어 달솔로 임명하고 각 방령은 주요 성에 주재하여 700~1,200명의 군대를 통솔하게 하였다. 각 방은 6~10개의 군으로 나누었고 군에는 군장 3명을 덕솔로 임명했다. 그 밑의 소성에는 도사를 두었다.

신라의 관등제의 기원은 일종의 족장회의체인 남당(南堂)에서의 좌식인 궐표제에서 연유한다. 관등은 크게 보아 두 가지 성격을 갖고 있다. 첫째, 관직적 성격으로 관등을 차지하는 족장세력이 행정적 업무까지 관장하고 있었다. 둘째, 족제적(族制的) 성격으로 두품(頭品)에 의해 관직이 제한되어 지배족으로서 왕을 중심으로 한 진골이 관직을 배타적으로 독점하는 현상이 일어났다. 이러한 성격은 관위제(官位制)에도 나타나는데 왕경인에 한정되어 경위(京位)가 부여되고 지방세력가인 촌주나 타국인에게는 외위(外位)가 수여되었다. 외위 1등은 경위 7등에 해당하는 일길찬으로 경위는 17등제, 외위는 11관등제였다. 이것은 건국주체집단으로서의 행정적·지역적 의미를 갖는 왕경에 사는 사람에게 인근 부족 특히 열소하거나 이질적인 부족에 비해 우월한 대우를 해주는 차별적 제도였다. 이 관위제의 이중적 성격은 당시 지방을 통치하기 위해 파견한 지방관인 군주·도사·당주 등이 왕경의 6부인이었다는 것과 밀접한 관련을 가졌다.

특기할 것은 고대국가에서는 정치제도상 모두 합좌제도에 의한 정치가 행해진 사실이다. 고구려에서는 수상인 대대로가 귀족들의 선출에 의거하여 임명되었고, 또 5관등 이상이 기밀을 맡고 정사를 도모했다고 하는 것도 고위 귀족관료의 합좌제도를 말해 주는 것이다. 백제에서도 정사암의 고사에서 보이는 것처럼 재상은 투표에 의해 선출했다. 그러나 그 증거를 가장 분명히 보여주는 것은 신라의 화백으로, 화백은 진골 출신인 대등으로 구성되고 상대등을 의장으로 하는 회의체로서 국가의 중대사를 만장일치로 결정하는 것을 원칙으로 했다. 이러한 합좌제도는 고대국가의 정치제도가 귀족연합적 성격을 띠고 있었음을 나타내는 것이다.

2. 중세의 관제 보완

신라는 한반도의 2/3를 통일하여 늘어난 영토와 인구를 지배하게 된 것과 때를 같이하여 안으로는 정치적·사회적 발전을 이룩하였다. 왕권의 전제화도 확립하였다. 물론 기존의 신라사회의 대본인 골품제도는 유지하였지만 6두품 귀족세력이 상대적으로 부각되어 왕권을 안정 강화시켜 나갔다. 그러나 신라통일기의 정치기구는 형식상으로는 사국시대 것을 대체로 답습하고 있었다. 중앙정계는 왕을 정점으로 하는 전통적 귀족회의와 병부 등 행정기구가 병존하는 이원적 권력구조로서, 왕이 현실적으로 행정기구를 장악하여 귀족회의를 견제하고 양자를 조절·통괄하였다. 이미 고대왕국 말기인 진덕왕 5년(651)에 설치된 집사부가 최고 행정관부로 중시되어 귀족적 전통에 의한 귀족회의 기능을 약화시켰다. 그리고 집사부의 장인 중시는 수상의 직위에 해당하여 상대등보다 중시되었다.

또 신라에서는 확장된 영토를 통치하기 위해 지방조직의 정비가 행해져서 통일 이전의 경위·외위의 이중적 관등체계는 통일전쟁을 최후로 하는 7세기 중엽을 경계로 무너지고 경위로 일원화되었다. 이 외위의 소멸과 경위의 확산은 통일전쟁에 기여한 지방 촌주층과 신주의 옛 백제·고구려 유민들에 대한 경위 수여, 6부인의 지방이주 등이 요인이었다. 신문왕 5년(685)에 지방을 9주로 정비하여 옛 신라·가야 땅에 3주, 옛 백제 땅에 3주, 옛 고구려 땅에 3주를 각각 할당하였다. 주장관은 문무왕 때 군주(軍主)에서 총관(摠管)으로 되었고, 주 밑에는 군(태수), 군 밑에 촌·향·소·부곡을 두었다. 중앙에서 지방관이 파견된 주·군·현은 상층조직이었고, 그 밑에 재지세력을 중심으로 이루어진 행정촌·자연촌은 하급행정조직으로서 각급 지방관은 국가의 명령을 받아 하급지방관에게 전달해 주고 각 지방관 직할지역을 통치하는 임무를 맡고 있었다. 그리하여 신라통일기의 지방 통치조직은 중층적으로 편성되었다.

한편 정복된 국가의 귀족을 강제로 이주시켜 이를 소경이라 하고 9주의 정비와 때를 같이하여 정비하였다. 소경제도는 피정복국민을 회유하고 통제하는 방편으로 설치하였다. 이러한 설치는 수도의 편재성에 기인한 것이다.

통일전쟁 후 고구려 유민이 건설한 발해는 고구려계 유민이 지배권을 차지했다. 때문에 상층사회에서는 비록 당의 높은 문화를 받아들여 정연한 지배체계를 이루어 놓았다 하더라도 사회구성상 취약성을 지니고 있었다. 중앙관제는 정당성, 선조성, 중대성의 3성과 충부, 인부, 의부, 지부, 예부, 신부의 6부를 기본으로 하여 형식은 당제를 모범으로 삼았다. 그러나 내용적인 명칭 등은 달라 유교적 색채를 강하게 띤 관제를 채택했고 지방제도도 반듯하게 정비했다. 수도인 상경(동경성 : 길림성)을 중심으로 5경을 두었고, 이 밖에 주요 도시를 사방에 건설하여 5부라 일컬었다. 그리고 이를 연결하는 5도의 교통망을 정비하였다.

신라 말 중앙과 지방에서 군웅이 할거하는 속에서 고려가 성립되었으나 초기에는 왕권을 확립하지 못하고 지방호족세력이 강성하여 호족연합적인 성격을 띠었다. 그러나 대조, 징종, 광종 등 역대왕의 강력한 집권화정책에 의해 마침내 성종대에는 국가기반을 확립하게 되었다. 고려의 중앙 정치기구는 당제를 모방한 3성6부제를 기본으로 하였다. 또한 지방에는 성종 때부터 외관을 파견하였고, 중앙에 경군을 조직하였다. 즉 고려는 성종 때 3성6부를 기간으로 하여 집권적이며 귀족적인 통치체제기구를 정비하였다. 국가정치의 중심적 기관은 3성과 중추원이었다. 3성은 중서성·문하성·상서성을 말하는 것으로, 중서성은 조칙을 입안하고 문하성에서는 심의와 의결을 담당하였으며 상서성은 결정된 정무를 집행하는 행정기구였다.

3성이 당제를 모방한 것이기는 하지만 당과 달리 중서성과 문하성을 합쳐 중서문하성, 혹은 재부(宰府)라고 했다. 중서문하성의 2품 이상 고관을 재신 혹은 성재라 했고, 3품 이하는 낭사 및 성랑이라고 했다. 특히 낭사, 성랑은 간쟁, 봉박, 서경 등의 임무를 맡고 있었다. 물론 2품 이상의 재신도 이런 기능을 겸하였다. 이렇듯 중서문하성은 6부가 상주한 안건을 놓고 국정을 의논하는 의정기관에 해당했으며 상서성은 사실상 중서문하성에 예속되어 상하관계를 이루고 있었다. 또한 고려의 재상은 3성(실제로는 중서문하성)에서 의정을 하는 동시에 대내적인 법제격식을 다루는 식목도감(式目都監)과 대외적인 국방·군사 관계를 다루는 도병마사 및 중추원의 추신과 함께 합좌하여 국가내외의 중대사를 합의·결정하였다.

한편 2품 이상의 관직이 있는 관부로서 3성과 더불어 중추원이 있었다. 중추원의 추신은 양부·재추로 불리면서 그 권한이 극히 강대하였으니 여기에 귀족적 성격이 나타나 있다. 중추원의 권신은 재상의 역할과 함께 군기를 장악하고 중추원 하층부의 승선은 왕명의 출납을 맡았다. 고려의 국가행정의 기본적 기구는 상서 6부로서 모든 국무를 분담하여 밑으로는 백사를 통괄하고 위로는 왕에게 직주하는 중신기관이었다. 이 상서 6부는 3성의 재신이 판사를 겸직함으로써 실질적으로 3성에게 통괄되었다. 어사대의 관원은 중서문하성의 낭사와 함께 서경(署經)을 하고 시정을 집론하여 백관의 탄핵·규찰을 맡았는데, 이 둘을 합해 대간이라고도 한 바 이는 왕의 전제성을 규제할 수 있는 귀족적 성격을 가졌다.

이상에서 살펴본 바와 같이 고려의 중앙정치기구는 귀족적이면서도 국왕을 정점으로 하는 집권적 성격을 동시에 갖고 있었다. 여기에는 고려 독자적 제도와 더불어 당제·송제 계통의 제도도 섞여 있었다. 즉 고려의 독자적인 도병마사·식목도감은 당제 계통의 3성6부와 송제 계통의 중추원·삼사의 세 요소가 복합된 제도였다.

3성체계라고 불러도 좋을 이 정치기구는 부분적으로 국왕을 정점으로 한 관료적 행정체계를 갖추고 있기는 하지만, 오히려 행정기관을 합의제적 기구 밑에서 통제케 하고 또 위로 왕권을 견제하고, 옆으로는 행정기관을 감찰하는 기구들을 중요한 위치에 놓고 있다는 점에서 그 성격은 다분히 귀족적이었다.

고려의 지방제도 정비는 몇 단계의 과정을 거치게 되는데, 먼저 고려 태조부터 경종에 이르는 국초의 단계는 왕권이 매우 미약했기 때문에 적극적인 지방제도의 정비는 보이지 못하고 있다. 단지 태조 때 대북방 민족을 견제하고, 대내적으로 왕실기반을 강화시키기 위해 평양을 서경으로 승격시키면서 그 경영을 통해 본격적 행정기구의 설치가 이루어졌다. 광종 때 이르러 금유(今有)나 조장(租藏), 전문사 등의 조세수취를 목적으로 하는 관리를 파견하여 서서히 지방세력에 대응하게 했다. 본격적으로 지방관제가 성립된 것은 성종 때부터로 처음 12목을 설치하고 금유·조장을 파했다. 그러나 12목제는 전국을 체계적으로 파악하고 통할하는 행정구역은 못 되었고, 순찰·감찰구획에 불과하였다. 동왕 14년에는 10도제를 실시했지만 실질적 행정구역은 아니었고, 여전히 순찰·감찰구역에 불과하였다. 10도제 자체는 곧 소멸하지만 지방관제의 최고단위로서 일단 수용된 도제는 종래 주 중심의 지방관제와 절충하면서 새로운 모습의 도제로 전환되어 가고 있었다. 성종을 이어 현종 때에는 대대적인 정비작업이 시행되어 고려 일대를 포괄하는 지방관제의 기본틀이 완성되어 갔다. 현종 9년 모든 도의 안무사를 파하고, 4도호 8목과 56군 28진 20현이 설치되었다. 이것은 중앙의 행정력이 현종 9년에 이르러 비로소 군·현의 행정단위까지 직접 침투하게 되었음을 뜻한다.

그러나 이것으로 전국 각 지방이 중앙의 통제 속에 들어간 것은 아니고 일부 지역만 중앙의 통제를 받게 되었을 뿐이다. 지방관제 정비와 때를 같이하여 지방세력에 대한 중앙통제도 강구되어 이직(吏職) 개편, 이직 인원수 제한, 향리의 과거응시 제한, 승진과정의 법제화가 행해졌으나, 여전히 지방세력이 지방에 미치는 영향은 실제로 상당히 강했다. 지방관이 파견되지 않은 속군(屬郡)·속현(屬縣)이 여말까지도 상당수 존재했던 것이다. 그리고 이러한 제도와 아울러 사심관제도와 기인제도도 시행되고 있었다.

지방제도의 특징은 중간기구가 미숙하고, 외관이 없는 속현이 많다는 것, 친민집단의 특수행정구역인 향·소·부곡이 광범하게 존재했던 점이다. 이는 고려의 집권적인 지방통제에 결정적 결함이 되었고 따라서 지방제도 자체가 미숙하게 운용되었다.

무신정권의 성립에서 막을 올린 고려 후반기의 정치사는 그 후 몽골의 침략과 지배, 친명·친원 양파 간의 대립과 항쟁에서 이성계의 정권장악으로 귀결되었다. 우선 정치기구의 변화를 보면 원은 고려가 신하국이라는 이유로 관제·관직명 왕실의 호칭까지 격을 낮추어 중서문하성과 상서성을 합쳐 첨의부라 불렀고, 6부는 폐합 개편되었다. 즉 이부·예부는 합쳐져서 전리사로, 병부는 군부사, 호부는 판도사, 형부는 전법사로 고쳐지고 공부는 일시 파하게 되었다가 후에

복치되어 공조라 하였다. 종래 재추대신의 합의체인 도병마사는 도평의사사(도당)로 개편되었다. 그리고 왕은 권위가 격하되어 마치 원의 한 지방관리와 같은 지위로 떨어졌다. 원은 한편으로 고려의 왕권과 밀접한 관련을 가진 국내기관으로서 내정간섭을 위한 정동행성(征東行省)과 경찰과 근위의 소임을 맡은 순마소(후에 순군부로 개칭)를 두었다. 통치기구의 개편과 아울러 고려의 영역이 많이 축소되었다. 지방행정기구에서 보면 전체적 비중은 아직도 속현 비율이 상당하지만 전기에 비해 현저하게 감소되었다.

3. 근세의 정치제도 확립

조선왕조의 정치체계는 고려조의 문무양반체계를 답습하여 그것을 다시 개편한 것이다. 즉 중국의 것이 약간 변형된 조선 특유의 체제로 그 구조와 기능면에 있어서 특히 절대왕권과 양반관료 사이의 권력의 조화가 배려되었다.

조선정치의 최고기관은 의정부였다. 의정부는 고려의 도평의사사(도당) 계통을 이은 것으로서 3정승의 합좌기관으로 중요한 정사를 논의하고 그 합의사항을 왕에게 품달하였으며, 그 사항은 왕의 결재를 거쳐 역시 의정부를 통해 해당 관부에 전달되었다. 그러나 고려의 도평의사사에 비해 인원도 대폭 줄고 중요 정사를 6조에 많이 이관하여 점차 실권을 잃고 말았다. 6조는 고려의 6부보다 정치적 중요성이 훨씬 커졌다. 즉 6조가 담당정무를 직접 왕에게 직계하여 결재를 받아 시행할 수 있는 권한을 가짐으로써 차라리 6조체제라 할 수 있었다. 이것은 조선의 정치기구가 고려보다 관료적임을 말해 준다. 왕명 출납을 맡은 승정원은 국왕의 기밀기관으로 중요한 구실을 했다. 이 행정기관을 견제하는 기구로서 홍문관·사헌부·사간원의 삼사가 있었다. 홍문관은 중국의 경적을 모아 전고(典故)를 토론하고, 문한(文翰)을 다스려 왕의 고문역할을 담당하였다. 사헌부는 감찰기관으로서 시정을 논하고, 백관을 규찰하고, 풍속의 교정을 담당하였다. 또한 서경의 역할도 했다. 사간원은 왕에 대한 간쟁·논박을 임무로 하는 기관으로서 왕의 전제적인 권리를 제한하는 위치에 있었다.

지방은 8도로 나누고, 그 밑에 부·목·군·현 등을 두었다. 도에는 관찰사가 임명되었는데 이는 방백이라 하여 부윤·목사·군수·현령 등의 수령을 통할하고 감시했다. 수령은 국민을 직접 다스리는 목민관으로 공세·부역 등을 중앙으로 조달하는 일을 담당하였다. 이들 대소 지방관에 대해서는 행정·사법의 전권을 부여하는 대신 임기를 제한하고 출신지에는 임명하지 않음으로써 그들의 지방세력화를 방지하고자 하였다. 그리고 각 군현에는 향청이 있어서 상당한 세력을 갖고 있었다. 향청은 여말 유향소의 후신으로서 좌수와 별감이 있어 수령을 보좌하고 풍속을 바로잡고 향리를 규찰하는 등의 임무를 맡았으며, 양반세력의 본거와 같은 구실을 하여 지방행정에 미치는 영향이 컸다. 지방관과의 사무 분장은 중앙의 6조와 같이 이·호·예·병·형·공의 6방으로 나누어 맡았고, 이들은 향리라고 하였다. 향리들은 토착세력이면서도 지방관부의 행정 실무자였기 때문에 왕권 대행자인 수령과 지방 양반세력을 대표하는 향청과의 사이에서 교량적 역할을 담당하였다. 그러나 이들은 양반으로의 신분상승에 제약을 받고 있는데다가 보수가 없던 까닭에 부정을 자행하는 온상이 되었다. 지방관 파견은 현까지이고 그 아래는 자치조직으로 면리제가 실시된 것도 특이할 만하다.

 봉건적인 신분체제를 기반으로 하고 주로 토지경제에 의존하는 양반관료정치는 15, 16세기에 발달한 농장의 확대로 양반관료가 지주화되면서, 국가가 새로 임명된 관리에게 분급할 토지가 부족해졌다. 그럼에도 불구하고 양반의 유일한 최고 목표는 관리로서 출세하는 깃뿐이었다. 그러나 관리체제의 확립과 함께 그 기구가 거의 고정되었으므로 관직 수는 한정되지 않을 수 없었다. 그리하여 양반의 독점적 관직추구경향은 봉건적 신분구조와 현실적 경제구조에 의해 더욱 격렬해져 기성·신진 관료간에 대립·분열 현상이 현저히 나타나게 되었다.

 양란을 거치면서 조선전기의 체제적인 모순이 누출되자 정치제도상 일대 개혁이 이루어졌다. 먼저 초기의 관제를 개편하지 않은 채 비변사가 설치되었다. 비변사는 본래 중종 5년(1510), 변방에 수비를 위해 처음 설치되었으며 명종 10년(1555)에는 군무의 총괄기관으로 성립되었다. 그러다가 왜란이 일어나자 문무 고관의 합의기관으로 강화·확대되면서 종래의 의정부 기능까지 흡수하여 국가의 서정 일반을 처결하는 기구로 변개되었다. 구성원은 3정승이 겸직하는 도제조와 6조의 판서, 5군영의 장군과 사·대제학·유수 등이 맡는 제조 및 실무를 맡는 낭청 등으로 되어 있었다. 조선왕조 원래의 정부 구조면에서 본다면 이와 같은 문무 합의기구의 성립과 존속은 여말 도평의사사와 같은 정치구조의 변질을 의미하는 것이며, 또한 그러한 문무합의체의 권력화는 왕권의 상대적 약화를 뜻하였다.

4. 근대의 정치제도 변천

 당쟁과 세도정치로 약화된 왕권을 강화하고자 복고적 정치를 행한 것이 대원군이었다. 문무고관의 합의체로서 주요 정무를 총괄해 온 비변사를 폐지하고 의정부의 기능을 부활시켰다. 동시에 전란 이후 폐지되었던 삼군부를 다시 설치해 문무관의 권한을 분리시켰다. 이는 조선왕조 개창기에 정비되었던 통치체제로의 복귀를 의미하는 것이었다. 또 한편으로는 조선후기 국가의 통제력을 벗어나 지방의 실질적 세력자로 군림한 서원을 철폐하여 갔다.
 그러나 대원군의 하야를 계기로 본격화된 제국주의의 침략은 상황을 일변시켰다. 1876년 일본과 최초로 근대적인 통상조약이 체결됨에 따라 서양의 자본주의적인 신문명의 수입과 함께 일본을 위시한 제국주의의 침략이 분명해졌다. 그러므로 개항은 개화와 자주를 어떻게 동시에 만족시킬 수 있는가 하는 커다란 역사적 시련에 부딪치게 되었다. 고종 18년(1881) 정치개혁이 개화노선에 따라 실시되었는데, 행정기구는 대체로 청의 제도를 참작하여 통리기무아문을 두고, 그 밑에 사대·교린·군무·변정·기연·통상·기계·군물·선함·전선(典選)·어학·이용의 12사를 두어 각 사의 장관을 경리당상이라 하여 종래 6조를 대신하게 했다. 그 이듬해에는 외무행정을 맡아보는 통리외무아문과 내무행정과 군국기무를 맡아보는 통리내무아문을 설치하였다.
 그 뒤 1894년에는 한국 근대화 과정에서 중요한 의의를 지니는 정치·경제·사회 등 실로 다방면에 걸친 위로부터의 개혁인 갑오개혁이 실시되었다. 근대적 국가조직을 지향하여 청의 종주권을 부인하고 개국기원이 사용되었다. 그리고 왕실 관계의 관부체계와 일반 행정기관의 체계를 완전히 분리하여 전자를 궁내부 관제로, 후자를 의정부 관제로 정립시켰다. 이것은 행정적 의미만이 아니라 종래 구별이 없던 재정상의 분리를 꾀했다는 데 큰 의미가 있다.
 또한 지방관제를 재편하여 종래 도내에 새로이 23부를 두고, 지방관으로부터 사법권과 군사권을 박탈하는 등 지방관의 권한을 축소시켜 근대적 관료체제를 지향하고, 군현제는 폐지했다. 그 후 1897년 대한제국 때 전국을 도로 재개편하였다.

 이 같은 개화에의 노력에도 불구하고 대한제국은 러·일전쟁 후 노골화된 일본의 침략 하에 한일의정서, 제1차 한일협약 및 을사조약을 체결하고 결국 1910년에는 일본에게 주권을 박탈당하고 말았다. 일본은 조선총독부를 두고 본격적인 식민지 경영을 시작하며 우리 민족에 대한 철저한 탄압과 무제한의 경제적 착취를 감행했다. 육·해군대장 중에서 임명된 총독은 입법·사법·행정·군사 통수권까지 장악하였으며, 관제도 경제적 착취를 용이하게 할 수 있도록 편성되어 명목상의 자리나 하급사역직을 제외하고는 모두 일본인으로 임명되었다.

5. 현대의 정치제도 발전

 일제의 악랄한 식민정책 하에서 한국인들은 3·1민주혁명으로 독립의 자신감을 갖고 대한민국임시정부를 수립하여 독립운동을 체계적으로 정부차원에서 진행시키기 시작하였다.

 그 법통의 토대를 국내의 한성임시정부에 둔 임시정부는, 대한국민의회정부 안을 선별 수용한 뒤 활동에 유리하고 교통이 편리한 상해(上海)를 근거지로 택하였다. 그리고 그 곳의 의정원과 헌법 및 선포문을 다수 참작하여 마침내 1919년 9월 통합된 대한민국임시정부를 수립하고 이를 내외에 선언하였다.

 통합된 대한민국임시정부는 국무원·의정원·사법부의 삼권분립과 헌정을 기본으로 한 민주공화제의 국민국가를 지향하였다. 임정은 비록 우리의 영토가 아닌 망명지에 수립되었으나 정통정부로 대한제국(1897~1910) 이후 9년간의 실국적(失國的) 공백기를 청산하고 정통 대한민국으로 발전, 1945년 8월까지 한국사의 맥락을 잇고 국가의 행정적 임무를 수행하였다.

 처음 이승만을 초대 대통령으로 하고, 이동녕을 의정원의장으로 한 대한민국임시정부는 헌법을 기본으로 하고 5차의 개헌을 통하여 지도체제를 변경하며 통치하였다. 초기의 주요활동은 외교정책의 강화와 국내외를 연결하는 교통국과 연통제에 집중되었다. 이 비밀 행정조직과 그 운영은 임정이 취한 정통정부로서의 독립운동을 국가적 차원에서 실시한 주목할 첫 국정행사였다. 이를 통하여 국내 민중의 독립 열의를 모은 군자금이 전달되고 행정절차가 수행되었다. 뿐만 아니라 만주, 중국, 미주 등지 교포의 각종 독립운동 단체를 지도하면서 대한광복단총영을 두고 임시무관학교의 설치, 비행대의 편성, 위생병의 훈련을 계획 실시하였다. 독립신문 등을 간행 반포하고 임시사료편찬소를 두어 교육과 홍보에 심혈을 기울였다. 외교정책을 강화한 임정은 주파리위원부와 주미위원회를 각기 설치 운영하면서 각국의 정부와 유력자를 상대로 외교공세를 폈다. 그리고 파리강화회의, 태평양회의를 비롯한 대소 국제회의에 대표를 파견, 한국의 독립문제를 국제여론에 호소하였다.

 1925년부터는 제2차 개헌을 통하여 국무령 중심의 내각책임지도체제로 전환하면서 김구에 의하여 지도체제를 강화시켜 나갔다. 그 뒤 2년 만인 1927년 제3차 개헌을 통하여 국무를 총괄하는 국무위원제인 집단지도체제를 채택, 이동녕·김구 등의 지도자들이 14년간 임정을 이끌었다. 그 가운데 한국독립당이 기본정당으로서 국내외 독립운동을 통제 총괄하는 구심점이었다.

 임정은 조명하, 이봉창, 윤봉길 등의 의거에 힘입어 활기를 불어넣고 유랑하는 중에서도 중국정부의 협조로 1936년 가흥을 기점으로 대오를 재정비하여 한국광복전선을 구축함으로써 전시체제로 전환하였다. 1940년 9월에는 중경에서 광복군을 창건하여 1945년까지 비록 중국 의존적이라는 제약은 받았으나 독자적으로 국내 진입작전도 펼쳤다. 그리고 1941년 태평양전쟁 발발 즉시 바로 일본에 선전포고를 하는 등 적극적인 모습을 보여주었다. 1940년에는 제4차 개헌을 공포하여 국가원수로서 김구가 주석에 취임하고 삼균제도를 국정에 반영하는 등 활발한 활동이 계속되었다. 그리고 점차 뚜렷한 독립의 기운이 조성되면서 1944년에는 제5차 개헌을 행하고 주·부주석제의 연석책임지도제로 전환함으로써, 실질적인 민주방식과 국민국가의 기본질서에 의한 지도제를 채택하였다.

 1945년 일본은 태평양전쟁에서 무조건 항복하고 연합국이 승리함으로써 마침내 우리 민족은 일제의 질곡에서 광복되었다. 그러나 38도선을 경계로 미·소군이 한반도를 군사적으로 분할 점령함으로써 남북이 분단되었다. 3년간의 점령군에 의한 군사통치가 끝난 후, 남에서는 1948년 자유민주주의를 신봉하는 대통령제의 대한민국이, 북에서는 공산주의를 표방하는 주석제의 조선민주주의인민공화국이 건설되어 피차간에 반목이 시작되었다. 이념을 달리한 두 개의 체제는 결국 1950년 6월 25일을 기해 내전으로 치달아 3년에 걸쳐 양민이 무참히 살상되고 강토는 초토화되었다. 1953년 휴전이 성립되고 남북은 냉전 속에서 각각 경색된 이념 하에 국가 재건에 전념하였다.

제1공화정의 정부형태는 헌법제정 당시의 대립된 정치세력 간의 정치적 타협으로 말미암아 대통령제에 의원내각제적 요소가 가미되었다. 그러나 1954년 이른바 사사오입개헌으로 불리는 제2차 개헌으로 의원내각제적 요소가 거의 청산된 대통령제로 바뀌고 이에 따라서 국회보다 정부인 대통령의 권한이 크게 강화되었다.

1960년 4·19혁명으로 탄생한 제2공화정의 정부형태는 의원내각제로서, 국회에 대한 정부의 연대책임과 내각의 국회해산권은 물론 행정권의 이원적 구조, 입법권과 행정권의 권력적 균형, 국회와 정부의 밀접한 공화·협조관계를 그 특징으로 하였다.

1961년 5·16군사쿠데타로 성립한 군사정부는 국가재건비상조치법에 따라 국가의 최고 통치기관으로서 국가재건최고회의를 설치하고 모든 국가권력을 집중시켰다. 1962년 제3공화정의 정부형태는 부분적으로 의원내각제적 요소와 철저한 정당국가적 경향이 반영된 형태로서, 고전적 대통령제에서 탈피한 것이었다. 1972년 이른바 유신체제의 제4공화정은 통일주체국민회의에서 선출된 대통령이 의회에 대해 절대적으로 우월한 지위를 갖는 이질적인 대통령제였다.

1979년 12·12사태와 1980년 5·17조치로 권력을 강탈한 제5공화정은 간선으로 선출한 대통령제를 기본으로 하면서도 의원내각제적 요소를 가미한 제도였다. 1987년 6월대항쟁은 대통령직선제를 부활시켰고, 1993년 드디어 문민정부를 출범시켰다. 문민정부는 정부의 정통성을 되찾고 시정개혁과 각종 제도정비를 단행하였다. 이어서 1998년 국민의 정부는 17부 2처 16청 1외국을 기본틀로 정부조직을 정비하였다. 이에 앞서 지방은 1특별시, 6광역시, 9도의 광역단체와 시·군·구의 기초단체가 주민의 손으로 단체장 및 지방의원을 선출하게 되어, 지방자치화 시대가 개막되었다.

〈이은희·서태원〉

※ **참고문헌**

박상길, 1969, 『한국통치기구발달사』, 성문각.
유상근, 1970, 『한국관료제도사』, 명지대출판부.

변태섭, 1971, 『고려정치제도사연구』, 일조각.
김철준, 1975, 『한국고대사회연구』, 지식산업사.
이기백, 1976, 『한국사신론』, 일조각.
김용덕, 1978, 『향청연구』, 한국연구원.
허흥식, 1981, 『고려과거제도사연구』, 일조각.
이현희, 1982, 『대한민국임시정부사』, 집문당.
김용덕, 1983, 『한국제도사연구』, 일조각.
구병삭, 1984, 『한국고대법사』, 고려대출판부.
김운태, 1984, 『조선왕조행정사』, 일조각.
김당택, 1987, 『고려무인정권연구』, 새문사.
김용선, 1987, 『고려음서제도연구』, 한국연구원.
한국사특강편찬위원회 편, 1990, 『한국사특강』, 서울대출판부.
유영익, 1990, 『갑오경장연구』, 일조각.
박찬승, 1992, 『한국근대정치사상사연구』, 역사비평사.
김석준, 1996, 『미군정시대의 국가와 행정』, 이화여대출판부.
김영명, 1999, 『고쳐쓴 한국현대정치사』, 을유문화사.

제3장 산업사

1. 농업사

 근현대사회를 산업사회라 하는 데 반해 전근대사회는 자연경제사회라고 한다. 자연경제 하에서 중심이 되는 생산활동은 물론 농업이다. 농업은 농사를 지어 농작물을 수확하는 것을 말하지만, 농사를 짓는 사람과 한 토지에 관계하는 사람의 신분에 따라 거둬들인 곡식의 소유방식이 다르다는 점에서 인간과 토지의 관계사라고 할 수 있다. 예를 들어 토지를 경작하여 곡식을 생산하는 데는 국가·지주·농민들이 힘을 합쳤지만, 생산된 수확물을 둘러싸고는 삼자가 서로 대립하였다.
 시비기술이나 종자개량 등을 통하여 토지의 단위면적당 생산력을 늘릴 경우나, 묵은 땅이나 새로운 땅을 개간할 때에는 힘을 합쳤다. 농민은 열심히 농업노동을 하고, 지주는 자신의 부를 이용하여 개간에 나서기도 하고, 국가는 수리시설이나 새로운 농법을 권장하는 등의 권농정책으로 이를 지원하였다. 그러나 수확된 농작물을 나눌 때에는 농사에 관여하는 권리에 따라 분배량이 각각 달랐다. 직접생산자인 농민은 자신의 노동력을 유지할 만한 곡물의 수입을 필요로 하였고, 지주는 자기 땅이라는 소유의식을 바탕으로 지대를 거두었으며, 국가는 나라의 땅은 모두 왕의 땅이라는 의식(왕토사상)에 기초하여 조세를 거두었다. 이렇듯 수확물에 대해 각각 권리를 갖고 있었기 때문에 실제 분배할 때는 각각의 신분에 따라 분배량에 차이가 있었다. 이른바 지주제와 신분제의 문제이다. 국가는 이러한 지주제와 신분제를 토대로 토지제도를 마련하였다.
 우리 나라 전근대에서 농업생산력의 발전과 이에 따른 생산관계의 변화 양상을 살펴보면 이렇다. 생산력이 낮은 고대사회에서는 생산물을 분배할 때 국가와 지주가 수확물의 대부분을 차지하여 직접생산자인 농민은 거의 노예와 같은 상태에 있었다. 그러다가 생산력이 발전하여 농민의 지위가 상대적으로 향상된 중세사회에 들어서면 국가는 소극적이나마 농민을 보호하고 지주층을 견제하는 지주제와 전주전객제를 실시한다. 더 나아가 중세후기 유통경제가 발달할 정도로 생산력이 향상되면 신분제가 해체되고 근대적 농민의 지위를 갖게 된다. 이러한 변화를 토지제도를 중심으로 하여 시기별로 살펴보면 다음과 같다.

우리 나라의 농경생활은 신석기시대 말기에서 청동기시대에 걸쳐 크게 발전하였다. 오곡은 말할 것도 없고 도작농업도 보급되었다. 농경생활의 발전으로 사유재산이 발생하고, 신분계급과 그에 기초한 정치권력이 형성되었다. 이렇게 하여 형성된 고조선으로부터 삼국에 이르는 고대 왕조국가에서는 개개의 공동체 성원들이 철제 농기구를 사용함으로써 개별 세대로서 생산의 주체가 될 수 있었던 상황에서 주로 국가나 지방 지배층이 대토지소유자로 되었다. 국가에 공이 있는 지배층에게 식읍을 지급하였기 때문이다.

이들은 정복전쟁을 통해 확보한 노비나 상민 가운데 몰락한 하호를 동원하여 대토지경영을 하였다. 당시 노비는 주인을 위해 순장을 당할 정도로서 거의 노예와 다를 바 없었다. 하호는 상민이지만 소유토지가 별로 없는 빈곤한 처지의 농민이었다. 이들은 귀족이나 호민층의 소유지를 빌려 살아갔는데, 그러한 점에서 형태상 중세 지주전호제 하의 전호층과 같은 농민이었다. 그러나 중앙귀족이나 읍락의 호민층에게 노예와 같이 예속되어 있었다는 점에서 차이가 있었다.

삼국통일전쟁을 겪으면서 고대적 토지제도는 중세적인 것으로 바뀌어 나갔다. 중세 토지제도의 특징은 생산력 발전의 결과 봉건적인 지주전호제와 자영농민의 토지소유가 일반화되는 한편, 봉건지배층이 신분직역 관계를 중심으로 일정 면적의 토지에 대한 수조권을 받아 관리함으로써 관료층과 자영농민 사이에 전주전객제가 성립했다는 것이다.

중세사회에서 토지를 소유한 농민이나 지배층은 국가에 봉건적인 조세를 부담하는 한, 마음대로 소유토지를 처분할 수 있었다. 자의에 따라 매매나 상속·기진을 할 수 있었고, 능력에 따라 대토지소유자나 몰락농민으로 되기도 하였다. 봉건적인 토지의 사적소유권이 보장되어 있었던 것이다. 국가는 이를 기반으로 조세를 수취하였다. 그러나 수취방식은 근대사회에서와 같이 개별 토지와 가호를 대상으로 하는 것이 아니라 전정(田丁)이라고 하여 일정 면적의 토지(족정과

반정)와 가호(편호)를 묶은 집단을 대상으로 하였다. 이른바 전정제이다. 중세국가가 토지마다 토지세(田租)를 부과하지 않고, 모든 가호를 일일이 파악하여 요역을 부과하지 않은 것은 우선 당시 국가 행정력으로서는 모든 토지와 가호의 변동을 파악하기 어려웠을 뿐만 아니라, 중세국가의 특성상 농민과 토지에 관한 지배력을 국가와 지배층이 나누어 갖고 있었기 때문이었다. 지주전호제와 함께 국가의 조세수취권을 지배층에게 나누어 준 전주전객제가 병존한 것은 이러한 특징을 보여주는 것이다.

전주전객제는 신라통일기에는 녹읍제, 고려시기에는 전시과·녹과전·과전법으로 바뀌었으며, 조선전기에 직전법을 마지막으로 하여 소멸하였다. 녹읍제는 삼국기 말 신라에서 처음 시행되었는데, 신라통일기에 들어와 고대적인 식읍제를 고수하려는 세력과 녹읍제를 실시하려는 세력 간의 갈등으로 혁파와 부활을 거듭하다가 소멸되었다. 고려왕조가 개창하면서 성립한 전시과는 국초의 역분전에 이어 경종 때 처음 제정되었고, 두 차례의 개정을 거쳐 문종대에 완성되었다. 이 시기 지배층은 수조권을 받음으로써 전주로서 농민을 지배하는 한편, 소유권에 입각한 지주경영을 확실히 보장받을 수 있었다. 그러나 전주들이 수조권으로 받은 토지에 대한 국가의 관리능력이 마비됨으로써 전시과는 소멸되고, 이에 대한 대책으로서 녹과전을 시행하였지만 이 또한 큰 성과를 내지 못하여 이후 고려말 토지제도 개혁운동의 결과 과전법으로 축소, 시행되게 되었다. 이는 수조권이 쇠퇴하고 소유권이 성장한다는 반증이기도 한데, 이후 소유권에 입각한 지주제가 발전함에 따라 전주전객제는 직전법을 거쳐 소멸하게 되었다.

조선후기에 들어서면서 중세적 토지제도는 쇠퇴하고 농업을 둘러싼 새로운 문제들이 발생하였다. 소유권 신장의 결과 토지매매가 확대되어 몰락양반과 중인이나 평민, 천민 출신의 대토지소유자가 등장하고, 상품작물을 전업적으로 재배함으로써 부를 축적할 수 있는 농민이 형성되었을 뿐만 아니라 상품유통경제의 발전으로 농업의 상품화와 부세 및 지대의 금납화가 촉진되었다. 이에 따라 경제동향에 민감하고 이재에 밝은 부유한 사람들은 더욱 부유해지고, 시세에 어둡고 가난한 사람들은 한층 가난해졌다. 신분제로 유지되던 중세적 농촌사회가 분해되기 시작한 것이다.

이 시기에는 양반이라고 해서 지주층이 될 수 있는 것은 아니었다. 즉 국가권력에 직접 관련되는 사람만이 성장할 수 있었다. 이들을 우리는 관료적 지주라고 한다. 반면 평민 가운데 상업이나 고리대, 혹은 농업경영에 능한 사람들이 지주로 성장하기도 하였다. 서민지주라고 부르는 이런 유형의 사람들은 지방에서 재지권력(향권)과 밀착하면서 성장하고 있었다. 이 시기에는 자신의 소유토지나 남의 땅을 대단위로 빌려 많은 임노동층을 고용하는 지주들도 있었다. 경영형부농이라고 하는 이런 계층의 사람들은 수익성과 시장성이 있는 상품작물들을 생산, 판매하여 부를 쌓았다.

시세를 정확히 읽어 경영확대에 나서는 농민이 있는 반면 수많은 몰락농민도 있었다. 이들은 평민층이나 천민층뿐만 아니라 양반층에서도 양산되었다. 가령 이재에 밝은 사람이 열 사람이 차경하던 토지를 혼자 차지하여 경영을 확대하면, 열 사람은 자연히 농지에서 밀려나게 된다. 남의 토지를 빌려 생계를 유지할 수조차 없게 된 것이다. 이런 사람들은 하루하루 벌어 목숨을 연명하는 임노동층으로 된다. 농사일이 없을 때는 나무를 해서 팔거나 멀리 광산이나 각종 공사장의 노동자가 되기도 하고, 도시로 흘러가 날품을 팔아야 했다. 물론 유민이나 화전민이 되기도 하였다. 바로 이들 가운데 민란을 생각하는 사람들이 생기는 것이다.

이러한 상품유통경제의 발전과 농민층 분해의 결과 생겨난 농업문제를 해결하기 위해 조선국가는 여러 방안을 모색하게 되었다. 그 결과는 두 가지 개혁방안으로 제시되었는데, 하나는 신분제와 지주제를 유지한 채 조세제도의 개혁을 통해 문제를 해결하자는 부분개선안이고, 다른 하나는 봉건지주제를 해체시키기 위해 토지제도를 전면 개혁하자는 안이었다. 이른바 지주적 코스와 농민적 코스라는 조선국가의 두 가지 근대화방안은 이러한 사정을 배경으로 하여 성립하였다.

2. 상업사

경제활동은 크게 생산과 교환, 분배와 재생산으로 나누어 볼 수 있다. 자연경제 하의 상업은 두 종류가 있다. 하나는 생산에 필요한 생활필수품을 구입하기 위해 가지고 있는 것과 없는 것을 교환하는 물물교환이고, 다른 하나는 농업·수공업·임업 등에서 생산력이 발전함에 따라 잉여가 축적되고 이를 바탕으로

부를 축적하기 위한 수단이나 사치품 구입을 목적으로 하는 상행위이다. 전자의 물물교환은 전근대를 통하여 존재하고 있으나, 후자는 시기에 따라 차이가 있다. 잉여를 바탕으로 한 상행위의 역사적 추이를 보면 다음과 같다.

고대에서는 소국을 단위로 하여 소국과 소국 간의 약탈적 교역이나 한국과 중국 간의 조공의식에 바탕을 둔 대외무역이 주종을 이룬다. 가령 동예의 특산품인 단궁이나 반어피, 과하마 등을 고구려가 거두는 것은 전자의 예이고, 부여나 고구려가 중국에 사신을 보내 말이나 표범가죽, 백은으로 만든 활을 수출하고, 의복이나 서적 등을 수입하는 것은 후자의 예이다. 변한의 경우 철생산으로 유명하였는데, 이러한 생산품들은 멀리 일본이나 동예에까지 수출하던 물품이었다.

생필품 교환을 전제로 한 행상은 백제의 정읍사에서 예증되듯이 초기부터 존재하였다. 한편 지배층 내부의 교환도 활발하였는데, 이 때의 교환은 대부분 국가단위의 생산력 발전과 밀접히 관련되어 있었기 때문에 국가 주도로 운영되었다. 가령 백제의 경우 서울인 고마성(固麻城)에 관설시장을 두고 정부기관인 도시부(都市部)에서 관장하였고, 신라의 경우 수도 경주에 도시적 교환조직인 시전(市廛)을 두어 상업을 관장하였다.

신라통일기부터 고려시대에 이르는 상업의 특징은 대외무역과 더불어 지주적 상업권이 분화 발전한 것이다. 대외무역의 경우 이전의 부정기적인 것이 점차 정기화되었고, 대상도 이전의 중국과 일본뿐 아니라 거란·여진·남만·서역의 대식국 등으로 다양화되었다. 대외무역에 나선 상인들도 이전의 사신에 한정되지 않고, 사상인(私商人)의 왕래가 증대되었다. 국경무역도 활발해서 호시(互市)·객관(客館) 무역이라는 새로운 양식의 상행위가 시작되어 이후 대외무역의 중요한 형태를 이루게 되었다. 고려의 경우 주요 수출품은 금·은·동·인삼·저마포 등이었고, 수입품은 각종 비단을 중심으로 한 자기·보옥·약재·서적 등이었다.

자주적 상업권의 중심세력은 사원과 귀족이었다. 불교국가를 표방한 신라와 고려는 사원에 다양한 특권을 부여하였는데, 사원에서는 이를 토대로 농장경영을 확대하고 수공업을 발전시키고 이를 기초로 상행위에 참여하였다. 사원의 상행위에는 '만불향도(萬佛香徒)'의 예에서 보는 바와 같이 예불에 필요한 각종 물품을 판매하여 수익을 올리는 것과 '보(寶)' 운영을 기초로 고리대 행위를 통해 이식을 올리는 상행위가 있었다. 사원의 농민에 대한 강제교역 형태를 '반동(反同)'이라고 하는데, 이러한 예의 하나로 낮은 품질의 지포(紙布)를 농민에게 강제로 대여하여 그 이식을 취하는 것을 들 수 있다. 귀족들의 상행위 역시 사원과 다름이 없다. 이들의 강제교역형태를 '억매(抑賣)'라고 한다.

백제나 신라의 관설시장은 고려에서도 그대로 유지되었다. 대표적인 것이 개경의 경시전(京市廛)이라는 관설시장이다. 경시전은 고려 인종 때 기록을 보면 외국사신에게까지 매우 깊은 인상을 주었다고 한다. 이 밖에도 개경에는 노상시장이 설치되기도 하고, 지방에는 성읍시(城邑市)와 가로시(街路市)라는 향시가 설치되기도 하였다.

조선전기 상업의 특징은 여말선초 생산력 발전을 기초로 하여 지주적 상업권과 더불어 농민적 상업권이 성장하고, 조세제도에도 영향을 주어 유통경제를 바탕으로 한 방납제가 활발해진 점이다.

농민적 상업권의 발전은 16세기 이후 장시(場市)의 발전을 통해 이해할 수 있다. 장시가 성립하기 위해서는 농민들 스스로 잉여를 축적할 수 있을 정도로 생산력이 발전해야 한다. 보부상으로 대표되는 조선전기 행상이 이전과 다른 점은 바로 이 점에 있다. 따라서 장시를 통해 농민교역이 증가하고, 농민들은 상행위로 축적한 부를 바탕으로 다양한 신분이동을 하게 된다.

농민적 상업권의 발전은 지주적 상업권의 발전에도 영향을 주었다. 당시 지주적 상업권의 발달은 다양한 측면에서 알 수 있지만, 특징적인 것은 회환(回還)의 발달이다. 회환제는 평안·함경도 양계지방에 곡물을 비축하고 있던 곡물주인들을 대상으로 이 지역 변방의 관에 곡물을 납입하게 하여 군자에 보충하고, 그 대가로 경창(京倉)이나 하삼도(下三道)지방의 곡물을 지급하는 제도이다. 이에 따라 지주들은 외방의 농장경영으로 얻은 잉여를 유통과정을 통해 그대로 확보하여, 농장경영과 상업활동에 재투자할 수 있게 되었다.

지주적 상업권과 농업적 상업권의 발전을 전제로 하여 조세 수취과정 상에 변화가 일어났다. 이 중 대표적인 것이 방납과 납속이다. 방납과 납속은 납세자 대신 대납업자가 지방특산물과 조세곡을 서울에서 대신 바치고, 지방에 가서 그 대가를 거두는 것을 말한다. 이를 통해 대납업자들이 납세자에게 폭리를 거두는 폐해도 있었지만, 대납업자들은 이를 통해 중세 상업세력의 하나로 성장해 갈 수 있었다.

한편 서울지역에서는 고려까지의 시전 운영의 전통을 이어 육의전이 발전하고 있었다. 육의전은 일종의 특권시장으로서 국가의 지원을 받으며 서울상업의 중심지로 발전하고 있었다.

조선후기 상업의 특징은 육의전 상인으로 대표되는 특권상인과 국가의 지원 없이 성장한 개인상인(私商)들 간의 대립을 들 수 있다. 조선전기 상업의 발전을 전제로 유통권이 다양해지고(都市의 확대) 상인들도 다양해지자(각종 主人層의 등장) 두 상인들 간의 대립이 심해진 것이다. 이에 대해 국가에서는 처음에 개인상인의 점포(亂廛)를 통한 상행위를 금지하는 조처를 취했으나(禁亂廛權) 정조 이후에는 이 조치를 해제하고(辛亥通共) 자유로운 상행위의 기초를 마련하니, 근대 산업사회를 맞이할 수 있게 되었다.

3. 수공업사

전근대 상업이 고대상업, 중세상업을 거쳐 근대상업으로 발전한 것과 같이 수공업도 시기에 따라 다양하게 분화되면서 발전을 거듭하였다. 이러한 수공업의 발전과정은 관영수공업과 민간수공업으로 나누어 볼 수 있다.

고대국가에서는 지배층의 생필품 제조와 정복전쟁에 필요한 무기 제조를 목적으로 한 관영수공업이 발달하였는데, 여기에 필요한 노동력으로는 주로 전쟁 포로를 활용하였다. 이들은 전업적으로 관영수공업장에 예속된 기능공들로, 국가에 예속되어 관리·운영되었다. 백제의 경우를 보면, 관영수공업을 관상한 관서의 이름이 보이는데 이들 관서가 관영수공업자들을 관리한 것으로 생각된다. 가령 무기 제조는 도부(刀部)에서 관리하고, 금속제조품은 사공부(司空部)가 관장하였다. 신라는 더욱 다양하였는데, 가령 직물수공업의 경우도 조하방(朝霞房)·금전(錦典)·기전(綺典) 등으로 나뉘어 있었다.

민간수공업의 주종은 가내공업으로 제조되는 직물류와 공장층(工匠層)에 의해 생산되는 농기구·공구 등이 점하였다. 직물은 주로 마직물과 저직물(苧織物)이, 농기구는 철제농기구가 주류를 이루었다. 관영수공업의 생산자들은 노예 신분이 많았던 데 반하여 민간수공업을 관장하는 사람들은 지방 지배층들이 많았다.

고려시대 관영수공업의 특징은 수공업자들을 관리하는 부서가 신라통일기보다 체계적으로 확대·정리되었다는 데 있다. 가령 마직물의 생산을 관리하는 부서로서 마전(麻典)을 두고, 토목과 건축을 관장하는 기관으로서 선공시(繕工寺)를 설치하였으며, 무기의 제조·관리를 위해 군기감(軍器監)을 두었다. 이 밖에 다양한 부서를 설치·운영하면서 국가에서 필요한 각종 수공업품들을 생산하였다. 당시 수공업을 담당한 생산층은 이전의 노예상태에서 벗어나 일정한 노동급부를 받고 있었으며, 특수한 기술을 가진 공장(工匠)은 임금노동자적 성격을 띠었다.

민간수공업은 상업과 마찬가지로 사원과 양반이 주도하였다. 사원은 사원의 건축 및 불상의 제조, 탑의 조성 및 무기류 제작 등 다양한 측면에서 수공업을 발전시켜야 했다. 뿐만 아니라 예불에 필요한 술과 음식, 의복류와 도자기류 등을 제작·판매해야 했다. 따라서 사원에서는 각 분야에 걸쳐 수공업을 관장하는 스님들을 양성하여 관리·운영하고, 사원에 소속된 사원노비나 사하촌의 농민들을 제작에 동원하였다. 사원에서 제작한 수공예품들은 초기에 사원에서 자급자족하는 선에 머물렀으나 점차 민간수요품으로도 판매할 정도로 성장하였다. 귀족층 역시 수공업품을 자급자족하기 위하여 공장들을 보유하고 있었다.

지방의 수공업을 발전시켜 국가가 활용하기 위해 만든 제도가 소(所)제도이다. 소제도는 고려초 전국 각지의 특산품의 생산지를 파악하면서부터 만들어졌다. 소의 종류로는 금소(金所)·은소(銀所)·철소(鐵所)·사소(絲所)·와소(瓦所)·묵소(墨所)·옹기소(甕器所) 등이 있는데, 명칭으로 보아 소지역이 수공업에 필요한 물품의 생산지임을 알 수 있다. 소에 살고 있던 사람들은 농사를 지으면서 수공업에 종사하였다. 소에서 생산한 각종 물품은 관영수공업이나 민간수공업의 원료로서 조달되거나 완제품의 경우에는 민간용이나 관청에 충당되었다. 소지역의 수공업자는 농민들의 가내수공업보다는 전업적이었고, 관영수공업에 종사하는 사람들보다는 국가에 대한 예속 정도가 약하였다.

조선초 관영수공업의 특징은 수공업 관장부서가 확대되고 경공장(京工匠)·외공장(外工匠)으로 수공업자들을 조직한 점이다. 경공장은 서울 30개 관서에 2,800명으로 구성되어 있었고, 외공장은 8도에 나뉘어 있었는데 37종 분야에 3,700여 명으로 구성되어 있었다. 경공장 중 23%는 군기감에, 21.4%는 상의원에 소속되어 있었는데, 이로 볼 때 서울지역 관영수공업의 주임무는 주요 무기와 관수품, 지배층의 생활필수품을 생산하는 것이었다. 외공장은 갑옷을 만드는 장인(甲匠)·활을 만드는 사람(弓人)·화살을 만드는 사람(矢人)·대장장이(冶匠) 순으로 구성되어 있었는데, 이로 볼 때 지방의 관영수공업은 무기와 농기구 제작을 중심으로 활동하였음을 알 수 있다.

조선초 민간수공업의 특징은 면직업의 발달에 있다. 14세기 문익점이 수입한 면종류(棉種)의 재배가 널리 보급되어, 조선초기에는 이미 일반적인 의복 재료가 되었다. 면포는 당시 화폐로도 쓰였다.

조선후기에 들어서면서 관영수공업은 쇠퇴한다. 도시경제의 발달과 함께 사장(私匠)들의 성장이 두드러지고, 국가에서 필요한 수공업품도 사장들이 만든 물품들을 쓰게 되었다. 이에 따라 관장(官匠)들이 중앙관서에서 이탈하는 경향이 커졌다. 가령 기와와 벽돌을 만드는 와서(瓦署)의 경우, 경국대전 조항에는 40명의 와장(瓦匠)들이 있었다고 하는데, 17세기 기록에는 와장이 하나도 없다고 하였다. 이런 경향은 날로 심해져서, 18세기에 편찬된 대전통편에는 중앙관서 중 10여 개의 관서에 관장이 없었다고 한다.

조선후기 민간수공업은 비약적인 발전을 거듭하였다. 국가의 지원 속에서 운영되던 관영수공업이 쇠퇴하고, 대동법의 시행과 상업의 발달, 금속화폐의 유통 등을 통해 민간수공업의 생산이 확대되고, 수공업품의 질도 향상되었다. 특히 도시상업의 발달로 수공업품에 대한 수요가 증가하자 수공업자들의 생산장이 확대되고, 상인들이 수공업 생산에 관여하여 그 투자를 늘림에 따라 수공업품의 판로도 확대되어 나갔다.

가령 1777년(정조 원년) 유기점의 예를 들면 다음과 같다. 당시 유기점은 초가 39간 규모에 유기 제조기계 49대를 갖추고 유기공 50여 명으로 유기를 생산하고 있었다. 작업과정은 분업화되어 각 공정마다 기능공에 보조공들이 고용되어 있었다. 이 유기점은 270냥에 매매되었는데, 이미 가내수공업단계를 지나 공장제 수공업 수준에 있었다고 할 수 있다. 더구나 유기점이 매매되어 운영될 정도라면 유기점 자체가 상품화되어 있었음을 증명한다고 할 수 있다. 그리고 이와 같은 공장제 수공업으로 운영되는 수공업 분야는 도자기·종이·옹기 등 그 분야가 매우 넓었다.

(이인재)

※ 참고문헌

최태호, 1966,『한국경제사』, 박영사.
최호진, 1970,『한국경제사』, 박영사.
한우근, 1970,『개항기 사업구조의 변천』, 한국문화연구소.
송찬식, 1973,『이조후기 수공업에 관한 연구』, 서울대한국문화연구소.
원유한, 1975,『한국후기 화폐사연구』, 한국연구원.
강만길, 1975,『한국상업의 역사』, 세종대왕기념사업회.
유원동, 1977,『한국근대 경제사연구』, 일지사.
원유한, 1978,『조선후기 화폐유통사』, 정음사.
원유한 외, 1981,『한국사연구입문』, 지식산업사.
김옥근, 1981,『한국토지제도사연구』, 대왕사.
최호진박사화갑기념사업추진위원회 편, 1982,『한국경제사논총』, 서문당.
한영우, 1983,『조선전기 사회경제연구』, 을유문화사.
정석종, 1983,『조선후기 사회변동연구』, 일조각.
강만길, 1984,『조선시대 상공업사연구』, 한길사.
이영훈, 1988,『조선후기 사회경제사』, 한길사.
최완기, 1989,『조선후기 선운업사연구』, 일조각.
한국사연구회 편, 1991.『한국사연구입문』, 지식산업사.
김용섭, 1992,『한국근현대농업사연구』, 일조각.
박경안, 1996,『고려후기 토지제도연구』, 혜안.

제4장 재정사

1. 조선왕조의 재정

조선왕조의 재정은 일반적으로 재정수지 수단을 기준으로 하여 볼 때, 갑오개혁을 기준으로 그 이전에는 물납제 하의 현물재정시대와 그 이후의 조세금납제 하의 화폐재정시대로 구분할 수 있다. 이 중 조선왕조의 대부분을 차지하는 현물재정은 현물공납제와 부역노동제가 실시된 조선전기와 17세기 대동법 실시에 따라 양자가 철폐된 조선후기로 구분할 수 있다.

조선왕조의 지대 즉 조세의 부담주체는 민전을 보유한 농민으로, 양민농민과 노비농민이 그 주류를 형성하였다. 그러나 조선후기에는 양반신분의 농민이 점차 증가하였다. 양민과 노비를 기간으로 하여 구성된 보유지 농민은 과거에 응시하여 관직을 가질 수 없었기 때문에 봉건적 권력장치로부터 절연되어 있었다. 그들은 봉건국가에 직접 예속된 농노신분으로서 국가에 대하여 조·용·조 체계 하의 공조와 노역의 형태로 봉건지대(조세)를 부담하였다. 일반적으로 봉건지대는 노동지대에서 현물지대, 이어 화폐지대라는 세 가지 발전형태를 취하는데, 국가에 의한 직영지 경영이 발달하지 못한 우리 나라에서는 삼국 이래 조선왕조 말기까지 곡물지대(현물지대)가 일반적이었다. 이러한 조·용·조의 수취체제는 시대에 따라 상당한 변화를 겪게 되는데, 17세기 이후에는 대동법의 실시에 따라 세액의 부과가 토지에 집중되었다.

한편 조선왕조 재정의 경비 구조는 그 기본 특징이 다음과 같았다.

첫째, 조선왕조 재정의 경비 조달·지출 체계가 현물 중심으로 구축되어 있었다. 즉 중앙 및 지방 각급 관부는 현물재정의 토대 위에 징세기구를 통하여 획득한 생산물과 노동력을 현물형태로 지출 사용하였다. 이것은 재정수지 수단이 화폐인 근대재정에서의 화폐적 형태의 경비의 조달·지출과는 다르다.

둘째, 경비의 조달·지출 기구가 다원화되어 있었다. 국가재정을 통합하는 관서로 호조가 있었으나, 경비자변의 원칙 하에 경비의 조달과 지출은 대부분 각 관부에 맡겨졌다. 다시 말해 중앙관부나 지방관부는 국가로부터 분급받은 토지에서 각자 수세하는 결세와 공안에 의거하여 수세하는 공부(토산물), 그리고 역제(役制)에 의해 배정받는 민정(民丁)의 노동력을 사역하여 수요에 충당하였기 때문에 경비의 조달·지출기구가 관부별로 다원화되어 있었던 것이다.

셋째, 국가경비와 왕실경비가 명확히 구분되지 않고 통치경비로서의 공경비와 국왕과 그 일족의 사경제를 위한 왕실경비가 혼합되어 있었다.

넷째, 통일적 세출입 예산제도가 없었다. 근대재정에는 양출제입(量出制入)과 수지균형의 원칙 아래 국가의 수입과 지출을 총망라한 통일적 예산제도가 확립되어 있었다. 조선왕조의 봉건재정에서는 양입위출(量入爲出)과 전통적 비축의 원칙이 지배하고 통일적 예산제도가 성립되어 있지 않았다.

2. 대원군 집정기의 재정실태

대원군이 집정한 1860년대는 봉건적 위기가 그 절정에 달한 시기이다. 18~19세기에 걸쳐 조선조 봉건사회 내부에서 발효하고 있던 체제 부정적 위기증상은 19세기 중엽에 정치·경제·사상·사회의 각 부분에서 심각하게 나타났다. 이 봉건위기는 재정부분에서 가장 심각한 양상이 나타났다. 대원군이 집정한 이 무렵에는, 안으로 경비팽창, 봉건기강의 문란, 관료·서리의 낭비와 횡령, 재정궁핍의 심화, 봉건적 수탈강화, 농민의 영락으로 봉건적 모순이 확대되어 마침내 봉건체제의 타도를 목표로 하는 민란으로 발전하였다. 밖으로는 19세기 전기로부터 시장확대를 위해 본격적인 동점(東漸)을 시작한 서구 열강세력이 한반도 연안에까지 밀어닥쳐 긴장이 고조되는 가운데 병인·신미의 두 차례 양요를 겪게 되었다.

위와 같은 위기의 시대에 집정한 대원군은 기본정책으로서 집권적 봉건체제의 강화와 척사쇄국정책을 강행하였다. 봉건사회 해체기에 경비팽창과 낭비, 횡령 등에 의해 심화된 재정궁핍으로 증대된 국고채무 부담은 1864년 현재 중앙각사(各司)의 물건비와 철종 국상비의 미지급액만도 25만 냥에 달할 정도였다. 대원군은 이처럼 파탄상태에 놓인 재정을 재건하고 급격히 팽창하는 경비수요를 충당하기 위하여 먼저 중간횡령에 의한 세수감축을 방지하는 작업에 착수하였다. 당시에는 조세부담자인 농민과 접촉하여 일선재정을 담당하던 수령과 서리 및 세곡수송을 담당한 감관·색리·선원 들의 공세횡령과 한편으로는 조세부담의 중압 아래 신음하는 농민들의 항조투쟁으로 말미암아 날로 세수가 감축되고 있었다.

이러한 상황에서 대원군은 집정하자마자 외방수령들에 대해 징세를 독려하고 한편으로는 탐관오리의 조세범포를 엄금하는 조치를 취하였다. 한편으로는 경복궁 중건비와 증대하는 국방비를 비롯한 막대한 경비수요를 충족하기 위하여 각종 임시세와 경상세를 잇달아 신설하고 악화를 남발하였다.

대원군은 경복궁 재건에 소요되는 막대한 공사비를 염출하기 위하여 수령들에게 원납전이라는 모금운동을 벌이게 하고, 서울에서는 성문세, 외방에는 결두세를 과징할 뿐만 아니라 연인원 수백만에 달하는 민정을 징발 사역하였다. 원납전의 총 헌납액은 전화 7,838,694냥, 백미 824석, 단목(丹木) 54근 등의 거액이었다. 그리고 당백전의 주조액이 무려 1,600만 냥에 달하였고, 이 밖에 불법사주전이 나돌아 물가가 급격히 상승하여 인플레이션의 폐해를 자아냈다.

군정 및 국방에서는 매호당 2냥씩을 과징하는 호포세를 신설하였으나 군역을 면제받고 있던 양반들의 반대로 제대로 시행되지 못하고 결국 이중과세의 길을 터놓게 되었다. 당시 군포수입은 약 백만 필로 추정되는데, 출역군호를 제외한 150만 여호에 대해 호당 2냥씩을 부과하면 호포세 수입은 300만 냥에 달했을 것이다. 그러므로 호포세는 서민층의 부담을 다소 완화시켜 줄 뿐 아니라 세수액은 오히려 증가시키는 효과를 거둘 수 있는 것이었으나 제대로 실시되지 못했다.

대원군은 팽창하는 재정수요를 이처럼 세정의 정비,[1] 신세 설정, 화폐 주조로 충당하려고 하였다. 그러나 이러한 재정정책은 물가앙등에 의한 경제 혼란과 조세부담의 가중화를 초래하였다. 그 결과 1874년에 결세가 무려 50~80냥에 달하여 1년 동안 경작한 농민의 수확이 모두 관으로 들어가게 된다고 개탄할 정도에

---

1) 중간횡령의 방비.

이르렀다. 혹자는 대원군 집정기에 거액의 재정잉여가 축적된 것으로 주장하나, 기술한 바와 같은 세수 증대책으로 재정난이 약간 완화되기는 하였으나 재정잉여는 거의 없었던 것으로 보인다. 대원군이 하야한 지 불과 1년 만에 관료들에게 지급할 녹봉재원이 부족한 지경에 이른 것은 이 때문이다.

3. 개항 이후의 재정실태

개항은 이미 쇠퇴기에 접어든 봉건적 경제구조를 급속히 해체의 길로 몰아가는 전기가 되었다. 개항 이후 동학농민전쟁의 시기는 대외적으로는 한반도 지배권을 둘러싸고 청·일 양국 간에 갈등과 경쟁이 벌어졌고 대내적으로는 봉건적 위기에 대외적 모순이 겹쳐진 가운데 사대수구파와 실학파의 전통을 계승한 개화파 간에 반목과 갈등이 벌어진 시기이다. 고종친정 하의 명성황후 일파를 중심으로 하는 사대수구파의 지배 아래 세도정치의 부패가 극에 다다른 시기이기도 하다.

개항후 이 같은 척족지배 하의 국가재정은 경비팽창, 세정문란, 세입부족 등으로 최악의 위기에 놓였다. 개항 이래 국가경비가 급격히 팽창한 요인은 국외공관의 개설과 그 유지비, 개항장 시설비, 국외시찰단의 파견비, 외국인 고용비, 배상금 지불, 근대적 군대의 창설비 등 개항에 수반한 새로운 경비수요의 발생과 왕실의 낭비 및 탐관오리의 국고횡령에 있었다. 고종과 명성황후는 하루 천금의 비용을 허비하고, 왕실재정이 바닥을 드러내자 호조와 선혜청의 공금을 유용하여 국고를 탕진하고 그것도 부족하여 매관매직을 자행하였다. 이와 함께 탐관오리에 의한 국고횡령도 재정파탄을 부른 요인이었다.

재정이 날로 악화되어 선혜청 창고는 텅 비고, 관리들은 수년 동안 봉급을 받지 못하였다. 5군영 군사도 반년 동안이나 급료를 받지 못하였으며 심지어 군사 급식마저 때때로 결하게 되었다. 그 결과 임오군란이 일어났다. 1888년에 호조 판서 정범조가 백관의 봉급이 9개월이나 미불된 상태로 밀려 있고 군병과 서기들에 대한 급료는 이보다 더 심한 상태라고 한 것만 보아도 재정파탄이 어느 정도였는지 알 수 있다.

갑오개혁 직전에는 국고채무가 무려 165만 7천여 원에 달하게 되어 재정은 그야말로 최악의 상태로까지 악화되었다. 관부는 재정난이 심각해질수록 조세수탈을 더욱 강화하면서 한편으로는 화폐의 남발, 외채도입, 매관매직 등 최악의 재정수단으로 대응하였다. 이는 농민의 세부담을 더욱 가중시켜 재생산을 위협하고 사회경제를 파탄으로 몰아가는 것이었다.

극심한 재정파탄 하에서 양반척족은 주조수익을 늘리기 위해 1883년 상설기관인 전환국을 설치하고 실질가치가 1문밖에 안 되는 것에 5배의 법정가치를 부여한 당오전을 대량 주조할 뿐 아니라 당오전보다 더 악화인 평양전을 주조하였다. 그리고 1888년에는 종전에 금지해 오던 민간인의 주전을 인정하고 민간인에게 청부주전사업을 허용하여 조세를 징수하였다. 당오전의 대량 주조는 물가를 10배로 앙등시켜 막대한 폐해를 초래하고, 지방관리들은 각종 공세를 양화인 상평통보로 걷어들여 중앙에는 악화인 당오전으로 내어 폭리를 취득하는 폐해도 일어났다.

또한 이 시기에는 결역·호역·신역·환곡 및 기타의 형태로 부과된 세금의 종류도 수백 가지에 달하였다. 조선조 말기에 내부고문으로 있던 일본인 오바 간이치(大庭寬一)가 조사한 바에 따르면 다음과 같았다. 첫째로 8도 각 군읍에서 소비하는 경비를 조달하기 위하여 수령이 서리에 명하여 징세하는 조세가 모두 21종목, 둘째로 감영·병영에서 소비하는 경비를 조달·상납하기 위하여 군읍에서 징세하는 조세가 24종목, 셋째로 중앙관부의 재원에 충당하는 세원이 55종목. 이 가운데 강·해·상세(江·海·商稅) 등 3종목은 중앙관부에서 세수관을 파견하여 직접 징세하고, 47종은 중앙관부가 감사에게 명하면 감사가 수령에게 명령을 내려 징세·상납케 하는 조세였다. 임술농민항쟁을 전기로 하여 환곡과 신역 부문의 수탈은 다소 완화되었으나 결세·호역 등 여타 부문에서는 수탈의 강도가 더욱 강화된 것이 분명하다.

개항 이후 새로 개발된 수입원으로서는 관세[2]가 있었으나, 한편에 있어서는 대외관계비와 항만·전환국·전신 등의 근대시설에 소요되는 새로 발생한 경비 수요가 늘어나 재정은 더욱 악화되었다.

---

2) 항세(港稅)를 말함.

4. 갑오재정개혁

1) 갑오개혁은 갑오・을미 양년에 걸쳐 일본공사 오토리 게이스케(大鳥圭介)와 이노우에 가오루(井上馨)에 의하여 각각 추진되었는데 먼저 제1차 재정개혁의 내용을 보면 다음과 같았다.

① 재정기구의 정비 : 탁지아문이 국가재정과 왕실재정 및 화폐에 관한 모든 업무를 관장하고 지방재정을 감독케 하였다. 이에 따라 재정기구는 탁지아문 중심으로 일원화되고 왕실의 사경제와 국가공공의 가계인 재정의 분리가 이루어졌다.

② 조세의 금납 : 종전에 각종 조세를 미(米)・포(布) 중심의 생산물 또는 화폐로 납부하던 것을 모두 금납하게 하였다. 조세 금납을 위한 여건을 조성하기 위하여 은행을 설립하고 국고를 방출하여 곡물의 매매유통을 촉진키로 하였다.

③ 화폐제도의 개혁 : 은본위제도를 위한 「신식화폐장정」을 의결・공포하고 종래의 무질서한 화폐제도를 개혁하여 화폐재정의 운영에 필요한 토대를 마련하였다. 그리고 상품거래의 원활을 기하기 위하여 도량형을 개정・통일하였다.

④ 회계심사국 : 독립기관으로 회계심사국을 설치하여 중앙관서의 모든 회계심사를 전담케 하고 각 관서의 회계국에 출납・검사・용도의 3과를 두어 금전의 출납・재산관리・회계검사 및 수용품의 조달에 관한 사무를 관장케 하였다.

⑤ 외공진상(外貢進上) 및 각사외도구청(各司外道求請)의 혁파 : 외공진상을 모두 철폐하고 조달자금을 탁지아문에서 수세하여 궁내부로 이송하면 거기에서 구입하여 궁으로 납품토록 하였다. 각사의 외도구청제를 혁파하는 조치를 취하였다. 종전에 각사에서는 약채(藥債), 필채(筆債), 포진채(鋪陣債), 구청전(求請錢), 벌례전(罰例錢), 호장채(戶長債) 및 기타 여러 명목을 붙여 이를 외방영・읍(外方營邑)에 현물 또는 전화(錢貨)로 책징하고 있었던 것인데, 이를 폐지하고 그 가운데 꼭 필요한 것에 한하여 경비를 탁지부(度支部)에서 수세하여 이급(移給)토록 했다.

2) 1895년(을미)의 제2차 재정개혁을 살펴보면 다음과 같다.

① 징세 및 세무감사 기구의 설립 : 조세와 기타 세입의 징수에 관한 사무를 전담하는 기구로서 전국에 9개소의 관세사와 220개소의 징세사를 설치하였다.

이로써 징세사무는 종전의 지방행정기관에서 분리되었다.

② 회계법의 공포 : 조세법정주의로서 '조세의 신설과 세율의 변경은 일체 법률로서 정함'이라고 규정하였다. 또한 예산제도를 채택하여 정부의 세입세출은 매년 예산을 책정하여 회계년도는 매년 1월 1일에 시작하여 12월 말일에 끝난다고 규정하였다. 그리고 국고현금 또는 물품의 출납을 관장하는 관리는 신보금(身保金)을 납입하며 그에 대한 일체의 책임을 지게 하고, 또 징세명령 및 출납명령의 직무를 담당하는 관리가 현금출납의 직무를 겸하지 못하도록 직무한계를 규정하여 출납관리의 책임부담을 명확히 하고 있다.

③ 세제개혁 : 1895년 당시 토지에 부과한 정규세인 전세·대동세·삼수미·결작·포량세의 본세를 평균한 1결의 세액은 쌀 1석 4두 6승 2홉이고 이를 절가 환산하면 29냥 4전이었다. 이 밖에 부가세로서 곡상(斛上), 가승창역가(加升倉役價), 공인역가(貢人役價), 이가(二價) 등이 있었고 잡비로서 선가(船價 : 운임), 부석가(負石價), 인정(人情), 차사원지공비(差使員支供費) 등이 있었다.

이상 고찰한 바와 같이 갑오재정개혁은 전통적 봉건재정으로부터 근대재정으로의 전환점을 이룩하는 획기적인 것이었음을 부인할 수 없다. 그러나 이 개혁은 일제의 강압적인 간섭 하에 추진된 개혁이라는 데 문제점이 있었다.

5. 한말 일제의 화폐·금융 장악과 경제구조 변동

일본은 조선의 문란한 화폐제도가 일본자본주의의 조선 침략에 일내 상애요인임을 통감하고 있었기 때문에 러·일전쟁 이후 본격화된 식민지 기반 구축작업에서 특히 화폐제도를 예속화시키는 작업부터 추진하였다. 이 작업을 담당하였던 메가타 다네타로(目賀田種太郎)는 개항 이래 일본자본주의의 조선 침략과 궤를 같이한 일본 제일은행을 중앙은행의 지위로 합법화시켜 재정과 금융을 장악하고, 화폐정리사업을 실시하여 조선의 화폐제도를 예속시키는 정책을 동시병행적으로 추진하였다. 이 때부터 추진된 일제의 화폐금융정책으로 다음과 같은 사회변동이 일어나게 되었다.

첫째, 식민지적인 화폐제도가 실시된 1905년 6월 1일을 기해 경제적 측면에서 우리 나라는 사실상 식민지로 전락하였다. 조선의 화폐제도가 일본에 예속되고 또한 일본화폐가 법화로 인정되어 경제적 측면에서 조선과 일본의 국경이 소멸됨으로써 조선은 일본자본주의의 경제침탈영역으로 통합되어 버린 것이다.

둘째, 일본의 제일은행이 사실상 조선의 중앙은행으로 합법화되어 모든 국고금을 취급하고 외획제도를 폐지하는 1905년 7월 1일을 계기로 재정적 차원뿐만 아니라 금융적으로도 조선은 일본에 결정적으로 예속되게 되었다.

셋째, 이상과 같은 조치와 동시에 진행된 화폐정리사업으로 조선인의 화폐재산은 갑자기 1/2 이하로 축소되거나 폐기되었고, 동시에 외획제도의 폐지로 금융 기능이 마비되어 화폐금융공황이 격화되었다. 이 와중에서 조선후기 이래 상품경제의 발달과 함께 성장하고 있던 각계각층이 결정적으로 하향 분해되었다.

넷째, 반면 일본인들은 자신들의 경제적 침략활동을 가로막고 있던 조선화폐들이 정리되고 일본화폐의 통용이 법적으로 보장되었을 뿐 아니라 조선인들의 화폐자산이 축소 파산되었기 때문에 이를 기회로 경제적 실권을 장악하기에 이르렀다.

다섯째, 일제는 화폐금융공황을 수습하고 나아가 경제구조를 재편하기 위해 먼저 상업금융기관을 설치하고 곧이어 산업금융기관을 설치하였다. 그 결과 상품유통영역을 비롯한 각 산업이 일본자본주의의 발전을 위한 식량원료 공급지로 재편되어 나갔다.

즉, 일제는 자본주의적 관계의 핵심요소인 화폐와 금융을 장악하여 우리 나라의 경제구조를 식민지적으로 재편시켜 나간 것이다. 일본은 한국이 봉건지배층의 학정에서 벗어나 자신들의 지도와 보호를 받아 소위 식산흥업해야 한다고 강변하면서, 한국의 각계각층을 회유하고 나섰다. 이러한 회유책은 그 동안 일본과의 심화된 교역관계 속에서 기반을 갖게 된 개항장 객주, 신흥지주 등에게 주효하였다. 즉 식민지 사회체제를 떠받치는 사회세력이 성장하여 자발적으로 친일세력화한 것이다. 그 단적인 증거가 곧 메가타가 추진한 각종 금융기관에 주주나 간부로 참여한 인사들이 아닌가 판단된다.

그런데 근대민족운동의 주체세력도 식민지화 작업을 추진하고 있던 일제의 이러한 식민정책의 본질을 철저하게 인식하지 못하였다. 의병들은 국권회복운동을 전면에 내걸고 전쟁을 벌이고 있는 상황이었기 때문에 화폐정리사업과 금고제도의 실시, 금융기관의 설치 등을 단지 우리 나라의 재화를 약탈하고, 토지를 빼앗으려는 침략적 행위로 인식하였다. 의병들은 격문을 통해 군수들에게 조세금을 금고에 납부하지 말고, 의병군사자금으로 헌납할 것을 촉구하거나, 화폐정리에 응하지 말 것을 종용하는 정도의 활동에서 크게 벗어나지 못하였다.

또한 자강운동 계열이 전개한 국채보상운동도 당시 일제가 추진하던 식민정책의 본질을 매우 불철저하게 인식하였던 것으로 파악된다. 즉 일제가 자신의 자본을 동원하여 추진한 소위 식산흥업이 곧 우리 나라의 자본주의적 발전의 길을 근본적으로 왜곡시키는 과정임을 분명히 인식하고 그 식민지성을 폭로하면서 이를 거부하는 운동으로 발전해야 했음에도 불구하고, 국채보상문제에만 집착하는 한계를 보여준 것이다.

따라서 이 당시의 운동주체들은 국권회복 문제와 일제가 구축한 경제구조 자체를 변혁해야 함을 함께 인식하지 못하였고, 따라서 독립운동을 전개할 경우 그것은 체제내적 개량주의 운동으로 전락할 위험성을 안게 되었다.

따라서 이 시기 이후 한국민족운동은 운동주체세력의 재편이라는 과제를 수행하고, 근대적 개혁의 내용 중에서 식민지적인 것을 인식해 내지 않으면 안 되었다.

6. 현대의 재정팽창

1945년 광복 후 3년 동안 남한에서는 미군정이 실시됨과 동시에 구호원조사업이 시작되었다. 1948년 8월 15일에는 정부가 수립되고 12월에는 한미경제협정이 체결되었다. 1945~1948년까지 통화팽창과 정부의 초과차입금으로 인한 인플레가 야기되었는데, 이에 대한 억제적 작용을 한 것이 미국의 원조였다. 6·25 전까지 GARIOA 자금과 ECA 자금에 의한 원조는 1억 4,850만 달러에 달했다. 사변으로 인한 파괴와 전쟁인플레라는 이중적 고통이 안정을 위해 노력하던 한국경제를 좌절시키고 마침내 전시긴급원조로서 CRIK 원조를 위시하여 여러 가지 원조가 시작되었다.

전후의 한국경제는 대단히 빠른 속도로 자립을 이룩하였는데, 이러한 자립도의 확보에는 원조가 큰 역할을 하였다. 미국에 의한 무상원조는 40억 6,800만 달러(이 중 무상 지원원조 총액 18억 7,650만 달러)에 이르러 매년 2,000억~3,800억 원이 대충자금의 형식으로 세입에 충당되었다.

정부 수립 이후의 재정 변천사는 대체로 정리기·전시·혼합·부흥·개발 재정 등 5단계로 구분할 수 있다. 1948년 9월부터 세제개혁이 시작되었고, 1950년 6·25사변은 전시재정으로의 전환을 낳았다가 1954년 이후 비로소 평시재정으로 복귀되었다. 1961년 5·16군사쿠데타로 재정이 재조정되었고, 1962년부터 시작하여 1991년까지 6차에 걸쳐 5개년 경제개발계획이 실시되었다.

1953년 휴전 이후부터는 재정활동이 활발해지면서 그 규모가 크게 확대되었다. 1962~1969년까지만 해도 432%의 증가율을 나타냈고, 1963년 총 예산규모 599억 원이 1999년도에는 84조 9,376억 원으로 늘어나 실로 1,418배라는 놀라운 팽창을 기록하였다.

한국재정의 소득재분배 측면을 보면, 제1차 경제개발계획에 따라 그 재원을 마련하기 위해서 1961년에 세제개혁을 단행하고 1965년에 국세청을 신설하여 세수에 주력하였으며, 1967년에는 내자동원을 위한 세수증대에 역점을 두어 직접세의 보완과 개편을 단행했다. 1971년에는 세수증대, 소비억제를 위한 간접세 체제의 확충과 기업육성을 위한 세제상의 유보조처가 실시되어 간접세제에 대한 적극적인 성격이 나타났다. 1971년의 세제개혁과 1972년의 8·3조치, 1974년의 1·14조치 이후 단행된 1974년의 세제개혁에서는 종합소득세를 실시하고 소비억제와 유류파동에 대비하여 자원절약을 위한 세제 조정이 이루어졌다. 1975년에는 방위세가 신설되고, 1976년에는 부가가치세와 특별소비세가 제정되어 1977년 7월 1일부터 실시되었다. 1970년대 이후 시행된 일련의 세제개혁은 간접세 비중을 직접세보다 높여 저소득층의 부담을 가중시키는 결과를 낳음으로써 서민 가계에 불리하게 작용하기도 하였다.

계속되는 수출 드라이브 정책으로 외화가 축적되자 1980년대에는 해외여행자유화가 단행되고, 1990년대에는 금융실명제가 실시되어 투명한 금융정착을 유도해 나가기 시작하였으나 실패하였다. 수출 규모도 1995년에는 1,251억 달러에 이르렀다. 그러나 근검·절약의 사회풍조가 과소비풍조로 전환되면서 무역 적자가 누증되더니 1997년에는 외채가 1,500억 달러를 넘었다. 김영삼정부의 경제정책의 취약성은 드디어 IMF관리체제를 초래하였다(1997.11.21). 이 같은 현상으로 경제가 위축되자 김대중정부는 그 극복정책으로 다각적인 구조조정을 시행하고 있다.

해방 후 한국경제는 1950~1960년대 원조경제의 제1단계, 1960~1970년대 차

관경제의 제2단계를 거친 후 현 1990년대에는 제3단계의 자립경제를 추구하고 있다.

현대는 무엇보다도 재정 변화에 의한 국민경제의 변화를 연관시켜 생각하지 않을 수 없으며, 국가경제와 국민경제와의 모순을 완화해 나가는 주도적 역할이 정부에 의해서 비로소 달성될 수 있다는 것을 인정할 수밖에 없다. 언제나 그러하듯이 재정지출의 효율화에 의한 편익의 증대와 조세부담의 공평성과 능력에 따르는 배분의 적정을 기하는 것이 재정의 최대의 과제인 것이다.

(최용·김재순)

※ 참고문헌

백남운, 1937, 『조선봉건사회경제사』, 개조사.
이북만, 1949, 『이조사회경제사』, 대성출판사.
최호진, 1962, 『한국경제사개설』, 보문각.
박원선, 1968, 『객주』, 연세대출판부.
김용섭, 1970, 『조선후기농업사연구』 I·II, 일조각.
이창세, 1971, 『한국재정의 근대화과정』, 박영사.
김명윤, 1971, 『한국재정의 구조』, 고려대출판부.
장병순, 1973, 『한국세제사』, 보성사.
조기준, 1973, 『한국자본주의 성립사론』, 고려대출판부.
최호진, 1974, 『한국화폐소사』, 서문당.
원유한, 1975, 『조선후기화폐사연구』, 한국연구원.
김용섭, 1975, 『한국근대농업사연구』, 일조각.
국사편찬위원회, 1977, 『한국사』, 탐구당.
김옥근, 1981, 『한국토지제도사연구』, 대왕사.
김옥근, 1984, 『조선왕조재정사연구』, 일조각.
이영훈, 1988, 『조선후기사회경제사』, 한길사.
이배용, 1989, 『한국근대광업침탈사연구』, 일조각.
이한구, 1989, 『일제하 한국기업설립운동사』, 청사.
최완기, 1989, 『조선후기 선운업사연구』, 일조각.
유영익, 1990, 『갑오경장연구』, 일조각.
오두환, 1991, 『한국근대화폐사』, 한국연구원.
전국경제인연합회, 1991, 『전국경제인연합회 30년사』.
한국농촌경제연구원, 1991, 『구례유씨가의 지세분정기 - 1914~1941』.

한국사회사연구회, 1992, 『한국자본주의와 재벌』.
이영훈 외, 1992, 『근대조선수리조합연구』, 일조각.
김용섭, 1992, 『한국근현대농업사연구』, 일조각.
안병직 외, 1993, 『근대조선 공업화의 연구 - 1930~1945년』, 일조각.
김재순, 1995, 「한말 일제의 화폐·금융장악과 경제구조 변동」, 『한국 문명사의 이해』, 혜안.
한국역사연구회 근대사분과토지대장연구반, 1995, 『대한제국의 토지조사사업』, 민음사.

제5장 생활사

1. 머리말

생활사는 전통사회 일반민의 관습과 습속을 연구하여, 현대 한국사회의 다양한 관습과 습속의 구성원리와 특징을 알아보는 학문이다. 즉 옛부터 전해 내려오는 이야기와 글, 풍속 등과 현존하는 여러 관습을 수집·정리하고, 이를 기초로 각각의 민속생활이 담고 있는 역사적 배경과 추이를 분석하여, 현대생활사에 적절하게 변화시켜 활용하고자 하는 학문인 것이다.

생활사에서 다루는 범위는 대단히 넓은데 크게 ① 마을과 가족생활 ② 관혼상제 ③ 의식주생활 ④ 세시풍속 ⑤ 민간신앙 ⑥ 민속예술 ⑦ 구비문학으로 구분할 수 있다. 이는 마을을 단위로 하고, 마을 안에서 살고 있는 가족생활을 주체로 하여 전체 민속생활을 분류한 것이다. 농업을 근간으로 하는 전근대의 특징이 마을단위로 분권적 경향을 띤다는 점에서 이러한 분류는 타당하다. 이 글에서는 특히 마을, 관혼상제, 복식, 세시풍속과 민간신앙에 대해서만 간략히 살펴보고자 한다.

2. 마을

전통사회에서 마을은 생활의 기본단위이다. 마을에 사는 사람들은 태어날 때부터 죽을 때까지 모든 생활을 공유한다는 점에서 공동운명체라고 할 수 있다. 중앙관인으로 진출하는 경우에도 본관을 중심으로 한 문벌체제를 유지하려 하거나 여자가 출가한 후에 출생지를 기초로 ○○댁이라고 부르는 것을 보면, 출신 마을의 역사적 경험이 그대로 간직된다는 것을 알 수 있다. 마을은 대체로 산을 끼고, 앞에 내가 흐르는 지역(背山臨流部落)에 자리잡는 것이 보통이다. 마을은 보통 여러 가옥들이 모여 있기 때문에 집촌(集村)이라고 한다. 집촌 중 150호 이상의 집이 있는 곳을 큰 마을(大村)이라 하고, 60호 이상을 중촌(中村), 60호 미만을 작은 마을(小村)이라 한다.

마을 이름은 대체로 지역 특성이나 특징있는 물건을 따서 짓는 경우가 많다. 가령 햇빛이 잘 드느냐의 여부에 따라 양지마을 혹은 음지마을이라 부르기도 하고 큰 비석이 있으면 선돌마을, 학이 많으면 학마을, 대나무가 많으면 죽리(竹里)라고 한다. 신라통일기 이후에는 군현제도가 정비됨에 따라 군현을 중심으로 윗마을, 아랫마을이라고도 했고, 마을에 성(城)이 있느냐에 따라 산성리, 토성리, 성밑마을 등으로 부르기도 했다. 그러다 고려시대 이후에는 한자를 활용하여 마을이름을 짓기도 하였다. 조선시대 이후에는 신분에 따른 마을이름도 많이 생겼는데, 가령 선비들이 많으면 선비골, 향리들이 많으면 이족부락, 재인들이 많으면 재인부락, 백정들이 많으면 백정부락 등으로 부르기도 하였다.

3. 관혼상제

관혼상제는 관례·혼례·상례·제례를 말한다. 관례는 어린이가 성인이 되었다는 것을 상징하기 위해 갓[冠巾]을 씌우는 일종의 '성인식'을 말한다. 기원은 화랑제에서 찾을수 있으나, 유교적인 풍습으로 진행되기 시작한 것은 965년(고려 광종 16)부터이다.

남자의 관례는 삼가례(三加禮), 여자의 관례를 계례(筓禮)라고 한다. 삼가례는 초가·재가·삼가를 말하는데, 초가는 예를 주관하는 사람[賓]이 댕기머리를 풀게 하여 상투를 틀게 한 다음 망건에 관(冠)을 씌우고, 옷도 어린아이 때 입던 옷을 벗게 하고 심의(深衣)를 입힌다. 재가는 초가 때 쓴 관을 벗긴 다음 사모(紗帽)를 씌우고 심의 대신 조삼에 가죽띠를 매게 하고 끈으로 묶는 가죽신[繫鞋]을 신게 한다. 삼가에서는 복두(幞頭)를 씌우고 난삼(襴衫)에 띠를 두르고 신을 신긴다. 계례는 머리를 올려 쪽을 찌고 비녀를 꽂는 의식으로, 주관자는 어머니가 된다. 이런 의식이 끝난 다음에는 사당에 고하고, 호를 정해주는 것이 일반적이다.

혼인례는 남녀의 결합을 사회적으로 인정받는 의식으로 크게 의혼(議婚)·혼인식·신행의 절차로 진행된다. 의혼은 중매장이가 나서서 양가의 혼인을 주선하여 상대방 집안에 대한 탐색과 궁합, 당사자의 사람됨을 살펴보는 것부터 시작된다. 혼인이 결정되면 먼저 신랑집에서 신부집에 신랑의 사주(四柱)와 청혼서를 보낸다[納采]. 사주를 받은 신부집에서는 혼인허가서[許婚書]와 함께 함 보내는 날짜[納幣時日]와 혼인식날짜[奠雁年月日]를 결정[擇日]하여 보낸다.

혼인식은 먼저 함을 보내고[納幣] 신랑을 맞이하며[親迎] 거행된다. 납폐[함]는 혼인 전날 혹은 당일에 보내는데, 신부의 치마 저고리감 두 벌정도와 혼서지1)를 넣는다. 납폐가 끝난 다음 신부집 앞마당에 천막을 치고 상[大禮床]을 차린 다음, 신랑을 맞이하여 식을 거행한다. 상 위에는 보통 촛대 둘, 송죽이나 사철나무를 꽂은 꽃병, 밤, 대추, 쌀, 보에 싼 암탉과 수탉, 청실과 홍실, 쪽바가지 두 개를 놓는다.

혼인식이 끝난 다음 신부가 친정을 떠나 시가로 가는 것을 신행이라고 한다. 시가에 도착하면 시부모와 시가 식구들에게 인사를 드리는데[幣帛], 폐백 때는 친정에서 준비해 온 대추·밤·술·안주 등을 차려 놓고 차례로 인사를 드린다. 며느리에게 인사를 받은 시부모는 치마에 대추를 던져 주며 부귀다남(富貴多男)을 당부한다.

상례는 죽음을 애도하고, 현실세계에서 사후세계로 가는 절차를 밟는 의식이다. 먼저 죽음을 맞이하면[臨終] 시체를 깨끗이 하여 입관시킴[襲殮]과 동시에 사람들에게 죽음을 알려[訃告] 예를 치른 다음, 시제를 지하에 매장하고[治葬] 사후세계까지 잘 가도록 비는 제사[凶祭]를 지낸다.

부모의 병이 위독해져 운명할 기미가 보이면, 우선 안방으로 모신다. 자손들은 집안팎을 조용하게 하고 옷을 갈아입힌 다음, 부모의 손발을 잡고 숨을 거두는 것을 지켜본다. 혹 유언이 있으면 머리맡에 앉아 적고, 마지막 숨이 단절되는 것을 분명히 하기 위해 입 위에 솜을 놓고 숨이 그치는 것을 지켜 본다[屬纊]. 사망이 완전히 확인되면 자손들은 슬프게 곡을 하고[哀哭] 가슴을 치고 발을 구른다[擗踊].

---

1) 일종의 혼인문서.

밖에서는 떠나는 영혼을 부르는 고복(皐復)을 한다. 마당에 서서 지붕을 보고 오른손으로 망인의 속적삼을 잡고 왼편으로 흔들면서 망인의 주소 성명을 말한 후, "복 복 복"하고 외친다. 이때 저승사자를 위해 사자밥을 차리기도 하는데, 사자상에는 밥 세 그릇과 반찬, 돈, 짚신 세 켤레를 올려 놓는다. 고복이 끝난 다음 습렴(襲殮)을 한다. 습(襲)은 시체를 목욕시키고 의복을 갈아입히는 것이고, 대렴(大殮)은 시체를 단단히 묶어 입관하는 것이다.

상(喪)은 갑자기 당하는 일이기 때문에 여럿이 분담하는 것이 보통이다. 상주(喪主)는 맏아들이 맡아 시신을 지키고, 주부(主婦)는 망인의 처나 상주의 처가 맡는데 자부들을 통솔하여 상사를 치른다. 호상(護喪)은 상주를 도와 여러 일들을 처리하는 사람으로 가까운 친척 중 예에 밝은 사람이 맡는다. 사빈(司賓)은 바깥에서 손님을 맞이하는 사람으로 망인의 친구 중에서 맡는다.

출상은 먼저 장지와 장일을 결정한 후에 한다. 장지는 보통 지관, 풍수사 들에게 맡겨 명당자리를 고르게 한다[음택풍수]. 장일은 신분에 따라 다른데, 천자는 7개월, 왕족은 5개월, 대부는 3개월, 일반 선비는 1개월이었다. 그러나 요즘은 개월을 바꿔 7일장, 5일장, 3일장 등을 지내는 것이 보통이다. 방에서 관을 내온 후 상여에 싣는 것을 발인이라고 한다. 발인한 후 상여가 떠나는데, 상여의 뒤는 상주, 복인, 문상객 순으로 따른다.

산일은 보통 지관의 명에 따라 한다. 흙을 파는 것이 끝나면[穿壙], 그 주위에 석회를 바른다[灰土, 灰隔]. 그 후 관을 묻는데[下官] 이때 살(煞)이 있는 사람은 잠시 자리를 피하게 한다. 관을 내릴 때는 머리를 북쪽에 두게 한다[座向]. 이후 흙을 덮어 평지와 같이 되면 평토제를 지낸다. 지방에 따라서는 봉분을 만든 다음에 지내는 경우도 있다. 평토제를 끝으로 상주는 돌아 가신 분[靈座]의 신주나 혼백을 모시고 집으로 돌아온다.

상례보다 더 중요한 예가 제례이다. 고조할아버지까지 제사를 지내는데[4대봉사], 유교에서는 이 제사를 조상숭배의 구체적 실현형태로 보았다.

제사의 종류는 다양하지만, 보통 기제사・차례・시제를 지낸다. 기제사는 돌아가신 날에 지내는 제사이고, 차례는 명절날 지내는 제사이다. 시제는 5대조 할아버지 이상을 모시는 제사이다. 묘소에서 지내기 때문에 묘제라고도 하고, 1년에 한 번 지내기 때문에 세일제라고도 한다. 시제를 지내기 위해서 조직된 것이 문중이다.

제사상은 보통 첫째 줄에는 과일과 조과, 둘째 줄에는 나물과 포와 식혜, 셋째 줄에는 탕, 넷째 줄에는 적과 편과 국수, 다섯째 줄에는 밥[뫼]과 국[갱]과 수저를 놓는다. 과일은 왼쪽에 과일 색깔이 하얀 것에서 빨간순으로 놓고[홍동백서], 왼쪽에 포를 놓고, 오른쪽에 식혜를 놓는다[좌포우혜]. 또 육류는 왼쪽에, 어물은 오른쪽에 놓는데[어동육서], 이는 집안에 따라 다르다. 제사상[제찬]의 규모는 탕의 수에 따라 3탕(육탕·어탕·계탕)과 5탕(육탕·어탕·계탕·두부탕·계란탕)으로 나뉜다.

제사의 순서는 먼저 향을 태워[분향] 조상신을 부르고[강신], 제주가 술 한 잔 올린 다음[초헌] 축을 읽는다[독축]. 다음 제주 다음 사람이 술을 올리고[아헌·종헌] 밥그릇을 열고 수저를 꽂는다[개반삽시]. 조금 후에 밥그릇을 덮고, 차(혹은 물)를 바치고 난 후[헌차] 사신2)으로 끝을 낸다. 제사가 끝나면 음식을 나누어 먹는다[음복]. 제사에 참석하지 못한 사람을 위하여 집으로 돌아갈 때에 음식을 싸준다.

4. 복식

복식은 문화의 한 단면이므로 한국 복식의 원류를 밝히려면 먼저 한국문화 전반에 대한 기원과 그 원류에 대한 고찰이 선행되어야만 한다. 하지만 여기에서는 시대별에 따른 복식의 변화와 색깔, 한복의 예절 등에 대해서 알아보기로 하겠다.

먼저 삼국시대를 살펴보자.

쌍영총·무용총 벽화를 보고 시대 상황을 짐작하여 복식에 대하여 알 수 있는데, 저고리는 유(襦)나 삼(衫)이라 하고, 치마는 상(裳)·군(裙)으로 불리고 상(裳)은 여성전용 의복이었다.

저고리의 길이는 엉덩이까지 내려오며 허리띠를 매고 고름은 매지 않았다. 평민은 소매가 좁으며 귀족층은 소매가 넓었다. 섶의 여밈은 직령교임식이며 깃·섶·소매부리에 선을 둘렀다.

---

2) 제사를 마치고 신위께 작별인사를 드리는 절차.

치마는 여성전용 의복으로서 바지 위에 입고 길이가 길고 폭이 넓었으며 치마단 끝까지 잔주름이 있는 경우도 있었다.

바지는 고(袴)라고 불렸으며 남녀 공용이었다. 고(袴)의 종류로는 궁고와 대구고가 있었는데 궁고는 통이 좁고 바지 부리에 끈을 대어서 서민들이 일을 하기에 편하게 만들어졌으며, 대구고는 바지길이가 길고 바지통이 넓어서 양반들이 많이 이용하였다.

두루마기는 포(袍)라 불렸으며 예의와 방한을 목적으로 입었다. 소매가 좁고 짧은 것과, 소매가 넓고 긴 것으로 구분지어져 의복으로 인해서 그 시대의 계급을 알 수 있었다. 삼국시대 복식의 특징 중 하나는 선을 두른 곳이 많다는 점이다. 선을 두른 이유를 보면 첫째는 올풀림 방지를 위해서, 둘째는 장식적인 효과를 위해서, 셋째는 계급을 표시하고 의례적인 이유로 둘렀다. 이것은 후에 삼회장저고리의 깃과 끝동의 근원이 되었다.

고려시대 양반층은 화려하고 관수형으로 되었고 평민들이 입는 평상복은 삼국시대하고 크게 두드러진 변화가 없었다.

조선시대에는 남자들은 관복제도와 일부 상류층 계급의 복장의 경우, 중국 것을 받아들였다.

여자 복식으로는 저고리 길이가 짧고, 진동·품·배래가 몸에 꼭 끼었고 고름과 곁마귀가 좁고 짧았다. 치마로는 상류계층은 사치스러울 정도로 풍성하게 속옷을 겹겹이 입은 뒤에 넓은 치마를 입고, 평서민들은 좁고 짧은 치마를 입었다. 혼인할 때 입는 예복 치마·저고리로는 스란치마, 대란치마, 원삼, 활옷, 당의 등이 있다. 쓰개의 종류로는 장옷, 너울, 쓰개치마, 조바위, 남바위, 아얌 등이 있으며, 의복 장신품으로는 노리개, 향갑, 주머니, 비녀, 이식과 자환(귀거리와 반지), 댕기(쪽댕기, 제비부리 댕기, 큰 댕기, 앞 댕기) 등이 있으며 머리의 종류로는 큰머리, 조짐머리, 어여머리, 첩지머리, 땋은머리, 새앙머리 등이 있는데 우리 나라 여인의 머리모양 기본형은 얹은머리와 쪽진머리, 땋은머리가 있으며 약간의 변형과 수식에서 차이가 난다.

전통 복식의 배색으로는, 궁중이나 양가댁 미혼 여성은 노랑 삼회장 저고리에 다홍치마를 입었으며, 갓 혼인한 새댁은 연두 삼회장 저고리에 다홍치마, 출가 후 아이를 낳으면 노랑 저고리에 남색치마였다. 나이든 여인들은 옥색 저고리에 남색치마를 평상복으로 입었다. 그리고 남편이 생존해 있을 때에는 자주 반회장을 대어서 입기도 하였다.

　남자 옷의 전통적인 배색은 흰색 바지저고리에 옥색 조끼 마고자, 그리고 옥색이나 흰색으로 두루마기를 입고 아니면 옥색 바지에 흰 저고리 그리고 청옥색 조끼, 마고자, 옥색 두루마기를 입는다. 남자 어린이 옷으로는 흰바지, 분홍 저고리, 남색 조끼, 마고자, 연두길 분홍동달이 두루마기를 입히고 아니면 다섯 가지 색깔을 배합한 오방장 두루마기와 남색 전복, 검정색 복건을 함께 입힌다. 여자 어린이 옷의 전통적인 배색은 노랑 저고리에 다홍색 치마, 연두길 색동달이 두루마기이다.

　한복을 입는 순서는 먼저 여자는 짧은 속바지–속치마–치마(겉자락이 왼쪽으로 가게)–속적삼–저고리–버선(버선은 수눅이 마주보게) 순으로 입으면 된다. 고름 매는 방법은 긴 고름을 겉깃 쪽으로 고리를 내어 눕히고 짧은 고름으로 아래에서 위로 둘러 낀다.

　남자 옷 입는 순서로는 속옷–바지–저고리–조끼–마고자를 입으며 예를 차리거나 날씨가 추울 때는 그 위에 두루마기를 입는다.

　다음으로는 한복 차림새에 대한 예의에 대해 알아보기로 하겠다.

　예로부터 한복 차림에는 지켜야 할 여러 가지 예절과 몸가짐이 뒤따랐다. 그 기본적인 것은 청결이었다. 아무리 헤지고 좋지 않은 옷이라도 청결하게 입으면 된다. 그리고 아무리 날씨가 춥더라도 짧은 저고리를 위에 끼어 입지 말고 또한 몹시 더운 날씨라도 옷깃을 열지 말고 짧은 적삼만을 입어서도 안 된다. 허리띠를 맬 때에는 가슴 위나 배꼽 밑으로 내려서는 안 된다. 반드시 중앙에 맺는 부분을 중심을 똑같이 해야 한다. 여자는 동정을 깨끗이 하고 치마 밑으로 속옷이 빠져서는 안 된다. 그리고 저고리 밑으로 허리 말기가 보인다든지 속저고리가 보인다든지 하면 안 된다. 한복 입을 때 몸가짐으로는 한복 차림으로 길을 걸을 때는 몸을 반듯하게 세우고 치맛자락이 벌어지지 않도록 왼손으로 치맛자락을 살짝 올려잡아 주어야 하며 한복 차림으로 바닥에 앉을 때는 치마폭이 구겨지거나 모양이 흐트러지지 않도록 정돈을 하면서 무릎을 옆으로 굽혀 편안하게 앉아야 한다.

5. 세시풍속

1) 윷놀이 : 한국의 수많은 놀이 중 음력 정초 놀이의 하나인 윷놀이는 한국 고유의 독특한 풍속이다. 설날의 정취와 실내오락으로서 흥을 돋우는 데는 윷놀이 만한 놀이가 없다고 본다. 높이 쳐올린 윷의 떨어지는 소리가 클수록 상대편은 더 기를 쓰고 대드는 모양, 그리고 손뼉과 고함소리에 집이 떠나갈 듯한 윷놀이 광경은 얼마나 즐겁고 흥겨운 민속놀이인가. 이 놀이는 일반 도박과는 달리 어디까지나 건전한 민중오락으로서 한국 사람 누구나의 기호에 가장 알맞는 것이다. 이것은 정월 초하루에서부터 대보름날까지 하고는 그만두는 것이 관례로 되어 있다.

윷놀이에서 일반적으로 많이 사용되는 용어는 윷가락의 호칭인 도·개·걸·윷·모와 윷말의 한동·두동·석동·넉동 등이다. 윷의 각 사위 이름인 도·개·걸·윷·모는 돼지·개·양·소·말 등의 가축이름으로부터 추정하고 그 끗수는 이들 짐승의 몸 크기와 발의 속도에서 이루어졌으리라고 본다. 또는 고대 부여의 저가, 구가, 우가, 마가, 대사 등의 관작제를 모의한 것인 듯하다고 추측하고 있으나 확실하게 고증된 바는 없다. 윷놀이의 본의는 농사와 관계가 밀접하며, 기원은 문헌상으로는 신라 때에 이미 존재하여 전래오락 중에서 가장 오래 된 것이다.

2) 연날리기 : 연의 창시자가 어느 나라 누구이고 또 그것이 어느 나라로 어떻게 전파되었는지를 단정할 만한 기록은 없다. 다만 우리 나라에서는 김유신 장군이 연을 사용했다는 기록이 처음 보이긴 하지만 그렇다고 그것이 창시라는 확증은 없다. 아무튼 연날리기는 오랜 옛날부터 전승되어 온 민속놀이임엔 틀림없다. 어린이에서 노인에 이르기까지 음력 정초가 되면 전국적으로 성행하여 장관을 이루어 왔다.

연날리기에 대한 세시민속놀이는 조선조 유득공의 『경도잡지』에 잘 묘사되어 있다.

연 만드는 법은 대를 뼈로 하고, 종이를 풀로 발라 마치 키의 모양 같다. 그 날리는 법은 한 곳에 국한되지 않고 종횡으로 휩쓸어 남의 연과 마주쳐 남의 연줄을 많이 끊어 쾌락을 삼는다. 승부는 연줄을 잘 교차시키는 능력에 따라 결정된다. 매년 정월 보름 전 하루 이틀은 수표교 연변 위아래를 따라 연싸움을 구경하는 사람들이 담을 쌓듯이 모여 선다. 그러나 보름날이 지난 다음에는 다시 연을 날리지 않는다.

3) 널뛰기 : 음력 설날에는 여러 가지 민속놀이가 많지만 여성들의 놀이로서 전국적으로 행해지는 것은 널뛰기이다.

널뛰기는 기다란 널판을 멍석묶음이나 가마니뭉치 위에 절반을 걸쳐 놓고 하기도 하고, 양끝에 구덩이를 파서 하기도 한다. 널판 양끝에 한 사람씩 마주 올라서서 서로 구르면서 몸솟음을 하여 교대로 올라갔다 내려갔다 하여 뛰는 것인데, 높이 솟을 경우에는 몇 자까지 올라간다.

젊은 여자가 찬란하고 아름다운 옷을 입고 새해 새날의 공중을 서로 번갈아 솟았다가 떨어졌다 하며 노는 양은 참으로 한 폭의 그림이라 아니할 수 없다. 조선조 유만공은 그의 『세시풍요』에서 이렇게 읊었다.

　　널뛰는 아가씨들
　　울긋불긋 차렸구나
　　뛰고 굴리어
　　서로 높이 오르려고
　　담 넘어 얼굴 뵈는 것
　　부끄러운 줄 모르네.

4) 그네뛰기 : 그네뛰기는 단오날 행사 중의 큰 놀이이다. 남성의 씨름놀이와 더불어 여성놀이로서는 가장 크고 또한 유명하다. 단오날이 되면 경향 각지에서는 오래 묵은 큰 버드나무가지에 밧줄을 매어 그네를 뛴다. 녹음이 짙은 사이에서 빛깔이 찬란한 옷을 입은 젊은 여자들이 그네를 뛸 때, 바람을 머금고 부풀어오른 치마폭과 나부끼는 저고리 고름, 덜렁거리는 댕기 등이 왔다갔다 하는 양은 어떻게 보면 제비가 나는 것 같고, 또 선녀들의 놀음같이 보이기도 한다. 『경도잡지』 단오절에 "여염집 부녀자들이 그네뛰기를 매우 성하게 한다"고 하였다. 서울에서는 왕년에 남관왕묘 앞과 동관왕묘 앞, 삼청동·사직동의 넓은 광장에

서 그네뛰기가 대단하였다. 『개성지』 풍속편에는 "5월 5일에 여성들은 성장을 하고 경덕궁에 모여 그네를 뛰고, 남정네들은 만월대에 모여 씨름을 한다" 하였다. 이 그네뛰기는 전국적인 행사로서 시기는 5월 단오날에 거행하였음을 알 수 있다.

이 단오날은 민속상으론 쉬는 날이요, 때는 신록이 푸르고 화창한 봄날이라, 이 날 가정에서 해방되어 나온 여성들이 하루를 즐기는 민속놀이인 그네뛰기는 그네줄을 붙잡고 몸을 자기 마음껏 날려 보는 운동이었고, 또 남과 겨루어 보는 경기이기도 하였다. 이는 원래 신체를 가볍고 민첩하게 단련하는 것이었던 만큼 체육적인 면으로도 가치있는 훌륭한 운동경기다. 그러므로 이 그네뛰기는 오랜 전통을 지닌 우리 여성들의 정서 있는 민속놀이로서도 큰 의의가 있지만, 체육적으로도 가치있는 훌륭한 운동경기가 되는 것이다.

5) 줄다리기 : 줄다리기는 옛날부터 남한 각 지방에서 성행한 대중적 의의를 가진 특수한 놀이로서 대개는 정월 대보름날에 행한다. 작은 고을이나 마을에서는 당일 하루만 하지만 큰 고을에서는 보통 15일을 전후하여 3일 동안 한다. 그런데 지방에 따라서는 5월 5일 단오날이나 8월 15일 추석날에 행하기도 한다.
한 고을이나 촌락이 동과 서로 나누어 집집에서 모은 짚으로 새끼를 꼬아 수십 가닥 합사한 큰 줄을 한 가닥씩으로 하는데 줄에는 손잡이 줄을 무수히 매단다. 그리고 줄머리에는 도래라고 하는 환을 만들어 연결시키고 중앙 지점에서 동·서부의 환을 교접시켜 그 속에 큰 통나무를 꽂아 동·서부의 줄을 연결시킨다. 고을 사람들은 노소를 막론하고 총출동하여 줄을 당기어 승패를 다툰다.
줄에는 암·수가 있어 동을 숫줄, 서를 암줄이라 일컬으며, 이긴 쪽은 그 해의 농사가 풍작이 되고 악질에도 걸리지 않는다고 전해 온다. 따라서 사람들은 정말로 연중의 풍흉화복이 이 한판에 달린 것으로 믿어 함성을 지르면서 필사적으로 당기어 승패를 결정한다.
이긴 편은 타악기를 선두로 덩실덩실 춤을 추면서 진 편 동리를 돌아다니며 기세를 올린다. 바야흐로 마을잔치가 무르익어 가는 것이다.

6) 씨름대회 : 오랜 옛날부터 우리 나라에서는 음력 5월 5일 단오날 놀이로 남자들이 씨름대회를 해왔다. 이 놀이는 시대의 변천으로 쇠퇴하여 오늘날에는 옛

날과 같이 성행하지는 않으나 아직도 경향 각지에서는 이 때가 되면 민속적 연중행사의 하나로 씨름대회를 연다. 씨름경기는 한국 남성이면 누구나 다 할 줄 알고 이해하며, 또 판단할 수 있는 오랜 민속경기로 이미 고구려 각저총에도 씨름하는 광경의 벽화가 있을 정도이다. 이러한 경기가 쇠퇴하기 시작한 것은 20세기 초엽부터였으며, 2차대전 이후로는 서양경기의 보급과 스포츠의 각종 국제대회, 그리고 프로경기의 성행으로 오랜 전통을 자랑하는 씨름경기가 점차 위축되어 최근까지 계속 쇠퇴해 온 것이 사실이다. 그러나 현재에는 각종 장사씨름대회를 자주 열어 침체해 가던 씨름계가 점차 소생하고 있다. 퍽 다행스러운 일이다.

씨름은 현대인의 안목으로 볼 때, 구기와 같이 흥미있는 경기는 아닐지 모르나, 씨름경기는 우리 민족이 수천 년 동안 즐겨오던 경기이므로 국기로 정해 민족경기로서 중흥시켜 마땅하다 하겠다. 그뿐 아니라 연구와 노력 여하에 따라서는 현대 스포츠의 하나로 국제경기화할 수도 있을 것이다.

7) 차전놀이 : 차전놀이는 음력 정월 대보름날 낮에 고을의 청장년들이 동부와 서부 두 편으로 나누어 넓은 들판이나 백사장에서 거행해 오는 놀이이다. 종래 이 놀이를 행하여 오던 지방을 보면 경상북도의 안동을 비롯하여 경기도의 가평, 그리고 강원도의 춘천지방이다. 이 놀이는 한동안 중절상태에 있었으나, 최근에 와서 안동지방에서 부활되어 타지방으로 확산되고 있다.

이 싸움은 대개 오후 1시경에 시작하며, 싸움 장소 주위에는 동·서 양 부의 수많은 군중이 운집하여 인산인해를 이룬다. 성한 시간이 되면 각 부에서 제각기 수레를 메고 나온다. 각 부 맨앞에는 머리꾼으로서 힘이 센 장정이 제각기 팔짱을 끼고 'V'자 모양으로 40명이 배진해 나온다. 그 뒤에는 수레꾼들이 수레를 메고 나온다. 수레 위에는 힘이 세고 위풍당당한 대장 한 사람이 방석 위에 올라서서 왼손으로 고삐를 잡고 오른손으로 지휘를 한다.

이 대장은 지휘를 구령으로 하지 않고 반드시 오른손으로 한다. 오른손을 앞으로 하면 앞으로 나아가고, 뒤로 하면 뒤로 물러나며, 뒤에서 좌·우로 흔들면 빙글빙글 돈다는 신호가 된다. 앞쪽의 수레꾼들은 자기편의 대장을 볼 수 없다. 그러므로 뒤쪽에 있는 수레꾼들이 앞을 바라보며 대장이 지휘하는 대로 움직인다. 이때 앞쪽에 있는 수레꾼들이 또한 민감하게 움직인다.

머리꾼들은 반드시 팔짱을 끼고 상대편을 떠밀게 되어 있으며, 수레가 앞으로 향하여 나갈 때는 수레머리를 올린다. 대장은 그때그때 전세를 잘 판단해야 하며, 상대편의 헛점을 잘 보아서 돌진하여 상대편의 수레를 위에서 눌러야 한다. 이때 순식간에 수백 명이 수레 위에 뛰어올라 타고 누르면 상대편 수레가 땅에 닿게 된다. 그러면 이기는 것이다. 그러므로 동·서 양편은 서로 상대편의 수레 밑에 들지 않으려고 수레머리를 쳐든다.

이 차전놀이는 한국 특유의 장쾌한 남성들의 놀이로서 그 규모도 500명 내외에 이른다. 이 놀이는 민중의 놀이로서 의의가 있는 것이지만 국민화합의 차원에서 보아도 세시풍속의 하나로서 부활된 것은 마치 국운의 부활처럼 느껴진다.

8) 강강술래 : 강강술래는 전라남도 해안지방의 특이한 민속놀이의 하나로서, 해마다 음력 8월 한가위날 달밝은 밤에 곱게 단장한 부녀자들이 수십 명씩 일정한 장소에 모여 손에 손을 잡고 원형으로 둘러서 강강술래라는 후렴 붙은 노래를 부르며 빙글빙글 돌며 흥겹게 뛰노는 놀이이다. 노랫말은 다음과 같다.

하늘에는 별도 총총 강강술래
동무도 좋고 마당도 좋네 강강술래
솔밭에는 솔잎도 총총 강강술래
대밭에는 대도 총총 강강술래
달 가운데 노송나무 강강술래

이 놀이를 할 때는 목청 좋은 주도자 한 사람이 둘레 가운데에 서서 앞소리[선창]를 하면, 다른 일동이 뒷소리[합창]로 강강술래라고 후렴을 부르면서 춤을 추며 돈다.

놀이의 유래는 지금으로부터 약 400년 전 임진왜란 때 수군통제사 이순신 장군이 수병을 거느리고 왜군과 해전을 하였을 때, 적군에게 해안을 경비하는 우리의 군세를 많아 보이게 하고, 또 적군이 해안에 상륙하는 것을 감시하기 위하여 창안해 낸 것으로 알려져 있다. 이 놀이는 특히 전쟁터 부근의 부녀자들이 수십 명씩 떼를 지어 해안 근처의 산에 올라 곳곳에 모닥불을 피워놓고 돌면서 강강술래 노래를 부른 데서 유래되었다고 한다.

전쟁이 끝난 후 그 곳 해안 부근의 부녀자들은 당시를 기념하기 위하여 8월 한가위날 밤을 택하여 하나의 연중행사로서 강강술래의 노래를 부르며 뛰고 돌면서 놀이를 하게 되었다. 이것이 점점 호남지방 일대로 퍼져나가 지금은 그 지방 특유의 풍속이 되었을 뿐 아니라 1988년 서울올림픽 폐막식에서는 온 인류가 하나가 되어 손에 손잡고 대미를 장식한 뜻 깊은 놀이가 되기도 하였다.

 9) 고싸움놀이 : 이 놀이는 주로 전라도 광산·남평 등지에서 동·서 양편으로 나누어 많이 하던 풍속이다. 해마다 음력 정월 초순경부터 시작하여 16일에 절정에 이르고 2월 초하루에 마치는 것이다.
 고싸움놀이는 짚을 주재료로 하여 만든 고를 놀이기구로 하여 승부를 겨루는 놀이이다. 여기에서 고란 옷고름, 고맺음 등에서 나온 말로, 한 가닥을 길게 빼어서 둥그런 모양으로 맺은 것을 뜻한다.
 고는 대개 20개 내지 30개의 대나무를 휘어서 둥글게 하고, 굵은 새끼줄을 감아 만든다. 고가 완성되면 14일 밤에 당산제를 지내고, 15일은 쉰 다음, 고싸움놀이는 16일에 벌이게 되는데, 오전에는 두 편이 합동으로 농악굿을 하고, 오후에 고를 메고 싸움터에 집결한다.
 싸움하는 것을 보면, 동·서 양편이 제각기 횃불과 농악대를 선두로 하고, 고 몸뚱이 밑에 붙은 첫번째 가랫장 위에 줄패장이 올라서서 호령을 하며 지휘를 한다. 싸움은 상대편의 고를 내리덮쳐 눌러서 땅에 닿게 하면 이기는 것으로서 끝나는 것이다. 하지만 돌진과 후퇴를 거듭하기 때문에 쉽게 승부가 나지 않는다. 그 사이 농악은 하늘을 진동하고 싸움은 격렬하게 전개된다. 싸움은 20일까지 계속되다가 그래도 승부가 나지 않으면 2월 초하룻날 줄다리기로 결판을 낸다. 이렇게 해서 이긴 편은 줄을 메고 이웃 동네를 돌면서 노래를 부르며 기세를 올리는 것이다.
 고싸움놀이는 서울올림픽 개막식 행사에서 흥겨운 고놀이로 승화되어 동·서가 모두 승리하는 민족화합, 인류화합의 정신을 드높여 세계인의 격찬을 받았다. 실로 경이로운 민족 자존의 대 서사시였다.

6. 민간신앙

　민간신앙은 인간 본래의 종교적 욕구에서 자연발생적으로 생긴 신앙이다. 원시시대나 고대사회에서 자연의 변화를 신격화하거나[천신·산신·용왕] 사회적 재앙을 신격화[전쟁신 등]하는 등 자연신을 신앙함으로써 발생하였다. 이후 불교나 유교 혹은 도교와 결합되어 지역에 따라 여러 가지 형태를 띠게 되었다.
　민간신앙은 크게 무당 중심의 좁은 의미의 무속[샤먼]과 삼신할멈·터줏대감 등으로 표현되는 집안신(家神) 신앙, 그리고 서낭당·장승으로 대표되는 동제(洞祭)로 나눌 수 있다.
　무속은 무당이 굿과 점을 통하여 인간의 길흉화복과 천지변화 일체를 해결해 준다고 믿는 민속신앙이다. 무당은 신병(巫病)이 걸렸을 때 큰 무당을 찾아가서 신어머니와 신딸의 관계를 맺고 '신내림굿(降神祭)'을 하고 무당이 된다. 무당에는 강신무당과 신들린 경험이 없이 세습적으로 무당이 되는 당골[세습무]이 있다. 무당은 'ecstasy[忘我, 脫我]' 상태에서 신령을 만나 춤과 노래로써 여러 종류의 신[多神多靈]에게 예배를 드리는 사람이다. 여성이면 무당이라 하고, 남성이면 박수라고 한다. 무당이란 말이 천한 계층을 지칭하는 말이라 하여 만신(萬神)이라고도 한다. 이 밖에 경문을 공부하고 외워야 하는 법사가 있다.
　굿은 무당이 신과 만나는 행사이다. 굿은 다시 굿·고사·비손 등 무슨 일이든지 잘 되기를 바라는 기원성의 굿과 푸닥거리와 같이 잡귀를 쫓아내는 귀신 쫓는 굿[逐鬼]으로 나눌 수 있다.
　집안신 신앙의 대표적인 것으로는 조령(祖靈)·성주(星主)·조왕·터줏대감 등이 있다. 조령은 조상들을 숭배하기 위하여 안방 시렁에 조상단지를 모시는 것이다. 장손집에 모시는 경향이 많다. 성주는 집안을 지켜 주는 수호신으로 차남 이하도 다 모신다. 성주독에 보리나 쌀을 넣어 마루 한구석에 놓거나 마루방 천정의 중보와 마룻대 사이 대공에 한지를 접어 붙인다. 조왕은 불신으로서 부엌에 모시며, 주부들의 신으로 되어 있다. 터줏대감은 집터의 지신으로, 흔히 단지에 낟알이나 천을 넣고 주저리를 덮어 장독대 옆이나 집 뒤켠에 놓는다.
　동제는 마을단위의 지역적 화합을 위해 여는 제례이다. 동제는 신령스런 바위나 나무[神木] 등에 당(堂)을 정하고 제례를 드린다. 동제당의 명칭은 지역에 따라 차이가 있는데, 경기지역에서는 산신당이라 하고, 강원지역에서는 서낭당, 그 외 당산, 본향당, 포제단이라고도 하였다. 장승이나 솟대 등에 지내기도 한다.

7. 맺음말

이상과 같이 생활사는 과거의 관습을 다루지만, 이에 그치지 않고 현대의 문제를 해결하는 데 도움이 되는 현재적인 학문이다. 다양한 민속생활의 분석결과는 현대 각 단위의 생활방식에 대한 이해 정도를 보다 풍부하게 해 준다.

가령 한 개인의 혼인 문제를 생각해 보자. 혼인은 개별적인 남자와 여자가 결합하여 만드는 사회의 최소단위이다. 상대를 보고 사랑하는 마음이 생기는 것은 개인의 의사에 따른 것이지만, 혼인을 거쳐 가정을 꾸리게 되면 부부를 최소단위로 하여 다양한 사회적 관계를 맺게 된다. 사회적 관계가 전제되는 한, 남녀결합으로 이루어진 혼인의 의미, 부부를 중심으로 한 시가와 처가 등의 가족관계, 가정을 단위로 한 사회관계 등 다양한 측면에서 부부 중심의 사회적 역할과 의무에 대해서 생각케 될 것이다.

이 경우, 이들 부부는 다른 부부들의 사회적 역할과 의무를 참고하게 된다. 앞서 살아왔던 사람들의 경험을 전수받아 자기 부부 나름대로 취사 선택하여 자신들의 삶의 방식을 정해야 하는 것이다. 만약 이들이 수집한 다른 가정의 사례를 지역을 나누거나(서울과 지방, 혹은 한국과 중국 등) 직업을 나누어(농민, 상인, 회사원 등) 표본을 정해 수집하려 노력한다면 현재 각 가정 혼인의 의미를 이해할 수 있을 것이다.

나아가 이들이 현재에 그치지 않고, 시간적으로 앞선 보다 많은 역사적인 혼인 경험을 수집한다면, 이들 부부의 혼인이 갖는 의미는 보다 풍부해질 것이다. 가령 한국 고대사회에서 행해진 혼인의 역사적 의미, 중세사회 대가족사회에서 문중과 대가족과 세대가족이 묶여지는 원리와 그에 따른 각 단위 가족의 사회적 역할 등에 대해 나름대로 지식을 축적하거나 더 세분하여 양반가족과 노비가족들로 나누어 수집해 보거나 양반가족도 서울양반과 지방양반 가족들의 구성 형태와 의미를 수집·분석하여 자신들을 중심으로 역사적 흐름에 따라 정리해 놓는다면 이들 부부는 한국 전통사회의 혼인습속을 계승·발전시켰다고 할 수 있다.

혼인에만 국한시켜 보더라도 이렇듯 동 시대의 다양한 경험들과 역사적 체험형태를 다양하게 수집하여, 이를 계통적·체계적으로 정리한다면 현재 가족의 사회적 역할뿐만 아니라 미래가족의 의미까지도 역사적으로 고찰할 수 있다. 바로 이 점이 생활사의 연구목표이며, 이를 위해 분야를 나누어 개별 사실들을 수집·정리·분석하는 것이 연구방법이다.

(이인재·최금숙·정영희·서태원·김정의)

※ 참고문헌

민병수, 1980,『한국인의 지혜』, 우석.
장수근, 1984,『한국의 세시풍속』, 형설출판사.
최상수, 1985,『한국 민속놀이의 연구』, 성문각.
이광규, 1985,『한국인의 인생』, 형설출판사.
장덕순, 1986,『한국인과 해학』, 시인사.
김기빈, 1986,『한국의 지명유래』, 지식산업사.
최래옥, 1987,『여보게 김서방』, 미완.
김용숙, 1990,『한국여속사』, 민음사.
조흥윤, 1990,『무와 민족문화』, 민족문화사.
김정의, 1995,『역사의 시공을 넘나들며』, 혜안.
한국역사연구회, 1996,『조선시대 사람들은 어떻게 살았을까』1·2, 청년사.

제6장 여성운동사

1. 머리말

역사 속에서 여성들은 억압적인 현실에 대하여 어떤 방식으로든 저항을 해 왔다. 여성운동은 여성들이 여성해방이론을 가지고 여성문제를 해결하기 위해 전개하는 조직적이고 지속적인 활동을 말한다. 여성운동의 발전의 계기는 사상 사적, 사회경제적, 정치적 부문에서 작용하는 다양한 요인들 사이의 상호관계에 서 찾아야 한다. 또한 독자적인 주체와 영역을 가지면서도 여성문제는 사회문제 와 밀접히 결합되어 있기 때문에 사회운동의 한 부분이라고 할 수 있다.

우리 나라에서 여성들의 조직적인 활동이 나타나기 시작한 것은 19세기 말 개화운동과 같은 시기로 잡을 수 있다. 구한말 및 국권침탈기에 있어서 여성운 동은 일찍이 프랑스혁명과 산업화를 경험한 서구국가들에서 전개된 참정권 획 득 및 남녀의 동일임금을 요구한 여성운동과는 달리 우리 나라가 놓인 역사적 상황과 결부되어 민족운동의 일환으로 전개되었다.

본고에서는 기존문헌에 의거하여 한국여성운동사를 여성의식의 변화와 여성 운동의 활성화로 나누어 고찰해 보고자 한다.

2. 여성의식의 변화

고려 이전의 불교지향 사회에서는 여성의 정치·사회적 지위는 평등하였다. 그러나 고려말 수입된 주자학이 조선의 치국이념이 되면서부터 유교적 사회관 으로 바뀌게 되었다. 이에 따라 조선사회는 가부장적 사회규범이 형성되고 여기에서의 남녀 관계는 주종적 의미로서의 예속적이고도 남성부속적인 사회문화체제로 변화되었다. 이 때문에 가정에서부터 사회·경제·교육·정치적인 면까지 남녀차별이 확장되어 나갔다. 18세기 후반에 발생한 실학사상은 조선조 전반에 걸친 현실비판의 자각에 일대혁신을 불러일으켰으며 여성의 사회참여에 대해서도 긍정적인 측면을 제시하였다. 당시 실학자들은 유교적 신분제의 모순을 비판하고 그 개혁을 주장, 비록 남녀 성차에 대한 문제는 논외로 하더라도 이들의 신분개혁론은 유교적인 신분차별의 고정관념에서 탈피한 새로운 평등적 인간관을 탄생케 하였다. 이 때를 여성의식 개화의 태동으로 보겠다.

서학의 전래는 여성의 사회참여와 해방문제를 인간평등의 차원에서 출발시킴으로써 전근대적 봉건체제 하의 남성들의 축첩행위를 부도덕한 것으로 간주하게 하고 여성들을 인격적으로 대하게 하는 계기를 마련하였다.

또한 1876년 일본과 체결된 강화도조약은 한국사회 전반에 중대한 변화를 초래하였다. 이 정세변화에 대응하려는 움직임이 곧 개화운동이며 이 운동을 촉진하기 위해서는 인구의 반을 차지하는 여성의 힘이 필요했다. 이 필요한 여성의 힘을 움직이는 데 큰 저해요인은 유교적 여성관이었으며, 따라서 새로운 여성상을 부각시키는 일은 근대화를 위한 가장 시급한 과제였다. 이리하여 여성운동은 곧 개화운동으로 간주되기도 하였다.

한국여성의 개화문제가 구체적으로 취급된 것은 박영효의 개화상소가 처음이었다. 1885년 박영효는 일본 망명생활중 국왕에게 장문의 상소를 올리고 개화의 필요성을 주장하였다. 여기에서 전통사회의 폐습을 타파하려는 한 시도로서 개화기 여성관의 새로운 변화가 엿보인다.

그 후 1894년 동학민중군이 정부측에 제시한 폐정개혁안에는 과부에 대한 재가 허용 요구가 등장한다. 만민평등의 이상을 담은 동학의 인내천사상이 일체의 봉건적 차별과 신분제를 정면에서 부정한 데 따른 것이었다. 이처럼 전통사회 여성의 지위향상에 실질적인 기여를 한 동학사상은 내부에서 생겨난 여성해방에의 첫 발돋음이었다고 할 것이다.

근대적 여성운동은 또한 서구적 근대문물의 수입과 그와 함께 전파된 대중교육의 실시와 밀접히 연관되어 있다.

한국여성을 위한 근대교육의 기점은 미국 감리교 선교사인 스크랜튼 여사가 기독교 계통인 이화학당을 세운 1886년이라 할 수 있다. 이어 기독교 장로교 계통의 정신여학교 등이 설립되었고, 교육은 정규과정 못지 않게 교회생활을 통해 이루어졌다. 이를 통해 형성된 개인의 신앙은 전도활동으로 이어지고 전도는 사회참여로 통하게 되었다. 성경은 여성들에게 "남성과 여성은 똑같은 영혼의 소유자이며 신 앞에서 평등하게 태어났다"는 인식을 불러일으켰다. 뿐만 아니라 성경을 읽히기 위해 보급된 한글은 결과적으로 전근대 봉건사회에서 한문에 억눌려 외면당한 민족정신을 일깨워 주었다. 이에 힘입어 근대의 여성지도자들이 배출되었다.

1890년대 들어 서양문물을 배워온 윤치호, 서재필, 유길준 등은 독립협회를 조직하고『독립신문』을 간행하였다. 처음에 30명으로 시작하여 3개월도 되지 않아 회원 1만 명의 단체로 성장한 이 독립협회에 의해 처음으로 여성교육이 사회문제로 등장하였다. 국민의 반수를 차지하는 여성의 힘이 국력과 직결되어 있음을 강조하면서 여성을 위한 교육의 중요성을 역설하였다. 특히『독립신문』에서는 천부인권사상을 기초로 하는 남녀평등론에 입각한 논설이 게재되었다. 물론 이러한 노력들이 일반여론을 형성하는 데까지 이르지는 못했으나 여성문제를 사회문제로 부상시켰다는 점에서는 평가를 해야 할 것이다.

한편 이러한 사회·사상 변혁에 발맞추어 갑오개혁은 사회전반을 대상으로 개혁조치를 단행하였다. 문벌과 신분의 폐지, 과거제 폐지, 노비제 폐지, 과부재가 허용, 조혼금지 등 실로 획기적인 조치들이 그것이다. 이는 양반 중심 사회에 도전한 반봉건주의의 승리로서, 이후 근대적 국민교육의 실시가 자연스럽게 사회문제로 인식되게 되었다.

1898년 최초의 여성단체라 할 수 있는 찬양회(일명 순성회)가 설립되어 여성개화를 위한 교육계몽활동이 시작되었다. 서울 북촌의 몇몇 진보파 양반부인들에 의해 창설된 이 단체는 당시 400여 명의 회원으로 이루어졌는데 소수의 남성 회원과 외국여성도 포함하고 있었다. 이 찬양회에 의하여 순성여학교가 설립되고 그 운영을 위해 양성원이 설립되었다. 이 단체는 1899년 독립협회의 해산과 함께 해체되었다.

양성원의 교육사업은 1900년대에 생겨난 여성단체(여자교육회, 진명부인회, 여자보학원 유지회 등)에 의해 계승되었다. 근대여성운동은 개화운동의 일환으로 대두하였으므로 개화운동과 일치 또는 병행하여 교육계몽활동을 펴나갔다. 일제침략이 노골화되는 1905년부터는 민중의 대항이 한편으로는 의병전쟁, 또

한편으로는 민족교육에 의한 실력양성운동을 축으로 하여 전개되었다. 이에 따라 1906~1907년 사이에 3천여 사립학교가 설립되었으며, 이들 학교를 후원하기 위한 각종 부녀단체가 조직되었다.

1907년 국채보상운동은 초기 여성운동사에서 특기할 만한 대규모적 움직임을 보여주었다. 일본에 진 부채를 전 국민이 보상하여 경제자립의 독립국가를 만들자는 뜻에서 전개된 이 운동은 1907년 2월 대구의 서상돈, 김광제 등이 편 금연운동에서 발단되었다. 이에 부응하여 대구여성들은 '패물폐지회'를 결성하고 전국의 여성에게 참여 격문을 보냈다. 국권을 상실할지도 모른다는 절박한 현실 앞에서 전개된 이 운동은 우선 국권회복을 목적으로 한 것이지만, 동시에 현실참여를 통해 시민으로서 남성과 동등한 권리와 의무를 행사한다는 의미도 갖고 있었다.

1910년 국권침탈과 함께 여성운동은 새로운 국면에 접어들었다. 일제는 총독부를 설치하고 무단정치를 행하며 경제적 수탈과 사상적 탄압을 감행하였다. 정치활동에 참여한 많은 단체들이 속속 활동을 정지당하고 많은 학교가 문을 닫았다. 그 와중에서 점차 고조된 한국민족의 반일감정은 항일운동과 비밀결사의 형태로 조직화되어 나갔다. 여성운동도 이와 궤를 같이하여 1913년에는 평양에서 여성 최초의 비밀결사단체 송죽회가 결성되었다. 중심인물은 평양숭의학교 교사인 황애덕으로, 표면적으로는 여자상회라는 소비단체를 열어 국산애용·물자절약 등의 표어를 내걸었으나 이익금과 회비를 거두어 독립운동자금의 조달, 국외 독립신문의 국내 보급, 밀사의 은신처 제공과 같은 활동을 헌신적으로 전개하였다.

이처럼 민족운동의 일환으로 전개된 여성운동이 3·1민주혁명과 연결된 것은 당연하였다. 즉 1919년 2월 8일 동경유학생 김마리아 등이 독립선언식을 가진 것을 계기로 전국의 종교단체, 여성학생층, 근로여성, 가정주부, 기녀들까지 총동원되어 민족의 자주독립을 위한 항쟁에 나선 것이다. 이 3·1민주혁명은 여성들로 하여금 올바른 국가관을 갖게 하고 여성 역할의 중요성을 깨닫게 해 주는 등 의식의 변화를 불러일으키는 계기가 되기도 하였다.

3. 여성운동의 활성화

 3·1민주혁명 직후 여권신장과 여성근로자의 노동운동을 중심으로 활발화된 국내 여성운동은 크게 항일구국운동과 민족실력양성운동으로 나눌 수 있다. 항일운동으로는 평양의 대한애국부인회, 서울의 대한민국애국부인회 등에 의한 투옥지사의 옥바라지와 가족 후원, 상해임시정부 후원운동 등을 들 수 있는데, 1919년 11월 27일에 해체되었다.
 1920년대에는 일제가 표방한 문화정치 하에서 출판·집회·결사의 자유가 허용되어 신문화운동이 새롭게 일어났는데 대한제국과 마찬가지로 교육계몽활동이 주류를 이루었다. 1920년 창설된 조선여자홍학회는 새로운 지식과 사상보급에 힘썼으며 기관지『여자계』를 발간하였다. 또 조선여자교육회는 1923년 근화학원을 설립하기도 하였다. 한편 경제적 자립운동의 하나로 물산장려운동과 국산품애용운동이 일어났는데, 여성들을 중심으로 조선물산장려회의 자매기관인 토산애용부인회와 소비절약을 강조하는 조선기독여자절제회 등이 결성되어 여성의 지위와 권익을 옹호하고 흡연·매음 등 사회풍토를 개선하며 국산애용의 장려에 앞장섰다. 종교적 여성단체를 중심한 여성들의 활동도 활발하여 1921년 천도교여자청년회, 1922년 YWCA가 창립되어 신생활 신문화운동을 지속적으로 이끌었다.
 그러나 본격적인 여성운동이 시작된 것은 1924년 조선여성동우회가 창립되면서부터라고 할 수 있다. 사회주의 색채를 띤 이 여성운동단체는 창립선언문에서 여성의 인간적 평등권을 주장하고 여성의 이중적 노예상태를 시석하였다. 그리고 여성해방의 핵심을 경제적 독립에 두어, 자본주의 경제조직의 변혁 없이는 해방도 불가능하다고 보고 급진적·혁명적 여성해방운동을 전개하였다. 구체적으로는 전국에 40여 개의 '여자청년회'를 조직하고 문맹퇴치·농촌계몽·토론·교양강좌 등의 활동을 벌였고, 여성운동의 목적을 최초로 여성의 사회적 해방으로 끌어올려 여성도 남자중심의 사회경제 질서에 참여할 것을 주장하였다.
 1926년에는 민족운동의 통합을 위해 신간회가 발족되었다. 여성들도 일치단결된 항일운동을 위해 1927년 근우회를 결성, 좌·우가 하나로 뭉쳐 통일된 조직과 목표를 가지고 전체적인 운동으로 전환하였다. 민족독립의 이념을 바탕으로 한 이 근우회는 행동강령을 통해 특히 여성의 의식변화와 사회참여를 유도하였다. 이후 70여 개의 지회가 설립되는 등 전국적인 규모로 확산되었으나 1930년 신간회 해체와 함께 자연 해산됨으로써 종지부를 찍게 되었다.

이 시기 여성운동은 일반적 개념의 여성운동이 아니라 한국사회의 특수여건 속에서 강조될 수 밖에 없었던 애국운동이었다는 데 특징이 있었다. 여성단체는 그 창설동기와 운영에서 독립적인 것도 있었으나 많은 경우 남자들의 권유와 지도에 의해 조직·운영되어, 대남성투쟁을 위한 서구 여성운동과는 대조를 보였다.

1931년 이후에는 여성운동은 만주사변, 중일전쟁, 태평양전쟁으로 이어지는 전시체제 하에 잠복기로 접어들어 광복에까지 이르렀다.

8·15해방을 계기로 하여 여성운동은 여권신장을 위한 참정권 획득을 중심으로 활동을 전개해 나갔다. 1945년 8월 대한여자국민당이 여성의 자질향상, 정치·경제·사회적 지위 확보를 목적으로 창당되었다. 이와 함께 한국애국부인회가 발족되어 여권운동을 전개하였고, 그 후 독립촉성애국부인회 등 각종 여성단체가 나타나 남녀평등을 주장하고 나아가 정치에 적극적으로 참여하였다. 따라서 여성운동에서 여성해방이 큰 주제로 등장한 것은 8·15해방 이후라고 할 수 있다. 8·15해방과 함께 등장한 민주사상은 여성해방운동에 중대한 계기를 마련하여, 남존여비의 윤리관을 청산하고 나아가 여성 스스로 능동적인 존재로 다시 서며 자신의 희열을 생활의 중심에 두려는 새로운 흐름을 만들어 내었다. 법의 측면에서도 남한만의 단독정부 수립과 함께 제정된 대한민국 헌법이 형식적으로나마 남녀평등권과 노동여성에 대한 보호를 규정하였다.

이후 1950년 닥친 6·25동란은 여성들에게 심각한 정신적 타격을 부여하며 경제적·사회적 자각을 갖게 하였다. 수많은 전쟁미망인, 과부, 군인아내 등은 호구지책을 위해 경제적 활동에 직접 투신해야 했으며 그 과정에서 억눌려 있던 여성들의 실력이 발휘되었다. 이렇게 되자 여성들은 점차 경제적 필요에서뿐 아니라 취미와 능력을 발휘하기 위해 직장으로 진출하고 지역사회와 국가에 봉사하기 위해 단체활동에 참여하게 되었다. 우익 여권운동진영은 1948년 2월 대한부인회를 결성하였다. 군사정변 이후 잠시 해체되었지만 1964년부터는 한국부인회로 이름을 바꾸고 다시 활동을 시작하였다.

한편 1960년대 구미제국 여성해방운동은 우리의 여성운동에 자극을 주었을 뿐만 아니라 1975년 '세계 여성의 해'를 선포한 유엔이 모든 인류의 '평등·발전

·평화'를 이념으로 삼아 여성에 대한 차별을 철폐하는 데 모든 여성이 힘을 규합할 것을 촉구함으로써 한국여성의 자아의식을 일깨우는 데 박차를 가하였다. 1960년대 말부터 조직된 새마을부녀단체들이 1977년 새마을부녀회로 통일되면서 행정 말단조직에까지 부녀회가 조직되었다. 그리고 기존 한국부인회, 한국여성단체협의회, 전국주부교실중앙회 등도 소비절약, 식생활개선 등의 정부시책을 홍보하였다.

1970년대 여성운동에서는 기존의 여성이 해오던 일을 거부하고 무조건 모든 일을 남녀가 똑같이 나누어 해야 여성이 해방되고 권익이 확보된다고 주장하는 경우도 적지 않았으나, 점차 자신과 가까운 주변을 정리하면서 내실을 다지는 움직임도 싹트기 시작하였다. 그리하여 신민법의 제정 당시부터 성적 차별이 명확한 가족법을 개정하기 위해 결성된 범여성가족법개정촉진회가 꾸준히 개정운동을 추진하고, 그 결과 1977년에는 재산상속상의 남녀차별이 다소 약화된 가족법 개정을 보게 되었다. 그 후 1989년 12월에는 '이혼시 재산분할청구권 인정, 남녀 기·미혼 구별없이 직계비속간 균등분할하도록 한 재산상속제' 등이 반영된 가족법 2차개정안이 통과되었다.

1970년대 여성이 벌인 운동 중 가장 주목할 만한 것은 생산직 여성노동자들의 운동이다. 치열한 여성노동자들의 투쟁은 대부분 저임금과 열악한 노동조건의 개선, 민주노조 건설을 중심으로 하였지만, 여성노동자만의 특수한 요구를 제기하고 확보해 나가기도 하였다. 이런 가운데서 소개되기 시작한 서구의 여성해방이론과 현대 여성운동이 가져다 준 학문적인 자극의 결과로써, 여성연구의 시각변화와 그 이론의 체계화·통합화를 지향하며 여성학이 등장하였다. 1977년에 처음으로 대학 교과과정에 채택된 여성학은 성이라는 차원에서 평등의 문제와 인간화의 문제를 중점적으로 다루게 되었다.

1980년 이후의 여성운동은 70년대와는 질적인 변화를 보였다. 우선 1980년 광주민주화운동을 거치면서 1983년에는 여성평우회, 여성의 전화, 민주화운동 청년연합 여성부 등의 단체가 조직되었다. 그리고 1987년 6월대항쟁을 전후하여 여성운동은 부천서 성고문규탄, 시청료납부거부운동, 최루탄 추방운동 등을 벌이며 여성운동과 민주화운동의 과제를 실천적으로 통일시켜 나갔다. 그 해 21개 여성단체가 모여 전국적인 한국여성단체연합이 결성되었다. 이는 해방 이후 40여 년간의 각 계급 계층별·지역별운동의 발전을 배경으로 한 것으로, 이런 단체들은 활동목적으로 여성해방이란 과제를 선명히 하고 한국사회의 자주·민주·통일의 과제를 포괄하고 있었다.

이처럼 1980년대에 들어서면서부터 여성운동은 급변하는 사회에 대처하여 사회구조적 모순 속에서 여성 문제를 파헤치려는 의식의 탈바꿈을 도모하고 이것들을 사회학적인 관점에서 심도있게 이론화·체계화하고자 시도하고 있다.

동시에 여성문제의 구체적 해결을 목적으로 여러 단체들이 계속 늘어나고 있다. 여성노동자운동쪽에서는 1987년 한국여성노동자회가 조직되었고 1992년 9월에는 한국노동자협의회가 결성되어 이를 총괄하게 되었다. 대표적 주부운동단체인 한국여성민우회는 생활협동조직을 기반으로 지회를 구성하고 주부 모니터 활동과 학부모운동에 참가하고 있다. 한국여성단체연합회에서는 1992년 주부위원회를 상설화하였다.

성폭력 추방운동은 1990년대 들어와 가장 주목받는 운동 중 하나이다. 1980년대 후반 성폭력 문제가 심각한 사회문제로 등장하면서 1991년에는 성폭력상담소가 개소되었고, 한국여성단체연합회에서는 1992년을 '성폭력 추방의 해'로 정하고 여성단체들과 연대활동을 벌이는 등 여론의 주목을 끌어모았다. 이를 근간으로 1993년 12월에는 '성폭력범죄의 처벌 및 피해자보호 등에 관한 법률'의 제정으로까지 나갈 수 있었다.

또한 군위안부 진상규명운동은 1990년 11월 정신대문제 대책협의회의 발족과 함께 본격화하여 일본군위안부에 대한 생활안정지원법안의 통과를 도왔다. 그리고 여성정치운동은, 1995년 지방의회선거를 계기로 여성단체연합에서는 1994년의 중요사업으로서 '20% 지방의회 여성 참여'를 내걸고 좋은 후보의 발굴 및 여성의 정치의식 고취를 위해 활동을 전개하였으나 실패하고 말았다. 또한 1955년경부터 YWCA를 필두로 시작된 소비자운동은, 1978년 구성된 소비자보호단체협의회를 중심으로 소비자보호운동에 관한 조사연구, 소비자 의견 반영, UR에 따른 외제상품의 홍수 속에서 불량상품 불매운동, 소비자 계몽운동 등의 사업을 전개하여 소비자 권리를 위한 경제의 민주화를 이루고자 애쓰고 있다.

이러한 활발한 움직임에 힘입어 1980년대 이래 여성단체들이 제기한 여성관련법 중 남녀고용평등법(1987), 가족법(1989), 영·유아보육법(1990), 성폭력특별법(1993) 등이 제정 또는 개정되었다.

4. 맺음말

이상에서 볼 때, 앞으로의 여성운동은 인간화와 공동체의 건설을 위해 사회 전반에 걸쳐 광범위하게 관심을 갖고 사회의 변화에 따라 목표를 설정하여야 한다. 그리고 유엔을 비롯해 세계 각국의 노력에 의해 크게 진전된 여성운동은 여성들만의 것이 아니라 세계 발전에 필수적인 실천운동이란 것을 모두가 인식하여야 하겠다.

1995년 8월 30일에는 중국 북경에서 비정부기구(NGO) 포럼의 개막을 시작으로 제4차 유엔 세계여성회의가 17일 간에 걸쳐 열렸다. 「평등 발전 평화를 위한 행동」이라는 주제 하에 열린 이 회의는, 1975년 '세계 여성의 해'가 선포되며 세계 여성회의가 시작된 지 20여 년이 지난 지금 선후진국 가릴 것 없이 세계 여성운동이 성숙한 단계에 들어섰음을 실감케 해 준 것이었다. 우리 나라는 여기에 50명의 정부기구 대표와 600여 명의 비정부기구 대표를 대거 파견하여 세계 여성계에서도 국력에 걸맞는 역할을 수행하였다. 그러나 유엔개발계획보고서에서 밝혀진 것처럼 한국의 남녀평등 지수는 세계 37위이고 여성권한 척도는 겨우 90위에 머물고 있어, 여전히 세계적 여성운동의 흐름에서 뒤떨어져 있음을 자각하고 더한 노력이 요청된다 하겠다.

(최금숙)

※ 참고문헌

정요섭, 1971, 『한국여성운동사』, 일조각.
이화여대 한국여성사편찬위원회 편, 1972, 『한국여성사』 1~3.
최은희, 1973, 『조국을 찾기까지』, 탐구당.
손인수, 1977, 『한국여성교육사』, 연세대출판부.
이현희, 1978, 『한국근대여성개화사』, 이우출판사.
장병욱, 1979, 『한국감리교여성사』, 성광문화사.
이화여대 편, 1979, 『여성학』, 이화여대출판부.
박용옥, 1982, 『한국근대여성사』, 정음사.
3·1여성동지회 편, 1980, 『한국여성독립운동사』.
박용옥, 1984, 『한국근대여성운동사연구』, 한국정신문화연구원.
숙명여대 편, 1984, 『여성학』, 숙명여대출판부.

한국여성개발원 편, 1984, 『여성과 발전 Ⅱ』, 한국여성개발원.
조혜정 편, 1985, 『한국의 여성운동』(한국민주문화대전집 5), 문학예술사.
여성평우회 편, 1985, 『제3세계 여성운동』, 창작과 비평사.
신정숙, 1986, 『전통사회의 여성생활』, 대광문화사.
여성학교재편찬위원회, 1987, 『여성학의 이론과 실제』, 동국대출판부.
한국여성개발원 편, 1987, 『여성발전과 지도자』, 한국여성개발원.
이효재, 1989, 『한국의 여성운동』, 정우사.
김영정, 1989, 『변화와 도전』, 이화여대출판부.
한국여성개발원 편, 1993, 『초·중등학교 교육과정에 나타난 남녀역할 연구』.
김진명, 1993, 『굴레속의 한국여성』, 집문당.
한국여성연구회 편, 『여성학 강의』, 도서출판 동녘.
정유성, 1994, 『여성남성 같이살기』, 웅진.
박석분 외, 1994, 『인물여성사』, 새날.
김동일 편, 1995, 『성의 사회학』, 문음사.
박용옥, 1996, 『한국 여성 항일운동사 연구』, 지식산업사.
곽삼근, 1998, 『여성과 교육』, 박영사.

제7장 유학사상사

1. 유학의 전래와 정착

유교문화 및 사상은 일찍이 삼한시대에 중국 한문화의 수입과 함께 우리 나라에 들어와 정착하였다. 그리고 유교문화와 이념은 삼국시대를 거쳐 한국인의 생활 속에 정착되면서 충절과 신의를 중시하는 사회이념으로 뿌리내리게 되었다.

그 후 고려말엽 새로운 학풍이 일어나 주자학을 받아들이면서 고려시대의 정신적 중심이었던 불교를 배척하고 유교이념을 표방하는 운동이 일어났다. 고려의 유학은 사장(詞章)·훈고(訓詁)를 주로 하는 학풍이었으나, 원의 내정간섭기였던 충렬왕 때 종래의 학풍에 대한 반성이 일어나 경학(經學)과 사학(史學) 방면으로 전개되어 갔다. 이러한 학문적 분위기 속에서 원으로부터 주자학이 전래되었다. 이 주자학은 북송시대의 정호·정이 형제와 남송의 주희(주자) 등이 집대성한 유교철학으로 송학이라고도 하며, 우주의 근본원리와 인간의 심성문제를 밝혀 보려는 철학적이고 이론적인 유학으로서 성리학이라고도 한다. 이후 우리 나라에서 발전된 유학은 일반적으로 이 성리학이라 할 수 있다.

이러한 성리학의 전래는 신진사대부계층의 환영을 받아 그들의 정신적 기둥이 되었으며, 신진사대부들이 과거를 통하여 새로운 정치세력으로 등장하면서 성리학도 더욱 진흥하게 되었다.

성리학을 처음으로 신봉하고 수용한 인물은 충렬왕 때의 안유였고, 그 뒤 백이정이 원에서 성리학을 배워 왔다. 이제현은 백이정의 학통을 이어 제자들에게 성리학을 교수하여 이를 차차 보급시키고, 그를 계승한 정몽주가 철학적 체계를 정립·발전시켰다. 그리고 정도전, 조준 등은 성리학을 정신적 지주 내지는 정치

철학으로 삼고 불교의 폐단을 비롯하여 고려사회 전반에 걸쳐 비판을 가하면서 현실개혁을 주장하기 시작하였다. 이들의 학풍은 조선왕조 건국의 이념적 기반을 제시하는 것이 되었고, 조선왕조를 통하여 성리학이 정통이념화하면서 본격적인 토착화 시기를 맞게 되었다.

2. 예론의 활성화

성리학은 조선왕조의 성립과 함께 관학으로 채택되어 왕조개창 세력인 사대부 계층에 의해 유교적·가부장적 봉건양반체제의 정비를 위한 수단으로 이용되었다. 그리고 성리학의 의리, 명분론은 유교이념의 사회적 구현을 위한 근본원리로 받아들여져 이를 실현하는 선비정신의 중심을 이루게 되었고, 양반으로서 선비의 조직적 성장과 함께 유교이념은 사회와 역사를 통하여 더욱 깊이 뿌리를 내렸다.

특히 한국적 상황에서는 성리학은 예론 탐구와 그 실현을 위하여 발전되어 온 것이라 할 수 있을 만큼 예의 존중사상에 투철하였다. 따라서 예로 대표되는 유학의 가치관은 전통사상 가운데 우리 생활에 가장 큰 영향을 끼치게 되었다. 이는 근대 서구문물이 들어오기 직전까지 조선왕조 오백년의 생활원리였고, 또한 아직까지 우리의 의식과 행동을 강력히 규제하고 있는 정신적 기반이기도 하다.

유학과 예는 불가분의 관계를 가진다. 예로 표현되는 윤리 도덕사상이 그 중심을 이루는 것이 곧 유학이라 해도 지나침이 없을 만큼 예사상을 빼고는 유학의 존립이 불가능하게 보일 정도이다.

성리학에 기초한 예사상과 그 실천은 조선시대에 본격적으로 발달했다. 이에 예의 실천을 계몽·보급하기 위해『주자가례』가 반복해 간행되고,『국조오례의』,『삼강행실도』,『오례의주』등이 편찬되었다. 특히 가례의 실천이 강조되어 법률처럼 실행될 정도였다. 태조 때부터 오복제도(五服制度)의 준용과 가례의 3년상 및 가묘제가 시행되고, 태종 때는 관리가 된 자에게 가례를 치르게 하는 한편, 양반층에서 가묘입사(家廟立祀)를 이행하지 않을 때는 엄벌에 처하였다.

그 후 15세기 후반에 이르면 사림파에 의하여 소학의 실천이 강조되었다. 소학에서 말하는 수양과 율신을 곧 성리학적 인식의 핵심이라고 이해하고 이것을 중시한 학자로는 김굉필, 김안국 등이 대표적이다. 김굉필은 "글공부를 하고서도 아직 천기를 알지 못하였다가 소학 안에서 어제의 잘못을 깨달았네"라고 하여 소학의 중요성을 환기시켰다. 이러한 사림의 노력으로 소학은 당시 위로는 왕으로부터 아래로 서민에 이르기까지 보급되었다.

16세기 중기 이후에 이르면 예의 실천은 향약의 구조에서 더욱 발달되어 나타난다. 향약의 역사는 매우 오래 된 것으로, 조선 초 태조가 「풍패읍향녹안(豊沛邑鄕錄案)」이라는 향헌을 지어 그의 고향인 함흥지방에서 지키게 하였으나 짧은 기간에 국한되었다. 뒷날 이는 지방자치 조직인 유향소의 기능에 흡수되었는데, 유향소도 거듭 존폐를 반복하다가 중종 때 유향소의 부진을 극복하기 위해 주자의 여씨향약이 등장하였다. 그러나 이 여씨향약도 기묘사화 등으로 인해 큰 발전을 보지 못하다가 명종 때 이르러서 지방자치 방법으로 확대되어 갔다. 특히 퇴계 이황과 율곡 이이가 이 향약을 직접 향민교화에 이용하였다. 퇴계는 부모에게 순종하지 않는 자, 친척간에 화목하지 않는자, 모임에 늦게 오는 자 등 수십 죄목의 규정을 마련하여 이를 어기는 자는 각기 상중하로 죄를 다스린다는 향약을 만들었는데 이것이 예안향약이다. 특히 퇴계는 향약에 단지 풍속교화만을 규정한 것이 아니라, 유향소의 기능을 정상화시키기 위해 토호나 관리 등에 관한 규정도 첨가하였다.

반면 율곡은 퇴계보다 더 많은 향약을 각 지방의 실정에 맞게 지어 실행하도록 하였는데, 서원향약, 해주향약, 사창계약속, 해주일향약속 등이 그것이다.

17세기에 이르면 예는 더욱 중시되어 단순히 주자가례 중심의 예만으로는 만족할 수 없게 된다. 당시는 이른바 예학시대라 할 만큼 주자가례가 이미 대중적으로 보급되어 있었고 나아가 그보다 더 많은 예의 지식을 필요로 했다. 특히 예의 학문적 정리나 해설만을 필요로 한 것이 아니라 그보다는 철저한 예의 실천을 중시하였다. 명분과 의리에 맞는 행동을 했을 때와 그렇지 못한 때를 엄격히 구분하여 전자를 군자(君子), 후자를 소인(小人)이라 하여 인간을 평가하는 데 적용하였던 것이다.

그런데 이러한 예의 생활태도는 단지 인간 평가에만 한정되지 않고 당파의 분열을 초래하게 되었다. 당시 당파의 논쟁점은 상복문제를 둘러싼 예송논쟁이었다. 즉 1659년 효종이 세상을 뜨면서 효종의 계모이자 인조의 계비인 자의대비 조씨의 상복이 문제로 등장하게 되었다. 이때 서인인 송시열·송준길 등은 1년복을, 남인인 윤휴·허목 등은 3년복을 주장하면서 맞서게 된 것이다. 이 예송에서 1년설이 채택됨으로써 서인은 득세하고 남인이 탈락되는 정치현상이 벌어졌다. 이러한 대결에서의 승패는 옳고 그름에 의해서가 아니라 합례적인 명분의 선택에 좌우되었다. 따라서 17세기 조선조는 예에 의하지 않고서는 아무리 사소한 행위라도 할 수 없었다. 결국 신앙적 차원에서 예의 명분이 강요되었던 것이고, 바로 이 때가 조선조에서 예의 규범의식이 최고 절정에 이른 시기였다고 하겠다.

14세기 이후 15, 16세기에는 예를 절대 존중하는 풍토가 마련되었고, 16세기 후반에는 예의 실천을 강조한 향약에 의한 예속력이 행정권까지도 능가하게 되었다. 이러한 배경 하에 17세기에는 예의 관념이 절대시되어 숭앙되었던 것이다. 18세기에도 17세기의 분위기는 지속되지만, 예학은 이단적인 서학[천주교]의 도전을 받고 내적으로도 새로이 일어난 실학의 학풍으로부터 저항을 받게 된다.

본래 예란 『예기』에서 설명하고 있는 바와 같이 바른 도리, 마땅히 행하여야 할 원리, 선으로의 덕목을 의미한다. 따라서 예는 명분을 바탕으로 형식주의 성격이 농후할 수밖에 없는 것이다. 이 형식주의로 인하여 예는 철저함을 요구하면 할수록 비실용적인 사고를 낳고 공리공론으로 치우치게 된다. 조선후기에 등장한 실학은 이와 같은 예의 절대풍조가 빚은 사회적 폐단을 지양하기 위한 것이었다.

그러나 예 사상은 성리학을 기초로 한 합리성을 근거로 하고 있음을 간과해서는 안 될 것이다. 예는 이성의 산물로서 감성에 휘말리지 않고 이성에 따라 질서를 가져오는 것이다. 따라서 예에 대한 존중은 곧 본능적인 감성에 의한 타락을 방지하고 금욕에 의한 사회질서의 수립을 용이하게 하는 것이었다. 그렇게 보면 조선시대의 예송논쟁은 결코 맹목적인 분쟁이나 대립이 아니었다. 그것은 성리학에 의한 명분론적 사고를 바탕으로 한, 당시의 정치적 현실에 투여된 합리주의적인 사고방식이었다고 하겠다. 즉 예란 합리적 통치수단을 위한 성리학적 명분론의 사고였던 것이다. 그런 점에서 한국의 유학, 즉 성리학은 예론의 탐구와 그 실현에 중점을 두었던 만큼 예 숭상에 투철하였다.

예는 가부장적 봉건체제라는 유가적 질서의 기반이기도 하였다. 따라서 성리학은 명분론적 합리주의를 갖고 있으면서도 거기에는 사실성과 과학성이 결여되어 있어 때로 주체의식의 상실을 보여주었다. 그러한 현상은 모화관에 사로잡힌 일부 사대주의자들의 대외관에서 나타났는데 이들은 명분론에 몰두, 맹종한 나머지 춘추존양적 사대라는 중화사상에 빠져들어 국난을 초래하였다. 병자호란이 바로 그것이었다.

3. 성리학의 이론 완성

성리학의 명분론적 특색은 이론적인 면에서도 볼 수 있다. 우리 나라 성리학은 주지주의(主知主義)적인 것으로 이론에 대한 연구에 치중하는 것이었다. 그것이 바로 '사단칠정이기변(四端七情理氣辯)', '인물성동이변(人物性同異辯)'으로 퇴계·율곡학파, 영남·호남학파, 또는 주리파·주기파 등이 백 년 내지 2백 년에 걸쳐 논쟁을 벌인 주 논점이다. 우리의 성리학이 중국이나 일본의 그것보다 심오하고 풍부한 내용을 갖출 수 있었던 것은 이 두 가지 문제에 대한 천착에서 비롯되었다.

그러나 18, 19세기에 이르면 이러한 이기이원론(理氣二元論)에 입각한 주기·주리론의 대립이 일원론에 의한 유기(唯氣)·유리론(唯理論)의 대립으로 편향되는 현상이 나타난다. 이러한 대립에서 우위를 차지한 것은 주기·유기론자들이 아니라 주리 또는 유리론자들로서, 자신들이 정통이라 주장하였다. 그리하여 모든 사상과 학문에 대한 해석은 주리론 내지 유리론에 입각하게 되어 경험적이고 감각적인 기(氣)보다는 추상적이고 이상적인 이(理)에 치중하였다. 나아가 모든 사물을 이로써 설명하려 함으로써 인간을 설명하는 데 있어서도 이상적인 인간상을 기대하게 되었다. 즉 성인(聖人)의 개념만을 완전하고 이상적인 인간상으로 믿고 그 밖의 인간에 대해서는 지극히 엄격한 평가를 내렸다. 소인과 군자론 논쟁이 바로 이러한 평가 기준에서 나온 것이라 하겠다. 그리하여 한국의 성리학은 중국 송·명의 유학보다 더 실증성·과학성이 희박한 공리공론으로 흘렀고 형식적 가치를 우선하는 명분론적 합리주의만을 절대시하게 되었다.

성리학에서, 본래 기의 개념이 변화하는 현상이나 사물을 설명하는 것이라고 하면 이는 그 현상의 뒷면에 있는 불변인 측면을 설명하려는 개념이었다. 이러한 이와 기를 이원적으로 사물에 적용시켜 해석하려 한 것이 성리학의 본 모습이었고, 이를 계승하고자 한 학자가 퇴계 이황이었다. 그러나 이러한 이기이원론이 이일원론에 밀려남으로써 모든 사물의 해석은 이론에 치우치게 되어 한국의 성리학은 중국이나 일본의 성리학보다 더욱 보수주의적인 특징을 갖게 되었다.

이러한 성리학의 성격은 17세기 이후 변화하는 사회적 현실에 한계를 드러냄으로써 이에 도전하는 새로운 학풍이 일어나니 실사구시・경세치용・이용후생의 개념을 실현하려 한 실학이다. 그러나 실학은 워낙 강고했던 이 성리학적 개념을 극복하지 못한 채로 한말 개화사상가에 의하여 그 사상이 계승되었다.

하지만 이 보수적인 성리학 사상도 민족의 주체성을 발양하는 데 기여한 바가 있었다. 즉 한말의 대표적인 유학자 이항로와 김평묵, 최익현 등은 살신성인 또는 멸사봉공의 성리학적 희생정신을 바탕으로 위정척사를 부르짖으며 구국운동을 일으켰던 것이다. 이는 물밀듯이 들어오는 침략세력에 대해 민족보존을 주장하며 전통적 구국사상을 창출해 내었다.

4. 한말 위정척사사상

19세기 들어 유교사상은 서세동점이라는 위기상황에 직면하여 민족주체성을 근거로 한 위정척사론(衛正斥邪論)으로 그 배타적 성향을 또다른 형태로 구체화시켜 나갔다. 그것은 곧 이질문화의 충격으로부터 왕조의 정통성을 지키기 위한 자주적 저항 민족사상이었다.

위정척사론은 옳은 것[正]을 지키고, 그른 것[邪]을 물리친다[斥]는 이분법적인 가치인식으로서 한민족 사상에서 큰 줄기를 형성하였다.

위정척사론은 19세기 이후 20세기 초에 이르기까지 그 배척이론을 체계화시켜 나갔다. 그 첫 단계는 서세동점의 충격을 어양론(禦洋論)에 근거하여 직접적인 반응을 보이기 시작한 1860년대이다. 이 시기는 이후 척사론의 기반을 마련하였다는 점에서 중요성을 갖는데, 병인양요를 통하여 서양과의 통교가 불러올 민족적 폐해를 막아야 한다는 철저한 저항의식과 배외의식에서 출발하고 있다.

이러한 어양론은 서양은 금수의 문화라는 화이(華夷)의식과 문화적 우월인식을 근거로 하여 서양과 통상을 하게 되면 우리의 생활기반이 붕괴된다는 위기의

식이었다. 노사(蘆沙) 기정진(奇正鎭)은 「병인소(丙寅疏)」에서 서양과 통교하게 되면 "우리 국가가 저들의 부용(附庸)이 되고 만다. 우리의 산하가 저들의 보고가 되고 만다. 우리의 생령들이 금수가 되고 만다"고 하며 경제적·민족적 상실에 대해 우려를 나타냈다. 또 화서(華西) 이항로(李恒老)는 「사동부승지소(辭同副承旨疏)」에서 "저들(서양)이 들어올 때 우리의 의상은 더럽혀지고 우리의 화색을 약탈하여 살아남지 못하게 될 것이다. 통교하는 그 날 우리 인류는 금수가 되고 우리의 생령은 어육지참(魚肉之慘)을 당하게 된다"며 문화적 타락과 경제적 약탈을 비롯하여 민족의 존망에 대한 위기의식을 피력하고 있다. 이처럼 1860년대 어양론은 철저한 양물금단(洋物禁斷)을 강조하는 유교적 사상체계를 반영한 것이었다.

두번째 단계는 서세동점에 이어 일본의 침략이 개항 강요로 구체화되면서 위정척사사상의 이론적 투쟁이 보다 심화되어 가는 단계이다. 그것은 개항에 반대하는 병자척화론과 1881년의 신사척화론으로 대표된다. 개항반대 척화론은 개항을 강요하는 일본도 서양 침략세력과 동일하다는 왜양일체론에서 출발하고 있다. 이 때의 척사사상은 경제적 측면만이 아니라 정치적·문화적 민족자주를 외침으로써 종래의 맹목적인 화이인식에서 점차 벗어나고 있다. 그것은 최익현의 「오불가척화의소(五不可斥和議疏)」에서 찾아볼 수 있다. 즉 첫째 일본의 무력적 위협에 굴복하는 불평등조약에서 오는 정치적 침략, 둘째 무한한 사치품과 유한한 필수품과의 교역에서 올 경제적 침략, 셋째 왜는 곧 양이이므로 서양 사교의 전파에 따라 나타날 문화적 타락, 넷째 강화 후 야만적 일본에 의한 재화와 부녀자 약탈 등 사회풍속의 침해, 다섯째 일본인은 금수이니 인류와 금수의 화합은 있을 수 없다는 문화적 격차를 지적하고 있다. 이러한 주장은 종전의 화이나 양이에 근거한 척사론이 아닌 민족 생존과 문화보존에 대한 자기의식에서 비롯된 것이었다.

이러한 척사론은 일본의 개항 강요에 이은 서구와의 조약 체결로 직접적인 접촉이 이루어지는 1880년대에 다시 본격적인 위정척사운동으로 이어졌다. 이때는 동도서기적인 사상에 의하여 서양을 부분적으로 수용하는 태도를 보이기도 하나 그 위정의 입장은 철저히 고수되었다.

개항 이후에는 경제적·정치적·민족적 모순과 외세의 내정간섭으로 인해 한민족 주체성이 심각한 위기를 맞게 되고 마침내 자주권의 상실로 구체화되자 이에 저항하기 위하여 위정척사사상은 1900년 이후 의병운동 등을 통한 집단저항이라는 행동화 단계로 들어갔다. 즉 이제 사상적·이론적인 한계를 벗어나 민족운동이라는 형태로 그 주체적인 자주사상을 전개해 나가게 된 것이다.

19세기 이후 위정척사사상은 일본 및 서양의 통상 강요와 양물의 유입을 막기 위하여 사상적·이론적인 어양론으로 출발하여 민족자주를 보존하는 행동양식인 항일의병투쟁의 기반이 되었다. 따라서 척사론은 맹목적 배타의식에 머문 것이 아니라 서양 및 일본의 침략적 의지를 간파하는 민족 주체의식으로 기능하였던 것이다.

5. 민족의식의 표출

유교사상은 근대시기로 접어들면서 일제시기라는 민족적 현실을 감당해 내는 저항사상으로서 그 기능을 담당해 나갔다.

유교는 조선왕조를 유지해 온 정통이념으로 왕조수호를 위해 1910년 이전까지 배외운동 특히 항일투쟁의 주도적 임무를 수행하였는데 개항 이후 상소를 올리거나 의병을 일으켜, 강력한 저항운동을 지속해 왔다. 그러나 국권상실과 이후 사회 신분체제의 급속한 붕괴과정 속에서 그 권위와 상호 결속력이 약화되었고, 유교사상이 가진 보수성과 시대적응력의 약화로 인해 그 저항력은 소극화되어 갔다.

결국 사회와 사상의 기초가 오랜 동안의 유교적 틀에서 벗어나지 못하였다고 할 수 있겠으나, 그런 중에도 개인적인 신념에 의한 항일운동을 통하여 민족자주의식을 고취하였다.

국권피탈시기에 있어서 유교사상에 의한 민족의식의 배출은 독립운동으로 구체화되어 갔다. 우선 국권피탈 직후인 1910~1918년 기간에는 국권상실의 충격에 따른 국내에서의 저항과 국외망명을 통한 독립운동으로 나타났다. 유생들은 자결하거나 입산하여 은둔하거나 만주·러시아·중국 본토 등지로 망명을 택하여 독립운동을 전개하였다.

매천 황현은 을미의병 때 최익현을 위해 「창의격문」을 지은 항일의식에 투철한 선비였는데, 국권상실의 소식을 듣자 다음날 절명시와 유서를 남기고 자결하였다. 유서에서 그는 "나는 죽어야 할 의리는 없지만 다만 국가가 선비를 기른 지 5백 년이 되어 망하는 날 한 사람도 난국에 죽지 않는다면 오히려 애통하지 않겠는가. 나는 위로 황천이 내려준 성품의 아름다움을 저버리지 않고 아래로 평소에 독서한 바를 저버리지 않기 위해 길이 잠들고자 하니 진실로 통쾌한 줄 알겠다"고 하여 절의를 나타냈다. 이 소식을 들은 정재건(鄭在健)은 "선비는 마땅히 이와 같이 하여야 한다"고 말하고서 방벽에 "망국의 신하는 의리가 구차하게 살 수 없는 것이니 맹세코 명치(明治)의 세상에 살아 있지 않겠다"고 써 붙인 뒤 칼로 자결하고 말았다.

또한 유림으로서 유인석, 이승희, 박은식, 신채호, 이상룡 등은 해외에 망명하여 독립운동을 전개한 대표적 인물이다. 이처럼 일제가 경향 각지의 유림들을 작위나 은사금 따위로 회유하여 변절시키려 하는 데 대해 유림들은 항의와 망명, 자결 등의 방법을 통해 끈질긴 저항의지를 보여주었던 것이다.

다음 1919~1930년에 이르는 기간에는 3·1운동 이후 국내외에서 독립청원운동을 통한 항일투쟁을 전개하였다. 1919년 3·1운동이 폭발하자 곽종석을 대표로 파리강화회의에 보내는 장서(長書)를 작성하여 영남유림들이 이에 서명하였다. 그 후 김복한을 중심으로 하는 호서유림들도 결합하여 전국 유림의 조직화가 이루어졌다. 장서의 중요 내용은, 첫째 여러 나라 각 민족은 각기 전통과 습속이 있어 남에게 복종이나 동화를 강요받을 수 없으며, 둘째는 개인이나 국가는 자체 운용능력이 있으므로 남이 대신 관리하거나 통치할 필요가 없으며, 셋째 한국은 4천 년 역사를 지닌 문명의 나라로 정치원리와 능력이 있으므로 일본의 간섭은 부당하며, 넷째 일본은 지난날 한국의 자주독립을 약속하였으나 사기와 포악한 수법으로 독립이 보호로 변하고, 보호가 병합으로 변하게 하였으며, 다섯째 일본의 포악무도한 정치에 더 이상 참을 수 없어 거족적 독립운동을 벌이고 있으니 만국평화회의는 죽음으로 투쟁하는 우리 2천만의 처지를 통찰해 줄 것으로 믿고 있다는 것이었다.

그러나 파리장서사건은 발각되고 곽종석을 비롯한 서명 유림들은 일제에 의해 투옥되었다. 제1차 유림단사건이라고도 하는 이것은 국권침탈 이후 유림에 의한 가장 조직적인 독립운동의 행동화라 할 수 있다.

그 후 김창숙이 중심이 되어 유림들이 독립운동자금을 모집하다가 발각되어 많은 유림들이 일제에 의해 체포된 제2차 유림단사건이 일어났다. 그 외에도 김윤식과 이용직이 조선의 독립을 요구하는 장서를 일본 내각 총리대신과 조선총독부 및 도쿄 시내 신문사 등에 보냈다. 그들은 장서 속에서 일본이 한국을 병합한 것은 우리 민족에게 평화를 준 것이 아니라 불공정한 고초를 가져다 준 것이니 천명에 순응하여 한국의 독립을 공식 승인하고 그 사실을 세계에 표명하도록 요청하여, 유교적 방식의 독립운동을 전개하였다.

일제 말기인 1931년 이후 광복에 이르는 기간은 민족의식 고취를 위한 유림의 개별적 항쟁시기라 하겠다. 즉 만주사변이 일어나면서 본격적으로 시도된 일제의 대륙침략은 중일전쟁, 태평양전쟁으로 확산되고, 이와 병행하여 한국의 병참기지화정책과 민족말살정책이 살인적으로 강요되어졌다. 당시 유교의 조직적 항일운동은 거의 붕괴되었으나 일제의 동화정책에 대한 거부와 저술활동을 통한 민족의식의 고취가 지속되었다.

1930년대로 접어들면서 일제는 한민족의 문화전통을 철저히 말살하면서 내선일체를 강조하였는데, 한국역사교육의 폐지·신사참배 강요·일본식 성명 강요 등을 통한 한민족의 노예화가 그 본질이었다. 유림들은 "자식으로서 아비의 성을 버리는 것은 아비를 버리는 것이 되므로 임금이 내려준 성이라도 받지 않는 것이 의리다"고 하여 일제의 민족말살정책에 저항하였다. 이에 대해 박은식은 『한국통사』·『한국독립운동지혈사』, 신채호는 『조선상고사』·『조선상고문화사』·『조선사연구초』, 정인보는 『조선사연구』 등의 저술을 통해 민족사상을 고취하며 민족사에 대한 새로운 인식을 열어 민족주의사관의 확립에 힘을 기울였다.

이러한 유림의 독립운동과 민족의식은 비록 외형상으로는 소극적으로 표출되었으나, 강인한 절의정신을 바탕으로 한 것이었다. 일제의 가혹한 강요와 억압에도 끝내 흔들리지 않고 지조를 지켜나가는 민족의식을 발휘하였던 것이다. 그러나 보수적 유교이념과 민족에 대한 개인적 신념의 틀에서 벗어나지 못하여 사회적으로 영향력을 발휘하지 못하고 극단적 거부를 통해 정통의식을 고수하려고 했던 데 그 한계를 갖고 있었다 하겠다.

6. 유교의 개혁운동

한편, 일제에 의한 국권피탈로 국가가 존망위기에 처했을 때 주자학에 치우쳐 극단적 전통고수를 주장하며 개인적 민족사상을 표출한 보수적 성리학 입장에 반하는 자체 개혁론이 대두되었다. 그것은 지행합일(知行合一)의 양명학(陽明學)을 통하여 민족의식의 각성과 국권회복운동을 추진하려는 유교의 이념과 실천에 대한 개혁운동이었다.

양명학은 명나라의 양명 왕수인(王守仁)에 의해 주창된 유학의 한 계보로, 주자의 주지주의(主知主義)를 배격하고 지행합일의 일원론을 주장하였다. 선조조에 이르러 남언경(南彦經)과 이요(李瑤) 등에 의하여 수용되기 시작한 양명학은 허균과 이수광 등에 의하여 학문적으로 거론되기 시작하였다.

그 후 정제두(鄭齊斗)에 의해서 양명학을 연구하는 학파가 형성되었는데, 그는 주자학자들의 학문이 학문하는 것이 아니라 권위와 공리로 흐르고 있으며 주자학을 바탕으로 하는 사상과 행동양식은 천자가 제후에 호령하는 것처럼 타인의 복종을 강요하는 도구로 사용되고 있다고 비판하였다. 정제두는 강화도를 중심으로 양명학을 발전시키고 그 휘하에 이광사, 이광려, 이광명, 신대우, 윤순 등이 모여들어 강화학파를 형성하였다. 양명학에 근거한 역사학에서는, 이종휘가 양지사관(良知史觀)에 입각하여 역사를 인식하였고 이러한 주체적인 역사관을 계승하여 이긍익이『연려실기술』, 이충익이『감서 憨書』·『해동돈사 海東惇史』 등을 저술하였다. 신채호는 이종휘의 사관을 "노예사상(중화사상)으로부터 주체적 사관을 수립하였다"고 평가하였다.

이러한 양명학은 조선후기 실학파와 연결되는데, 홍대용·박지원·박제가 등으로 대표되는 북학파 또는 이용후생파 학자들은 이 양명학에 근거하여 실학사상의 바탕을 마련해 갔다. 그 후 한말 이래의 민족적 위기상황 속에서 양명학은 유교의 현실적 개혁을 위한 대안으로 제시되어 수백 년간 중화사상에 의거하여 허(虛)의 학문을 추구한 주자학적 유교를 비판하면서 국권회복을 위한 독립운동 사상과 연결되었다. 그 중심인물로는 박은식, 정인보, 김택영 등을 들 수 있는데, 이들은 기성 유림들이 외세 침략을 맞아 국가의 존망보다 우선 유교의 성쇠에 위기의식을 느끼는 것에 대해 유림들의 애국심은 유학의 전통을 고수하기 위한 것이지 국가를 지키고자 하는 것이 아니라고 비판하였다. 따라서 유교이념은 이제 전통사회에서 근대사회로 전환되는 시대적 흐름에 효율적으로 적응할 수 있는 사상체계로 변화되어야 한다며 유교개혁론을 주장하기에 이르렀다. 유교개혁론은 자국을 침범하는 자가 있으면 비록 공자가 안자(顔子)를 앞세워 침범한다고 하여도 이를 적으로 보고 격퇴한다는 현실적인 애국관을 추구하였다. 이것이 바로 양명학적인 유학관이었다.

박은식은 성리학의 폐쇄적이고 형식화된 폐단을 극복하여 공자의 대동주의(大同主義)와 맹자의 민위중지설(民爲重之說)에 입각한, 왕권 중심이 아닌 민중의 유교로 만들어야 한다고 주장하였다. 또 유교도 석가의 보도중생(普度衆生)과 기독교의 구세주의(救世主義)와 같은 적극적인 교화에 힘써야 하며, 성리학의 주지(主旨)가 복잡하고 어려워 학도들이 받아들이기에 곤란하니 간이직절(簡易直截)한 양명학을 택하여 보급해야 한다고 강조하였다. 이와 같이 유교 개혁의 방법으로서 지행합일의 양명학을 들고, 종전의 유학은 주자학에 치우쳐 활기가 없으니 이를 변화시키고 새로운 문화창조를 위해, 그리고 혼탁해진 물질문명의 극단화 현상을 극복하여 도덕을 밝게 하기 위해 양명학을 선택해야 한다고 주장하였다. 유교를 개신하지 않으면 국가와 민족을 끝내 구하지 못할 것이라는 주장을 담은 이것은 바로 개신유교의 입장이었다.

특히 박은식은 1905년 을사늑약 이후 일제침략이 노골화되자 당면과제로서 국권회복과 유교개혁을 들고, 양명학에서 더 나아가 대동사상을 주장하기에 이른다. 이는 사회가 대동의 원리로 조직화되어야 한다는 사상인데, 유교개혁운동은 양명학을 이념체계의 바탕으로 하고 이 대동사상을 실천요소로 가미할 것을 주장하였다.

이처럼 근대시기 유교개혁론은 순수한 학문적 차원에서라기보다 민족이 위기에 처한 상황에서 애국사상에 입각하여 국권회복과 민족의식을 고양시키기 위한 민족운동의 일환으로 추구되었다. 즉 국권을 회복하고 국가와 백성의 행복을 이룩할 수 있는 길이 유교에 있다고 확신하는 데는 변함이 없었으나, 전통유교의 폐단을 개혁할 것을 주장하고 그 사상적 배경으로서 양명학을 들었던 것이다. 이에 따라 유교개혁운동은 종전에는 배척의 대상이던 서구의 학문과 기술을 주체적으로 수용하여 부국강병을 실현해야 한다는 변법자강의 방향을 취하였다. 그러나 일제는 민족정신을 말살하기 위해 전국 유림들을 친일화시킬 계획을 세우고, 이를 위해 일진회와 친일 대동학회를 조직해 나갔다. 이에 대응하여 박은식 등은 1909년 10월 10일 공자 탄신일을 기하여 대동교(大同敎)를 창건하고, 국권회복을 위해 대동사상에 입각한 유교를 국교로 삼아 전 국민이 합일하여 구국을 도모할 것을 강조하였다. 이 대동교의 창건에 대해 당시 국내 언론들은 친일 대동학회 등의 친일매국성을 폭로하고 모든 유림들이 대동교에 참여하여 애국운동의 대열에 참여할 것을 호소하였다.

이와 같이 근대시기의 유교는 전통적인 배타적 이념체계를 고수한 것이 아니라 민족이 처한 위기를 현실적으로 극복해 나가기 위하여 자체적으로 폐단을 과감히 지적하며 변화를 추구해 나갔다. 그리고 이러한 개혁을 바탕으로 전 민족을 포용할 수 있는 사상과 학문으로 거듭나고자 종교관·국가관·역사관을 정립해 나갔다.

광복 이후 유교이념은 그 사회 적응의 속도가 다른 외래사조에 비해 현격히 뒤떨어지게 되어, 이제는 관습 속의 문화이념이나 예 중심의 도의체계 정도로밖에는 인식되지 못하고 있다. 하지만 그 문화 전통이념과 규범질서에 대한 의지는 오늘날 기계화된 한국 문명사회를 지켜주는 가치개념으로서 그 역할을 담당해 내고 있다 하겠다.

(황묘희)

※ 참고문헌

현상윤, 1949, 『조선유학사』, 민중서관.
배종호, 1974, 『한국유학사』, 연세대출판부.
유승국, 1976, 『한국의 유교』, 세종대왕기념사업회.
김용덕, 1977, 『조선후기 사상사연구』, 을유문화사.
금장태, 1980, 『유교와 한국사상』, 성균관대출판부.
김충렬, 1980, 『고려유학사』, 고려대출판부.
금장태·고광식, 1984, 『유학근백년』, 박영사.
이희덕, 1984, 『고려유교정치사상의 연구』, 일조각.
신용하, 1984, 『신채호의 사상연구』, 한길사.
이기백 외, 1985, 『한국사의 재조명』, 민성사.
김정의, 1985, 『한국사의 이해』, 형설출판사.
국사편찬위원회, 1987, 『한민족독립운동사 2』.
민영규, 1994, 『강화학 최후의 광경』, 도서출판 우반.
윤사순, 1995, 『한국유학사상론』, 열음사.

제8장 실학사상사

1. 실학의 개념

여말선초에 새 왕조를 개창하고, 조선중기에는 사림정치라는 독특한 정치문화를 꽃피운 성리학은 조선후기에 이르러 이제 그 역사적 수명을 다하기에 이르렀다. 임진왜란과 병자호란을 거치면서 성리학적 이념에 의하여 수립된 정치·토지·신분제도가 해체되어 가고, 그 기반이 되었던 자급자족적 자연경제체제가 상품화폐경제로 발전하게 됨에 따라 이러한 사회변동에 대응할 새로운 학문과 사상이 필요하게 된 것이다.

조선후기인 17~19세기에는 이와 같이 이미 낡아버린 성리학의 해악을 극복하기 위하여 실용지학(實用之學), 또는 실사구시지학(實事求是之學)을 내세우며 부국강병과 백성의 실생활에 관련된 일련의 새로운 학풍과 개혁론 및 그 사상체계가 등장하는데, 이것을 실학 및 실학사상이라 하고 이를 연구한 학자를 실학자라고 한다.

원래 실학(實學)이라는 용어는 통시대적으로 사용된 개념이었다. 고려시대에는 유학자들이 불교나 도교를 비현실적인 것에서 진리를 추구하는 것이라고 비판하면서 유학을 실학이라고 하였다. 여말선초에는 신진사대부들이 사장(詞章) 위주의 기존 유학을 배격하고 우주의 근원과 인간사회의 도덕질서를 일원적으로 설명하려는 성리학을 실학이라고 하였다.

그런데 조선후기에 새로 꽃핀 실학을 통시대적 개념과 구별되는 역사적 개념으로 정의하기 시작한 것은 19세기 말 20세기 초부터였다. 즉 일제의 침략위기에 맞서서 우리 나라의 독자적 발전의 길을 찾기 위한 운동이 줄기차게 벌어지면서 그 과정에서 조선후기 실학을 재조명하기 시작한 것이다. 이윽고 1930년대에 일제의 식민사관에 대항한 정인보 등의 국학연구자들에 의해서 우리 나라 근대사상의 맹아로서, 그리고 자주적인 조선사회개혁론으로서 역사적 의의를 자리매김하기에 이르렀다. 그리고 1960년대 이후에 이르러 조선후기 사회변동과 실학에 대한 연구가 본격화되면서 우리 나라 근대변혁운동과 그 사상은 이미 이 시기부터 주체적으로 준비되고 있었다는 역사상을 재정립하였다.

현재는 식민지 시기와 남북분단 상황이 남긴 역사적 모순을 근원적으로 해결하고 나아가 우리 민족의 독자적 발전의 길을 세우기 위하여, 근대변혁운동의 출발점이 된 실학사상에 대한 연구가 한 단계 심화되어야 할 시점에 와 있다.

2. 실학파의 형성과 그 사상체계

실학자들은 종래 성리학자들이 이기론이나 예론과 관련된 것 외에는 모두 천한 잡학으로 백안시한 것과는 달리 오히려 그 반대 입장을 취하였다. 뿐만 아니라 부국강병과 백성들의 실생활을 넉넉하게 할 수 있는 것이라면 모두 학문의 대상으로 삼아 연구영역을 확대, 심화시켰다. 그런데 같은 실학을 내세우면서도 실학자들이 처한 사회적 기반과 시대의 흐름을 따라 학풍과 사상체계에는 일정한 차별성이 존재하였다.

17세기 전반부터 18세기 전반까지 근기남인학자(近畿南人學者)들은 토지제도, 정치제도 등의 개혁에 중점을 두었는데 이들을 경세치용학파 또는 중농학파라고 한다. 18세기 전반부터 19세기까지 서울의 노론 자제들을 중심으로 한 소장학자들은 상업, 수공업, 선박 등 상공업을 주관심사로 삼았는데 이들을 이용후생학파 또는 중상학파, 북학파라고도 한다. 그리고 19세기 전반에는 청의 고증학을 적극적으로 받아들여 학문의 방법론에서도 실사구시를 주창한 김정희 등의 실사구시학파가 등장하였다.

그러면 같은 사회변동의 위기 속에서 성리학자들이 공허한 이기론과 화이론에 입각하여 사회변화를 거꾸로 붙잡아 두려 한 반면, 실학자들이 이상과 같이 현실을 인정하고 새로운 개혁방안을 강구하게 된 근본원인, 즉 사유체계는 어떻게 달랐을까?

근기남인학자들은 서울과 경기도 광주지역에 생활근거지를 갖는 학자군을 지칭한다. 원래 이들은 남인계열인 영남사림들로 16세기 말부터 중앙의 정치무대에 참여했다가 17세기 말에 실권한 이후 낙향하면서 성리학의 폐해를 일반백성의 입장에서 이해할 수 있는 계기를 맞게 된다.

반계(磻溪) 유형원(柳馨遠 : 1622~1673)으로부터 시작된 새로운 학풍은 성호(星湖) 이익(李瀷 : 1681~1763)에 이르러 하나의 학파를 형성하였는데, 이들은 성리학에 대한 비판의 이론적 논거를 원시육경체제에서 구했다. 즉 성리학의 관념화, 예학의 허례화, 지방관의 폐정, 토지제도의 문란 등 제반 모순을 요순시대의 민본정치 이념에 의해서 극복하려고 한 것이다. 실학을 집대성한 다산(茶山) 정약용(丁若鏞 : 1762~1836)은 이러한 학풍을 더욱 발전시켜 "진정한 유학은 본래 나라를 다스리고 백성을 편안케 하고 오랑캐를 물리치고 재정을 넉넉하게 하고 문무에 능통하여 무엇이든지 담당할 수 있도록 하자는 것이다.……후대의 유학자들은 성현의 뜻을 알지 못하고 인의(仁義), 이기(理氣) 등 학설 이외의 것은 한 마디만 하면 그만 잡된 학문이라고 한다"고 비판하면서 모든 분야에 대한 개혁론을 집대성하였다. 그의 『목민심서 牧民心書』, 『경세유표 經世遺表』, 『흠흠신서 欽欽新書』 등은 오늘날까지도 빛을 발하고 있는 고전이 되었다.

유형원의 균전론(均田論), 이익의 한전론(限田論), 정약용의 여전론(閭田論)·정전론(井田論)은 모두 요순시대의 이상적 토지제도인 정전제(井田制)를 그 모델로 한 것으로서, 이들은 특히 토지사유화의 진전에 따른 농촌의 피폐를 구제하기 위하여 토지문제 해결에 심혈을 기울였다.

한편 중상학파는 같은 실학을 주장하면서도 사상체계를 달리하였다. 이들은 서울의 권문세족인 노론의 자제들이 중심이었는데, 상품유통경제와 함께 발전하고 있었던 도시에 기반을 두고 있었으며, 특히 빈번한 중국 왕래를 통해서 청의 발전된 건륭문화로부터 영향을 받았다.

18세기 초에 노론계에서는 조선중기의 이기논쟁을 한 단계 더 진전시킨 호락논쟁(湖洛論爭)이 벌어지고 있었다. 이는 인간의 본성과 물질의 본성이 동일한가 아닌가를 규명하는 철학논쟁으로서, 다르다는 입장을 지닌 호론(湖論)은 화이론(華夷論)을 계승하여 대의명분을 고수하는 보수적 정책을 취하였고, 동일하다는 입장을 보인 낙론(洛論)은 현실을 수용하는 유연한 자세를 견지하였다. 이 논쟁은 단순한 철학논쟁이 아니라 청에 대한 외교, 제반 사회문제에 대한 정치적 입장이 반영되어 있었던 것이다. 만약 인성과 물성이 동일하다는 입장을 가지게 되면, 인성에 속하는 소중화(小中華)인 우리 나라와 물성에 속하는 이적(夷狄)인 청이 본질적으로 다르지 않다는 결론에 이르게 되어, 송시열 이후 노론계가 고수하고 있었던 북벌대의(北伐大義)를 부정할 수밖에 없게 된다.

바로 중상학파는 이 낙론의 입장을 수용하는 노론계 소장학자들이었던 것이다. 이들은 인물성동론(人物性同論)의 견해를 더욱 발전시켜 학문의 대상도 공허한 이기론에서 벗어나 부국강병을 위한 현실문제를 주대상으로 삼았다. 또한 화이론적 세계관을 그 근저에서 비판하면서 청의 발전된 건륭문화를 이제는 배척의 대상이 아니라 오히려 적극적으로 수용해야 한다는 입장을 취하게 된 것이다. 이러한 연유로 이들을 북학파라고도 한다. 담헌(湛軒) 홍대용(洪大容 : 1731~1783), 초정(楚亭) 박제가(朴齊家 : 1750~1815), 연암(燕岩) 박지원(朴趾源 : 1737~1805) 등은 바로 북학파의 대표주자들이다.

이들은 주로 상공업의 발전문제에 대해서 연구하였다. 이것은 도시에 생활기반을 갖는 이들이 현실을 중시하는 철학적 입장으로 인하여, 이미 상품화폐경제의 발전에 따라 분업화가 진전되고, 부를 축적하는 주요산업이 농업에서 차츰 상공업으로 넘어가는 현실을 직시할 수 있었기 때문이다. 여기에 청의 발전된 상공업을 직접 목격한 이들은 더 이상 고루한 성리학체계를 좌시할 수 없었던 것이다. 박제가가 "백성에게 이로운 것이라면 그 법이 원수로부터 나왔다고 할지라도 성인은 그것을 취한다"고 비판하면서 외국과의 통상론까지 주장한 것은 이들의 사상체계를 단적으로 보여준 것이었다.

3. 실학사상의 역사적 의의

조선후기의 시대적 과제를 해결하기 위해 탄생한 실학사상은 우리 나라가 스스로 근대사회를 준비하고 있었다는 것을 보여준 것으로서, 다음과 같은 역사적 의의를 지니고 있다.

첫째, 중세적 세계관인 화이론을 극복하고, 우리 민족의 주체성을 자각하였다는 점이다. 성호 이익은 중국도 대지 중의 일편토(一片土)에 지나지 않으며, 적게는 초(楚)도 하나의 나라이고 제(齊)도 하나의 나라이다라고 하면서 서양문화・거란문화・몽골문화・우리문화가 각각 독자성을 가지고 있다고 주장하였다.

또한 홍대용과 박지원 등은 지구의 구형설(球形說)과 자전설(自轉說)을 주장하면서 어느 특정국가가 중심이 될 수 없다는 것을 과학적으로 논증하였다. 이러한 민족주체성에 대한 자각을 바탕으로 연구대상도 우리 나라의 역사, 지리, 언어 등 우리 것을 중심과제로 삼았다. 안정복의『동사강목 東史綱目』, 유득공의『발해고 渤海考』, 정약용의『아방강역고 我邦疆域考』, 김정호의『대동여지도 大東輿地圖』, 신경준의『훈민정음운해 訓民正音韻解』, 유희의『언문지 諺文誌』 등은 곧 이러한 의식의 산물이었다.

둘째, 실학자들의 토지개혁론, 자주적 통상론 등은 우리 나라의 자본주의적 발전의 길을 주체적으로 준비한 근대변혁사상의 모태였다는 점이다. 중농학파의 토지개혁론은 비록 사적 소유권을 제한하는 측면이 있었지만, 개혁의 초점은 농민적 토지소유권을 옹호하는 데 있었다. 특히 국내의 상공업을 더욱 발전시키기 위해서는 대외통상을 적극적으로 추진해야 하며, 서구의 발전된 문물을 받아들이기 위하여 서사(西士)도 초빙해야 한다는 북학파의 주장은 근대 개화사상으로 계승, 발전되었다.

셋째, 봉건적 신분관념을 탈피하고 근대적인 직업윤리관에 접근하고 있었다는 점이다. 실학자들은 놀고 먹는 양반·유생들이 노동을 천시하는 봉건적 직업관을 통렬히 비판하고, 모름지기 사람은 모두 생산활동에 참여해야 한다고 주장하였다. 이들에게는 상업이나 수공업이 더 이상 천한 직업이 아니었으며, 오히려 놀고 먹는 양반이야말로 사회발전을 가로막는 장애요인으로 간주되었다.

넷째, 근대학문의 발판을 닦았다는 점이다. 실학자들은 형이하학으로 천시받았던 모든 분야를 학문의 대상으로 삼고, 근대적인 논증의 방법으로 새로운 학문분야를 개척하였다. 이들은 역사, 철학, 정치 등의 분야뿐만 아니라 천문학, 수학, 지리학, 농학 등 자연과학 분야에 대해서도 방대한 저술을 남겼다. 특히 추사 김정희는 청의 고증학을 한 단계 더 발전시켜 수준높은 금석문 고증에 일경지를 이루었을 뿐만 아니라 추사체라는 독특한 필법을 창안하였다.

그러나 이상과 같은 실학사상은 비록 근대 지향적이었지만 봉건적 성격을 완전히 불식한 것은 아니었다. 즉 사상적 측면에서 성리학을 배격하였지만, 유학의 테두리를 완전히 벗어버리지 못하였으며, 충군애국사상과 봉건신분제 그 자체의 폐기를 주장한 것도 아니었다. 실학의 이러한 한계는 1860년대 이후 근대변혁운동이 전개되면서 극복되어갈 수밖에 없었다.

실학사상은 봉건사회체제를 극복하려는 개혁사상이자 근대 변혁사상의 모태로서의 역사적 의의를 지니고 있는 것이다.

(김재순)

※ 참고문헌

홍이섭, 1959, 『정약용의 정치경제사상연구』, 한국연구도서관.
천관우, 1970, 「한국실학사상사」, 『한국문화사대계 Ⅵ - 종교·철학사』, 고려대민족문화연구소.
역사학회 편, 1973, 『실학연구입문』, 일조각.
이우성 외, 1975, 『이을호박사정년기념 실학논총』, 전남대출판부.
김용덕, 1977, 『조선후기사상사연구』, 을유문화사.
김한식, 1979, 『실학의 정치사상』, 일지사.
한우근, 1980, 『성호 이익연구』, 서울대출판부.
강만길 외 역, 1981, 『한국의 실학사상』, 삼성출판사.
정구복 외, 1981, 『한국사연구입문』, 지식산업사.
유원동, 1983, 『한국실학개론』, 정음문화사.
강재언, 1983, 『근대 한국사상사 연구』, 한울사.
윤사순·고익진 편, 1984, 『한국의 사상』, 열음사.
이상태 외, 1984, 『소헌남도영박사화갑기념사학논총』, 태학사.
한우근 외, 1985, 『정다산 연구의 현황』, 민음사.
한국사특강편찬위원회 편, 1991, 『한국사특강』, 서울대출판부.
한국역사연구회 편, 1992, 『한국역사』, 역사비평사.
고승제, 1995, 『다산을 찾아서』, 중앙일보사.

제9장 불교사

1. 불교의 수용

삼국시대 초기에는 천신·일월신·지신 등 잡신을 모시는 종래의 샤머니즘이 널리 행하여졌으나, 고대국가로 발전한 뒤에는 새로이 왕족의 시조신을 국가신으로 받드는 경향이 나타났다. 그러나 넓은 영토와 많은 백성을 확보한 고대국가는 종래의 폐쇄적인 원시종교로는 이를 일원화하여 다스릴 수 없었으므로 확대된 영역을 통일적으로 지도할 수 있는 국가적 종교를 요구하게 되었다. 불교는 이러한 배경 하에 수용되었다.

따라서 불교는 삼국이 고대국가로 발전하던 시기에 전래되었다. 고구려는 372년(소수림왕 2)에 전진에서 승려 순도(順道)가 불상과 불경을 전하였고, 백제는 384년(침류왕 1)에 동진으로부터 호승 마라난타가 불교를 전하였다. 신라는 이보다 늦은 눌지왕 때 고구려에서 승 묵호자가 일선(지금의 선산)지방 모례(毛禮)의 집에 들어와 전도한 뒤 소지왕 때 다시 고구려 승려 아도(阿道)가 와서 전도하였으나 527년(법흥왕 14)에 이차돈의 순교가 있은 후에야 비로소 공인되었다.

이처럼 고구려와 백제는 전진이나 동진의 국가적 사절을 통해 불교가 전래됨으로써 왕실의 환영을 받으며 수용되었지만, 신라에서는 민간으로부터 전도가 시작되었고 또 종래의 강한 민간신앙과 보수적인 귀족세력의 반대로 100여 년간의 박해를 거친 후에야 수용되었던 것이다.

삼국의 불교수용에서 보이는 공통되는 특징은 왕실을 통해 이루어진 것이다. 고구려와 백제는 물론 신라의 경우도 귀족세력의 반대에도 불구하고 국왕의 강력한 의지에 의하여 공인되었다. 이와 같이 삼국 왕실이 불교수용에 적극적이었던 것은 종래의 원시종교나 시조신을 대신하여 불교가 고대국가 통치의 일원적인 사상적 지주로서의 역할을 할 수 있었기 때문이다. 따라서 불교를 수용한 왕실이 다시 이를 진흥시키고자 많은 사찰을 건립하고 토지를 기진하여 국가불교로 발전시켰을 것은 당연한 일이었다.

왕실의 이러한 불교장려는 불교로 하여금 당연히 호국신앙의 성격을 띠게 하였다. 삼국시대에 호국사상을 대표하는 『인왕경 仁王經』이 널리 읽혔고, 이에 따라 인왕회라는 백좌강회가 열려 국가의 평안을 빌었음은 이를 나타내는 것이다. 백제 무왕이 왕흥사를 지은 것이나 신라 진흥왕이 황룡사를 짓고 그 후 대규모의 9층탑을 만든 것도 국가 보호라는 차원에서 나온 것이었다. 원광의 세속 5계에서 국가에 대한 충성과 전쟁에서의 무퇴를 강조한 것 역시 호국적 성격에서 연유한 것이었다고 볼 수 있다.

고구려에서는 대승불교인 삼론종(三論宗)이 크게 발달하였는데 승랑(僧郎)은 중국에 가서 중국 삼론종의 3대조가 되었고, 혜관(慧灌)과 도징(道澄)은 일본에 삼론학을 전하였다. 그러나 고구려말기에는 열반종(涅槃宗)이 흥하여 선덕(善德)은 이를 백제에 전하고 신라불교에도 영향을 주었다.

백제에서는 인도에 유학하고 돌아온 겸익(謙益)이 범본(梵本) 원전을 번역하였고 백제 세율종의 시조가 되었다. 백제말기에는 고구려로부터 전래된 열반종이 유행하기도 하였다. 특히 백제는 일본에 불교를 전하는 데 큰 역할을 하여, 성왕 때 노리사치계가 불상과 불경 등을 일본에 전하였고 관륵(觀勒)은 일본 최초의 승정(僧正)이 되어 일본 불교계의 기강을 세우고 백제의 우수한 불교문화를 일본에 심어주었다.

신라불교는 고구려와 백제의 영향을 받으면서 성장하였다. 신라불교를 본격적으로 일으키고 발전시킨 것은 진흥왕이었다. 진흥왕은 사원 건축과 승려 양성은 물론 승통(僧統) 등의 제도를 만들어 교단을 정비하고 불교계의 향상을 촉진하였다. 그리고 불교사상을 국가정책면에 응용하여 국선화랑(國仙花郎) 단체를 설치, 통일주도권의 사상적인 기반을 마련하는 등 많은 업적을 남겼다. 551년(진흥왕 12)에는 고구려 승려 혜량(惠亮)이 신라에 와서 국통(國統)이 되어 교단을 조직하였고 진평왕 때는 수에서 귀국한 원광이 성실종·열반종을 전하였으며 특히 자장은 계율종을 개창하고 대국통으로서 신라불교를 총관하였다. 이와 같이 신라가 국가에서 불교교단을 조직하고 국통 아래 주통(州統)·군통(郡統) 등

승관(僧官)을 설치한 것은 국가불교라는 성격을 나타낸 것이다.

2. 불교의 융성

신라통일기에 들어오면서 크게 융성하게 된 불교는 교학(敎學) 면에서 한층 발달을 보이며 사상체계로서 성립되었고, 신앙 면에서도 일반 민중에까지 널리 확산되어 사회의 지배이념이 되었다.

이 당시에는 당으로부터 여러 종파의 불교가 전래되어 큰 발달을 이룩하였다. 신라에서는 많은 유학승이 당나라로 건너가 여러 불법을 배우고 귀국하여 불교 흥륭에 힘썼는데, 자장·의상·원측 등이 그 대표적인 승려였다. 특히 혜초는 당에서 멀리 인도, 서역지방에까지 순례하여 유명한 『왕오천축국전』을 저술하였다. 도당유학승에 의해 전래된 여러 불교 종파는 신라에 들어와 더욱 발달하여 계율종, 열반종, 법성종, 화엄종, 법상종 등 교종의 5교로 성립을 보았는데, 가장 대표적인 종파는 화엄종과 법상종이었다.

화엄종은 원융 즉 조화의 사상을 제시함으로써, 지배층과 피지배층의 대립이나 지배층 내부의 분열을 지양하고 하나의 질서 속에 포함시킬 수 있는 사상적 기반이 되었으므로 지배층인 진골귀족의 환영을 받았고, 특히 통일 후에는 전제 왕권 강화의 이념적 도구로 사용되어 크게 발전할 수 있었다. 법상종은 경덕왕대에는 화엄종과 대립할 정도로 크게 성장하였지만 이후 화엄종에 눌려 크게 빛을 보지 못하다가 고려중기에 가서야 귀족불교로서 부흥하게 된다.

그러나 무엇보다도 이 시기의 특징으로 들 수 있는 것은 원효의 화쟁사상(和諍思想) 또는 통불교사상이라 할 수 있다. 원효는 『화엄경』을 최고의 경전으로 보았고 또 화엄종 승려로 간주되기는 하지만, 실제로는 어느 한 종파에도 구애받지 않는 융합적인 입장을 취하였다. 그의 화쟁사상은 불교의 종합화를 추구하였을 뿐 아니라 불교의 대중화를 주장하였다. 원효는 인간은 모두 평등하다는 기본원칙 하에서 화쟁을 주장하였으므로 그것은 지배자를 중심으로 한 화합이 아니라 민중을 중심으로 한 화합사상이었다. 따라서 원효가 민중불교라 할 수 있는 정토신앙(淨土信仰)을 널리 전도한 것은 자연스러운 일이었다. 정토신앙이란 어려운 불교경전을 이해하지 못하더라도 단지 염불만으로 서방정토에 왕생활 수 있다는 단순한 신앙이었고, 또한 현세의 고해에서 벗어나 내세에 극락왕생하기를 비는 내세신앙이었기 때문에 무지하고 가난한 민중들에게 크게 환영을 받았다. 신라의 정토신앙은 통일 전에 이미 발생하였는데 이것이 통일 후 원효에 의해서 크게 성행하게 되었던 것이다.

신라하대로 들어오면서 불교계에서는 기존의 교종의 전통과 권위에 대항하는 새로운 선종이 등장하게 된다. 선종은 혜공왕 때 신행(神行)이 당에서 북종선(北宗禪)을 들여오고 그 후 헌덕왕대 도의(道義)가 역시 당에서 남종선을 전래하였는데, 신라의 9산은 도의가 가지산파를 연 후부터 성립하기 시작하여 신라말에 이엄이 수미산파를 개창함으로써 완성되었다. 이처럼 신라하대에는 각지에 선문(禪門) 9산이 차례로 성립되어 종래의 교종을 대신하여 크게 유행하였다.

당시 선종이 유행할 수 있었던 것은 민중적이며 혁신적인 성격 때문이었다. 교종이 불교경전에 의지한 학문적인 종파로서 주로 귀족층에게 받아들여진 데 대하여 선종은 불립문자(不立文字), 즉 문자가 아닌 선을 통하여 불성을 깨달을 수 있다고 주장하였으므로 일반 민중에게 가까워질 수 있었던 것이다. 또한 교종이 전통적인 권위를 내세운 데 반하여 선종은 신라사회의 모순에 대한 개혁을 주장하였으므로 혼란한 신라하대 사회에서 크게 환영을 받았다. 이리하여 선종은 당시의 사상계에 많은 영향을 주었으며 뒷날 중세적 지성을 성립시키는 데 중요한 자극제가 되었다. 그리고 선종과 연결된 세력은 중앙의 진골귀족과 경주를 중심으로 하는 지배체제에 대하여 반항하고 있던 지방의 호족세력이었다. 선종 각파가 그들의 후원을 받으며 변경지역을 근거지로 삼은 점은 신라 고대국가의 사회적 모순이나 지역적 모순을 극복하고 지방문화 역량의 증대를 가져오게 하였다. 이와 같이 신라하대에는 지방세력을 사회적 기반으로 하면서 각처에서 선문이 일어나고, 그것은 불우한 민중들의 호응을 받으며 일세를 풍미하게 되었다.

고려는 불교가 극성하여 가히 불교국가라 할 만하였다. 유교가 고려의 정치이념이 된 것에 반하여 불교는 정신계의 지도이념이 되어 현실생활에 큰 영향을 미쳤다. 고려시대에 불교가 발달한 것은 왕실·귀족들의 두터운 보호를 받았기 때문이다. 왕실과 귀족들은 불교가 국가나 개인의 현재생활에 행복과 이익을 준다고 믿고 열심히 숭상하였다. 따라서 고려의 불교는 현세구복적이며 호국적인 성격을 띠었고, 지배층의 옹호를 받으며 당연히 국교로 되었다.

고려의 숭불정책은 이미 태조 때부터 실시되었다. 태조는 10훈요의 제1조에서

> 우리 국가의 대업은 필연코 제불(諸佛)의 호위에 의지한 것이다. 그러므로 선·교의 사원을 세워 주지(住持)를 보내 분수(焚修)케 하고 각기 그 업을 닦게 하라.

고 하여 그 자손들에게 불교국가의 방향을 제시하였다. 그리하여 태조는 개경에 법왕사·왕륜사·홍국사 등 10사를 지었고 그 후 문종 때는 2,800간이 넘는 대사찰인 홍왕사를 건립하여 한창 때는 개경에만도 70개의 불사가 즐비한 불교왕국의 면모를 보여주었다.

고려초기의 불교계는 신라불교를 그대로 계승하여 화엄종을 중심으로 한 교종과 9산선문의 선종이 대립하고 있었다. 그뿐 아니라 화엄종 내에서도 남악파(南岳派)와 북악파(北岳派)가 분열되어 있었고, 각 지방의 호족세력과 연결된 선종은 각기 독립된 교단세력을 형성하여 심한 분파상을 보이고 있었다.

국초 이래의 호족세력을 억압하고 왕권을 강화한 광종은 정치세력의 분열을 해결하고 국가적 안정을 도모하기 위한 하나의 방편으로서 불교계 정비에 관심을 기울였다. 광종은 불교계를 교종과 선종으로 양립시키고, 교종의 경우 화엄종 북악파의 균여를 후원하여 통합을 이루게 하였으며 한편, 선종은 당시 중국에서 선종을 중심으로 교종을 흡수하려는 사상체계로서 나타난 법안종(法眼宗)을 수입하여 이를 중심으로 각 지방의 선문들을 정리하였다. 그리고 더 나아가 이 법안종과 더불어 천태학을 융성시킴으로써 교·선의 대립을 극복하고자 하였다. 광종의 이와 같은 노력은 교선의 대립에서 벗어나지 못하였던 신라불교를 그 다음 단계로 끌어올리는 결과를 가져왔다.

그러나 광종이 세상을 떠난 뒤 그의 개혁정치에 대한 반발로서 나온 경종대의 정치적 보수성으로 말미암아 분란이 일어나 법안종이나 천태종은 독립된 종파로서 성립되지 못하였다. 그 뒤 교종 계통의 법상종이 다시 대두, 화엄종과 함께 불교계의 주류를 형성하여 보수적인 귀족세력과 연결되면서 교선의 대립은 그대로 1백여 년간이나 계속되었다.

이러한 때에 의천이 나타나 불교개혁을 시도하였다. 그는 먼저 화엄종의 입장

에서 5교를 정리하고 나아가 천태종을 창설하여 선종을 포섭함으로써 교선의 대립을 극복하고자 하였다. 의천에 의한 천태종의 창립은 단순히 하나의 새로운 종파의 창립에 그치는 것이 아니라 5교 9산으로 대립되어 있던 전 불교 교단을 재편하는 것이었고, 또한 선·교의 대립을 극복할 제1단계의 사상적 과제를 해결한 것이었다. 그리고 의천은 불교사상의 통일과 그 지도를 위하여 속장경(續藏經)을 간행하기도 하였다. 이러한 천태종의 창립과 속장경 간행은, 안으로는 원효사상을 중심으로 한 신라불교의 전통을 재확인하고 각국의 불교 학설 전반을 광범하게 종합하여 고려불교의 성립기반을 국제적인 규모로 확대시킨 것이었다. 그러나 이 불교사상은 귀족적이며 절충적인 성격이 강하였으므로 당시의 사원들이 귀족들의 원당으로서 재산도피나 정권싸움의 수단으로 되고 있었던 불교계의 사회경제적 모순을 극복할 정신세계를 제시해 주지는 못하였다. 결국 귀족 불교를 끌어내려 대중화하는 단계까지는 이르지 못하였던 것이다.

그러다가 무신난 후에 새로운 움직임이 일어났으니, 그 중 두드러진 현상은 개경 중심의 귀족불교에 대한 비판으로서 각 지방에서 신앙단체로서의 결사운동(結社運動)이 전개되었다. 이러한 결사 가운데 대표적인 것이 선종에서의 수선사(修禪社) 결사였다. 무신난 이후 교종에 눌려 있던 선종이 교종의 모순을 비판하는 한편, 교리상으로도 큰 발전을 보게 됨으로써 불교계에 새로운 기풍을 일으키게 된 것이었다. 한편 최씨 무인정권 측에서도 문신들과 결탁한 교종사원과 문신세력의 반항을 약화시킬 필요성에서 선종을 정책적으로 후원하였다. 이처럼 최씨정권의 후원을 받으면서 당시 귀족적인 불교의 사상적 한계를 극복하고자 일어난 것이 지눌(知訥)의 수선사 결사였다.

지눌은 돈오점수(頓悟漸修)·정혜쌍수(定慧雙修)를 주장하였는데, 이는 인간의 마음이 곧 부처라는 사실을 먼저 깨닫고 이를 바탕으로 수련을 계속해야 하며 그 수행에 있어서는 정·혜를 닦아야 한다는 것이다. 의천의 천태종이 화엄종의 입장에서 선종의 장점을 취한 것이었음에 대하여 지눌의 조계종은 선종의 입장에서 화엄종의 장점을 취한 것이었다. 그리고 천태종은 교·선의 절충적 성격이 보다 많은 데 비하여 조계종은 절충의 단계를 넘어서서 교선일치(敎禪一致)의 완성된 철학체계를 마련한 것이었다.

지눌의 뒤를 이어 수선사의 제2조 혜심(慧諶)이 나와 유불사상 일치설을 내세우며 유교와 불교의 타협을 기도하는 등, 특색있는 사상적 활동을 보여주기도 하였다. 이것은 조계종 사상이 단순히 불교 안에서의 선교통합의 문제로서만이 아니라 불교에서 성리학으로 넘어가는 과도기적 역할로서도 의의를 갖고 있음을 말한다.

고려의 불교는 원의 간섭하로 들어가면서 불교 자체로서의 사상적 발전을 보지 못하였고, 그 성격도 변하여 갔다. 즉 무인집권기의 서민불교적 순수성은 쇠퇴하고 나아가 불교 자체의 사상적인 발전이 막히면서 귀족적 불교로 변질된 것이다. 그리하여 가지산파 계통의 선종이 부흥하여 당시의 집권세력인 권문·세족과 연결되면서 고려말기의 불교계를 주도하게 되었다. 충렬왕 때에 가지산파 계통의 일연이 왕실의 후원을 받으면서 불교계를 주도하게 되었으며 충목왕 때부터 보우(普愚)와 혜륵(慧勤) 등이 중국으로부터 선종의 일파인 임제종을 새로 받아들이고, 공민왕 때에 인도 승인 지공(指空)이 인도의 선을 전하기도 하였다. 그러나 이것들은 한국 불교 전통과의 단절로 말미암아 불교사상의 진전으로는 연결되지 못하였다. 더구나 사원이 권문·세족 못지않게 경제적 부를 축적하고 승려는 세속화하여 사회적 지탄을 받게 되었다. 이렇게 되자 불교는 더 이상 혼란한 고려사회를 이끌 수 있는 정신적 이념으로서의 기능을 할 수 없게 되었다. 이것이 곧 성리학의 수용에 따른 유불교체의 원인이 되었고, 마침내 불교는 사상계의 주도적인 위치에서 완전히 밀려나고 말았다.

3. 불교의 위축

조선시대의 불교는 억불숭유의 국가시책에 의해서 줄곧 쇠락의 길을 걸었다. 태조 이성계의 경우, 개인적으로 불교를 신봉하고 불교사업을 일으켜 건국이념에 불교를 많이 반영하기도 하였으나 배불사상(排佛思想)의 억센 시대적 사조만은 어쩔 수가 없었다. 그리하여 조선시대 518년 간을 통하여 불법(佛法)은 무너지고 승려는 핍박과 천대를 받아야 했다. 물론 세조와 문정왕후처럼 불교를 부흥시키려는 시도를 한 경우도 있었지만, 역대 위정자들은 숭유배불의 사상에 의한 철저한 배불정책으로 일관하였다.

교단상으로는, 태종대에 종래의 여러 종파가 7종으로 묶였으며 다시 세종대에는 전 종단이 선·교 양종으로 되었다. 이러한 종파의 폐합은 교단의 자각에 의해서 이루어진 것이 아니라 위정자의 정치적 필요에 의해서 강제로 시행된 것이었다. 그러나 연산군 이후로는 선·교 양종조차 없어져 교단은 종파도 종지(宗旨)도 명확하지 않은 채 전승되게 되었다. 그러므로 조선후기의 불교는 선종도 교종도 정토종도 아닌 종파 부재의 교단으로 되어 있었다고 할 수 있겠다.

이와 같은 조선왕조의 계속적인 억불정책은 바로 불교의 사회경제적인 토대의 박탈로 이어졌다. 특히 성종대 이후 사림의 대두와 함께 불교에 대한 억압은 보다 철저해져 불교 교단은 겨우 명맥만 유지할 정도로 전락하였다. 이러한 상태에서 독창적인 철학사상의 계발이란 불가능하였고, 결과적으로 전통을 맹목적으로 답습하는 데 그쳤다. 그것도 고려불교의 온전한 계승이기보다는 오히려 후퇴였다.

조선중기 성리학의 주도적인 체제 안에서 소극적으로나마 불교 교단의 존립과 국가 전체의 안위를 의식한 인물은 서산대사 휴정(休靜)으로, 그는 유·불·도 3교의 조화에 노력하고 임제선의 전통을 강조하였다. 그러나 축소될 대로 축소된 조선의 불교는 새로운 차원의 방향을 제시할 수도 없었고, 그 당시의 사회 모순을 극복할 수 있는 능력도 없었다.

그러다가 조선후기 실학의 대두에 자극을 받아 불교계 일각에서도 새로운 경향이 나타나게 되었다. 그 하나가 연담(蓮潭)과 인악(仁岳)에 의해 이루어진 강원(講院)의 교재에 대한 주석(註釋)이고, 다른 하나는 백파(白坡)와 초의(草衣) 사이에 전개된 선(禪) 논쟁이다. 그러나 연담과 인악의 사기(私記)가 유행하면서 영·호남의 강원(講院) 사이에 반목·대립 현상이 야기되었고, 또한 그 후계자들이 맹목적으로 그것에만 의존하는 경향을 보이며 그 뒤로 독사적인 발전을 보지 못하였다. 선 논쟁도 뒤로 내려올수록 논점이 후퇴되면서 흐려지고 말았다. 결국 조선후기의 불교는 사회적 배척과 질적 저하 현상으로 말미암아 당대 사회로부터 소외당한 채 근본적인 개혁의 의지를 상실하고 말았다.

이와 같이 조선의 불교는 사회변동에 대처하기 위한 사회적 이념으로서 제 구실을 할 수 없었고, 다만 궁중의 의식이나 부녀자들 사이에서만 그 명맥을 유지하는 정도였다.

조선시대 500여 년간 억압을 받아 위축된 불교는 근대에 들어오면서 일제 불교의 침략을 받아 또 한 번의 굴절을 경험하게 된다. 일제의 한국 침략과정에서 일제 당국과 불교계는 밀접한 관계를 맺고 한국 승려들을 포섭하려 하였는데,

이때 한국 사찰 가운데 적지 않은 수가 일본 종파에 예속을 자청하는 사태가 야기되었다. 그리고 한국을 병합한 후 일제는 불교 자체의 문제로서보다는 충량한 일본 신민을 만드는 정신적 계몽사업으로서 불교정책을 추진하였다. 이에 따라 1911년에는 법령으로서 사찰령이 정비되어, 한국불교는 조선총독의 직접 장악 하에 철저히 통제를 받게 되었다. 그 결과 친일적·어용적 경향이 새로이 불교계의 주조를 이루게 되었다.

한국 불교의 정상적인 발전은 이 일제의 통제·간섭을 벗어나지 못하는 한 기대할 수 없게 되었다. 그리하여 1920년경부터 한용운을 주축으로 하는 청년 승려들이 중심이 되어 사찰령 폐지와 교단 자체의 체질개혁운동을 일으키게 되었다. 이러한 상황 속에서 한국 불교는 조선불교선교양종(朝鮮佛敎禪敎兩宗) 또는 조선불교조계종의 이름으로 전통을 유지하여 왔다.

4. 불교의 진흥

1945년 광복을 맞이하면서 비로소 민족불교의 중흥사업이 자유로이 전개되었다. 그리하여 1945년 전국승려대회가 열리고, 다음과 같은 주요 결정이 채택되었다.

① 일제 때 제정된 조선사찰령(1911)과 조선불교 조계종 총본산 태고사 사법 및 31본말사법(1941)의 폐지
② 독자적인 조선불교헌(朝鮮佛敎憲)의 제정
③ 제1대 종정에 박한영(朴漢永) 추대
④ 동국대학의 개교

그러나 불교계 내부에서 내분이 야기되기도 하고 6·25의 발발로 유명 사찰들이 잿더미가 되는 등 한국 불교계의 어려움은 끊이지 않았다.

그러다가 1960년대에 들어오면서 한국 불교는 내실을 기하게 되어 비구종단의 기반이 굳어지고, 정부의 승인 하에 태고종이 성립되어 불교계의 정비가 추진되었다. 그리고 민족문화발전의 차원에서 추진된 사찰 복원과 중수 행사의 일

환으로 불국사 석굴암의 중수 복원이 실현되었다. 이러한 흐름에 힘입어 불교는 대내외적으로 그 위신을 회복하게 되었다.

신도의 수도 증가하였으며, 기성신도는 새로운 교육을 받고 새로이 지성인들이 불교에 관심을 가지며 불교에 귀의하였다. 그리고 정계와 군·학계와 문화언론계, 대학생층에 불교의 영향이 커지고, 부처님 오신날은 국가 공휴일로 제정되기에 이르렀다. 이후 발전을 거듭한 불교는 청담, 김동화, 성철 등의 뛰어난 승려를 배출하였고, 1990년대 중반에 이른 지금에는 한국 제1의 종교로서 전체 종교인구의 45.6%를 점하고 있다. 현재 불교는 특수한 원불교를 빼면 18개의 종단으로 나뉘어 있으며, 이 중 조계종과 태고종이 가장 큰 불교종단으로 자리하고 있다.

(신수정)

※ 참고문헌

이능화, 1918, 『조선불교통사』 상·중·하, 신문관.
이기영, 1974, 『한국의 불교』(교양국사총서 4), 세종대왕기념사업회.
박종홍, 1982, 『한국사상사 1 - 불교사상편』, 형설출판사.
최병헌 외, 1982, 『한국사상의 심층연구』, 우석.
조명기, 1982, 『신라불교의 이념과 역사』, 경서원.
불교문화연구회 편, 1982, 『한국화엄사상연구』, 동국대출판부.
변밀운, 1984, 『한국과 불교』, 호암출판사.
김영태, 1985, 『백제불교사상연구』, 동국대출판부.
이기백, 1986, 『신라사상사연구』, 일조각.
허흥식, 1986, 『고려불교사연구』, 일조각.
최병헌 외, 1990, 『한국사특강』, 서울대출판부.
정병조, 1997, 『불교강좌』, 민족사.

제10장 기독교사

1. 천주교의 전래와 정착

 폐쇄적인 전근대 동양사회에로의 기독교 전파는 서양이라는 외부사회의 끊임없는 관심과 노력의 결과였다. 당나라 시대의 경교(景敎)나 명말청초(明末淸初)의 예수회, 16세기 중엽 일본에서 활동한 자비에르 신부 등은 그 대표적인 예이다.
 이 같은 서구의 전교활동은 일단은 세계전교를 목적으로 한 기독교라는 종교의 성격에 기인한 것이었다. 그러나 근대 제국주의시대로 접어들면서 기독교는 순수한 종교적 동기 외에 제국주의 침략의 수단으로 이용되기 시작했다. 선교사가 들어오고 뒤이어 상선과 군대가 들어온다는 말이 있듯이, 기독교는 침략자의 종교로서 정치·경제적 식민화의 기초를 닦는 선봉 역할을 수행하였다.
 이런 것을 근대 기독교 전파의 일반적 경로라고 할 때, 우리 나라의 기독교 전래사·발전사는 독특한 성격을 갖는다. 이는 우리 나라가 서구의 기독교 국가에 의해서가 아니라 일본에 의해 문호가 개방되고 식민지화되었다는 외적 원인에 기인한 것이기도 하다. 그러나 애초에 우리 나라 기독교 신앙은 17, 18세기에 일부 지식인을 중심으로 싹튼 것이었고, 그 발전과정에서도 독립운동의 기반이 되는 등 남다른 모습을 보이고 있다.
 우리 나라에 들어온 기독교는 천주교를 그 시작으로 한다. 우리 나라 사람들이 천주교와 접촉한 것은 기록이 남아 있는 한 임진왜란 때가 처음이다. 1592년에서 1598년까지 계속된 왜란 시기에 스페인 출신의 예수회 선교사 세스페데스가 왜장(倭將) 고니시 유키나가(小西行長)를 따라 조선에 왔던 일이 있다. 또한 당시 일본으로 끌려간 조선인 포로 일부가 일본에서 신도가 되었다. 그러나 이것은 우리 나라에 신앙을 전파하는 계기는 되지 못하였다.

왜란 직후 두 차례에 걸친 호란(胡亂)에 패배하면서 볼모로 북경에 가 있던 소현세자(昭顯世子) 일행이 아담 샬 등 예수회 선교사들과 교류한 일도 있다. 소현세자는 이들 선교사에게 조선에도 선교사를 파견해 줄 것을 요청하였으나, 세자가 귀국 후 급사함에 따라 왕실을 통한 전교는 이루어지지 못하였다. 이에 따라 기독교 신앙은 다른 경로를 통하여 조선에서 형성되어 갔다.

왜란과 호란 이후 드러나기 시작한 조선사회의 제 모순은 왕조의 이념이었던 성리학만으로는 극복할 수가 없었다. 당쟁의 빌미를 제공하면서 역기능화하기 시작한 성리학 대신에 실학을 추구하는 학자군이 등장했다. 이들 실학파는 한역서학서(漢譯西學書) 등을 통해 여러 가지 영향을 받고 있었다.

한역서학서는 청에 와 있던 예수회 선교사들이 서양의 지리·역사·종교 관계의 일들을 한자로 기록·번역한 책이다. 그 중에서도 마테오 리치가 천주교의 기본 교리들을 대화체로 풀어 쓴 『천주실의』는 당시의 대표적인 서학서였다.

이 한역서학서들은 조선과 청의 교류가 확대되면서 중국에 파견되었던 조선 사절들을 통해 유입되기 시작하였다. 이로 인해 17, 18세기에 조선 지식인 사이에서는 서학서 연구가 붐을 이루게 되었는데 새로운 학문을 모색하던 실학자들이 가장 열심이었다. 특히 성호 이익 문하의 남인계열 실학자들 사이에서 연구가 활발하였는데, 이들을 서학파라고도 부른다. 또한 이익 문하의 학자들 중에서도 이승훈, 이벽, 정약전, 이가환, 권철신 등과 같이 천주교를 종교로서 수용한 이들을 성호좌파(星湖左派)라고 한다.1)

성호좌파로 분류되는 이승훈 등은 1777년경부터 천진암 등지에 모여 천주교 교리를 함께 연구하고, 아침저녁으로 기도를 하는 등 천주교의 종교적인 형식들을 지켜나가기 시작했다. 당시 이벽이 지은 「천주공경가」를 보면, 이들이 천주의 존재뿐 아니라 천당지옥설·영혼불멸설 등 천주교의 기본적인 교리들을 그대로 수용하였음을 알 수 있다. 그러나 한편으로는 유생 출신이라는 신분배경에서 완전히 탈피하지 못하고 삼강오륜·효·충과 같은 유교의 기본관념도 그대로 지니고 있었는데, 이는 「천주공경가」에서도 그대로 드러난다.2) 이것이 유교적인

---

1) 이에 대비해서 성호의 문하로 천주교를 비판한 안정복, 신후담 등을 성호우파로 분류한다.
2) 「천주공경가」의 일부를 보면, "……집안에는 어른 있고 나라에는 임금 있네. 네 몸에

원리원칙에 벗어나지 않는 선에서 유교와 천주교를 융화시키려 한 보유론(補儒論)이었다. 보유론에 기초한 초기의 자생적인 기독교 신앙은 유교와 천주교를 조화될 수 있는 것으로 파악하고 있었던 것이다.

이 같은 신앙을 토대로 1784년 최초로 천주교회가 창립되었다. 1783년 이승훈이 중국사신으로 임명되어 아버지를 따라 북경에 가게 된 것이 그 직접적인 계기가 되었다. 이승훈은 북경의 천주교회를 방문하여 프랑스 선교사 그라몽 신부에게 세례를 받고 정식으로 입교했다.

귀국 후 이승훈은 이벽과 함께 동료학자 및 역관 등 중인계층을 대상으로 전도활동을 시작하여 1천 명 정도의 신도를 확보하게 되었다. 나아가 이들은 성사(聖事)집행을 담당할 신부·주교를 선출하였고 이를 주축으로 세례나 고해성사 등을 베푸는 최초의 신앙공동체를 만들었다. 물론 이것은 정통 천주교의 입장에서 보면 주교나 교황의 허락을 받지 않은 일종의 불법적인 교회조직이었다.3)

이 오류는 1789년에야 북경에 사절을 파견하면서 밝혀졌다. 이후 몇 차례의 왕래를 통해 잘못을 바로잡고 성사집행을 위해 신부 파견을 요청하는 등 초기교회는 보다 성숙한 발전단계로 접어들었다. 한편 북경에 파견한 사절을 통해 조상제사를 금지하는 천주교의 입장이 확실해지면서 이즈음부터 양반계층의 이탈현상이 나타나기 시작했다.4)

이 제사문제는 조선 천주교회에 최초의 시련을 가져왔다. 조상제사의 금지는 유교의 근본원리인 효를 부정하는 것으로, 이제까지의 보유론적인 천주교 이해를 완전히 뒤엎는 것이었다. 따라서, 양반계층 신도에게 미친 파문은 클 수밖에 없어 최초의 세례교인인 이승훈조차 교회를 떠났을 정도였다. 나아가 이 제사금지 문제는 1886년 한불조약으로 전교의 자유를 얻기 전까지 1백 년간 천주교가 조선사회에서 박해받은 가장 큰 원인이 되었다. 1791년의 진산사건은 그 효시였다.

는 영혼 있고 하늘에는 천주 있네. 부모에게 효도하고 임금에겐 충성하세. 삼강오륜 지켜가자. 천주공경 으뜸일세. 이네 몸은 죽어져도 영혼 남아 무궁하니, 인륜도덕·천주공경·영혼불멸 모르면 살아서는 목석이요, 죽어서는 지옥이라……"라고 하고 있다.
3) 이것을 가성직제(假聖職制) 가교계제도(假敎階制度)라고 한다.
4) 중국에서도 논란이 되었던 제사문제(전례문제)는 교황청 결정으로 1790년에 북경의 주교에 의해서 조상제사금지령이 내려진 상태였다.

진산사건은 전라도 진산의 양반으로 천주교 신자인 윤지충이 조상제사를 폐지하고 신주를 땅에 묻어버림으로써 일어났다. 양반 가정에서 제사를 지내지 않는 것만도 큰 사건인데 신주를 불태우고 묻어버린 것은 국가의 이념체계에 대항하는, 있을 수 없는 일이었다. 윤지충은 즉각 처형되었다(신해교난). 그러나 당시는 남인세력이 정권을 잡고 있었기 때문에 사건이 확대되지는 않았다.

이 사건 이후 천주교는 조상제사를 금하는 '무군무부(無君無父)'의 종교로 인식되어 양반계층의 이탈이 더욱 촉진되었다. 그러나 진산사건은 한편으로는 천주교가 보유론적인 것이 아닌 유교와는 완전히 다른 종교로서 바로서는 계기가 되기도 했다. 양반계층이 이탈한 자리는 중인계층이 메우게 되었고 이들은 우선적으로 신부영입운동을 벌였다. 그 결과 1794년에는 중국인 주문모 신부가 입국하였고 활발한 전교활동으로 진산사건 몇 년 후에는 신도수가 1만 명으로 불어나는 발전을 보았다.

한편 중앙정계에서는 1800년 정조의 사후, 남인의 영수였던 채제공도 죽어 남인세력이 밀려나고 노론이 정권을 장악했다. 노론은 반대당을 제거하기 위해 남인양반 일부가 믿고 있던 천주교를 이용했다. 1801년 일어난 대규모 박해사건인 신유교난은 이로 인해 일어났다. 과거에 천주교와 조금이라도 연관이 있던 남인계층의 많은 사람들이 유배되거나 처형되었다. 정약용·정약전 형제, 이승훈, 이가환 등이 체포되었고 중인이나 서민계층의 신도들도 3백여 명이 희생되었다. 주문모 신부 역시 이 때에 처형되었다.

이어서 1839년의 기해박해, 1846년의 병오박해, 1866년의 병인박해가 잇달으면서 천주교회는 끊임없이 시련을 겪었다. 특히 대원군 시기의 병인박해는 1866년에서 73년까지 8년간 계속되어 8천에서 2만여 명으로 추산되는 순교자를 낳았다. 그러나 이 때마다 천주교 신도들은 교회재건운동을 그치지 않았다. 이 같은 노력의 결과 1831년에는 조선교구가 설정되고 파리외방전교회가 조선에 파견하는 선교사를 주관하게 되었다. 신부영입운동도 계속되어 중국·프랑스 신부들이 입국하였고, 1845년에는 최초의 한국인 신부 김대건이 마카오에서 사제서품을 받고 입국하였다. 1856년에는 신학교의 효시인 신학당이 설립되고 천주교회의 기본교리서들이 한글로 번역되기 시작했다.

대원군 몰락 이후 1876년 조선왕조는 강화도조약으로 문호를 열었다. 이어 1886년의 한불조약 등으로 국내 각지에서 전교의 자유를 얻게 되었다. 이를 근거로 선교사들의 활동이 점차 확대되어 때로는 지방민과의 분쟁사건[敎案]이 발생하기도 했으나, 천주교회는 순조롭게 성장해 나갔다.

2. 개신교의 전래와 활동

개신교의 한국 수용은 1882년 한미수호조규의 체결 후, 알렌이 입국하면서부터 본격화되었다. 그러나 이보다 훨씬 앞선 1832년, 독일의 귀츨라프 선교사의 내한과 제너럴 셔먼호 사건으로 유명한 토마스 목사의 순교사건이 있었다. 또한 이미 간도와 일본에서는 한국인 개신교 신자들이 서양 선교사들과 함께 성서 번역에 힘쓰고 있는 상황이었다.

간도에서는 스코틀랜드 장로회의 중국파견 선교사 로스가 중국에 드나들던 조선상인들을 대상으로 전도활동을 펴는 한편, 조선말을 배워 한글성서 번역에 착수했다. 1876년에는 백홍준 등 4명이 세례를 받아 한국 개신교 최초의 신도가 되었고 1878년에는 요한복음과 마가복음이 번역되었다. 개신교 신도들은 이 한글성경을 가지고 조선에 돌아와 의주 등지에서 전교활동을 행하여 신앙공동체를 형성하기 시작했다. 이들 중 서상륜에 의해 1885년경에 황해도 소래에서 이루어진 소래교회는 한국 최초의 개신교회로서 선교사에 의해서가 아니라 자생적인 것이었다.[5]

한편 일본에서는 1882년 수신사 일행으로 일본에 간 이수정이 미국 선교사에게 세례를 받았다. 이수정은 그 후 일본에 머물며 한글성서 번역에 종사하고 일본의 조선 유학생들에 대한 전교활동을 행했다. 그 결과 1883년에는 동경에서 7, 8명의 세례받은 한국인을 중심으로 유학생들의 신앙공동체가 형성되었다. 1885년 장로교 선교사 언더우드가 조선에 입국할 때 일본에서 한글을 배우고 한글성서를 가지고 들어올 수 있었던 것도 이러한 기반이 있었기 때문이다. 이같이 선교사의 직접적인 국내 전교에 앞서 국외에서 성서가 번역되어 이미 준비된 성서로 전교를 시작한 일은 세계전교사상 매우 드문 일이다.

개신교 선교사들의 입국은 1884년 6월 한국 선교의 양부로 불리는 미국 감리

---

5) 아직 개신교 선교사가 국내에 없었던 상황이었으므로 소래교회의 교인들은 1887년에야 언더우드에게 세례를 받았다.

교회의 맥클레이 선교사의 방문을 계기로 한다. 맥클레이 선교사는 김옥균을 통해 고종에게 선교회의 병원과 학교사업에 대한 인가를 요청하여 허락을 받았다. 이로써 개신교 선교사의 입국이 공식적으로 인정되어 1885년 아펜젤러와 스크랜튼이 각기 교육과 의료사업을 내세워 입국하였다.

미국 북장로교에서도 1884년 헤론 목사를 조선개척의 선교목사로 임명하여 조선선교를 개시했다. 이에 따라 알렌을 시작으로 언더우드가 입국했다. 알렌은 중국선교를 목적으로 상해에 머무르다가 방향을 바꾸어 1884년 9월 조선에 들어왔는데, 우리 나라에 상주한 최초의 개신교 선교사가 되었다.

이 밖에도 조선이 서구열강과 차례로 수호조약을 체결함에 따라 영국 성공회, 미국 남감리회·남장로회, 호주 장로회, 캐나다 장로회, 성결교회의 모체인 동양선교회, 안식교회, 침례교회, 영국의 플리머스 형제단, 러시아의 정교회까지 다양한 교파가 속속 들어왔다.

이들 선교사들은 초기에는 조선정부의 태도와 전반적인 사회분위기 때문에 직접적인 복음전도보다는 의료와 교육사업을 통한 간접선교 방식을 택했다. 이것은 성사집행으로부터 시작된 천주교의 선교역사와는 다른 일면이다.

의료선교의 경우, 1884년 미국 공사관 소속의 의사 자격으로 들어온 알렌이 갑신정변 당시 민영익의 부상을 치료한 것을 계기로 정부의 신임을 얻게 되어 1885년 4월 국립의료기관인 광혜원을 세웠다. 광혜원은 의료기관으로서뿐 아니라 선교사업을 위한 전초기지로서의 역할을 담당했다. 1885년 9월에는 스크랜튼이 민간 의료기관을 설치하였고 점차 서울과 지방에 선교사들의 병원, 진료소가 생겨났다. 이 곳에는 한국인 교인들이 배치되어 일반 서민들에게 직극직인 전교활동을 행했다.

교육사업은 1886년 6월 아펜젤러에 의해 배재학당이 설립된 것을 시작으로 한다. 학생들은 처음에는 영어를 배울 목적으로 왔으나 선교사들의 예배에 참석하는 등의 과정을 통해 기독교인이 되어 갔다. 그 외에도 고아원 학교인 언더우드학당과 이화여학당, 정동여학당 등이 건립되었고 지방에도 숭실학교 같은 기독교 계열 학교가 설립되었다. 선교사들은 학교사업을 효율적인 전교 방법으로 보았으므로 이들 학교에서는 예외없이 성경과목을 포함시켜 학생들의 전교에 노력했다.

의료·교육활동 외에 초기 선교사들이 힘을 쏟은 것은 성경번역과 문서선교활동이었다. 성경번역은 우선 중국·일본에서 행해지고, 1900년에는 신약성서가 완간되었다. 또한 찬송가와 기타 기독교 교리 관계의 서적들, 교회 계통의 정기 간행물도 발행되어 『찬미가』, 『죠선크리스도인 회보』 등이 나왔다. 계속된 성경의 개정작업에서 중요시된 것은 일반 민중도 쉽게 이해할 수 있도록 해야 한다는 것이었다.

민중을 대상으로 전교한다는 개신교의 방침은 1893년 장로교회의 선교 기본 방침이 된 '네비우스형 선교정책'에서 보다 확고해지게 되었다.6) 이 선교정책은 선교대상을 근로계층과 부녀자·청소년 등 일반민중으로 삼고, 선교방법으로는 한국인에 의한 한국인 전교를 원칙으로 하여 각지의 교회는 선교회의 도움에 의해서가 아니라 교인 자신들에 의한 자립적인 교회로 성장시킨다는 것이었다. 네비우스 정책은 이후 개신교가 일반민중을 기반으로 교세를 확장해가는 데 크게 기여했다.

민중에의 복음 전파는 당시의 시대적인 배경에 의해서도 촉진되었다. 개신교가 조선에서 본격적 선교를 개시한 19세기 말은 조선의 사회적 혼란기였다. 대내적으로는 개화와 척사세력의 갈등이 이어졌고 대외적으로도 1894~1895년의 청·일전쟁을 정점으로 열강의 침략행위가 계속되었다. 그러나 이 같은 혼란기에 기독교는 급속한 양적 팽창을 거듭했다. 예를 들어 청·일전쟁 기간에는 장로교의 경우 10배 이상의 성장을 이루는 등 신도수가 급증하고 있다. 이것은 서구세력의 보호 하에 있는 교회가 전란중에 생명과 재산을 보호해 줄 수 있는 피난처로 여겨졌기 때문이기도 했다.

양적 팽창과 함께 유식계층의 신도수도 증가되었다. 즉 기독교가 힘의 종교로 인식됨에 따라 이를 이용하여 민족운동을 전개하려 한 지식인들이 기독교인이 된 것이다. 독립협회운동 등 계몽운동의 주요 인물이었던 서재필·윤치호·이승만 등이 기독교인이었고, 이상재·유성준·안국선 등은 독립협회 해산 후 이승만의 옥중전도로 개종하게 되었다.7)

이로써 민중계층이 주류를 이루던 한국 개신교에 양반, 지식인 계층이 참여하

---

6) 네비우스는 중국에서 활약하던 노련한 선교사로 1890년 조선에 와서 선교사들을 대상으로 보다 효율적인 선교방법에 대해 강연을 했고, 이후 조선 개신교에서는 이에 기초한 선교방법이 절대화되었다.
7) 이들은 1904년 석방 후에 연동교회와 YMCA를 통해 기독교 신앙운동을 전개하였다.

는 신분의 다양화가 이루어졌다. 교회 안에서 주계층 사이의 갈등이 없었던 것은 아니나 이를 극복해 가면서 개신교는 총체적인 민족종교로서 성장해 나갔다. 특히 개종한 계몽운동가들의 지도가 민중에 확산되어 국내외적인 민족의 위기를 극복하려는 기독교 민족운동이 가능해지게 되었다.

3. 일본의 침략과 기독교

1905년 을사늑약을 계기로 국권을 침탈당한 우리 나라는 1910년 일제에 병합되어 35년간 식민지 상태로 지내야 했다. 민족의 수난기였던 이 시기에 기독교는 일부분 일제에 타협하기도 했지만 민족운동의 구심점으로 살아남았다.

천주교의 조선선교는 프랑스 신부들이 중심이 되었다. 파리외방전교회가 조선선교의 책임을 맡게 된 것도 이 때문이었다. 그런데 이 파리외방전교회는 순수한 해외선교를 목적으로 설립된 것으로 내세관에 입각한 초월신앙관, 군주제 옹호, 근대화에 대한 부정적 입장을 특징으로 하였다. 1880년부터 약 45년간 조선 천주교회를 이끌었던 뮈텔 주교 역시 외방전교회 출신이었다.

조선에 부임한 뮈텔 주교는 한말의 개화운동이나 의병운동뿐 아니라 3·1운동에 대해서도 신자들의 참여를 금지시켰다. 또한 1936년에는 로마 교황청의 훈령에 의해 신사참배를 지지하기도 했다. 즉 일제에 협력하여 교회활동의 자유를 얻고자 조선의 민족문제에는 정교분리정책을 취한 것이다. 피라미드적인 계급구조를 가진 천주교의 성격상 주교의 입장은 일제시대의 천주교를 대변할 수밖에 없었다. 더구나 한국인 신부는 소수에 지나지 않았기 때문에 이러한 방침에 거스르는 것도 불가능했다. 따라서 국권침탈기 천주교측의 민족운동은 교단을 통해서가 아니라 개인적으로 이루어져 갔고 기독교 내의 민족운동은 개신교측이 큰 비중을 떠맡게 되었다.

개신교 내에서는 1905년 을사늑약이 체결된 후 선교사들과 일반 교인 사이에 갈등이 나타나게 되었다. 이전에는 한국의 정치·사회문제에 관심을 가지고 직접 정치적 행동에까지 나섰던 선교사들이 순수한 종교적 입장만 지킬 것을 내세웠기 때문이다. 이는 친일적인 본국정부와 일본의 압력에 대해 종교를 보호하려던 것이었다. 그러나 이것은 "십자군병을 일으켜 일본군을 축출하자"고까지 하는 한국교인들의 감정과는 일치하지 않았다.

이런 중에 1907년에 대부흥운동이 일어났다. 선교사들의 기도회가 발단이 되어 전국 각지에 부흥회를 개최하면서 번진 이 운동은 개신교 교세의 확장으로 이어졌다. 반면에 대부흥운동은 기독교의 종교적 성격만을 부각시켜 그 정치성은 약화시키는 결과를 낳기도 했다.

그럼에도 기독교인들의 민족운동은 그치지 않았다. 1905년 이후 기독교인들은 구국기도회 등의 대중적인 집회와 시위운동, 친일파 암살, 조세저항운동, 단체의 조직과 활동 등으로 저항을 계속했다. 안창호 등에 의해 1907년 조직된 신민회는 국권회복과 공화정을 목표로 한 비밀결사로 그 구성원의 대부분이 기독교인이었다.8)

1919년에는 거국적인 항일운동인 3·1운동이 일어났고 개신교 계열도 이에 적극적으로 참여했다. 여기에는 일제에 의해 모든 단체가 해산되었던 상황에서 유일하게 남은 종교·학생조직이 운동의 주축이 될 수 밖에 없었던 점도 작용했다. 하지만 3·1운동을 촉발시킨 재일유학생들의 2·8독립선언에도 이미 조선기독교청년회가 깊이 관여하고 있었던 점, 또한 이러한 사태를 주시하고 국내에서 3·1운동을 계획하고 점화하는 데에 개신교계의 역할이 컸음을 지적하고 넘어가야 할 것이다.

개신교 계열은 1919년 2월 말 이승훈, 선우혁 등이 평양을 비롯한 서북지역의 기독교 세력을 중심으로 독립운동을 전개하기로 하고 조직화에 착수하였다. 또한 서울의 YMCA와 세브란스 병원에서도 비슷한 계획이 진행되고 있었다. 이들 개신교 세력은 2월에는 천도교·불교계까지 포함한 연합전선을 구축했다. 운동의 전개과정에서도 목사 등의 교역자들과 평신도들이 적극적으로 참여했다.9) 따라서 3·1운동 이후, 체포·투옥 등으로 인한 기독교측의 피해도 커서 심각한 타격을 받았다. 장로교의 경우 총회장이던 김선두 목사가 평양의 시위 주동으로 체포된 외에도 202명의 지도자가 체포되었다. 제암리교회 사건은 비참의 극치였

---

8) 1911년 105인 사건 때 기소된 신민회 회원 명단을 보면, 기소자 123명 중 96명이 장로교인, 6명이 감리교인, 2명이 천주교인으로 기독교인이 총 104명임을 알 수 있다.

9) 3·1운동의 체포·투옥자 통계를 보면 3·1운동 관련 투옥자 9,458명 중, 기독교인은 2,087명으로 전체의 22%를 넘는다. 이는 운동의 전체 역량의 20% 이상을 당시 한국 인구의 1.3%에 불과하던 기독교인이 담당했음을 의미한다(이만열, 1991, 『한국기독교와 민족의식』, 지식산업사, 349~350쪽).

다. 감리교의 상황 역시 비슷했다.

　일제는 이후 문화정치 하에서 3·1운동의 주도세력이었던 종교계에 회유·분열정책을 폈다. 여기에 운동의 실패에 따른 패배주의가 더해져서 1920~1930년대 개신교의 신앙상태는 두 가지 흐름으로 나누어졌다. 종말신앙으로 이어지는 신비주의적 신앙운동과, 교육·문화적인 계몽운동이 그것이다.

　후자의 계몽주의 운동은 기독교 정신으로 민족과 나라를 개조한다는 것으로, 농촌계몽운동, 문맹퇴치운동, 절제운동, 야학운동, 문서운동, 여성계몽운동 등을 전개해 나갔다.

　1930년대에 들어오면 일제의 황민화정책에 의해 강요된 신사참배가 기독교 내에서 큰 문제로 대두했다. 기독교계 학교는 이를 거부하여 자진 폐교하는 사태도 많이 일어났지만, 장로교 총회가 1938년에 신사참배를 수용하기로 결정한 것을 마지막으로 교단측의 저항은 끝났다. 그러나 일반 목회자와 교인들의 사이에서 신사참배 거부운동이 일어나, '신사참배 강요금지 청원운동'과 '신사참배 거부운동'이 행해졌다. 이로 인해 개신교회는 일제의 탄압을 받아 주기철 목사 등 2천여 명의 교인이 투옥되었고 2백여 교회가 폐쇄되는 수난을 겪었다.

4. 기독교의 비약적 성장

　광복은 신앙 자유의 명암을 갈라놓았다. 소련군 점령 하의 북한에서는 공산주의국가기 들어서면서 신앙생활에 북풍이 일었다. 반면 미군 점령하의 남한에서는 자유국가가 들어서고 신앙생활에서도 종교의 자유를 낳았다. 특히 기독교는 새로운 봄날을 맞은 듯하였다. 그러나 그것은 잠시, 6·25전쟁이 가져온 피해는 엄청났다. 많은 교회들이 잿더미가 되었다.

　그러나 1960년대 이후부터 기독교는 장족의 발전을 이룩하였다. 천주교는 서울·대구·광주 등 3곳에 대교구가, 전주·춘천·부산·청주·인천·수원·원주·마산·안동·제주 등 10곳에는 교구가 설치되었다. 김수환은 1969년 한국 유일의 추기경으로 승품되었고, 1974년에는 교황청 15인 주교회 대표가 되어 국내는 물론 범세계적인 천주교 지도자로 활약하기 시작하였다. 천주교는 1981년 9월 9일에 조선교구설정 150돌을 맞이하였고, 이를 기념하여 1984년에는 김대건

·정하상 등 103위의 시성식이 있었다. 1990년대에는 신도수가 약 300만 명에 이르렀다.

개신교의 성장은 더욱 괄목할 만하였다. 한국적 신학의 수립과 기독교의 토착화 논의, 신학자군의 출현과 그 행동반경의 확대, 신·구교의 성경 공동번역, 기독교와 다른 종교의 대화, 평신도 운동의 강화, 기독교 매스미디어의 확대 등이 이루어졌다. 특히 김동익, 한경직, 강원용, 조용기 등의 목회활동은 선교의 기폭제가 되었다. 한편 서남동, 김찬국, 안병무, 조향록 등에 의한 1970~1980년대 민주화운동의 선구적인 활동은 역사발전의 견인차가 되기도 하였다.10) 그런 가운데 한국의 어머니교회라 할 수 있는 새문안교회가 1997년 110주년을 맞이하는 경사가 이어졌고, 여의도 순복음교회는 세계에서 가장 신도수가 많은 교회로 성장하였다. 뿐만 아니라 이단논의가 끊이지 않는 중에서도 통일교는 세계를 무대로 뻗어나갔다. 1990년대에는 개신교의 신도수가 약 1,000만 명에 이르렀다.

한국의 기독교는 우리 사회가 근대로 넘어가는 대수난기에 전래되고 수용되었다. 그리고 그 전래단계에서부터 자발적이었던 것처럼 토착화되는 과정에서도 우리 민족과 함께 동고동락하여 드디어 세계종교이자 민족종교로서 그 위상을 정립하게 되었다.

(안유림)

※ 참고문헌

민경배, 1968,『한국기독교회사』, 대한기독교서회.
주재용, 1968,『한국카톨릭사』, 한국천주교중앙협의회.
김양선, 1971,『한국기독교사연구』, 기독교문화사.
백낙준, 1971,『한국개신교사』, 연세대출판부.
곽안전, 1973,『한국교회사』, 대한기독교서회.
김광수, 1974,『한국기독교전래사』, 한국교회사연구원.
김광식, 1975,『선교와 토착화』, 한국신학연구소.
김광수, 1978,『한국민족기독교100년사』, 한국교회사연구회.
이만열, 1981,『한국기독교와 역사의식』, 지식산업사.
최석우, 1982,『한국천주교회의 역사』, 한국교회사연구소.
김정현, 1982,『한국의 첫 선교사』, 계명대출판부.

---

10) 민주화운동에는 천주교측에서도 지학순 주교 등이 적극 동참하였다.

김옥희, 1983, 『한국천주교여성사』 Ⅰ·Ⅱ, 한국인문과학원.
이원순, 1986, 『조선서학사연구』, 일지사.
한국교회사연구소, 1986, 『한국천주교회사연구』.
이만열 외, 1986, 『한국기독교와 민족운동』, 보성.
새문안교회역사편찬위원회, 1987, 『새문안교회문헌사료집 1』, 새문안교회.
조광, 1988, 『조선후기 천주교사연구』, 고려대학출판부.
최동희, 1988, 『서학에 대한 한국실학의 반응』, 고려대출판부.
H.G.언더우드 저, 이광린 역, 1989, 『한국개신교 수용사』.
대한예수교장로회, 1989, 『3·1운동과 한국교회의 역사참여』.
한국기독교사연구회, 1989·1990, 『한국기독교의 역사』 1·2, 기독교문사.
강재언, 1990, 『조선의 서학사』, 민음사.
구라타 마사히코, 1991, 『일제의 한국기독교탄압사』, 기독교문사.
윤경로, 1992, 『한국근대사의 기독교사적 이해』, 역민사.
새문안교회창립100주년기념사업회 역사편찬위원회, 1995, 『새문안교회 100년사』.
이충우, 1996, 『신앙유산답사기』, 사람과 사람.
서정민, 1996, 『순간의 빛 - 흩어진 이야기』, 도서출판 이레.

제11장 예술사

1. 회화

우리 나라의 그림은 선사시대 암각화에서 고구려 고분벽화, 그리고 조선시대 회화에 이르기까지 한국양식이라고 할 수 있는 양식상의 특색을 지니고 있다. 어느 나라나 마찬가지로 선사시대의 회화는 순수회화가 아니라 실용적·기능적인 목적을 가진다. 처음에는 주술적인 기능을 가졌고 차츰 미적 효과에 눈을 돌렸다. 선사시대의 암각화인 울주 대곡리 암각화에는 동심원과 방형 등 기하문과 동물그림이 그려져 있는데, 주된 내용은 사냥과 고기잡이의 성공, 풍성한 수확, 죽은 짐승의 위령을 나타낸다.

사국시대인 3세기경에는 중국의 회화기술이 들어온 것으로 생각되며 4세기에 고구려는 고분벽화를 남겼다. 고구려 고분벽화는 회화뿐 아니라 당시의 건축과 생활양식, 사후세계관까지 여러 면을 이해하는 데 중요한 사료가 된다.

초기의 고구려 고분은 평면으로 볼 때 여러 개의 방으로 되어 있어 많은 그림을 그렸다. 357년이라는 명문이 남아 있는 동수묘는 연대가 확실한 고분으로서 동쪽벽에 대행렬도가 그려져 있다. 408년의 덕흥리고분은 견우직녀도, 수렵도, 주인공의 생활도가 주목을 끈다. 당시의 의복과 가구까지도 알 수 있는 귀중한 자료들이다.

중기의 고분벽화인 무용총, 쌍영총, 각저총 등에는 풍속도가 그려져 있어 당시인의 생활상을 잘 보여주고 있는데, 특히 주인공이 죽은 후에도 생전의 모습을 재현하도록 바라는 계세사상이 강하게 나타난다. 각저총의 씨름그림은 두 역사의 힘과 동작이 표현되어 있다. 나무는 독특한 모습이며 사신도가 주벽의 주제로 들어가 있다. 실경의 산과 나무도 그려져 있는데 산수화로의 시작임을 알 수 있다. 벽의 많은 공간은 인동당초문과 괴상한 구름무늬로 채워져 있다.

후기에는 풍속도와 문양도 대신 사면에 사신도가 그려졌다. 사신도의 아름다움과 동감은 고구려인의 기상을 충분히 보여주며, 질풍이 부는 것 같은 동감의 표현은 특히 두드러진다. 채색을 위주로 하면서 입체감을 표현한 몰골기법과 거기에 사용된 안료의 우수성도 주목할 만하다. 고분벽화를 그릴 때는 회칠한 벽이 마르기 전에 그림을 그리는 프레스코기법이 이용되었다. 고구려 고분벽화는 당시 중국 회화를 이해하는 데도 도움이 되며 서역 회화양식의 이해에도 중요한 자료가 된다. 일본 나라의 채색벽화로 유명한 7세기의 다카마쓰 총 고분벽화는 이 고구려 고분벽화와의 연관된 흐름을 연구하는 데 중요하다.

백제나 신라, 가야의 회화 사료는 남은 것이 별로 없는데, 천마도는 신라의 회화수준을 가늠케 해 주는 중요한 사료이다. 특히 바람에 나부끼는 말갈기와 하늘을 나는 천마의 표현은 대단히 뛰어나다.

남북국시대의 회화는 화엄경 경전 표면에 그린 불상·누각·천인좌상을 통하여 볼 수 있으며, 경주의 봉덕사 종 표면에 새긴 비천상은 당시 회화의 아름다움을 말해 준다.

고려시대가 되면 불화나 실용화와는 별도로 감상화가 크게 발전하였으며, 화원·화국 등이 정부기구로 설치되었다. 중국 송나라의 원체화 양식의 그림을 그렸으며 이녕(李寧)이 그린 「예성강도」는 송 휘종의 격찬을 받았다. 송의 곽약허가 쓴 『도화견문지』 권6에서는 고려의 그림을 평하기를, "그 기교의 뛰어남은 다른 나라에서 상대를 찾기 어려울 지경"이라 하였고, 고운 모시 위에 그린 그림은 "풍격(風格)이 있는 명화"리 히였다. 고려 문인화기로는 김부식·이인로·정지상 등을 들 수 있고, 실용화에서 불화는 뛰어난 섬세함과 아름다운 금색 이용을 보여주었다. 「양류관음도」는 그 대표적인 것이다.

조선시대 회화는 그 실물이나 기록이 전시대보다 많이 남아 있어서 회화사 연구에 중요한 사료가 된다. 크게 사대부의 비직업적 그림과 화원의 그림으로 나눌 수 있으나, 양자는 서로 정신적인 면을 보완해 주고 조상숭배사상을 담고 있다. 특히 초상화의 높은 수준은 특기할 만한데, 주인공의 정신성을 표현해야 하는 이 초상화는 선의 표현이 잘 절제되어 있다.

조선전기(15~16세기 중엽) 화가로는 안견·최경·강희안·양팽손 등이 대표적이며, 송 원체화풍을 기본으로 하면서 중국 곽희파의 영향을 받은 것이 엿보인다. 안평대군의 소장품 가운데 곽희의 그림이 많은 것도 그렇고 안견이 곽희파의 해조묘로 나무를 그린 것은 모두 이 곽희파 화풍의 수용을 보여주는 것으로 보인다. 안견의「몽유도원도」는 1447년 4월 20일밤 안평대군이 꿈에 본 선경을 안견이 그린 것으로, 아래에 관화기가 써 있어서 중요한 회화사료가 되고 있다. 이 그림은 일반적인 그림과 달리 전개방향이 다르며, 평원법과 부감법을 한 화면에 사용함으로써 환상의 세계와 현실의 세계를 그려 내었고, 바위 아랫부분에는 꿈 속의 바위인 듯한 조광 효과도 보여주고 있다. 사대부 화가인 강희안은 중국 절파양식을 나름대로 시도하였으며, 이상좌의「송하보월도」는 화면을 대각선으로 그린 것이다.

조선중기(16세기 중엽~17세기)는 중국의 절파양식이 크게 유행하였다. 절파의 특색은 부벽준을 쓰면서 전경·중경·후경의 거리감을 더 잘 나타내기 위해 흑·백의 강한 대조감을 강조한 데 있다. 또한 일반적으로 산수화도 인물을 주로 하고 산수는 그 배경으로 하고 있다. 회화양식의 교류는 화보의 유입과 함께 사절단들의 왕래를 통해 이루어졌다. 중국의 주지번·맹영광 등은 중국 남종화의 전래에 공헌하였을 것이다. 당시의 대나무 그림은 화원들의 시취에서도 높은 점수를 차지하였고, 사대부들의 수양과 내면세계의 표현에 중요한 부분을 이루었다. 글씨와 그림은 중국의 소동파도 주장하듯이 같은 근원에서 나왔으므로, 붓의 사용은 당시 지식층에게는 필수였다. 달마도로 잘 알려진 김명국은 절파양식을 자기의 개성을 강하게 표현하는 데 사용하였다. 안평대군의 송설체를 비롯한 서예에 대한 연구는 회화와 함께 더욱 깊이 연구되어야 할 부분이라 할 것이다. 또한 신사임당과 같은 여성화가들은 그 예술성과 함께 뛰어난 기품을 합하여 연구되어야 할 것인데, 그의 깔끔하고 섬세한 초충그림들은 수예의 본으로 널리 쓰여졌다. 조선중기의 영모화는 조속의 까치, 변상벽의 고양이 등 자기 나름의 개인적인 재질이 보여지며, 절파양식의 변형, 축소배경의 개성이 보여진다.

조선후기(18세기~19세기)의 회화는 한국적 화파의 완성이라 볼 수 있다. 겸재 정선은 남·북화 기술을 구사하면서, 자기가 창조한 수직평행준을 구사하여 우리 나라의 실경을 사생하는 진경산수화를 대성하였다. 겸재가 우리 나라의 산천에 중점을 둔 것처럼 김홍도, 신윤복, 강세황, 이인문, 최북 등은 우리 생활주변의 환경과 풍속에 눈을 돌렸다. 18세기 사대부화가이자 감식가로서 큰 발자취를 남긴 강세황은「송도기행화첩」에서 음영법을 시도하여 서양화법의 영향을 반영하였다. 조선시대 회화의 두드러진 특징을 보여주는 것 중 하나가 초상화인데, 이재의 초상은 뚫는 듯한 안광, 넓은 이마, 뾰족한 턱 등 모두 노학자의 지조와 예지를 잘 표현하고 있다. 19세기 사대부화가로는 김수철·김정희·전기·김가진·민영익을 들 수 있고, 장승업·허련·조석진·안중식 등은 중요한 직업화가로 활동하였다. 그림보다 글씨에 탁월한 능력을 지녔던 추사 김정희는 공간배분과 구성에 대한 센스, 학자로서의 넘치는 재기를 담은 「세한도」, 「죽암도」 같은 명품을 남겼다. 전기의 「계산포무도」는 갈필을 써서 높은 격을 보여주며, 홍세섭의 「유압도」는 물과 오리의 생동감을 살리기 위해 대담한 구도를 썼다. 그러나 19세기의 우리 화단은 이러한 사람들을 뒷받침해 줄 사회의 힘이 약했고, 중국으로부터의 새로운 자극의 결여는 회화의 위축을 가져왔다. 이후 전통남화는 일본화풍의 잔재를 벗어나지 못하였고, 양화와 수묵화가 합쳐진 신묵화의 모습으로 발전해 갔다.

한국의 현대미술은 서양의 새로운 양식이 전파되기 시작한 20세기 초로부터 출발한다고 보는 관점이 지배적이다. 그러나 시기적으로는 20세기라고는 하나 양식적으로는 19세기나 그 이전의 것이 포괄되어 있는 것이 우리 미술의 특수한 사정이다. 우리의 서양화 수업이 인상주의로부터 시작되어, 19세기에 이미 끝난 양식이 한국 미술양식에서는 20세기에 이르러서야 전개되었기 때문이다. 1970년대 이후에는 미술수업을 위한 해외유학이 크게 늘고, 국제적인 진출을 목표로 해외에 진출한 중견작가들의 활동도 활발해지고 있다. 1980년대 들어 등장한 민중미술이나 동양화단의 수묵화운동도 현대미술의 움직임 중 하나이다.

2. 조각

우리 나라의 조각은 불교조각 즉 불상 제작에서부터 시작되었다. 불교조각 이전에도 토우가 제작되었지만 불상 조각으로 발전된 것은 아니다. 따라서 우리 나라의 조각사는 불교조각 양식의 변천사로 볼 수 있다.

고구려시대 불상으로는 539년으로 추정되는 연가명금동여래입상이 1963년 경남에서 발견되었다. 여래의 머리는 나발이고 얼굴은 길고 홀쭉하며, 고졸한 미소를 보여 중국 북위양식을 엿보게 한다. 옷주름은 날카롭고 깊으며 좌우로 뻗었다. 광배는 주형이며 불꽃모양이 음각되어 있다.
 미륵반가사유상은 우리 나라 조각의 조형성을 대표하는 것으로 6세기 중엽부터 많이 만들어졌다. 머리 위에 탑이 조각된 관을 쓴 탑형미륵반가상은 불가사의한 미소, 손가락의 선율, 작가의 독창적인 어깨부분의 날개형 옷 등 완전한 한국미를 보여준다. 미륵반가사유상이 청년들의 몸을 조각한 것은, 당시 화랑도의 수양정신과도 연관이 있는 것으로 보인다. 국립박물관에 있는 삼화관반가상으로 불리는 미륵보살반가상은 근육을 가진 사실적인 팔에, 사실적인 손가락을 갖추고 있어 육체의 아름다움을 잘 살렸다. 바른 발의 엄지발가락은 따로 떼어 동작감을 더해 주며 목걸이도 이중테로 조각하였다. 이 반가상이야말로 사국을 대표하는 조각품으로서, 완전한 두리새김으로 한국조각의 정점을 보여주는 기념물이라 할 것이다. 7세기 초의 방형대좌미륵반가상은 또 하나의 한국화한 조각의 강한 추상성을 보여주는 것으로, 족두리 같은 관, 침울한 얼굴, 가는 허리와 긴 팔, 커다란 연잎은 완전한 초인간적인 미륵의 힘을 강하게 표현하였다.
 신라통일기의 불교조각은 8세기 중엽에 신라양식의 완성을 보여주고 있다. 신체 비례의 자연스러운 조형성과 사실성은 증가하면서 신라의 역동적인 이상성과 인간미 있는 부드러움이 합쳐 표현되었다. 석굴암의 십일면관음상과 본존불은 그 미적 표현에서 세계적으로 평가를 받는 것이다. 얼굴의 이목구비는 자세히 보면 이상화된 관념적인 형태이며, 초인간적인 신비성이 보여진다. 인간적인 아름다움과 정결하고 숭고한 정신미가 조화되어 인류가 도달할 수 있는 종교조각의 정점에 도달한 데 성공한 것이다. 중국 미술의 전통적 시각효과에 비하여 종교적 정신미에 중점을 둔 신라양식의 완벽한 표현이라 할 수 있다.

3. 사기

 사기(砂器)는 선사시대 이래로 사용되어 온 인류와 가장 인연이 깊은 생활도구이다. 사기는 태토의 굳기에 따라 토기·도기·자기로 나눌 수 있다. 자기는 1200~1300도의 고온으로 구워 태토의 유리화가 더욱 진전되면서 기벽이 반투명체로 된 것이다. 이는 중국에서 처음 고령토를 사용하여 만들어 낸 것으로, 육조 때 시작된 것으로 보인다. 고령토는 대략 규석 50%, 알루미나 30%, 포타시움

2.5% 등을 주성분으로 하고 있는데, 여기에서 다량을 차지하는 규질이 태토를 유리화시키는 원인이 된다. 도기나 자기 위에는 유약을 씌우며 유약의 유리질화는 규산이 열을 받고 다른 물질인 염기와 화합해서 일어나는 현상이다. 신라토기 위의 자연유약은 솔나무나 쌀겨를 태운 재 속에 섞여 있는 규산과 각종 철분 등이 토기 위에 떨어져 생긴 것이다. 중국의 남북조시대에는 회유에 석영이나 장석을 넣으면 더욱 용해도가 높은 유약을 만들수 있다는 사실이 알려지게 되었다. 토기 제작은 신석기문화의 특징 중 하나이다. 우리 나라에서 토기가 제작된 것은 서기전 4000년경으로 알려져 있으며, 방사성탄소연대측정법을 통해 암사동 출토 토기와 부산 동삼동 출토 빗살무늬토기가 여기에 속한다는 사실이 밝혀졌다. 한편 러시아·핀란드·덴마크·북독일에서도 신석기시대의 빗살무늬토기와 비슷한 문양이 보인다. 중국으로부터 전해진 것으로 추측되는 중국의 채도식 홍도가 함경도쪽에서 남으로 퍼지기도 하였다. 홍도보다 늦게 청동기시대에는 흑도라는, 표면이 반들거리는 토기가 나왔다. 신라토기의 기형 중 고배는 제사에 사용되었으며 오늘날 제기 모양도 거기에서 나왔다. 항아리는 기대 위에 올려놓았으며 기대모양은 육조의 기대와 같은 것도 보인다.

    고려시대에 등장한 청자는 갑자기 만들어진 것이 아니라 이처럼 계속된 오랜 시도와 중국과의 교류를 통한 결과물이다. 그러나 그 청자 빛깔의 찬연한 아름다움은 대단히 독특하고 뛰어난 고려시대의 것임이 분명하다. 일찍이 1123년 개성에 온 송나라 사절단 중 한 명이었던 서긍은 그의 글(1125) 속에서 고려인의 비색을 극찬하고 있으며, 고려비색을 세계 최고품 목록의 하나로 들었다. 진사청자는 12세기 중엽부터 등장하는데, 진사의 사용은 중국보다 앞선 고려의 착안이었다.

    조선시대의 분청사기와 백자는 시기적으로 임진왜란을 경계로 한다. 임진왜란 이전에만 보이는 분청사기는 청자 태토 위에 백토로 화장하였다는 뜻을 가지고 있다. 결국 분청은 고려 상감청자의 변화, 발전 단계에서 나타난 것이라고 볼 수 있다. 감화분청 단계에 오면 문양의 면적이 넓어지고 활달해지며 대담하여 시각적으로 활달한 느낌을 준다. 인화분청은 국화문양 등을 도장에 파서 전면에 누른 것을 백토로 메운 것이다. 박지분청은 문양의 배경을 긁어내어 언뜻 보면 상감처럼 보인다. 그 밖에 선화분청·철화분청·백토분청을 들 수 있으며 오늘날도 사기 예술에 다양한 아름다움을 남겨주고 있다. 임진왜란 이후 크게 발전한 백자는 청화백자와 함께 오랫동안 꾸준히 사랑을 받아왔다.

근대 이후 사기는 급격히 사양길에 들어섰으나 현대 특히 1960년대에 들어와 응용미술 분야의 산업디자인이 중요시되면서 점차 섬유, 목공예, 석공예, 금속공예 등의 분야와 함께 주목을 받게 되었다. 요즘 들어서는 사기 예술에서 한국적인 정신미를 표출하고자 하는 작가들의 노력이 두드러지고 우리의 감상미와 실용적인 미를 일치시켜 나가는 움직임이 일고 있다.

4. 건축

건축은 재료를 기준으로 석조·목조·전조(塼造) 건축으로 구분하고, 용도에 따라 종교적·비종교적 건축으로 구분한다. 그러나 이러한 구분보다는 분묘, 목조건축, 탑파, 부도, 석비, 석등 등 주제별로 고찰하는 수가 많다. 이는 주제별 고찰이 고대로부터 다수 전해지면서 양식적으로 발전해 온 과정을 체계화할 수 있기 때문이다.

분묘에는 방형석분·방형토분·원형토분 등이 있고, 그 중 원형토분은 장기간 계속된 가장 보편적인 형식이다. 고(古)신라기에는 원형토분들이 일부 중복되면서 복잡한 표형분이 유행하였다. 내부구조는 현실과 선도로 구성되는 횡혈식이 고구려와 백제에서 유행하였고, 신라에서는 통일 전에 적석목곽식이, 통일 후에는 횡혈식이 유행하였다. 신라통일기에는 분묘 외부를 장식하는 경향이 나타나기 시작하여 조선시대까지 계속되었다. 또 사국시대에는 유해와 함께 많은 부장품이 매장되었다.

목조건물은 주심포계(柱心包系)와 다포계(多包系)의 두 양식으로 구분된다. 주심포계 양식은 조선 초까지 유행하였고, 다포계 양식은 고려말기부터 나타나기 시작하였다. 현존하는 목조건물은 13세기경의 건축물이 가장 오래 된 것이다.

탑파는 불교건축 중 가장 중요한 건축물로, 목조에서 석조탑파로 변천되었으며, 신라에서는 그 사이에 전조탑파가 건립되었다. 현존하는 탑파는 약 1천기를 넘을 것으로 추정되며, 석조탑파는 한국 탑파의 특색을 가장 잘 보여주는 건축물이다. 탑 안에는 사리를 봉안하는 것을 격식으로 하였다.

부도는 승려의 유골을 봉안하는 곳이다. 신라시대 때부터 만들어지기 시작했고, 고려시대에 이르러 크게 유행하여 수많은 걸작품을 남겼다. 팔각원당형(八角圓堂形)이 전형적 양식이지만 사각형·석종형(石鐘形) 등 변형도 있다.

　석비는 여러 곳에 여러 목적으로 세워졌는데, 비신의 각자(刻字)는 금석학의 연구대상이 되며 귀부와 이수는 조각으로서 연구의 대상이 된다. 귀부는 신라통일 초기까지는 거북 모양을 사실적으로 나타냈으나, 그 후로는 괴수형(怪獸形)이 되었다.

　석등은 법당 앞에 세워 부처의 광명을 상징하였으나 뒤에는 능 앞에도 세웠다. 팔각형이 기본이었는데, 고려시대 이후에는 사각형으로 변하고 쌍사자를 이용하는 변형이 나타났으며, 표면에는 조각이 가미되었다.

5. 음악

　고대국가 초기의 음악형태는 고구려의 동맹, 부여의 영고, 예의 무천, 마한의 5월과 10월에 행하던 제의 등에서 그 면모를 엿볼수 있다. 이러한 부락 단위의 집단적인 행사는 한결같이 제천의식과 결부되어 북과 징 등 타악기를 중심으로 한 신나고 소박한 형태를 취하였다. 그러나 시대의 흐름에 따라 외래문화와 접촉하면서 제각기 다른 특징을 갖게 되었다.

　고구려는 일찍부터 대륙문화에 접하여 5세기 이후로는 멀리 서역을 통하여 구자·소륵·단국·강국 등 서역지방 음악까지 받아들여 크게 발전하였다.

　백제는 북송·북위 등과 교류가 있었고 6세기 무렵에는 일본에 악사 네 사람을 교대로 보내어 음악과 무용을 가르쳤다. 7세기 초에는 기악무를 보내어 노(能)의 기반을 만들어 주었는데, 이 기악무는 우리 나라에서도 양주 산대도감놀이, 봉산탈춤의 원류를 이루며 오늘에 전승되고 있다.

　가야와 신라의 음악은 가·무·악이 함께 연출되었고, 특히 가야금이 대표적 악기였다. 사국통일 뒤로는 여기에 고구려와 백제의 음악이 흡수되고, 당악도 흘러들어옴으로써 크게 발전을 보았다. 통일 이후의 악기로는 삼현(거문고·가야금·향비파), 삼죽(대금·중금·소금), 박판, 대고 등이 있으며, 이러한 편성법은 고려를 거쳐 조선시대에 이르기까지 기본이 되었다. 이 밖에도 신라의 각종 유물에서 발견된 요고(장구), 당비파, 생, 공후, 쟁 등의 악기를 통해 당악의 수입과 신라음악의 발전상을 짐작할 수 있는데, 이러한 음악은 음성서에서 관장하였다. 그리고 신라의 음악발전에 크게 공헌한 사람으로는 통일 무렵의 가야금의 명인 우륵과 통일 이후의 거문고의 명인 옥보고를 들 수 있다.

고려시대의 음악은 신라 이래의 전통적인 음악과 팔관회, 연등회에 반드시 수반되던 가무백희가 주류를 이룬다. 가무백희란 땅재주·줄타기·장대타기·가면희 등 온갖 잡기를 모두 포함하는 것이다. 그리고 광종·문종·예종대에 걸쳐 당·송의 속악과 송의 대성악이 전래되어 고려의 음악계에 새로운 바람을 불러 일으키기도 하였다.

조선초기에는 정도전·하륜·변계량 등이 많은 악가를 지어 올렸는데, 사실 그것은 고려 때의 서경별곡, 청산별곡, 만전춘, 풍입속 등의 곡에다 새로이 가사를 바꾸어 붙인 데 불과하였다. 그러다가 세종 때에 이르러서야 맹사성과 박연을 중심으로 악(樂)의 창제, 정간보의 창안, 중국계 아악의 정리 등 빛나는 업적이 이룩되었다. 원래 중국계 아악은 형식적인 것이었는데, 세종 7년 경기 남양에서 희귀한 경(磬)돌이 발견됨으로써 아악의 정리와 아악기 제작을 결심하게 되었다. 그리하여 세종 8년 가을부터 남급·박연·정양 등이 중심이 되어 편경 제작에 들어갔고, 동 11년부터는 편종 제작도 진행되어 세종 33년 무렵에는 아악기가 거의 완비되었다. 이와 같이 세종은 중국계 아악 및 아악기의 정비에 아낌없이 후원을 하면서도 항상 전통음악을 사랑하고 그것을 토대로 새로운 음악을 발전시켜 나갔다. 세종 28년 이후에 세종이 몸소 창제한 여민락·보태평·정대업·발상 등은 모두 세종이 주장격지(柱杖擊地)하여 직접 박자를 짚으며 지은 곡들로, 후세에까지 전승되었다.

조선중기의 연산군은 중국계 음악은 물론 당악까지 물리치고 오직 전통적인 아악과 향악무만 내세웠다. 이로부터 중국계 아악은 겨우 명맥만 유지하게 되어, 인멸되거나 한두 곡 전승되던 당악도 향악으로 흡수·동화되었으며, 당적·아쟁 등의 당악기도 향악기화하였다. 뿐만 아니라 거문고·가야금·해금·피리·대금 등의 향악기는 전체적으로 그 음이 높아지고, 성종 이전에 없던 요성(현악기는 농현)·전성·퇴성 등 새로운 연주 기법이 개발되었다. 이 때의 음악은 마치 퇴계나 율곡의 사상이 성종 이전과 달라진 것처럼 바뀌어 갔다.

조선후기의 음악은 실학사상의 등장에 발맞추어 다시 한번 변화한다. 즉 거문고 등 많은 악기의 조율법이 현실적으로 통일되고 이론상으로만 가능하던 음계와 조는 실용 가능한 것만 남게 되었다. 뿐만 아니라 원래 한국적인 생리에 맞던 계면조가 『악학궤범』 시절에 5음 음계로 이론화되어 쓰여 왔으나, 순조시대의 『유예지』 이후 대부분의 음악은 5음 가운데서 둘째 음 또는 다섯째 음을 사용하지 않게 되었는데, 이 또한 우리의 원래 모습을 되찾은 것이라 할 수 있을 것이다. 이와 같이 정조·순조 이후 음악계에서 나타난 이러한 새로운 움직임은 현재 우리가 듣고 즐기는 전통음악과 직결된다. 이 시기에는 예전부터 전승되어 온 줄풍류·대풍류(관학 중심의 합주) 관현합주는 물론 중기 이후로 성행한 가곡·판소리 등 모든 음악이 정립된다. 한편으로는 12가사·시조·잡가·민요·농악[굿] 등 여러 갈래의 음악이 이 시기에 이르러 부챗살같이 퍼져서 정립되었고, 이것이 현재까지 전승되고 있다.

해방 이후는 특히 양악 분야에서 큰 성과를 내어 작곡자로서 「코리아 환상곡」의 안익태나 윤이상으로부터, 연주자와 지휘자로 세계적인 명성을 얻은 정트리오와 장영주, 성악가 조수미에 이르기까지 탁월한 음악가들을 배출, 한국음악의 우수성을 전 세계에 떨치고 있다. 이와 함께 최근에는 사물놀이나 판소리 등 국악에 대한 국민적 열의가 높아지고 있고, 아울러 '국악과 주체성'을 둘러싼 제 연구와 국악문헌에 대한 연구가 활발하게 이루어지고 있어 한국음악사의 미래를 밝게 해주고 있다.

〈박영자·유수현〉

※ 참고문헌

고유섭, 1958, 『진별의 명』, 통문관.
고유섭, 1963, 『한국미술사 및 미학논고』, 통문관.
윤일주, 1966, 『한국양식건축80년사』, 치정문화사.
김원룡, 1968, 『한국미술사』, 범문사.
김원룡, 1973, 『한국미술소사』, 삼성문화재단출판부.
김재원, 1973, 『한국미술』, 탐구당.
황수영, 1973, 『한국불상의 연구』, 삼화출판사.
황수영, 1974, 『불탑과 불상』, 세종대왕기념사업회.
진홍섭, 1974, 『청자와 백자』, 세종대왕기념사업회.
김기승, 1975, 『신고한국서예사』, 정음사.
박용숙, 1975, 『한국미술론』, 일지사.

임창순, 1975,『서예』, 동화출판사.
이경성, 1975,『한국근대미술연구』, 동화출판공사.
국립박물관, 1976,『한국미술오천년』, 광명출판사.
윤장섭, 1976,『한국건축사』, 동명사.
김용진, 1976,『국악기해설』, 국민음악연구회.
장사훈, 1977,『국악의 역사』, 세종대왕기념사업회.
황수영, 1977,『불교와 미술』, 열화당.
백남주, 1977,『한국의 고미술』, 이우출판사.
황수영, 1979,『불국사와 석굴암』, 세종대왕기념사업회.
안휘준, 1979,『한국회화의 연구』, 문예출판사.
홍윤식, 1980,『한국불화의 연구』, 원광대출판부.
이융조, 1980,『한국선사문화의 연구』, 평민사.
문명대, 1980,『한국조각사』, 열화당.
최순우, 1980,『한국미, 한국의 마음』, 지식산업사.
한국정신문화연구원, 1982,『한국불상삼백선』, 한국정신문화연구원.
유근형, 1982,『고려청자』, 도서출판 오른사.
유신, 1982,『국악통론』, 세광출판사.
주남철, 1983,『한국건축미』, 일지사.
송방송, 1884,『한국음악통사』, 일조각.
김정기 외, 1984,『한국미술의 미의식』, 한국정신문화연구원.
김원룡, 1987,『한국미술사연구』, 일지사.
이동주, 1987,『한국회화사론』, 열화당.
장사훈, 1987,『예술과 학문의 만남』, 세광음악출판사.
황용혼, 1987,『동북아시아의 암각화』, 민음사.
안휘준, 1988,『한국회화의 전통』, 문예출판사.
오광수, 1988,『현대건축의 거장들』, 현대미술관회.
김석기, 1989,『부여문화재조명』, 화산출판사.
강경숙, 1989,『한국도자사』, 일지사.
박용숙, 1990,『한국미술의 기원』, 예경산업사.
윤창숙, 1991,『문화재해설 - 탑파』, 백산출판사.
황수영, 1992,『반가사유상』, 대원사.
최성자, 1993,『한국의 미 - 선·색·형』, 지식산업사.
유홍준, 1993,『나의 문화유산답사기』, 창작과 비평사.
최순우, 1994,『무량수전 배흘림기둥에 기대서서』, 학고재.
이종석, 1994,『한국의 전통공예』, 열화당.

장경희 외, 1994,『한국미술문화의 이해』, 예경.
정명호, 1994,『한국석등양식』, 민족문화사.
오광수, 1995,『한국현대미술사』, 열화당.
최성자, 1995.『한국의 멋 맛 소리』, 혜안.
송방송, 1995,『한국음악사논고』, 영남대출판부.
한국미술사학회, 1996,『문화사와 미술사』, 일지사.
정동찬, 1996,『살아있는 신화 바위그림』, 혜안.
야나기 무네요시/심우성 옮김, 1996,『조선을 생각한다』, 학고재.
윤용이, 1996,『아름다운 우리 도자기』, 학고재.
황수영, 1997,『황수영전집 5-한국의 불교미술』, 혜안.
정예경, 1998,『반가사유상 연구』, 혜안.
전정임, 1999,『안익태』, 시공사.

제12장 서지사

1. 고대 및 고려

　인류의 문명이 시작된 이래 서적문화는 인류 역사와 밀접한 관련을 갖고 발전하기 시작하였다. 특히 학문의 발달을 배경으로 문화가 진보됨에 따라 서적은 문화의 전승매개체로서 더욱 중요시되었다. 우리 나라에 서적이 언제부터 전래되었는지는 확실치 않다. 그러나 중국으로부터 전래된 이래 우리 문화와 긴밀한 관계를 갖고 발전하였다. 동양문화의 중심이던 중국의 문화는 자연히 서적을 통해 유입되었다. 그래서 고대에는 이미 많은 중국의 서적이 유포되어 오경·삼사와 『삼국지』 등이 읽혀지기 시작하였다. 그리고 고구려의 승려 담징은 종이와 먹 만드는 법을, 백제의 왕인은 천자문과 경서를 일본에 전해주었다. 이로 보아 고대왕국 초기인 2~3세기경에는 중국에서 한문서적이 수입되고, 종이 만드는 법도 함께 알려졌을 것으로 짐작된다. 일찍이 신라의 경문왕은 당으로 유학가는 학생들에게 은 3백 냥을 주어 책을 사오게 하였다.
　고려도 중국과 빈번히 교통하면서 그 문화를 받아들였다. 충숙왕 원년에는 박사 유연을 중국 강남지방에 보내 새 책 1만 권을 구입하도록 하였다. 책 구입에 대한 우리의 이러한 열의가 중국으로 하여금 서적 유출을 막는 계기를 만들었다. 그러나 다른 한편 중국은 오대의 혼란으로 불교 경전이 많이 소실되자 고려에서 이를 얻어가기도 하였으며 특히 송나라 철종은 고려사신에게 목록을 적어주며 부탁할 정도였다.
　한편 이 시기에는 서적도 편찬되기 시작하였는데, 고구려의 『유기』·『신집』, 백제의 『서기』, 신라의 『국사』·『계원필경』·『왕오천축국전』, 고려의 『동국이상국집』·『제왕운기』·『파한집』 등이 있었다. 인쇄술은 불교의 진흥에 따라 불경을 주로 간행하면서 발전하였다. 신라통일기 이후에 발달한 목판인쇄본 『다라니경』을 필두로 고려시대에는 『대장경』을 간행하였다. 처음으로 금속활자를 사용한 『상정고금예문』(1234)과 현존하는 세계최고본 『직지심체요절』(1377) 등은 그 우수성을 잘 보여준다. 구텐베르크가 만든 활자(1450)보다 앞선 이 금속활자는 출판에 활기를 부여하고, 서적을 보존하고 관리하는 제도적인 장치를 마련하는 계기가 되었다. 그리하여 장서 보관소로서 비서성·청연각·보문각 등이 설치되었고 특수한 목적을 위해 사원문고 등이 만들어졌다. 그리고 고려시대에는 국가에서 닥나무의 식목을 장려하는 한편 민간의 제지업을 지원하였기 때문에 종이가 반드럽고 질겨 송나라에까지 그 명성을 떨쳤으며, 활자의 진중함과 표지 문양의 아름다움은 당시의 발달된 서적문화의 진수를 보여주었다.

그러나 이 같은 노력에도 불구하고 국내외의 계속된 혼란으로 수많은 귀중한 책들이 훼손을 당하였다. 밖으로는 거란·여진·몽골·홍건적·왜구 등에 의한 전쟁, 안으로는 이자겸의 난·묘청의 난 등이 끊이지 않았다. 그래서 『동문선』 서문에서는 우리의 옛 문화를 제대로 보존하지 못한 아쉬움을 다음과 같이 토로하고 있다.

> 우리 동방에서 단군이 나라를 세운 것은 태고적이라 상고할 길이 없고……신라에서는 자제를 당에 보내어 급제한 자가 50여 명이 되고, 최치원의 황소토벌 격문은 이름이 천하에 울렸으니 글 잘하는 선비들이 없는 것이 아니었으나 지금 전하는 것이 드무니 진실로 탄식할 일이다.

2. 조선전기

조선초기인 15세기에는 중앙집권체제의 강화와 산업·과학기술의 향상 그리고 실용적인 학문의 발전 속에서 국력이 크게 신장되었다. 그리고 통치자들은 문화가 발달한 나라로서의 긍지를 갖고 책을 통한 통치대요를 밝혔다. 태종은 왕도정치를 위한 교화책으로서 서적의 중요성을 다음과 같이 언급하였다.

> 나라를 다스림에는 반드시 전적을 널리 본 연후에야 가히 이치를 통달하고 마

음을 바르게 가져서, 수신·제가·치국·평천하의 효과를 이룰 것이다. (『증보
문헌비고』)

세종 때는 집현전을 설치하여 서적을 편찬하고 춘추관·충주·성주·전주 등
에 사고도 마련하였다. 성종 때는 성균관에 존경각을 설치하고 독서당도 마련하
는 등 관학을 진흥시켰다. 교육용 교재로는 사서삼경과 역사서 등이 유교이념을
위한 도서로 채택되었다. 특히『삼강행실도』·『이륜행실도』및 소학류 책들은
향약의 실시와 함께 유교윤리 풍속을 순화시키기 위해 보급되었다.

한편 책의 수집과 편찬사업도 활발히 전개되었다. 중국으로부터는『자치통
감』등의 역사서와 사서오경 등의 경서, 그리고 형정 및 기타에 참고하기 위한
법률·군사·의학·역법·지리서 등이 수입되었다. 이 구입에는 사신뿐 아니라
역관들의 역할이 컸고, 책값은 포 외에도 인삼으로 지불하였다. 국내에서의 수집
은 대체로 지방관청이나 개인의 기증에 의해 이루어졌으며, 실적에 따라 옷감이
나 관직이 주어졌다.

편찬물은 유교적 정치이념과 사회지도이념을 펴기 위한 법전·의례·역사·
윤리·음운·지리·천문 등 광범위한 분야에 걸쳐 집중적으로 만들어졌다. 중국
문화의 수요에 대응한 민족적 자각과 전통문화에 대한 자부심을 바탕으로 민족
문화도 크게 피어나고 활자주조 등 간행을 위한 제반 조건도 구비되었다. 태종
때는 주자소가 설치되고 조선시대 최초의 동활자인 계미자가 만들어졌으며, 세
종 때는 글자체가 정교한 갑인자를 비롯해 각종 활자체가 만들어져 자연히 인쇄
술이 발달하였다. 그리고 종이를 만드는 조지소도 설치되어 다양한 책자가 다량
으로 생산되었다.

세조는 집현전을 혁파하고 경연을 정지하였으나, 한편으로는 간경도감을 설
치하여『대장경』을 비롯한 많은 불교책들을 만들었다. 경전의 번역본뿐 아니라
군사·농업책까지 한글로 간행하여 그 대중화에 기여하기도 하였다.

성종 때는『경국대전』,『동국통감』,『동국여지승람』,『악학궤범』등이 편찬되
어 미비된 제도와 의례의 정비작업이 일단락되었다. 특히『경국대전』의 반포는
중앙집권화를 이룰 수 있는 법제적 기틀이 되었다.

16세기에는 양반관료에 의한 토지겸병과 농장의 확대로 국가재정이 위축되
고, 통치규범의 질서가 와해되기 시작하였다. 사림파의 등장과 함께 존화주의에

기우는 경향이 짙었으나 성리학은 크게 발전하였다. 그래서 역사·법률·경서에 관한 것뿐 아니라 주자에 관한 서적도 많이 구입되었다. 연산군 때는 독서금지령 내지 분서령(焚書令) 등으로 서적문화가 피폐하였지만 중종 때는 구입목록을 작성하여 사절단을 보내는 등 본격적인 방안이 마련되었다. 그러나 사치풍조가 만연되고 밀무역이 성행해서 구입이 용이하지 않자, 국내에서 서적을 수집하면서 간행을 병행하는 정책이 추진되었다.

정부는 불경(不經)도서·도참·비기 등의 책들을 금하면서 유학류와 역사서 그리고 유교적 도덕윤리의 정착을 위한 『소학』·『이륜행실도』·『속삼강행실도』 등을 간행하였다. 그리하여 유교문화가 성숙되었고, 이러한 유교적 정치문화의 기반은 19세기 말까지 면면히 이어지게 되었다. 뿐만 아니라 책방인 서사 설립에 대한 논의가 여러 차례 전개되었다. 이것은 일반인들도 책을 쉽게 구입할 수 있도록 한 배려였으나 그만큼 책의 수요가 증가한 것을 반영하는 것이기도 하였다.

3. 조선후기

조선후기에는 새로운 책의 편찬과 꾸준한 증보작업이 계속되었다. 그리고 관련부서인 규장각·교서관·내의원·사역원·관상감·훈련도감 등의 활동, 역관(曆官·譯官) 등 전문직업인의 학문적 공로, 지역 실정에 맞는 관리의 업무 추진 등에 힘입어 서적문화가 더욱 발달하였다. 17세기에는 전란으로 인한 피해를 복구하는 상황에서, 19세기에는 국내외적인 혼란 속에서 문화활동이 진행되었다. 18세기에는 탕평책·균역법·신해통공의 실시와 문물제도의 정비가 이루어졌는데, 규장각을 중심으로 문화 전 분야에 걸친 재정비가 이루어졌다.

당시 관청·서원·사찰·개인 등을 통해 간행된 책들은 조선후기의 문화적 역량을 확인시켜 준 것이었다. 즉, 새로운 문물제도에 대한 도서의 집대성, 교화교육을 통한 민심의 순화, 실용·실증적인 과학과 어학의 발달, 성리학의 심화된 이론화, 수준높은 문집의 간행, 다양한 부문에 걸친 학문의 종합·정리, 자신에 찬 당서(唐書)의 수입금지, 구입도서의 세부 목록 작성, 수입에서 편찬사업으로 이어지는 출판활동, 책의 보급에 따른 지식의 확산 등이 그것이다. 이 모두는 조선인의 실정에 맞게 자기화시켜 창조해 낸 독특하고 개성있는 문화였다. 따라서 조선후기에 정립된 이러한 전통의 뿌리는 혼란한 현대사회에 하나의 정신적 지표가 되고 있다.

특히 사찬서들은 당면하고 있는 사회적 현실에 대응하기 위한 학문적 반성에서 실증적이고 독창적이며 민족적인 성격을 띠게 되고, 경학·자연과학·지리학 등 거의 모든 분야에 걸쳐 저술되었다. 사회경제서인 『반계수록』·『성호사설』·『경세유표』·『목민심서』·『흠흠신서』·『우서』·『북학의』, 역사서인 『동사강목』, 지리서인 『택리지』·『동국지리지』, 농서인 『임원경제지』, 의서인 『마과회통』, 국어의 『언문지』 등이 그것이다. 이 책들은 계급의 타파·합리적인 과학정신·상공업을 강조하는 내용을 실어 실학사상을 사회저변에 확대시키는 밑거름이 되었다.

활자는 임란 후에 목활자인 선조실록자나 훈련도감자에 의존하였으나, 광해군 때 3주갑인자, 숙종 때 한구자, 정조 때 정유자(6주갑인자)·정리자 등 화려한 금속활자들이 나왔다. 그리고 이것들은 교서관·관상감·사역원·규장각(내각)·내의원·감영 등을 통해 발간되었다. 철활자나 도(陶)활자를 사용한 흔적도 있었다. 구리가 귀해지고 일본에서의 수입도 줄어들자 목활자 사용은 더욱 많아졌다. 신분변화 현상에 따라 족보를 위조하여 찍는 일도 빈번하였다.

그러나 정부 주도의 이 같은 인쇄발전은 학문의 발전과 보급을 크게 향상시키고 일반문집 간행에도 영향을 주었다. 서원에서는 영남지방을 중심으로 그 후손들에 의해 개인문집이 급격히 간행되었다. 선조와 가문을 빛내려는 의도에서 발간된 문고의 급격한 증가는 조선후기 사회경제적 발달에 힘입은 지주들의 경제적 여유와 유통구조의 발달 등에도 연유한 것이었다. 목활자판으로 된 방각본이 많이 나타나는 것도 그러한 배경에서이다.

상인들에 의해 판매된 방각본은 17세기에야 사용되었다. 책의 종류는 서당과 규방에서 주로 쓰는 『천자문』·『동몽선습』·『통감』 등으로, 이러한 교양서의 광범위한 판매는 관찬서 보급의 미진함을 보완해 주었다. 서원문고가 경상도를 중심으로 발달한 것과는 반대로, 방각본은 경기와 호남에서 행해졌다. 다량의 인쇄와 보존의 편리를 위해 대개는 목판본으로 인쇄되었는데, 후에는 90여 종의 한글소설 방각본이 출현하였다. 방각본은 갑오개혁 이후 연(鉛)활자 및 석판이 도입됨에 따라 사라지게 된다. 이 방각본은 대량생산을 가능케 하여 서민층과 부녀자들에게까지도 서적을 보급함으로써 서민문화의 활성화를 촉진시켰다. 따라서 고급 관리들에게 배포되어 그 대상범위가 제한되었던 관보인 조보나 관찬서에 비해, 방각본은 자유롭게 기호에 따라 독서층을 형성하게 되었다. 그러나 이같은 출판문화의 발전에도 불구하고, 사회의 책 수요의 한계와 판매 유통을 위한 정책적 배려의 부족으로 서적문화의 확산은 그렇게 수월하지 않았다.

4. 근·현대

변질된 세도정치와 일본과 서구열강 세력이 침투하는 속에서 문화활동은 제대로 수행될 수 없었다. 일본에서는 역사상 가장 다양하고 많은 책이 들어오고 동시에 많이 유출되어 일본을 통한 외세침입을 감지하게 하였다. 책에 대한 정부의 금지정책은 여전하였을 뿐 아니라, 위정척사·개화사상의 갈등 속에서 동학·개화 서적 등이 추가로 금지되었다. 그러나 개화 관계서들은 계속 수입되어 개화시책에 영향을 주었다. 간행물로는 정치체제의 동요에 따른 외교·전례·법전·관서지가 증보되어 나왔다. 그리고 실증적 학풍을 이루는 역서(曆書)와 개화정책의 일환인 농서도 간행되었다.

활자주조는 1403년(태종 3) 계미자 10만 자를 시작으로 1858년(철종 9)까지 34회에 걸쳐 보완하거나 새로 만들어졌다. 그러나 이 시기는 종래 사용되던 금속활자가 대체로 계승되고, 남공철과 서명응 개인의 것으로 추측되는 취진자·전사자가 새로 만들어졌다. 한편 개화파는 1883년 박문국을 설립하고 근대식 연활자를 수입하여 『한성순보』·『농정신편』 등을 간행하였다. 그러므로 우리의 금속활자 인쇄술은 중국 → 아랍 → 유럽으로 전해졌으면서도, 기술적으로 더 이상의 발전을 보지 못한 채 서구식 인쇄술에 밀려나게 되었다.

도서관의 명칭은 민간차원에서 시도된 '대한도서관'에서 비롯되었다. 그 후 사립 공공도서관인 '대동서관', 영어통역관 양성을 위한 '동문학교' 그리고 선교사들에 의해 세워진 기독교계 사립학교와 민간 사립학교가 전국적으로 설립되면서 신교육을 위한 부속 도서관 시설이 등장하였다. 그러나 치욕의 국권침탈 이후에는 출판법 등에 의해 『황성신문』·『대한매일신보』 등이 폐간되고, 보안법에 의해 20여만 부에 달하는 책들이 발간정지 또는 압수되는 수난을 당하였다. 그

대상으로는 『초등본국역사』・『초등본국지지』・『을지문덕전』・『불란서혁명사』 등 민족의 각성과 일본의 침략적 야망을 폭로하는 책들이 주를 이루었다. 문화정책을 표방한 조선총독부는 조선총독부 도서관・철도 도서관 등을 설립하고, 통치자료로 사용하기 위한 『조선종교사』・『조선도서해제』・『조선인명사전』・『조선어사전』 등을 출판하였다.

이러한 시대 배경 속에서 민간 출판사인 신문관은 잡지 『소년』을 간행하여 국민계몽운동에 이바지하였다. 한성도서주식회사에서도 『상록수』, 『한국문학전집』 등을 출판하였다. 당시 경성도서관(현 서울시립종로도서관)은 우리 나라의 근대적 도서관 1호로 꼽히지만, 소장된 책들은 『대영백과사전』・『일본백과사전』・『철학사전』・『본초강목』 등에 불과하였다.

광복으로 우리의 말과 글을 되찾게 되자 최현배의 『우리말큰사전』, 홍이섭의 『정약용의 정치경제사상』 등 본격적인 국학관계 책들이 간행되었고, 또한 을유문화사・정음사・민중서관 등의 출판사를 선두로 『세계문학전집』 등의 사회교양서가 나오기 시작하였다. 그리하여 이제는 『한국민족문화대백과사전』 같은 전문영역의 출판까지 활발해져 학문의 세계화를 향해 발돋음하게 되었다. 간행되는 신종 책수도 장족의 발전을 보여 광복되던 1945년 한 해에 겨우 202종(그것도 팜플렛 종류가 많은 허술한 상태에서)이던 것이 1990년대 후반에는 3만 종을 넘어서게 되었다. 따라서 정부는 지식과 정보가 더욱 중시될 21세기에 대비하여 1993년을 '책의 해'로 선정하는 등, 책을 통한 국민의식의 선진화에 노력을 기울이고 있다. 시대변화에 따른 급격한 도서량의 증가로 국립중앙도서관에서도 소장문헌 자료의 온라인 시스템과 ISBN(국제표준도서번호) 제도 등을 실시하여 정보이용과 출판유통 시스템의 효율화를 추구하고 있다. 또한 교보문고・영풍문고 등의 대형서점이 개장됨에 따라 도서검색 기능이 제공되고, '미래의 책'으로 불리는 전자출판에 대한 관심이 높아지면서 『조선왕조실록』・『동의보감』 등이 CD-ROM으로 출간되고 있다.

한편 1997년에는 UNESCO에 의해서 인류가 보전해야 될 기록문서로 '훈민정음'과 『조선왕조실록』이 선정되어 세계문명사상에서 한국서지사의 위상을 제고하였다.

그러나 우리의 서적문화 활동에는 개선되어야 할 점이 많이 있다. 상업주의화에 따른 저속물의 범람, 출판물 개방정책에 따른 첨단기술의 도입, 도서관 협력망 구축을 통한 정보 유통체계의 확립, 도서관 운영체계의 전문화에 따른 프로그램 개발에 관한 일 등, 앞으로 혁신적인 대응책이 필요하다.

(신양선)

※ 참고문헌

백 린, 1981, 『한국도서관사연구』, 한국도서관협회.
김세익, 1982, 『도서・인쇄・도서관사』, 종로서적.
손보기, 1982, 『한국의 고활자』, 보진재.
정형우, 1983, 『조선시대 서지사연구』, 한국연구원.
천혜봉, 1990, 『한국전적・인쇄사』, 범우사.
안춘근, 1992, 『한국서지학원론』, 범우사
천혜봉, 1993, 『한국서지학』, 민음사.
안춘근, 1994, 『한국서지의 전개과정』, 범우사.
신양선, 1996, 『조선후기 서지사연구』, 혜안.

제4부
주변문명사의 이해

제1장 문명사관의 관점 추이

1. 문명사관의 성립

16세기 프랑스의 사상가 보댕(Jean Bodin : 1530~1596)은 인류가 황금시대를 경험한 연후엔 어쩔 수 없이 퇴보한다는 통념을 거부하였다. 인간은 많은 오류에도 불구하고 새것을 찾아 전진하는 의지 때문에 인간의 상황은 역사와 더불어 개선될 수 밖에 없다고 보았다. 그는 『역사의 방법』에서 흥망성쇠가 있는 것은 사실이지만, 쇠하고 망하면 한 문명이 그것으로 완전히 끝나는 것이 아니라 반드시 새롭게 성하고 흥하는 일이 뒤따른다고 믿었다.

이에 대하여 18세기 이탈리아의 역사·철학자 비코(Vico Giambattista : 1668 - 1744)는 『새로운 과학 New Science』에서 역사를 보는 관점으로 인간 본질의 문화사관을 제창하였다. 즉 한 나라가 일어날 때에는 반드시 어떤 야만적 원시성을 동반하는 것이고, 거기서 일단 문명의 꽃을 피웠다가 그 꽃은 점차 시들어 썩어 버리게 된다고 보았다. 그가 말하는 신들의 시대-영웅들의 시대-인간들의 시대처럼 규칙적이고 전형적인 인류의 경로는 그것이 혼란으로부터 질서로, 야만적이고 영웅적인 관습으로부터 보다 합리화되고 문명화된 관습으로 진행해 가는 한 진보이다. 그러나 이것은 목적이나 완성이 결여된 진보이다. 이러한 발전은 진보적·구원적인 것도 아니고 그렇다고 해서 단순히 순환적이고 자연적인 것도 아니다. 다행히도 진보 논의는 여기서 멈추지 않았다. 진보 논의는 계속 이어졌다.

프랑스의 대표적 계몽사상가인 볼테르(Voltaire : 1694~1778)는 역사철학을 최초로 창시하였다. 인간적인 중국문명과 물리학 혁명에 영향을 받은 그는 문명이란 과학과 기술, 도덕과 법률, 교역과 산업 등의 진보적 발전을 의미한다고 정의하고, 이러한 진보를 가로막는 두 개의 커다란 방해물은 독단적 종교와 전쟁이라고 단언하였다. 그러나 그는 진보의 이념을 지나치게 강조하기에는 너무나 현명했다. 그는 이성이 지배하지 못하는 우연이나 퇴보기에 의해 좌절되기도 하는 온건한 진보를 신봉했다.

콩도르세(Condorcet : 1743~1794)도 진보사관을 피력하였다. 인간은 축적된 유산에 의해 자연스럽게 진보해 간다는 것이다. 그는 과학적 발명(예를 들면 나침반과 총)을 통하여 매우 중요한 진보가 이루어진 시대가 가장 극심한 대학살의 시대였다는 모순적인 사실을 발견하였지만, 이러한 사실 때문에 '인간 유기체의 필연적 결과'인 인간의 자연적 선에 관한 낙관론을 철회하지는 않았다. 그렇지만 가장 계몽된 국가들의 문명화된 야만주의를 향한 과학적 진보가 아무런 희망도 약속해 주지 못한다는 사실을 자각하는 데는 불과 몇 세대밖에 걸리지 않았다.

독일의 헤겔(G. W. F. Hegel : 1770~1831)은 역사는 자유가 그 속에서 전개해 나가는 과정이라고 보고, 신앙의 눈을 이성의 눈으로 번역하였으며 1500년간 신성시됐던 역사신학을 세속적인 역사철학으로 끌어내렸다. 그는 이성적 진보는 역사의 전 경로에 이미 확립되어 있는 원리를 궁극적으로 실현하는 방향으로 나아간다고 규정하였다. 단적인 예로 『역사철학 강의』에서 그는 "우리는 변화와 사건의 장대한 광경을 본다"고 진보관의 일단을 피력하였다.

이 같은 여러 형태의 진보관은 콩트(A. Comte : 1798~1857)와 뷰리(John B. Bury : 1861~1927)에 이르러서야 그 입지가 확고해졌다. 콩트는 서구문명의 과학적 단계에서 최종적인 성숙에 도달하는 전체적인 역사적 연속성을 통하여 그 진보적 과정을 해명함으로써 발전(Development)과 진보(Progression)사관을 굳혔다. 뷰리 또한 진보라는 개념을 역사의식 속에 투입하였다. 그는 「진보의 이념」에서 사람들은 신의 섭리에서 독립되고 나서야 진보의 이론을 만들 수 있게 되었다고 하면서 "역사는 과학이다. 그 이상의 것도 이하의 것도 아니다"라고 선언하였다.

한편 근대사학의 창시자인 랑케(Leopold von Ranke : 1795~1886)는 진보사관을 랑케 특유의 발전개념으로 성립시켰다. 개체는 그 내부에 보편성을 지닌다고 전제하고, 개별성과 개별적 발전에 최선의 의미를 부여함으로써 역사주의를 창출, 19세기를 역사주의의 세기로 만든 것이다.[1] 이는 일찍이 유럽이 체험한 최대의 정신혁명에 해당한다고 평가되고 있다. 그는 일반적인 의미의 진보라는 것은 물질적 세계에서는 인정되나, 도덕이나 문화 등의 정신적인 세계에서는 다만 외연적(外延的) 보급만이 인정될 뿐 질적인 향상은 인정될 수 없다고 진보에 대하여 회의적인 면을 보였다.

랑케 사학에 반발한 브르크하르트(J. Burckhardt : 1818~1897)는 역사를 문화적 배경에서 종합하려는 문화사관을 확립하였다. 연속성(Continuity)을 역사의 유일한 원리로 터득한 그는 민족의 정신적 소산과 각 시대의 민족정신(Volksgeist)을 발견하는 데 몰두하여 랑케보다 훨씬 더 정확하게 총체적인 역사발전을 통찰하였다.

전체적으로 보아 계몽주의 시대와 역사주의 시대에는 특정한 문명의 죽음보다는 역사는 진보하고 인간은 점차 향상하고 있다는 견해를 더 선호하였다. 당시의 유럽인들은 이성을 길잡이로 인간과 우주와 문명을 관찰하였다. 그들은 자기들의 시대를 첨단이라고 생각하여 유럽만을 중심으로 문명을 풀이하려고 하였다. 이 점에 대해선 버클(Thomas Buckle : 1821~1862)도 예외가 아니었다. 그는 『영국문명사』에서 역사학도 과학이 될 수 있다고 확신하고 역사가 일정한 법칙에 따라서 발전한다는 주장을 유럽을 중심으로 구체적으로 실증하였다.

이에 반기를 든 것이 19세기 러시아의 다닐레프스키(Nikolai Danilevski : 1822~1865)였다. 그는 유럽문명이 문명 전체를 대표하는 것이 결코 아니라고 역설하고 열두 개의 문명 형태를 설정하였다. 그리고 러시아는 유럽문화의 일부가 아닐 뿐 아니라 그와는 별개로 생존을 유지해 왔다고 주장함으로써 러시아와 슬라브족의 독자성 내지는 자주성을 강조하였다. 그는 역사 연구의 진정한 단위는 문명이어야 한다는 사실을 밝히고, 문명의 개념을 다음과 같이 설명하였다. 즉 역사·문화 형태의 발전 과정을 다년생 화초에 비유하면서, 어느 문명이나 꽃을 피우고 열매를 맺는 기간은 비교적 짧은데 그 꽃피는 계절이 결국은 문명의 개화기로서 그 기간은 대체로 400년 내지 600년이라고 보고, 유럽문명은 문화적 자만으로 문명의 자멸을 초래하고 있다고 보았다. 여기서 주목되는 것은

---

1) 17·18세기의 계몽주의 시대가 비역사적인 세기라고 한다면 19세기는 '역사의 세기'라고 할 수 있다. 전문과학으로서의 역사학이 확립되기 시작한 것은 바로 이 때부터라고 할 수 있다(홍한유, 1981, 「서양의 역사관」, 『역사란 무엇인가』, 고려대학교출판부, 49쪽).

문화의 개명진보 상태가 문명이라는 정의이다.

2. 문명사관의 발전

다닐레프스키의 문명사관 이론은 슈펭글러(Oswald Spengler : 1880~1936)와 토인비(Arnold J. Toynbee : 1889~1975)에게 계승되었다.

슈펭글러는 문화와 문명에 대하여 문화를 하나의 유기체적 존재로 파악하고, 문화에서 그 영적인 것이 사라지고 유기체로서의 활동이 없어졌을 때 문화는 곧 문명이 된다고 보았다. 즉 가능성이 내포되어 있거나 그것을 실현하고 있는 동안의 상태의 것은 문화이고, 가능성이 완전히 실현되어 노출 고정 상태의 문화는 문명이 된다고 정의하고, 『서구의 몰락』을 통하여 문명의 생사를 풀이하는 하나의 과학을 창설하였다. 그리고 문명을 예언할 수도 있다고 보고 유럽문명의 몰락을 단정하였기 때문에 큰 반향을 불러일으켰다. 그는 "세계사는 세계를 심판하는 법정이다(Die Weltgeschichte ist das Weltgericht)"[2]라는 명문구로 저서의 끝을 맺음으로써 유럽문명의 몰락을 의심할 바 없는 세계사의 심판으로 간주했던 것이다.

토인비는 『역사의 연구 A Study of History』를 통하여 문명의 생성과 붕괴 과정을 설명하면서 그 동안 역사에서는 21개 문명이 생성되었는데[3] 지금은 5개의 문명권이 존속되고 있다고 설명하였다. 그가 말하는 5개의 문명권이란 서유럽문명, 동유럽문명, 동아시아문명, 인도문명, 아랍문명을 가리킨다. 그는 모든 문명을 창조적인 제1단계와 쇠퇴적인 제2단계로 나누고, 제1단계는 기본적인 주제가 도전과 응전(Challenge and Response)이며, 이것에 실패하면 문명의 제2단계로 가게 된다는 것이다. 문명은 발생-성장-쇠퇴-해체의 주기를 갖는데, 특

---

[2] 이 문장은 쉴러가 처음으로 사용하고 그 후에도 헤겔이 가끔 사용하기도 하였지만, 원래는 구약성서의 한 예언적 견해에서 비롯된 것이다(Karl Löwith 지음, 이한우 옮김, 1993, 『역사의 의미』, 문예출판사, 29쪽).

[3] 토인비가 말하는 21개의 문명권이란 이집트, 인더스, 중국, 미노스, 수메르, 마야, 유카테크, 멕시코, 히타이트, 시리아, 바빌론, 이란, 아랍, 극동, 일본, 인도, 힌두, 헬레네, 정교기독교, 러시아, 서구를 일컫는다(Arnold J. Toynbee 지음, 강기철 옮김, 1979, 『역사의 연구Ⅰ』, 현대사상사, 650쪽 <표Ⅴ>참조).

히 문명의 말기에는 400년 간의 고난의 시기가 있다고 보았다. 이 고난의 시기를 잘 넘기면 멸망의 위기를 뛰어넘을 수도 있다는 것이다. 이러한 점에서 그의 문명사관은 슈펭글러와는 달리 문명 구제의 가능성을 전망하는 새로운 세계사학의 수립을 지향하고 있다. 그리고 슈펭글러와 마르크스의 결정론적 사관에 반대하여 인간 및 인간 사회의 자유로운 결단과 행위에 의한 역사·문화의 형성을 강조하였다. 그가 이러한 주장을 내세울 수 있었던 것은 그 스스로 20세기의 가장 기름진 토막인 영국에서 살고 갔기에 가능했다는 견해도 있다. 어떤 인간도 시대와 환경을 초월할 수 없다는 평범한 진리를 상기하면 이 견해는 설득력이 있다고 보겠다. 여기에서 우리가 간과할 수 없는 것은 동아시아문명은 한국문명을 포함한 중국과 일본문명을 일컫는 것이라는 점이다. 우리가 우리의 문화를 문명이라고 명명하지 못하고 주저하고 있을 때 토인비는 한국문명을 적시하였던 것이다. 이는 문명사가로서의 탁견임에 틀림없겠다.

슈펭글러와 토인비의 문명사관에 대하여 슈바이처(Albert S. Schweitzer : 1875~1965)는 문화와 문명은 굳이 구별할 것이 못 되며, 다만 원래 습관에 의하여 조성된 용어에 지나지 않는다고 보았다. 이 용어의 사용 습관이란 지역적 환경에 의한 것으로, 자연을 극복하여 풍부한 물질을 추구했던 데서 문화와 문명을 종합적으로 문명이라고 표현하였을 따름이라는 것이다. 그러므로 문화와 문명은 동의어로 보아야 한다는 견해이다.

한편 헤겔의 변증법을 『자본론 Capital』에 응용한 마르크스(Karl H. Marx : 1818~1883)는 모든 역사는 최종적인 세계혁명과 세계변혁을 향해 움직여 가는 경제적 과정 속으로 흡수된다는 '사적유물론(史的唯物論)'을 주장하였다. 그는 부르주아 계급은 생산품을 팔기 위해 야만적인 민족들조차 강제적으로 문명 속에 편입시키며, 이들에게 자본주의적 생산양식을 채택하도록 강요한 결과, 서구문명은 "자신의 주문(呪文)으로 불러들인 지옥에 위력을 이제는 더 이상 통제하지 못하는 마술사와 같이" 교환과 생산의 거대한 수단을 주술로 불러들였다고 비판하였다.

다윈(Charles R. Darwin : 1809~1882)의 영향을 받은 많은 사회과학자들은 사회적 발전 과정을 생물학적 진화의 관점에서 보고 현재와 과거와의 유기적 관련을 탐구하였다. 더욱이 로빈슨(James H. Robinson : 1863~1936)은 『새로운 역사 The New History』에서 진화론적 역사관은 역사지식이 일반적인 인간의 향상과 사회의 진보를 위한 도구가 될 것으로 희망하고 교육을 통한 역사지식의 보급을 주장하였다. 그러나 사회의 혁신과 인류의 진보에 도움이 되는 수단적 지식을 강조한 나머지 사실의 왜곡 및 현재주의에 빠졌다는 비판을 받기도 하였다.

이돈화(李敦化 : 1884~1950)는 '사람성무궁주의'를 제창하였다. '사람성무궁주의'는 한울의 자존·자율적 창조 작용과 무위이화(無爲而化) 원리를 진화론에 접목시킨 것으로서 본래부터 인간성의 능력이 무궁하다는 것이다. 우주는 인간과 일원성 존재로서 태초부터 자기창조 능력에 의하여 점차 현재의 형체와 정신으로 현상화되었기 때문에 사람성 역시 우주의 무궁한 진화 위력을 지니게 되었다고 하였다. 이러한 주장은 인간의 활동이 진보·향상을 지속해야 한다는 뜻을 내포하고 있다. 간과할 수 없는 것은 인간이 대우주의 총화를 위하여 당연히 진화작용은 계속해야 한다는 함의된 논리인 데 이는 문명사관을 근원에서 해명했다는 점에서 주목된다.

아날학파의 선구자인 페브르(Febvre : 1878~1956)는 문명이란 말을 새롭게 『아날 Annales』의 표지에 등장시켜 문명의 위기의식을 반영하고 정신문명의 위기의식을 강조하였다.[4] 그러나 그의 후계자인 브로델(Braudel)은 물질문명의 측면에서 역사는 위기를 언제나 극복해 왔고 미래에도 항상 그러할 것이라는 낙관적 세계관인 '장기 지속'을 피력하였다. 기본적으로 자본주의의 정신은 '선택의 자유'라는 것이다.

어쨌든 역사와 문화·문명을 풀이하는 인간의 태도가 시대를 따라 변천한다는 사실만은 의심의 여지가 없다. 그러나 이들 문명사관은 그 후 세계인들에게 심대한 영향을 끼쳤다. 문명의 몰락을 경계하는 한편 문명의 보존 및 발전을 꾀하는 일에 구미인의 지혜를 모으는 계기가 되었다. 뿐만 아니라 구미 이외의 각국은 보편사의 독단으로부터 벗어나서 독자적인 문명의 생성 및 발전을 모색하는 작업에 일정한 이론을 구비할 수 있는 계기가 되었다.

---

[4] 1946년 『아날』은 새로운 부제명 *Annales. Economies. Societes. Civilisations*으로 다시 출발하였다(김응종, 1991, 『아날학파』, 민음사, 85쪽). 1994년 아날학파는 역사학과 사회과학이 겪고 있는 각각의 위기를 의식하여 그 적극적 대응으로서 책의 부제명을 '역사와 사회과학'으로 다시 바꿨다(전수연, 1996, 「아날학파와 역사학의 파편화?」, 『학림』 17, 연세대학교 사학연구회, 235~236쪽 참조).

3. 문명사관의 전망

　20세기 중반에 이르자 문명사관의 중심권은 유럽에서 아메리카 대륙으로 넘어갔다. 번스(Edward M. Burns)와 랠프(Philip L. Ralph)는 고대로부터 현대까지의 문명을 위한 인간의 노력을 『세계문명사 WORLD CIVILIZATIONS』에 집약시켰다. 그들은 뉴튼(S. I. Newton : 1642~1727)과 다윈과 아인슈타인(A. Einstein : 1879~1955)을 이해하는 것이 프랑스 왕들의 업적을 아는 것보다 전체 역사의 진행 과정에서 볼 때 훨씬 가치가 있다고 주장함으로써 역사를 보는 관점을 일신시켰다. 그들은 대부분의 인간 진보를 지적 성장과 인권에 대한 존중 정도에서 찾았고, 이를 바탕으로 미래에는 좀더 발전된 문명을 이룰 수 있다는 희망을 발견했다.

　한스 코온(Hans Kohn)은 서방측의 번영과 공산주의의 쇠퇴를 예고하며 민족주의를 넘어 인류공동체의 출현이 현실화되고 있다고 주장하였다. 그는 "인류는 인간의 정신 속에 아이디어로 생겼다. 그런데 차츰 국가나 민족주의가 전 세계적으로 뚜렷한 현실성을 띠어 가자 인류가 현세대에는 현실로 서서히 떠오르고 있다. 이것은 지금 우리가 겪는 대혁명의 중요한 일면이다"라고 우 탄트의 연설을 인용하였다. 이는 지구촌(Glocalization) 시대의 도래를 예견한 혜안으로 평가된다.

　동서 냉전체제의 붕괴로 문명사관은 더욱 확산되고 있다고 볼 수 있다. 물론 비관론과 낙관론이 교차하고 있지만 여전히 주류는 낙관론쪽이다. 비관론자 폴 에틀리히와 레스터 브라운은 인구폭발과 기근, 질병, 환경오염으로 인류문명은 조만간 최후를 맞을 것으로 예측하고 있다. 사세이키(謝世輝)는 경제 파탄, 생태계 파괴, 핵 위험 등으로 인하여 현대는 위기의 시대로 돌입했다고 진단하고 미국문명의 종언은 가까워 오고 있다고 내다보았다. 홉스봄(E. Hobsbawm)도 우리가 지금과 똑같은 토대 위에서 다가오는 2000년대를 준비하려 한다면 우리는 좌절할 것이고, 그러한 실패의 대가, 즉 하나의 변혁된 사회 이외의 것은 암흑시대(Finsternis)가 될 것이라고 비관했다.

　朴景利는 "문화는 본디 잘 살기 위한 수단이었다. 불을 만들어 낸 건 따뜻하게 살고, 음식을 익혀 먹기 위해서였다. 그런데 문명은 그 불을 이용해 핵무기를 만들었다. 문명이 득세하다 보니, 문명이 곧 문화인 걸로 착각하는 현상까지 일어나고 있다."고 문화와 문명을 혼동하는 세태에서 문명이 문화를 이기는 문명의 발달을 우려하였다. 또한 헌팅턴(Samuel P. Huntington)은 "문명이란 사람들을 묶어 주는 가장 높은 수준에서의 문화이며, 인류를 다른 종과 구분시켜 주는 것을 빼고는 사람들이 가진 가장 폭넓은 문화적 정체성이다. 문명은 언어·역사·종교·관습·제도와 같은 공동의 객관적 요인들뿐만 아니라, 사람들의 주관적 자기 정체성에 의해 정의된다"고 문화인류학적으로 문명을 새롭게 정의하고, 미래에는 문명간의 충돌이 불가피할 것으로 내다보았다.5)

그러나 낙관론자들은 인류는 항상 난관을 극복하는 능력을 발휘하여 오늘날의 찬란한 문명을 이룩하였고, 이러한 예지를 동원해서 미래도 잘 지켜나갈 것이라고 주장한다. 줄리언 사이먼이 이끄는 풍요학파는 이러한 주장의 선봉에 서 있다. 최근 리처드 이스터린도『성장의 승리 : 역사적으로 본 21세기』를 간행함으로써 풍요학파 진영에 가담했다. 그는 100년 후 사람들은 보다 부유해지고, 수명도 길어질 것이며, 제3세계의 생활 수준도 향상되어 물질적으로 보다 평등한 세상이 될 것이라 예상했다. 이스터린은 환경오염, 자원고갈, 바이러스의 위험은 정부의 규제와 과학으로써 해결될 것이라고 전망했다. 사이먼과 마찬가지로 그도 역사를 통해서 미래를 판단할 수 있다면서 비관론자들은 역사를 잘못 이해한다고 주장하고 있다.

이들 찬반론을 종합한 것이 울리히 벡(Ulrich Beck)의 논조라고 볼 수 있다.

---

5) 헌팅턴(하버드 대학 석좌교수)은 1960년대의 냉전세계(자유세계·공산권·비동맹권)에서 벗어나 이제 세계질서 재편의 핵심 변수는 문명이라며 1990년대 이후의 문명세계를 서구·라틴아메리카·아프리카·이슬람·중화·힌두·정교·불교·일본 등 9개 문명권으로 나누었다(Samuel P. Huntington, 1993, *The Clash of Civilization?*, New York, 24~27쪽). 그러나 필자의 견해로는 헌팅턴이「과거와 현재의 문명」에서 오늘의 한국을 중화(中華, Sinic) 문명권으로 편입(Samuel P. Huntington 지음, 이희재 옮김, 1997,『문명의 충돌』, 김영사, 52~53쪽)시킨 것은 설득력이 부족하다고 생각한다. 한국은 독자적인 문화전통이 뚜렷한 만큼 중국과는 엄연히 다른 별개의 문명권을 형성해 왔다. 현재의 한국은 중국과는 더욱 현격한 한국적 문명을 꽃피우고 있다. 따라서 한국문명은 중화문명과 다른, 그리고 서구문명이나 일본문명과는 더더욱 다른 만큼, 한국문명권을 독자적 문명권으로 설정함이 마땅하다고 생각된다. 다만 불교·중화·일본·서구문명이 퇴적층을 이루며 전선이 형성되어 있음을 직시하고 이를 역이용, 선조들이 그랬던 것처럼 고유의 한국문화를 기층으로 하여 다시 불교·중화·일본·서구문명을 융화시켜 새로운 한국문명 창출에 총체적 지혜를 모아야 할 것이다.

그는 현실의 변화 때문에 계급사회는 종말을 고하고 리스크(Risk) 사회가 새롭게 도래했다고 현대문명을 진단하였다. 이제는 성찰적 문명화가 요구되는 시대라는 것이다. 그래서 현대사는 문명화에서 초래되는 환경문제를 무엇보다 중시하여 안전을 지향하기에 이르렀다. 이는 우리의 문명화 과정이 하나의 전환기에 와 있음을 알려 주고 있다. 이름하여 포스트 모더니즘(Post Modernism)이라고 칭해진다.

때 맞추어 유엔은 1998년 이란의 제안을 받아들여 2001년을 '문명간 대화의 해'로 선포하였다. 이는 인류가 파멸의 위기로부터 탈출하여 새로운 밀레니엄 문명에 대한 안전판을 스스로 구축하려는 전향적인 자세로 평가할 수 있겠다.

이처럼 발전지향적 문명사관에 대한 근본적 반성이 이어지는 한 현대인은 세계사적 모순을 극복하고 인류가 오랫동안 꿈꿔 왔던 세계공동체의 실현을 앞당길 수도 있을 것으로 여겨진다.

(김정의)

※ 참고문헌

최재희, 1971, 『역사철학』, 청림사.
차하순, 1973, 『역사와 지성』, 탐구당.
전해종 외, 1975, 『역사의 이론과 서술』, 서강대 인문과학연구소.
G. Barraclough 지음, 김봉호 옮김, 1977, 『현대사의 성격』, 삼성문화재단출판부.
이기백·차하순, 1978, 『역사란 무엇인가』, 문학과 지성사.
B. Croce 지음, 이상신 옮김, 1978, 『역사의 이론과 역사』, 삼영사.
R. G. Collingwood 지음, 이상신 옮김, 1978, 『역사학의 이상』, 박문각.
연세춘추사, 1979, 『민족사관정립의 논리』, 연세대학교출판부.
고려대학교 사학과 교수실, 1979, 『역사란 무엇인가』, 고려대학교출판부.
M. Bloch, 1979, 『역사를 위한 변명』, 한길사.
이인호, 1980, 『지식인과 역사의식』, 문학과지성사.
박성수, 1980, 『역사이해와 비판의식』, 종로서적.
이광주 외, 1981, 『역사와 사회과학』, 한길사.
이민호, 1982, 『현대사회와 역사이론』, 문학과 지성사.
차하순, 1983, 『사관이란 무엇인가』, 청람문화사.
E. H. Carr 지음, 길현모 옮김, 1984, 『역사란 무엇인가』, 탐구당.
민석홍 외, 1984, 『인문과학의 새로운 방향』, 서울대학교출판부.

김동길, 1985,『역사의 발자취』, 지학사.
J. Chesneaux 지음, 주진오 옮김, 1985,『실천을 위한 역사학』, 이론과실천.
Karl Löwith 지음, 이한우 옮김, 1987,『역사의 의미』, 문예출판사.
이광주·이민호, 1987,『현대의 역사이론』, 한길사.
Agnes Heller 지음, 강성호 옮김, 1988,『역사의 이론』, 문예출판사.
이민호, 1988,『역사주의 - 랑케에서 마이네케까지 - 』, 민음사.
이광래, 1989,『미셸푸코 - 광기의 역사에서 성의 역사까지 - 』, 민음사.
양병우, 1988,『역사의 방법』, 민음사.
김응종, 1991,『아날학파』, 민음사.
나종일, 1992,『세계사를 보는 시각과 방법』, 창작과비평사.
Francis Fukuyama 지음, 이상훈 옮김, 1992,『역사의 종말』, 한마음사.
임지현·김원수 외 옮김, 1992,『오늘날의 역사학』, 역사비평사.
차하순, 1994,『현대의 역사사상』, 탐구당.
Norbert Elias 지음, 박미애 옮김, 1996,『문명화과정』, 한길사.
Ulrich Beck 지음, 홍성태 옮김, 1997,『위험사회. 새로운 근대(성)를 향하여』, 새물결.
한국철학회 편, 1997,『문명의 전환과 한국문화』, 철학과현실사.
Samuel P. Huntington 지음, 이희재 옮김, 1997,『문명의 충돌』, 김영사.
Felipe Fernández-Armesto 지음, 허종열 옮김, 1997,『밀레니엄』 상·하, 한국경제신문사.
사세이키 지음, 손승철 외 옮김, 1997,『유럽중심사관에 도전한다』, 지성의 샘.
김희일, 1997,『세계와 한국의 미래』, 백산출판사.
기 소르망 지음, 박선 옮김, 1998,『열린세계와 문명창조』, 한국경제신문사.
장회익 외, 1999,『굿모닝 밀레니엄』, 민음사.

제2장 중국에서의 근대국가형성

1840년 아편전쟁이 발발한 이후 1949년 중화인민공화국이 성립하기까지 100여 년 동안 중국은 격변의 시기였다. 진·한에서 청조에 이르는 2천여 년에 걸친 왕조지배체제가 붕괴되고 사회주의혁명에 의한 국가의 통합이 이루어졌으며, 대외적으로는 중화주의 세계질서가 해체되고 평등외교에 입각한 국제관계가 형성되었다. 그 과정은 구미와 일본제국주의의 침략으로부터 영토를 보존하고 불평등조약의 개정을 통해 독립국가를 유지하며, 근대적인 개혁과 국민적 통합을 이루어 부강한 중국을 이루고자 하는 즉 근대국가를 형성하고자 하는 노력의 과정이었다.

1. 중화주의의 붕괴와 근대국가 수립의 모색

중국은 전통적으로 천하의 중심이라는 문화적 우월감을 가지고 있었다. 그래서 중국을 화(華), 사방의 오랑캐(四夷)를 이(夷)로 구별하고, 천자의 덕으로 주변의 오랑캐를 교화한다는 화이관(華夷觀)을 일찍부터 발전시키고 주변국과의 관계도 화이관에 입각하여 조공체제를 성립시켰다. 아편전쟁은 해외시장 개척에나 유럽 자본주의국가 특히 영국이 이러한 중국 중심의 세계관을 토대로 한 조공무역체제를 개편하고 자유무역을 요구하여 일어난 충돌이었다. 물론 직접적인 계기는 아편무역의 금지였지만, 그 배경에는 광주항(廣州港)에 그것도 특허상인으로만 한정된 대외무역의 제한을 뚫는, 자유로운 시장 개방에 대한 강한 요구가 있었다. 중국은 이 전쟁에서 패배하여 관세자주권을 상실하고, 영사재판권 인정과 최혜국대우 조항을 포함한 불평등조약을 맺게 되었다. 그 결과 중국은 중화주의의 점차적인 붕괴와 함께 세계자본주의 체제로의 강제 편입 속에서 반(半)식민지로 전락되어 갔다. 그러나 한편으로는 이 전쟁을 계기로 서구문명에 대한 관심이 높아지면서 서둘러 근대적 개혁정책에 나서게 되고, 새로운 국가건설을 위한 다양한 움직임을 보임과 동시에 반제민족주의를 낳게 되었다.

그러한 움직임 가운데 가장 먼저 일어난 것이 1851년부터 14년 동안 민중이 청조를 부정하고 새로운 국가를 건설하고자 했던 태평천국운동이었다. 이 운동은 원시기독교 공산사상에 중국의 전통적 대동사상을 결합하여 평등주의를 지향한 운동으로서, 홍수전을 지도자로 하여 광산·운수 노동자, 유민, 병사, 독서인 등이 결집하여 광서성에서 거병하여 16성을 석권하고 남경을 수도로 하여 11년 동안 정권을 유지하였다. 이는 전통적 농민반란의 성격을 띠고 있고 후기의 개혁정책은 실패로 끝나긴 하였으나, 중앙집권을 강화하고 서구기술과 문물을 도입하며, 서구열강과 우호적 외교관계를 수립하고 교역을 통해 국부(國富)·민부(民富)를 증진시키고자 하였으며, 은행·우편·전매제도·철도·기선·도로·광산 등의 근대적 설비를 마련하고, 노비를 폐지하고 고용노동을 제시하는 등 자본주의를 지향한 근대적 개혁의 성격을 띠고 있었다. 그리고 태평천국의 평등주의의 이념과 반유교사상은 이후 민중운동에 계승되고, 근대적 개혁과정에서 민주주의와 관련하여 개혁의 주요한 요소로 자리잡게 된다.

한편 청조라는 현체제를 유지한 채 근대적 개혁을 통해 부강을 추구한 것으로는 양무(洋務)·변법(變法) 운동과 신정(新政)을 들 수 있다.

국내의 민중반란과 외압에 직면한 청조는 체제강화를 목표로 자강(自强)을 표방하며, 강력한 군사력과 각종 근대산업을 육성하고 근대적인 정치제도 개혁을 통해 위기를 극복하고자 하였다. 양무운동은 군의 근대화와 기계제 공장의 설립을 통한 공업화를 추진하고자 한 운동으로, 무기 구입과 제조 및 그 과정에서 기술 도입·인재 양성·유학생 파견·학당 설립 등이 이루어졌다. 공장 설립에서도 초기에는 군수공장 설립과 각종 함대 및 해군 건설을 시작으로, 점차 광산 개발, 철도·통신 설비, 방직공장과 제철공장의 설립을 보았다. 그 과정에서 교육사업과 서적의 번역, 출판 사업도 진행되었다. 이들 산업은 그 경영에서 반관반민(半官半民)의 형식을 띠었는데, 외국상품의 진출에 대항하기 위해서 세제상의 우대와 경영의 독점권 부여 등 국가의 관여와 보호가 필요했기 때문이다. 양무운동은 청조 지배체제를 안정시키는 데는 어느 정도 성공하였으나, 중화제국 질서를 재건하는 데는 실패하였다. 청·일전쟁에서의 중국의 패배는 이 중화주의 질서를 완전히 붕괴시키면서 기존의 양무운동이 가진 한계성을 비판하고 보다 폭넓은 개혁에 대한 논의를 불러 일으켰다. 여기에서 등장한 것이 바로 강유위, 양계초 등을 중심으로 지방향신의 지지를 받으며 추진된 변법운동이다. 입헌군주제·과거제 개혁·근대적 학교제 확립·상공업 진흥·교통통신시설 확충·병제 개혁 등을 내세운 이 운동도 1898년 무술정변의 실패로 막을 내렸다.

이 즈음 제국주의에 의해 각각의 세력권으로 분할될 위기 속에 놓여 있던 중국은 이제 청조 자체의 근대화 개혁을 생각하지 않을 수 없게 되었다. 이에 청조는 1901년부터 교육·관제·재정·병제 등 다방면에 걸친 개혁 곧 신정에 착수하였다. 1905년 과거제가 폐지되고, 초등·고등소학당, 중학당, 고등학당, 분과대학 등의 신식학제가 마련되고 신식 교육기관을 관장하는 학부가 설치되었다. 그리고 원세개(袁世凱) 등의 신군(新軍)을 전국적으로 확충하고, 중앙통제를 시도하고, 화폐의 통일과 은본위제의 실시를 통해 재정집권화를 도모하고, 관제를 개혁하고, 새로운 법전을 편찬하는 등 광범한 개혁책이 제시되었다. 또한 상부를 설치하여 실업을 진흥하고 민간자본에 의한 기업 설립을 추진하였다. 이러한 신정 추진과정에서 강유위와 양계초를 중심으로 하는 보황파(保皇派)와 장건(張騫) 등의 신사층을 중심으로 입헌운동이 전개되었다. 이에 따라 청조는 1908년 「흠정헌법대강」을 발표하고, 1909년에는 각성에 성의회로서 자의국을 설치하고 1910년에 중앙에 자정원을 개설하였다. 그러나 이러한 개혁은 개혁추진의 주체와 지도력의 부재, 재정난, 반입헌적 요소 등으로 인해 실패로 끝나게 되었다.

반면 만주왕조를 부정하고 공화정을 수립하고자 하는 혁명운동도 일어나고 있었다. 신정시기 서구사상에 접한 일본유학생을 중심으로 중국의 식민지화 위기를 극복하기 위한 대안으로 반청혁명이 주창된 것이다. 이들 여러 혁명파들은 1905년 손문의 삼민주의(민족·민권·민생주의)를 강령으로 하여 중국동맹회를 설립하여 조직을 확대하고 무장봉기를 추진하였다. 수차례의 실패 끝에 마침내 1911년 10월 11일 호북성 무창봉기가 성공하고, 각성이 이에 호응하여 청조로부터 독립을 선포함에 따라 혁명은 성공하였다[신해혁명].

한편 이러한 지식인·관료 등의 개혁·혁명 사상의 저류에는 민족주의가 흐르고 있었다. 이들뿐 아니라 민중운동 속에서도 민족주의는 싹트고 있었다. 특히 아편전쟁 당시 삼원리 민중항쟁을 시작으로 한 민중의 반제투쟁은 의화단운동에서 정점에 달했다. 1898년 산동에서 의화권을 중심으로 일어난 반기독교운동에서 반제운동으로 발전한 이 운동은 반침략적 민족주의의 성격을 띠고 있었다. 이러한 민족주의는 이후 대미보이코트운동(1905), 이권회수운동(1905)이 전개되면서 민중과 지식인을 포함한 대중적 민족주의로 발전하였다.

2. 의식개혁운동·대중운동의 성장과 국민정부의 수립

신해혁명으로 공화제는 수립되었으나, 근대 국가건설의 구심점을 상실한 채 군벌의 혼란시대를 맞게 되었다. 그러나 동시에 근대 의식에 대한 각성이 광범하게 일어나 신문화운동이 전개되고, 5·4운동을 통해 민족주의가 고양되고, 군벌을 일소하고 중국을 통일하여 국민정부를 수립하고자 하는 운동이 전개되었다.

신문화운동은 신식학교에서 신식교육을 받고 서구사조의 영향을 받은 새로운 지식층이 전개한 의식개혁운동으로, 1915년 진독수가 주관한 『청년잡지』(1916년 『신청년』으로 개명)가 발간되면서 본격화되었다. '민주'와 '과학'이 제창되고, 민주주의·자유주의·개인주의·합리적 이성이 존중되면서 전통사상과 악습에 대한 비판이 광범하게 일어났다. 특히 개인의 자유를 억압하고 개성의 자유로운 발전을 억제하는 유교사상과 가족제도에 대해 비판이 드세었다. 이와 함께 여성해방운동이 전개되고, 호적을 중심으로 백화운동을 통해 문체와 문학의 내용을 혁신하고자 하는 문학혁명이 진행되었다. 이러한 의식개혁을 통해 성장한 지식층은 이후 중국의 통일과 근대적 개혁을 주도하게 된다.

의식개혁운동은 1919년 5·4운동을 통해 민족주의와 결합하였다. 제1차 세계대전의 와중인 1915년 일본은 대독 선전포고 후, 독일의 중국내 이권을 일본이 인수하고 중국내 일본의 권익을 확대하는 등의 21개 조항을 중국 정부에 들이밀었다. 대전 후 베르사이유 강화회의에서 독일의 이권에 대한 반환여부를 둘러싼 문제가 다시 제기되었을 때, 조약 조인 거부와 친일관료 3명의 파면을 요구하는 집회를 출발점으로 하여 5·4운동이 시작되었다(1919). 이 운동은 전국으로 확대되면서, 학생만이 아니라 상공업자·노동단체·농회·성의회·민중단체 등 다양한 계층이 참여하였으며, 운동 형태도 대중선전과 규탄집회를 비롯하여, 학생·상인·노동자의 스트라이크가 전개되었다. 결국 6월 10일 친일관료 파면, 28일 조약 조인 거부가 결정나면서 운동은 수습 국면에 접어들었다. 이 운동은 민족적 과제를 위해 각계각층의 국민이 결집하여 정부에 국민의 요구를 제시하고 이를 관철시켰으며, 결집된 국민의 힘을 토대로 통일된 국민국가를 수립하고자 하는 움직임으로 발전하였다. 이것이 제1차 국공합작과 북벌로 이어졌다.

1923년 손문은 광동에서 군정부를 재건하고 대원수로 취임한 후 국민당개조에 착수하여, 국민혁명군을 건설하고 공산당과 제휴한다는 방침을 정했다. 이에 따라 중국국민당 제1회대회(1924.1)에서 '연소·용공·노농부조(聯蘇·容共·勞農扶助)'의 원칙하에 국공합작을 결의하고, 국민 각층을 지지기반으로 국민혁명세력을 조직하기 시작했다. 그리고 황포군관학교를 개교하여 장개석을 교장으로 국민혁명군을 양성하였다. 손문 사후 광주에서 왕정위를 주석으로 하는 중화민국정부를 수립하고(1925.3), 이어 1926년 7월 장개석을 총사령관으로 하여 북벌을 개시했다. 국공합작과 북벌은 군사작전에만 치중한 것이 아니라 1920년대 대중운동을 기반으로 하였으며, 대중운동과 함께 발전한 것이었다.

1921~1922년에 걸쳐 확산된 노동운동은 제1차 전국노동자대회를 개최하고 1923년에 급속한 발전을 보였다. 마침내 군벌은 2월 7일 철도노동조합에 대해 유혈탄압(2·7참안)을 가하고 이를 시작으로 전국 각지에서 무력을 동원하여 노동운동을 탄압하였다. 그러나 노동운동은 재조직화되어 1925년 제2차 전국노동자대회의 개최에 이어 중화전국총공회(中華全國總工會)를 결성하였다. 그러던 중 1925년 5월, 상해 일본계기업 노동쟁의 과정에서 노동조합 지도원의 피살사건이 발생하고, 5월 30일 시위에서 경찰의 발포로 사상자가 발생하였다. 이에 상공업자와 학생이 연합조직을 결성하고 노동운동은 절정에 달했다. 농촌에서도 1923년 광동에서 팽배가 농민협회를 조직한 후, 1924년 7월 국민당이 농민운동강습소를 열어 농민운동의 지도자를 양성하는 등 농민협회의 조직화에 박차를 가하였다. 농민운동은 국민혁명의 진행과 함께 확산되어, 1925년 5월 광동을 이어 이듬해 호남성과 호북성에서 각각 전성농민협회가 조직되었다. 특히 호남성에서 농민운동은 급진화하여 지주의 토지를 몰수하기에 이르렀다.

정치운동으로는 먼저 1924~1925년에 걸친 국민회의운동을 들 수 있다. 이 운동은 상회, 농회, 공회, 교육회 등 직능별 단체 대표가 회의를 개최하고, 그 대표로 국민회의를 구성하여 국회를 대신하자는 운동으로서, 1925년에는 북경에서

20여 성의 대표 200여 명이 모여 국민회의촉성회를 개최하였다. 이처럼 국공합작과 북벌은 정치적·경제적 권리를 포함한 국민의 제반 권리를 보장하는 근대국가를 건설하려 한 사회 전반의 의지를 반영한 것이라 할 수 있다.

3. 국가건설을 둘러싼 국민당과 공산당의 대립과 민족주의·민주주의

1927년 북벌이 진행되는 가운데 상해에서 장개석에 의한 4·12정변이 발생한 후 국공합작은 결렬되고, 1928년 북벌을 달성한 장개석은 남경을 수도로 국민정부를 수립하였다. 남경 국민정부는 먼저 정치기구의 정비를 위해 10월「훈정(訓政)강령」을 발표하였다. 훈정이란 군사력에 의해 국민혁명을 추진한 군정기와 헌법에 기초한 헌정기의 중간단계로서, 국민에 대해 정치적 훈련을 하는 준비기간을 의미하며 따라서 국민당에 의한 일당독재의 성격을 띠게 되었다. 이어 정부조직법을 발표하여 행정·입법·사법·고시·감찰의 5권을 분립하였다. 또한 중앙군을 증강하고 구군벌군을 감축함으로써 중앙권력을 강화하였으며, 1934년부터는 유교윤리를 토대로 일상생활에서 도덕을 확립하고 국민을 통합하려는 신생활운동을 전개하였다. 불평등조약의 철폐에도 노력하여 1928~1930년에 걸쳐 관세자주권을 회복하였다.

공산당은 국공분열 후 1927년 8월에서 12월에 걸쳐 무장봉기를 시도하였으나 실패하고, 이에 따라 모택동은 봉기군의 잔류 병력을 모아 강서성 정강산에서 소비에트를 수립하고 홍군을 건설하여 공산당 독자의 군사력을 보유하게 되었다. 또한 계급투쟁에 입각한 토지혁명을 실행하여 지주의 토지를 몰수, 농민에게 분배하였다. 1931년 11월에는 모택동을 주석으로 하는 중화소비에트공화국을 강서성 서금에 수립하고 계급투쟁을 적극적으로 추진하였다. 그러나 국민정부에 의한 5차례의 포위공격작전 끝에 1934년 10월 서금을 포기하고 연안으로 대장정을 떠났다. 이 소비에트 시기에서 시작된 군사력 보유, 토지혁명 실시, 농촌근거지 건설과 유격 전술은 이후 공산당의 중국혁명의 주요한 원동력이 되었다.

국민당과 공산당의 국가건설이 이처럼 서로 다른 방식으로 모색되는 가운데, 1930년대 중반에는 새로운 변화가 발생하였다. 일본의 중국침략이 노골화됨에 따라 항일민족주의가 전국적으로 고양된 것이다. 일본은 1931년 9월 18일 만주사변을 일으켜 만주국을 수립하고 1935년에는 하북성과 내몽골에 비무장중립지대를 설정하여 중국을 잠식하기 시작했다. 이에 따라 항일운동이 급속히 발전하여 1936년 6월에는 상해에서 전국각계구국연합회가 결성되었다. 그러한 가운데 12월 12일 장학량이 서안에서 장개석을 구금하고 석방 조건으로 내전중지와 정치범석방, 항일을 요구하였고(서안사변), 그 결과 제2차 국공합작이 성립되었다. 이에 따라 공산당은 계급투쟁보다는 민족주의를 우위에 둔 항일민족통일전선방침을 결정하고, 토지몰수 중지·홍군의 국민혁명제8군으로의 개편·소비에트 정부의 국민정부 하의 변구정부로의 개편 등을 단행하였다. 1937년 7월 7일 중일전쟁이 발발한 후 국민당 정권이 남하한 북중국에서 권력의 공백이 발생하자 공산당은 농촌에 근거지를 건설, 항일유격전을 전개하고 동시에 여러 개혁정책을 실행하였다. 대표적인 것으로 감조감식정책과 3·3제를 들 수 있다. 감조감식정책은 소작료와 이자율을 인하함으로써 농민의 부담을 줄이면서 농민과 지주의 이익을 상호 보장하고자 한 것이었고, 3·3제는 선거를 통해 정치기구를 구성할 때 공산당·진보파·중간파가 각각 의석의 3분의 1을 차지하도록 하는 것이다. 따라서 공산당은 항일과 민주주의에 찬성하는 모든 계급을 연합한 통일전선에 입각한 정권을 창출하고, 정책을 실행하고자 하였다. 1940년 이후 일본이 삼광작전(모조리 죽이고, 불태우고, 약탈한다)이라는 강도높은 토벌작전을 실행하고 근거지 봉쇄작전을 펴자 공산당은 합작사를 운용하는 등 대생산운동을 통해 경제위기를 타개하고자 하고, 행정과 군사를 간소화 함으로써 효율성을 높이고, 당원에 대한 사상강화운동 곧 정풍운동을 전개하여 사상의 통일과 집중화를 꾀했다.

　한편 국민당은 개전 후 수도를 중경으로 옮겨 항일전을 전개하고, 1941년 12월 태평양전쟁이 발발하자 독·일·이에 선전포고를 하였다. 그래서 중국은 연합국의 일원, 장개석은 연합국중국전구사령관이 되어 아편전쟁 이후 중국의 현안이었던 불평등조약과 열강의 특권이 폐지되기에 이르렀다. 그러나 국민당은 항일전을 수행하는 데 있어 군사적 측면에 치중하면서 막대한 군사비를 세금으로 충당함으로써 세금을 증수하고, 통화팽창과 물자부족으로 인해 인플레를 초래하였으며 외국에서 들여온 차관은 일부 기업의 비대화에 집중되었다. 사상통제도 계속 강화되었고, 당과 군·관료의 부패현상 또한 극심하였다. 국민당에 대한 국민의 지지도가 점차 상실된 것은 당연하였다. 결국 중일전쟁 이후 국공내

전기에 국민당은 국가통합에 실패하고 1948년 12월 대만으로 수도를 옮겨 중화민국을 수립하였다. 공산당은 민족주의와 민주주의의 원리 하에 국민적 통합을 이룬다는 연합정부론을 주장하고 내전기에 각계 민주당파를 연합한 정치협상회의를 개최하여 국가 통합에 성공하고 1949년 중국 본토에 중화인민공화국을 수립하였다.

(오봉혁)

제3장 일본역사, 어떻게 볼 것인가

한반도에 대한 영향력이 갈수록 막대해지는 일본을 올바로 파악하고자 할 때, 큰 장애요소로 지적되는 것 중 하나가 바로 우리의 대일본관이다. 그런데 이 대일본관은 한편으로는 일본에 대한 일방적인 무시가 있고 또 한편으로는 이와는 전혀 다른 소위 '일본을 배우자!'류의 일본 추종이 혼재되어 있어 그렇게 간단한 문제가 아니다. 특히 전자는 전근대의 일본, 후자는 근대 이후의 일본을 대상으로 하며, 두 가지 모두 '일본에 대해서라면 나도 한 마디쯤 할 수 있다'는 생각에 기초하는 경우가 많다. 따라서 우리의 대일본관이 그릇된 편견에 사로잡힌 것이라고 해도 이를 바로잡기는 상당히 어려운 작업이 될 수밖에 없다. 자신이 일본에 대해 실상 무지하다는 사실을 전혀 인식하지 못하기 때문이다. 지난 수십 년 동안 역사왜곡이다, 망언이다, 최근에는 독도문제다 해서 문제가 될 때마다 한 번도 빠짐없이 '일본을 알자, 극복하자'는 소리가 높았으나 정작 구체적으로 진지한 접근이 어려웠던 것도 이것과 무관하지 않을 것이다.

이 글은 시대순으로 써 내려간 것이지만 그렇다고 흔히 말하는 개설은 아니다. 일본 역사를 간추리되 시대시대별로 특히 우리가 잘 알고 있다고 생각하여 편견을 갖기 쉬운 부분에 초점을 맞추었기 때문이다. 이것이 있는 그대로의 일본을 파악하는 눈을 기르는 하나의 실마리가 되었으면 하는 바램이다.

I

일본이 아시아 대륙에서 떨어져 나간 것은 약 1만 여년전이고 그로부터 2천 년이 지난 서기전 8천 년전경부터 신석기문화가 시작되었다. 이 신석기문화의 출발은 세계에서도 매우 빠른 시기에 속한다. 고립된 섬나라라는 특성으로 인해 문화발전에서 한 단계 뒤쳐지는 경향을 가진 일본으로서도 상당히 특이한 예이다. 그리고 조몬이라는 토기를 제외한다면 신석기문화의 일반적인 지표인 농경과 목축이 발견되지 않는다. 거기에 이 문화는 자그마치 8천 년이나 지속된다. 이렇게 신석기문화가 오래 계속된 나라도 그 유를 찾기 어렵다. 그래서인지 중·후기의 조몬 토기는 500℃ 정도의 저온에서 구운 것임에도 그 다양성과 아름다움에서 발군의 실력을 자랑한다.

이 특이한 신석기문화는 서기전 3~2세기에 돌연 청동기·철기와 벼농사를 수반한 야요이 문화로 대치되고, 거의 1세기 만에 전 일본으로 퍼져 나갔다. 그 전의 조몬 문화와는 연속성을 찾아볼 수 없는 이 문화는 명확히 외래문화였으며, 이 문화의 주인공은 남방계 특성의 조몬인과는 전혀 다른 신체구조를 가진 사람들이었다. 현재는 그들의 특징이 한반도 남부인과 완전히 일치함으로써 한반도인이라는 사실이 명확해졌다. 따라서 이 문화는 일정 기간에 걸쳐 다수의 한반도인이 직접 건너가 전파시킨 한반도 문화였다.

서기 3세기 『삼국지 위서』 동이 왜인전에 등장하는 일본 최초의 부족연합국가 야마타이는 이 야요이 문화의 결정체였다. 따라서 야마타이는 일본의 고대국가 발전사에서 절대적인 위치를 차지하고 있으나, 위치가 한반도에 가장 가까운 규슈에 있었다는 설과 일본 고대문화가 꽃핀 교토 가까이에 있었다는 설이 대립하고 있고, 뛰어난 주술과 카리스마적인 통치력으로 야마타이의 강대화에 절대적 역할을 한 여왕 히미코의 출신이 전혀 불분명한 등 신비의 베일에 싸여 있다. 특히 히미코는 '연오랑과 세오녀' 설화와의 관련 등 한반도인일 것이라는 설이 끊이지 않아 주목을 끈다.

II

서기 4세기 이후가 되면 전에는 보이지 않던 기마문화가 쏟아져 나오고 5세기에는 독특한 열쇠구멍 모양에 전 길이 300~400미터에 달하는 거대한 무덤들이 나타난다. 이 무덤의 능선을 따라서는 흙인형 하니와가 즐비하게 늘어서 있다. 3세기를 끝으로 야마타이는 흔적도 없이 사라지고 대신 거대한 무덤의 주인

공으로 추측되는 '왜의 오왕'이 등장하며, 문화의 중심도 이전의 규슈에서 교토가 있는 혼슈로 넘어갔다. 일본적인 특성이 뚜렷하게 나타나는 소위 고분시대이다(4~7세기). 열쇠구멍형 고분의 원형이 한반도에 있다고 하기도 하고 기마유물의 상당수가 한반도와 관련된 것이며, 북방기마민족이 일본을 정복했다는 설 등 다양한 해석이 가해지고 있으나, 명확한 것은 그렇게 해서 세워진 고분문화가 틀림없이 대단히 일본적이라는 것이다. 흥미로운 것은 이 시대에 왜왕 무라는 인물이 중국 송나라에 보낸 상표문 안에 한반도 통치권을 요구하는 기사가 실려 있는 점이다. 후에 일본 역사에서 무수히 등장하는 '삼한정벌'이니 '임나부'니 '남선경영'이니 하는 한반도 침략이야기도 모두 이 시대를 배경으로 하고 있다. 비슷한 시기에 여기저기에서 발견되는 유사한 크기의 고분 자체가 일본에 아직 통일정권이 없었음을 증명하는 차에, 이미 강력한 고대국가를 완성한 백제와 신라를 정벌했다는 것은 성립할 수 없는 얘기임은 물론이다. 급격한 외래문물의 수입을 거치고 일본적인 문화가 등장한 첫 시기에 바로 한반도 침략기사가 나온다는 점, 염두에 둘 필요가 있으리라.

  이 분열시대를 마감시킨 것은 고분문화의 주역 중 하나로 백제계 소가씨 등의 호족세력이 연합한 야마토 정권인데, 6세기에 규슈의 강력한 신라계 호족세력 이와이를 누르고 통일의 발판을 마련하였다. 야마토는 주로 백제로부터 문자와 불교 등을 받아들이고 7~8세기에는 수·당의 율령체제를 전면적으로 수입하여 중앙집권적인 고대국가체제를 완성하였다. 야요이를 이은 두번째의 거대한 외래물결이었다. 그 영향 하에 아스카, 하쿠호, 나라라는 우리에게 익히 알려진 귀족적인 외래문화가 꽃을 피웠다. '일본'이라는 국명이 동아시아 국제사회에서 통용되기 시작한 것도 이 때부터이다. 그런데 외래문화의 최전성기인 나라 문화기부터는 이미 수입문화에서 볼 수 없던 새로운 요소들이 나타나고 있다. 한자에서 따온 가나라는 일본문자와 이 문자로 쓴 짤막한 시 와카(이것들을 책으로 엮은 것이 『만엽집』이다), 일본 건국신화와 천황가 찬미로 가득찬 『일본서기』·『고사기』 등이 그것이다. 이는 10~11세기에 '국풍문화'로 불리는 토착적인 일본 고대문화로 이어진다. 수많은 여성 문필가를 낳은 모노가타리라는 산문·소설양식, 만화의 기원으로 얘기되는 이야기와 삽화가 섞인 에마키모노, 고래의 신도사상에 고도의 수입불교가 혼합된 신불습합이 대표적인 예이다. 이 때에는 이미 고대국가의 완성에 중대한 역할을 수행한 율령체제가 붕괴하고 대신 지방분권적인 장원제가 성립하고 있었다. 그리고 이 장원을 중심으로 하여 무장한 무사들이 하나의 계급으로서 성장해 나갔다. 본래부터 분권적 성격이 강했던 일본이 중국과 한국에 강고히 뿌리내린 중앙집권체제를 섭취한 후 그것과는 다른 새로운 체제를 만들어 내고 있었던 것이다.

III

무사단을 조직하고 스스로 무사화한 장원의 영주들은 보다 강력한 무사단에 의탁하여 안정된 지위를 확보하고자 하였다. 12세기가 되면 이렇게 의탁해 온 수많은 독립 무사단이 대무사단을 이루어 상호 경쟁을 벌였고 마침내 1192년, 최후의 승자 미나모토 요리토모가 천황으로부터 정식으로 정이대장군에 임명받아 근거지 가마쿠라에 막부를 열었다. 이 막부에서 전 일본의 무사들을 지휘하는 권력이 나오니, 약화되었다고는 하나 교토를 중심으로 한 지역을 지배하는 천황정권이 엄연히 존재하였으므로 일본에는 이중정권이 들어서 있는 셈이었다. 이는 1336년 아시카가 다카우지가 가마쿠라 막부를 멸망시키고 무로마치 막부를 세운 후에도 변함이 없었다. 이 두 막부는 무사계급을 통치계급으로 하는 무사정권의 수립에는 성공하였으나 독립적인 무사단들을 완전히 통제하는 데는 실패하였다.

결국 15~16세기에 걸쳐 전국적인 영지 쟁탈전이 벌어져 눈 하나 깜짝하지 않고 자신의 주군도 제거해 버리는 하극상의 세상, 소위 전국시대가 전개되었다. 이 과정에서 거대한 영지를 집적한 영주들이 등장하고, 이들은 다이묘로 불렸다. 16세기 후반, 다이묘 오다 노부나가의 뒤를 이어 도요토미 히데요시는 이 혼란을 수습하고 거의 전 일본을 통일하는 데 성공하였다. 통일을 전후하여 도요토미에게 닥친 최대의 과제는 무가정권이 성립한 이래 오랜 과제였던 무사계급의 철저한 통제와 질서의 수립이었다. 이에 무사 이외의 신분에게는 칼 휴대를 금지하는 '칼사냥'과 신분 간의 이동을 금하는 '신분통제령'을 실시하여 신분질서를 확립하고, 전국적인 토지조사사업인 '태합검지'를 통해 일지일작인(一地一作人) 원칙을 확립하여 유력농민의 무사화·영주화의 길을 차단하고 안정된 세수 확보의 길을 열었다. 특히 무사들은 강제로 농촌을 떠나 행정가로서 다이묘의 성밑에 모여살게 되면서 그들의 물적·인적 기반인 땅과 인민으로부터 격리되니, 이로써 다이묘의 전일적인 지배가 가능해졌다. 1592, 1597년의 두 차례에 걸친 도요토미의 조선 침략은 이러한 비교적 안정된 국내상황을 배경으로 한 것이었고, 침략야욕 중에는 대외침략을 통해 다이묘 세력을 약화시키려는 의도도 포함되어 있었다. 그러나 아직 다이묘를 완전히 통제할 체제를 구축하지 못한 상태에서 일으킨 전쟁이 실패로 돌아감으로써 도요토미 세력은 결정적인 타격을 받고 대신 도쿠가와 이에야스가 권력을 장악하게 되었다.

1603년 천황으로부터 정식으로 정이대장군에 임명된 이에야스는 자신의 근거지 에도에 막부를 열었다. 250년 이상 평화를 지속하며 가장 일본적인 문화를 만들어낸 에도 시대가 개막된 것이다. 이에야스와 그 후계자들은 기본적으로 도요토미의 정책을 계승하면서 특히 다이묘 통제에 주력하였다. 그렇게 해서 만들어진 것이 평균 280개에 이르는 번(다이묘의 영지로 國이라고도 한다)의 독립권을 인정하면서도 막부의 통제권에서 벗어나지 못하게 하는 독특한 중앙집권적 지방분권체제 즉, 막번체제였다.

이 막번체제를 유지하기 위한 다이묘 통제장치는 수대에 걸쳐 다양한 형태로 고안되었다. 먼저 각 다이묘를 장군가에 대한 충성도에 따라 신판, 후다이, 도자마로 삼분하여 특히 반항적인 기질의 도자마를 막부정치에서 배제시키고 특권적인 신판과 후다이로 하여금 스스로 도자마를 견제하게 하였다. 그야말로 효율적인 권력절약이었다. 거기에 전국 번들의 군사력을 약화시키기 위해 하나의 번에는 하나의 성만 남기고 모두 파괴케 한 '일국일성령', 각 번의 재정력 약화를 도모한 일종의 노력동원인 '어수전보청', 성의 신축·개축 금지와 다이묘 간의 혼인 금지 등이 잇달았다.

그리고 마지막으로 들어야 할 것이 바로 참근교대제라는 독특한 제도이다. 원래 인질제도로 시작된 것이나 1635년에 완성을 본 모습은 그렇게 단순한 것이 아니었다. 모든 다이묘의 가족들이 에도에 상주해야 했을 뿐만 아니라 에도에 가까운 번의 다이묘는 반년에 한 번, 그 외의 다이묘는 1년에 한번씩 에도와 자기 번을 번갈아 가며 거주해야 하였기 때문이다. 에도가 순식간에 무사 50만, 상인·직공 50만 해서 총인구 100만이라는 당시 세계 최대의 도시로 된 것은 이 때문이다. 「무가제법도」는 각 번의 실력에 따라 참근교대의 수행원 수까지 철저하게 규정하였고, 정도 차이는 있으나 모든 번은 이 참근교대에 막대한 비용을 치러야 했다. 결국 참근교대제는 철저한 번 감시체제로서 대단히 성공적이었을 뿐만 아니라 번의 재정을 끊임없이 고갈시켜 그 강대화를 막는 데 중요한 역할을 하였다. 거기에 이 제도가 파생시킨 사회·문화적인 영향 또한 대단하였다.

에도는 순 소비적인 50만의 지배계급을 껴안는 대상업도시로 발전하고 기존의 교토와 오사카를 잇는 거대상권을 형성하면서 전 일본의 상업을 크게 발전시켰다. 참근교대제로 인한 도로의 발달 또한 그 발전을 더욱 촉진하였다. 안정된 사회체제 속에서 신분 변동의 길이 철저하게 막혀 있던 상인들은 상인으로서의 성공에 만족하고, 쌓아올린 부를 배경으로 극히 화려하고 다양한 상인문화(조닌문화)를 발전시켰다. 대량생산된 컬러 풍속판화, 베스트·스테디 셀러를 낳은 대중소설, 하룻밤에 백냥을 벌어들이는 가부키 배우, 호사 취미 속에서 꽃핀 다도와 꽃꽂이, 공예 등이 모두 그 소산이다. 고대 일본에 최고의 가치를 부여한 '국학'이라는 학문사조도 이 상인들의 지원 속에 발전한 것이다. 그리고 이 모든 것은 중앙과 지방을 반복적으로 오가야 하는 참근교대와 번과 번 사이를 넘나드는 활발한 상업활동에 힘입어 전국적으로 번져나갔다. 분권체제 하에서 형성된 이 단일한 중앙집권 문화나 상인문화 등이 근대 이후 일본사의 향방에 유리하게 작용하였음은 물론이다.

같은 동아시아 문화권 속에서 형성된 하나의 '섬'이라 할 이러한 양상은 에도 막부의 쇄국체제와 깊은 관련을 갖고 있다. 기독교 등 새로운 사상의 수입을 차단하여 체제에 위협이 될 요소를 미리 제거하고, 한편으로는 막부 단독으로 대외무역과 정보루트를 장악하기 위해 단행된 이 나라 닫아걸기는 바다로 에워싸인 천혜의 자연조건에 힘입어 철저히 시행되었다. 이는 밖으로부터의 자극을 최소화시킴으로써 체제를 안정시켰지만, 동시에 정치적 정체를 초래하고 일본적이지만 대단히 자기 중심적인 편협한 국수주의 경향을 낳았다. 조선에 대해 공식적으로는 사대의 예를 취하면서도 일본 국내에서는 유학자까지도 조선은 '쥐새끼 같은 나라'라는 등, '선린이 아닌 정복의 대상'이라는 등의 말을 거리낌 없이 내뱉었다는 것은 익히 알려진 사실이다. 이러한 닫힌 공간 속에서 새로운 사상내지 가치개념의 창출을 기대하기는 어렵다. 에도 후기에 막번체제의 모순이 분명해지면서 일어난 변혁운동이 그 사상적 지주를 이미 존재한 바 있던 중앙집권체제, 즉 고대천황제에서 구한 것은 이 때문이다. 결국 이 운동은 일본의 고대를 이상시한 국수주의적인 국학과 긴밀히 결부되고, 고대로의 복귀 즉 왕정복고를 주장할 수밖에 없었다. 다가올 새로운 시대에 드리워진 어두운 그림자가 아닐 수 없었다.

IV

원래 분권적인 성향이 강한 일본이 중앙집권체제의 확립을 향해 끊임없이 노력하여 서양과 같은 완전한 분권제로 나아가지 않은 것은, 주변에 강력한 중앙집권제를 견지한 한국과 중국이 존재한 것과 중대한 관련을 갖고 있을 것이다. 12세기 이후 등장한 무가정권은 결코 자신으로부터 나올 수 없는 이 중앙집권적 권위와 전통을 천황(제)을 살려둠으로써 얻고자 하였고, 이는 일정 부분 성공을 거두었다. 무가정권 하에서 무력한 천황이 살아남은 중요한 비결 중 하나가 여기에 있다.

이 천황(제)이 1868년 정치전면에 등장하였다. 이른바 메이지 유신이다. 이미 19세기 초 이래 계속되는 자연재해, 농촌 파탄, 민중반란, 사무라이의 몰락과 함께 흔들리던 막번체제는 결정적으로 동아시아 전체에 휘몰아친 서양의 충격(제국주의 침략) 앞에서 무너졌다. 이 과정에서 주인공으로 활약한 것은 천황이 아니라 지사로 불리는 하급 사무라이들이었다. 이들은 기존의 홀대받던 도자마 번 출신으로서 국학 세례를 받고 상인들의 지원을 등에 업고 있었다. 이들은 과거의 선조들이 그러했던 것처럼 새로운 최선진 서양문물을 신속하고도 격렬하게 흡수하였다. 문명개화나 서구화라는 말이 지천에 가득하고 완전한 서양화를 위해 국제결혼까지 공공연히 주장되었다.

이러한 노력은 표면적으로는 성공을 거두었다. 그 전까지 일본에게 문화 전수자의 역할을 한 중국과 한국이 (반)식민지로 전락한 데 비해, 일본은 독립국가로서 아시아 최강자로 부상하였으며 이를 바탕으로 메이지 최말기에는 서구와 체결한 불평등조약을 동등한 것으로 개정하는 데까지 성공하였다. 이 메이지 유신에 대한 학계의 평가는 분분하지만, 우리에게 가장 잘 알려져 있는 것은 아마 근대화론적 견해일 것이다. 1950~1960년대 사회주의 진영의 확대에 위협을 느낀 미국 등이 앞장서서 자본주의 진영을 수호하기 위해 내세운 근대화론은, 비서구로서 서구화에 성공한 가장 적절한 모델을 일본으로 정하고 메이지 유신의 성공

원인을 적극적인 서구화 등에서 찾아 이를 이론화시켰다. 물론 19세기 말~20세기 초에도 일본의 '성공' 비결을 서구화에서 찾고 이를 본뜨려 한 움직임들이 있었다. 한국의 갑오개혁을 필두로 한 변혁운동과 중국의 양무·변법운동이 그것이다. 그러나 이러한 견해가 과연 타당한 것일까. 나아가 보다 근본적으로 메이지 유신이 정말 성공한 변혁인가에 대해서는 의문을 던져볼 필요가 있다.

이 문제에 접근하기 위해 먼저 지금까지 거의 무시되어 왔던 메이지 유신 전후의 국제정세를 검토해 보자. 사실 메이지 유신의 결정적인 계기는 일본 개항을 요구한 미국 페리 제독의 내항(1853)이었다. 그런데 정작 당시 미국이란 나라의 주관심사는 남아메리카의 확보였다. 1900년 미국이 중국을 향해 문호개방을 외친 것은 아메리카의 장악을 끝냈으니 이제 정식으로 중국을 위시한 동아시아로 진출하겠다는 일종의 선전포고였다. 따라서 페리 제독이 내일했을 당시 미국의 일본에 대한 관심도는 상대적으로 낮았고 따라서 개항의 요구도, 개항 후의 침략도 상대적으로 약하였다. 이는 중국이라는 거대한 시장에 한참 열중해 있던 다른 서구 제국주의 열강도 마찬가지였다. 결국 아편전쟁으로 상징되는 서구의 무지막지한 숨통조이기에 허덕인 중국과 아직 자본주의가 확립되기도 전의 일본에 거의 원시적인 약탈을 당해야 했던 한국에 비해 일본은 상대적으로 유리한 조건 하에서 근대화에 착수한 것이다. 거기에다 당시에는 중국의 태평천국운동(1850~1864), 페르시아의 반영봉기(1856~1857), 인도 세포이의 난(1857~1858) 등 아시아 민중의 활발한 반제운동이 제국주의 국가들로 하여금 그 압력의 끈을 일정하게 늦추게 하였다. 일본은 어떤 방식으로든 동아시아 민중에게 덕을 입었던 것이다. 그리고 무엇보다도 바로 가까이에 아직 제국주의 열강의 본격적인 침략이 시작되지 않은 조선과 대만이 위치하고 있었다. 따라서 겨우 근대화의 걸음마 단계에 있던 일본이 일찌감치 이 곳에 침략해 들어갈 수 있었던 것이고, 그것이 일본자본주의의 성립과 발전에 얼마나 중요하였는가는 두말 할 것도 없다.

이러한 대외적 조건의 차이를 전혀 무시한 채 한국·중국을 일본에 단순 비교할 때, 일본의 내적 특성을 과대평가하여 무조건 숭배하거나 자신을 철저히 비하하는 일조차 생기는 것이다. 여기에서는 대부분의 나라에서 서구화와 제국주의의 침략이 불가분의 관계에 있다는 사실도 무시되어 버린다.

어쨌든 이렇게 출발한 메이지 유신을 '성공한 모델'로 평가하는 것은 또 마땅한 것일까? 메이지 유신으로 탄생한 것은 소위 천황제 국가였다. 이 천황제 국가는 안으로 민중을 철저히 억압하며 1930년대에는 천황제 파시즘으로 귀결되고, 밖으로는 조선에 이어 만주·중국을 침략하고 결국 2차대전에서 침략국쪽에서는 제국주의 길을 걸었다. 1945년 일본이 패전할 때까지 수많은 아시아 민중이 죽음을 당하였으며 일본에는 원자폭탄이 투하되었다. 이는 아시아만의 불행이 아니라 일본 자신의 불행이기도 하였다. 우리는 지금까지 이것을 메이지 유신으로 시작된 일본의 근대화와 분리시켜 '주류에서 벗어난 일탈'이라고 본 라이샤워 등의 근대화론식 설명을 너무나 당연하게 받아들인 것은 아닌가. 생각해 볼 문제이다.

V

일본은 아시아 대륙에서 떨어져 나간 이래 바다를 사이에 두고 선진문물의 수입과 그 바탕 위에서 토착 문화 만들기를 반복해 왔다. 그 선진문물의 샘은 한반도이기도 하고 중국이기도 하였으며, 서구이기도 하였다. 한바탕 수입의 회오리가 몰아진 후에는 굳게 닫힌 섬 안에서 고분문화, 국풍문화, 무사·상인문화, 절대주의적 천황제 등 대단히 일본적인 것들이 등장하였다. 그 과정에서 항상 배타적이며 침략적인 경향들이 나타났다. 임진·정유왜란과 정한론이 그렇고, 근대 이후의 한국, 중국, 나아가 태평양전쟁으로 이어지는 제국주의적 침략이 그러하였다. 그리고 이는 주변국가만이 아니라 일본 자체의 존립까지도 위협하는 불행을 초래하였다.

1945년 패전과 함께 시작된 현대의 일본은 어떨까? 19세기 후기 이래 최대의 충격이라 할 미군의 점령통치(1945~1951) 동안 일본은 미국화붐이라는 새로운 열풍을 경험하였다. 그 아래서 천황이 '인간선언'을 하고, 국민주권 하의 상징천황제가 등장하고, 영원한 전쟁 포기와 군대 창설 금지를 규정한 헌법이 제정되고, 재벌이 해체되었다. 이것을 고대 이래 수차례 일본을 강타해 온 외래 물결 중 하나로 규정할 수 있을까? 만약 그렇게 볼 수 있다면 일본의 역사 경험에 비추어 미국화가 끝난 어느 시기부터는 전혀 새로운 모습의 일본적인 그 무엇(!)이 등장했거나 하고 있지는 않을까?

패전 후의 일본헌법은 세계에서 가장 민주적인 헌법이라고까지 추켜세워졌음에도 불구하고, 그 밑에서 형성된 정치체제는 '55년 체제'로 불리는 자민당의 장기집권(현재 단독집권은 붕괴되었으나 우세는 여전하다)과 극단적인 보수화를 낳았다. 그리고 국방비가 GNP의 1%선을 넘어선 것이 까마득한 옛 일이 된 지금 일본은 세계 제3위의 군사력을 보유하고 있다. 거기에 '천황은 상징에 불과하다'고 규정된 상징천황제는 원호법 부활, 정부·국회의원 주도의 야스쿠니 신사 공식참배 운동, 건국기념일 식전의 강화 등과 연결되면서 천황제 이데올로기가 부활하는 움직임을 보이고 있다. 이것이 역사왜곡 등으로 대표되는 극우화 경향과 밀접하게 결부되어 있음은 물론이다. 그리고 그 배후에 한국전쟁에서 기사회생의 발판을 마련하고 1960~1970년대의 고도성장기를 거쳐 경제대국화한 일본이 놓여 있다.

역사상 일본에서 토착문화가 형성될 때마다 대외침략적인 경향이 수반되었고, 그 한가운데에 항상 한국이 가로놓여 있었다. 오늘날 일본을 바라보는 우리의 우려를 단순히 감정상의 문제나 쓸데없는 기우로만 볼 수 없는 것은 이 때문이리라.

VI

일본은 우리 문화의 영향을 많이 받은 것은 분명하나 그 영향 위에 자신들만의 독자의 고유문화를 만들어 내며 발전해 온 나라이다. 따라서 그 독자성을 정당하게 인식하고 우리와는 전혀 다른 '외국'으로 객관화시켜 보는 눈이 절대로 필요하다. 그리고 난 후에야 일본의 특성을 명확하게 이해하고, 예컨대 일본에서 베스트셀러를 기록한 『추한 한국인』류로 대표되는 일본인의 대한국관 같은 것도 비교적 용이하게 이해할 수 있을 것이다.

"지나치게 외래의 것을 동경하여, 일본 자신의 특성을 올바로 이해하지 못하고 자기 반성을 위해서가 아니라 그냥 무조건 열등감을 품는 경우가 많다. 그리고 그 반동으로서의 허세가 배타적이라든가 근거 없는, 쓸데없는 자존심으로 표현된다. 이는 왜곡된 반동이다"(樋口淸之, 『日本人の可能性』, 東京 : 講談社, 1981). 일본인 문화사학자가 내린 자가진단인데, 오랫동안 한국문화의 영향을 받아온 일본이 한국에 대해 그만큼 더 큰 문화적 콤플렉스를 가질 수밖에 없었음을 짐작케 하는 대목이다.

 그러나 정말 중요한 것은 이것이다. 일본은 외래문물의 자극과 탁월한 모방성을 항상 발전의 계기로 삼아왔으며, 따라서 모방대상의 존재는 일본에게 대단히 중요하다는 것이다. 그리고 그 모방대상이 더 이상 모방대상이기를 그칠 때, 역사상 일본은 그 대상의 파괴에 나섰을 뿐만 아니라 그것은 바로 일본 자신의 파괴를 불렀다. 세계 곳곳에서 무역마찰을 일으키고 군국주의 부활의 우려를 사고 있는 일본이나, 그러한 일본을 애써 무시하려 하거나 혹은 무조건 추종하려는 경향을 숨기지 않고 있는 한국이나 깊이 생각해 볼 문제가 아닐 수 없다.

(김현숙)

제4장 한미관계를 어떻게 볼 것인가

글을 시작하며

한미관계를 어떻게 볼 것인가, 혹은 미국은 우리에게 무엇인가라는 질문에 대해 분명하게 대답하기는 힘들다. 특히 우리 현대사와 밀접한 관계를 맺어온 만큼 그에 대한 이해는 상이한 반응을 보인다. 어떤 사람들은 혈맹관계·자유우방의 수호자라는 인식을 표명하는 반면, 다른 사람들은 한미관계를 종속관계로 파악하고 여기에서 탈피해야 한다는 입장을 보이고 있다. 한미관계를 바라보는 이러한 시각의 차이는 바로 미래에 대한 전망에도 차이를 나타내게 된다.

현단계 클린턴 행정부는 동아시아에서 미국의 영향력을 유지하기 위한 수단으로서 강력한 군사력을 계속 주둔시키려 하고 있다. 이는 탈냉전시대 속에서 아시아를 포함한 세계 주요지역에 배치한 미국의 군사력을 배경으로 일정한 군사정치적 패권을 유지하고, 그를 통해 미국의 광범한 국제적 리더십을 유지하기 위한 일환이다. 이러한 상황에서 분단극복이라는 민족 최대의 과제를 껴안고 있는 우리 민족으로서는 미국과 한미관계에 대한 객관적 파악을 토대로 우리의 나아갈 길을 분명히 하는 것이 무엇보다도 중요할 것이다.

따라서 이 글은 한미관계에 얽힌 감정적인 문제를 최대한 배제하면서 객관적인 사실들을 위주로 서술해 나가되, 특히 정치·외교 부분에 초점을 맞춘 것이므로 기타 부분은 부족한 점이 많을 것임을 미리 밝혀둔다.

1. 간추린 미국사

1492년 콜럼버스가 신대륙에 발을 들여놓은 이래, 아메리카대륙은 유럽 열강들의 격렬한 쟁탈 대상이 되었다. 1620년 청교도 일파가 신앙의 자유를 찾아 메이플라워호를 타고 지금의 매사추세츠주에 닻을 내린 이후 1733년까지 영국은 북아메리카의 대서양 연안에 13개의 식민지를 건설하였다. 그 이래 북아메리카 대륙에서는 원주 인디언과 영국, 그리고 프랑스 등 3파전이 계속되었고, 결국 영국의 승리로 돌아갔다. 그러나 본국과 식민지인의 사이에 각종 조세부과를 둘러싸고 대립과 알력이 나타나기 시작하였다.

　1773년 '보스턴차당(The Boston Tea Party) 사건'을 계기로 북미대륙의 영국 식민지 사이에서는 공동의 저항운동이 일어났다. 그리하여 1774년 9월 필라델피아에서 식민지대표들이 모여 제1차 대륙회의를 개최하였다. 1775년 4월에는 영국군과 식민지인 사이에 유혈충돌이 벌어짐으로써 아메리카혁명의 막이 올랐다. 1776년 1월의 대륙회의에서는 처음으로 독립문제가 공개적으로 논의되었으며, 이에 따라 북미대륙의 13개 영국식민지는 개별적으로 독립정부를 수립하기 시작하였다. 마침내 그 해 7월 4일 대륙회의에서 독립선언서가 공식적으로 채택되어 영국에 대한 미국의 독립이 정식으로 선포되었다. 미국의 독립은 1783년 파리조약에 의하여 승인받았으며, 1787년 연방헌법을 제정하고 1848년경에는 주변의 영토를 획득하여 거의 현재와 같은 대륙국가로 발전하였다. 그 과정에서 미국은 정치적 민주주의를 발전시켜 나가면서 개척지를 확장하고 산업혁명과 교통혁명을 진행시켰다.

　그런데 미국 북부는 건설단계에서 북유럽 및 서유럽으로부터의 이민을 받아들여 산업자본가들이 많았으나, 남부는 보수적이고 흑인노예제에 기초한 농업자본가들이 우세하였다. 1861년에 시작된 미국의 남북전쟁은 명분상으로는 주권론(州權論)을 주장하는 남부와 합중국론(合衆國論)을 주장하는 북부와의 사이에 헌법상의 해석문제를 둘러싸고 발발하였다. 1865년 북부의 승리로 남북전쟁이 종결되자, 미국의 민주주의는 더욱 확고한 기반을 확보하여 마침내 1870년에는 흑인들에게도 투표권을 부여하고 노예제도를 폐지시키기에 이르렀다. 이후 미국은 급속도의 경제혁명을 경험하면서 산업주의시대를 맞이하였다.

　이 시기 유럽 열강들은 전 세계에 걸쳐 영토와 이권을 확대해 나가는 제국주의시대를 열고 있었다. 미국은 남미까지 그 세력권 하에 둔 후 뒤늦게 태평양쪽으로 본격적으로 진출하게 된다. 1914년 유럽에서 제1차 세계대전이 일어나자 미국은 즉각 중립을 선언하였으나, 영국과 독일 등과의 경제적 이해관계로 말미암아 전쟁에 개입하지 않을 수 없었다.[1] 이 전쟁을 통해 막대한 부를 거머쥐게 된 미국에 1929년 대공황이 밀어닥쳤다. 그러나 루즈벨트가 대통령에 당선되면서 뉴딜정책을 추진, 미국자본주의는 위기에서 탈출하는 데 성공하였다. 1940년대 들어 파시즘의 득세와 함께 세계는 유럽과 아시아에서 제2차 세계대전을 경험하게 되고, 미국은 전체주의에 대한 반대를 명분으로 개입하였다. 연합국의 승리로 이 전쟁이 막을 내린 후, 미국은 명실상부한 세계 최강대국으로 부상하였다. 동시에 1917년 사회주의화한 소련을 중심으로 형성되기 시작한 사회주의 진영에 대립하여 미국은 전 세계 자본주의체제의 수호자로 자처하며 냉전시대를 이끌어 나갔다. 한미관계는 이러한 미국의 역사와 밀접불가분하게 관계되면서 형성·발전되어 나갔다.

2. 한·미간 초기접촉과 조약체결(1882~1905)

미국과 조선의 공식적인 관계는 1882년 5월 22일 제물포(지금의 인천항)에서 이루어졌다. 그러나 실질적인 접촉은 훨씬 이전부터 있었다. 1834년 당시 아시아국가들을 순방중이던 로버츠(Edmond Roberts)는 "일본과 교역함으로써 얻을 수 있는 이점 중 하나가 바로 장차 조선과 교역을 할 수 있게 되는 것"이라고 국무장관인 폴시드(John Forsyth)에게 권고한 바 있다. 비록 부수적 관심의 대상이었으나, 1845년에는 당시 미하원의 해사(海事)위원회 위원장인 프래트(Zadoc Pratt)가 일본과 조선에 정식 외교관계를 교섭하기 위한 사절단을 파견할 것을 내용으로 하는 결의안을 제출하기도 하였다. 물론 이것은 실행으로 옮겨지지는 않았으나 미국이 이미 제물포조약 체결 훨씬 이전부터 상당한 관심을 갖고 있었음을 알 수 있다.

미국인과 조선인이 직접 접촉한 것은 1852년 미국배(이양선)가 풍랑을 피해 부산포 근해에 기착했을 때였다. 이 접촉은 평화롭고 우호적이었다. 그러나 1866년에는 미국 상선 제너럴 셔먼호가 대동강을 거슬러 올라와 교역을 시도했으나 조선 조정의 반대에 부딪쳐, 마침내 24명의 승무원과 함께 배가 대동강 바닥에

---

[1] 이상은 미국사 개설서와 정용석의 『한국민족문화대백과사전』, 568~569쪽을 참조하였다.

침몰되는 사건이 일어났다. 이로 인해 미국정부는 미해군 아시아함대 총사령관 로저스 제독이 이끄는 원정군을 조선에 파견, 광성진·초지진·덕진진 등에서 처절한 전투를 벌였으나 전사자 3명과 부상자 10명을 내고 퇴각하고 말았다. 이른바 '신미양요'이다. 당시 대원군의 섭정 하에 있던 조선은 밀려오는 외세의 물결 앞에서 척화를 고집하고 병인·신미의 두 양요를 거치며 그 쇄국에의 의지를 오히려 굳혀 갔다.

그런데 1873년 고종이 친정을 시작하면서 미국에 대한 태도에 변화가 일어났다. 이는 고종이 주변 강대국의 위협이 점차 증가하는 소용돌이 속에서 쓰러져 가는 조선왕조를 구하기 위하여 외국 간의 견제와 균형정책을 이용하는 등 필사적인 노력을 기울인 것과 관련이 있다. 따라서 1882년 조약은 미국의 요구에 의해 체결된 것이지만, 그 관계를 돈독히 하려고 한 측은 오히려 조선, 그 중에서도 고종 자신이었다.

조약 체결은, 일본이 강제로 조선과 강화도조약을 체결하자 조선의 이익에 다시 눈을 뜨게 된 미국이, 2년 후인 1878년에 슈펠트 제독을 조선을 포함한 아시아·아프리카 제국에 파견하기로 결정함으로써 진행되었다. 조선과의 통상조약 교섭을 지시받은 슈펠트는 처음에는 조선과 직접 협상하려 하였으나 조선이 서양제국과의 관계를 꺼려하여 실패하고, 일본에게 도움을 요청하였다. 그러나 당시는 조선의 대일본 인식이 악화된 상태여서 일본이 그 중개역할을 해 낼 수 없는 입장이었다. 이런 사정을 전해들은 청의 이홍장이 직접 교섭중재자로 나섰고, 이에 1882년 슈펠트와 조선측 대표 사이에 조약이 체결되었다.

이즈음 조선의 미국에 대한 이미지는 상당히 개선되어 있었다. 여기에는 일본에 파견된 청의 외교관 황준헌에 의해 쓰여진 『조선책략』이라는 소책자의 역할이 컸다. 1880년 일본에서 반입된 이 책은, 러시아를 영토욕에 사로잡힌 지구상 가장 강력한 국가로 묘사한 반면, 미국에 대해서는 가장 부유하고 높은 문화수준을 지녔으며 영토에 대한 야심이 없고 부당한 억압에 대하여 약자를 돕는 정의감에 불타는 국가로 묘사하고 있다. 황준헌은 조선의 위정자들에게 친청(親淸)·결일(結日)·연미(聯美)를 제안하면서 이 책을 끝맺고 있다.

한미수호통상항해조약으로 불리는 1882년 조약은 14개 항으로 구성되어 있다. 주요내용으로는, 제3국으로부터 부당한 압력을 받을 때 이를 중재할 의무와 그 밖에 최혜국 대우와 외국인 고용에 관한 규정, 영사관 설치, 치외법권에 관한 규정 등을 들 수 있다. 당시 조선측은 미국이 14개 조항 중 특히 중재규정을 충실히 이행해 주기를 바랐다. 이에 따라 1884년 갑신정변 이후 청·일간의 군사적 대립, 1885년 영국의 거문도 점령, 1894년 청·일전쟁, 1904년 러·일전쟁 등의 사태를 맞이하여 미국에 중재를 요청하였다.

그러나 미국의 반응은 대체로 부정적이었다. 당시 미국은 주로 중국에의 항해 도중에 생긴 조난선의 선원보호를 위한 협조를 구할 목적으로 조선과 통상관계를 열려 한 것이며, 미국과 조선과의 통상도 미국이 애초에 기대한 수준에 미치지 못하였다. 게다가 조선은 급격한 변화와 혼란을 겪고 있었다. 푸트 공사가 서울에 부임하였을 때 이미 조정은 파쟁으로 인한 혼란과 무질서가 팽배해 있었다. 이런 파쟁에 시달리는 국가라면 외국의 침입으로부터 자신을 보호하는 데 무능할 수밖에 없다고 판단한 미국은 조선에서 손을 떼기로 결정했다. 1885년 청의 영향력이 증대되자 베이야드 국무장관은 서울에 있는 딘즈모어 공사에게 조선에 대한 청의 종주권을 존중하여 조선의 독립을 희생하고자 하는 의도의 훈령을 보냈다.

또한 1895년 청을 물리친 일본이 조선에서 우월권을 확립하였을 때 중립이라는 이름 아래 일본을 자극하는 행위를 하지 말 것을 지시하였다. 1896년에서 1898년 사이에 한반도에서 러시아가 우월권을 장악하자 미국이 침묵을 지킨 것도 같은 경우이다. 이런 태도는 루즈벨트 대통령이 가쓰라-테프트 각서를 체결하기 위해 테프트 장관을 동경에 파견하였을 때 극단적으로 드러났다. 즉 일본이 필리핀에 공격적인 태도를 취하지 않는다는 조건으로 한반도에 대한 일본의 우월권을 인정한 것이다. 이 협정은 한·미 관계의 사실상의 종식을 의미하였다. 미국 루즈벨트 행정부는 1905년 11월 대한제국의 마지막 공사인 모간에게 한국으로부터 속히 철수할 것을 지시했고, 이에 따라 미국의 외교관들이 먼저 한반도를 떠났다. 이후 수십 년 동안 공식적인 접촉은 중단되었다.

이렇게 하여 공적인 관계는 일단락되었으나, 사적인 활동범위는 상당히 광대하여 많은 영향을 미쳤다. 조선 정치지도자들이 그 세계관을 근대화하는 데 수행한 미국 외교관들의 역할은 상당하였으며, 미국 상인의 활동도 대단히 광범위하였다. 또한 미국 민간인들에 의한 문화·종교 활동도 중요한 것이었다. 실제로 1945년 이후의 밀접한 한미관계의 사회·문화적 기초는 이 시기에 다져졌다고 할 수 있다.[2]

3. 해방전후에서 남북분단까지 미국과 한국

제1차 세계대전은 미국을 세계적인 전략적 균형자로 위치시켰다. 미국의 개입을 통해 유럽은 가까스로 독일의 팽창과 유럽지배를 제어할 수 있었던 것이다. 제2차 세계대전은 그것을 다시 확인함과 동시에 미국을 세계패권의 장악자로 올려놓았다. 원래 미국은 이 대전이 발발하기 이전까지 한국에 대해 '무관심정책'을 견지하였다. 그러나 대전 발발과 함께 전후세계의 평화유지를 위한 여러 가지 계획을 마련하면서 한국을 포함한 아시아에 대한 정책을 새로이 재정립하게 되었다.

한국에 대해서는 자치능력이 거의 없다고 판단하고, 종전 후 즉각 자주독립국가가 될 수 없을 것이라는 데에 대체로 의견일치를 보고 있었다. 이에 따라 바람직한 해결책으로 들고 나온 것이 국제연맹 규약에서 제시된 위임통치제도의 확대연장이라 할 수 있는 국제신탁통치안이었다. 원래 루즈벨트와 그 행정부가 특별히 신탁통치의 필요성을 강조하고 나선 것은, 영국과 프랑스의 식민제도를 해체시키고 그 식민지들이 보유하고 있는 있는 풍부한 경제자원에 미국이 수월하게 접근하기 위한 현실적인 문제와 연관되어 있었다.

1943년 11월 말 루즈벨트는 이집트 카이로에서 처칠 영국수상, 장개석 중화민국총통과 전후 극동문제처리를 위한 3자회담을 열었다. 그 결과물이 「카이로선언」이었다. 이는 일본이 1914년 이후 획득한 모든 영토를 연합국이 박탈하고 중국은 만주·대만·팽호군도를 일본에게서 다시 돌려받는다고 명기하였다. 한국문제에 대해서는 "3강국은 한국민이 노예적인 상태에 놓여 있음을 상기하면서 한국을 적당한 시기에 자유롭고 독립적인 국가로 만들 것을 굳게 다짐한다"고 하였다. 여기에서 "적당한 시기(at the proper moment)"는 원래 초안에 "가장 빠른 시일 안에"라고 되어 있던 것이 수정된 것이었다. 이는 루즈벨트가 한국이 자치능력이 부족하다고 판단, 한국의 정치적 혼란과 이를 방지하기 위한 조처로서 신탁통치를 내세워 즉각적인 독립을 반대하고 독립의 시기를 늦춘 것이다.

얄타회담은 1945년 2월 루즈벨트 미국대통령, 처칠 영국수상, 스탈린 소련수상 간에 열렸다. 여기에서 루즈벨트는 스탈린에게 한국의 신탁통치 실시를 제안

---

2) 정종욱, 1983, 「역사적 관점에서 본 한미관계」, 『한국과 미국』, 8~23쪽.

하였다. 신탁위임국으로는 미·중·소 3국을 들고, 기간은 20년 내지 30년으로 하였다. 스탈린은 신탁통치 실시에는 동의하였으나 그 기간을 단축해야 한다며 이의를 제기하고, 외국군의 한국 주둔에도 반대하는 입장을 보였다. 1945년 7월에는, 루즈벨트 사망 후 취임한 트루먼 미국대통령을 포함하여 3국 수뇌 간에 포츠담회담이 개최되었다. 여기에서 채택된「포츠담선언」은 일본에 무조건 항복을 요구하고, 5월 8일 항복한 독일에 대한 점령통치 일반원칙을 선언하였으며, 그 밖에 전후처리 문제들에 관해 언급하였다. 그리고 "카이로선언의 내용은 준수되어야 한다"고 명기하여 소련이 대일전에 참전하게 될 경우 한반도를 모두 점령하는 것을 저지하고자 하였다.

미국은 제2차 세계대전중 한반도 상륙작전을 포기하였다. 대신 소련이 한·소 국경선을 육로로 넘어 한반도로 진격해 줄 것을 요구하였다. 그런데 원자폭탄 투하로 일본이 무조건 항복하자 미국의 일본본토 상륙작전은 필요가 없어지게 되었다. 이 때는 소련군이 이미 한·소 국경선을 넘어 한반도 북단을 점령해 들어오기 시작한 이후였다. 병력에 여유가 생긴 미국은 새삼 한반도 점령을 고려하게 되고, 이에 8월 11일 북위 38도선 이북의 일본군은 소련군 사령관에게, 그 이남의 일본군은 미군사령관에게 항복하라는 내용의「일반명령 1호」를 작성하였다. 이처럼 38선의 획정은 표면적으로 일본군의 항복을 받기 위한 군사적 조처였으나, 정치적으로는 소련의 남하를 38선에서 저지하려는 강대국의 정치적 이해가 낳은 소산물이었다. 이렇게 해서 시작된 한반도 분단은 이후 미·소에 의해 고착화된다.

일본이 패망하자 미국과 소련은 1945년 8월 25일 한국의 38도선 분단점령을 발표하고, 이어 맥아더 사령부는 미군에 의한 남한분할정책을 발표하였다. 이에 따라 9월 8일 하지 중장 휘하의 미군이 인천에 상륙하고 이로써 향후 3년간의 미군에 의해 남한 군정이 실시되었다. 1947년경부터는 미·소 냉전이 격화되면서 미국은 모스크바협정 노선을 방기하고 한반도 문제를 국제연합에 넘기는 것으로 정책을 전환하였다. 이에 이승만의 복안대로 남한단독정부가 수립되고 미군정은 폐지되었다. 그리고 미국은 새로이 탄생한 대한민국을 최초로 승인한 국가가 되었다.[3]

---

[3] 해방전후 미국의 한반도정책은 차상철, 1991,『해방전후 미국의 한반도정책』이 참고

물론 해방 이후 한반도에 들어온 미군이 해방군인가 점령군인가[4])에 대한 논의는 여전히 분분하다. 여하튼 미국은 점령 이래 자본주의국가의 건설을 지향하는 정치세력을 지원·육성하여 한반도에서 그들의 이해를 실현하려고 하였다. 이에 따라 친일경력이 있는 자본가·지주 출신 인사들이 군정의 행정고문이나 고위관료로 임명되고, 일제시기의 관료·경찰기구가 부활되었다. 이들은 자신의 기득권을 지키기 위해 미군정에 적극 협조하고, 미국은 이들을 공산주의에 대한 방파제로 이용하였다.[5]) 이로 인해 한국의 현대사가 반민족행위를 한 친일파를 처단하지 못한 모순을 끌어안고 출발하게 된 것은 분명하다.[6])

남북한에 각기 정권이 수립되자 소련군이 먼저 북한에서 철수하였고 미군도 1949년 6월 철수하였으나 500여 명의 미 군사고문단은 그대로 남아 한국군의 인사·행정·작전·장비 등을 지휘·감독하였다. 그러나 이후 남북한 간에는 무력 충돌이 빈번해지면서 전쟁 발발 가능성이 커져 갔고, 마침내 북한군의 전면적인 남진과 함께 전쟁이 시작되고 미국은 즉각 파병하였다. 이 전쟁을 통해 한국안보의 가장 중요한 보호자로 자리잡게 된 미국은 1953년 한미상호방위조약을 체결하고 이후 경제·군사 원조의 후원을 담당하였다. 양국 간에 이러한 관계가

된다.
4) 당시 미군을 환영하기 위해 많은 인파가 부둣가로 몰려 나왔다. 그러나 사전에 미군 측으로부터 모든 환영행사를 금지하라는 지시를 받은 일본경찰이 환영 나온 한국인들이 경비구역을 돌파하자 발포하여 2명이 사망하고, 수명이 중경상을 입었다. 이 사태에 대해 미국측은 한국인들이 상륙작전을 방해하여 부득이 취해진 정당한 '공무집행 행위'라며 일본경찰을 두둔하였다. 미군을 해방군으로 규정한 것은 당시 순진무구한 한국 민중의 착각이었다. 사실 미군정조차도 그들이 서울 상공에 뿌린 「미군정 포고령제1호」나 「미군상륙에 즈음한 주한미군 사령관 포고」에서 점령군임을 분명히 하고 있다.
5) 한국역사연구회, 1992, 『한국역사』, 363쪽.
6) 미군정 3년간 한반도의 분단을 고착화시켜 대다수 한국인들의 통일에 대한 염원을 무산시킴과 동시에 한반도를 세계 수준의 냉전구조의 중심에 위치시키고, 남한사회를 미국의 영향권 내에 편입시켜 정부 수립 후 자주적인 민족국가로서의 발전을 원칙적으로 가로막았다. 그리고 미군정은 냉전체제의 확립과정에서 반공이데올로기를 수용한 친일 기회주의 세력의 소생을 적극 지원함으로써 민족정기를 바로잡기를 원했던 대다수 한국민중의 열망을 무시하였다. 또한 미군정은 남한사회에 반공이데올로기를 일방적으로 강요함으로써 이후 한국사회에서 진보주의적 사상이 성장할 여지를 배제하는 등 제 모순을 야기한 원인이 되었다. 이는 '분단국가'라는 구체적 모순으로 드러났다는 견해가 있다(이종석, 1990, 「한국정치와 미국」, 『한미관계사』, 31쪽).

형성된 것은 '냉전'이라는 당시의 국제정치 기류 아래서 한국은 미국 외에 다른 강대국에 의존할 수 없었으며, 미국측으로서도 한반도의 중요성을 점차 인식하게 되었기 때문이다. 한국은 이 동맹관계를 통해 북한으로부터의 침입 저지, 분단된 한반도에서 합법적 정부로서 국제적 지위의 향상을 꾀했음에 비해, 미국에게 이 관계는 전 세계적으로 공산주의를 억제하는 정책의 일환이었다. 그렇게 보면 한국이 미국과 긴밀한 관계를 유지해야 되는 필요성은 미국의 그것에 비해 훨씬 심각했다고 할 것이다.

한편 세계적인 냉전구도 속에서 우리 사회는 안보·사회안정 논리라는 허울 하에 노동현장과 대학에서 인권과 자유가 무참히 무시당한 경험을 갖고 있다. 한때 반공을 국시로 정한 정부는 그 지배논리에 조금이라도 이탈된 사람을 무조건 적으로 간주, 일종의 마녀재판을 통해 탄압하였던 것이다. 노동운동·학생운동·시민운동 등에 참가한 사람을 무조건 '적색' 세력으로 몰아 사회와 국가안보에 위협적인 존재로 탄압하였다. 이런 형태의 탄압은 1919~1920년에 미국에서 나타난 이른바 '미국의 적색공포(American Red Scare)'와 매우 많이 닮은 것이었다. 미국사의 질곡의 한 장면인 적색공포를 우리의 현대정치사 가운데서 찾아 볼 수 있다는 것 또한 양국 관계를 다시 돌아보게 하는 계기가 된다.[7]

4. 탈냉전시대 미국과 한반도

1980년대에 들어서면서 우리는 "양키 go home"이라는 말을 쉽게 접할 수 있었다. 이러한 반미자주화운동[8]은 10·26에서 12·12쿠데타, 5·18광주민중항쟁으로 이어지는 일련의 과정에 미국의 개입 가능성이 사실로 확인되면서부터[9] 본격화되었다. 이 운동은 한국사회의 민주변혁에서 미국의 영향력으로부터 탈피 즉, 민족자주화라는 과제가 주요한 조건임을 인식케 해줌으로써 민주화운동을 질적으로 비약시키는 계기가 되었다. 민주화운동과 민족자주화운동의 이러한 결

---

7) 김형곤, 1996, 『미국의 적색공포』, 역민사.
8) 김성보, 1990, 「80년대 반미운동사」, 『한미관계의 재인식 1』 참조.
9) 여기에 대해서는 이삼성, 1990, 「광주민중봉기와 미국의 역할」, 『한미관계사』; 남상기, 1990, 「조작·은폐된 미국의 '광주 알리바이'」, 『한미관계의 재인식 1』 참고.

합은 1980년대 민족민주운동세력의 급속한 성장의 촉매가 되었고, 변혁운동의 정당성을 대중적으로 공유하는 계기로 작용하였다. 그 후 1980년대에 심화된 미국의 보호무역주의에 의한 무역마찰, 수입개방 압력 등이 한국 민중의 생존권과 직결되면서 반제·반미운동은 가속화되고, 여기에 반핵운동이 결합되면서 보다 강화된 형태로 진전되어 왔다. 광주민중항쟁 이후 계속된 이러한 일련의 움직임은 한국에서의 미국의 지위를 심각한 위기에 빠뜨렸다.

이런 위기의 탈출구로 미국은 한반도의 지배질서를 보다 고도의 정치적 방식을 통하여 재편하려 했고, 6·29조치는 그 대표적인 예였다. 이후의 민자당 출범과 내각제 개헌 추진을 통해 보다 안정적인 정권의 창출을 시도한 것 또한 그 연장선에서 이해될 수 있다.10)

글을 마치며

이미 한미수교 100년을 넘어선 지금, 우리는 현재의 한미관계를 단순한 군사동맹이 아니라 조기형태이긴 하지만 하나의 이익공동체에 기초를 두고 있음을 우선 인식할 필요가 있다. 어떤 형태로든 한국은 미국과 경제·정치·군사·문화 모든 차원에서 관계를 맺고 살아가야 한다는 것은 분명한 사실이다. 여기서 야기될 한국의 미래상은 아직 알 수 없다. 그러나 우리에게 있어 미국은 '건설적인 관계', 즉 경제적 번영과 군사안보적 이익과 관련하여 상호 호혜적인 관계를 일정한 형태로 유지해야 하는 나라인 것이다.

최근 북·미관계의 진전을 보건대, 클린턴 행정부는 북한 핵문제를 다루는 데 있어 정치적·외교적으로 유연한 접근을 증명해 보였다. 이미 미국은 북한과 포괄적인 정치적 흥정을 전개하고 있는 것이다. 그럼에도 불구하고 한미관계는 여전히 지나치게 군사동맹 중심의 관계, 그것도 종속적인 성격의 군사관계 중심으로 흐르고 있고, 이것이 남북관계 및 한반도 주변정세에 대한 한국의 외교 및 안보의 독자적 인식에 장애로 작용하였음을 되돌아보아야 한다. 바로 이 같은 타성이 지난 몇 년간에 걸쳐 전개된 북한 핵문제에 대한 한국의 외교적 대응이 파

---

10) 박미경, 1990, 「한국현대정치사와 한미관계의 조망」, 『한미관계사』, 21~22쪽.

행과 퇴행성을 면치 못하고, 결국 새로운 시대를 맞이하여 미국 내에서 등장한 유연한 외교팀의 활동에 뒷북이나 치는 결과를 가져온 점은 없는지 돌아보아야 한다. 또한 미국과의 군사동맹체제를 기축으로 한 대외관계에 지나치게 얽매여 미국의 대아시아 전략의 소도구에 머물고 있는 한국외교가 아시아의 공동안보와 평화의 대안적 비전을 개발하고 그것을 뒷받침하는 창의적인 국제정치적 힘으로 자라나는 데 장애가 되는 면은 없는지 되돌아보아야 할 것이다. 아시아에서 '지역적 균형자'로서의 미국의 역할을 인정하더라도, 역시 권력정치적 성격을 그 본질로 하고 있는 미국을 우리 외교의 거의 유일한 기둥으로 삼던 데서 벗어나 한국외교의 새로운 방향을 모색할 때이다.11) 바로 우리 입장에서 자국의 이익을 도모하는 방향으로 주체적으로 한·미 관계를 이끌어 나가야 할 것이며, 여기에서 특히 남북관계의 개선이 중요한 요소가 될 것임을 염두에 두어야 할 것이다.

(김미경)

※ 참고문헌

C.N. 데글러, 1977, 『현대미국의 성립』, 일조각.
국제역사학회의 한국위원회, 1982, 『한·미수교100년사』.
한국정신문화연구원, 1983, 『한·미수교 1세기의 회고와 전망』.
이주영, 1987, 『미국사』, 대한교과서주식회사.
정종욱 외, 1989, 『미국은 우리에게 무엇인가』, 한국방송사업단.
박영호·김광식 외, 1990, 『한미관계사』, 실천문학사.
공병훈 외, 1990, 『한미관계의 재인식』 1·2, 두리.
차상철, 1991, 『해방전후 미국의 한반도정책』, 지식산업사.
시바쵸프·야쯔코프, 1993, 『현대미국의 역사』, 과학과 사상.
역사문제연구소, 1995, 『역사비평』 31.
김형곤, 1996, 『미국의 적색공포』, 역민사.
이주영 외, 1996, 『미국현대사』, 비봉.

---

11) 이삼성, 1995, 「탈냉전시대 미국과 한반도」, 『역사비평』 136, 39쪽.

제5장 러시아는 우리에게 무엇인가

1. 들어가며

세계는 지금 탈냉전시대를 맞아 커다란 변화가 일고 있다. 고르바초프의 등장과 더불어 추진된 구소련의 페레스트로이카와 이에 따른 신데탕트의 도래, 뒤이어 야기된 구소련 및 동구 사회주의체제의 붕괴와 독일의 통일, 이에 따른 자본주의 경제의 세계적 확산 및 지역 블록화 경향 등, 그 변화의 물결은 가히 세계사적인 성격을 띠고 있다. 특히 소련 사회주의체제의 붕괴는 과거 미·소 중심의 자본주의와 사회주의 진영 사이의 대립을 와해시키는 데 큰 역할을 하였다. 또한 동구의 변화 및 그 과정에서 발생한 독일의 통일은 유럽에서의 냉전적인 대립을 와해시키는 데 결정적인 계기를 만들었다.

이에 따라서 한반도의 주변정세도 많은 변화가 일고 있다. 분단체제를 지속시켜 온 냉전체제의 붕괴로 우리는 새로운 체제를 구축하여야 할 상황에 맞닥뜨려 있다. 이러한 정세는 우리 현대사의 전개뿐만 아니라 민족통일의 과제와 관련하여 생각할 때도 매우 중요한 의미를 갖고 있다고 할 수 있다. 그러므로 동북아시아 미래의 중요한 변수로 작용하고 있는 나라 중 하나인 러시아와의 관계를 통하여, 그 나라가 우리에게 주는 역사적 의미를 살펴보는 것은 뜻 깊은 일이라고 하겠다.

2. 한국역사에 있어서의 러시아

한·러간의 교류사는 두 나라가 최초로 외교관계를 맺은 19세기 후반부터

1917년 러시아 혁명 때까지를 제1기로, 러시아에 사회주의체제가 들어선 1917년부터 1985년까지를 제2기로, 탈냉전시대로 가는 1985년부터 현대까지를 제3기로 나누어 볼 수 있겠다.

1) 제국주의의 침탈기 : 1884~1917년

우리 민족의 대외관계는 근대 이전과 근대 이후로 크게 나누어지며, 대상 민족이나 국가에 따라 교류 방법을 달리하였다. 화이관이 뚜렷한 가운데 고대로부터 근대 이전까지는 한족인 당·송·명이나 이족(異族)인 원·청, 남으로 일본·류큐, 그리고 동남아시아 여러 민족과 국가 등 동양을 중심으로 전개되었다. 그러나 19세기 이후부터는 미·영·독·러 등 미주지역과 유럽지역으로 확대되었다.

그 중 러시아와의 관계는 1884년 독일인 외교고문 묄렌도르프의 주선으로 시작되어 시대적 상황에 따라 다양하게 변모해 왔다. 러시아의 10월혁명(1917) 이전까지의 양국관계는 사실상 제국주의의 팽창과 식민지화라는 축을 배경으로 이루어졌다. 베이징 조약(1860)의 체결을 주선한 대가로 연해주를 얻은 러시아는 두만강을 사이에 두고 우리 나라와 접경하게 되자 통상을 요구하였다. 그 후 일·미 등에 이어 러시아는 우리와 직접 수교를 맺게 되었다.

갑신정변 후 일본을 비롯한 미·영·프·러 등의 침략 양상이 복잡해지고, 특히 조선을 사이에 둔 청·일간의 대립은 더욱 격화되었다. 러시아도 남하정책을 계속 추진하여 블라디보스톡에 군항을 개설하고 이를 기지로 삼아 세력을 펴 나가려 하였다. 러시아 공사 베베르는 조선에 친러세력을 구축하면서 조·러밀약을 꾸미려 하였다. 그리고 육로통상조약을 맺어 경흥을 그들의 무역지로 개방하게 하고 두만강 운항권도 얻어냈다. 이윽고 청·일전쟁(1894~1895)의 승리를 통해 조선에서 유리한 위치를 확보하게 된 일본에 대해 3국간섭을 행한 러시아는 그 세력을 더욱 확대시켜 나갔다. 우리의 자주권을 침범한 을미사변·아관파천 등 일련의 사건이 이어지면서 러시아는 군사교관·재정고문의 파견, 한·러 은행의 설립, 경원·종성의 광산채굴권, 압록강 유역 및 울릉도의 삼림채벌권 등을 획득하였다. 나아가 다시 블라디보스톡항과 뤼순항을 해상으로 연결하는 기지를 얻기 위하여 마산·목포·용암포를 조차하려 하였으나 이는 일본의 방해를 받아 실패로 돌아갔다. 그 후 만주와 한반도를 사이에 둔 러시아와 일본의 대립은 러·일전쟁(1904~1905)으로 폭발하였다. 이때 전 세계의 예상을 깨고 일본이 승리를 거둠으로써 일본은 대한제국의 지배권을 러시아, 나아가 국제적으로도 묵인을 받게 되었다.

2) 이데올로기의 대치기 : 1917~1985년

　1917년의 혁명으로 세계 최초로 사회주의국가를 건설한 소련은 세계를 사회주의 및 공산주의 국가로 만들기 위해 외교활동을 폈다. 이미 주권을 빼앗긴 상태에 있던 조선과의 관계는 좌익 민족해방운동이 코민테른(국제공산당)의 지원을 받는 양상으로 전개되었다. 코민테른은 10월혁명의 결과 1919년 3월에 결성되었으며, 그 후 전세계 식민지 및 반식민지에서의 민족해방운동에 큰 영향을 미쳤다. 이는 조선에 대해서도 마찬가지였다. 일제 하의 조선에서는 1920년대 이후 특히 청년 지식인층 중심으로 유입된 사회주의사상이 전파되면서 농민·노동·청년운동 등 사회운동의 활발화에 기여하였다. 그러나 그 과정에서 표출된 사상적 이념의 갈등이 민족독립 운동에 차질을 빚었음도 부인할 수 없다.

　제2차 세계대전이 연합국측의 승리로 끝나고, 한국은 해방을 맞았으나 온전한 것은 아니었다. 미·영·소 3국 외상회의에서 한국에 대한 신탁통치안이 결정되고 남·북한에는 각기 미·소의 군정이 시행되었기 때문이다. 이미 소련을 핵심으로 하는 사회주의진영과 미국을 중심으로 하는 자본주의진영 간의 대립이 두드러져 있던 상황에서 실시된 이 군정으로 우리의 의지와 상관없이 국토는 분단되고, 따라서 한국은 통일과 독립이라는 두 가지 과제를 떠안을 수밖에 없게 되었다. 미·영·중·소 4개국 외상회의에서 한국의 독립문제가 상정되었으나, 소련의 거부로 해결을 보지 못한 채 남한만의 단독선거로 정부가 수립되고 북한에서는 소련의 지원을 받으며 인민공화국이 들어서게 되었다. 결국 양자 간의 갈등은 1950~1953년의 한국전쟁으로 폭발하고 이는 결정적으로 한반도의 분단을 고착화시키는 결과를 낳았다.

　이후 전 세계를 뒤덮은 동서냉전 체제 속에서 한·소 두 나라는 소련의 경직된 대외정책과 미국의 세계정책을 반영하는 한국의 지나친 반공논리로 말미암아 극히 냉전적이고 적대적인 관계를 지속하였다.

3) 개방체제하의 협력기 : 1985년~현재

1980년대 후반부터 동유럽 사회주의 국가들의 개방정책과 더불어 일기 시작한 동서화해의 신기운은 마침내 얄타체제를 붕괴시키고 탈냉전의 새로운 시대를 불러왔다. 극동지역에서도 경제·사회발전 계획이 활기를 띠기 시작하였다. 그리고 이로 인한 러시아의 대외정책 변화, 한국의 북방정책 추진, 북한의 부분적인 개방정책, 미·러와 중·러 관계의 진전 등은 국제기류를 바꾸어 놓았다. 더 이상 이데올로기의 동질성을 이유로 자국의 이익을 희생시킬 필요가 없다는, 새로운 세계조류가 형성된 것이다.

이러한 세계조류 속에서 전환기를 맞이한 한·러 관계는 더욱 복잡하고 유동적인 양상을 띠고 있다. 이는 소연방 붕괴 이후 변모되고 있는 러·중·일·미 4강 구조가 잘 말해준다. 즉, 군사력에 근거한 정치적 영향력을 지속적으로 유지하면서 자국의 경제력을 회복하려는 미국, 군사력의 감축을 통해서라도 국내경제를 회생시키려는 러시아, 정치체제는 고수하면서 자본주의 시장원리를 도입해서라도 경제발전을 이룩하고 동시에 군사력 증강까지 꾀하는 중국, 축적된 경제력을 바탕으로 정치·군사대국으로 발돋움하려는 일본 등, 한반도 주변 4강의 전략 구상은 동북아 국제질서를 새롭게 재편해 가고 있다. 그러므로 한국은 이 4대 강국의 중간 세력으로서 지정학적인 특수성에 대한 냉정한 인식을 바탕으로 자주적인 대외정책을 펴나가야 할 것이다.

여기에서 한국이 북방정책을 추진하기 위한 교두보의 확보와 대북한 관계에서의 유리한 통일환경의 조성이라는 측면에서 러시아의 역할이 중요시되고 있다. 과거 러시아는 북한과 전방위적 동맹관계에 있었으나, 1990년 9월의 한·소 국교수립을 시작으로 남북한의 긴장완화와 통일의 가능성을 도와주는 관계로 개선되었다. 수교 이전에도 세계적인 화해무드 속에서 한국과 구소련은 이미 스포츠, 문화 등 비정치적 분야와 간접교역을 통해 제한적으로 접촉을 가져왔지만 미수교 상태인 양국관계는 일정 수준 이상으로 발전하기 힘든 한계를 내포하고 있었다. 그러다가 한·소 수교를 계기로 양국관계가 정상화되어 각종 협력협정이 체결됨으로써 정치·외교 분야뿐 아니라 경제분야의 교류도 일정 정도의 제도적인 틀을 갖추고 추진되게 되었다.

러시아는 그 영토의 2/3가 북아시아 및 중앙아시아에 걸쳐 동서로 광대하게 펼쳐져 있다. 러시아의 국경선은 세계 최장으로 극동 해안선만도 19,000km에 달하며 터키・이란・중국・한국 등과 접하고 있다. 그러므로 아시아 지역 및 한반도와의 정치・안보 차원의 문제와 경제발전 등의 문제와 관련하여 큰 관심을 기울이고 있다. 즉 경제지원 획득 및 남북한에 대한 영향력 유지, 대일압력 수단으로서의 대한관계의 개선을 추구하는 방향에서 교류를 희망하고 있다.

한국은 현재 러시아에게 기계류와 전자제품을 비롯한 완성품을 제공하고, 러시아로부터 철강・화학공업 원료제품 및 농수산품 등을 주로 수입하려는 정책을 마련하고 있다. 러시아는 석유・석탄・천연가스 등의 에너지 자원을 막대하게 보유하고 있고, 철광석・망간 등의 광물자원의 함유량도 세계적으로 상위를 차지하고 있다. 그러나 러시아의 동부 지역들, 특히 시베리아와 극동에 매장된 다양한 자원들을 개발하는 데는 많은 자본과 노동력이 요구되고 있으며 수송과 생활조건의 개선 등도 필요로 하고 있다. 그러므로 한・러 간에는 앞으로 더욱 다양한 분야에서 교역・투자・자원개발 등을 수행해야 하는 과제가 놓여 있다.

더욱이 북한 핵문제 해결을 위한 협력의 필요, 과학기술 협력의 필요성 증대, 북한 벌목공을 비롯한 탈북주민 및 한인사회의 법적 지위 문제의 대두 등으로 우리와 러시아와의 동반자적인 협력관계 구축이 더욱 필요해지고 있다.

3. 나가며

지금은 우리가 세계적인 개방화의 흐름에 맞추어 시대적인 상황에 능동적으로 대처하며 창조적인 역량을 발휘해 나갈 때이다. 다른 나라들과 세력균형을 유지하면서 서로 협력관계를 이루고, 국제관계에서도 응분의 역할과 책임을 분담해야 할 것이다. 특히 한・러 관계는 경제적 교역상대로서뿐 아니라, 남・북한과 주변 4강 간의 관계 촉진에 주안점을 두고, 지속적인 외교활동을 펴나가야 한다. 당분간 두 나라는 경제를 우선으로 하는 외교적 활동을 지속할 전망이 크다. 그러나 한국은 통일을 목표로 하는 정치・안보 관계를 고려해 가면서, 북한이 경제개혁과 개방 그리고 남한과의 관계 개선의 길을 터갈 수 있도록 대처하는 자세 또한 필요하다. 이를 위해 한・러 양국은 서로가 상호보완적이며 동반자적인 실질 협력관계를 이룰 수 있도록 함께 노력하는 것이 바람직할 것이다.

〈신양선・김창진〉

※ 참고문헌

한국슬라브학회 편, 1991, 『러시아연구 - 아시아와의 관계』, 민음사.
1992, 『러시아와 독립국가연합을 아는 사전』, 한길사.
기연수 외, 1993, 『현대러시아연구』, 집문당.
한국사연구협의회 편, 1994, 『한러관계100년사』, 한국사연구협의회.
정한구·문수언 공편, 1995, 『러시아정치의 이해』, 나남.
김유남, 1996, 『두개의 한국과 주변국들』, 도서출판 훈민정음.
이상근, 1996, 『한인 노령이주사 연구』, 탐구당.
헬무트 알트리히터/최대희 옮김, 1997, 『소련소사』, 창작과비평사

□ 찾아보기

ㄱ

가례 356
가묘입사(家廟立祀) 356
가묘제 356
가쓰라-태프트 각서 452
가야금 403, 404
가야연맹 61, 62
가족계획사업 251
가족법 2차개정안 351
가지산파 81, 377, 380
각저총 396
각훈 47
간경도감 410
간도 388
간석기(마제석기) 277
간화선(看話禪) 85
『감서 憨書』 365
간화분청 401
갑산파 115, 120
갑신정변 110, 389, 452, 460
갑신제적(甲申諸賊) 8
갑오개혁 52, 110, 207, 317, 320~323, 412, 444
갑인자(甲寅字) 287, 410
강강술래 340
『강계고』 50
강목체 사서 51
강세황 398
강신 333

강원용 394
강진철 74
강헌대왕 183
강화도조약 346, 387, 451
강화천도 79
강화학 234, 235, 365
강희맹(姜希孟) 286, 288
강희안 397
개방요(開放窯) 278
『개성지』 338
개신교 388~390, 394
개신유교 366
개천설(蓋天說) 279
개항반대 척화론 361
개화사상 91, 96~99, 413
개화상소 346
「개화설」 8
개화운동 345, 346, 347, 391
개화파 110
『개황록 開皇錄』 43
객관(客館) 311
거문고 404
거문도 점령 452
거북선(龜船) 288, 289
거여구(車輿具) 278
거중기(擧重器) 290
거칠부(居柒夫) 43
건국준비위원회 115
『격몽요결』 185
격물치지(格物致知) 84

견훤 69, 102, 164, 179
결가(結價) 106
결사운동(結社運動) 379
겸익(謙益) 375
경(磬)돌 404
경공장(京工匠) 314
경교(景教) 384
『경국대전』 88, 95, 181, 410
경당 128
경덕궁 338
『경도잡지』 336
경복궁 중건비 319
경사교육 128
『경세유표』 370, 412
경세치용학파 369
경시전(京市廛) 312
경영형부농 104
『경원록 瓊源錄』 47
경인·계사의 양란 172
경자자(庚子字) 287
「경쟁론」 8
『경제육전』 182
경제특구 124
경창(京倉) 312
경흥(慶興) 184
계례(筓禮) 330
계림(鷄林) 183
『계림잡전 鷄林雜傳』 43
계면조 405
계미자(癸未字) 287, 413

『계백료서 誡百寮書』 44
「계산포무도」 399
『계원필경』 408
계율종 375, 376
고(古)신라기 402
고구려 고분벽화 280, 396
『고금록 古今錄』 47
『고금상정예문』 283
고득상 46
『고려국사 高麗國史』 48
『고려도 高麗圖』 283
고려비색 401
『고려사』 48, 49, 69, 128, 282
『고려사절요』 48, 70
고려연방제 123
고려청자 284
고마성(固麻城) 311
고문운동(古文運動) 80
고복(皐復) 332
고부봉기 107
고생인류 143
『고승전 高僧傳』 43
고싸움놀이 341
고유섭 53
『고종실록』 47
고주몽 154, 179
고흥(高興) 43
곡상(斛上) 323
곡옥 282
곤륜산 235
골품제도 65, 296
공부[토산물] 318
공사노비법 110
공약3장 217

공음전시 76
공인역가(貢人役價) 323
공장제수공업체제 89
공주 명학소 102
공후 403
과거제도 73
과전법(科田法) 77
과하마 311
곽종석 363
관륵(觀勒) 375
관상감 411, 412
관수관급제도 74, 76
관음신앙 81
관장(官匠) 315
관혼상제 330
광개토대왕 156
광명사 164
광복군 304
광학경(光學鏡) 278
광혜원 389
교서관 411, 412
교선일치(敎禪一致) 379
교안(敎案) 388
교조신원운동 108, 109
교종 72, 376~378
교회재건운동 387
9간 63
구비문학 329
『구삼국사』 45, 170
구석기시대 144
구세주의(救世主義) 366
구청전(求請錢) 322
구텐베르크 283, 409
구형설(球形說) 372
국가보안법 폐지 123

국가불교 375, 376
국가재건비상조치법 305
국가재건최고회의 305
국민회의촉성회 434
『국사 國史』 43, 47, 408
「국사교과서 편찬 준거안」 136
국사교육강화위원회 133
국사교육심의회 136
국산품애용운동 349
국선화랑(國仙花郎) 375
『국조오례의』 356
국채보상운동 348
국학(國學) 442, 443
군국기무처 110
군기감(軍器監) 314
군위안부 진상규명운동 352
군통(郡統) 375
군포(軍布) 103
군현제도 102, 330
굿 342
궁고 334
궁예 64, 65, 69, 102, 163, 179
권근 48, 84, 85
권람 48
권제 48
권철신 385
귀산(貴山) 159
귀족불교 376
귀츨라프 388
규방 412
『규사 葵史』 50, 51
『규원사화』 50, 51
규장각 411, 412

찾아보기

규형(窺衡) 287
균산주의(均産主義) 90
균여 378
균역법(均役法) 103, 411
균전론(均田論) 370
그라몽 신부 386
극광(極光) 280
근기남인학자 369
근우회 349
근화학원 349
금구취회(金溝聚會) 107
금난전권(禁亂廛權) 313
금동용봉봉래산향로 157, 281
금성탕지(金城湯池) 191
금소(金所) 314
금속활자 283, 287
『금양잡록』 286, 288
금유(今有) 299
금융실명제 326
금전(錦典) 313
기독교 민족운동 391
기리고거(記里鼓車) 287
기묘사화 357
기사본말체 50, 51
「기예론」 7
기자(箕子) 49, 176, 179
『기자실기』 49
기자조선 51, 193
『기자지 箕子志』 49
기전(綺典) 313
기정진(奇正鎭) 361
「기축명아미타불상」 67
기토라 고분 279
기해박해 387

기훤(箕萱) 65, 102
김가진 399
김광제 348
김굉필 357
김구 10, 117, 228, 229, 304
김규식 229
김기종 91
김대건 387, 393
김대문(金大問) 43, 44
김대중정부 326
김동익 394
김동화 383
김두봉 115, 118
김마리아 348
김명국 398
김무(金武) 281
김복한 363
김부식 46, 171, 283, 397
김사미·효심의 봉기 102
김상기 53
김상헌(金尙憲) 211
김석문(金錫文) 290
김석형 53
김선두 392
김수철 399
김수환 393
김신국 91
김안국 357
김영삼정부 254
김영주 121, 241
김옥균 8, 203, 206, 207
김용관(金容瓘) 291
김용덕(金龍德) 76
『김유신행록』 43
김육 91

김윤식 8, 364
김일성 유일체제 114, 121
김장청(金長淸) 43
김정일 124, 125
김정호 290, 372
김정희 369, 372, 399
김준 175
김찬국 394
김창봉 120
김창숙 363
김철준 12, 56
김택영 52, 365
김평묵 360
김해토기 278
김홍도 398
김홍집(金弘集) 110

ㄴ

나대용(羅大用) 289
나솔(奈率) 295
나옹선사 84
나정(蘿井) 155
나진·선봉지역 124
나홍유(羅興儒) 283
낙랑 고분군 278
낙론(洛論) 370, 371
난삼(襴衫) 330
난중일기 187
남거성(男居城) 157
남관왕묘 337
남녀고용평등법 352
남당(南堂) 156, 295
남로당파 115, 118
남바위 334

남북국시대 10
남북조선정당사회단체지도
 자협의회 117
남북조시대 157
남북평화합의서 124
남악파(南岳派) 378
남언경(南彦經) 365
남은 180
남절양(男絶陽) 194
남종선 377
남종화 398
남한분할정책 454
납속 312
납폐[함] 331
낭가사상 53
낭사 298
내선일체 364
내수도문 201
내의원 411, 412
너울 334
널뛰기 337
노론 105, 369~371, 387
노리개 334
노리사치계 375
노중례(盧重禮) 287
녹로(轆轤) 278, 282
논붕당(論朋黨) 191
농가점후법(農家占候法)
 280
농민민주주의혁명 109
농본사상 90
『농사직설 農事直說』 288
농수각(籠水閣) 290
농악굿 341
『농정신편』 413

농주상종적(農主商從的)
 농·상 양립론 96
농촌계몽운동 393
누각(漏角 : 물시계) 280
능엄경 79, 80
능직기(綾織機) 281

ㄷ

다닐레프스키 421, 422
다카마쓰총고분벽화 397
다케시마(竹島) 253
다포계(多包系) 402
닥[楮] 282
단군 47, 48, 51, 150, 179,
 230
단군신화 81, 151
단궁 311
단목(丹木) 319
단오날 337
달마도 398
달솔(達率) 295
담로제 295
담징 408
당백전 89, 96, 319
당비파 403
당산 343
『당서 唐書』 64, 411
당악기 404
당오전 321
당의 334
당이전 94
당일전 88, 94, 95
대가(大加) 294
대각국사 의천 379

대고 403
대구고 334
대국통 375
대군장 64
대금 404
대동교(大同敎) 366
대동법 87, 103, 317
대동서관 413
『대동여지도』 290, 372
『대동역사』 52
대동전 89
대동주의(大同主義) 366
대동학회 366
대란치마 334
대렴(大殮) 332
대마도 186
대미보이코트운동 432
대성악 404
대승불교 375
대원군 204, 302, 318, 319,
 320, 451
대장경 82, 283, 409, 410
『대조선독립협회회보』 8
대조영 161
대청무역 제한론 94
대통력(大統曆) 283, 285
대통령 긴급조치 9호 242
대통령 직선제 11
대학교수단 4·25 시국선언
 문 233
대한광복단총영 304
대한국민의회정부안 303
「대한독립여자선언서」 9
『대한매일신보』 413
대한민국건국강령 223

대한민국애국부인회 349
대한민국임시정부 9, 303
대한부인회 350
대한애국부인회 349
대한여자국민당 350
덕래(德來) 280
덕솔 295
덕흥리고분 396
도(陶)활자 412
도고상업 94
도교 281
도기(道器)의 논리 7
도도웅와(都都熊瓦) 184
도독(都督) 295
도병마사 298, 300
도부(刀部) 313
도사(道使) 294, 296
도선(道詵) 165
도시부(都市部) 311
도요토미 히데요시 440, 441
도전과 응전 422
도징(道澄) 375
도차(陶車) 278
도참사상 283
도평의사사(도당) 300
『도화견문지』 397
독립사관 10, 53
독립선언서 217
『독립신문』 209, 304, 347, 348
독립청원운동 363
독립촉성애국부인회 350
독립협회 347, 390
독축 333

돈오점수 79, 176, 379
동관왕묘 337
『동국사략』 48, 52
『동국세년가』 48
『동국여지승람』 48, 287, 410
『동국여지지』 50
『동국역대총목』 50
『동국역사』 52
『동국이상국집』 408
「동국지도」 287, 290
『동국지리지』 50, 290, 412
『동국통감』 48, 49, 128, 410
『동국통감제강』 50, 51
동굴히에나 144
동맹 403
『동명왕편』 46, 79, 170
『동몽선습』 49, 412
『동문선』 84, 409
동문학교 413
『동사강목』 50, 51, 372, 412
『동사 東史』 50
『동사 東事』 50
『동사례 東史例』 50
『동사보유 東史補遺』 50
『동사찬요 東史纂要』 50
『동사회강 東史會綱』 50
동수묘 396
『동아일보』 9
동양평화론 214
『동의보감』 290, 414
『동의수세보원』 290
동제(洞祭) 342
동학(東學) 7, 12, 101, 108, 109, 265, 270, 346, 413

동학학회 12, 271
『동학혁명』 12
『동현사략 東賢史略』 48
동화정책 364
두루마기 334, 335
두유명 266
득오(得烏) 64
『등록 謄錄』 181
딘즈모어 공사 452
딜타이(Dilthey) 14
땅재주 404
뗀석기(타제석기) 277

ㄹ

랑케(Ranke) 사학 5, 6, 420, 421
랠프(Philip L. Ralph) 425
러·일전쟁 214, 323, 452, 461
로빈슨(Robinson) 423
루스벨트 국제 장애인상 11
리처드 이스터린 426

ㅁ

『마과회통』 412
마라나타 374
마스트리히 조약 259
마제석검(磨製石劍) 59
마테오 리치 385
마한정통론 192
만국평화회의 363
만달사람 146
만불향도(萬佛香徒) 311

만상(灣商) 105
만신(萬神) 342
만적(萬積)의 봉기 102, 172
만전춘 404
만주사변 350, 364, 435
만주한(滿洲汗) 188
망이·망소이의 봉기 102
맥아더 454
맥클레이 389
맷돌 277
맹사성 404
맹영광 398
메가타 다네타로 323, 324
「명성황후」 11
명전(名田) 74
『명종실록』 47
명주(溟州)의 농민봉기 102
명학론 98
모량부(牟梁部) 64
모례(毛禮) 374
모스크바 삼상회의 116
목극등(穆克登) 189
목멱산[남산] 191
『목민심서』 370, 412
목종(穆宗) 45
목판 인쇄술 282, 283
목화씨 285
목활자 412
몽골간섭기 46, 47
몽골기법 397
몽룡의 풍자시 194
몽부인(夢夫人) 165
몽여 80
묄렌도르프 460
묘련사 중흥비 82

묘청의 난 171, 409
『무구정광대다라니경』 282, 409
무늬없는토기인 277
무릉(武陵: 울릉) 185
무술정변 431
무신정권기 77, 79, 86, 102, 283, 308
무용총 281, 396
무위이화(無爲而化) 424
무천 403
묵호자 374
문명개화 443
『문명국의 비전』 12
문명사관 10, 12, 15, 422, 423, 424, 425, 427
문벌귀족사회 44, 46, 78, 329
문익점(文益漸) 285
문일평 8, 53
문학혁명 432
문호왕(文虎王) 161
문화사관 419, 421
물산장려운동 349
뮈텔 주교 391
미·소 냉전 454
미군정 455
미륵반가사유상 400
미륵부처 266
미추홀(彌鄒忽: 인천) 154
민(閩)땅 195
민간신앙 329, 342
민본주의 90, 110
민영익 389, 399
민영환 212

민위중지설(民爲重之說) 366
민정(民丁) 318
민족말살정책 364
민족사관 55
민족실력양성운동 349
민족자주노선 115
민족정신 29, 421
민족주의사관 56, 364
민주기지노선 116
민주화운동 351, 456
민주화운동 청년연합 여성부 351
민중구국운동 109
민중미술 399
민중불교 376
민중사관 56
민지 47
『밀레니엄 Millennium』 12, 15, 270, 271, 427

ㅂ

박경리 425
박금철 120
박문국 413
박문수 94
박산로 157
박상(朴祥) 49
박세리 11
박세무(朴世茂) 49
박연 404
박영효 346
박은식 8, 52, 53, 109, 214, 363~366

찾아보기 471

박제가 96, 97, 365, 371
박지분청 401
박지원 91, 93~98, 290, 365, 371, 372
박창옥 115, 118
박초 84
박판 403
박한영(朴漢永) 382
박헌영 115, 118
박혁거세 60
박현 12
『반계수록』 412
반동(反同) 312
반미자주화운동 456
반어피 311
반파유형 사람 146
반핵운동 457
발방아 281
『발해고 渤海考』 190, 372
『발해사 渤海史』 190, 191
방납(防納) 103, 312
방사성탄소연대측정법 401
방아책(防俄策) 203
방추차 278
반형대좌미륵반가상 400
배불사상(排佛思想) 380
배재학당 389
배현경(裵玄慶) 66
백낙준 235
백남운 53
백련사(白蓮社) 80
백문보(白文寶) 70
백암산 정토사 교루기 85
『백운소설』 47
백이정 82, 355

백정부락 330
백좌강회 375
백토분청 401
백파(白坡) 381
백홍준 388
백화운동 432
벌례전(罰例錢) 322
범여성가족법개정촉진회 351
법상종 376, 378
법성종 376
법안종 378
법왕사 378
법화(法貨) 88, 324
베르사이유 강화회의 432
베베르 460
베트남 파병 236
변계량 404
변법운동 366, 431, 444
변상벽 398
변형즐문토기 147
별신대 153
병오박해 387
병인박해 387
「병인소(丙寅疏)」 361
병인양요 360
병자자(丙子字) 287
병자호란 359, 368
병조선(兵漕船) 289
병참기지화정책 364
보댕(Jean Bodin) 419
보문각 409
보살 10계 159
보우(普愚) 380
보유론(補儒論) 386

보은집회 107, 108
『보한집』 80
보황파(保皇派) 431
복두(幞頭) 330
복사귀(卜沙貴) 66
복지겸(卜知兼) 66
『본조편년강목』 47
『본초강목』 414
『본초경 本草經』 281
봉덕사 종 397
봉산탈춤 403
봉선사 83
부감법 398
부경 153
부도 402
부상대고(富商大賈) 89, 90
부석가(負石價) 323
부아악(負兒嶽 :) 154
부여부족연맹 62
부족국가시대 131
부천서 성고문규탄 351
북방정책 462
북벌대의(北伐大義) 371
북악파(北岳派) 378
북애(北崖) 50, 51
북원(北原) 102
북종선(北宗禪) 377
북촌 347
『북학의』 412
북학파 365, 369, 371, 372
북한 핵문제 457
분단극복사관 56
분서령(焚書令) 411
분육(賁育) 183
분청사기 401

분황사 171
불경(不經)도서 411
불교국가 377
『불란서혁명사』 414
불랑기(佛郞機) 289
불량상품 불매운동 352
『불씨잡변』 84
불함문화론 53
불화 397
브로델 424
브크하르트 421
비거도선(鼻艍刀船) 289
비격진천뢰 289
비류(沸流) 154
비변사 301
비정부기구(NGO) 포럼 353
비천상 397
비코(Vico) 419
비파형동검 278
빗살무늬토기 277, 401

ㅅ

사(史) 34
사공부(司空部) 313
사국시대 396, 402
사기(砂器) 400, 402
사단칠정이기변 359
4대 군사노선 120
「사동부승지소」 361
『사략 史略』 47
사림파 356, 410
사마시(司馬試) 79
사모(紗帽) 330
사물놀이 405

사민관(四民觀) 87
사발통문 107
사빈(司賓) 332
사사오입개헌 305
사상(私商) 105
사상개조운동 119
사상의학 290
사세이키(謝世輝) 425
사신도 396, 397
사역원 411, 412
사인(舍人) 158
4·19혁명 111
4·12정변 434
사장(私匠) 315
사장학풍(詞章學風) 79
사전(私田) 76
사주(四柱) 331
사찰령 382
사창계약속 357
4출도 62
사하촌 314
사헌부 300
산신당 342
삼가례(三加禮) 330
『삼강행실도』 356, 410
삼광작전 435
『삼국사기』 42~45, 64, 69, 162, 169
『삼국사절요』 48
『삼국유사』 47, 65, 68, 81, 82
『삼국지 위서』 60, 438
삼균제도 225
삼노(三老) 62
삼능(三能) 66

『삼대실록』 47
삼대환공부설(三大丸空浮說) 290
삼론종(三論宗) 375
삼민주의 431
삼별초 173
삼사(三司) 298
삼사(三史) 408
삼선개헌 238
삼수미 323
삼신산(三神山) 157
삼원리 민중항쟁 431
3·1민주혁명 111, 303, 348, 349
3·15부정선거 233
3·1운동 221, 229, 363, 391, 392
삼장(三長)의 재 169
삼정구규(三政舊規) 200
삼정이정책 200
『삼조실록』 47
3주갑인자 412
삼죽 403
38선 454
삼한정통론 51
삼현 403
삼화관반가상 400
상감청자 401
상례 330~332
『상록수』 414
상수(常守) 166
상식석관(箱式石棺) 59
상업제한론 96
상업진흥론 96
『상정고금예문』 409

상주(喪主) 332
상평통보 88, 95, 321
상해임시정부 후원운동 349
『새로운 과학』 419
『새로운 역사』 423
새마을부녀회 351
새문안교회 394
샤머니즘 374
서경 166, 298
서경별곡 404
서계(西界) 102
서교(西敎) 7
『서구의 몰락』 422
서궁 401
『서기 書記』 43, 408
서낭당 342
서당 412
서명응 7
서산대사 휴정(休靜) 381
서상돈 348
서상륜 388
서석기 144
서여(西餘) 235
서영보 95
서울올림픽 123, 341
서원경 162
서원문고 412
서원향약 357
서재필 8, 347, 390
서학론 96~98
서희 168
석가탑 282
석굴암 266, , 383, 400
석남사 163
석등 402, 403

석비 402, 403
석조탑파 402
석주명(石宙明) 291
석탄자(石彈子) 288
선(禪) 78
선기옥형(璿璣玉衡) 290
선명력 283
선문(禪門) 9산 377, 378
선비정신 260, 356
『선사 仙史』 43
선사시대 131, 396, 400
선우혁 392
『선제사적 先帝事蹟』 47
선조실록자 412
선종 44, 71, 377~379
선즐문토기인 147
선혜청 320
선화분청 401
『설문해자 說文解字』 34
성균관 84, 410
성덕대왕신종 281
성도(星圖) 279
성리학 48, 77, 84, 356~
  359, 368, 370, 372, 380,
  381, 385
성실종 375
성읍국가 294
성주(星主) 342
성철 383
성폭력특별법 352
『성호사설』 51, 412
성호좌파(星湖左派) 385
『세계문명사』 425
세계 여성의 해 350, 353
『세대편년강목』 47

세도정치 104, 105, 413
세속 5계 159, 375
세스페데스 384
세시풍속 329, 336
『세시풍요』 337
『세종실록지리지』 48, 286
세포(細布) 278
「세한도」 399
세형청동검 59
『소년』 414
소도(蘇塗) 153
소래교회 388
소록 403
소비자보호단체협의회 352
소주 153, 284
소줏대 153
『소학』 411
소화포(小火砲) 288
속군(屬郡) 299
『속삼강행실』 411
속악 404
속장경(續藏經) 379
속현(屬縣) 299
손기정 247
손문 431, 433
손진태 53, 54
솔대 153
솟대[立木] 153, 343
「송도기행화첩」 398
송상(松商) 105
송석하 53
송설체 398
송시열 358, 371
송이영(宋以穎) 290
송죽회 348

474 찾아보기

송준길 358
「송하보월도」 398
수군통제사 340
수렵도 396
수령(守令) 103
수묵화운동 399
수미산파 377
수시력(授時曆) 283, 285
수차(水車) 282
수출 드라이브 정책 326
수표(水標) 286
순도(順道) 374
순마소 300
순성여학교 347
숭실학교 389
슈펠트 제독 451
슈펭글러 422, 423
스란치마 334
스코필드 박사 219
스크랜튼 여사 346, 389
슬기사람 263
습렴(襲殮) 332
승관(僧官) 376
승랑(僧郎) 375
승리산사람 146
승통(僧統) 375
『시경』 188
시마네 현 고시 252
시무28조 72
시무책(時務策) 167
시전(市廛) 311
시청료납부 거부운동 351
시헌력법(時憲曆法) 289
식목도감(式目都監) 298
식민사관 12, 13, 52, 112, 140, 369
신간회 349
신경준 50, 372
신내림굿(降神祭) 342
신대우 365
신라토기 401
신문관 414
신문화운동 349, 432
신미양요 451
신민족주의 54
신보금(身保金) 323
신부영입운동 387
신분개혁론 346
신비주의적 신앙운동 393
신사임당 398
신사참배 거부운동 393
신사척화론 361
신석기시대 147, 148, 277, 308, 401
신석호 53
신성민족 9
신숙주 286
신숭겸(申崇謙) 66
신시(神市) 150, 151
「신식화폐장정」 322
신용하(愼鏞廈) 56, 109
신유교난 387
신윤복 398
신정(新政) 430
『신집 新集』 43, 408
『신찬팔도지리지』 286
신채호 8, 52, 53, 363~365
신천(神遷)사상 28
신탁통치안 116
신포(信咆) 288
신해교난 387
신해통공 313, 411
신행(新行) 331
신행(神行) 377
신헌(申櫶) 205
신후담 7
실력양성운동 348
실사구시학파 369
실증주의사학 52~54, 139, 140
실학 5, 88, 91, 98, 289, 346, 365, 368, 369, 372, 373, 404, 412
『심기이편』 84
『심문천답』 84
심성론 78
심의(深衣) 330
심효생 180
10만양병설 186
12개조 폐정개혁요강 110
12·12쿠데타 456
10·26 456
십일면관음상 400
쌍영총·무용총 벽화 333
쓰개치마 334
쓰쿠모 유형 사람들 146
씨름놀이 337

ㅇ

아날학파 424
아담 샬 385
아도(阿道) 374
『아방강역고』 50, 372
아악기 404

찾아보기 475

IMF관리체제 13, 15, 255, 326
아쟁 404
아펜젤러 389
아헌 333
『악본 樂本』 43
『악학궤범』 405, 410
안견 397
안국선 390
안병무 394
안유 355
안익태 405
안재홍 54
안정복 50, 51, 193, 372
안중근 215
안중식 399
안평대군 398
안향 82, 173
안확 10, 53
알렌 388, 389
알지(閼智) 60
알천강(閼川江) 155
암각화 396
앙부일구(仰釜日晷) 285
야별초 173
야스쿠니 신사 446
야학운동 393
약수(弱水) 152
약채(藥債) 322
얄타회담 453
양계초(梁啓超) 52, 431
양길(梁吉) 65, 102, 163
「양류관음도」 397
양명학(陽明學) 365, 366
양물금단(洋物禁斷) 361

양반전 193
양성원 347
양성지(梁誠之) 286
양심선언 241
양제해(梁濟海)의 거사모의 105
양주 산대도감놀이 403
양지사관(良知史觀) 365
양팽손 397
어동육서 333
어양론(禦洋論) 360
어여머리 334
억매(抑賣) 312
억불숭유 380
언더우드 학당 389
『언문지 諺文誌』 372, 412
얹은머리 334
『여사제강 麗史提綱』 50
여성단체연합 352
여씨향야 357
『여자계』 349
여자교육회 347
여자보학원 유지회 347
여자상회 348
여자청년회 349
여전론(閭田論) 197, 370
『역대가 歷代歌』 46
역사교육 27, 38, 128
역사문제연구소 56
역사 바로세우기 57, 255
『역사의 방법』 419
『역사의 연구』 422
『역사집략』 52
『역사철학 강의』 420
『역사학보』 55

『역옹패설』 47, 174
연(鉛)활자 412, 413
연가명금동여래입상 399
연날리기 336
연단술(煉丹術) 281
연담(蓮潭) 381
연등회 166, 404
『연려실기술』 50, 365
연작상경농법 288
『연조귀감』 50, 51
열반종(涅槃宗) 375, 376
『열조통기 列朝通紀』 50
염초자취술(焰硝煮取術) 284
염택(鹽澤) 235
영·유아보육법 352
영고(鈴鼓) 152, 153, 403
『영국문명사』 421
영모화 398
영사시(詠史詩) 46
영웅서사시 47
영지(靈知) 176
영학당(英學黨) 111
『예기』 358
예론 356, 369
「예성강도」 397
예안향약 357
5개년 경제개발계획 118, 119, 326
오경석 205, 206
『오경천견록』 85
오기섭 115
『오례의주』 356
오르도스식 청동기 278
오목거울 278

오바 간이치(大庭寬一) 321
오복제도(五服制度) 67, 356
5부족연맹 62
「오불가척화의소」 361
오세문 46
오세창 205
오스굿(R. Osgood) 232
5월민중항쟁 244
5·10선거 117
오운(吳澐) 50
5음 음계 405
OECD 11
오일 쇼크 123
5·16군사쿠데타 55, 305, 326
5·18광주민중항쟁 351, 456
5일장 332
5진도 180
옥보고 404
옥형(玉衡) 290
온돌 11, 279, 285
온조(溫祚) 154, 179
옹기소(甕器所) 314
와서(瓦署) 315
YWCA 349, 352
YMCA 392
와장(瓦匠) 315
완구(碗具) 288
완상(完山) 102
왕건 64, 65, 69, 70, 165
왕도정치 103, 409
왕륜사 378
왕수인(王守仁) 365
『왕오천축국전』 376, 408

왕인 408
왕흥사 375
『왜서통전』 170
외공장(外工匠) 314
외공진상(外貢進上) 322
외도구청제(外道求請制) 322
외인론(外因論) 112
외평(外評) 294
요고(장구) 403
요동 157, 187
요서 157
욕살(褥薩) 295
용비어천가 184
우가 336
우륵 404
『우리말큰사전』 414
「우마의방 牛馬醫方」 287
우산(于山:독도) 185
『우서』 412
우영하 94
우차(牛車) 281
울릉도 252
울리히 벡(Ulrich Beck) 426
『원·속육전』 181
원고구려사회 153
원광법사 159, 375
원불교 383
원삼 334
원시육경체제 370
원종·애노의 봉기 102
원증국사 석종명 85
원창왕후(元昌王后) 164
원체화 397

원측 376
원효 171, 172, 376, 379
『위략 魏略』 61
위례성 154
위만조선 47, 179
『위서 魏書』 150
위숙(威肅)왕후 165
위정척사운동 361
유(裕) 333
유계(兪棨) 50
유공식(柳公植) 283
유교 8, 167, 362, 365, 366, 377, 379, 385
유교개혁론 365
유기(鍮器) 89
『유기 留記』 42, 408
유길준 8, 91, 96~98, 347
UNESCO 11, 414
유대치 206, 207
유득공 336, 372
유리론(唯理論) 359
유만공 337
유불일치론 78, 84, 379
유산혁명 109, 110
유성준 390
유수원 94, 96
유신헌법 241
UR 352
「유압도」 399
UN 124, 228
유엔개발계획보고서 353
유엔헌장 236, 247
『유예지』 405
6월대항쟁 305, 351
유인석 212, 363

찾아보기 477

유학 356, 358, 368, 372
유향소 357
유형원 50, 91, 94, 96, 98, 370
유홍기(劉鴻基) 205
유희 372
유희령(柳希齡) 49
6개년계획 121, 122
6두품 71, 102, 296
6부족연맹 63
육의전 313
6·29조치 457
6·25전쟁 118, 119, 291, 325, 382, 393
윤곡(尹穀) 213
윤두수(尹斗壽) 49
윤봉길 221, 229, 304
윤순 365
윤이상 405
윤치호 347, 390
윤휴 358
율곡학파 359
윷놀이 336
을미의병 362
을사늑약 366, 391
을지문덕 오언시 158
『을지문덕전』 414
음복 333
음택풍수 332
읍군(邑君) 62
『응제시 應製詩』 48
『응제시주 應製詩註』 48
『의방유취 醫方類聚』 288
의병운동 229, 362, 391
의산문답 193

의상대사 376
의열단운동 111
경강대왕(景康大王) 164
『의종실록』 47
의통(義通) 72
의학원(醫學院) 287
의혼(議婚) 331
의회원(議會院) 210
이가(二價) 323
이가환 385, 387
이강국 118
이건승 234
이건창 234
이곡 84
이광려 365
이광명 365
이광사 365
이권회수운동 432
이규경 7, 96, 290
이규보 46, 47, 79, 80
이긍익 50, 365
이기(理氣)논쟁 266, 370
이기동 44
이기백 12, 44, 56
이기이원론 359, 360
이녕(李寧) 397
이돈화(李敦化) 424
이동녕 303, 304
『이륜행실』 410, 411
이만주(李滿住) 187
이문진(李文眞) 43
이벽 385, 386
이병도 53
이봉창 304
이사(李斯) 174

이상룡 363
이상백 53
이상재 390
이색 47, 84
이성계 380
이수광 91, 365
이수정 388
이순신(李舜臣) 289, 340
이승만 10, 303, 390, 454
이승엽 118
이승훈 385, 386, 387, 392
이승휴 46, 82
이승희 363
이시원 234
이식 334
이요(李瑤) 365
이용직 364
이용후생학파 365, 369
이원(李元) 284
이원철 291
이응길의 거사모의 105
이이(李珥) 49, 186, 265, 357
이익(李瀷) 51, 91, 92, 94, 96, 98, 290, 370, 371
이인로 397
이인문 398
이인복 47
이인영 54
이일장 93
이자겸의 난 409
이장손(李長孫) 289
이정청(釐整廳) 200
이제마 290
이제현 47, 82, 355

이종휘(李種徽) 50, 365
이중환(李重煥) 290
이진택(李鎭宅) 50
이진홍(李震興) 50
이차돈(異次頓) 158, 374
2002 FIFA WORLDCUP
    KOREA-JAPAN 265
이청원 53
이충익 365
이태진 13, 56
이토 히로부미 211
2·8독립선언서 8
이한빈 12
이한열 245
이항로(李恒老) 360, 361
『이향견문록』 50
이홍직 53
이화여학당 389
이황 357
이효순 120
이후락 241
이훈구 53
인내천사상 346
인동당초문 397
인물성동이변 359
『인왕경 仁王經』 375
인왕회 375
인지의(印地儀) 287
인화분청 401
일관(日官) 280
「일반명령 1호」 454
일본군 위안부 352
일선군 164
일식·월식 280
일연 47

1·14조치 326
일자(日者) 280
일진회 366
임경숙 47
임나부 439
임상덕(林象德) 50
임술민중항쟁 101, 105, 106,
    112, 113, 200
『임원경제지』 412
임익 47
임제종 81, 85, 380
임진왜란 48, 50, 289, 340,
    368, 384, 401, 445
『입학도설』 85, 180

ㅈ

자격루(自擊漏) 285
자락(刺烙) 280
자명종 289
『자본론 Capital』 423
자연보호헌장 243
자유경제 무역지대 124
자은사 171
자의대비 조씨 358
자장 375, 376
자전설(自轉說) 372
『자치통감』 410
자환 334
잠두봉 191
잠실궁형(蠶室宮刑) 195
잡가 405
잡은거(도구) 143
장개석 433~435, 453
장대타기 404

장로교 총회 393
장보고 65, 163
장사(長史) 295
장서사건 363
장승 343
장승업 399
장시(場市) 312
장영주 405
장옷 334
장지연 53, 211
재부(宰府) 297
재인부락 330
쟁 403
저가 336
적삼 335
적석총 59
전국각계구국연합회 435
전국승려대회 382
전국주부교실중앙회 351
전기 399
전봉준(全琫準) 107
전사자 413
전석담 53
전시과(田柴科)제도 74, 76
전정(田丁) 74, 308
전조(田租) 74, 309
전조(塼造) 건축 402
전조탑파 402
전주전객제 309
전태일 240
전화(錢貨) 322
전환국 321
전환서 95
전황 88, 94, 95
절파양식 398

찾아보기 479

접(接) 109
접선(摺扇) 285
정가신 47
『정계 政誡』 44
정교분리정책 391
정남(丁男) 103
정도전 84, 180, 355, 404
정동여학당 389
정동행성(征東行省) 300
정몽주 177
정무(貞茂) 184
정반(正班) 182
정범조 320
정사암(政事巖) 155
정상기(鄭尙驥) 93, 290
정선 398
정신대문제 대책협의회 352
정신여학교 347
정약용 7, 50, 91, 95, 96, 98, 290, 370, 372, 387
정약전 385, 387
정온(鄭蘊) 211
정유왜란 445
정유자 412
정인보 8, 53, 235, 364, 365, 369
정재건(鄭在健) 363
정전(丁田) 58, 162
정전론(井田論) 370
정제두(鄭齊斗) 365
정중부·김보당의 난 172
정지상 397
정천익(鄭天益) 285
정체성론 112
정토신앙 81, 376

정트리오 405
정하상 394
정한론 445
정혜결사문(定慧結社文) 78
정혜쌍수(定慧雙修) 79, 379
제1공화정 305
제1차 경제개발계획 326
제1차 유림단사건 363
제2공화정 305
제2차 유림단사건 363
제2차 7개년계획 123
제3공화정 305
제3차 7개년계획 124
제4공화정 305
제4차 유엔 세계여성회의 353
제5공화정 305
제너럴 셔먼호 사건 388
제례 330, 342
제물포조약 450
「제불보살상명」 67
제비부리 댕기 334
제사[凶祭] 331~333
제생원(濟生院) 287
제암리교회 218, 219, 392
『제왕연대력』 43, 44
『제왕운기』 46, 82, 408
제헌헌법 231
조·일전쟁 222
조계종 379~383
조령(祖靈) 342
조만식 115, 116
조명하 304
조바위 334
조석변증설(潮汐辨證說)

290
조석진 399
『조선과학사』 10, 291
조선기독교청년회 392
조선기독교여자절제회 349
『조선도서해제』 414
「조선독립선언서」 9
『조선문명사』 10
조선물산장려회 220, 349
『조선민족사개론』 54
조선불교선교양종 382
조선불교헌 382
『조선사연구』 364
『조선사연구초』 364
조선사찰령 382
조선사회개혁론 369
『조선상고문화사』 364
『조선상고사』 364
『조선어사전』 414
조선여성동우회 349
조선여자교육회 349
조선여자흥학회 349
조선옛유형 사람들 146
『조선왕조실록』 13, 285, 414
『조선인명사전』 414
『조선종교사』 414
『조선책략』 451
조선총독부 364
조세법정주의 323
조세저항운동 392
조수미 405
『조야기문 朝野記聞』 50
『조야첨재 朝野僉載』 50
『조야회통 朝野會通』 50

조왕 342
조인성 44
조장(租藏) 299
조정(趙挺) 50
조준 180, 355
조하방(朝霞房) 313
조항록 394
조희룡(趙熙龍) 50
족보 248, 412
존경각 410
존 알 하지 226
종헌 333
좌포우혜 333
『죠선크리스도인 회보』 390
주구점 곧선사람 146
주기론 359
주기철 393
주리론 359
주문모 387
주시경 210
주심포계(柱心包系) 402
주안(朱雁) 94
주자가례 357
주자소 410
주지번 398
주척(周尺) 286
주통(州統) 375
죽리(竹里) 330
죽부인전 173
「죽암도」 399
죽주(竹州) 102
줄리언 사이먼 426
중농억말정책 92
중농학파 369, 372
중상학파 369~371

중석기시대 148
중·소분쟁 120
중·일전쟁 350, 364, 435
중추원 298
중화사상 359, 365
『증보문헌비고』 410
『증수무원록』 290
『증수본조금경록』 47
증위(蒸熨) 280
지공(指空) 380
지공거(知貢擧) 79, 82
지구의(地球儀) 290
지구촌 시대 12, 14, 37, 425
지눌(知訥) 78~80, 379
지석묘 59
G7 프로젝트 12, 263
지의법사(智義法師) 161
지전설(地轉說) 289, 290
지주전호제 77, 308
지폐통용론 96
지행합일 365, 366
『직지심체요절』 409
진경산수화 398
진골귀족 43, 64, 102, 377
진명부인회 347
진보(Progression)사관 420
「진보의 이념」 420
진사청자 401
진산사건 386, 387
진주민중봉기 106
진화론적 역사관 423
진흥왕 순수비 159
집강소(執綱所) 110
집안신[家神] 신앙 342
집현전 410

『징비록 懲毖錄』 188
쪽댕기 334
쪽진머리 334

ㅊ

차례 332
차사원지공비(差使員支供費) 323
차전놀이 339
『찬미가』 390
「창의격문」 362
채도문화 147
채도식 홍도 401
채수영의 거사모의 105
채제공 387
처려근지(處閭近支) 295
척사론 360, 361, 362
척왜양창의 107, 108
척화비 201
천군(天君) 153
천도교여자청년회 349
천도교청우당 116
천마도 397
천문도 279
천부인(天符印) 150
천영 80
천인(天因) 80
『천자문』 412
「천주공경가」 385
『천주실의』 189, 385
천진암 385
천책 80
『천추금경록』 47
천축국도(天竺國圖) 283

찾아보기 481

천태종 378, 379
철기문화 278
철도 도서관 414
철탄자(鐵彈子) 288
『철학사전』 414
철화분청 401
철활자 412
첨성대 280, 282
첨의부 299
청·일전쟁 390, 431, 452, 460
『청구도 靑丘圖』 290
청년운동 461
『청년잡지』 432
청동기문화 59, 60
청동활자 283
청산별곡 404
청소년헌장 246
청연각 409
청자 401
청주전표(請籌錢表) 168
청화백자 402
체관(諦觀) 72
『초등본국역사』 414
『초등본국지지』 414
초산민(楚山民)의 소청 105
초의(草衣) 381
초적(草賊) 65, 103
초충그림 398
촌락문서 162, 163
총관(摠管) 297
최경 397
최경환 52
최남선 9, 53
최루탄 추방운동 351

최무선(崔茂宣) 284
최보(崔溥) 49
최북 398
최승로(崔承老) 70, 72, 167
최씨 무인정권 379
최익현 360~362
최자(崔滋) 79
최제우 7
최창익 115, 118
최치원 43, 44, 71, 409
최한기 7
최현배 414
최혜 82
추사체 372
『추한 한국인』 446
축령(鷲嶺) 172
춘추관 410
『충경왕실록』 47
충파전법(衝破戰法) 288
취진자 413
측우기 285, 286
치도약론(治道略論) 203
치쓰짜꼬브 대장 227
친일파 116, 455
7개년계획 119~121
『칠정산내외편』 285
칠지도 281
『침경 針經』 281
칭량은화 87, 88, 91, 94

ㅋ

카아(E. H. Carr) 14
카이로 선언 454
KS상 11

「코리아 환상곡」 405
콩도르세(Condorcet) 420
콩트(A. Comte) 420
크로체(B. Croce) 13, 101
큰쌍코뿔이 144

ㅌ

타율성론 52
탁지부(度支部) 322
탈냉전시대 125
탕평책 411
태고보우 85
태고종 382, 383
태권도 11
태복감(太卜監) 282
태봉(泰封) 64
태사국(太史局) 282
『태산요록 胎産要錄』 288
태평양전쟁 304, 350, 364, 435, 445
태평양회의 304
태학 128
『택리지』 290, 412
터널식 등요(登窯) 278
터줏대감 342
토마스 목사 388
토문강 189, 191
토인비 422, 423
토지제도 개혁운동 309
『통감』 412
통리내무아문 302
통리외무아문 302
통불교사상 376
통일교 394

통일주체국민회의 305
퇴계학파 359
퇴성 404

ㅍ

파리강화회의 9, 304
파리외방전교회 387, 391
파리조약 449
『파한집』 80, 408
파환귀결(罷還歸結) 200
판소리 405
팔관회 166, 404
「팔도도(八道圖)」 287
팔도인심론 190
『팔도지리지』 286
팔만대장경 283
8·3조치 326
8·15광복 127, 350
8조의 교 179, 180
패도정치 103
패물폐지회 348
페레스트로이카 459
『페르시아전쟁사』 33
페브르(Febvre) 424
편경 404
편장(褊將) 183
편종 404
평교자 208
평신도 운동 394
평양숭의학교 348
평양축전 123
폐백 331
폐정개혁안 346
포(包) 109

포(袍) 334
포백척 286
포스트 모더니즘 427
포제단 343
포진채(鋪陣債) 322
포츠담 선언 454
폴 에틀리히 425
『표제음주동국사략』 49
푸트 공사 452
풍기죽(風旗竹) 286
풍속도 396, 397
풍요학파 426
「풍패읍향녹안」 357
프레스코기법 397
플리머스 형제단 389
피리 404
필채(筆債) 322

ㅎ

하과(夏課) 80
하륜 404
하지 중장 454
하타다 다카시 74, 76
하호(下戶) 61, 308
학부모운동 352
학생운동 233, 456
한·일협정 비준 반대성명
 서 237
한가위날 341
한경직 394
한구자 412
한국과학기술연구소(KIST)
 291
한국과학원(KAIST) 291

『한국독립운동지혈사』 364
『한국문명사의 이해』 12
한국문명학회 12
『한국문학전집』 414
『한국민족문화대백과사전』
 414
한국부인회 350, 351
『한국사시민강좌』 56
『한국사신론』 56
『한국사연구』 67
한국애국부인회 350
한국여성노동자회 352
한국여성단체연합회 352
한국여성단체협의회 351
한국여성민우회 352
한국역사연구회 56
한국전쟁 114, 117, 231, 232
『한국통사』 364
한국화(韓國畵) 11
한글 11, 388
한글성서 388
한미경제협정 325
한미수호조규 388
한미수호통상항해조약 451
한반도 비핵화 124
한백겸(韓百謙) 50, 290
한불조약 386, 387
한사군 192
『한산기 漢山記』 43
『한서 漢書』 235, 266
『한성순보』 413
한성임시정부 303
한스 코온(Hans Kohn) 425
한역서학서 385
한용운 382

한울님[하느님] 201
『한원 翰苑』 61
한인애국단 221
한일수호조규(강화도조약) 202
한일협정 237
한전론(限田論) 370
한치윤(韓致奫) 50
함보(函普) 168
항일무장세력(갑산파) 115
항일의병전쟁 111
항조운동 113
해금 404
『해동고승전』 47
『해동돈사 海東惇史』 365
『해동삼국통략』 46
『해동역사 海東繹史』 50
『해동제국기』 286
해시계 280
헤이(海牙) 밀사 222
해원상생(解寃相生) 271
해인사 283
해주일향약속 357
해주향약 357
향갑 334
향신(鄕紳) 213
향악 404
향악무 404
향약 357, 358
『향약구급방』 284
『향약본초 鄕藥本草』 287
『향약제생집성방』 287
『향약집성방』 287
향임(鄕任) 105
허균 365

허련 399
허목(許穆) 50, 51, 358
허봉학 120
허신(許愼) 34
허준(許浚) 91, 290
허형 84
헌차 333
헤겔(Hegel) 33, 420, 423
헤론 목사 389
혁거세왕(赫居世王) 155
혁신정강 14개조 110
현대수정주의 120
현도(玄菟) 61, 151
현생인류 143
『현수전 賢首傳』 43, 44
현준혁 115
현채 52
형(衡) 286
혜관(慧灌) 375
혜량(惠亮) 375
혜륵(慧勤) 380
혜성 280
혜심(慧諶) 78~80, 379
호락논쟁(湖洛論爭) 370
호란(胡亂) 385
호론(湖論) 370
『호산외사 壺山外史』 50
호상(護喪) 332
호서유림 363
호시(互市) 311
호암사 155
호장채(戶長債) 322
호포세 319
「혼일강리역대국도지도」 286

혼천의(渾天儀) 285, 290
홍경래의 항거 105, 106, 112, 113
홍대용 290, 365, 371, 372
홍동백서 333
홍만종(洪萬宗) 50
홍문관 300
홍세섭 399
홍양호 7, 94
홍여하(洪汝河) 50
홍우 12
홍이섭 10, 55, 291, 414
홍익인간 163, 224, 230
홍재학 204
화경(火鏡) 278
『화랑세기 花郎世紀』 43
화백회의 156
화약 284
『화엄경』 376, 397
화엄종 376, 378, 379
화이론 7, 98, 369~371
화쟁사상(和諍思想) 376
화폐제도개혁론 88
화폐지대 317
화포 284
환경문제 427
환곡 321
환웅 150, 151
환인 150
환자(還上) 204
활빈당운동 111
활옷 334
황국신민서사 223
황룡사 375
황민화정책 393

『황성신문』 413
황소토벌 격문 409
황애덕 348
황영조 246
황윤석 7
황종관(黃鐘管) 286
황종률(黃鐘律) 286
황종척 286
황준헌 451
황포군관학교 433
황현 213, 362
회환(回還) 312
후고구려 179
후삼국시대 69
훈련도감자 412
훈민정음 414
『훈민정음운해』 372
훈요 10조 166
「훈정(訓政)강령」 434
『휘찬여사 彙纂麗史』 50
「흠정헌법대강」 431
『흠흠신서』 370
흥선대원군 131
히스토리아(historia) 33, 34

□ 3판 개정본을 내놓으며

『신편 한국문명사의 이해』가 출간되고 곧 이어서 '역사란 현재성의 산물'이란 시각에서 현재성에 맞게 내용을 보완하고 교체하는 작업을 꾸준히 진행하였다. 더러는 새롭게 집필하여 삽입하기도 하였다.

그리하여 우선 책머리의 글을 「한국사의 문명사적 관점」으로 다시 집필하여 3판 간행의 의도를 학술적으로 뚜렷이 드러내고자 하였다. 제1부 한국문명사 서설편에서는 북한사도 분명히 우리 민족사임을 감안하여 제8장 「북한사 개관」을 새롭게 집필, 삽입하였다. 제2부 시대사 기본자료편도 수정·보완 내지는 교체를 하여 역사의 종합적 진실성에 좀더 접근되도록 시도하였다. 제3부 한국문명사의 분류사적 이해편에서는 제1장으로 「과학기술사」를 내세워 중요성을 자연스럽게 표방했었는데, 그에 걸맞게 다시금 집필·교체하여 이 책 본론의 중심축으로 삼고자 하였다. 제4부 주변문명사의 이해편에서는 제1장으로 「문명사관의 관점 추이」를 새롭게 넣어 전체적인 흐름인 문명사적 이해에 이론적 도움을 주고자 하였다. 끝으로 책 제명을 문명사적 관점이 선명하게 부각되도록 『한국 문명사』로 개칭하였다. 그것이 책 내용과도 부합된다고 판단되었기 때문이다.

그리고 한국문명학회의 권유를 받아들여 이 책을 한국문명학회 총서 제1집으로 간행하도록 하였다. 이는 물론 집필진 모두에게 커다란 영광으로 생각된다.

이제는 3판 개정을 위한 교정본도 집필진의 손을 떠났다. 다만 이 책을 읽는 모든 독자분들이 한국사를 문명사적 관점으로 이해하는 데 조금이라도 도움이 되길 바란다. 그리고 계속적으로 4판 개정의 밑거름이 되도록 애정어린 질책을 바란다.

그 동안 3판 개정 작업에 많은 도움을 주신 장영자·김송희·박진훈 선생 등 여러분에게 심심한 사의를 표한다. 특히 출판계가 불황인데도 불구하고 3판 개정본 간행을 흔쾌히 맡아 주신 혜안의 오일주 사장님께 각별한 고마움을 전한다.

단기 4332년(서기 1999년) 2월 5일
행원역사연구실에서 김정의 씀

※ 글쓴이 소개(가나다 순)

강세구 : 서강대학교 강사・한국사학
김미경 : 인덕대학 강사・한국사학
김송희 : 한양대학교 강사・역사학
김재순 : 정부기록보존소 학예연구관・한국사학
김정의 : 한양여자대학 교수・문명사학
김종봉 : 한양여자대학 교수・정보과학
김창진 : 연세대학교 강사・정치학
김철준 : 전 서울대학교 교수・한국사학
김현숙 : 한양여자대학 강사・동양사학
박영자 : 청담미술사학연구소 소장・미술사학
박진훈 : 대림대학 강사・역사학
서태원 : 동국대학교 강사・한국사학
신수정 : 성신여자대학교 강사・역사학
신양선 : 강남대학교 강사・서지학
안유림 : 이화여자대학교 여성연구소 연구원・한국사학
오봉혁 : 협성대학교 강사・동양사학
오일순 : 연세대학교 강사・한국사학
원유한 : 동국대학교 교수・역사학
유수현 : 한양여자대학 교수・문화재학
윤종영 : 금천고등학교 교장・역사교육학
이원명 : 서울여자대학교 교수・한국사학
이인재 : 연세대학교 교수・한국사학
이은희 : 서울산업대학교 강사・한국사학
정영희 : 시립인천대학교 교수・한국사학
최금숙 : 유한대학 강사・여성학
최　용 : 서경대학교 강사・한국사학
홍이섭 : 전 연세대학교 교수・역사학
황묘희 : 한국현대사연구소 수석연구원・역사학

한국 문명사

김 정 의 엮음

초　판 1쇄 발행・1995년 8월 22일
개정2판 1쇄 발행・1997년 2월 15일
개정3판 1쇄 인쇄・1999년 2월 22일
개정3판 1쇄 발행・1999년 2월 25일

발행처・도서출판 혜안
발행인・오일주
등록번호・제22 - 471호
등록일자・1993년 7월 30일
121 - 210 서울 마포구 서교동 326 - 26
전화・02) 3141 - 3711, 3712
팩시밀리・02) 3141 - 3710

값 12,000원

ISBN 89 - 85905 - 71 - 6 03910